사단법인 대한예수교장로회총연합회 세미나교제

한국교회 선교 140주년 기념
한국교회 이대로 좋은가

세미나 교재자료 모음

사단법인 대한예수교장로회총연합회

조 은

인사말씀

이광용 목사
대표회장

    주님의 축복이 한국선교 140년을 맞이하는 한국교회와 사단법인 대한예수교장로회총연합회(예장총연) 70개 가입교단과 9천여교회 위에 함께 하시기를 기원합니다.

    (사)예장연은 1999년 12월 16일에 창립되었으며, 2017년 12월 26일에 (사)예장총연으로 계승하였습니다.
    갈라디아서 1장 8절, 다른 복음이 한국교회에 들어와 한국장로교단을 분열시키고, 장로교회를 둘로 갈라놓으면서 교회를 싸움터로 만들었던 다른 복음신학자들을 통하여 1992년 12월 31일 성서공회를 통하여 오번역으로 변질된 새번역 성경을 발간, 배포하였습니다. 이렇게 한국교회는 심각한 분열을 가져왔습니다.

    이러한 현실에서 장로교단 80교단이 모여 하나님의 말씀을 지키자라는 뜻을 모아 본회를 1999년 12월 16일에 창립하였으며, 웨스터민스터 신앙고백과 칼빈개혁주의를 바탕으로 성경만이 구원의 힘이요, 예수 밖에는 구원이 없다는 믿음으로 2025년 8월 14일 현재까지 계승해 왔습니다.

그동안 (사)예장총연은 많은 일을 해왔습니다. 국가를 위하여 해마다 3.1절, 6.25, 8.15 국가기도회를 하였으며, 성명서를 발표하였으며, 특별세미나를 하였습니다. 그래서 전 노무현 대통령께서 감사장을 주신 사실도 있습니다.

한국교회를 위하여 특별기도회 및 세미나, 포럼을 하면서 한국교회의 바른성경, 바른교회, 바른생활의 지침을 전하고 정통성을 강조하며, 교회의 바른 길로 인도하였습니다.
그리고, 26년동안 목회자, 성경신학, 교회사, 부흥사, 언론 등 각 분야에서 유능하신 강사들을 모시고 한국교회가 버려야 할 것과 취하여야 할 것의 주제로, '한국교회 이대로 좋은가' 라는 제목으로 한국교회 전체를 분석하고 정리하여 한국교회에 바른 길을 제시하기도 하였습니다. 한국교회는 이대로 가면 소망이 없다고 합니다.

예전 한국교회는 선교100주년 무렵만 하더라도 성도는 일천이백만이요, 교회는 육만개이며 세계 선교국으로 선교 역사상 유래를 찾을 수 없을 정도이며, 천막을 치고 예배들 드려도 부흥할 때였으며, 밤이면 산에서 철야기도 소리가 그치지 않고, 교회에는 기도 소리가 그치지 않았으며, 초대 국회 개헌식에서 기도로 시작할 정도였습니다.

기독교는 한국의 소망이고 미래였습니다.
현재의 한국교회는 교인이 9백만 정도이고, 교회는 문닫는 교회가 1년에 이백개 정도이며, 주일학교 50%, 새벽기도 40%정도 없어지고 있으며, 기도원들이 무너지고, 부흥집회가 없어 한국교회 영성이 무너지고 인본주의가 날뛰는 시대가 됐습니다.

WCC가 한국교회에 들어와 장로교회와 한국교회를 분열시키고 싸움터를 만들었으며, 개혁성경은 원본이 아닌 사본이기 때문에 믿지 않는다는 WCC 추정자들과 성서공회가 개혁새번역성서를 출판하였습니다. 개혁새번역성서는 2만여군데 오번역이 있으며, 이 오번역으로 한국교회에 큰 혼란을 가져왔고, 교회 설교용으로 사용할 수 없게 되자 새번역을 하겠다고 속이고 번역 개역개정판을 지금까지 4번을 만들었는데 많은 오번역으로 글자만 바꾼 짜깁기 개혁새번역 성서를 만드는 기경에 이르렀습니다.

그래서, 합동총회에서는 개혁새번역성서를 사용하지 않겠다고 결의하였습니다. 한국교회는 엄청난 지탄을 받고 성도들이 등을 돌리는 현상까지 일어났습니다.

WCC가 일으킨 분란은 교회의 영성이 무너지고, 일부 대형교회의 세습과 목회자들이 세속의 물질만능주의로 변질되어가면서 세상 사람들의 질타를 받는 상태까지 오면서, 요한계시록 7개 교회 현상이 한국교회에 나타나고 있지 않나 싶습니다.

그리하여, 본회 (사)예장총연은 26년동안 한국교회 이대로 좋은가 라는 주제로 각 분야의 유능하신 강사들을 모시고 세미나를 하고 강의를 한 원고들이 너무 귀중하여 이 원고들로 역사에 남는 서적을 출판하고자 합니다.

그동안 협조하고 함께 한 (사)예장총연 70개 교단의 총회장님 및 임원분들께 감사드리며, 세미나 강사로 오셔서 한국교회 바로 세우는데에 뜻깊은 강의를 하신 많은 강사님들께 깊은 감사를 드립니다.

감사합니다.

 추천서

조용목 목사
은혜와진리교회

  한국기독교교단협의회, 8.15국가기도회, 성경공회 등을 통하여 제가 이광용 목사님과 교분을 나눈지 어느새 30년이 훨씬 지났습니다. 긴 세월 동안 제가 알게 된 이 목사님은 창조, 구속, 천국, 그리스도의 재림, 성도의 부활에 대한 지식과 믿음은 온전히 성경에 부합(符合)해야 하며 성경에 부합되지 않는 교리와 신학은 무가치할 뿐 아니라 유해한 것이라는 믿음이 투철하였습니다.

  그뿐 아니라 비 성경적인 교리와 신학, 종교다원주의와 세속화의 교회 침투를 단호하게 경계하고 배척하도록 교회를 각성시키는 일에 적극 힘쓰고 있습니다.

  이광용 목사님은 〈한국교회 이대로 좋은가〉 라는 명제를 두고 긴 세월 동안 기도하고 꾸준히 성회나 세미나 등을 개최하고 있습니다. 이 주제에 관련하여 사단법인 대한예수교장로회총연합회에서 설교하여 달라고 제게 요청하므로 두어 번 설교하였습니다.

몇 주 전 저에게, 그 동안 〈한국교회 이대로 좋은가〉라는 주제에 관련하여 특강하신 분들의 강의 내용을 정리하여 책을 발간할 계획이라고 밝히시면서 제가 하였던 설교 문을 정리하여 보내 달라고 하였습니다. 또한 추천의 글도 요청하였습니다.

이 서적의 중요성을 알기 때문에 적극 추천합니다.

또한, 기독교계의 여러 분야에서 활약하시는 지도자들이 하나의 주제에 관련하여 개진한 글이 수록되었으므로 많은 분들에게 읽혀지기를 바랍니다.

추천서

정성구 박사
전 총신대, 대신대 총장

금년은 한국선교 140주년을 맞는 뜻깊은 해이다. 언더우드와 아펜젤러가 제물포에 도착했을 때, 조선은 문명과는 아주 거리가 먼 칠흑 같은 어둠의 땅이요, 어디에도 소망의 빛이 없었다. 이조 왕권은 종말을 맞았고, 세계와 담을 쌓고 살았던 이 나라는 왕실과 기득권층의 양반이 있었지만, 나머지 백성들은 모두 노예라고 볼 수밖에 없었다. 이렇게 희망이 없는 절망적인 상황에서, 이 땅에 거룩한 복음의 빛이 비치게 되었다. 병원이 생기고, 학교가 세워지기 시작했고, 서서히 단순한 복음이 증거되기 시작했다. 그리고 교회가 세워지고 후에 들어온 장로교 선교사와 감리교 선교사들이 앞다투어 신학교와 학교와 교회를 세워 선교의 박차를 가했다.

사실 앞이 보이지 않는 깜깜한 이 땅의 영혼들을 깨어나게 한 것은, 예수 그리스도의 순수한 복음이었다. 한국교회는 세계 역사에 둘도 없는 부흥의 역사가 나타나기 시작했고, 인물을 키우고 세상을 바꾸어 갔다. 그러니 우리나라는 복음으로 다시 태어난 셈이다. 그러나 교회가 세워진 지 반세기만인 1935년대, 자유주의 신학의 도전으로 신학교와 교회들이 말로 다할 수 없는 진통을 겪게 된다. 이에 대해 정통신학자 박형룡 박사가 나서서 〈신학난제 선평〉을 발표하고, 보수 신학을 위해 변증, 변호 하였다. 그러나 또다시 1960년대 전후한 WCC와 말씀 오번역으로 결국 교회는 분열되는 진통을 겪게 된다. 그 후에도 교회는 보수와 진보의 분열뿐 아니라, 보수 신학을 지킨다는 교회들도 정치적 이해타산(利害打算)을 따라 끊임없이 분열되고 분열 하였다. 같은 신조, 같은 교회, 같은 신학을 갖고 있으면서도 교회가 삼분오열(三分五裂)되었기에, 세상에 대해 할 말을 잃었고, 손가락질을 받게 되었다.

교회 분열에는 외부적 요인도 있지만, 내부적 요인도 있었다. 하지만 우리 앞에 놓인 과제로는 보수 신학과 신앙을 가진 지도자들이 먼저 모든 것을 내려놓고, 하나 되는 것이 필요하다. 고마운 것은, 사단법인 예장총연합회의 이광용 목사님을 중심으로 줄기차게 저명한 박사, 교수님들을 모시고 '한국교회 이대로 좋은가라' 는 주제로 정통보수주의 신학 포럼을 가져왔었는데, 금번에 이를 한데 묶어 논총집을 내는 것은, 크게 경하할 일인 줄 알고 축하는 드리는 바이다.

추천서

최희범 박사
서울신학대학교 교수 및 총장역임
CTS 기독교 TV 이사

한국교회 이대로 좋은가?

이 논제가 의미하는 것은 작금의 한국교회 현상에 대한 진단(문제점)과 처방(해결방안)을 제시하려는 시도를 함축하고 있음입니다.

많은 사람들이 한국교회가 위기에 처해 있다고 말합니다. 한국교회는 금년(2025년)으로 선교 140주년이 되었습니다. 그 기간 동안 한국교회는 세계 선교 역사에서 유례를 찾아볼 수 없는 성장을 이루어 냈으며 전체 국민의 25% 가 기독교인이 되었고 한국 사회 발전에 공헌한 바도 지대하였습니다. 그러했던 한국 교회가 병들기 시작한 것은 성장 주의에 치중하면서 교회 안에 스며들기 시작한 자유주의, 세속주의, 인본주의 사상을 간과했기 때문이었습니다. 더욱이 초대교회의 본질에서 이탈하고 개혁주의 신학 사상과는 멀어지기 시작하면서 성장 둔화의 분깃점을 맞게 되었고 교회의 사회적 영향력도 떨어지기 시작하면서 한국교회는 위기에 처하게 됩니다.

한국교회 이대로는 안된다

기치를 들고 일어난 곳이 '사단법인 대한예수교장로회총연합회'(예장총연)입니다. 1999년 12월에 창립된 '예장총연'은 4반세기 동안 한국교회 개혁운동을 주도하여 오늘에 이르렀고 그이 일환으로 이 책을 발간하게 되었습니다. 이 책의 주제는 "성경(말씀)으로 돌아가자!"입니다. 한국교회 복음주의 신학자들의 글을 수록한 것으로 이 책의 의미를 몇 가지로 요약합니다.

첫째, 한국교회의 문제점을 제시(진단)함과 그 해결 방안(처방)을 분명하게 하므로 '예장총연'의 주장과 입장이 더욱 선명해졌으며 그 주장에 대한 신학적 정당성이 담보되었다는 것입니다.

둘째, 교회개혁의 길잡이가 된 것입니다. 이는 교회의 본래적 모습을 되찾아가는 길입니다. 어쩌면 갱신(Renewal) 보다 더 강한 개혁(Reform)의 길을 제시하여 한국교회를 진단하고 그에 대한 처방을 제시하고 있는 귀중한 내용들이기 때문입니다.

셋째, 한국교회 개혁사에 남게 될 것입니다. 세월은 흐르고 세대는 지나가게 마련입니다. 오늘의 이 작업(몸부림)이 후대의 신학자들에게 효시가 될 것이며 목회자들에게는 그들의 목회 철학과 목회 패러다임(Paradigm) 설정을 위한 받침이 될 것이라 확신하기 때문입니다.

이처럼 소중한 이 서적이 발간되기까지에는 '예장총연'의 헌신과 노력이 있어 가능했으며 특히 이 연합회를 이끌어 오고 있는 대표회장 이광용 목사님의 확고한 의지와 끈질긴 지도력이 그 동력이 되었다고 생각합니다.

나는 이 연합회에 소속된 사람이 아니지만 이광용 목사님과는 'CTS기독교TV'에서 30여년 함께 하며 그의 '예장총연' 사역과 한국교회연합회 활동을 지켜보면서 그에 대한 신뢰와 존경하는 마음을 갖게 되었습니다. 그러하기에 오늘 이 책의 발간에 깊이 감역하며 또한 감사한 마음도 전하게 됩니다.

이 책 속에 담긴 신학적 내용과 사상들이 후세 신학자들에 의해 계승되고 더 발전되기를 기대하고 목회자들에게는 성찰과 개혁이 지침이 될 것을 바라며 기쁜 마음으로 이 책을 추천하는 바입니다.

추천서

피종진 박사
사단법인 한국복음화
운동본부 대표총재

    독일의 철학자 Hekel 은 현대는 어두운 세대요 텅 비어있는 세대라고 하였습니다.
    특히 하나님은 로마서 13:12절에 '밤이 깊고 낮이 가까왔으니 그러므로 우리가 어두움의 일 벗고 빛의 갑옷을 입자' 고 하였습니다.

    현대는 너무나 크고 기막힌 일이 많아 울음조차도 없어져 가는 세상이 되어가고 있습니다.
    이에 따라 가치관도 혼란속에 침륜되어 가고 따라서 도덕윤리의 상실. 잘못된 이데올로기(An ideology that is going Wrong)로 인한 극한 투쟁은 이미 위험수위를 넘어가고 있습니다.

    더욱 안타까운 일은 WCC와 이단들의 침투와 한국교회의 분열과 싸움입니다.
    정직과 온유 속에 행복이 깃들어야 할 인간들의 마음 밑바닥 속에는 노여움과 분노 저주와 악독, 불평과 원망들이 거친 들판에 잡초처럼 우거져 가고만 있습니다.

　주일 학교가 패쇄되는 교회가 늘어만 가고 인본주의와 세속주의 침투로 생명력이 상실 되어 가고 있습니다.

　이제 우리 한국 교회는 깨여 일어나야만 합니다.

　그리고 주의 종들로부터 온 성도 하나까지 불길같은 성령의 기름부으심을 받아야 합니다.

　위대하고 강하신 영성교육 (Spirituel Training)으로

　who am l?

　were am l going to do

　내가 누구이며 내가 어디로 가야 하는가를 가르쳐주어 사막같은 세상에서 갈급한 심령을 안고 몸부림치는 현대인들의 심령들에게 전해 줌으로 The Korean Church and World Church Will Rise Again.

　내가 누구이며 내가 어디로 향해가고 있는지를 제시해 줄 것을 믿는다.

　또한 귀한 목사님들의 영성과 지성으로 출판된 이 귀한 책을 통하여 하나님의 놀라운 역사가 일어날 줄을 믿으며 주님의 이름으로 축복합니다.

추천서

누구나 한번쯤 읽어 교훈을 얻을 만한 글

강춘오 박사
(사)한국기독언론법인
이사장

　사단법인 대한예수교장로회총연합회(예장총연)는 그동안 매년 3.1절, 6.25, 8.15 국가기도회를 통해 '한국교회 이대로 좋은가?'라는 주제 아래 특별 세미나를 개최해 왔다. 지난 26년간 꾸준히 제기해 온 예장총연의 '한국교회 이대로 좋은가?'라는 이 물음에는 "한국교회가 이대로는 안된다"는 자성이 담겨 있는 것이다.
　사실 오늘날 대한민국 사회를 다종교사회라고 한다. 세상을 구원하겠다고 나선 세계적 종교집단들이 서로 그 세(勢)를 다투며 뒤섞여 있다. 기독교를 비롯한 인류 사회의 클래식 종교와 다양한 신종교들이 아무런 제재나 간섭없이 자유롭게 포교활동을 하고 있다. 그래서 종교학자들은 대한민국을 세계 종교박물관이라고도 한다. 그 틈새에서 우리 한국교회 역시 괄목할 만한 성장을 이루어 왔다. 불과 선교 역사 140년만에 교회당 수가 6만개, 목회자 수가 20여만명, 교인수가 1000만명, 학교와 병원을 비롯한 수많은 선교기관들을 운영하고 있다. 이만하면 성공한 역사가 아닌가? 그런데 왜 한국교회에 대해 '이대로 좋은가?'라는 불편한 의문을 제기해야 하는가. 그것은 오늘날 한국교회가 본래 예수 그리스도의 교회로서의 본질에서 일탈한 모습을 보이고 있기 때문일 것이다.

예수 그리스도의 교회는 그것이 언제 어디에 있던 '하나'이다. 이 하나인 교회가 마치 무당네처럼 '개교회주의'로 갈갈이 나뉘어져 연합과 일치를 이루지 못하고 있다. 또 한국교회의 신앙형태 또한 대단히 '기복주의적'이다. 기복주의는 소시민이 추구하는 신앙관임에는 틀림없으나, 기독교가 추구하는 신앙관은 결코 아니다. 그런데 한국교회는 기복주의에 너무 깊이 매몰되어 있다. 또 한국 기독교는 '물질주의'를 극복하지 못하고 있다. 마치 교회를 믿음이 아니라 돈으로 운영하는 양 물질을 앞세운다. 그래서 돈이 없으면 교인 노릇 하기도 어렵다는 말을 듣는다. 이를 극복하지 못하면 한국교회의 미래를 담보할 수 없다.

한국의 기독교는 미국의 교파주의 교회의 선교 영향으로 다양한 교파로 구성되어 있지만, 그 중에서도 개혁교회인 장로교가 다수를 점하고 있다. 또한 한국 장로교가 일제의 신사참배 강요의 결과로 교단이 갈라져 오늘날에는 그 수를 헤아리기 어려울 정도에 이르렀지만, 중요한 것은 장로교는 역사 속에서 끝임없이 '개혁하는 교회'라는 점이다. 그러므로 한국 기독교가 개혁교회가 중심을 이루고 있다는 것은 우리 사회에 희망이고 축복이라 할 것이다. 따라서 한국장로교회는 반드시 하나되는 연합과 일치에 성공해야 한다. 그것이 한국교회 전체의 희망이고, 민족교회로서의 사명을 다할 수 있는 길이다. 이것이 곧 한국교회의 개혁이어야 한다. 예장총연의 '한국교회 이대로 좋은가?'라는 주제는 이 개혁적 의지를 재확인하고자 하는 데 있다.

이번에 출판되는 예장총연의 '한국교회 이대로 좋은가?'는 한국교회의 유능한 교수, 목회자, 부흥사, 언론인 등이 세미나에서 발표한 내용을 묶은 것이다. 누구나 한번쯤 읽어 볼만한 글이다. 여기에서 많은 교훈을 얻기를 기대하면서 추천사를 보낸다.

차 례

인사말씀 ● 대표회장 **이광용** 목사 ········ 2

추천서 ● **조용목** 목사 ········ 5

추천서 ● **정성구** 박사 ········ 7

추천서 ● **최희범** 박사 ········ 9

추천서 ● **피종진** 박사 ········ 11

추천서 ● **강춘오** 박사 ········ 13

표준 새번역 성경은 과연 어떠한가 ········ 19

새번역 성경 개정판 : 오번역에 관하여 ········ 73

WCC와 WCA에 대한 정체, 한국교회에 미치는 결과 ········ 104

한국교회 이대로 좋은가 ········ 144

조용목 목사 (은혜와진리교회)
  1. 변경할 수 없는 신앙과 삶의 원칙 ········ 145
  2. 3H운동 ········ 160
  3. 기록된 말씀 밖에 넘어가지 말라 ········ 170

정성구 박사 (전 총신대 총장 및 한국칼빈주의연구원장)
  1. 改革主義神學에 生命불어넣기 ········ 181
    - A. Kuyper의 롤모델을 中心으로

2. 포용 주의를 포용할 것인가? ……… 199
  - W.C.C 에 대한 한국보수 주의의 입장
  3. 끝나지 않은 교회의 개혁 ……… 212

박형용 박사 (전 합동신학대학원대학교 총장)
  1. 종교개혁 정신을 회복하자 ……… 219
  2. 한국교회 130년: 취해야 할 것과 버려야 할 것 ……… 244
  3. 한국교회 이대로 좋은가? ……… 270

김의환 박사 (전 칼빈대학교 총장)
  한국교회 신학의 역사적 조명(1900~1945) ……… 292

차영배 박사 (전 성경신학대학원 총장)
  二十一世紀를 맞이하는 福音主義神學의 使命 ……… 317

최희범 박사 (서울신학대학교 교수 및 총장역임, CTS 기독교 TV 이사)
  1. 절망(絶望)을 넘어서 희망(希望)을 노래하자 ……… 330
  2. 한국교회 연합(聯合)과 일치(一致)운동 소고(小考) ……… 340

이 선 박사 (전 대한신대 총장)
  영성 회복 ……… 355

나용화 박사 (전 개신대학원대학교 총장)
  「한국 교회의 성경 개혁」 ……… 379
  - 바른 신학과 바른 성경 번역을 통한 한국장로교회 개혁을 위하여

김남식 박사 (한국장로교사학회 회장)

 한국교회의 개혁, 이렇게 하자 ········ 402

예영수 박사 (전 라이프신학대학 총장)

 1. 네 발에서 신을 벗으라 ········ 427
 2. 하나님 나라와 예수님의 부흥운동방법 ········ 438

조요한 박사 (총회신학대학 학장)

 현대 자유주의 신학의 실체 ········ 453

박영률 박사 (전 중앙신학대학원대학교 부총장)

 한국교회의 영성지도자의 자세 ········ 462

조석만 박사 (대한신학대학원 조직신학교수)

 목사의 자질 ········ 476

고중권 박사 (전 비브리칼총회 신학교 학장)

 세계교회협의회 총회를 통해 드러난 정체 ········ 491
 (W.C.C. World Council of Churches)

박용기 박사 (성경신학학술원 원로)

 한국교회 대안이 '성경'에 있다 ········ 506
 - 예수님의 성경관을 중심으로

엄신형 박사 ((사)한국원로목사총연합회 대표회장)

　　변화를 이루는 삶 ········ 531

피종진 박사 ((사)한국복음화운동본부 대표총재)

　　1. 韓国敎会 이대로 좋은가-1 ········ 539

　　2. 韓國 敎會 이대로 좋은가-2 ········ 547

오관석 박사 (전 침례신학대학 이사장)

　　응답의 불을 받으려면 ········ 560

강춘오 박사 ((사)한국기독언론 법인 이사장)

　　오늘날 한국교회가 가장 경계해야 할 것들 ········ 565

안병삼 박사 (한국기독교정보학회 회장)

　　일루미나티의 트로이 목마 전략 ········ 574

『표준새번역 성경전서』 과연 어떠한가?

성경공회

"내가 너희에게 명하는 말을 너희는 가감하지 말고 내가 너희에게 명하는 너희 하나님 여호와의 명령을 지키라"(신 4:2)

"너는 그 말씀에 더하지 말라 그가 너를 책망하시겠고 너는 거짓말 하는 자가 될까 두려우니라"(잠 30:6)

"진실로 너희에게 이르노니 천지가 없어지기 전에는 율법의 일점일 획이라도 반드시 없어지지 아니하고 다 이루리라"(마 5:18)

"만일 누구든지 이 책의 예언의 말씀에서 제하여 버리면 하나님이 이 책에 기록된 생명나무와 및 거룩한 성에 참예함을 제하여 버리시리라"(계 22:19)

"나 여호와가 말하노라 그러므로 보라 서로 내 말을 도적질하는 선지자들을 내가 치리라"(렘 23:30)

I. 서 론

　1992년 12월 31일 대한성서공회에서 이른바 〈표준새번역 성경전서〉를 출간한 이래 그동안 이의 수용 여부를 두고 교계 안팎에서 극심한 논란이 계속되고 있다. 그리고 대한성서공회측의 설명과는 달리 여러 교단과 신학자들의 연구 검토 결과 〈표준새번역〉이 가지는 심각한 문제점들이 속속 드러나고 있다.
　그동안 교계 신문이나 여러 언론매체들을 통하여 발표된 〈표준새번역〉에 대한 평가들을 일별해 보면 다음과 같다.

　* 표준새번역을 읽고 느낀 것은 영감을 받은 성경이라기보다는 인간의 인위적인 이성과 합리적인 사고가 개입된 책이라는 것이다. 문체에 있어서도 하나님의 계시 말씀이 아닌 마치 소설이나 신문기사를 읽는 것 같아 진리의 말씀으로 실감이 나지 않는다. 성경의 존엄성을 크게 약화시켰다. 또한 성경을 '성서'라고 말하는 것은 일본어의 유산이다(한병기 목사).
　* 표준역 성경은 자유주의 신학적 입장에서 번역하였기 때문에 하나님의 권위를 손상시켰다(서철원 교수).
　* 표준새번역에는 많은 부분에서 번역자의 신학적, 신앙적 판단이 들어와 있다(정훈택 교수).
　* 이 번역서는 한국교회가 받아들일 수 있는 공예배용 번역이라기보다는 젊은 세대들의 이해를 돕기 위해 만든 하나의 새로운 번역으로 간주될 수 있다. 그 이유로 ① 단어 선정이 강단에 적합치 못하며, ② 간결하게 번역할 수 있는 부분에서 의미를 충분하게 전달하려는 의도로 인하여 너무 말을 풀어 번역하였고, ③ 일부 구절에서는 히브리 원문보다는 70인역이나 다른 번역서에 치중하였고, ④ 상이한 신학적 견해를 조화시키려는 의도에서 '난외주'를 너무 남용한 것을 들

수 있다(김의원 교수).

 * 표준새번역 성경은 첨삭, 오역, 변역 등과 함께 번역자의 신학적 주견이 개입됨으로써 성경 본문 텍스트와 전혀 다른 뜻으로 번역했을 뿐만 아니라, 자유주의 신학에 기울어진 내용을 지녔다. 그리고 외설적이고 토착적인 용어를 서슴지 않고 사용함으로써 거룩한 하나님의 말씀 품위를 떨어뜨렸고, 성경 본연의 의미를 퇴색시켜 버렸다(정규오 교수).

 * 표준역 성경은 … 거룩한 하나님의 말씀을 그대로 옮기지 못하였다. 히브리 성경의 맛소라 사본을 고의적으로 이탈하거나 경시하고 헬라어 번역판인 70인 역이나 사마리아 오경, 외경과 번역자의 의견을 중시한 경향이 농후해 예배용으로는 매우 미흡하다(유재원 교수).

 * 신관과 구원관이 없고 관능적인 것을 지나치게 강조해 오히려 신도들의 영혼을 해치는 악서(惡書)요. '다른 복음'이다(합동측 목회자들).

 * 한국교회를 말살하려는 정책일 뿐만 아니라 수익성만을 꾀한 얄팍한 상술에 지나지 않는다(표준번역 '오역 많다', 선교신문, 1993.3.24일자).

 * 하나님의 감동이 아닌 번역자의 주관성 개입, 인위적 가감, 원문 오역(약 2만여 곳)이 있어 교회 강단에서 사용할 수 없을 뿐만 아니라 교육에 적합하지 못하다(표준번역 성경 논란 계속, 복음신문, 1993.3.24일자).

이상이 그동안 발표된 여러 자료에서 발췌한 〈표준새번역〉에 대한 평가들의 일부이다. 그럼 이제 〈표준새번역〉에 대한 이러한 평가가 과연 정당한 것인지, 그 진면목을 살펴보면서 확인해 보기로 하자.

II. 〈표준새번역〉의 일반적인 문제점

A. 번역과 발행 절차상의 문제

 교회가 교회 됨은 하나님의 진리 말씀 터 위에 서 있으므로 비로소 그러하며, 그 생명의 말씀이 교회 안에서 살아 역사하기 때문에 교회는 비로소 참된 교회일 수 있다. 따라서 절대무오하며 죽은 자를 구원하는 하나님의 생명의 말씀인 성경의 번역은 참으로 중요한 일이다. 따라서 교회가 그 시대에 부응하는 성경을 번역할 때는 사전에 모든 부분에 걸쳐 주도면밀한 준비를 해야만 한다. 그러나 표준새번역은 어떤 이유 때문인지 성경 번역에 있어 이러한 절차상의 문제를 무시했거나, 요식적인 행위로 일관했다.
 대한성서공회측이 〈표준새번역〉을 발간하며 우리나라 개신교 각 교단에서 나온 신학자 16명(2명은 도중 탈퇴)과 국어학자 6명이 약 9년 3개월에 걸쳐 번역하였고, 교계 원로 목회자와 신학자로 구성된 감수위원의 감수를 걸쳐 목회자 980명으로 구성된 자문위원의 자문을 받아 최종적으로 확정되었다고 말한 것은 사실과 다르다. 그것은 다음과 같은 사실에서 잘 알 수 있다. 그들은 1992년 12월 31일 자로 이미 〈표준새번역〉을 발간해 놓고 각 교단에 1993년 1월 말까지 감수를 의뢰하였다. 따라서 감수가 제대로 이루어지지도 않았을 뿐만 아니라 감수결과를 반영하지도 않았다. 또한 980명의 목회자들에 대하여 자문을 구했다는 것도 신빙성이 없는 한낱 수식어에 불과하다.
 이 모든 사실은 이미 그들 나름대로의 계획에 따라 모든 일을 진행시켜 놓고 사후적으로 추인하기 위한 요식적인 행위로 일관하였다는 것을 명백하게 보여준다. 또한 〈표준새번역〉에 대하여 교단 명의의 공청회나 개인 자격으로 여러 가지 문제점을 지적하였음에도 불구하고, 이러한 지적을 무시하고 대한성서공회측은 1993년 4월 13일 봉헌예배를 강행함으로써 하나님과 교회를 기만하였다. 즉, 그들은 성경을 말하나, 그 성경이 말하는 성경의 원리를 무시하고 있는 것이다.

대한성서공회는 〈표준새번역〉이 그들의 의도대로 "교회에서 〈개역〉 성경의 뒤를 이어 사용할 새번역의 준비"였다고 한다면, 먼저 이러한 시대적인 당위성에 대한 전교계의 광범위한 여론 수렴과 더불어, 성경 번역을 위한 준비위원회의 구성, 합당한 원본과 번역자의 선정, 합당한 번역 원칙의 수립과 원문에 철저한 번역, 새번역에 대한 철저한 감수, 전 교계의 새번역 수용 여부에 대한 의견수렴 등의 여러 가지 절차상의 문제에 있어 더욱 신중을 기했어야 했다. 그리고 이러한 모든 절차에 있어 여러 가지 문제의 소지를 없애기 위해서는 모든 절차를 교회 앞에 공개하여 투명성이 보장되어야 했고, 또한 번역상의 문제점은 그때그때 교회 앞에 공개 회람되어 공정성을 기했어야 했다. 이러한 모든 일들은 힘들고 어려운 과정임에 틀림이 없다. 인간적인 생각엔 그러한 과정에서 때로는 넘기 어려운 장벽이 있을 수도 있다. 그러나 우리는 살아계신 하나님의 전능하심과 역사하심과 간섭하심을 믿는다. 따라서 우리는 말씀을 통해 역사하시는 하나님께 모든 것을 맡길 때 그러한 지난 한 일도 비로소 가능하리라 믿는다. 그러나 이번에 대한성서공회측은 〈표준새번역〉을 번역 간행함에 있어 이러한 모든 절차를 간과 내지 요식적인 행위로 일관하고, 그들의 임의대로 일단 번역, 출간한 다음 〈표준새번역〉의 수용을 교회 앞에 일방적으로 강요한 것은 독단적이고 폭력적 기만행위에 지나지 않는다.

B. 번역자 선정문제

성경을 번역하는 일에 있어 번역자의 구성은 참으로 중요한 문제이다. 왜냐하면 번역에는 번역자의 신학과 사상, 그리고 어학 실력과 품성 등이 반영되기 때문이다. 따라서 성경을 "누가" "어떻게" 번역했느냐 하는 것은 그 성경 번역의 옳고 그름을 판가름하는 중요한 척도가 된다고 할 것이다. 하나님께서 당신의 말씀을 인간의 언어로 기록하실 때에 많은 사람들 가운데 특별히 하나님의 뜻에 합당한 사람들을 선별하여 말씀을 기록하게 하신 것과 마찬가지로, 그것을 번역하는 일도 그러하실 것이다. 따라서 번역자의 선정함에 있어서는 할 수 있는 한 최대한으로 신중을 기해야 한다.

대한성서공회는 1983년부터 다음과 같은 기준으로 번역자를 구성하였다고 하였다. (1) 성경 번역에 관심이 있어야 하고, (2) 성경 원어를 다룰 수 있어야 하고, (3) 원문의 말을 지금 우리가 쓰고 있는 우리말과 우리글로 올바르게 옮겨 놓을 수 있을 만큼 우리말 솜씨가 있어야 하고, (4) 팀을 이루어 일할 때에 서로 이해하고 협조할 수 있는 인품을 갖추어야 하고, (5) 제각기 소속된 신학대학이나 교회에서 번역 기간 동안 과중한 업무를 맡지 않아도 될 만큼 소속 대학이나 교회로부터 배려를 받을 수 있는 인물이어야 한다(표준새번역 성경전서 '이렇게 출간되었습니다'〈대한성서공회. 1993〉, p.3).

대한성서공회측에서는 이러한 기준에 맞는 16명의 번역팀을 선정한 후, 그 들을 세계성서공회 연합회에서 주최한 아시아 태평양 지역 성경 번역자 연수 과정의 훈련을 위해 두 팀으로 나누어 대만과 홍콩에 각각 파송하여 번역자 연수과정을 이수토록 했다고 한다. 또한 번역자 연수과정에서는 성경번역의 역사, 번역이론, 번역연습, 본문비평, 언어학, 문체론, 문장론, 번역팀의 구성과 운영, 번역원칙의 확정 절차 등에 관한 세미나를 하였다고 한다.

이러한 기준은 겉으로 보기에는 훌륭한 것 같으나 대한성서공회는 번역자를 선정하는 절차에 있어 공정성과 투명성을 확보하지 못하였고, 또한 그 기준에 있어서는 가장 중요한 점을 간과하고 있다. 즉 성경은 하나님의 영감된 말씀이요, 그 영감된 말씀을 번역하는 일에 있어 성경번역에 대한 관심이나 어학 실력도 중요하지만 가장 먼저 고려되어야 할 것은 번역자의 신앙의 문제이다. 성경을 하나님의 말씀으로 믿지 않는 자유주의 신학의 신봉자가 어떻게 성경을 성경답게 번역할 수 있겠는가? 번역자는 물과 성령으로 거듭나고 성령의 충만함을 받은 영적인 하나님의 사람이어야 한다. 아무리 훌륭한 언어학자라 할지라도 만일 그가 중생하지 아니한 자연인이라고 한다면 성경번역은 무망한 일이며, 그것은 헛된 노력일 뿐만 아니라 하나님의 말씀을 변개하려는 사탄의 장난이 될 수도 있다. 또한 일점일획도 변개될 수 없는 하나님의 말씀을 번역하는 이 중요한 일의 준비, 착수, 진행과정에 있어 성령의 도우심을 위하여 당사자는 물론 전교회적인 기도의 동참이 필요한데, 〈표준새번역〉의 경우에 이것이 절대적으로 부족했다. 하나님의 말씀을 번역할 때, 그 말씀이 기록될 때와 마찬가지로 사람의 주관적 사상이 개입되지 않도록 억제하시는 이는 오직 성령 하나님 뿐이시다. 그러나 번역자의 선정과 그 진행과정에 있어 가장 우선되어야 할 이 첫째 기준을 무시함으로써 〈표준새번역〉은 성령의 조명의 은사를 받았다고 납득하기 어렵다.

대한성서공회는 각 교단에서 선출된, 번역원고를 감수한 5명의 감수위원들의 이름은 밝히고 있으나 번역팀 16명의 이름은 밝히지 않고 있다. 그 이유는 그들의 신분을 보호하고 그들의 이름을 악용하는 일을 방지하기 위함이라고 한다. 그러나 이말은 정당화 될 수 없다. 성경의 정경성을 논할 때 필수적인 요소 중의 하나가 저자에 관한 문제라고 한다면, 번역본의 정당성을 논할 때에도 그 사본을 누가 번역했느냐 하는 원저자와 번역자의 이름을 함께 밝히는 것이 일반적인 상식이다. 번역자들이 원문을 잘못 해석함으로써 하나님의 말씀을 손상시킨 책임을 묻지 않고 그들의 신분을 보호한다는 구실은 하나님 앞에서 정당하지 못할 뿐만 아니라 교회를 기만하는 행위라고 하지 않을 수 없다.

1977년에 성서공회가 발행한 〈공동번역〉 성경을 카톨릭과 몇몇 자유주의 교회를 제외한 한국교회 전체가 배격하는 이유가 어디에 있는가? 다른 이유도 많이 있지만 가장 주요한 문제는 이 성경의 번역자 가운데 교황의 권위를 말씀 위에 두는 카톨릭 신부와 또 성경이 사람의 손으로 기록되었기 때문에 오류가 있다고 믿는 자유주의 신학자들이 포함됨으로써 그 번역의 신실성을 보증하지 못하였기 때문이다. 이러한 사람들이 할례 받지 아니한 마음과 이성과 사상으로 하나님의 거룩한 말씀을 변개시켜 자기류의 성경을 만들어 냄으로써 성경의 권위에 도전한 것은 분명히 하나님을 모독한 행위이다.

진리가 배제된 학문만을 연구할 때 그것이 어떤 종류의 학문일 수는 있으나, 결코 진리가 내포된 것은 아니다. 성경은 진리이고 학문은 그저 학문일 뿐이다. 그 학문이 아무리 그럴듯 해도 성경의 진리 위에 군림하도록 허용할 수는 없다. 진리가 배제된 신학, 살아계신 하나님의 성호와 예수 그리스도의 신성이 무시된 신학, 변개된 성경으로 정립시켜 놓은 신학은 어떤 학문일 수는 있으나 결코 진리일 수는 없다.

이번 성서공회가 위촉한 16명의 번역자 가운데 보수주의 신학자는 소수에 불과하고 더군다나 교단적으로 정식 파송의 절차를 밟은 것도 아니라고 한다. 그러므로 〈표준새번역〉의 번역은 교회가 주도적인 역할을 한 것이 아니라 대한성서공회가 주도하여 자의적으로 번역한 것이다. 따라서 성서공회가 1977년에 〈공동번역〉 성경을 번역할 때 저지른 실수가 이번에도 또 있었는지 밝히기 위해서, 또한 〈표준새번역〉의 번역에 있어 신실성과 투명성을 보증하기 위해서라도 대한성서공회는 교회앞에 번역자의 이름을 밝혀야 할 의무가 있다.

C. 번역 원칙에 있어서의 문제

성경번역은 문자와 문법에 의해 본문대로 직접 번역하여야 하고 번역자들의 신학에 좌우되어 본문을 임의로 바꾸어 신학과 교의를 바꾸면 안 된다. 의역은 직역으로는 도저히 그 뜻을 알 수 없는 경우에만 허용될 수 있다.

그러나 〈표준새번역〉은 성경본문의 명백한 단어와 문장들을 전혀 임의로 번역하였다. 본문에 없는 내용을 임의로 추가하고 또 원본문을 전적으로 다르게 번역하여 본래의 본문에서 크게 이탈하였다. 문법도 임의로 바꾸어 번역자들의 신학사상에 맞도록 개역하였다. 더욱 심각한 문제는 신학까지도 현대신학으로 번역하여 진리의 말씀의 터 위에 굳게 선 역사적, 정통적 기독교를 근본적으로 변조시켰다. 또한 번역은 문자적 문법적 번역을 해야 하고, 해석을 하면 안 되는데 〈표준새번역〉의 경우 번역자들의 주관에 따라 자의적인 해석 번역을 한 곳이 많다. 그러나 성서공회는 〈표준새번역〉을 출간함에 있어서 〈공동번역〉의 판매 실패를 고려하여 〈개역〉의 용어들을 상당량 유지하였다. 그러나 〈표준새번역〉의 언어는 많은 경우에 있어 이미 한국교회의 근본 자산이 된 용어들을 그릇되이 바꾸었고, 일반 사회에서도 널리 쓰이기 시작한 언어들을 새롭게 변조하여 큰 혼란을 야기시켰다. 이렇게 하여 〈표준새번역〉은 성경의 언어를 잘 알지 못하고서 번역자들의 신학에 의해 심한 변조를 성경에 가하는 결과를 초래하였다.

뿐만 아니라 새번역은 그 〈머리말〉에서 밝히고 있는 스스로 채택한 번역 지침, 곧 누구나 이해할 수 있고, 원어의 뜻을 분명하게 파악하고, 교회 안에서 예배와 교육에 적합하고, 고유명사는 개역 그대로 유지하며, 우리나라 교회가 특별히 중요시 여기는 용어는 바꾸지 아니하고, 성경의 품위를 손상시키는 유행어나 저속한 표현은 하지 아니한다는 6개 원칙을 스스로 위배하고 있다.

D. 원본 선정상의 문제

하나님의 말씀이 원래의 말씀대로 번역되어야 한다는 점에 있어서는 어떠한 이의도 제기될 수 없다. 왜냐하면 하나님의 말씀은 무슨 일이 있어도 번개되어서는 안 되기 때문이며, 그 말씀이 육신이 되어 우리 안에 거하시며 또 그 말씀이 하나님의 능력이며 그 말씀이 하나님 자신이기 때문이다. 더욱이 "주께서는 주의 말씀을 주의 모든 이름 위에 높게 하셨음이라"(시 138:2)는 말씀에서 알 수 있듯이 하나님의 말씀은 최고의 권위를 가지기 때문이다.

따라서 성경을 각 나라 말로 번역하려고 할 때 가장 중요한 작업은 원본을 선정하는 문제이다. 이것은 마치 건축 설계도와 같다. 선정된 설계도에 따라 그 건축물의 성격이 나타나는 것과 같이 어떤 원본을 선정하느냐에 따라서 성경의 권위와 그 성격이 결정된다. 따라서 일부 기독교 신문이나 공청회 등에 논란이 되는 몇 군데의 오역된 부분에 대한 시비보다는 근본적으로 원본 선정에 대한 논의가 선행되어야 한다. 바른 원본의 선정없이 번역된 성경은 하나님의 말씀의 정경성을 인정받을 수 없기 때문이다. 그러므로 성경 번역에 있어서 원본 선정의 문제는 가장 근본적이고 제 일차적인 최우선의 문제로 제기되어야 한다.

Ⅲ. 〈표준새번역〉에 반영된 신학적 문제점

건전한 성경의 해석에서 나온 신학의 체계는 그것이 출발한 성경에 대해 또한 그것을 건전하게 해석해 줄 수 있는 전제가 된다. 이러한 원칙은 종교개혁자들의 '성경은 성경으로' 해석한다는 원칙과 일치하는 것으로, 성경해석에 있어서 신학적 체계와의 공존관계가 설정되는 것이다. 그렇기 때문에 번역된 성경이 전통적 기독교 교의, 즉 신론, 기독론, 교회론, 구원론, 종말론 등에 심대한 변화를 가져올 경우 그것은 올바른 번역이라 할 수 없다. 따라서 여기에서는 먼저 〈표준새번역〉에 나타난 심각한 신학적 오류에 대하여 몇 가지만 살펴보고

자 한다.

A. 〈성경의 영감〉에 대한 의도적인 부인

1. 〈사 34:16〉
* 개역 : 너희는 여호와의 책을 자세히 읽어보라 이것들이 하나도 빠진 것이 없고 하나도 그 짝이 없는 것이 없으리니 이는 여호와의 입이 이를 명하셨고 그의 신이 이것들을 모으셨음이라
* 새번역 : 주의 책을 자세히 읽어 보아라. 이 짐승들 가운데서 어느 것 하나 빠지는 것이 없겠고, 하나도 그 짝이 없는 짐승은 없을 것이다. 주께서 친히 입을 열어 그렇게 되라고 명하셨고 주의 영이 친히 그 짐승들을 모으실 것이기 때문이다.

이 본문에서 새번역은 "이것들"을 "짐승들"로 번역함으로써 심각한 문제를 야기시켰다. 즉, "이것들"을 여호와의 책과 연관시켜서 해석하게 되면 여호와의 책이 짐승의 책이 되기 때문이다. 새번역의 번역자가 말하는 성경관은 본 구절에서 "여호와의 책"은 성경이 아니고 이스라엘 사람들이 가지고 있는 각종 짐승들의 이름이 적혀있는 책이고, "이것들은 하나도 빠진 것이 없고"에서 "이것들"은 11-15절에 나오는 각종 짐승들이며, "하나도 그 짝이 없는 것이 없으리니"의 "짝"은 짐승들의 짝을 말하며, "이는 여호와의 입이 이를 명하셨고"는 여호와께서 그 짐승들을 땅에 와서 살도록 명령하였다는 말이고, "그의 신이 이것들을 모으셨음이니라"는 여호와의 영이 이 짐승들을 모두 이 땅으로 모아들였다는 말이라고 설명하고 있다.

그러나, 여호와의 책이 짐승들의 이름이 적힌 책이라고 보는 것은 창 2:20에 짐승들의 이름을 준 것이 아담이지 하나님이 아니며, 여호와의 책을 동양의 금수록과 같은 범주에서 해석하는 것은 범신론에

속하며 여호와께서 말씀을 주심은 오직 사람에게 주신 것 뿐이라는 사실을 기억할 때 전적인 오류이다. 대하 17:9에 여호와의 책이란 율법책이며, 말 3:16에 여호와를 경외하는 자와 그 이름을 존중히 생각하는 자를 위하여 여호와 앞에 있는 기념책은 있어도 짐승의 이름이 적힌 책이란 없다. 또한 "이것들이 하나도 빠진 것이 없고"라는 말은 심판에 대한 여호와의 경고의 말씀이 하나도 빠진 것이 없다는 말이다. 여호와께서 짐승들을 땅에서 살도록 명령하시고 여호와의 신이 짐승들을 모두 이 땅으로 모아 들였다는 말은 창 1:21에 움직이는 모든 생물을 그 종류대로 창조하시니라는 창조의 원리에 어긋나며 땅에 모아 들였다는 말은 땅에 오기 전에 이미 창조되어 있었다는 것으로, 이는 '이중 창조설'로서 크게 경계할 부분으로 지시대명사를 실명사로 바꾸었다는 말이 성립되지 아니한다.

2. 〈딤후 3:16〉
* 개역 : 모든 성경은 하나님의 감동으로 된 것으로 교훈과 책망과 바르게 함과 의로 교육하기에 유익하니
* 새번역 : 모든 성경은 하나님의 영감으로 된 것으로 교훈과 책망과 의로 교육하기에 유익합니다. [난외주] 또는 '하나님의 영감으로 된 모든 성경은 교훈과…'
- 이 구절을 번역함에 있어 새번역은 난외주를 이용함으로써, 완전축자영감을 부인하는 사람들을 위해서 마음에 꺼리낌이 없도록 조치하고 있다. '하나님의 영감으로 된 모든 성경은', 곧 그밖에 영감되지 않은 부분도 있다는 것을 염두에 두고 있는 번역이다.

3. 〈벧후 1:21〉
* 개역 : 예언은 언제든지 사람의 뜻으로 낸 것이 아니요 오직 성령의 감동하심을 입은 사람들이 하나님께 받아 말한 것임이니라

* 새번역 : 예언은 언제든지 사람의 뜻에서 나온 것이 아니라, 사람들이 성령에 이끌려서 하나님께로부터 [오는 말씀을] 받아서 한 것입니다.

- 딤후 3:16이 기록된 "성경"에 초점이 있다면, 본 구절은 그것을 기록한 "사람들"의 성격이 강조되고 있는 구절로, 개역은 "성령의 감동하심을 입은 사람들"이라고 하여 성령의 주도적인 역할을 강조하여 옳게 번역하고 있다. 그러나 이 구절에서 새번역은 성경의 영감을 의도적으로 격하시키고, "사람들"이 주도적인 역할을 한 것으로 번역하고 있다.

4. 〈요 17:12〉
* 개역 : 그 중에 하나도 멸망치 않고 오직 멸망의 자식뿐이오니 이는 성경을 응하게 함이니이다
* 새번역 : 그러므로 그들 가운데서 한 사람도 멸망하지 않았습니다. 다만 멸망의 자식만 잃은 것은 성경말씀을 이루시려는 것입니다.
- 일반 성도들에게는 "성경"과 "성경말씀"은 동일하다. 그러나 현대 신정통주의신학의 경향에서는 "성경"과 "성경말씀"은 그 의미가 크게 다르다. 따라서 이러한 오해를 불식하기 위해서는 이것은 기록된 "성경"으로 번역함이 타당하다.

5. 〈히 1:1, 2상〉
* 개역 : 옛적에 선지자들로 여러 부분과 여러 모양으로 우리 조상들에게 말씀하신 하나님이 이 모든날 마지막에 아들로 우리에게 말씀하셨으니…
* 새번역 : 하나님께서 옛날에는 예언자를 시켜서, 여러번 걸쳐 여러가지 방법으로 우리 조상들에게 말씀하셨으나, 이 마지막 날에는 아들을 시켜서 우리에게 말씀하셨습니다

– 이 부분에서 새번역의 번역은 의도적인 오역이며, 그 결과는 심각하다. 하나님께서는 그의 택한 선지자들을 감동시켜 직접 하나님의 말씀을 전달하게 하신 것이다. 특히 2절 하나님의 아들에 관계되는 말씀 중 원문의 뜻은 아들 자신이 바로 하나님의 계시라는 말씀이다. 새번역은 아들이 단지 심부름꾼인 듯 오역되었다.

B. 신론에 관한 문제점

1. "여호와"의 이름의 삭제
(1) 〈출 6:2〉
* 개역 : 나는 여호와로라
* 새번역 : 나는 주다.
(2) 〈출 6:29〉
* 개역 : 여호와께서 모세에게 일러 가라사대 나는 여호와라 내가 네게 이르는 바를 너는 애굽왕 바로에게 다 고하라
* 새번역 : 주께서 모세에게 이르시기를 "나는 주라 너는 내가 너에게 하는 말을 모두 이집트의 임금 바로에게 전하여라."

성경은 하나님이 어떠한 분이라는 것을 증거해 주는 유일한 책이다. 성경이 없어도 하나님을 알고 하나님을 섬긴다는 말은 거짓이다. 또한 틀린 성경을 가지고서도 하나님을 바로 섬길 수 있다는 말도 거짓이다.
이번 〈표준새번역〉의 특징 가운데 가장 두드러진 것이 있다면 그것은 "여호와"라는 하나님의 이름을 모두 "주"로 고쳐 번역한 것일 것이다. 대한성서공회는 "구약의 표현대로 하나님이 여호와이십니다" 하는 것은 충분한 신앙고백이 아니라고 한다. 또한 "신구약 성경 어디에도 있지 않은 [여호와]라는 이름을 새로 만들어서 불러온 것은 비

록 짧은 기간 동안 극히 좁은 피선교 지역의 일부에서 그렇게 불리웠다 하더라도 이제는 우리가 반성하고 다시 성경의 전통으로 돌아가서 하나님의 이름 네 글자를 [주]로 고백하여야 할 것이다"고 주장하여, 성경 자체를 무시하고서도 가장 정당한 번역으로 자평하고 있다. 그러면서도 그들은 같은 자료에서 "여호와 네 글자는 [야웨]일 것이라고 학계의 의견일치를 보고 있다"라고 모순된 설명을 하고 있다.

하나님에 대한 이름이 많이 있지만 구약에서 가장 많이 사용되었고 또 우리에게 친근하게 알려져 있는 이름은 '여호와'이다. 이것은 우리를 위해 준비된 축복의 이름으로 구약에 7,000번 이상 쓰여져 있다. '여호와'라는 이름은 '스스로 존재하다'(I AM WHO I AM, 출 3:14)라는 뜻이다. 그는 영원히 스스로 계시는 자존하시는 절대자이시다. 곧 과거, 현재, 그리고 영원히 존재하시는 알파요 오메가이시다. 여호와는 영원한 이름이요, 대대로 기억할 표호이다. 또한 여호와는 역사의 주재이시요, 언약의 하나님이신 동시에 이스라엘의 구속자이시다. 구약성경에서 "주"라고 표현한 것을 "주"라고 번역한 것은 당연하지만, 켈러 사전에 의하면 구약에 "여호와" 혹은 "야웨"의 이름은 6,823번이 나오고 하나님의 이름(엘로힘)은 2,550번이 나오는데 6,823번이나 나오는 "여호와"의 성호를 "주"로 바꾸는 이유가 무엇인가?

새번역의 번역책임자인 민영진 목사는 그 이유를 (1) 성경원문의 전통에서 볼 때에 "여호와"는 구약성경 원문에는 없는 이름이다. (2) 기독교 2천년의 번역 전통에서 볼때 하나님의 거룩한 이름 네 글자는 늘 주로 번역되어져 왔다. (3) 우리가 지금 읽고 있는 '개역' 성경을 볼 때에 신약은 하나님의 거룩한 이름 네 글자를 '야웨'라거나 '여호와'라고 하지 않고 '주'라고 불리운 전통을 가지고 있다.

이러한 이유에서 새번역은 창세기 2장부터 시작해서 구약전체에 하나님의 이름으로 표시된 여호와를 버리고 LXX(70인역)의 전통을 따라 "주"로 교체하였다 한다. 창세기 2:4이하 전 구약에서 사용된 '여호와'가 '주'로 바뀐 것은 포로 귀환 후 구약교회가 이 이름을 부르지 못하고 '아도나이(주)'로 대치해서 읽었다. 이것은 이 이름의 발음표기가 없었음으로 정확하게 발음하지 못하였기 때문이다. 히브리어 성경이 본래 모음부호가 없이 자음으로만 되어 있는데다가 70년의 포로 생활로 히브리어를 거의 다 잊어버렸기 때문에 이 하나님의 이름을 읽을 수 없었다고 한다. 또 한가지 이유는 '여호와'는 너무나 거룩한 하나님의 성호여서 제사장들과 백성들이 감히 함부로 부르지 못하여 그 이름을 '아도나이'로 바꾸어 읽었다. 이러한 구약관습에 따라 B.C. 275년 모세오경을 처음으로 희랍어로 번역할 때 '퀴리오스(주)'로 번역하였다. 그러므로 여호와도 퀴리오스로 읽고 아도나이도 퀴리오스로 읽게 되었다. 그후 제롬이 성경을 라틴어로 번역할 때에도 여호와를 'Dominus(주)'로 번역하였다. 그 후에 서양의 성경 번역들이 'the Lord(주)'로 번역하게 되었다. 이것이 구약의 하나님 이름 여호와가 신약에서 '주'로 대체된 이유이다.

구약 원문에 '여호와'라는 정확한 발음이 없다는 것은 사실이다. 그러나 구약원문에 그 이름(YHWH, Tetragrammaton) 자체가 없다는 것은 거짓말이다. 맛소라 학자들이 읽기 독법에서 '야웨'라는 이름이 거룩하기 때문에 '아도나이(주)' 또는 '엘로힘(하나님)'으로 읽으라는 지시가 있을 뿐이다. 단지 읽으라고 권한 것을 번역까지 하지 않는 것은 잘못이다. 또한 기독교 2천년의 전통에서 "주"로 번역한 사실을 강조하고 있으나, 그것은 한낱 성경번역의 역사적 경향일 뿐 절대불변의 진리는 아니다. 그리고 민영진 목사는 "현재 전세계적으로 읽혀지고 있는 여러 언어 성경 중에서 여호와가 나오는 성경은 여호와 증인의 성경외에는 없으며 현재로서는 개역성경만이 지구상에서 마지막으로 여호와를 쓰고 있다"고 하나. 그것은 사실과 전적으로 다르다. 현재 전세계적으로 읽혀지고 있는 여러 번역서들 중에는 상당수가 "야웨" 혹은 "여호와"라는 칭호를 사용하고 있다. 현존하는 영어 성경 중에서 가장 완벽한 것이라고 평가받으며 한국 개역성경(1937)이 번역할 때 참조한 미국표준역본(ASV)은 그 이전에 '주(the Lord)'라고 번역한 것을 '여호와(Jehova)'로 재수정했다. 그 이유는 구약성경이 하나님 이름(YHWH)이 너무 거룩해서 '아도나이'라고 부른 것은 미신적인 생각이라고 판단했기 때문이며, 또한 '여호와'라는 이름은 히브리 원문에 있는대로 인격적이고, 언약의 하나님이며 구속주로서, 약속의 백성 이스라엘에게만 계시된 이름으로 다른 이방신들과 구별되어야 하기 때문이다. 그외에도 Jerusalem Bible(JB) 등 다수의 번역이 "야웨"나 "여호와"의 명칭을 사용하고 있다. 칼빈은 출 6:2을 주석하면서 '여호와'를 '아도나이'라 부르는 것은 분명 터무니 없는 미신이라고 했다.

또한 새번역이 LXX를 따른다면 창 22:14; 출 3:13에 나오는 "여호와"도 일관되이 "주"라고 고쳐야 할터인데 '여호와'라고 그냥 두었으니 번역에 있어 일관성을 유지하지도 못하고 있다. 그리고 '여호와'를 '주'라고 번역할 경우 가장 큰 문제가 되는 경우는 "여호와"와 "주"가 동시에 쓰이게 되는 경우이다. 성경에는 '주 여호와'라는 구절이 수없이 많이 나오는데 '여호와'를 '주'로 직역하면 '주,주'라고 해야 옳다(시 71:5). 그러나 새번역은 많은 경우에 '주 여호와'를 '주 하나님'으로 번역했다(신 3:24; 수 7:7; 삿 6:22 등). 그렇게 되면 '엘로힘' 하나님(창 1:1, 3, 6)과 구별할 방법이 없다. 이와같이 '여호와'를 어느 곳에서는 '주'로, 또 다른 곳에서는 '하나님'으로 호칭하게 되면 혼용으로 나타나기 때문에 하나님의 성호에 대하여 통일성이 없게 되고, 또한 그렇게 혼용하다 보면 자연히 원문에 있는 여호와를 삭제하거나 또는 없는 경우 첨가하게 된다(예, 시 71:5).

우리말 성경은 구약 본문대로 여호와 이름을 채택하여 100년 동안 사용함으로 우리의 하나님이 여호와이심을 알고 굳은 신앙을 갖게 되었고, 이 하나님이 여호와이시므로 참하나님이시고 창조주이심을 확실하게 믿었을 뿐만 아니라, 우리의 하나님이 세상의 다른 신들과 전혀 다른 참 하나님이요, 유일신임을 알게 되었다. 즉 여호와의 이름 때문에 우리의 하나님만이 참하나님이고 다른 신들은 다 거짓 신이며 피조물임을 알게 되었다. 그러므로 여호와가 우리 하나님이시고 구속주 되심을 확신하여 왔다.

'여호와'는 하나님의 영원하신 이름이다. 그리고 '주'는 여호와에 대한 칭호이다. '이름'과 '칭호'를 혼동하지 말아야 한다. 인간의 이름에 있어서도 자녀들이 아버지의 이름을 경외한다고 해서 호적에 아버지의 고유한 이름 대신에 '아버지'라는 칭호를 대신 기재하는 우를 범할 수 없다. 여호와는 두렵고 성스러운 하나님의 고유한 이름이다. 그래서 더욱 하나님의 책에서 그 성스러운 이름을 삭제할 수 없는 것이다. 또한 여호와는 애굽이나 다른 이방신들과 구분하기 위한 하나님의 성호였다(출 3:13). 그런데 이것을 '주'로 바꾸어 놓으면 하나님의 성호를 모독하는 행위가 된다. 왜냐하면 이방인들도 자기들이 믿는 신을 '주'라고 부르기 때문이며, 특히 최근 종교다원주의와 포스트 모더니즘과 같은 급진신학에서 '주'라는 칭호를 특히 애용하고 있다. 이것은 종교적 바벨, 혼합주의 술책이다(출 8: 5). 여호와 하나님은 영원히 변치 않으시는 유일하신 절대자 하나님이시다. 그 이름에는 그분의 고유한 인격과 품성이 나타나 있다. 그러므로 어떠한 경우에 있어서도 그분의 이름을 영원히 변개하거나 삭제해서는 안된다.

2. 창조론의 변조
 - 유출설 및 유신 진화론, 자연 발생설 등
(1) 〈창 1:1-2〉
  * 개역 : 태초에 하나님이 천지를 창조 하시니라 땅이 혼돈하고 공허하며 흑암이 깊음위에 있고…

* 새번역 : [난외주] '하나님이 천지를 창조하실 때에' 또는 '하나님이 천지를 창조하기 시작하셨을 때에', 땅이 혼돈하고 공허하며, 어둠이 깊음위에 있고

(2) 〈사 34:11〉
* 개역 : 여호와께서 혼란의 줄과 공허의 추를 베푸실 것인즉
* 새번역 : "에돔을 창조 전처럼 황무하게 하실 것이다"를 원문에 없는데 첨가하였다.

창 1:1을 번역하면서 새번역은 개역판대로 "태초에 하나님이 천지를 창조하셨다"고 하였지만 난외주에 원래 번역하려고 했던 것을 넣었다. 이렇게 번역한 이유는 '태초에'를 지시하는 히브리어 '브레쉬트'에 정관사(H)가 없어서 '바레세트'가 아니므로 종속 접속사로 해석할 수 있다는 현대 비평학자들의 견해를 따랐고, 또 GNB(Good News Bible)의 번역을 따른 것이다. 이러한 종속절로의 번역이 지금은 난외주에 실려있지만 얼마 후에는 본문으로 올라갈 것이 확실하다. 이것은 RSV의 경우에는 난외주로 들어있던 것이 GNB에는 정식 본문으로 채택되었기 때문이다.

이와같이 새번역자들이 최근의 비평적 문법적 제시를 따르는 이유는 맛소라 본문의 모음부호 때문인데 맛소라의 모음부호 첨가는 9-10세기에 완성된 벤 아셀 사본에 근거한 것이다. 이렇게 모음부호의 첨가의 완성이 후대에 된 것이라면, 지금 맛소라 본문의 모음 부호가 70인경(LXX) 이전의 전통과 완전히 일치한다고 볼 수 없다. 70인경, 사마리아 오경 및 오리겐이 편찬한 Hexapla, 그리고 라틴어 번역 성경 '불가타'는 모두 '태초에'로 읽고 있다. 따라서 교회의 전통적인 이해대로 '태초에' 하나님이 천지를 창조하심이 성경 저자의 원래 전달이며, 가장 올바른 독법이라 할 수 있다.

만일 '브레쉬트'를 종속절 접속사로 이해하여 '하나님이 천지를 창

조하기 시작 하였을 때에'라고 번역하고 이해한다면 이것은 무에서의 우주의 창조가 아니고 플라톤의 창조론처럼 이미 있는 영원한 물질을 가지고 신이 현상세계를 조성한 것이 된다. 이렇게 되면 성경 계시의 주장대로 무에서의 창조(creatoexnihilo)가 소산되고, 기독교의 하나님도 전능한 신이 아니요, 유일한 참 하나님이 아니라 많은 신들 중 하나같이 되어 고대 민족들의 창조설화로 전락하고 만다. 기독교는 무에서 만물을 처음으로 창조하신 하나님을 믿는 신앙인데, 이 신앙이 성경에서 그 근거를 상실하게 되면 기독교는 유일한 구원종교가 되지 못한다. 창 1:1을 히브리 성경 본문대로 무에서의 창조가 아니라고 이해하고 번역한 번역자들의 의도는 이사야 34:11에서 '에돔을 창조 전처럼 황무하게 하실 것이다'라고 번역한 데서 확증된다. 여기 이사야 34 :11의 번역도 GNB를 그대로 따랐는데 히브리어 성경 본문에 과연 그러한 표현이 있는가? 원문에는 '공허의 돌들 곧 추들을 에돔위에 펴실 것이라'고 되어있다. 하나님의 말씀을 그들의 신학적 의도에 의해서 가감할 수 없다. 또 새번역이 처음 창조가 무에서의 창조가 아니라고 보는 것은 요한복음 1:4에서 '그 안에서 생겨난 것은 생명이었으니'라고 번역한 데서도 잘 드러난다. 그러나 피조물은 창조되었지 자연발생적으로 원시물질에서 생겨난 것이 결코 아니다.

(3) 〈창 1:3〉
*개역 : 하나님이 가라사대 빛이 있으라
* 새번역 : 하나님이 말씀하시기를 빛이 생겨라
(4) 〈요 1:3〉
* 개역 : 만물이 그로 말미암아 지은 바 되었으니 지은 것이 하나도 그가 없이는 된 것이 없느니라
* 새번역 : 모든 것이 그로 말미암아 생겨났으니 그가 없이 생겨난 것은 하나도 없다

또한 새번역은 창 1:3, 6, 14 등에 '있으라'를 '생겨라'로 번역하고 있다. 그러나 '있으라'는 명령은 창조주 하나님의 전능하심 때문에, 곧 수고없는 창조를 말하고 있는 것이다. 그런데 히브리어 '예히'를 '있으라' 대신에 '생겨라'로 번역하면 무에서의 창조가 아니라 자연발생을 돕는 것이 된다. 우리 말에서 '생기다'라는 말은 자연발생을 의미한다. 따라서 이러한 번역은 유신진화론의 주장대로 자연발생적 사물에게 신이 발생과 진화의 동력을 제공한 것에 불과하여, 전능하신 하나님의 창조를 부인하는 것이 된다. 히브리어 '하야'는 존재의 개념이며, 생성의 개념이 아니다. 새번역에서와 같이 무에서의 창조가 부정되면, 영원한 물질을 진화하도록 촉구하여 사물들이 생겨나도록 하는 것 외에 남는 것이 없다. 물질을 영원한 것으로 보는 세계관에서는 사물들이 생겨나는 길은 진화뿐이다. 그런데 진화론은 허구이고 과학적으로도 입증되지 못한 가설에 불과하다. 다른 모든 번역들은 본문을 '있으라'로 번역하고 새번역이 번역에 참조한 GNB조차도 '빛이 있으라(let there be light)'라고 번역하였는데, 새번역은 완전한 자유주의 신학으로 번역하여 창조대신 진화론을 채택하고 있다.

새번역이 창 1:3, 6, 14 등을 진화론의 입장에서 번역한 사실은 요 1:3의 번역에서 확증된다. 이 본문을 GNB까지도 '만들어지다(made)'로 번역하고 있는데, 새번역은 '생겨났다'로 번역한다. 이 본문은 그리스도가 로고스로서 창조의 중보자임을 말하는 것이다. 즉 그리스도가 창조를 이루었음을 말하는데, 새번역은 그리스도에 의해 만물들이 창조된 것이 아니고 물질이 진화하여 사물들이 되는데 그 진화에 있어 그리스도가 동인과 진화의 유발 요인이 된다고 주장하는 것이다. 하나님의 창조 세계에서 진화는 불가능한 것이며, 만물은 그리스도로 말미암아 창조되어졌다.

C. 기독론에 관한 문제점

1. 그리스도의 구속사역의 변조
(1) 〈사 53:3〉
* 개역 : …질고를 아는 자라
* 새번역 : …그는 언제나 병을 앓고 있었다
(2) 〈사 53:10〉
* 개역 : …질고를 당케 하셨은즉
* 새번역 : …주께서 그를 병들게 하셨다

이사야 53장은 그리스도의 고난예언으로 유명한 장이다. 그러나 새번역은 사 53:3 중 '질고를 아는 자라'를 "그는 언제나 병을 앓고 있었다"로 번역함으로써 공관복음의 보고와 정면 배치되고, 히브리서의 가르침대로 그리스도께서 구속 중보자로서 흠없는 어린양으로 죽으셨다는 것을 부인한다.

대한성서공회의 책임 번역자는 예수의 구속사를 설명하는 주석서를 만들어 "그는 언제나 병을 앓고 있었다"라는 말을 만들어서 루터도, 칼빈도 그와같이 설명하고 있으며 어떤 번역에는 예수는 바람만 불어도 감기에 드는 사람이며, 습관적으로 병에 걸린 사람, 병약하여 늘 병에 친숙한 사람이라고 하면서, 그들의 번역에 오류가 없다면서 그 근거로 사 53:4, 10; 마 8:17을 말한다.

그러나, 사 53:3에 "질고를 아는 자라"는 질병을 잘 알 수 있는 것이지 질병을 앓고 있었다는 것은 아니다(출 15:26). 사 53:4에 "질고를 지고", 사 53:10에 "질고를 당케 하셨은즉", 마 8:17에 "병을 짊어 지셨다"는 것은 친히 자신이 병을 앓았다는 말이 아니고 구속주로서 우리의 질병을 대신한다는 뜻이다(히 4:15). 복음서 어디에 예수께서 병을 앓고 있었다는 기록이 있는가? 예수께서는 소경이 소경을 인도하면 둘다 구덩이에 빠지리라(마 15:14)고 하셨는데, 병자로서 병자를 고칠 수 없고, 병약하신 예수가 어떻게 그렇게 많은 병자를 고치실 수 있으며, 당신은 병을 앓고 있으면서 병자에게 "병에서 놓임을 받으라"고 말씀하실 수 있겠는가? 예수께서 우리의 질고를 담당하심은 십자가 구속에서 이루어진다는 것을 사 53:5에 "그가 찔림은… 그가 상함은… 그가 징계를… 그가 채찍에 맞음으로 우리가 나음을 입었도다"라고 한 말씀을 누가 아니라 할 것인가?

'질고를 아는 자'는 본문 그대로 질병의 어려움을 알고 체휼함을 뜻하는 것이지, 결코 항상 병을 앓고 있었음을 뜻하는 것은 아니다. 그리스도는 유월절 어린양으로서(고전 5:7) 흠도 없고 점도 없는 어린양으로 구속하셨다(벧전 1:19). 만일 그가 항상 병을 앓았다면 레위기의 가르침(레 3:1-2)에 따라 결코 속죄 제물이 되지 못하였을 것이다. 그런데 새번역에서 GNB를 따라 '언제나 병을 앓고 있었다'라고 본문에 없는 것을 고의적으로 번역하는 것은 예수 그리스도가 우리의 구속주가 될 수 없다고 주장하는 것에 다름 아니다.

또한 사 53:10에 '여호와께서 그로 상함을 받게 하시기를 원하사 질고를 당케 하셨은즉'을 '주께서 그를 병들게 하셨다'로 번역한 것도 예수님의 구속사관에 문제를 일으킨다. 이 말씀은 그리스도의 수난의 피동적인 면을 보여준다. 그리스도의 대속적 고난은 그의 자작(自作)이 아니고 정죄자이신 하나님께서 제정하신 것이다. 정죄자가 하나님이시니 사죄의 방침도 하나님에게서 유래되어야 한다. 여기 '상함을 받음'과 '질고를 당함'은 그리스도께서 받으신 십자가 고난을 가리킨다. 결코 성부 하나님은 성자 예수님을 병들게 해서 언제나 병을 앓게 하시는 분이 아니다. 그러므로 누구든지 '주께서 그를 병들게 하셨다'는 번역이 얼마나 잘못되었는지 쉽게 알 수 있을 것이다.

2. 그리스도의 동정녀 탄생에 관하여

(1) 〈사 7:14〉

* 개역 : 보라 처녀가 잉태하여…

* 새번역 : 처녀가 잉태하여…

〈난외주〉 ㄷ. 칠십인역을 따름. 히. '젊은 여인이'

(2) 〈마 1:23〉

* 개역 : 보라 처녀가 잉태하여…

* 새번역 : 보아라, 동정녀가 잉태하여…

〈난외주〉 ㅅ. 사 7:14(70인역)

위의 두 본문, 사 7:14과 마 1:23에서 보듯이 〈개역〉은 똑같이 "처녀로" 번역하고 있음에 대하여, 〈표준새번역〉은 똑같은 본문을 70인역에서 인용하면서도 구약에는 "처녀"로, 신약에는 "동정녀"로 번역하여 혼란을 일으키고 있을 뿐만 아니라 난외주를 이용하여 이 번역이 70인역을 따랐다고 하면서 히브리 본문과는 의미가 다른 것처럼 오도하고 있다. 특히 사 7:14 〈난외주〉의 히브리어에서 '젊은 여인'이라고 밝힘으로써 오역하고 있을 뿐만 아니라 동정녀 탄생을 부인하는 자들의 견해를 함께 살리려 시도하고 있다. 이는 성경의 진리에 대한 번역자의 포용주의 입장을 잘 보여주는 것이라 하겠다.

3. 그리스도의 신성의 약화 내지 부인

(1) **사도행전 20:28** '하나님이 자기의 피로 사신 교회'를 새번역은 '하나님께서 자기 아들의 피로 사신 교회'라고 번역함으로서 하나님의 성육신을 불가능한 것으로 보았다. 즉, 새번역은 하나님의 아들로 인정된 예수의 피로 사셨다고 함으로써 그리스도가 하나님의 성육신임을 부인하려고 의도하는 것이다. 다수의 권위있는 사본들이 '하나님이 자기의 피로 사신 교회'라고 표기하였고, 또 소수의 다른 사본들

은 '주 하나님께서 자기 피로 사신 교회'로 되어 있다. 그러나 새번역은 GNB의 번역인 '그의 아들의 속죄의 죽음으로 사신 교회'라는 번역을 따르고 있다. 바울은 그리스도를 하나님의 성육신으로 말함으로써 하나님 자신의 구속사역에 강조를 두어 '하나님께서 자기의 피로 사신 교회'라고 하여 하나님께 강조를 두고 있다. 그러나 새번역은 이러한 명백한 본문을 변조하여 '하나님이 자기 아들의 피로 사셨다'고 번역함으로써 그리스도께서 하나님이심을 배제하고 있다. 즉, '인간 예수의 피로 교회를 사셨다는 것'을 강조하고자 하는 것이다.

(2) 빌립보서 2:6 '그는 하나님의 본체시나'를 새번역은 '그는 하나님의 모습을 지녔으나'로 번역하여 그리스도가 하나님의 성육신임을 부인한다. 빌 2:5-11은 그리스도 찬송시로서 그의 성육신과 십자가 죽음으로 구원을 이루셨음과 승리를 말하고 있다. 본문에 '하나님의 본체'는 "하나님의 존재방식으로 계신자", 즉 '하나님으로 계신자'를 의미한다. 이것은 빌 2:7의 '종의 형체를 취하사'와 대조하기 위하여 '형상'을 사용하였다. 즉, 하나님의 존재 방식으로 계신 하나님의 종이 종의 존재방식을 입었음을 강조하기 위하여 형상 곧 '존재방식'을 사용하였는데, 새번역은 이것을 '하나님의 모습'으로 번역하여 본래 하나님이 아니신데 그와 유사한 분임을 말한다. 이것은 그리스도의 신성은 인간으로서의 완전성을 뜻한다고 보함함을 가질 수 있다고 보는 것이다. 그러므로 빌 2:5-11에서 바울이 말하는 그리스도의 선재와 또한 성부 하나님과의 동일본체이심은 전적으로 배제된다. 예수는 인간일 뿐인데 하나님과 유사하게 모습을 지닌다고 말하고자 하는 것이 번역자가 의도하는 것이라 볼 수 있다.

(3) 히브리서 1:3 '그 본체의 형상이시라'를 새번역이 '하나님의 본바탕의 본보기시요'라고 번역한 것은 명백하게 의도적인 오역이다. 이것은 예수 그리스도의 속죄를 만민을 위한 본보기 또는 모범이라고 보는 현대자유주의 신학의 반영이 아니겠는가?

(4) 새번역은 골로새서 2:9 '그 안에는 신성의 모든 충만이 육체로 거하시고'를 '그리스도 안에서는 하나님의 모든 신성이 몸이 되어서'로 번역하여 기독론 교의를 근본적으로 뒤집어 버리고 있다. 여기 '신성의 모든 충만'은 하나님 자신을 말한다. 원문에 없는 '하나님의 모든 신성'으로 바꿈으로서 하나님 곧 제2위격이 성육신한 것이 아니고 신성이 성육신한 것으로 번역하여 교회의 전통적 교의를 변조하였다. 성육신의 주체는 신성이 아니고 하나님 곧 신격이고 육체를 그의 인격 속에 취하셨음을 말한다. 그러나 새번역에 의하면 신성이 몸이 됨으로 신성은 없어지고 몸만 남으므로 갈세톤 신경에 정면으로 배치된다. 모든 신성이 육체로 거하심은 하나님 자신이 성육신하사 육체의 방식으로 거하시는 것을 뜻하지, 몸으로 신성이 변화된 것은 아니다. 모든 신성이 몸이 되면 하나님의 성육신이 사라진다.

(5) **요한복음 16:28** '내가 아버지께로 나와서 세상에 왔고'는 예수 그리스도께서 아버지에게서 나오사 세상에 오심을 말하고 아버지를 떠남이 아니며, 아버지에게서 나왔지만 아버지와 항상 함께 계셨다. 그런데 새번역은 이 본문과 교의를 바꾸어 '나는 아버지에게서 떠나서 세상에 왔다'라고 고쳤다. 본문은 아버지에게서 나옴이 바르고, 아버지를 떠남이 아니다. 삼위일체 교의에 의해 위격들은 상호 구분되지만 분리되는 것이 아니므로, 아들이 아버지에게서 나오심은 아버지를 결코 떠남이 아니다. 그리고 요 16:28 후반의 '다시 세상을 떠나서 아버지께로 가노라'를 '나는 세상을 두고 아버지께로 간다'라고 바꾸었는데 '세상을 떠나서'가 바른 번역이다. 새번역은 문법과 단어와 교의를 알지 못하므로 성경을 근본적으로 변조하였다.

4. 그리스도의 창조 중보직의 부정

골로새서 1:15-20은 그리스도 찬송시로서 초대교회가 예배시 사용했던 것이다. 이 찬송시는 그리스도의 창조 중보직과 구속 중보직을 찬양하고 있다. 그런데 골 1:16 '만물이 그에 의해 창조되되'를 새번역에서처럼 '만물이 그의 안에서 창조되었습니다'로 번역하게 되면 그리스도가 창조 중보자, 곧 창조자가 아니라 창조의 영역이나 창조의 창조점이 되어 신정통주의 신학이 된다. 원문은 '그의 안에서'가 아니라 '그에 의해서'로 번역되어야 문맥에 합하고 이 찬송 시에도 합당하다. 왜냐하면 본문은 골 1:16 후반에서 '만물이 그에 의해서 창조되고 그에게로 창조되었다'라고 하여 그리스도의 창조 중보자 곧 창조주 되심을 분명히 하기 때문이다.

또한 새번역은 요한복음 1:3 '만물이 그로 말미암아 지은 바 되었으니'를 '모든 것이 그로 말미암아 생겨났으니'로 번역하였다. 요 1:3에서도 그리스도의 창조 중보직을 말하고 있다. 그러나 새번역은 이것을 '모든 것이 그로 말미암아 생겨났다'라고 번역하여 만물은 자연 발생적으로 생겨나는 것으로 보고, 그리스도가 창조의 중보자이심을 부인하고 있다.

5. 독생자의 영광을 부인

요한복음 1:14에서 '아버지의 독생자의 영광이요'를 새번역은 '그 영광은 아버지께서 주신 독생자의 영광이며'라고 번역하여, 독생자 인간 예수에게 하나님 아버지께서 영광을 주는 것으로 만들어 그리스도가 하나님 곧 성자 하나님으로서 아버지와 함께 영원히 갖는 영광을 부인하였다. 원문은 인간 아들 예수에게 하나님이 독특한 영광을 주는 것을 뜻하지 않고, 삼위일체 하나님의 제2위격으로서 가지신 영원한 영광이 성육신 상태에서도 계속 나타내심을 의미한다. 그러나 새번역대로라면 그리스도의 하나님이심을 부인하는 결과를 초래하고 피조물로서 영광을 하나님으로부터 얻는 것이 된다.

6. 예수의 메시야이심을 부인

요한복음 6:27 '인자의 아버지 하나님의 인치신 자니라'를 새번역은 '그것은 아버지 하나님께서 인자를 인정하셨기 때문이다'라고 번역했다. 이 본문은 인자 곧 예수를 메시야로 세우심을 말하는 것이지 인자를 인정해 준다는 뜻이 결코 아니다. 인정은 그 자격을 알아보고 그의 능력대로 평가해 줌을 말한다. 그러므로 본문이 말하는 인침은 예수를 메시야로 임직하였음을 말하는 것이지 인정받음을 결코 뜻하는 것은 아니다.

7. '인자(人子)' 용어의 삭제

에스겔 2:1에 '그가 내게 이르시되 인자야 일어서라 내가 네게 말하리라 하시며'를 새번역은 '그가 나에게 말씀하셨다. 사람아, 일어서라 내가 너에게 할 말이 있다'라고 번역함으로써 예수님의 신성과 인성을 부인하는 결과를 초래하고 있다. '인자'는 예수님에게 사용되는 독특한 칭호이다. 인자라는 말이 에스겔서에서 93회나 사용되었는데 새번역에서는 모두 GNB에 따라 이것을 '사람'으로 바꾸었다. 히브리어로 사람은 '아담'이고 아들은 '벤'이다. 그러므로 개역의 올바른 번역 '인자(벤 아담)'를 새번역이 단순한 사람으로 바꿈으로써 예수님의 인성과 함께 신성도 부인하고 있다. 이 인자의 칭호는 '하나님의 아들'과 상대적인 말로서, 예수님의 인성을 나타내는 칭호이다. 이 말은 신약에 94회 나온다. 성서대백과 사전(제7권, 기독지혜사, 1981)에 의하면 인자라는 칭호는 다음과 같은 의미를 가진다. 인자는 그리스도의 메시야성을 의미한다. 그리스도의 화육은 그의 초기 사역에 있어서는 인자란 말과 연결된다(요 3:13). 인자는 그리스도의 인간성과 신성을 동일시 한다(마 8:20, 눅 9:58). 인자는 그리스도의 권위와 구속하시는 사역을 의미한다(마 9:6, 눅 19:10). 인자는 그리스도가 전적으로 구원의 승리를 거두신다는 의미를 지니고 있다(요 3:14). 인자는 예수 그리스도의 우주적 주권을 의미한다(막 14:62,

마 28:18). 인자는 무엇보다도 예수 그리스도가 최후 심판자 되심을 의미한다(마 13:41,42; 19:28; 26:64).

하나님께서 에스겔에게 메시야적인 칭호를 준 것은 명예스럽고 존귀한 칭호를 주어 그를 겸손케 하고 또 격려하기 위함이었다. 이번 새번역이 '벤 아담'을 단순한 '아담'으로 번역함으로써 하나님께서 선지자 에스겔에게 주셨던 명예스러운 '인자'의 칭호가 '여호와'의 이름과 함께 영원히 성경에서 없어지게 된 것은, 번역자의 실수라기보다는 사탄의 계략이라고 하겠다. 사탄은 언제나 지상에서 '여호와', '인자'와 같은 하나님의 칭호를 말살시키는 일에 주역이 되어 왔기 때문이다.

D. 성령론에 관한 문제

1. 하나님의 영을 물질로 격하시킴

〈표준새번역〉은 창세기 1:2을 '하나님의 영은 물 위에 움직이고 계셨다'로 번역하고서 난외주에 '하나님의 바람' 또는 '강한 바람'으로 번역하고 있다. GNB는 본문을 '하나님의 능력이 물 위에 움직이고 있었다'라고 번역하고, 또한 '하나님의 영, 혹은 하나님으로부터의 바람, 혹은 두려움을 일으키게 하는 바람'이라고 각주를 붙이고 있다. '영'을 표시하는 히브리어 '루아흐'는 일차적으로 공기, 바람, 호흡을 뜻하지만 성경에서 하나님께 적용될 때에는 하나님의 '영'으로 쓰이는데, 이것을 새번역은 GNB에 따라 본문에서 전혀 그 뜻을 발견할 수 없는 '바람, 강한 바람'으로 번역하였다. 이렇게 '하나님의 영'을 '바람'으로 번역함으로써 삼위일체 교리를 부인하고 일신론으로 변조하려는 의도가 다분하다. 70인역은 '하나님의 영'으로 본문을 확증하고 있다.

〈표준새번역〉이 하나님의 영을 물질로 보는 것은 요 3:8과 고전

6:19의 번역에서도 잘 드러난다. 요 3:8에서 '바람이 임의로 불매 네가 그 소리를 들어도 어디서 오며 어디로 가는지 알지 못하나니 성령으로 난 사람은 다 이러하니라'를 새번역은 '바람은 불고 싶은대로 분다. 너는 그 소리를 듣지만, 어디에서 와서 어디로 가는지 모른다. 성령으로 태어난 사람은 다 이와같다'고 번역 하고는 난외주에 '프뉴마'는 '영'을 뜻하기도 하고 '바람'을 뜻하기도 함이라고 하여 바람을 영이라고 함으로, 명백히 바람을 지시하는 부분을 영 또는 바람이라고 각주를 붙임으로써 성령은 영이고 영의 본 뜻은 '프뉴마'의 일차적인 뜻인 바람임을 강하게 지시하고 있다. 그러나 '프뉴마'도 그 일차적인 뜻은 바람, 호흡을 의미하지만 여기에서는 성령을 지시하기 위하여 쓰였다.

성령을 물질로 보고 하나님의 영으로서 삼위일체 하나님의 한 위격이 아니라고 하기 위한 번역자들의 신학은 고전 6:19의 번역에서도 잘 드러난다. 고전 6:19은 '너희 몸은 너희가 하나님께로부터 받은 바 너희 가운데 계신 성령의 전인줄을 알지 못하느냐'인데, 새번역은 '여러분의 몸은 성령의 전입니다. 여러분은 하나님으로부터 성령을 받아서 그것을 여러분 안에 모시고 있습니다'라고 번역하였는데, 이 문장을 이렇게 둘로 나누어서 번역할 수 있는 문장구조인가? 또 본문은 분명하게 '성령의 전'이라고 하였고 성령을 하나님으로부터 받아 너희 가운데 계신 분으로 말하고 있다. 그런데 어찌 성령을 "그것"으로 받아서 번역할 수 있는가? 어떤 문법적인 근거에서 성령을 "그것"이라고 번역하고 두 문장으로 나눌 수 있는가? 이것은 곧 성령을 물질로 보는 번역이 아닌가?

현대신학은 하나님의 삼위일체를 부인하고 하나님은 구약의 경우처럼 한 위격적 한 하나님만 인정한다. 이러한 신학에 의하면 예수 그리스도도 하나님의 성육신이 아니고 인간 나사렛 예수일 뿐이며 성령은 새번역자들의 신학처럼 물질이나 감화력일 뿐이다. 현대신학은 성령을 그리스도와 일치시키면서 성령을 그리스도에게서 나온 감화력으로 본다. 이렇게 하여 현대신학에서는 삼위일체는 존재하지 않고 신화로만 가능할 뿐이다. 성령을 물질이나 은혜로 보는 견해는 381년 콘스탄티노플 공의회에서 제2조 성령의 신앙고백을 확정할 때 이설로 정죄되었고, 교회는 성령을 인격으로 주님으로 고백함으로써 삼위일체 하나님의 제3위격으로 확정하였다. 삼위일체 교의는 기독교의 가장 핵심되는 교의이다. 따라서 새번역에서처럼 성령을 물질이나 감화력으로 격하시킴으로써 삼위일체 교의가 부인되면 기독교는 그 근본에서 파괴되고 만다.

2. 오순절 신학의 채택

요한복음 7:39은 예수 믿는 자가 받게 될 성령을 약속하는 말씀이다. 그러나 새번역은 오순절 신학을 채택하여 성경의 의도를 전적으로 왜곡시켰다. 요 7:39 '이는 그를 믿는 자의 받을 성령을 가리켜 말씀하신 것이다'를 새번역은 완전히 곡해하여, '이것은 예수를 믿는 사람들이 받게 될 성령을 가리켜서 말씀하신 말씀이다'라고 번역하여 오순절 신학을 의도적으로 채택하였다. 성경 전체의 가르침에 의하면 성령은 예수를 믿음으로 받고 성령으로 중생함을 받는 것이다. 따라서 본문은 예수 믿을 사람이 받을 성령을 말하는 것이지, 예수 믿은 후에 또다시 성령을 받는 것을 말하는 것이 결코 아니다.

번역자들이 오순절 신학을 채택한 예는 갈라디아 4:6 '너희가 아들인고로 하나님이 그 아들의 영을 우리 마음에 보내사'를 '그리고 또 여러분은 자녀가 되었으므로, 하나님께서 그 아들의 영을 우리 마음에 보내 주시고'라고 번역 한데서 분명하다. 갈라디아서에 의하면 사람이 성령을 받는 것은 복음을 듣고 믿음과 동시에 이루어지는 것임을 분명히 한다. 성령 받는 것은 예수를 믿음으로서이고 예수 믿음과 동시적인 것이지, 예수 믿어 중생한 조건들의 이행으로 도덕적 의를 이룰 때 그에 상응하게 받는 것이 아니다. 신학으로 성경을 바꾸고, 변조하면 안된다. 아들들이 된 후에 성령을 보내시는 것이 아니고 성령 받아 아들됨과 믿음이 일치하는 것이다.

E. 교회론에 관계된 문제점

1. 로마 교회의 교회관 채택

(1) 마태복음 16:18을 새번역은 '나도 너에게 말한다. 너는 베드로라. 나는 이 반석 위에다가 내 교회를 세우겠다. 죽음의 세력이 그것을 이기지 못할 것이다'라고 번역하고 있다.

이 말씀은 베드로의 신앙고백이 있은 후 주님께서 베드로에게 하신 말씀이다. 이 구절의 해석상의 문제 때문에 로마카톨릭과 개신교가 분리되었다. 로마카톨릭에서는 이 반석을 베드로라고 주장하여 사도권을 계승한 교회는 오직 로마카톨릭뿐이라고 하여, 다른 교회를 인정하지 않는다. 이것은 반석에 대한 해석상의 문제일 뿐만 아니라 성경을 잘못 번역한 데 그 원인이 있다. 음부의 권세가 이기지 못하는 주님의 교회는 그 기초가 사람(베드로)이 아니라 그리스도이시다.

(2) 요한복음 10:16은 당시 자기를 믿는 자들과 그의 십자가 후에 믿을 자들을 한 교회로 만들 것임을 분명히 한 것이다. 그리하여 본문이 '또 이 우리에 들지 아니한 다른 양들이 내게 있어 내가 인도하여야 할 터이니'이다. 그런데 새번역은 '나에게는 이 우리에 속하지 않은 다른 양들이 있다. 나는 그 양들도 이끌어 와야 한다'라고 번역하였다. 이 번역처럼 로마카톨릭은 개신교회를 끌어 자기들의 교회로 복귀시킴으로 로마교황의 통치 아래 모든 교회를 두는 것을 목표로 삼았다. 특히 예수회가 이 일을 목표로 투쟁해 왔고, 지금도 이 목표 달성을 위해 노력하고 진력한다. 제2바티칸 공회도 그러한 노력의 일환이었다. 본문은 주께서 모든 교회를 인도함을 말하지 로마교회가

우리를 이끌어 가는 것이 결코 아니다.

2. 교회 직분의 문제

엡 4:11에서 '그가 혹은 사도로, 혹은 선지자로, 혹은 복음 전하는 자로, 혹은 목사와 교사로 주셨으니'를 새번역은 '그분이, 어떤 사람은 사도로, 어떤 사람은 예언자로, 어떤 사람은 복음전도자로, 또 어떤 사람은 목회자와 교사로 삼으셨습니다'로 번역했다. 신약 가운데 '목사'라는 말은 유일하게 단 한번 본절에 있으며 교회 직분에 대한 중요한 근거가 되는 구절이다. 그런데 새번역은 '목사'를 '목회자'로 바꿈으로써 신약교회에서 목사직제를 없애 버렸다. '목회자'란 안수를 받지 않고도 교회에 봉사할 수 있는 사람을 가리킨다. 그러나 '목사'는 안수받은 사람에게만 적용되는 세계개혁교회에서 통용되는 공인된 직분이다. 따라서 새번역을 수용한 교회는 앞으로 '목사직제'를 어떻게 할 것인지 의문이 간다.

Ⅳ. 〈표준새번역〉에 있어 번역상의 문제점

번역상의 문제는 원본이 틀리기 때문에 생기는 경우와 원본은 같지만 번역자들의 견해 차이에서 오는 경우가 있다. 따라서 성경의 번역은 올바른 원문의 선택이 중요하고, 또한 사람들의 이해를 돕는다는 구실로 지나치게 의역을 함으로써 원문을 손상시키기보다는 좀 이해하기 어려운 부분이 있더라도 성령의 조명하에 원문을 그대로 직역함으로써 원문을 손상시키지 않도록 번역하는 것이 바람직하다. 여기에서는 이미 언론에서 지적한 대로 2만여 군데나 틀린 곳을 다 논하기는 어렵고 특히 논란이 되는 대표적인 경우를 앞에서 이미 언급한 것과 반복되지 않게 몇 가지 경우만 살펴봄으로써 〈표준새번역〉의 번역상의 오류를 밝히고자 한다.

A. 번역상에 있어 문제시되는 구절들에 대한 몇 가지 예.

1. **잠언** 11:30에서 '지혜로운 자는 사람을 얻느니라'를 새번역은 '폭력을 쓰는 사람은 생명을 잃는다'로 번역하고 있다.

'지혜로운 자는 사람을 얻는다'는 말은 구령의 뜻을 의미한다. '폭력을 쓰는 사람은 생명을 잃는다'는 말은 자유주의 해방신학에서 하는 말이다. 이 말은 원문에 없는 말을 첨가한 것이다. 이러한 번역 때문에 말씀보존학회의 이송오 박사는 영국의 '간음하는 성경'의 예를 들어 이번 〈표준새번역〉 성경을 '폭력성경'이라는 별명을 붙이고 보급을 중단할 것을 촉구하였다.

2. **전도서** 11:1에서 '너는 네 식물을 물위에 던지라 여러 날 후에 도로 찾으리라'라고 한 것을 새번역은 '돈이 있으면, 무역에 투자하여라. 여러날 후에 너는 이윤을 남길 것이다'로 번역하고 있다.

이와같은 풀이식 의역의 문제는 원문의 내용해석에 있어서 학자들에 따라 여러가지 다른 해석의 가능성들이 제시될 수 있기 때문에, 이 경우 본문 해석의 해석 내용에 대해 논란의 소지가 상존한다는 것이다. 이러한 풀이식 의역이 교회의 공식역본일 경우 문제의 심각성은 더욱 커진다. 〈표준새번역〉은 언제나 그 광고에서, "주석이나 해설서 없이도 성경말씀을 쉽게 이해할 수 있도록 번역하였습니다"라고 강조하고 있으나, 그점이 바로 새번역의 심각한 약점이며, 또한 주석이나 해설서를 무용지물로 만들 수 있는 성경번역은 사실 존재할 수 없기 때문에, 그것은 지나친 과장광고이며, 시정되어야 할 것이다.

사실 우리가 일반적으로 이해하는 바로는, 이 본문은 자선과 구제에 대한 비유적인 말씀이다. 식물을 물에 던지면 고기들이 와서 다 먹어 버린다. '던지라'는 말은 '인색함이 없는 너그러운 행동'을 가리킨다. 가난한 사람에게 자선을 베푸는 자는 인색함이 없이 너그러운 마음으로 해야 한다. '여러날 후에 도로 찾으리라'는 말씀은 구제하는 자에 대한 하나님의 보상을 의미한다. 따라서 본문은 돈있는 자가 무역하여 이윤을 남기라는 것과는 아무 상관이 없는 말씀이다. 성경은 "돈을 사랑함이 일만 악의 뿌리가 되나니 이것을 사모하는 자들이 미혹을 받아 믿음에서 떠나 많은 근심으로써 자기를 찔렀도다"(딤전 6:9-10)라고 하였다.

3. **아가서 8:6**에서 '음부'를 새번역은 '저승'이라는 용어로 번역하고 있다.

히브리어로 '스올'은 사람이 죽어서 가는 지하세계를 뜻하는데 개역성경에는 '음부'로 번역하였다. 그런데 새번역에서는 '저승'이라는 불교용어를 채택하고 있다. '스올'이라는 말은 구약에서 모두 65회 사용되는데 KJV에는 '무덤'으로 31회, '지옥'으로 31회, '구덩이'로 3회 번역되었다. 성서공회측은 지옥, 음부 등도 불교의 용어이기 때문에 스올을 '저승'으로 번역하였다고 하나, 이들 용어가 모두 불교의 용어라 할지라도 기독교의 개념과는 다르다. 꼭 '음부'라는 용어를 사용할 수 없다면 ASV, RSV와 같이 히브리어 원문 그대로 '스올'로 기록해도 괜찮을 것이다.

4. **마 5:3**에서 새번역은 팔복 중 첫째 복을 "마음이 가난한 사람은 복이 있다"고 번역한다. 개역의 '심령이'를 '마음이'로 고쳐놓았다. 원문의 '영(프뉴마)'에서 한 걸음 더 멀어진 것이다. 헬라어에서 '마음'을 뜻하는 단어는 따로 있다. 그런데도 불구하고 새번역은 마 26:41에도 이렇게 번역했고, 마 27:50에서는 "숨을 거두셨다"고 번역했다. 이것은 성경원문의 독특한 표현을 파괴한 것이다.

5. **마 5:17**에서 예수님께서 폐지하러 오신 것이 아니라고 말씀하신 것은 '율법이나 선지자들'이다. '율법'은 오경의, '선지자들'은 선지서들의 총칭으로 '폐지'나 '완성'은 동일하게 구약성경의 주요 부분 혹은 구약 전체와 관련된다. 그러나 새번역은 "예언자들의 말을 폐하러 온 줄로 생각하지 말아라"고 번역함으로써 '폐지'나 '완성'

과 관계된 예수님의 사역이 구약의 일부분인 '율법'이나 '선지자들의 말' 뿐이라는 인상을 준다. 이것 또한 해석의 문제이지 번역상의 문제가 아니다.

6. 주기도문의 첫 세 간구는 하나님과 관계된 것이다. 새번역은 이 부분을 "이름을 거룩하게 하시오며, 나라가 임하시오며, 뜻이 하늘에서 이루어진 것 같이 땅에서도 이루어지게 하시옵소서"라고 번역하고 있다. 이러한 번역은 원문과 비교할 때 두 가지 문제점이 있다. 첫째, 기도문에 등장하는 '당신의' 라는 소유격 수식어가 생략되었다. 둘째, 3인칭 명령을 2인칭 명령형으로 바꾸어 버렸다. 그 결과 기도하는 사람이 요구하는 행동은 기도를 들으시는 하나님의 행동이 되어버렸다. '빵을 주십시오, 용서하여 주십시오, 구원해 주십시오' 처럼 하나님의 직접적인 행동을 기도하도록 예수님께서 가르치셨다는 것이다.

그러나 원문을 보면 명령은 "당신의 이름이 거룩하게 되소서, 당신의 나라가 오소서, 당신의 뜻이 하늘에서처럼 땅에서도 이루어지소서"로 직접 명령을 받는 것은 하나님 자신이 아니라 하나님의 이름, 하나님의 뜻, 그리고 하나님의 나라이다. 누가 이 요구를 구현하는 동작자인가라는 질문에는 누구나 하나님 이시라고 긍정할 수 있다. 그러면서도 3인칭 명령형 때문에 하나님을 믿고 섬기는 사람들이 하나님의 뜻을 이루고, 하나님의 성호를 높이고 그의 나라를 수립, 완성해 가는 도구들임을 고백하는 것이다. 이 세 가지 탄원이 이루어지는 것과 관련하여 우리는 세 가지 가능성을 생각할 수 있다. 첫째, 하나님께서 그렇게 하신다. 둘째, 사람들이 그렇게 하는 도구가 된다. 셋째, 하나님께서 하시며 사람들을 도구로 사용하시기도 하신다. 그러나 새번역은 이 세 가지 가능성 가운데 첫번째만으로 한정시킴으로써 좋은 번역이 되지 못함을 스스로 증거하고 있다.

또한 주기도문의 기도 중 빵에 대한 간구 '그날그날'의 빵 즉 '일용할' 빵에 관한 것인지 아니면 '내일의' 빵에 관한 것인지가 여전히 토론 중에 있다. 그러나 새번역은 이 두 가지 의미를 다 난외주로 밀어 붙이고 본문에는 오늘이든 내일이든 상관없이 사용할 수 있도록 '필요한 양식을 주시옵고'(6:11)로 고쳐 놓았다. 원문의 시간적 강조문이 사라져 버렸다.

7. 한국어를 사용하는 사람들에게는 하나님의 아들이시오, 신앙의 대상이신 예수님을 '당신'이라고 부르는 것은 언어관례상 받아들이기 어려운 것이 사실이다. 그러나 신약성경에는 사람들이 별거리낌없이 예수님을 2인칭 단수형으로 부르고 대화한다. 헬라어에는 존칭과 경칭의 구별이 없었다. 그냥 "너, 당신"이라고 하는 것이다. 그러나 새번역은 이러한 경우 2인칭 대신 3인칭 명사 "선생님"을 사용하여 번역했다. 예를 들면 다음과 같다.

- 마 3:14 "내가 선생님께 세례를 받아야 될 터인데. 선생님께서 내게 오셨습니까?"
- 마 9:14 "왜 선생님의 제자들은 금식하지 않습니까?"
- 마 12:28 "우리는 선생님에게서 표적을 보았으면 합니다."
- 마 14:33 "선생님은 참으로 하나님의 아들이십니다.
- 마 16:16 "선생님은 하나님의 아들 그리스도십니다."
- 마 19:27 "보십시오. 우리가 모든 것을 버리고 선생님을 따라 왔습니다."
- 마 24:3 "선생님께서 오시는 때와 세상 끝 날에는 어떤 징조가 있을 것인지를 저희에게 말씀해 주십시오."
- 마 26:35 "내가 선생님과 함께 죽는 한이 있을지라도 절대로 선생님을 모른다고 하지 않겠습니다."

이와같이 번역하는 것은 우리말의 어감상으로는 좋을 것 같으나, 많은 경우에 심각한 문제를 수반한다. 복음서에는 특징적으로 쓰이는 칭호들이 있다. 원문에서 보면 예수님의 제자들이나 예수님과의 만남에서 긍정적인 결과를 경험하는 사람들, 즉 후에 예수님의 제자들이 되었다고 상상할 수밖에 없는 사람들은 예수님을 "주님"이라고만 부른다. 주님이라는 칭호는 예수님의 제자들이나 미래의 제자들에게 배정되어 있는 특수한 칭호이다. 예수님을 파는 순간에 가서 가룟 유다가 예수님을 '랍비(선생)'라고 불렀다는 것은 의미심장한 것이다. 즉 가룟 유다는 예수님을 '선생' 이상으로는 결코 인정하지 않았다는 것이다.

　예수님의 적대자들은, 그리고 예수님과의 만남에서 부정적인 결과를 경험하고 예수님을 떠나가는 사람들은 마태복음에서는 한 사람도 '주님'이라고 부르지 않고, '선생'이라고 부른다. 학자들의 연구에 따르면 예수님을 '선생님'이라 호칭했을 때, 그것은 예수님의 적대자들이 사용하는 칭호이다. 이 점은 마태복음의 큰 특징중의 하나인데, 이러한 특징이 새번역에서는 전혀 나타나지 않는다. 새번역은 아무나 예수님을 '선생님'이라고 부르도록 번역함으로써 우리말의 정서상 껄끄러운 면을 제거할 수 있었는지는 몰라도, 언어가 가진 복음서의 특징을 살리는 데는 실패했다. 이러한 점을 볼 때, 번역자들의 신학적 깊이를 의심하지 않을 수 없다.

8. 새번역에는 이른바 현대의 '여성신학'이 반영되어 있다. 그러한 경향은 원문에 '형제'라는 단어가 사용된 곳에, 원문에 없는 '자매'라는 말은 첨가한 것에서 나타난다.

- 마 5:22 "자기 형제나 자매에게 성내는 사람은… 자기 형제나 자매를 모아하는 사람은… 자기 형제나 자매들 바보라고 하는…"
- 마 5:23 "네 형제나 자매가 네가 어떤 원한을…"
- 마 5:24 "먼저 가서 네 형제나 자매와 화해하라"
- 마 18:35 "너희가 각각 진심으로 형제나 자매를 용서하여…"

또한 마 15:6에는 '아버지'를 '부모'라고 번역했고, '형제'를 '신도'라 '학생'으로 번역한 곳도 있다.

- 마 18:15 "신도가 너에게 죄를 짓거든… 네가 그 신도를 얻은 것

이다"
- 마 18:21 "주범 한 신도가 내게 죄를 지을 경우에…"
- 마 23:8 "너희의 선생은 한 분 뿐이요 너희는 모두 학생이다"

또한 이러한 경향은 '아들들'을 하나님의 '자녀들'(마 5:45), '그 나라의 자녀들' 혹은 악한자의 '자녀들'(13:3)로 표현한 것도 보인다.

아무리 남녀평등의 사회라고 하지만, 그렇다 하여 성경의 번역에까지 고의적으로 남녀관계의 언어들까지 조정해야 할 필요가 있을까? 인간의 일시적인 문화적 가치로써 영원한 하나님의 말씀을 고칠 수는 없다. 번역은 번역으로써 끝나야 하며, 그 다음은 주석의 문제로 남겨두어야 한다. 번역이 그 이상의 것을 요구할 때 그것은 번역으로서의 가치를 잃어버리고, 성경을 파괴하는 것이기 때문이다.

9. 성경의 시간 계산법의 변경

개역 성경은 유대인의 시간과 절기 등을 본래의 고유한 방법으로 표현함에 반해, 새번역은 현대적 용법으로 풀어쓰고 있다. 마태복음 22:3-5에서의 시간을 제 삼시는 오전 9시, 제 육시는 12시, 제 구시는 오후 3시 등으로 표기하였다. 또한 요한복음서에서는 다음과 같이 번역하였다.

	〈개 역〉	〈표준새번역〉
요 1:39	제 십시쯤	오후 4시 쯤
요 4:6	제 육시쯤	정오 쯤
요 19:14	제 육시	낮 열두시 쯤

요한복음에 등장하는 시간계산법은 유대식이냐, 로마식이냐에 따라 학자들 마다 의견이 크게 둘로 나누어진다. 그러나 새번역은 어느 한 입장(유대식계 산법)에 입각하여 시간을 계산해 버리고 성경본문에

나타나는 시간은 난외에 주를 달아 놓았다. 이것은 번역자의 월권이다. 개역성경처럼 원문 그대로 두고, 그 시간의 해석은 해석자에게 맡겨야 한다.

B. 저속하고 불경건한 표현들이 사용된 곳이 많다.

새번역에는 저급한 세속적 표현 또는 흥미 위주의 표현들이 많이 나타난다. 따라서 본문의 경건성과 신중성을 약화시키고 의미를 왜곡시키는 경우가 적지 않다.

1. **창 39:12** "여인이 요셉의 옷을 붙잡고 '나하고 침실로 가요'라고 졸랐다"는 번역에서 '나하고 침실로 가요'란 말은 임의로 삽입된 것으로 본문을 흥미 위주의 표현으로 변형시킨 것이다.

2. **레 15:2**에서 '누구든지 몸의 유출병이 있으면'을 '어떤 남자가 성기에서 고름을 흘리면'으로 번역하고 있다. 또한 레 22:4의 '유출병자'를 '성기에서 고름을 흘리는 환자'로 번역하고 있다. 히브리 원문 성경에는 '남자의 성기'라는 말이나 '고름을 흘리면'이라는 말이 없다. 이러한 모든 표현은 GNB를 따른 것이다. 이러한 번역은 본문의 경건성에 치명적인 손상을 가하는 것이다. 하나님의 거룩한 말씀에다 왜 이러한 불경건한 말을 불필요하게 첨가시켜야 하는지 이해할 수 없다.

3. **레 18:20**에서 '너는 타인의 아내와 통간하여'를 새번역은 '너는 이웃의 아내와 동침하여 정액을 쏟아서는 안 된다'고 번역함으로써 원문에도 없는 세속적인 표현을 첨가시키고 있다. 또한 원문에서 의도하는 부정한 행위의 넓은 의미를 축소시키고 있다. 새번역의 번역대로라면 정액을 쏟지 않는 부정한 행위는 무방하다는 말인가?

4. **아 1:2**에서 '내게 입맞추기를 원하니 네 사랑이 포도주보다 나

음이로구나'를 새번역은 '나에게 입맞춰 주세요. 숨막힐 듯한 임의 입술로, 임의 사랑은 포도주보다 더 달콤합니다'로 번역하고 있다. 아가서는 그리스도와 그의 신부되는 교회와의 아가페적인 사랑을 노래한 '노래 중의 노래'(The song of song)이다. 노래는 찬양, 송영의 의미가 있고 '입맞춘다'는 것은 성육신과 거룩한 성찬의 의미가 있다. 그리고 그리스도 재림의 대망을 나타내는 상징적인 표현이다. 그럼에도 불구하고 새번역은 불경건한 언어와 세속적인 말로 번역함으로써 하나님의 말씀을 하나의 저속한 문학적 표현으로 그 권위를 격하시키고 말았다. 또한 '숨막힐 듯한 임의 입술로'라는 구절은 원문에서도 찾아볼 수 없다.

C. 용어의 선택에 있어 통일성이 없다.

표준새번역은 그 전체적 흐름에 있어서 통일성이 부족하다는 점을 우선 들 수 있다. 이러한 결함은 유사문서 안에서의 문체조정 문제, 신약의 구약 인용시의 통일 문제, 단어 표기와 표현에 있어서 일관성의 문제 등에서 나타난다. 물론 성경을 번역할 때 같은 용어가 서로 다른 의미를 나타내는 경우가 많다. 그러나 같은 의미를 나타낼 때에는 동일한 용어를 채택하는 것이 그 의미 이해에 도움이 된다. 그러나 새번역은 같은 단어를 장소마다 다르게 번역한 경우들이 종종 발견되며, 직역, 의역, 역동역이 혼합되어 있어서 번역문의 성격이 모호하게 된 곳이 많다.

1. 같은 용어가 일관성있게 번역되지 못하여 혼란스럽다.

	〈표준새번역〉	〈개 역〉
창 27:1 27:8 27:13	나의 아들아 얘야 아들아	내 아들아 내 아들아 내 아들아
민 1:18 1:45 2:32 3:20	가족별로 각 집안 별로 집안별로 가문별로	종족을 따라 종족을 따라 종족을 따라 종족대로
행 6: 10:22 16:2 22:12	신망이 있고 존경을 받고 호평을 받고 칭찬을 받는	칭찬듣는 칭찬하더니 칭찬받는 칭찬을 듣는

2. 표현상에 조화되지 않는 부분이 많다.

새번역은 마 2:1 "예수께서", 눅 2:42, 2:50 "예수가"로 번역함. 개역은 모두 "예수께서"로 번역하고 있다.

3. 심지어 한 구절 내에서도 원문의 같은 용어를 다른 말로 번역하고 있다.

창 29:6의 경우 '그가 평안하냐 가로되 평안하니라'를 새번역은 "…그분이 평안하게 지내십니까?' 그들이 대답하였다. '잘 삽니다.'" 즉, 한 구절 내에서 사용된 같은 단어 '샬롬'을 개역은 모두 '평안'으로 통일하였는데, 새번역은 '평안'과 '잘 삽니다'로 달리 표현하여 원문을 혼동케 한다.

4. 지명표기의 통일성 문제

예를들어 '기브롯 핫다아와'(민 11:35)와 '기브롯핫다아와'(신 9:22)의 경우 서로 다르게 번역되었다.

5. 용어사용에 있어 재고되어야 할 표현들이 많다.
① 불교용어가 사용된 경우
- 단 10:2 "그 때에 다니엘은 세 이레 동안 고행하였다"
- 아 8:6 "저승"
- 잠 16:4 "저승사자"

② 냉전시대의 산물인 이념어를 사용한 경우
- 창 42:9 "너희는 간첩이다. 이 나라의 허술한 곳이 어디인지를 엿보러 온 것이 틀림없다." 여기서는 '정탐꾼' 정도로 번역하는 것이 더 좋을 것이다.

6. 이미 익숙해진 성경과 교회의 용어들을 합당하지 않게 변경한 것이 많다.

〈표준새번역〉은 한국교회가 기존에 사용하던 많은 용어들을 변경하였는데, 많은 경우에 합당하지 않다. 이러한 용어들을 교체함에는 그에 합당한 명분이 있어야 한다. "전파"라는 말을 대체한 "선포"라는 말은 일부 실존주의 신학자들이 사용하는 것이며, "상"이 "밥상"으로 번역된 것은 '밥상 공동체'를 주장하는 민중신학의 영향이 아닌가 생각된다. 이렇게 용어가 바뀐 예를 몇 가지 더 들어보면,

여호와 → 주	인자 → 사람의 아들	당신 → 선생님
전파 → 선포	서기관 → 율법학자	긍휼 → 자비
앗시리온 → 낭	형제 → 형제와 자매, 신도	유전 → 관습
상 → 밥상	떡 → 빵	마귀 → 악마
선지자 → 예언자	제사 → 희생제물	음부 → 저승

D. 원문의 내용을 가감한 번역이 많다.

성경 번역시 원어의 특성상 어휘를 모두 번역하거나 그대로 번역할 수 없는 경우가 있음을 부인할 수는 없다. 그러나 이것은 불가피한 경

우로 국한되어야 한다. 그 이유는 성경은 축자적으로 영감된 하나님의 말씀이며, 성경 자체가 가감을 불허하기 때문에 번역자는 이같은 성경의 원저자의 의도를 추종하기 위함이라 하겠다. 그러나 새번역은 많은 부분에서 원문을 의도적으로 가감하고 있어 본문의 의미를 심각하게 훼손시키는 경우가 많다.

예를들어, 창 39:18에 '내가 사람 살려라고 고함을 질렀더니'에서 '내가 사람 살려라'는 부분, 창 42:2에 '그래야 먹고 살지 가만히 있다가는 굶어 죽겠다'에서 '그래야 먹고살지 가만히 있다가는'은 본문에 없는 말을 추가한 것이다. 창 43:34 '취하도록 마셨다'에서 본문에는 '취하도록'이 없다. 새번역은 마치 요셉과 형제들이 그날 밤 술에 만취된 것처럼 의미를 비약시키고 있다. 그러나 본문의 의미는 음식과 함께 음료를 마신 것 이상 특별한 뜻을 드러내지 않는다.

또한 이러한 원문에 대한 첨가의 상황을 마태복음에서 몇 가지만 살펴보면 다음과 같다.

- 마 3:9 "너희는 속으로 주제넘게…고 말할 생각을 말아라."
- 마7:4 "어떻게 남에게 '네 눈에서 티를 빼내 줄테니 가만히 있거라'하고 말할 수 있느냐?"
- 마 8: 11 "많은 사람이… 함께 잔칫거리에 앉을 것이다."
- 마 21:21 "이 산더러 '벌떡 일어나서, 바다에 빠져라'하고 말해도…"

이상의 예들은 본문의 번역자가 문장을 추가한 것으로서 당시의 상황을 현대적 상황으로 변형시키거나 본문의 참의미를 왜곡시킬 뿐만 아니라 축자적으로 영감된 말씀을 그대로 전달하는 데 큰 장애요소가 되고 있다.

E. 난하의 각주 처리와 각주 해석에 심각한 문제가 있다.

새번역은 선정된 원문 이외에도 〈난외주〉를 첨가함으로써 사본의 다양한 변화를 제공하고 있다. 이 〈난외주〉의 소기의 목적은 독자에게 사본의 다양성을 제시하려는 것이겠지만, 때로는 전문가들에게만 필요한 사본학의 참고사항을 〈난외주〉에 기록함으로써 성경의 권위에 대한 혼돈을 불러일으킬 소지가 많다. 그 대표적인 경우를 몇가지 들어보면, 창 1:1-2, 창 37:35, 출 2:21, 사 7:14, 요 1:15, 요 14:26;15:26 등이다.

또한 새번역은 본문 안에 번역자가 의도하는 많은 부호를 사용함으로써 독자가 그 부분을 읽게 될 때, 마치 그 부분에 본문 성경이 서로 이상이 있는 것과 같은 인상을 받도록 해놓았다.

F. 지나친 주석적 번역에 문제가 있다.

예를들면, 〈래위기 15:2〉에서,
- 개역 : 누구든지 몸에 유출병이 있으면 그 유출병을 인하여 부정한 자라
- 새번역 : 어떤 남자가 성기에서 고름을 흘리면, 그는 이 고름 때문에 부정하다

여기서 '성기'로 번역된 히브리어는 "바사르"로서 '음' 또는 '살(육체)'이란 뜻이다. 또 고름으로 번역된 단어도 단순히 '흘러나오는 것'이란 의미의 '자브' 또는 '조브'이다. 반드시 고름만 흘러나온다고 제한한 이유가 없다. 이러한 해석상의 문제는 역시 주석에서 다루어야 한다.

G. 또 다른 몇가지 문제점들

1. 맛소라 본문의 오역과 맛소라 사본을 이탈한 부분이 많다.
 (1) 창 25:10
  • 개역 : 아브라함과 그 아내 사라가 거기 장사되니라
  • 새번역 : 바로 그곳에서 아브라함은 그의 아내 사라와 합장되었다.
 (2) 창 45:22
  • 개역 : 은 삼백과
  • 새역 : 특히 은돈 삼백 세겔과(비교, 창 33:19;37:28 "은 백냥")
 (3) 출 8:1 (BHS 7:26)
  • 새번역 : 나 주가 이렇게 말한다.
  → 비교, 출 8:20(BHS 8:16)의 같은 숙어 : "주께서 이렇게 말씀하신다"
  • 창 44:2
  • 새번역 : 어린아이
  → 비교, 창 42:13 '막내'; 창 44:12 막내 아들'

새번역이 맛소라 본문을 이탈한 이유는 맛소라 사본을 경시한 데 있다고 생각된다. 대신 LXX나 사마리아 오경 등의 본문을 중시하고 있음이 대조적으로 나타난다. 예를들어 창 2:2 "엿새날까지 다 마치시고"에서 "엿새날"이 맛소라 사본에는 "일곱제 날"로 되어 있다. 그러나 "일급째 날"로 번역할 경우 본문을 "일급제 날에 마치시고"란 해석이 되어 마치 창조가 제6일이 아닌 제7일에 마친 것처럼 오해가 될 소지가 있으므로 표준역은 LXX를 채택하여 '엿새날에 마치시고'란 번역을 시도하였다. 그러나 맛소라의 본문을 '일곱째 날에 중지하시고'라고 번역한다면 맛소라의 본문도 그다지 문제될 것이 없다. 창 2:6에서 "물이 솟아 올라서 온 땅을 적셨다"라고 번역한 것은 일방적

으로 LXX의 본문을 선택한 경우이다.
2. BHS의 두개의 꼭같은 맛소라 본문이 서로 다르게 번역되었다.
(창 10:4 = 대상 1:12)
- **창 10:14** "바드루스와 가슬루와 크레타를 낳았다. 브레셋이 바로 크레타에게서 나왔다."
- **대상 1:12** "바드룻족과 가슬루족과 갑돌족이 나왔다(가슬루족에게서 블레셋 족이 나왔다)."
3. 고유명사의 음역은 〈개역〉을 따른다는 번역지침이 제대로 지켜지지 않았다.
예를들어 창 10:13-14에서, 벧엘 → 베델, 길 → 기르, 하달 → 하닷 등으로 고쳐 표기하고 있다.
4. 히브리어 숙어번역에서 표준새번역의 역동적 동등성이 잘 지켜지지 않는다.
• 새번역 : 창 13:14 "눈을 크게뜨고…보아라."
창 22:4 "아브라함은 고개를 들어서…바라볼 수 있었다."
시 12 "내가 눈을 들어 산을 본다."
이와같이 "눈을 들어 바라본다"는 동일한 표현이 서로 다르게 번역되었다.
5. 과도한 헬라어의 사용
새번역은 쉽게 이해되는 말로 번역한다는 취지와 상반되게 지옥을 '하데스', 영을 '프뉴마', 무저갱을 '아비소스' 등으로 바꾸어 전혀 의미 전달을 못하게 만들었다. 한문 용어는 어렵고 헬라어를 직접 쓰는 것은 쉬운가? 오히려 그 동안 한국교회에 정착된 말을 그대로 살리는 것이 더 좋은 방법이 아니겠는가?

이상에서 살펴 본 바와 같이 〈표준새번역〉은 원전에 충실한 번역이라 할 수 없다. 적지 많은 오역과 번역의 문제점들이 발견되며, 무엇보다 원전에 없는 내용이나 표현이 번역자의 자의로 첨가된 것은 예외적인 현상이 아니라, 〈표준새번역〉의 전체적인 성격속에 자리잡고 있는 구조적인 문제라는 점과 그 심각성이 확인되었다. 또한 번역 문맥에서나 난하주의 처리 문제에 있어서도, 번역의 한계를 넘어서는 주석적 의미해석의 성향이 강하게 드러나는 것도, 교회의 공식사용을 위한 번역본의 성격으로서는 심각한 문제로 드러났다. 표준새번역의 이러한 심각한 약점들은 결국 번역원칙의 애매성, 즉 직역과 의역, 그리고 역동적 번역의 혼합적 성격에서 기인하는 것이다.

또한 〈표준새번역〉에는 많은 부분에 번역자의 신학적, 신앙적 판단이 들어와 있다. 모든 신앙적, 신학적 작업에는 그 사람이 태어나고 자란 관습적 분위기가 전제되고 그 결과에 적지않게 유입될 수밖에 없다 할지라도, 성경 번역 작업에는 그 영향을 최소화해야 한다. 왜냐하면 성경 번역은 자신의 논리와 신앙, 신학을 증명하는 작업이 아니기 때문이다. 만일 번역자들의 신앙과 신학이 반영된 번역 성경이라면 이 번역성경을 통해서 그들의 신앙과 신학이 독자들에게 그대로 전달될 수밖에 없다. 따라서 앞에서 살펴본 것과 같은 많은 오역에 대한 책임은 당연히 번역자의 책임으로 돌리지 않을 수 없다.

〈개역〉 한글성경이 특별히 보수교단의 사랑을 받는 것은 이 번역성경을 통해서 대대로 보수신앙과 신학이 전수되고 그러한 신자들을 양육하여 왔기 때문이다. 이것은 하나의 번역성경이 신학과 신앙의 자세 및 교회의 형태에 얼마나 큰 영향을 미치는가에 대한 산 증거인 것이다. 따라서 현대인의 구미에 맞추기보다는 하나님께서 그 계시의 도구로 삼은 언어가 좀 어색하거나 모호한 점이 있다 하더라도 가능하면 원어에 가깝도록 번역하는 것이 바른 선택임을 앞 수 있다.

V. 결론과 제언

이제까지의 논의를 살펴볼 때 이번에 대한성서공회가 번역, 발행한 〈표준새번역 성경전서〉는 다음과 같은 심각한 문제점을 가지고 있다.

첫째, 번역에서 출간에 이르는 모든 과정이 비합법적, 또는 요식적인 행위로 일관함으로써 성경번역에 치명적인 문제를 야기시켰고, 또한 〈표준새번역〉의 발간으로 인하여 한국교회에 심대한 논란과 혼란을 야기시킨 모든 책임은 대 한성서공회측에 있다.

둘째, 〈표준새번역〉의 성경원문 선택에 문제가 있으므로, 이에 대한 신중한 검토가 필요하다.

셋째, 잘못된 번역 원칙에 따라 번역함으로써 〈표준새번역〉은 표현상의 문제, 용어상의 문제, 객관성의 결여, 통일성의 결여, 경건성의 결여, 하나님의 감동이 아닌 번역자의 주관성의 개입, 인위적인 가감, 원문의 오역 등이 수없이 발견되므로 성경으로 용납될 수 없다.

넷째, 〈표준새번역〉은 성경의 영감과 권위에 공공연히 도전하는 현대 자유주의 신학이 반영되어 있는 번역으로, 전통적인 교회의 교리를 심히 변조하고 있다.

다섯째, 그동안 대한성서공회는 이 나라에 참된 하나님의 말씀을 번역, 보급하지 못한 책임을 져야 함과 동시에 각 교단에서 〈표준새번역〉의 심각한 문제점을 지적, 그 시정을 계속하여 촉구하였음에도 불구하고 이를 무시하고 독단적으로 표준새번역의 발간 및 시판을 감행하였으므로, 현재 절대무오한 하나님의 말씀을 지키고 바른 성경의 번역 출판을 위한 조치가 시급하다.

1. 하나님의 진리의 말씀인 성경은 오직 하나이다.

손기태 박사는 "성서와 성경은 본질적으로 그 가치를 동일시 할 수 없다"고 하며, "성서는 분열되어도 성경은 분열되지 않는다"고 한다.

그리고 "성서와 성경을 혼동하면 다변화가 된다"고 한다. 예를들어 1977년 성서공회와 카톨릭 교회가 출판한 〈공동번역〉은 기독교의 유일신 하나님의 칭호를 범신론적인 "하느님"으로 변조했다.

따라서 카톨릭과 일부 자유주의적인 교회를 제외한 보수주의 교단은 모두 이를 거부했다. 또한 공동번역에는 9권의 외경이 포함되었는데, 이는 바티칸 사본을 근거한 증거이며, 우리는 외경을 성경으로 인정하지 않는다. 손 박사는 이에 대해 "대한성서공회는 한국의 모든 개신교회를 대표하여 하나님의 말씀인 성경만을 보존하기 위한 비영리, 공익단체임에도 불구하고 교회일치라는 미명하에 외경까지 포함한 공동성서를 발간한 것은 한국의 모든 개신교의 신의를 저버린 처사로 말씀보존과는 아무상관이 없는 단체로, 본래의 목적에서 이탈하여 하나님의 말씀을 팔아서 이익만을 도모하려는 장사꾼으로 전락했다는 유력한 증거가 된다"고 평가한다.

그 동안 우리 보수교단은 성서공회에 대해 너무 관대했고, 비리를 묵인하고 공동번역이 나왔을 때에도 그 엄청난 오류를 바로잡지 못했다. 당시에 이러한 오류를 바로잡고 절대무오한 하나님의 말씀을 말씀답게 번역하는 작업을 시작했더라면, 오늘날 〈표준새번역〉과 같은 오류를 반복하지 않았을 것이다. 그러나 비록 늦은감이 없지 않지만, 이제라도 보수교단은 뭉쳐서 〈성경〉을 지켜야 한다. 흔히들 성경은 하나여야 한다고 한다.

전적으로 동감이며, 하나님의 진리의 말씀인 성경은 오직 하나밖에 없다. 그러나 "하나의 성경"을 주장하는 그 성서공회가 만들어낸 성경이 벌써 5종류(개역성경, 공동번역 성서, 현대인의 성서, 현대어 성서 표준새번역 성경전서)나 되지 않는가? 절대무오한 하나님의 말씀인 성경을 지키고 보존하기엔, 이미 그 신실성을 담보할 수 없는 성서공회는 그 막강한 경제력을 무기로 하여 임의, 독단적으로 각종 성경을 번역 발간해도 무관하고, 성경을 살아계신 하나님의 절대무오한 말씀으로 믿고 이를 지키려는 다른 사람이나 단체가 성경을 바르게 번역 보존하여 후손에게 유산으로 주려하는 것은 교회의 분열이니, 이권다툼이니 하는 터무니 없는 말로 중상모략함이 과연 합당한 일인가?

2. 대한성서공회는 하나님과 교회 앞에 공식적으로 사과하고 〈표준새번역〉 성경의 보급을 즉시 중단해야 한다.

성경은 일반의 책과는 다르다. 말씀이 곧 하나님이시다(요 1:1). 그리고 그 말씀이 육신이 되어 이 땅에 오신 분이 예수 그리스도이시다(요 1:14). 그러므로 하나님의 말씀을 기록한 성경에 오류가 있다면 우리의 신앙과 신학에 치명적인 문제가 된다. 신문 보도자료에 따르면 〈표준새번역〉은 약 2만 군데 이상 오류가 있다고 하며, 이것은 사실로 드러나고 있다. 따라서 교회의 의사와 무관하게 성경을 번역, 출판함으로써 교회에 심대한 논란과 물의를 일으킨 점에 대하여 대한성서공회는 하나님과 교회 앞에 공식적으로 사과하고, 잘못된 〈표준새번역〉은 즉시 보급 중단함이 마땅하다.

3. 모든 성경의 판권은 하나님의 것이며, 교회의 것이다.

성경의 원저자는 하나님이시다. 성경을 기록한 기자들이나 번역자들은 성령의 감동에 의하여 쓰임받는 하나의 도구에 불과하다. 하나님의 도구로 사용된 기자들이나 더욱이 성경을 번역 출판한 출판사가 판권을 소유할 수 없다. 그러므로 성경의 판권은 성경의 원저자이신 하나님의 것이 되어야 한다.

모든 성경 중의 왕자라고 일컫는 KJV은 헬라어 학자 45명이 심혈을 기울여 번역한 것인데, 1611년 이래 380년 동안 약 800개의 언어로 번역되고 총 9억만권이나 판매되었으나, 이 성경의 판권은 그 누구에게도 있지 않다. 그 성경의 소유주가 하나님이시기 때문이다. 대한성서공회가 그동안 성경을 판매하여 얻은 수익이 엄청나지만, 이 수익금이 과연 합당하게 '하나님의 말씀'을 위하여 사용되었는지 대단히 의문스럽다. 신문에 보도된 여러 자료에 의하면 대한성서공회는 여러 곳에 과다한 동산, 부동산을 보유하고 있는 것으로 밝혀지고 있다. 성경의 출판이 이렇게 한 단체에 의해서 수익성 사업으로 변함으로써, 또 다른 출판사가 계속 생겨나게 될 위기를 맞고 있다. 또한 그러한 출판사들의 과도한 경쟁으로 또 다른 변조된 성경이 계속하여 출판될 것이다. 그 좋은 예가 미국이다. 미국에는 현재 28종이 넘는 번역본 성경이 존재한다. 하나님의 말씀이 상업적인 수단에 이용되어, 이러한 현상을 초래하게 될 때, 이것은 분명 종말적인 배교의 현상이라 할 것이다. 그러므로 대한성서공회는 성경에 대한 판권을 더 이상 독점하지 말고 그 소유권을 하나님 앞에 돌려야 한다. 그리고 전체 재정과 사업이 교회 앞에 공개되어 투명성이 보장되어야 하고, 참으로 "하나님의 말씀"을 지키고, 보존하며, 전파하기 위한 기관으로 거듭나야 할 것이다.

4. 오늘날 한국교회에 주어진 "성경"문제 해결을 위하여
– 〈성경은 성경답게〉 새로이 번역되어져야 한다.

성경을 바르게 번역하는 일은 오늘날 한국교회에 주어진 시대적 사명이다. 하나님께서 주신 이 "말씀사수"라는 시대적 사명에 모든 교회는 각고의 관심과 노력, 그리고 기도로 동참해야 할 것이다. 현재 성경문제로 인한 모든 혼란은 대한성서공회에서 임의, 독단적으로 오류로 가득찬 〈표준새번역〉을 번역, 간행함으로 야기되어졌다.

요즈음 페놀, 톨루엔, 벤젠 등의 발암물질과 농약 등 수백 가지의 오염물질로 심각하게 오염된 [낙동강 오염사건]으로 전국이 온통 떠들석하다. 인간을 병들게 하고 육체의 생명을 죽이는 강물의 오염도 참으로 심각한 문제이려니와, 하물며 인간의 영혼의 문제, 영원한 생명을 죽이고 살리는 영원한 하나님의 생명의 말씀을 온갖 자유주의 신학, 종교다원주의 신학, 토착화 신학, 여성신학, 진화론, 불경건한 세속주의 등으로 오염시킨 이 심각한 문제를 우리는 과연 바라보고만 있을 것인가? 〈표준새번역〉이 가지는 문제점은 앞에서 살펴본 바와 같이 그 수정보완이나 개정작업을 통해 해결할 수 있는 정도를 이미 넘어서는 것이므로 도저히 수용될 수 없는 것이라 생각된다. 따라서 현재 한국교회의 요구에 부응하지 못할 뿐만 아니라, 교회와 성도들의 신앙과 영혼을 좀먹을 〈표준새번역〉은 즉각 보급중단함이 마땅하며, 우리는 합당한 절차와 방법을 통해 성경을 성경답게 새롭게 번역해야 한다. 우리는 이 시대적 사명을 감당하기 위하여 합심해서 기도하며 지혜를 모으고, 할 수 있는 모든 노력을 다해야 할 것이다. (*)

* 참고 문헌 *

1. 이 글은 다음의 여러 자료들을 참고하여 별도의 인용부호없이 편집, 정리한 것임을 밝혀 둡니다.

- 예장합동 총회신학부 편, 소위 표준새번역 성경전서의 실체, 1993.
- 손기태, 한글 번역성경 무엇이 문제인가? 서울:마라나다 예언연구원. 1993.
- 서철원, 정훈택, 김재남, 김중은, 고영민 등 여러 사람의 연구논문.
- 교회연합신문, 국민일보, 기독신보, 복음신문, 기독선교신문, 기독교연합신문 등에서 발표된 여러가지 기사자료.

2. 참고로 1994.1.27일자로 발표된 [한국성경공회]의 성명서("대한성서공회에 건의 건"과 "우리의 입장") 일부를 인용하면 다음과 같습니다.

"1. 대한성서공회는 현 이사와 전 직원은 사퇴할 것.
2. 대한성서공회는 현재의 재산(부동산, 동산, 기타 자산일체)을 공개하고 한국교계(개신교)에 환원할 것.
3. 표준새번역 성경을 완전히 폐기하고 이미 유포된 것은 책임 수거하여 소각할 것.
4. 표준새번역 성경의 번역진과 수정위원을 즉각 해체할 것.
5. 대한성서공회는 그 명칭을 성경공회로 변경할 것.
6. 대한성서공회는 그 역사성을 진실히 밝히고 대한성서공회의 구성에 관한 법적 근거를 지상에 공개할 것.
7. 이상의 전 조건을 이행할 것을 2월 10일까지 한국 교계에 천명할 것."

한글 개역 개정 성경의 오류들

> 이외에도
> 번역상 오류된 단어나 문장이
> **1만여 곳**이며
>
> 그 중 신속히 고쳐야 할 곳만도
> **4천여 곳**이나 되고
> 심지어 개역 성경에서 바르게
> 번역된 내용을
> 개악(改惡)한 경우가
> **7백여 곳**이나 된다
>
> 또한 서둘러 출판하다보니
> 결국 네 번에 걸쳐 판을 낼 때마다
> 새로운 성경으로 둔갑하는
> **'누더기 성경'**이 되고 말았다.

다니엘 3:7-3:24

7 모든 백성과 나라들과 각 언어를 말하는 자들이 나팔과 피리와 수금과 삼현금과 양금과 및 모든 악기 소리를 듣자 곧 느부갓네살 왕이 세운 금 신상에게 엎드려 절하니라

8 ○그 때에 어떤 갈대아 사람들이 나아와 유다 사람들을 참소하니라

9 그들이 느부갓네살 왕에게 이르되 왕이여 만수무강 하옵소서 단2:4;5:10

10 왕이여 왕이 명령을 내리사 모든 사람이 나팔과 피리와 수금과 삼현금과 양금과 생황과 및 모든 악기 소리를 듣거든 엎드려 금 신상에게 절할 것이라

11 누구든지 엎드려 절하지 아니하는 자는 맹렬히 타는 풀무불 가운데에 던져 넣음을 당하리라 하지 아니하셨나이까

12 이제 몇 유다 사람 사드락과 메삭과 아벳느고는 왕이 세워 바벨론 지방을 다스리게 하신 자이거늘 왕이여 이 사람들이 왕을 높이지 아니하며 왕의 신들을 섬기지 아니하며 왕이 세우신 금 신상에게 절하지 아니하나이다

풀무에서의 구원

13 ○느부갓네살 왕이 노하고 분하여 사드락과 메삭과 아벳느고를 끌어오라 말하매 드디어 그 사람들을 왕의 앞으로 끌어온지라

14 느부갓네살이 그들에게 물어 이르되 사드락, 메삭, 아벳느고야 너희가 내 신을 섬기지 아니하며 내가 세운 금 신상에게 절하지 아니한다 하니 사실이냐

15 이제라도 너희가 준비하였다가 나팔과 피리와 수금과 삼현금과 양금과 생황과 및 모든 악기 소리를 들을 때 내가 만든 신상 앞에 엎드려 절하면 좋거니와 너희가 만일 절하지 아니하면 즉시 너희를 맹렬히 타는 풀무불 가운데에 던져 넣을 것이니 능히 너희를 내 손에서 건져낼 신이 누구이겠느냐 하니 눅13:9

16 사드락과 메삭과 아벳느고가 왕에게 대답하여 이르되 느부갓네살이여 우리가 이 일에 대하여 왕에게 대답할 필요가 없나이다 마10:19

17 왕이여 우리가 섬기는 하나님이 계시다면 우리를 맹렬히 타는 풀무불 가운데에서 능히 건져내시겠고 왕의 손에서도 건져내시리이다

> 개역한글: 우리 하나님이 히, 엘라하나(אֱלָהַנָא),
> NIV: the God,　　KJV: our God

18 그렇게 하지 아니하실지라도 왕이여 우리가 왕의 신들을 섬기지도 아니하고 왕이 세우신 금 신상에게 절하지도 아니할 줄을 아옵소서 욥13:15

19 ○느부갓네살이 분이 가득하여 사드락과 메삭과 아벳느고를 향하여 얼굴빛을 바꾸고 명령하여 이르되 그 풀무불을 뜨겁게 하기를 평소보다 칠 배나 뜨겁게 하라 하고 단3:13

20 군대 중 용사 몇 사람에게 명령하여 사드락과 메삭과 아벳느고를 결박하여 극렬히 타는 풀무불 가운데에 던지라 하니라

21 그러자 그 사람들을 겉옷과 속옷과 모자와 다른 옷을 입은 채 결박하여 맹렬히 타는 풀무불 가운데에 던졌더라

22 왕의 명령이 엄하고 풀무불이 심히 뜨거우므로 불꽃이 사드락과 메삭과 아벳느고를 붙든 사람을 태워 죽였고 출12:33;단2:15

23 이 세 사람 사드락과 메삭과 아벳느고는 결박된 채 맹렬히 타는 풀무불 가운데에 떨어졌더라

24 ○그 때에 느부갓네살 왕이 놀라 급히 일어나서 모사들에게 물어 이르되 우리가 결박하여 불 가운데에 던

다니엘 3:17

● 개역 한글 성경

만일 그럴 것이면 왕이여 우리가 섬기는 우리 하나님이 우리를 극렬(極烈)히 타는 풀무 가운데서 능히 건져내시겠고 왕의 손에서도 건져내시리이다

● 개역 개정 성경

왕이여 우리가 섬기는 하나님이 계시다면 우리를 맹렬히 타는 풀무불 가운데에서 능히 건져내시겠고 왕의 손에서도 건져내시리이다

'하나님이 계시다면' 이라고 번역한 것은 우리의 신앙에 극심한 혼란을 주고 있고 자칫 잘못하면 하나님이 안 계실 수도 있다는 인상을 줄 수 있는 내용이다.

이사야 38:7-39:3

7 이는 여호와께로 말미암는 너를 위한 징조이니 곧 여호와께서 하신 말씀을 그가 이루신다는 증거이니라
8 보라 아하스의 해시계에 나아갔던 해 그림자를 뒤로 십 도를 물러가게 하리라 하셨다 하라 하시더니 이에 해시계에 나아갔던 해의 그림자가 십 도를 물러가니라
9 유다 왕 히스기야가 병들었다가 그의 병이 나은 때에 기록한 글이 이러하니라
10 내가 말하기를 나의 중년에 스올의 문에 들어가고 나의 여생을 빼앗기게 되리라 하였도다
11 내가 또 말하기를 내가 다시는 여호와를 뵈옵지 못하리니 산 자의 땅에서 다시는 여호와를 뵈옵지 못하겠고 내가 세상의 거민 중에서 한 사람도 다시는 보지 못하리라 하였도다
12 나의 거처는 목자의 장막을 걷음 같이 나를 떠나 옮겨졌고 직공이 베를 걷어 말음 같이 내가 내 생명을 말았도다 주께서 나를 틀에서 끊으시리니 조석간에 나를 끝내시리라
13 내가 아침까지 견디었사오나 주께서 사자 같이 나의 모든 뼈를 꺾으시오니 조석간에 나를 끝내시리라
14 나는 제비 같이, 학 같이 지저귀며 비둘기 같이 슬피 울며 내 눈이 쇠하도록 앙망하나이다 여호와여 내가 압제를 받사오니 나의 중보가 되옵소서
15 주께서 내게 말씀하시고 또 친히 이루셨사오니 내가 무슨 말씀을 하오리이까 내 영혼의 고통으로 말미암아 **내가 종신토록 방황하리이다**

개역한글: 내가 종신토록 각근(恪勤)히 행하리이다 히, 에다데 콜 쉐노타이(שְׁנוֹתָ֖י אֲדַדֶּ֥ה כָל), NIV: I will walk humbly all my years, KJV: I shall go softly all my years

16 주여 사람이 사는 것이 이에 있고 내 심령의 생명도 온전히 거기에 있사오니 원하건대 나를 치료하시며 나를 살려 주옵소서
17 보옵소서 내게 큰 고통을 더하신 것은 내게 평안을 주려 하심이라 주께서 내 영혼을 사랑하사 멸망의 구덩이에서 건지셨고 내 모든 죄를 주의 등 뒤에 던지셨나이다
18 스올이 주께 감사하지 못하며 사망이 주를 찬양하지 못하며 구덩이에 들어간 자가 주의 신실을 바라지 못하되
19 오직 산 자 곧 산 자는 오늘 내가 하는 것과 같이 주께 감사하며 주의 신실을 아버지가 그의 자녀에게 알게 하리이다
20 여호와께서 나를 구원하시리니 우리가 종신토록 여호와의 전에서 수금으로 나의 노래를 노래하리로다
21 ○이사야가 이르기를 한 뭉치 무화과를 가져다가 종처에 붙이면 왕이 나으리라 하였고
22 히스기야도 말하기를 내가 여호와의 전에 올라갈 징조가 무엇이냐 하였더라

히스기야의 실수―B.C. 701년경

39 그 때에 발라단의 아들 바벨론 왕 므로닥발라단이 히스기야가 병 들었다가 나았다 함을 듣고 히스기야에게 글과 예물을 보낸지라
2 히스기야가 사자들로 말미암아 기뻐하여 그들에게 보물 창고 곧 은금과 향료와 보배로운 기름과 모든 무기고에 있는 것을 다 보여 주었으니 히스기야가 궁중의 소유와 전 국내의 소유를 보이지 아니한 것이 없는지라
3 이에 선지자 이사야가 히스기야 왕에게 나아와 묻되 그 사람들이 무슨 말을 하였으며 어디서 왕에게 왔나

이사야 38:15

● 개역 한글 성경

주께서 내게 말씀하시고 또 친히 이루셨사오니 내가 무슨 말씀을 하오리이까 내 영혼의 고통을 인하여 내가 종신토록 각근(恪勤)히 행하리이다

각근(恪勤) : 부지런히 힘씀

● 개역 개정 성경

주께서 내게 말씀하시고 또 친히 이루셨사오니 내가 무슨 말씀을 하오리이까 내 영혼의 고통으로 말미암아 내가 종신토록 방황하리이다

'내가 종신토록 방황하리이다'에 해당하는 히브리어 원문은 '내가 근신하리라', '내가 부지런히 행하리라'는 의미가 있다. 따라서 '내가 종신토록 방황하리이다'라고 번역한 것은 원문을 왜곡하고 '개역'을 '개악'함과 동시에 내용적으로 정반대의 의미가 되었다.

욥기 | 38:4-38:36

디 있었느냐 네가 깨달아 알았거든 말할지니라 시 104:5
5 누가 그것의 도량법을 정하였는지, 누가 그 줄을 그것의 위에 띄웠는지 네가 아느냐 잠 8:29
6 그것의 주추는 무엇 위에 세웠으며 그 모퉁잇돌을 누가 놓았느냐
7 그 때에 새벽 별들이 기뻐 노래하며 하나님의 아들들이 다 기뻐 소리를 질렀느니라 욥 1:6
8 ○바다가 그 모태에서 터져 나올 때에 문으로 그것을 가둔 자가 누구냐
9 그 때에 내가 구름으로 그 옷을 만들고 흑암으로 그 강보를 만들고
10 한계를 정하여 문빗장을 지르고
11 이르기를 네가 여기까지 오고 더 넘어가지 못하리니 네 높은 파도가 여기서 그칠지니라 하였노라 시 89:9
12 ○네가 너의 날에 아침에게 명령하였느냐 새벽에게 그 자리를 일러 주었느냐
13 그것으로 땅 끝을 붙잡고 악한 자들을 그 땅에서 떨쳐 버린 일이 있었느냐
14 땅이 변하여 진흙에 인친 것 같이 되었고 그들은 옷 같이 나타나되
15 악인에게는 그 빛이 차단되고 그들의 높이 든 팔이 꺾이느니라
16 ○네가 바다의 샘에 들어갔었느냐 깊은 물 밑으로 걸어 다녀 보았느냐
17 사망의 문이 네게 나타났느냐 사망의 그늘진 문을 네가 보았느냐
18 땅의 너비를 네가 측량할 수 있느냐 네가 그 모든 것들을 다 알거든 말할지니라 욥 28:24
19 ○어느 것이 광명이 있는 곳으로 가는 길이냐 어느 것이 흑암이 있는 곳으로 가는 길이냐
20 너는 그의 지경으로 그를 데려갈 수 있느냐 그의 집으로 가는 길을 알고 있느냐

21 네가 아마도 알리라 네가 그 때에 태어났으리니 너의 햇수가 많음이니라
22 네가 눈 곳간에 들어갔었느냐 우박 창고를 보았느냐 시 135:7
23 내가 환난 때와 교전과 전쟁의 날을 위하여 이것을 남겨 두었노라
24 광명이 어느 길로 뻗치며 동풍이 어느 길로 땅에 흩어지느냐 욥 26:10
25 ○누가 홍수를 위하여 물길을 터 주었으며 우레와 번개 길을 내어 주었느냐
26 누가 사람 없는 땅에, 사람 없는 광야에 비를 내리며
27 황무하고 황폐한 토지를 흡족하게 하여 연한 풀이 돋아나게 하였느냐
28 비에게 아비가 있느냐 이슬방울은 누가 낳았느냐 시 147:8; 렘 14:22
29 얼음은 누구의 태에서 났느냐 공중의 서리는 누가 낳았느냐 시 147:16,17
30 물은 돌 같이 굳어지고 깊은 바다의 수면은 얼어붙느니라
31 ○네가 묘성을 매어 묶을 수 있으며 삼성의 띠를 풀 수 있겠느냐
32 너는 별자리들을 각각 제 때에 이끌어 낼 수 있으며 북두성을 다른 별들에게로 이끌어 갈 수 있겠느냐
33 네가 하늘의 궤도를 아느냐 하늘로 하여금 그 법칙을 땅에 베풀게 하겠느냐
34 ○네가 목소리를 구름에까지 높여 넘치는 물이 네게 덮이게 하겠느냐
35 네가 번개를 보내어 가게 하되 번개가 네게 우리가 여기 있나이다 하게 하겠느냐
36 가슴 속의 지혜는 누가 준 것이냐 수탉에게 슬기를 준 자가 누구냐

개역한글 : 마음속의 총명은 누가 준 것이냐 히, 미 나탄 라세크위 비나 לַשֻּׂכְוִי בִינָה (מֶחָה), NIV : gave understanding to the mind?, KJV : Who hath given understanding to the heart?

욥기 38:36

● 개역 한글 성경
　가슴 속의 지혜는 누가 준 것이냐 마음속의 총명은 누가 준 것이냐

● 개역 개정 성경
　가슴 속의 지혜는 누가 준 것이냐 수탉에게 슬기를 준 자가 누구냐

→ '수탉에게 슬기를 준 자가 누구냐'로 번역함으로써 상반절과 문맥상 흐름이 맞지 않고 엉뚱한 표현으로 보인다.

민수기 23:4-23:23

4 하나님이 발람에게 임하시는지라 발람이 아뢰되 내가 일곱 제단을 쌓고 각 제단에 수송아지와 숫양을 드렸나이다
5 여호와께서 발람의 입에 말씀을 주시며 이르시되 발락에게 돌아가서 이렇게 말할지니라
6 그가 발락에게로 돌아간즉 발락과 모압의 모든 고관이 번제물 곁에 함께 섰더라
7 발람이 예언을 전하여 말하되
  발락이 나를 아람에서, 모압 왕이 동쪽 산에서 데려다가 이르기를 와서 나를 위하여 야곱을 저주하라, 와서 이스라엘을 꾸짖으라 하도다
8 하나님이 저주하지 않으신 자를 내가 어찌 저주하며 여호와께서 꾸짖지 않으신 자를 내가 어찌 꾸짖으랴
9 내가 바위 위에서 그들을 보며 작은 산에서 그들을 바라보니 이 백성은 홀로 살 것이라 그를 여러 민족 중의 하나로 여기지 않으리로다
10 야곱의 티끌을 누가 능히 세며 이스라엘 사분의 일을 누가 능히 셀고 나는 의인의 죽음을 죽기 원하며 나의 종말이 그와 같기를 바라노라
  하매 _{시 23:4}
11 발락이 발람에게 이르되 그대가 어찌 내게 이같이 행하느냐 나의 원수를 저주하라고 그대를 데려왔거늘 그대가 오히려 축복하였도다
12 발람이 대답하여 이르되 여호와께서 내 입에 주신 말씀을 내가 어찌 말하지 아니할 수 있으리이까
  _{발람의 2차 예언}
13 ○ 발락이 말하되 나와 함께 그들을 달리 볼 곳으로 가자 거기서는 그들을 다 보지 못하고 그들의 끝만 보리니 거기서 나를 위하여 그들을 저주하라 하고
14 소빔 들로 인도하여 비스가 꼭대기에 이르러 일곱 제단을 쌓고 각 제단에 수송아지와 숫양을 드리니
15 발람이 발락에게 이르되 내가 저기서 여호와를 만나뵐 동안에 여기 당신의 번제물 곁에 서소서 하니라
16 여호와께서 발람에게 임하사 그의 입에 말씀을 주시며 이르시되 발락에게로 돌아가서 이렇게 말할지니라 _{민 22:35}
17 발람이 가서 본즉 발락이 번제물 곁에 섰고 모압 고관들이 함께 있더라 발락이 발람에게 이르되 여호와께서 무슨 말씀을 하시더냐
18 발람이 예언하여 이르기를
  발락이여 일어나 들을지어다 십볼의 아들이여 내게 자세히 들으라
19 하나님은 사람이 아니시니 거짓말을 하지 않으시고 인생이 아니시니 후회가 없으시도다 어찌 그 말씀하신 바를 행하지 않으시며 하신 말씀을 실행하지 않으시랴
20 내가 축복할 것을 받았으니 그가 주신 복을 내가 돌이키지 않으리라

| 개역한글 : 내가 돌이킬 수 없도다 히, 웰로 아쉬벤나(ולא אשיבנה), NIV : and I cannot change it, KJV : and I cannot reverse it |

21 야곱의 허물을 보지 아니하시며 이스라엘의 반역을 보지 아니하시는도다 여호와 그들의 하나님이 그들과 함께 계시니 왕을 부르는 소리가 그 중에 있도다
22 하나님이 그들을 애굽에서 인도하여 내셨으니 그의 힘이 들소와 같도다
23 야곱을 해할 점술이 없고 이스라엘

민수기 23:20

● 개역 한글 성경
내가 축복의 명을 받았으니 그가 하신 축복을 내가 돌이킬 수 없도다

● 개역 개정 성경
내가 축복할 것을 받았으니 그가 주신 복을 내가 돌이키지 않으리라

광야의 여정을 거의 마치고 모압 광야에서 진을 쳤을 때, 모압 왕 발락은 발람에게 사신을 보내어 이스라엘을 저주하라고 했는데 발람은 이스라엘을 4번이나 축복하고야 만다. 본절에서 발람 자신은 하나님께서 베푸시기로 작정된 이스라엘을 향한 하나님의 복을 돌이킬 수 없다고 고백한다. 그런데 '개정'은 발람이 하나님의 복을 베풀거나 돌이킬 수 있는 권세가 있는 것처럼 '내가 돌이키지 않으리라'고 번역함으로써 하나님의 주권을 발람이 가로챈 것으로 잘못 번역하였다.

신명기 24:1-24:18

약자의 보호 · B.C. 1445년경

24 사람이 아내를 맞이하여 데려온 후에 그에게 수치되는 일이 있음을 발견하고 그를 기뻐하지 아니하면 이혼 증서를 써서 그의 손에 주고 그를 자기 집에서 내보낼 것이요 마 5:31;19:7

2 그 여자는 그의 집에서 나가서 다른 사람의 아내가 되려니와

3 그의 둘째 남편도 그를 미워하여 이혼 증서를 써서 그의 손에 주고 그를 자기 집에서 내보냈거나 또는 그를 아내로 맞이한 둘째 남편이 죽었다 하자

4 그 여자는 이미 몸을 더럽혔은즉 그를 내보낸 전남편이 그를 다시 아내로 맞이하지 말지니 이 일은 여호와 앞에 가증한 것이라 너는 네 하나님 여호와께서 네게 기업으로 주시는 땅을 범죄하게 하지 말지니라

5 ○사람이 새로이 아내를 맞이하였으면 그를 군대로 내보내지 말 것이요 아무 직무도 그에게 맡기지 말 것이며 그는 일 년 동안 한가하게 집에 있으면서 그가 맞이한 아내를 즐겁게 할지니라 신 20:7;잠 5:18

6 ○사람이 맷돌이나 그 위짝을 전당 잡지 말지니 이는 그 생명을 전당 잡음이니라

7 ○사람이 자기 형제 곧 이스라엘 자손 중 한 사람을 유인하여 종으로 삼거나 판 것이 발견되면 그 유인한 자를 죽일지니 이같이 하여 너희 중에서 악을 제할지니라

개역한글: 후려다가…후린 히, 고네브 (גנב, '후려다가')…하간나부(הגנב, '후린'), NIV: kidnapping…kidnapper, KJV: stealing…thief

8 ○너는 나병에 대하여 삼가서 레위 사람 제사장들이 너희에게 가르치는 대로 네가 힘써 다 지켜 행하되 너희는 내가 그들에게 명령한 대로 지켜 행하라

9 너희는 애굽에서 나오는 길에서 네 하나님 여호와께서 미리암에게 행하신 일을 기억할지니라

10 ○네 이웃에게 무엇을 꾸어줄 때에 너는 그의 집에 들어가서 전당물을 취하지 말고

11 너는 밖에 서 있고 네게 꾸는 자가 전당물을 밖으로 가지고 나와서 네게 줄 것이며

12 그가 가난한 자이면 너는 그의 전당물을 가지고 자지 말고 시 41:1

13 해 질 때에 그 전당물을 반드시 그에게 돌려줄 것이라 그리하면 그가 그 옷을 입고 자며 너를 위하여 축복하리니 그 일이 네 하나님 여호와 앞에서 네 공의로움이 되리라

14 ○곤궁하고 빈한한 품꾼은 너희 형제든지 네 땅 성문 안에 우거하는 객이든지 그를 학대하지 말며 말 3:5

15 그 품삯을 당일에 주고 해 진 후까지 미루지 말라 이는 그가 가난하므로 그 품삯을 간절히 바람이라 그가 너를 여호와께 호소하지 않게 하라 그렇지 않으면 그것이 네게 죄가 될 것임이라

16 ○아버지는 그 자식들로 말미암아 죽임을 당하지 않을 것이요 자식들은 그 아버지로 말미암아 죽임을 당하지 않을 것이니 각 사람은 자기 죄로 말미암아 죽임을 당할 것이니라

17 ○너는 객이나 고아의 송사를 억울하게 하지 말며 과부의 옷을 전당 잡지 말라 출 22:26

18 너는 애굽에서 종 되었던 일과 네 하나님 여호와께서 너를 거기서 속량하신 것을 기억하라 이러므로 내가 네게 이 일을 행하라 명령하노라

신명기 24:7

● 개역 한글 성경

사람이 자기 형제 곧 이스라엘 자손 중 한 사람을 후려다가 그를 부리거나 판 것이 발견되거든 그 후린 자를 죽일찌니 이같이 하여 너의 중에 악을 제할찌니라

● 개역 개정 성경

사람이 자기 형제 곧 이스라엘 자손 중 한 사람을 유인하여 종으로 삼거나 판 것이 발견되면 그 유인한 자를 죽일지니 이같이 하여 너희 중에서 악을 제할지니라

'유인하여'에 해당하는 히브리 원문 '고네브'의 원형 '가나브'(גנב)는 '도둑질하다', '빼앗아 가다', '후리다'는 의미로서 본절은 사람을 '유괴'하는 경우에 주어진 규례이다. 따라서 '개역'의 '후리다'는 말은 현재 잘 사용되지 않지만 바른 번역이며 이를 다시 고치고자 한다면 '개정'에서 번역한 '유인'이란 말을 '유괴'로 번역하여야 할 것이다.

예레미야 49:2-49:18

2 여호와의 말씀이니라 그러므로 보라 날이 이르리니 내가 전쟁 소리로 암몬 자손의 랍바에 들리게 할 것이라 랍바는 폐허더미 언덕이 되겠고 그 마을들은 불에 탈 것이며 그 때에 이스라엘은 자기를 점령하였던 자를 점령하리라 여호와의 말씀이니라 암1:14
3 헤스본아 슬피 울지어다 아이가 황폐하였도다 너희 랍바의 딸들아 부르짖을지어다 굵은 베를 감고 애통하며 울타리 가운데에서 허둥지둥 할지어다 말감과 그 제사장들과 그 고관들이 다 사로잡혀 가리로다
4 패역한 딸아 어찌하여 골짜기 곧 네 흐르는 골짜기를 자랑하느냐 네가 어찌하여 재물을 의뢰하여 말하기를 누가 내게 대적하여 오리요 하느냐
5 주 만군의 여호와의 말씀이니라 보라 내가 두려움을 네 사방에서 네게 오게 하리니 너희 각 사람이 앞으로 쫓겨 나갈 것이요 도망하는 자들을 모을 자가 없으리라 애4:15
6 그러나 그 후에 내가 암몬 자손의 포로를 돌아가게 하리라 여호와의 말씀이니라 렘48:47

에돔에 대한 예언

7 ○ 에돔에 대한 말씀이라 만군의 여호와께서 이와 같이 말씀하시되 데만에 다시는 지혜가 없게 되었느냐 명철한 자에게 책략이 끊어졌느냐 그들의 지혜가 없어졌느냐 사19:11
8 드단 주민아 돌이켜 도망할지어다 깊은 곳에 숨을지어다 내가 에서의 재난을 그에게 닥치게 하여 그를 벌할 때가 이르게 하리로다
9 포도를 거두는 자들이 네게 이르면 약간의 열매도 남기지 아니하겠고 밤에 도둑이 오면 그 욕심이 차기까지 멸하느니라 옵1:5
10 그러나 내가 에서의 옷을 벗겨 그 숨은 곳이 드러나게 하였나니 그가 그 몸을 숨길 수 없을 것이라 그 자손과 형제와 이웃이 멸망하였은즉 그가 없어졌느니라
11 네 고아들을 버려도 내가 그들을 살리리라 네 과부들은 나를 의지할 것이니라
12 여호와께서 이와 같이 말씀하시니라 보라 술잔을 마시는 습관이 없는 자도 반드시 마시겠거든 네가 형벌을 온전히 면하겠느냐 면하지 못하리니 너는 반드시 마시리라
13 여호와의 말씀이니라 내가 나를 두고 맹세하노니 보스라가 놀램과 치욕 거리와 황폐함과 저줏거리가 될 것이요 그 모든 성읍이 영원히 황폐하리라 하시니라
14 ○ 내가 여호와에게서부터 오는 소식을 들었노라 사절을 여러 나라 가운데 보내어 이르시되 너희는 모여 와서 그를 치며 일어나서 싸우라
15 보라 내가 너를 여러 나라 가운데에서 작아지게 하였고 사람들 가운데에서 멸시를 받게 하였느니라
16 바위 틈에 살며 산꼭대기를 점령한 자여 스스로 두려운 자인 줄로 여김과 네 마음의 교만이 너를 속였도다 네가 독수리 같이 보금자리를 높은 데에 지었을지라도 내가 그리로부터 너를 끌어내리리라 이는 여호와의 말씀이니라
17 에돔이 공포의 대상이 되리니 그리로 지나는 자마다 놀라며 그 모든 재앙으로 말미암아 탄식하리로다

개역한글: 비웃으리로다 히, 웨이쉬로크
(יִשְׁרֹק), NIV : and will scoff, KJV : and shall hiss

18 여호와께서 말씀하시니라 소돔과 고모라와 그 이웃 성읍들이 멸망한 것 같이 거기에 사는 사람이 없으며 그 가운데에 머물러 살 사람이 아무

예레미야 49:17

● 개역 한글 성경

에돔이 놀라운 것이 되리니 그리로 지나는 자마다 놀라며 그 모든 재앙을 인하여 <u>비웃으리로다</u>

● 개역 개정 성경

에돔이 공포의 대상이 되리니 그리로 지나는 자마다 놀라며 그 모든 재앙으로 말미암아 <u>탄식하리로다</u>

에돔이 심히 교만한 죄로 인해 하나님의 심판을 받아 비참하게 멸망당하였다. 에돔은 자신의 요새가 난공불락의 성임을 자랑하고 그것을 의지할 뿐만 아니라 형제 이스라엘에 대해 가혹하게 행하였다. 본절에서 에돔에 대해 사람들이 '<u>탄식하리로다</u>'로 번역함으로써 심히 교만하던 에돔의 멸망에 대해 사람들이 비웃는 내용의 원문을 왜곡하고 하나님의 의도를 무시하였다. '탄식하리로다'에 해당하는 히브리 원문 '웨이쉬로크'의 원형 '샤라크'(שרק)는 '비웃다', '휘파람을 불다'는 뜻이다. '개정'은 바르게 번역된 '개역'을 개악하였다.

민수기 13:17-14:5

17 ○모세가 가나안 땅을 정탐하러 그들을 보내며 이르되 너희는 네겝 길로 행하여 산지로 올라가서
18 그 땅이 어떠한지 정탐하라 곧 그 땅 거민이 강한지 약한지 많은지 적은지와
19 그들이 사는 땅이 좋은지 나쁜지와 사는 성읍이 진영인지 산성인지와
20 토지가 비옥한지 메마른지 나무가 있는지 없는지를 탐지하라 담대하라 또 그 땅의 실과를 가져오라 하니 그 때는 포도가 처음 익을 즈음이었더라
21 ○이에 그들이 올라가서 땅을 정탐하되 신 광야에서부터 하맛 어귀 르홉에 이르렀고
22 또 네겝으로 올라가서 헤브론에 이르렀으니 헤브론은 애굽 소안보다 칠 년 전에 세운 곳이라 그 곳에 아낙 자손 아히만과 세새와 달매가 있었더라
23 또 에스골 골짜기에 이르러 거기서 포도송이 달린 가지를 베어 둘이 막대기에 꿰어 메고 또 석류와 무화과를 따니라

개역한글:포도 한 송이 히, 에쉬콜 아나빔 에하드(אשכול ענבים אחד), NIV : a single cluster of grapes, KJV : one cluster of grapes

24 이스라엘 자손이 거기서 포도를 베었으므로 그 곳을 에스골 골짜기라 불렀더라
25 ○사십 일 동안 땅을 정탐하기를 마치고 돌아와
26 바란 광야 가데스에 이르러 모세와 아론과 이스라엘 자손의 온 회중에게 나아와 그들에게 보고하고 그 땅의 과일을 보이고
27 모세에게 말하여 이르되 당신이 우리를 보낸 땅에 간즉 과연 그 땅에 젖과 꿀이 흐르는데 이것은 그 땅의 과일이니이다
28 그러나 그 땅 거주민은 강하고 성읍은 견고하고 심히 클 뿐 아니라 거기서 아낙 자손을 보았으며
29 아말렉인은 남방 땅에 거주하고 헷인과 여부스인과 아모리인은 산지에 거주하고 가나안인은 해변과 요단 가에 거주하더이다
30 ○갈렙이 모세 앞에서 백성을 조용하게 하고 이르되 우리가 곧 올라가서 그 땅을 취하자 능히 이기리라 하나
31 그와 함께 올라갔던 사람들은 이르되 우리는 능히 올라가서 그 백성을 치지 못하리라 그들은 우리보다 강하니라 하고
32 이스라엘 자손 앞에서 그 정탐한 땅을 악평하여 이르되 우리가 두루 다니며 정탐한 땅은 그 거주민을 삼키는 땅이요 거기서 본 모든 백성은 신장이 장대한 자들이며
33 거기서 네피림 후손인 아낙 자손의 거인들을 보았나니 우리는 스스로 보기에도 메뚜기 같으니 그들이 보기에도 그와 같았을 것이니라

백성의 원망—B.C. 1445년경

14 온 회중이 소리를 높여 부르짖으며 백성이 밤새도록 통곡하였더라
2 이스라엘 자손이 다 모세와 아론을 원망하며 온 회중이 그들에게 이르되 우리가 애굽 땅에서 죽었거나 이 광야에서 죽었으면 좋았을 것을
3 어찌하여 여호와가 우리를 그 땅으로 인도하여 칼에 쓰러지게 하려 하는가 우리 처자가 사로잡히리니 애굽으로 돌아가는 것이 낫지 아니하랴
4 ○이에 서로 말하되 우리가 한 지휘관을 세우고 애굽으로 돌아가자 하매
5 모세와 아론이 이스라엘 자손의 온

민수기 13:23

● 개역 한글 성경

또 에스골 골짜기에 이르러 거기서 <u>포도 한 송이</u> 달린 가지를 베어 둘이 막대기에 꿰어 메고 또 석류와 무화과를 취하니라

● 개역 개정 성경

또 에스골 골짜기에 이르러 거기서 <u>포도송이가</u> 달린 가지를 베어 둘이 막대기에 꿰어 메고 또 석류와 무화과를 따니라

'<u>포도송이가</u>' 로 번역함으로써 원문에 기록된 '<u>한 송이</u>'(KJV, one cluster)란 단어를 뺐다. 이것은 포도송이가 10송이나 100송이도 될 수 있으므로 '<u>크게 비옥함의 증거</u>'가 사라지고 원문의 의미를 심각하게 훼손하였다.

사도행전 2:1-2:23

성령의 강림—A.D.30년경

2 오순절 날이 이미 이르매 그들이 다같이 한 곳에 모였더니
2 홀연히 하늘로부터 급하고 강한 바람 같은 소리가 있어 그들이 앉은 온 집에 가득하며
3 마치 불의 혀처럼 갈라지는 것들이 그들에게 보여 각 사람 위에 하나씩 임하여 있더니

> **개역한글**: 각 사람 위에 임하여 있더니
> 헬, 에카디센 엪 헤나 헤카스톤 아우톤
> (ἐκάθισεν ἐφʼ ἕνα ἕκαστον αὐτῶν), NIV: came to rest on each of them, KJV: it sat upon each of them

4 그들이 다 성령의 충만함을 받고 성령이 말하게 하심을 따라 다른 언어들로 말하기를 시작하니라
5 ○그 때에 경건한 유대인들이 천하 각국으로부터 와서 예루살렘에 머물러 있더니 행 8:2
6 이 소리가 나매 큰 무리가 모여 각각 자기의 방언으로 제자들이 말하는 것을 듣고 소동하여 행 4:32
7 다 놀라 신기하게 여겨 이르되 보라 이 말하는 사람들이 다 갈릴리 사람이 아니냐 행 1:11
8 우리가 우리 각 사람이 난 곳 방언으로 듣게 되는 것이 어찌 됨이냐 행 2:4
9 우리는 바대인과 메대인과 엘람인과 또 메소보다미아, 유대와 갑바도기아, 본도와 아시아, 벧전 1:1
10 브루기아와 밤빌리아, 애굽과 및 구레네에 가까운 리비야 여러 지방에 사는 사람들과 로마로부터 온 나그네 곧 유대인과 유대교에 들어온 사람들과
11 그레데인과 아라비아인들이라 우리가 다 우리의 각 언어로 하나님의 큰 일을 말함을 듣는도다 하고
12 다 놀라며 당황하여 서로 이르되 이 어찌 된 일이냐 하며
13 또 어떤 이들은 조롱하여 이르되 그들이 새 술에 취하였다 하더라

베드로의 복음 증거

14 ○베드로가 열한 사도와 함께 서서 소리를 높여 이르되 유대인들과 예루살렘에 사는 모든 사람들아 이 일을 너희로 알게 할 것이니 내 말에 귀를 기울이라 행 1:26
15 때가 제 삼 시니 너희 생각과 같이 이 사람들이 취한 것이 아니라
16 이는 곧 선지자 요엘을 통하여 말씀하신 것이니 일렀으되
17 하나님이 말씀하시기를 말세에 내가 내 영을 모든 육체에 부어 주리니 너희의 자녀들은 예언할 것이요 너희의 젊은이들은 환상을 보고 너희의 늙은이들은 꿈을 꾸리라
18 그 때에 내가 내 영을 내 남종과 여종들에게 부어 주리니 그들이 예언할 것이요
19 또 내가 위로 하늘에서는 기사를 아래로 땅에서는 징조를 베풀리니 곧 피와 불과 연기로다
20 주의 크고 영화로운 날이 이르기 전에 해가 변하여 어두워지고 달이 변하여 피가 되리라 마 24:29
21 누구든지 주의 이름을 부르는 자는 구원을 받으리라 하였느니라
22 이스라엘 사람들아 이 말을 들으라 너희도 아는 바와 같이 하나님께서 나사렛 예수로 큰 권능과 기사와 표적을 너희 가운데서 베푸사 너희 앞에서 그를 증언하셨느니라
23 그가 하나님께서 정하신 뜻과 미리 아신 대로 내준 바 되었거늘 너희가 법 없는 자들의 손을 빌려 못 박아 죽였으나

사도행전 2:3

● 개역 한글 성경
불의 혀같이 갈라지는 것이 저희에게 보여 <u>각 사람 위에 임하여 있더니</u>

● 개역 개정 성경
마치 불의 혀처럼 갈라지는 것들이 그들에게 보여 <u>각 사람 위에 하나씩 임하여 있더니</u>

'각 사람 위에 하나씩 임하여 있더니'로 번역된 헬라어 '에카디센 엪 헤나 헤카스톤 아우톤'(ἐκάθισεν ἐφ' ἕνα ἕκαστον αὐτῶν)은 '그것이 그들의 각 사람 위에 임하였다'(It sat on each one of them)란 뜻이다. 삼위 일체 하나님 되신 성령님의 임재를 물건의 개수로 표현하는 것은 찬양받으실 하나님에 대한 합당한 표현이 아니다. 따라서 '개역'이 바르게 번역되었다. '개정'의 '하나씩'이란 번역은 개악한 것이다.

고린도후서 7:1-7:16

7 그런즉 사랑하는 자들아 이 약속을 가진 우리는 하나님을 두려워하는 가운데서 거룩함을 온전히 이루어 육과 영의 온갖 더러운 것에서 자신을 깨끗하게 하자

2 ○마음으로 우리를 영접하라 우리는 아무에게도 불의를 행하지 않고 아무에게도 해롭게 하지 않고 아무에게서도 속여 빼앗은 일이 없노라
_{행 20:33}

3 내가 이 말을 하는 것은 너희를 정죄하려고 하는 것이 아니라 내가 이전에 말하였거니와 너희가 우리 마음에 있어 함께 죽고 함께 살게 하고자 함이라

4 나는 너희를 향하여 담대한 것도 많고 너희를 위하여 자랑하는 것도 많으니 내가 우리의 모든 환난 가운데서도 위로가 가득하고 기쁨이 넘치는도다
_{빌 2:17}

유익한 교통에 대한 기쁨

5 ○우리가 마게도냐에 이르렀을 때에도 우리 육체가 편하지 못하였고 사방으로 환난을 당하여 밖으로는 다툼이요 안으로는 두려움이었노라

6 그러나 낙심한 자들을 위로하시는 하나님이 디도가 옴으로 우리를 위로하셨으니

> **개역한글:** 비천한 자들을 헬, 투스 타페이누스(τοὺς ταπεινούς), NIV: the downcast, KJV: those that are cast down

7 그가 온 것뿐 아니요 오직 그가 너희에게서 받은 그 위로로 위로하고 너희의 사모함과 애통함과 나를 위하여 열심 있는 것을 우리에게 보고함으로 나를 더욱 기쁘게 하였느니라

8 그러므로 내가 편지로 너희를 근심하게 한 것을 후회하였으나 지금은 후회하지 아니함은 그 편지가 너희로 잠시만 근심하게 한 줄을 앎이라

9 내가 지금 기뻐함은 너희로 근심하게 한 까닭이 아니요 도리어 너희가 근심함으로 회개함에 이른 까닭이라 너희가 하나님의 뜻대로 근심하게 된 것은 우리에게서 아무 해도 받지 않게 하려 함이라

10 하나님의 뜻대로 하는 근심은 후회할 것이 없는 구원에 이르게 하는 회개를 이루는 것이요 세상 근심은 사망을 이루는 것이니라

11 보라 하나님의 뜻대로 하게 된 이 근심이 너희로 얼마나 간절하게 하며 얼마나 변증하게 하며 얼마나 분하게 하며 얼마나 두렵게 하며 얼마나 사모하게 하며 얼마나 열심 있게 하며 얼마나 벌하게 하였는가 너희가 그 일에 대하여 일체 너희 자신의 깨끗함을 나타내었느니라

12 그런즉 내가 너희에게 쓴 것은 그 불의를 행한 자를 위한 것도 아니요 그 불의를 당한 자를 위한 것도 아니요 오직 우리를 위한 너희의 간절함이 하나님 앞에서 너희에게 나타나게 하려 함이로라
_{고후 2:4}

13 이로 말미암아 우리가 위로를 받았고 우리가 받은 위로 위에 디도의 기쁨으로 우리가 더욱 많이 기뻐함은 그의 마음이 너희 무리로 말미암아 안심함을 얻었음이라

14 내가 그에게 너희를 위하여 자랑한 것이 있더라도 부끄럽지 아니하니 우리가 너희에게 이른 말이 다 참된 것 같이 디도 앞에서 우리가 자랑한 것도 참되게 되었도다

15 그가 너희 모든 사람들이 두려움과 떪으로 자기를 영접하여 순종한 것을 생각하고 너희를 향하여 그의 심정이 더욱 깊었으니
_{몬 2:12}

16 내가 범사에 너희를 신뢰하게 된 것을 기뻐하노라

고린도후서 7:6

● 개역 한글 성경
그러나 비천한 자들을 위로하시는 하나님이 디도의 옴으로 우리를 위로하셨으니

● 개역 개정 성경
그러나 낙심한 자들을 위로하시는 하나님이 디도가 옴으로 우리를 위로하셨으니

'낙심한 자들을'에서 '낙심한'으로 번역된 헬라어 '타페이누스'(ταπεινούς)는 '낮은', '천한', '겸손한'을 의미한다. 그러므로 '개정'은 바르게 번역된 '개역'을 개악함으로 중대한 오류를 범했다.

요한계시록 1:17-2:14

입에서 좌우에 날선 검이 나오고 그 얼굴은 해가 힘있게 비치는 것 같더라

17 내가 볼 때에 그의 발 앞에 엎드러져 죽은자 같이 되매 그가 오른손을 내게 얹고 이르시되 두려워하지 말라 나는 처음이요 마지막이니 ^{사41:4;겔1:28}

18 곧 살아 있는 자라 내가 전에 죽었었노라 볼지어다 이제 세세토록 살아 있어 사망과 음부의 열쇠를 가졌노니

19 그러므로 네가 본 것과 지금 있는 일과 장차 될 일을 기록하라 ^{계21;4:1}

20 네가 본 것은 내 오른손의 일곱 별의 비밀과 또 일곱 금 촛대라 일곱 별은 일곱 교회의 사자요 일곱 촛대는 일곱 교회니라 ^{슥4:2}

에베소 교회에 대한 편지

2 에베소 교회의 사자에게 편지하라 오른손에 있는 일곱 별을 붙잡고 일곱 금 촛대 사이를 거니시는 이가 이르시되 ^{계1:16}

2 내가 네 행위와 수고와 네 인내를 알고 또 악한 자들을 용납하지 아니한 것과 자칭 사도라 하되 아닌 자들을 시험하여 그의 거짓된 것을 네가 드러낸 것과

3 또 네가 참고 내 이름을 위하여 견디고 게으르지 아니한 것을 아노라

4 그러나 너를 책망할 것이 있나니 너의 처음 사랑을 버렸느니라

5 그러므로 어디서 떨어졌는지를 생각하고 회개하여 처음 행위를 가지라 만일 그리하지 아니하고 회개하지 아니하면 내가 네게 가서 네 촛대를 그 자리에서 옮기리라 ^{마21:41}

6 오직 네게 이것이 있으니 네가 니골라 당의 행위를 미워하는도다 나도 이것을 미워하노라 ^{계2:15}

7 귀 있는 자는 성령이 교회들에게 하시는 말씀을 들을지어다 이기는 그에게는 내가 하나님의 낙원에 있는 생명나무의 열매를 주어 먹게 하리라 ^{창2:9}

서머나 교회에 대한 편지

8 ○ 서머나 교회의 사자에게 편지하라 처음이며 마지막이요 죽었다가 살아나신 이가 이르시되

9 내가 네 환난과 궁핍을 알거니와 실상은 네가 부요한 자니라 자칭 유대인이라 하는 자들의 비방도 알거니와 실상은 유대인이 아니요 사탄의 회당이라 ^{눅12:21}

10 너는 장차 받을 고난을 두려워하지 말라 볼지어다 마귀가 장차 너희 가운데에서 몇 사람을 옥에 던져 시험을 받게 하리니 너희가 십 일 동안 환난을 받으리라 네가 죽도록 충성하라 그리하면 내가 생명의 관을 네게 주리라 ^{마10:22}

개역한글: 생명의 면류관   헬, 톤 스테파논 테스 조에스(τὸν στέφανον τῆς ζωῆς), NIV : the crown of life,   KJV : a crown of life

11 귀 있는 자는 성령이 교회들에게 하시는 말씀을 들을지어다 이기는 자는 둘째 사망의 해를 받지 아니하리라

버가모 교회에 대한 편지

12 ○ 버가모 교회의 사자에게 편지하라 좌우에 날선 검을 가지신 이가 이르시되 ^{사49:2}

13 네가 어디에 사는지를 내가 아노니 거기는 사탄의 권좌가 있는 데라 네가 내 이름을 굳게 잡아서 내 충성된 증인 안디바가 너희 가운데 곧 사탄이 사는 곳에서 죽임을 당할 때에도 나를 믿는 믿음을 저버리지 아니하였도다

14 그러나 네게 두어 가지 책망할 것이 있나니 거기 네게 발람의 교훈을 지키는 자들이 있도다 발람이 발락을 가르쳐 이스라엘 자손 앞에 걸림돌

요한계시록 2:10

● 개역 한글 성경
　…네가 죽도록 충성하라 그리하면 내가 생명의 면류관을 네게 주리라

● 개역 개정 성경
　…네가 죽도록 충성하라 그리하면 내가 생명의 관을 네게 주리라

'생명의 관'을 주리라고 번역하여 하나님께서 우리에게 주시는 상급을 너무나 단조롭게 표현함으로써 기존 개역 한글 성경의 아름다운 표현을 제거해 버렸다.

그외 개역 개정 성경의 오류

	개역 성경	개역 개정 성경	비교 연구
창 14:16	모든 빼앗겼던 재물과 자기 조카 롯과 그 재물과 또 부녀와 <u>인민</u>을 다 찾아왔더라	모든 빼앗겼던 재물과 자기의 조카 롯과 그의 재물과 또 부녀와 <u>친척</u>을 다 찾아왔더라	원어 '암'(עַם)은 '백성', '민족', '주민'을 뜻한다. 〈개정〉은 '친척'이라 번역함으로 소돔 백성은 포로가 된 채로 그대로 버려진 것이 되어 아브라함을 아주 편협하고 이기적이며 탐욕적인 인물로 묘사해 버렸다. 〈개정〉은 잘 번역된 〈개역〉을 개악하였다.
창 27:34	에서가 그 아비의 말을 듣고 <u>방성 대곡하며</u> 아비에게 이르되 내 아버지여 내게 축복하소서 내게도 그리하소서	에서가 그의 아버지의 말을 듣고 <u>소리 내어 울며</u> 아버지에게 이르되 내 아버지여 내게 축복하소서 내게도 그리하소서	원문은 에서가 '심히 크고 격동적으로 울부짖는'(צְעָקָה גְּדֹלָה וּמָרָה עַד־מְאֹד, 와이츠아크 체아카 게돌라 우마라 아드 메오드) 것으로 묘사함으로써 에서가 장자권을 빼앗긴 원통한 마음에 방성 대곡한 것으로 언급했는데 〈개정〉은 이를 축소 왜곡되게 번역하였다. 또한 야성적인 사냥꾼 에서가 소심한 성격의 여성스러운 인물로 느껴지게도 한다.
창 29:18	야곱이 라헬을 <u>연애하므로</u> 대답하되 내가 외삼촌의 작은딸 라헬을 위하여 외삼촌에게 칠 년을 봉사하리이다	야곱이 라헬을 <u>더 사랑하므로</u> 대답하되 내가 외삼촌의 작은 딸 라헬을 위하여 외삼촌에게 칠 년을 섬기리이다	원문에서는 야곱이 라헬을 '사랑하였다'라고 말하고 있다. 본절은 야곱이 결혼하기 전의 일이다. 야곱이 결혼 전에 사랑한 대상은 오직 라헬뿐이었다. 야곱은 레아를 사랑하지 않았다. 후에 야곱은 라반에게 속아 레아와 원치 않는 결혼을 하였다. 그런데 〈개정〉은 원문을 무시하고 '더 사랑하므로'라고 창작함으로써 야곱이 결혼 전에 두 여자를 사랑한 것으로 묘사하고 있다.
창 33:12	에서가 가로되 우리가 떠나가자 내가 <u>너의 앞잡이가 되리라</u>	에서가 이르되 우리가 떠나자 내가 <u>너와 동행하리라</u>	원문의 '레네그데카'(לְנֶגְדֶּךָ)는 '네 앞에서', '네 목전에서'라는 의미이다. 이는 장자권을 빼앗긴 형 에서가 야곱을 만날 때 분개심과 적개심이 없는 평온한 상태에 있음을 보여준다. 그리고 야곱을 위해 보호자가 되어 길을 인도해 주겠다고 형다운 면모를 보여주는 장면이다. 그러나 〈개정〉은 형이 자신을 해칠 것을 두려워하며 에서를 만나는 야곱의 심리 상태에 대한 형 에서의

	개역 성경	개역 개정 성경	비교 연구
			반응을 제거하고 무의미하게 '너와 동행하리라' 라고 번역하는 오류를 범하였다.
출 15:10	주께서 주의 바람을 일으키시매 바다가 그들을 덮으니 그들이 흉용한 물에 납같이 잠겼나이다	주께서 바람을 일으키시매 바다가 그들을 덮으니 그들이 거센 물에 납 같이 잠겼나이다	원문에서는 '주의 바람' 으로, 영어 성경에서도 'your breath' (NIV), 'thy wind' (KJV)로 번역하여 막연한 바람이 아닌, '하나님의 권능의 바람' 을 주께서 일으키셨음을 말하고 있는데 〈개정〉은 '주의' 를 삭제하여 하나님께서 직접적으로 역사하시는 하나님의 권능의 사역을 미약하게 만들었다.
출 19:1	이스라엘 자손이 애굽 땅에서 나올 때부터 제삼월 곧 그때에 그들이 시내 광야에 이르니라	이스라엘 자손이 애굽 땅을 떠난 지 삼 개월이 되던 날 그들이 시내 광야에 이르니라	'제삼월' 과 '삼 개월' 은 1개월간의 기간이 차이가 난다. 원문에는 서수로서 '제삼월' (the third month)로 되어 있다. 그런데 〈개정〉은 서수를 기수로 오역하고 원문에서 단수인 '달' (month)을 복수(months)로 오역하여 '삼 개월(이 되던 날) 로 번역하여 바르게 된 〈개역〉을 개악하였다.
출 34:29	모세가 그 증거의 두 판을 자기 손에 들고 시내 산에서 내려오니 그 산에서 내려올 때에 모세는…	모세가 그 증거의 두 판을 모세의 손에 들고 시내 산에서 내려오니 그 산에서 내려올 때에 모세는…	'모세가…두 판을 자기 손에 들고…' 가 바르다. 〈개역〉은 1인칭 관찰자 시점으로 서술하고 있는데 〈개정〉은 갑자기 '두 판을 모세의 손에 들고' 라고 3인칭 관찰자 시점으로 설명하니 시점이 일치하지 않아 혼동을 초래하고 있다.
레 2:16	제사장은 찧은 곡식 얼마와 기름의 얼마와 모든 유향을 기념물로 불사를찌니 이는 여호와께 드리는 화제니라	제사장은 찧은 곡식과 기름을 모든 유향과 함께 기념물로 불사를지니 이는 여호와께 드리는 화제니라	본절은 첫 이삭의 소제를 추수 때 드리라고 지시하는 부분이다. 찧은 곡식 중에서 '얼마' 는 기념물로서 단 위에서 태워지는 것이고 나머지는 제사장의 몫이다. 그런데 〈개정〉은 이 제단 위에서 태워지는 제물을 표시하는 '얼마' 라는 소제물의 양을 삭제함으로써 '소제' 에 대한 제사법을 완전히 무시하였다. 이 소제의 유형론은 예수 그리스도의 십자가 상의 대속적 죽음의 가치를 상징하는 것이다.
	그 범과를 인하여 여호와께 속건제를 드리되 양떼의 암컷 어린 양이나 염소를 끌	그 잘못으로 말미암아 여호와께 속죄제를 드리되 양 떼의 암컷 어린 양이나 염소를 끌	원어 '아샴' (אשם)은 '속건제' (guilt offering)를 의미한다. '속죄제' (sin offering)는 원어로 '하타아' (חטאה)이다. 속건제는 '성물에 대한 범죄' , '하나님의 규례를 어

	개역 성경	개역 개정 성경	비교 연구
레 5:6	어다가 속죄제를 드릴 것이요 제사장이 그의 허물을 위하여 속죄할지니라	어다가 속죄제를 드릴 것이요 제사장이 그의 허물을 위하여 속죄할지니라	김', '사람들에 대한 죄' 등에 대하여 하나님께 드리는 제사이다. 그리고 '속죄제' 는 이스라엘 온 회중의 죄와 대제사장의 죄(레 4장;6:24-30) 외 여러 가지 경우에 드려졌는데(레 5:1-6), 〈개정〉은 '속건제'를 '속죄제'로 잘못 번역하였다.
신 28:9	네가 네 하나님 여호와의 명령을 지켜 그 길로 행하면 여호와께서 네게 맹세하신 대로 너를 세워 자기의 성민이 되게 하시리니	여호와께서 네게 맹세하신 대로 너를 세워 자기의 성민이 되게 하시리니 이는 네가 네 하나님 여호와의 명령을 지켜 그 길로 행할 것임이니라	신 28장은 축복과 저주의 내용으로 하나님의 말씀을 순종하면 약속하신 복을 받고 (1-14절), 불순종하면 저주를 받는다(15-68절)는 말씀이다. 그런데 〈개정〉은 이스라엘 백성이 (당연히) 여호와의 명령을 지키고 그의 길로 행할 것이므로 하나님이 자기의 성민이 되게 하신다는 것으로 번역하였다. 따라서 〈개정〉은 원문을 오역하고, 〈개역〉을 개악하였으며, 본문의 전후 내용과도 상반되고, 이스라엘의 역사(순종과 불순종의 반복)와도 배치되며 신학적, 신앙적인 면에서 중대한 오류를 범했다.
삿 7:15	기드온이 그 꿈과 해몽하는 말을 듣고 경배하고 이스라엘 진중에 돌아와서 이르되 일어나라 여호와께서 미디안 군대를 너희 손에 붙이셨느니라 하고	기드온이 그 꿈과 해몽하는 말을 듣고 경배하며 이스라엘 진영으로 돌아와 이르되 일어나라 여호와께서 미디안과 그 모든 진영을 너희 손에 넘겨 주셨느니라 하고	원문 '마하네 미드얀'(מחנה מדין)에서 '마하네'(מחנה)는 '군대', '떼', '진'을 의미한다. 그러므로 〈개역〉의 '군대'란 번역이 바르다. 영어 성경도 'the host of Midian' (KJV), 'the Midianite camp' (NIV)로 번역하였는데, 〈개정〉은 '미디안'과 '진영'을 두 개로 나누고 '진영' 앞에 '모든'이란 단어를 첨가하여 '미디안(땅)과 그 땅에 있는 모든 진영'으로 오해하게 하였다. '미디안'은 지명으로도 광범위하게 사용되는 단어이다.
삼하 15:25	왕이 사독에게 이르되 하나님의 궤를 성으로 도로 메어 가라	왕이 사독에게 이르되 보라 하나님의 궤를 성읍으로 도로 메어 가라	〈개정〉은 원어에도 없는 '보라'를 난데없이 첨가하여 독자들로 하여금 어리둥절하게 만든다.
왕상 3:6	솔로몬이 가로되…이 큰 은혜를 예비하시고 오늘날과 같이 저의 위에 앉은 아들을 저	솔로몬이 이르되…이 큰 은혜를 항상 주사 오늘과 같이 그의 자리에 앉을 아들을 그에게	〈개정〉은 '항상'이란 불필요한 말을 첨가하여 본래의 의미를 손상시켰다. 그리고 원문 '알 키스오'(ועל כסאו)는 '그의 보좌에', '그의 왕위에', '그의 의자에'란

	개역 성경	개역 개정 성경	비교 연구
	에게 주셨나이다	주셨나이다	의미로서, 여기서 '위'는 '지위', '벼슬'이란 뜻이다. 그런데 〈개정〉은 '위'를, 다윗의 왕위를 이을 '보좌'의 의미를 살리지 못하고 '자리'로 번역하여 그 격을 떨어뜨렸다.
렘 50:34	그들의 <u>구속자</u>는 강하니 그 이름은 만군의 여호와라 결코 그들의 원을 펴서 그 땅에 평안함을 주고 바벨론 거민으로 불안케 하리라	그들의 <u>구원자</u>는 강하니 그의 이름은 만군의 여호와라 반드시 그들 때문에 싸우시리니 그 땅에 평안함을 주고 바벨론 주민을 불안하게 하리라	원어 '가알'(גאל)은 '구속하다'란 뜻이다. 본절에서 이는 이스라엘을 압제하고 학대하고 있는 바벨론을 '바사' 연합군에 의하여 심판하시고 자신의 백성을 고토로 되찾아 오실 구속자 하나님(KJV : Redeemer—저당물을 되찾아오는 분)을 나타낸다. 본절에서 '구속자' 하나님은 곧 죄의 포로가 된 인생들을 예수 그리스도 안에서 되찾으시려는 하나님의 구속의 계획을 보여주는 '예표'인데 〈개정〉은 이를 삭제하고 '구원자'로 잘못 번역하였다.
마 5:12	기뻐하고 즐거워하라 하늘에서 너희의 상이 큼이라 너희 전에 있던 <u>선지자들을 이같이 핍박하였느니라</u>	기뻐하고 즐거워하라 하늘에서 너희의 상이 큼이라 너희 전에 있던 <u>선지자들도 이같이 박해하였느니라</u>	〈개정〉은 선지자들이 핍박받은 것이 아니라 도리어 선지자들이 핍박한 것으로 번역해 버렸다. 따라서 〈개정〉은 바르게 된 〈개역〉을 개악하였다.
마 9:6, 8	그러나 인자가 세상에서 <u>죄를 사하는 권세</u>가 있는 줄을 너희로 알게 하려 하노라…무리가 보고 두려워하며 <u>이런 권세</u>를 사람에게 주신 하나님께 영광을 돌리니라	그러나 인자가 세상에서 <u>죄를 사하는 권능</u>이 있는 줄을 너희로 알게 하려 하노라…무리가 보고 두려워하며 <u>이런 권능을</u> 사람에게 주신 하나님께 영광을 돌리니라	원어 '엑수시아'(ἐξουσία)는 '능력', '힘', '권세', '권위' 등의 뜻으로 번역되는데 본문은 예수께서 중풍병자를 고치시기 전에 먼저 죄사함을 선포한 것으로서, '엑수시아'를 '권능'(power)이 아니라 '권세'(ruling power—세상을 다스리는 통치권)로 번역한 〈개역〉이 더 합당하다. 예수께서 인간의 죄를 사해 주시는 것은 하나님으로부터 부여받은 인간들에 대한 통치권, 즉 권세를 부여받은 것을 말하는데 〈개정〉은 '권세'를 '권능'으로 번역함으로써 하나님의 아들 예수 그리스도의 신성(神性)을 약화시키고 인간적인 능력의 예수님으로 오해하도록 했다.
	홀연히 허다한 천군	홀연히 수많은 천군이	목자들이 밤에 자기 양떼를 지키는데 천

	개역 성경	개역 개정 성경	비교 연구
눅 2:13	이 <u>그 천사와 함께</u> 있어 하나님을 찬송하여 가로되	<u>그 천사들과 함께</u> 하나님을 찬송하여 이르되	사 하나가 나타났고 주의 영광이 두루 비추는 가운데 그 천사가 소식을 전한 직후 갑자기 수많은 천군이 그 천사와 함께 하나님을 찬송한 것이다. 〈개역〉은 원문대로 단수로 잘 번역되었는데 〈개정〉은 개악하였다.
눅 7:12	사람들이 한 죽은 자를 메고 나오니 이는 <u>그 어미의 독자요</u> 어미는 과부라 그 성의 많은 사람도 그와 함께 나오거늘	사람들이 한 죽은 자를 메고 나오니 이는 <u>한 어머니의 독자요</u> 그의 어머니는 과부라 그 성의 많은 사람도 그와 함께 나오거늘	원문상 '그 어미'는 '죽은자의 어머니'이다. 그런데 〈개정〉은 '한 어머니의 독자'라고 번역하여 누구의 어머니인지 알 수 없게 한다. 그러므로 이 여인과 죽은 자의 상호 관계가 단절되어 버렸다.
눅 7:37	그 동네에 <u>죄인인 한 여자</u>가 있어 예수께서 바리새인의 집에 앉으셨음을 알고 향유 담은 옥합을 가지고 와서	그 동네에 <u>죄를 지은 한 여자</u>가 있어 예수께서 바리새인의 집에 앉아 계심을 알고 향유 담은 옥합을 가지고 와서	〈개역〉은 그 여자의 신분이 창기였음을 알려 주는 바른 번역이다. 그러나 〈개정〉은 그녀의 창녀 신분을 삭제하였을 뿐만 아니라 독자가 도저히 알 수 없는 어떤 죄를 지은 여자라고 소개하고 있다. 따라서 하나님의 구원의 역사 선상에서 이 여자와 예수님의 만남의 의미도 나타나 있지 않으며, 이 여인이 예수님을 만나 죄사함 받고 구원 받은 이 장면이 보여주는 메시지 또한 불분명하다.
요 5:45	내가 너희를 아버지께 <u>고소할까</u> 생각지 말라 너희를 <u>고소하는</u> 이가 있으니 곧 너희의 바라는 자 모세니라	내가 너희를 아버지께 <u>고발할까</u> 생각하지 말라 너희를 <u>고발하는</u> 이가 있으니 곧 너희가 바라는 자 모세니라	〈개역〉에서는 '고발'이라는 단어를 4번 사용하고 있는데 영어 성경 NIV에서는 이를 각각 'tells' (삼상 22:8, 17), 'exposed' (에 6:2), 'spoke up' (에 7:9)으로 번역하였고, 그 '고발'은 '알리다', '말하다', '드러내다' 등의 의미로 사용해 왔고 이에 반해 '고소'는 막 15:3 ;눅 23:2;요 5:45 외 19군데에서 사용하고 있는데 '고소'라는 단어는 'accuse'에 해당한다. 그런데 〈개정〉은 막 15:3;눅 23:2;요 5:45을 비롯하여 여러 군데를 '고발'로 무리하게 바꾸어 놓았다.
	세상이 <u>너희를 미워하지 못하되</u> 나를 미워	세상이 <u>너희를 미워하지 아니하되</u> 나를 미워	원문 '우 뒤나타이' (οὐ δύναται)는 '할 수 없다' (cannot)라는 뜻이다. 따라서

	개역 성경	개역 개정 성경	비교 연구
요 7:7	하나니 이는 내가 세상의 행사를 악하다 증거함이라	하나니 이는 내가 세상의 일들을 악하다고 증언함이라	〈개정〉은 바르게 번역된 〈개역〉을 개악하였다. 본절에서 '너희'는 예수님을 믿지 않던 혈육의 형제들이다. 그러므로 세상은 자기에게 속한 자들(예수님을 불신하는 사람들)을 미워할 수가 없는 법이다.
롬 4:17	기록된바 내가 너를 많은 민족의 조상으로 세웠다 하심과 같으니 그의 믿은바 하나님은 죽은 자를 살리시며 없는 것을 있는 것같이 부르시는 이시니라	기록된 바 내가 너를 많은 민족의 조상으로 세웠다 하심과 같으니 그가 믿은 바 하나님은 죽은 자를 살리시며 없는 것을 있는 것으로 부르시는 이시니라	원어 '호스'(ὡς)는 '…같이', '…처럼', '…만큼', '…로서'라는 의미이다. 〈개정〉의 번역은 내용 면에서 볼 때 무리가 있다. '있는 것을 통해' 없는 것을 부른다는 것은 전능하신 하나님의 능력을 제한하는 표현으로서 오해를 일으킨다. 〈개역〉이 바르게 번역되었다.
고전 1:30	예수는 하나님께로서 나와서 우리에게 지혜와 의로움과 거룩함과 구속함이 되셨으니	예수는 하나님으로부터 나와서 우리에게 지혜와 의로움과 거룩함과 구원함이 되셨으니	원어 '아폴뤼트로시스'(ἀπολύτρωσις)는 속전을 받고 놓아 준다는 의미인 '구속'을 뜻한다. '구원'을 뜻하는 헬라어는 '소테리아'(σωτηρία)이다. 따라서 〈개정〉은 바르게 번역된 〈개역〉을 개악하였다.
갈 3:27	누구든지 그리스도와 합하여 세례를 받은 자는 그리스도로 옷 입었느니라	누구든지 그리스도와 합하기 위하여 세례를 받은 자는 그리스도로 옷 입었느니라	'그리스도와 합하여 세례를 받은'에 해당하는 원문은 '에이스 크리스톤 에밮티스데테'(εἰς Χριστὸν ἐβαπτίσθητε)이다. 여기서 '에이스'(εἰς)는 'into'에 해당하는데 〈개역〉의 '그리스도와 합하여'가 바른 번역이다.
골 1:16; 2:10, 15	…보좌들이나 주관들이나 정사들이나 권세들이나 만물이 다 그로 말미암고 그를 위하여 창조되었고…그는 모든 정사와 권세의 머리시라…정사와 권세를 벗어 버려 밝히 드러내시고 십자가로 승리하셨느니라	…왕권들이나 주권들이나 통치자들이나 권세들이나 만물이 다 그로 말미암고 그를 위하여 창조되었고…그는 모든 통치자와 권세의 머리시라…통치자들과 권세들을 무력화하여 드러내어 구경거리로 삼으시고 십자가로 그들을 이기셨느니라	헬라어 '아르케'(ἀρχή)는 '시작', '처음', '기원', '지배', '통치(자)'라는 의미이다. 옆의 세 구절에서 앞뒤 문맥과 내용 면에서 〈개역〉이 바르게 번역되었다. 예컨대 원문상 '주권자들'로도 번역이 가능하나 '주권들'로 번역하면서 '통치들'로 번역이 가능한 것에 대해서만 '통치자들'로 번역한 것은 개악된 것이다.

이하 중략
▶이외 수많은 곳에 오류가 있습니다.

「한글 개역 개정 성경」이
오류가 많아
「한글 개역 성경」을
그대로 사용하기로 했습니다.

―사단법인 대한예수교 장로회 합동측 제96회 총회 결정
(2011년 9월 19일부터 23일까지
전북대학교 삼성문화관에서 개최된 총회)

한국 교회에 드리는 말씀

대한예수교장로회(합동) 제96회 총회는
「개역 성경」을 강단용으로 그대로 사용하도록 결의하였습니다

교회는 진리의 기둥과 터입니다. 진리가 무너지면 교회의 존재가 불가능한 이유가 여기에 있습니다. 지난 2천년 기독교 역사는 진리 전파와 더불어 진리 수호에 앞장서 왔으며 투쟁의 역사라고 해도 과언이 아닐 것입니다. 소경이 소경을 인도하던 중세 교회를 깨운 것은 하나님의 말씀인 성경을 통한 진리의 재발견이요 선포였습니다.

교회는 진리를 거스려 아무것도 할 수 없고 오직 진리를 위할 뿐입니다(고후 13:8). 진리이신 하나님을 경외하는 자에게 하나님은 깃발을 주시고 진리를 위해 달게 하셨습니다(시 60:4). 이것은 명령이요 진리의 일꾼들의 임무입니다.

작금의 교회는 거짓 교사들로 인하여 모든 성경이 하나님의 감동으로 된 계시라는 불변의 진리를 퇴락시키고 있습니다. 성경의 축자 영감설을 부정하는 자들의 해석들은 신앙과 행위의 유일한 규범인 성경의 권위를 추락시켰습니다. 다소 번역의 차이 혹은 표현의 차이를 인정한다고 할지라도 진리의 오역과 왜곡은 결코 용납할 수 없습니다. 이것 때문에 우리는 「한글 개역 성경」을 여전히 선호하고 있는 것입니다.

이제라도 진리 전파와 수호를 위해서 성경 원문의 뜻을 충실하게 살리면서 이 시대 사람들의 신령한 교훈에 전혀 손상이 되지 않는 성경이 필요합니다. 이를 위하여 대한 예수교 장로회(합동) 제96회 총회에서 「한글 개역 성경」을 강단용으로 계속해서 사용하도록 결의하였습니다.
총회 산하 모든 지교회들과 더 나아가서 한국 교회가 진리의 영이신 성령 하나님의 말씀 밖으로 넘어가는 일이 없도록 해야 할 것입니다.

개혁자들이 물려준 '오직 성경'(sola Scriptura)이라는 모토는 지금도 유효한 진리입니다. 영원하신 하나님의 말씀이 온 땅에 편만하게 되는 날을 소망하며 하나님께 영광을 돌립니다!

대한 예수교 장로회(합동)
✝ 총회장 이기창 목사
서 기 고영기 목사

교계 언론 반응

■ 해설/ 대한성서공회 '개역'성경 어떻게 되나?

금년 연말로 '개역' 성경
성서공회, '개역개정'판으로 연장…새로운

그동안 한국교회가 공인본으로 사용해 온 대한성서공회(사장 권의현, 최근 '총무'를 '사장'제로 바꿈)의 '개역'성경이 금년 연말로 판권이 만료된다. 성서공회의 독과점으로 운영되어 온 개역성경은 1938년에 초판이 발행되었다가 1952년에 한글맞춤법 통일안에 따라 현대 한글로 바뀌고, 이를 다시 1957년에 사실상 최종판으로 발행했다. 따라서 이미 개역성경의 저작권은 1987년에 만료되었다. 그러나 성서공회는 1987년 한국이 세계저작권협회에 가입하면서 사회단체가 발행한 저작물의 저작권이 30년에서 50년으로 연장되자 1961년판이 최종판이라며 2011년까지 개역 성경의 판권이 살아 있다고 주장한 것이다.

성서공회는 1993년 '표준 새번역'성경을 번역 출판했으나 합동측을 비롯한 보수교단들의 반발에 부딪혀 표준.새번역 성경은 공인본으로 채택되지 못했다. 표준 새번역은 높은 수준의 번역임에도 불구하고 교계로부터 "자유주의 신학의 입장에서 하나님의 말씀인 성경을 여러 곳 가감하였고, 신관과 구원관 등을 약화시켰으며, 물질만능주의 사상 등이 도입되었다"는 비판을 받았다. 그러자 대한성서공회는 1998년 순전히 개역성경의 판권 연장을 위해 7만3천 군데를 고쳤다는 '개역개정판'성경을 내어 놓은 것이다.

이것은 처음부터 성서 원문 번역전문가가 수정한 것이 아니고, 국어문법을 좀 안다는 사람들이 어설프게 시작한 수정작업이었다. 성서공회는 이 수정원고를 별 가치없다고 생각해서인지 10년이나 방치해 두었다가 표준 새번역이 거부되자 부랴부랴 판을 만들어 출판했는데, 너무 서둘다 보니 결국 네번에 걸쳐 판을 낼 때마다 새로운 성경으로 둔갑하는 '누더기 성경'이 되고 만 것이다. 그래서 "염불보다 잿밥에만 눈이 어둡다"는 속담처럼 하나님의 말씀을 바로 보존하고 바른 성경을 교회에 보급하려는 노력보다 성경을 영업적 논리로 접근해 이익에 눈이 어두운 대한성서공회의 무책임에서 비롯된 것이라는 비판을 받았다.

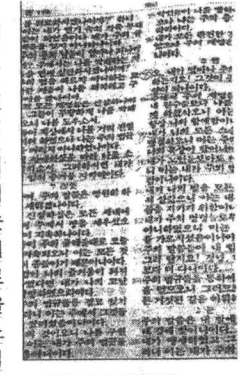
◇한국교회 1200만 사람들(?)에 의해

현재 기감 기장을 비롯, 통합 합동 고신 등 대부분의 교단들이 공식적인 강단용으로 사용하고 있는 개역개정판 성경은 처음부터 강공교회가 강단용으로 사용하기에는 부적합한 성경이라는 지적을 받아왔다.

처음에 개역개정판 성경의 수정작업을 맡았던 전 장로회신학대학교 나모 교수는 2005년 봄 기독교회관에서 있었던 주기도·사도신경 새번역 공청회에서 한국교회가 개정판 성경을 사용해야 할 당위성을 주장하며 "개역성경은 잘못 번역된 것이고, 그 성경을 보고 한 설교도 잘못된 것"이라고 주장했고, 또 통합측 목사들이 중심이 된 광나루문학회에서는 "잘못 번역된 성경을 그대로 쓴다고 하는 것은 하나님의 말씀인 성경의 영감설과 정확성을 희석시키는 중대한 과오를 범하는 것이며, 그 잘못된 성

교회연합신문

50년 판권 만료

번역은 시도도 안해

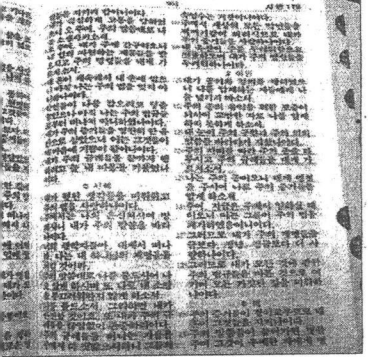

교인들에게 70여년간 팔아먹고 성서공회측 "잘못된 성경"이라고 규정된 '개역' 성경.

경본문 그대로를 가르치거나 설교를 하는 경우에는 교인들로 하여금 모두 성경을 잘못 알게 함으로 잘못 믿고 잘못 행하게 하는 중대한 과오를 범하는 일"이라면서 개역성경은 잘못된 것이고, 개정판 성경을 사용해야 한다고 주장했다.

그러나 한국교회언론회는 2007년 "성경번역은 신중하고 정확해야 한다"며 개역개정판 성경에 대한 성명서를 발표했다. 번역상 오류된 단어나 문장이 1만여 곳이며, 그 중 신속히 고쳐야 할 곳만도 4천여 곳이나 되고, 심지어 개역성경에서 바르게 번역된 내용을 개악(改惡)한 경우가 7백여 곳이나 된다고 밝히고, 대한성서공회는 한국교회 앞에 사과하고 개역개정판 성경의 보급을 당장 중지하며 이를 회수하고, 각 교단 총회는 개정판의 사용 승인을 시급히 취소해야 한다고 주장했다. 또 교회언론회는 "혹자는 개정판에서 7만3천여 곳이 수정되었는데 그래도 개역보다는 개정이 낫지 않겠느냐고 주장한다. 그러나 이런 주장은 어불성설이다. 개정판에서 수정된 것은 현대어나 쉬운 말로 고친 것에 불과하고 원문을 충분히 검토한 것과는 거리가 멀다"며 '개악된 성경'이라고 규정했다.

또 당시 개정감수위원회에 참가했던 임원들조차 잘못된 것임을 시인하고 있다는 것이었다. 임원이었던 모 교수는 "감수작업을 위해 최소한 3개월의 시간을 더 달라. 이에 대한 보수는 받지 않겠다"고 까지 성서공회에 제안했으나 공회는 이 요구를 거절하고 서둘러 인쇄에 들어갔다는 것이다. 그 결과 인쇄할 때마다 전혀 다른 새로운 성경으로 판이 바뀌어 지금 교계에는 각기 다른 네 종류의 개역개정판 성경이 사용되고 있다고 밝히기도 했다.

그러나 한국교회는 교단 차원에서 개역개정판 성경을 채택키로 결의하자 그대로 실천하고 있다. 이제는 약 80% 교회가 개역개정판을 사용하는 것으로 알려지고 있다.

이미 대한성서공회는 한국교회에 20여년 전에 새로운 공인본 번역성경을 내어 놓았어야 했다. 그러나 아직 새로운 성경의 번역을 위한 번역기구 하나도 구성하지 않고 있다. 지금 당장 번역위원회를 구성하고 착수한다 해도 새로운 번역 성경이 나오려면 10여년의 시간이 필요한데 성서공회는 개역개정판이 '잘된 성경'이라고 교단장들이나 설득해 개교회가 사용토록 하고 있다.

지금은 한국교회에 시대에 맞는 새로운 번역성경이 보급되어야 할 시기이지 이미 70년이나 지난 개역성경을 뜯어고쳐 판권을 연장할 때가 아니다. 〈강〉

(연합신문, 2011년, 7월 22일자) 보도를 그대로 수록한 것입니다.

WCC 와 WCA 의 정체

종교 500주년을 맞이하여 한국교회에 침투하여 패악을 끼치는 WCC 와 WCA 와 신앙일치 정체를 밝히고자 합니다.

주님!
종교개혁 500주년에 회개하게 하소서!

길어야 100년 인생을 살면서 마치 영원한 삶을 살 것처럼
십자가를 치워버리고, 보혈을 치우고.
말씀을 치우고, 회개를 치우고
예수 팔아 욕심 채우고, 명예 채우고, 이득 채우는
목회의 안락함과 이생의 자랑, 부귀영화로
주님의 자리에 썩어질 것으로 채우며
두 주인을 섬긴 것을 회개하게 하소서
부디 긍휼을 베푸셔서 하나님만을 사랑하며
다시 오실 주님의 길을 예비하는
정결한 주님의 신부로 살게 하소서!

(사)예장총연 신학위원회 WCC 와 WCA 반대운동

NCCK와 카톨릭과의 '신앙과 직제일치' 란?

직제란?
직무나 직위에 관한 제도를 일컫는 말
조직법의 하나로서, 행정부의 하나로서 행정부의 각 원, 부, 처, 청, 국들의 직제가 그 예이다. 국가 기관의 직제(관제)는 헌법상 입법 사항으로 규정되어 있으므로 원칙적으로 법률로써 정한다.(헌법96조)

● **직제란?**
교직의 명칭과 편제, 구성에 관한 것으로 카톨릭에서는 교황, 추기경, 주교, 신부 등의 직제가 있고 개신교에서는 교단 총회장, 감독, 노회장, 지방회장, 담임목사, 부목사, 강도사, 전도사 등의 직제가 있다.

● **이를 협의 한다는 것은**
모든 직제를 카톨릭화하여, 목사가 신부로 불리게 되고 각 나라 교단 총회장을 주교라 부르게 되고 교단 총회장을 추기경이라고 부르게 되고 이 모든 세계 종교의 교단 총회장 위에, 교황이 자리 잡게 하는 사전 작업이 아닐지 상당히 의심스러운 협작이라 아니할 수가 없다.

● **먼저 직제를 통일 시키면**
카톨릭과 기독교와의 거리감과 거부반응은 서서히 사라져 갈 것이며 그들이 포장하여 외치는 평화, 사랑, 이해와 관용, 일치를 강조하다 보면 결국에는 성경 말씀이 아닌, 목사만 바라보고 있는 대다수의 교인들은 아주 손쉽게 현혹 되고 말 것이며 얼마 가지 않아 대다수의 교회들은 음녀 바벨론 종교의 통합을 굳이 거부 하지 않고 자연스레 받아들이게 될 것이다.

● **한국 신앙직제에는**
한국 정교회, 한국 천주교, NCCK와
NCCK회원교단인
1. 장로교 통합/대한 예수교 장로회 통합
2. 감리교 / 기독교 대한 감리회
3. 기 장 / 한국 기독교 장로회
4. 구세군 / 한국 구세군
5. 성공회 / 대한 성공회
6. 복음교회 / 기독교대한복음교회
7. 순복음 / 여의도/기독교대한하나님의성회
8. 루터교 / 기독교 한국 루터회
9. 한교연 / 한국교회연합회/한기총에서 탈퇴한 목회자, 교회, 단체로 이번 직제협의회 창립에 함께 한 교단들이 합류해 있다.

창립 선언문에서는 '한국 그리스도교 신앙과 직제협의회'는 '**가깝게**' 사귀기, '**함께**' 공부하기, '**함께**'행동하기, '**함께**' 기도하기를 통해 한국 그리스도인들의 일치와 교파간의 신앙적 친교는 물론이고 이 땅에 복음이 전래된 이래 개신교와 정교회, 그리고 천주교가 공식적 기구를 통해 '**일치**' 의 증진은 물론 선교협력으로 나아가는 단초를 마련한 것이라며 그리스도 역사만 아니라 사회의 건강한 발전을 위해서도 기여 할 것이라고 전했다.

● **직제협의 조직은**
* 공동대표는 직제협에 참여하는 교회 대표와 NCCK 총무로 협의회를 대표.
* 공동의장제 채택하는데, 천주교 1인과 NCCK 1인이 공동의장이 된다.
* 운영위원회는 천주교 9 인과 NCCK 각 교단 1인.

● **사업 계획은 '일치'의 증진을 위해**
* 일치기도주간   * 지역으로 확장
* 세계교회 차원의 대화에 참여
* 공동기도문 개발   * 교재개발
* 직제에 대한연구   * 공동 성서 번역
* 남북교류

● **다음세대를 위한 준비 활동**
* 신학생 교류
* 신학 교육과정에 일치관련 커리큘럼 채택
* 일치학교 운영 채택

여는 글

한국교회 제2의 신사참배인 WCC, WEA, 로마종교 카톨릭과의 '신앙과 직제일치' 훼파하지 않으면, 종교개혁 500주년 맞이할 자격 없다.

한국교회여! 제발 성경이 말하는 진리에 귀를 기울이라!!!

2017년 10월 31일은 마틴 루터가 비텐베르크 대학 정문에 95개의 반박문을 제시한지 500년이 되는 역사적인 날이다. 마틴 루터가 나타나기 100년 전에 보헤미아의 요한 후스가 먼저 개혁의 시위를 당겼다. 이에 위협을 느낀 로마 교황청은 요한 후스를 화형에 처했다. 요한 후스는 죽으면서 이렇게 예언을 했다. "100년 후에 백조가 한 마리 나올 것이다" 그의 예언대로 요한 후스가 죽은 후 100년 후에 마틴 루터가 나타나 종교개혁의 시위를 다시 당겼다.

마틴 루터가 만약 500년 후를 예언 했다면 이렇게 하지 않았을까 싶다. "500년후에는 3마리의 이리떼(WCC, WEA, 로마의 종교 카톨릭과의 '신앙과 직제일치'가 출현하여 다시 기독교회를 로마의 종교 카톨릭으로 되돌려 놓으려고 할 것이다. 이에 분연히 일어나 순교의 각오로 맞서라" 고.

역설적으로 들릴지 모르지만 만물의 영장이라고 하는 우리 인간들은 참으로 건망증이 심하다. 수많은 배움을 통해 역사를 공부하면서도 그 역사가 주는 교훈을 잊어버리고 동일한 실수를 반복하니 말이다. 요즘 기독교라고 하면서 돌아가는 세태를 보면 망령이라도 들었는지 계속해서 과거의 잘못된 오류를 동일하게 범하고 있다는 생각이 든다.

그리스도인이라면 누구라도 인정하듯이 성경은 영구불변의 하나님의 말씀이다. 우리의 삶의 지표요, 절대적 기준이다. 우리는 이 절대적 기준에서 벗어나서는 안 된다. 성경은 하나님의 섭리와 역사의 기록이며 믿음의 선진들의 좌절과 인내, 실패와 성공이 고스란히 담겨있는 발자취이다.

그런데 작금의 한국교회 자칭 지도자들이라고 하는 자들이 이 절대적 기준에서 벗어나고 있으면서도 깨닫지를 못하고 있다. 한 술 더 떠서 자기 자신을 하나님의 자리에 앉혀 놓고 있으며 온갖 우상 숭배에 빠져 정신 차리지 못하고 있다. 우리 한국교회 신앙의 선대들이 목숨을 부지하기 위해서 일제강점기 때 신사참배를 한 대가가 얼마나 혹독한 지는 역사적인 경험을 통해서 알 수 있으며, 그로 인해 하나님의 징계를 받은 흔적이 아직 가시지 않고 있다. 이러한 때에 오

> 한국교회는 지금, 500년 전 로마의 종교 카톨릭과 맞서서 싸운 종교개혁자들의 정신과 정 반대로 가고 있다. 다시 로마종교 카톨릭에 귀화되고 있으니 말이다.

늘을 사는 우리는 어떻게 해야 하겠는가? 이 시대의 한국교회여! 아니 그리스도인들이여! 제발 성경이 말하는 진리에 귀를 기울이자. 강단에서만 진리를 외치지말고 진리를 따라 반응하자.

에큐메니칼 운동을 지지하는 교단에 속했다고 해서 그 교회 성도들에게 구원이 없다고 단정할 수는 없다. 그러나 분명한 것은 종교통합을 꿈꾸는 WCC 에큐메니칼 운동과 - WCC는 기독교회라고 둔갑한 꼬리가 아홉 달린 요물이다 - WEA, 저 사악한 이단아 로마의 종교 카톨릭과 '신앙과 직제일치' 운동에 좌우 살피지 않고 교단이나 담임 목사의 방침이라고 무조건 따라가거나 동조하는 것은 영적으로 정말 위험 천만한 일이 아닐 수가 없다. 우리는 순진무구한 성도들에게 그 사악한 영적 위험성을 알려 줄 사명이 있다.

종교개혁 500주년을 맞기 전에 우리는 이 땅에서 주님께서 피로 값 주고 사신 한국교회 안에 스며드는 제2의 신사참배인 WCC, WEA, 카톨릭과의 '신앙과 직제일치' 라는 망령된 우상을 먼저 제거해야만 한다. 그렇지 않고서는 종교개혁 500주년을 맞이할 자격이 없다. 그런데 벌써 어처구니없는 일들이 여기저기서 벌어지고 있다. 이 망령 - WCC, WEA, '신앙과 직제일치' - 된 일에 가장 앞장서서 동참한 교단들과 중·대형교회 목사들이 반성과 회개 한마디 없이 종교개혁 500주년을 준비한다고들 벌써부터 난리법석이다. 자기들이 마치 요한 후스, 마틴 루터와 존 칼빈등 종교개혁자들의 후예들인 양 설레발을 치고 있다. 참으로 기가 막힌 일이다.

그들은 종교개혁과 아무런 상관이 없는 사람들이요 오히려 종교개혁이 숫자상 500년이 됐다고 기념을 하려는 자들일 뿐이며 오히려 종교개혁자들의 정신을 엿 먹이고 있다. 참으로 뻔뻔하기 이를데 없다. 그들은 스스로를 속이는 자들이요 이런 기회를 잘 이용하여 명예와 이를 탐하는 자들일 뿐이다. 하나님을 만홀히 여기는 모리배들에 지나지 않는다.

왜 한국교회가 이렇게 처참하게 비하되며 세인들로부터 난타당하고 있는가? 자칭 한국교회 지도자들이라고 하는 목사들의 끝없는 욕심과 욕망, 영적 간음이 시발점이 되었다. 이 모든 것에서 돌아서지 않고서는 종교개혁 500주년기념을 논하는 것조차도 부끄러운 줄 알아야 한다. 앞으로 얼마나 많은 목사들이 국민일보를 위시하여 교계 신문마다 대문짝만하게 얼굴을 노출시키며 자기가 마치 종교개혁의 후예인 양 속 빈 강정식의 프로그램들로 명예를 탐하며 요란스럽게 겉치장들을 할지는 마치 불 보듯이 뻔한 일이다.

한국교회는 지금, 500년 전 로마종교 카톨릭과 맞서서 싸운 종교개혁자들의 정신과 정반대로 가고 있다. 다시 로마종교 카톨릭에 귀화되고 있으니 말이다. 종교개혁의 정신이 무엇인지도 모르는 체 명예와 이에 가득찬 영적 이리떼들로 인하여 종교개혁의 정신이 이리저리 휘둘리며 갈기갈기 찢겨지고 있다.

- 오호통재라, 오호애재라 -

권두언

영적전쟁에서 승리하자

오늘의 영적 전쟁은 전면 전쟁입니다.
사탄의 공격이 전면 전쟁으로 공격해 오면
우리도 영적 전면 전쟁에 우리 교회의 모든 힘을 함께 모아야 할 것입니다.

오늘의 영적 전쟁은 전면 전쟁입니다. 흔히 전면 전쟁이란 몇 개의 소총 소대들이 적과 싸우는 국지전과는 다릅니다. 그것은 육.해.공군이 모두 참여하여 싸우는 전쟁입니다. 사탄의 공격이 전면 전쟁으로 공격해 오면 우리도 영적 전면 전쟁에 우리 교회의 모든 힘을 함께 모아야 할 것입니다.

2년전, 카톨릭 왕국의 수장 교황이 다녀갔습니다. 로마카톨릭은 그들의 정치적 목표를 위해서 전면에 내세우는 종교 다원주의와 에큐메니즘으로 말미암아 대부분의 세계 교회가 녹아 나고 있다는 사실을 알아야 합니다.

한국에서의 로마카톨릭은 항상 사회 정의 구현에 앞장서고, 나라가 어려울 때마다 정부에 대해서 조언을 아끼지 아니했고, 세상의 가난하고 억울하고 어려운 자들을 위해서 일해 왔기에 가톨릭교회가 점점 부흥되고 젊은이들에게 매력적인 종교로 부각되고 있는 것이 사실입니다. 저는 이 시간에 다른 종교를 비판하려는 것이 아닙니다. 카톨릭이 우리가 믿는 기독교와 얼마나 다른 것에 대해 구체적으로 말씀드리고 우리 모든 성도들에게 유혹에 넘어가지 않도록 하기 위함 입니다. 카톨릭교회는 알게 모르게 기독교의 뿌리는 로마가톨릭이라는 인식을 심어 왔고, 우리를 개신교 또는 프로테스탄트라고 스스로 말할 정도로 우리의 근원이 마치 로마카톨릭인 것처럼 생각하고 있습니다. 그러나 확실히 말해야 할 것은 우리 교회는 성경에 뿌리를 두고 유대교에 뿌리를 둔 것이지, 로마카톨릭에 뿌리를 둔 것이 아니라는 점입니다. 저는 이 시간에 이 부분에 대해서 로마보다 더 로마적인, 벨기에의 루방에서 수 십 년 동안 이 문제를 연구한 구영제 선교사의 입장을 간단히 소개하려고 합니다.(구영제, 그리스도의 교회와 대 바빌론의 비밀, 아티오크, 1995)

로마카톨릭은 성경에 없는 하나의 유사 종교입니다. 로마카톨릭은 기독교가 아닙니다. 그럼에도 불구하고 한 몸에 두 혼, 곧 종교와 정치를 공유한 바벨론 조직이라는 사실을 심각하게 깨달은 사람은 그리 많지 못합니다.

오늘날 우리 교회의 모든 지도자들도 로마카톨릭이 이단 중의 이단이라는데 대해서 아무 감

- 로마카톨릭은 성경에 없는 하나의 유사 종교입니다. 로마카톨릭은 기독교가 아닙니다. -

각이 없습니다. 그저 종교 개혁 전에 있었던 기독교의 큰 집 정도로 이해하는가 하면 과거 로마카톨릭이 윤리적으로 부패했기에 루터나 칼빈 등이 종교 개혁을 해서 오늘에 이르렀다는 식으로 이해하면서 공존하는 것이 사실입니다. 그러나 명백한 것은 가톨릭은 이단 중의 이단이며 로마가톨릭은 바티간의 베드로 광장에 바벨론 종교의 상징인 오벨리스크를 세우고 꼭대기에 세계 통치를 꿈꾸던 시저(가이사)의 재를 담은 청동 지구본을 올려놓았습니다. 그리스도의 지상 대리자로 자처하고 지상의 세속통치권을 주장해 온 로마 제국의 후예들은 그 제위에 십자가를 세우고 세속 권세를 추구해 왔습니다.

이그나티우스 사제로 불렸던 스펜서(Hon, G. A. Spencer) 경은 "로마 교회가 그리스도의 교회가 아니면 그것은 마귀의 걸작품이다."라고 말했습니다. 한편, 우리 교회에 너무나 잘 알려진 로이드 존슨(D. M. Lloyd Jones, 1899~1981) 박사는 그의 설교 시리즈 '마귀의 궤계' (엡 6:11) 중에서 다음과 같이 언급했습니다. 즉 "로마가톨릭교는 마귀의 최대의 걸작품이다………로마카톨릭교회가 자랑스럽게 생각하는 것이 있다면, 로마교회는 결코 변하지 않는다는 것이다. 어떻게 변할 수가 있겠는가? 만약 로마 교회가 변하고 있다면 스스로 과거의 잘못이 있음을 인정하는 것이다."라고 했습니다. 옥스퍼드 대학 출신의 고전어 학자이며 영국 왕실의 헨리 8세의 주치의로서 말년에 로마 교회 사제로 서품을 받았던 리나크러 (Thomas Linacre, 1460~1524)는 생전에 처음으로 신약 성경을 읽다가 견디지 못해 책을 던지면서 "이 성경이 사실이 아니든지, 아니면 우리가 그리스도인이 아

니다."라고 부르짖었습니다. 그는 첫 눈에 로마 교회의 조직이 신약성경이 말하고 있는 기독교회의 개념과는 상반되는 것을 발견했습니다.

혹자들은 남의 종교를 왜 비판하느냐고 할지도 모르겠습니다. 문제는 우리의 무지로 말미암아 사탄의 세력이 로마카톨릭을 통해서 우리를 혼미케 한다는 의식이 없다는 점입니다. 즉 앞서 말한 대로 카톨릭을 이단으로 보지 않고 도리어 개신교의 큰 집 정도로 이해하는 무지입니다.

과거 14년 동안 예수회 사제였던 본 휀스브뤼호(G. P. Von Honsvroch)가 '사회 문명에 미친 교황권 제도'란 책의 서문에서 말하기를 "교황권 제도는 …… 인류 역사상 가장 탁월한, 가장 치명적이며, 동시에 가장 성공적인 기만의 조직이다. 교황권의 제도 - 저 거대한 기만의 조직 - 교황권 지상주의는 모든 점에서 가장 완벽하게 조직된 제도로써 오만하고 냉담한, 넓지만 은밀히 짜여지고 고도로 마무리 된 조직이다."라고 했습니다. 그의 또 다른 저서 '교황권 지상주의, 그 독과 해독제'라는 책에서 "교황권 지상주의는 종교의 탈을 쓴 세속정치 조직으로서 그 자태는 범세계적인 세속 권력을 추구해 오고 있다."라고 했습니다.

또 영국의 사회 철학자이며 경제학자인 아담 스미스(Adam Smith, 1723~1790)는 그의 명저 '국부론(Wealth of Nations)'에서 "로마 교회는 국가 정부의 권위와 안전에 대적될 뿐 아니라 인간의 자유와 이성 및 복지에 대적하는 인류가 산출한 가장 가공할 만한 조직체이다."라고 했습니다. 또 옥스퍼드와 캠브리지 대학의 역사학자

크레이톤(Mandell Creighton, 1843~1901)은 "로마교회는 전혀 교회가 아니다. 조직에 있어서 하나의 국가이다. 그것도 가장 사악한 형태의 국가 - 전제 독재국"라고 했습니다. 이런 사탄의 종교가 자기와 닮은 기독교에 침투하고 있다는 사실에 대해서 대부분의 기독교인들은 모르고 있습니다.

그들은 기독교의 용어를 구사하면서 대화를 이끌어 갑니다. 오늘날 로마카톨릭의 사제들은 루터의 칭의론을 강의합니다. 그것에 대해 우리는 "파괴하기 위하여 침투하라"(Join to destroy)는 로마교회의 고등전술을 알아야 합니다. 오늘날의 로마교회 사제들은 '거듭난다', '구원 경험', '그리스도의 만남', '성령 세례', '은사 경험', '케리그마' 등을 사용합니다.

그러므로 기독교회 지도자들은 거의가 속아 넘어갑니다. 사제나 수녀들은 여름성경학교 강습회도 참석하고 성경공부에도 참석하며, YMCA 등의 모임에도 나타나서 찬송을 배우고 기독교의 메시지와 신학용어도 노력으로 자유롭게 인용합니다. 그들은 목사들과의 만남에서 "구원은 인간의 노력으로 되는 것이 아니라 하나님의 선물이다."라고 말합니다. 그러면서도 카톨릭교도들에게는 "반대하기 위해서 인정하라"(Agree to disagree, We agree to differ)라는 가르침에서 우리가 그들의 내막을 모르면 저들도 변하고 있다고 착각합니다. 그래서 많은 신학자들의 대부분의 책에는 "과거의 카톨릭과 현대의 카톨릭은 구별해야 한다. 제 2바티칸 공의회 이후에 카톨릭의 신학사상이 개방적으로 변했다."고 하였습니다. 그러나 그것은 신학자들의 무지입니다. 제 2바티칸 공의회의 교황 요한 23세, 바오로 6세의 선언에서 밝힌 것처럼 저들의 교리와 기본적 가르침에는 조금도 변함이 없습니다. 교황, 사제가 없어졌습니까? 연옥의 불이 꺼졌습니까? 마리아, 성자, 전통 숭배가 해체 되었습니까? 교황제도는 성경에도 없는 정치 제도이며, 마리아 숭배는 바벨론 여신 숭배사상을 도입한 것이며, 온갖 이교도의 종교의식을 받아들인 로마교이지 성경적 기독교는 아닙니다.

1962년 로마카톨릭교회의 '예수회' 학자 마르케(John Markae)가 그의 저서 '교회의 승리'(The Triumph of the Church)에서 정리한 88개의 이단들 중에는 오늘날 그 이름을 가지고 있는 24개의 교회들이 있습니다. 즉 재침례교, 루터교, 장로교, 메노나이트, 성공회, 칼빈주의 교회, 위그노, 화란 개혁교회, 감리교, 모라비안 등이 포함되었습니다. 그러나 1960년대 로마교황 요한 23세는 옛날 콘스탄틴의 수법을 그대로 이용하여 제 2바티칸 공의회를 열고, 총칼의 무기를 쓰지 않고 화해 책략으로 모든 기독교를 가장 효과적으로 파괴시킨 '예수회' 출신의 교황이란 사실을 알아야 합니다.(현 프란치스코 교황도 카톨릭의 가장 무서운 조직 예수회의 최고위급 인사입니다.) 이때로부터 우리 프로테스탄트 교회들을 향해서 '떨어져 나간 형제들'이라고 하면서 우리를 로마교회로 받아들인다고 했습니다. 그런데 저들은 이미 A. D. 313년에 그리스도의 복음에서 떨어져 나갔습니다. 그럼에도 불구하고 에큐메니칼 지도자들은 로마카톨릭 종교와 짝사랑에 빠져서 믿음의 선진들이 그렇게 확실히 들려준 유언들을 무시하고 루터와 개혁자들이 목숨 걸고 대항한 카톨릭교회로 돌아갈 채비를 하고 있다니 정말 기가 막힐 일입니다.

로욜라가 조직한 예수회(제수이트)는 루터의 개혁에 대항하는 반동개혁(Counter-Reformation) 세력의 선두에 나섭니다. 예수회 조직은 완전한 군대 조직으로서 이들은 조용한 수도원 생활에 만족치 않고 십자군의 만행을 그대로 답습, 선교사의 신분을 가지고 국가와 은행 합작으로 로마가톨릭 식민지 시대를 열게 됩니다. 그들의 역사상 범한 죄상을 보면 치가 떨릴 정도입니다. 즉 미국의 레아(H. C. Lea, 1825~1909) 교수에 의하면 도미니칸과 예수회파가 주동이 되어 1572년 성바톨로메 축제일에 칼빈의 신앙노선을 따르는 위그노 대학살은 하루에 그친 사건이 아니라 계절을 두고 계속된 학살로서, 5만 명의 순교자들의 피가 파리 시가를 보름이나 흘러 내렸다고 할 만큼 처참했으며, 이 소식을 접한 로마 교황청은 로마 시내의 모든 로마카톨릭 교회에 경축의 종을 울리게 하였고, 교황의 흉상과 박해 장면이 그려진 기념 축하 동전 제작을 명했습니다. 죄명은 믿음으로 구원 얻은 교리를 믿고 카톨릭의 거짓된 교리를 안 믿었다는 이유였습니다. 그 외에도 로마카톨릭의 교회가 하나님의 백성들을 처형한 숫자는 엄청나서 통계조차 불가능합니다.

오늘날 예수회 선교사들이 세운 이른바 천주교국으로 알려진 중남미 국가들의 난잡하고 무절제한 카니발은 저들의 길거리를 4천만이 넘는 사생아로 채웠습니다. 카니발이란 뜻은 바알의 제사장이란 뜻입니다. 사실 로마가톨릭은 성경에 기초한 것이 아니고 희랍, 로마의 이교 사상과 혼합되어진 카톨릭의 르네상스에서 시작된 것이며, 예수회의 반동 종교개혁은 인간이 만물의 중심이 되는 인본주의 사상에 머물게 했습니다. 그러나 카톨릭 사상은 결국 오늘의 뉴에이지 운동이나 프로테스탄트의 자유주의 사상이나 진리 지식이 부족한 인본주의자들에게는 더 없는 반려자입니다. 모든 것은 하나라는 새 시대 운동, 새 세계질서에 맞장구를 치는 거대한 공룡이 모든 교회와 성도들을 파멸로 몰아가고 있습니다. 모든 종교는 그 근원이 같다는 종교다원주의가 에큐메니즘의 기본 골격이고 그것을 통합, 조종하는 배후는 로마카톨릭입니다.

사랑하는 각 교회의 목회자들과 평신도 여러분! 오늘 이 집회는 타종교를 비난하려는 것이 아니고, 그리스도께서 세우신 성경적 기독교 신앙에 독극물을 탄 대이단인 로마카톨릭의 실상을 한국교회에 바로 알려서, 더 이상 혼란에 빠지지 않고, 지난 2천년 동안 로마카톨릭에 의해서 희생된 약 5천만 명의 순교자의 피가 헛되지 않고 오직 성경, 오직 믿음, 오직 은혜, 오직 그리스도의 신앙을 지키고 하나님께 영광을 돌리기 위함입니다. 일찍이 종교개혁자 칼빈은 공동서신주석에 말하기를 "교황의 신학체계에 대해서 저주를 안심하고 비난해도 좋다. 이는 참 빛을 완전히 어둡게 했기 때문이다."고 했습니다.

이 내용은 필자가 1997년 5월 6일 충현교회에서 열린 34회 전국목사장로 기도회 강연을 요약 정리한 것임을 밝힌다.

정성구 박사
전 총신대학교 총장, 대신대학교 총장

이유 있는 거친 행동

한국교회의 영적 이리떼 WCC, WEA, 로마종교 카톨릭과의 '신앙과 직제일치'

잘 모르는 순진한 목회자, 성도들은 이구동성으로 말하기를 똑같은 기독교회라고 생각하는데 왜 세계교회협의회(이하 WCC)를 반대하고 나서는지 이해가 되지 않는다고 한다. 또한 WCC를 반대하는 사람들은 어딘가 모르게 비판적이고 과격해 보이기까지 한다고 말한다. 그러나 그 까닭은 이렇다. 양떼들이 한가로이 풀을 뜯고 있는 들판으로 양의 탈을 쓴 이리떼가 몰려오고 있는데 얌전히 있거나, 점잖게 대한다면 목동이라 할 수 있겠는가? 목동들의 행동이 평소와는 달리 과격해지고 거칠어지는 것은 지극히 당연한 이치이다. 이런 목동들의 적극적인 행동으로 인하여 양떼들의 생명이 안전하게 지켜지는 것이 아닌가? 양떼들이 양의 탈을 쓴 이리를 따라 가는데 목숨 걸고 달려들어 싸워야 하는 것이 목동들의 사명이요 행동이 아닌가? 행동이 거칠어 보이는 것이 이상한 것도 잘못된 것도 아니고 당연한 (어쩔 수 없는) 것이다. 양의 탈을 쓴 이리들이 나타나는 것을 보고도 점잖빼느라 나서지 않는 행동이 오히려 아무것도 모르는 순진한 양떼들의 목숨을 해하는 행위이며, 마땅히 해야할 행동을 취하지 않은 목동의 직무유기이다.

마찬가지로 기독교회가 아닌 것이 기독교회의 가면을 쓰고 기독교회인 양 하고서 세계의 기독교회를 미혹하여 한 입에 삼키려는 거대한 대적이 바로 영적 이리떼 WCC이다. 한국교회 내에서 오늘날 장로교회가 300여 교단으로 분열된 것도 어찌 보면 영적 이리떼인 WCC 문제로 인해서였다. 원래 예장 합동 측과 통합 측은 하나였지만 1959년 영적 이리떼인 WCC로 인하여 분열되는 뼈아픈 역사를 가지고 있다. 당시 이리떼인 WCC를 지지하던 연동교회에서 모인 통합 측과 영적 이리떼 WCC를 반대하며 승동교회에서 모인 합동 측으로 장로회는 분열을 하였다. 여기에 주도적인 역할을 한 사람이 고, 한경직 통합 측 목사였다. 영적 이리떼의 WCC의 정체성은 1) 종교다원주의이다 2) 종교혼합주의이다 3) 성경불신주의다 4) 동성애를 지지한다 5) 일부다처제이다 6) 공산주의 사상을 기본 신학이념으로 수용했다. - 이 모든 것이 1948년 8월 3일 네덜란드 암스테르담에서 열린 제1차 WCC 총회를 시작하여 2013년 11월 부산 벡스코센터에서 열린 제10차 WCC 부산총회까지의 연차적으로 나타난 사악한 이리떼인 WCC의 정체성들이다. - 도표참조 -

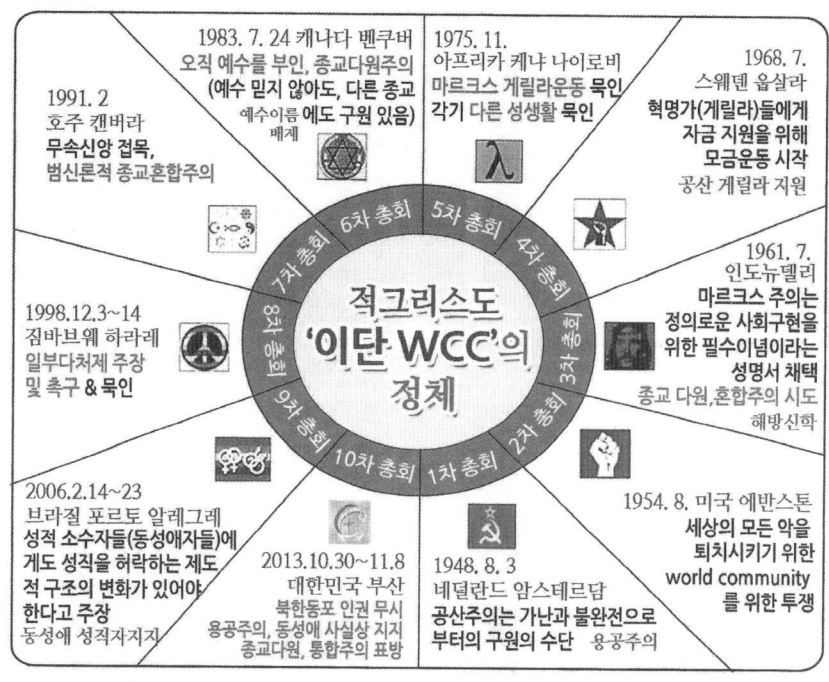

그 사악한 정체성을 모르고 한국에 있는 수많은 기독교회(이하 한국교회)가 WCC가 이끄는 길로 아무런 의심 없이 순진무구하게 따라가는 현실을 보면서 영적 이리인 WCC의 미혹으로부터 주님께서 피로 값 주고 사신 한국교회를 구해내기 위해 WCC반대 운동에 나서게 된 것이다. WCC의 숨겨진 이리떼의 사악한 정체를 모르고 따라가는 양들의 결국은 희생당하는 것 외에 무엇이 더 있겠는가? 작금의 세계 기독교회와 한국교회는 WCC가 이리떼라는 정체를 모르고 미혹되어 따라다니다가 기독교회의 생명과 본질을 빼앗기고 처참하게 희생당하는 꼴이 되어가고 있다.

원래 대한예수교장로회 통합교단을 비롯하여 NCCK(한국기독교교회협의회)는 우리와 같은 기독교회였다. 이러한 자신들의 정체성을 망각하고 WCC을 따라가다가 급기야는 로마의 종교인 저 사악한 이단아 카톨릭에 '일치'시켜 없애 버리는 데 주도적인 역할을 했다. 그것도 지난 1987년부터 소원을 가지고 '일치' 기도회를 함께 가지더니 저들과 함께 촛불을 밝히고 북 치고 장구 치고 장단 맞춰 춤추고 찬양(?)하며 더 이상 대한민국에서 기독교회를 이어가지 못하

▲기독교회를 카톨릭에 '일치' 시키기 위해 촛불을 밝히는 예장 통합교단 당시 총회장, NCCK 회장 김삼환 목사

▲기독교회를 카톨릭에 '일치' 시켜 놓고 환히 웃는 김삼환 통합교단 당시 총회장

▲기독교회를 카톨릭에 '일치' 시켜 놓고 두 손 들어 성취감을 나타내는 만세 자세

도록 끝장을 내어버리는 행사를 2009년 1월 18일 올림픽 홀에서 김삼환 (현 명성교회 원로)목사가 당시 대한예수교장로회 통합교단 총회장이자 NCCK 회장일 때 이런 몹쓸 짓을 추진, 거행하였다. 참으로 경천동지할 노릇이 아닌가?

당시 기독교회를 카톨릭에 **일치** 시켜 버리는 행사에 가담한 교단은 NCCK와 대한예수교장로회 통합교단을 비롯해서 주목할 교단이 기독교 대한하나님의성회라는 점이다.

이들은 WCC와 로마카톨릭이 합작으로 추구하는 '일치'를 따라서 2014년 5월 22일에는 기독교회와 카톨릭이 서로 다른 '신앙과 직제를 일치' 시키기 위한 실무기구를 통합교단 당시 김동엽 총회장이, NCCK 명의로는 김영주 총무가 발기인으로 나서서 창립하기 까지 했다. 지금의 기독교회가 오늘에 이르기까지는 로마 교황청에 개혁의 시위를 당긴 요한 후스의 화형 당함과 마틴 루터, 존 칼빈의 종교 개혁으로부터 비롯된 기독교회이다. 대한예수교장로회 통합교

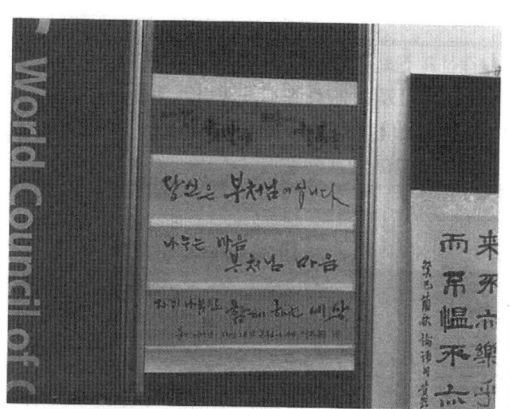
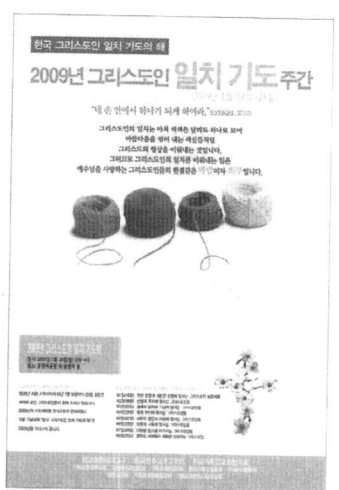

▲2013년 제10차 WCC 부산총회 불교 부스에서 전시하고 있는 당신이 부처이다' 란 글
▶ 여러 가지 색을 하나로 만들어 버리면 여러 가지 색은 그 자리에 없고 혼합으로 본래의 정체를 잃게 된다

단의 경우는 칼빈의 개혁주의 후예들이고, 웨스트민스터 신조를 신앙고백하며 믿고 따르는 정통장로회 기독교회라고 자칭하며 자부심들이 대단하다.

웨스트민스터 신조와 루터나 칼빈 같은 믿음의 선조들은 '카톨릭' 을 이단 차원을 넘어선, '이교도' '적그리스도' 로 규정했고, '카톨릭' 의 모진 핍박으로 수많은 사람들의 피 흘림과 희생으로 오늘날의 성경적인 기독교회를 세운 것이다.

통합교단을 비롯한 NCCK가 이런 유구한 역사를 가진 정통 기독교회를 저 이단아 '카톨릭' 에 **'일치'** 시킨 행위는 역사적인 정통 기독교회의 생명의 숨통과 맥을 끊어, 더 이상의 정통 기독교 역사를 진행 시키지 못하도록 끝을 내어 버리는 일에 한 치의 망설임도 없이 앞장서서 사탄의 앞잡이 역할을 톡톡히 해준 것이다. 한 술

더 떠서 이제는 서로 다른 '신앙과 직제일치' 를 카톨릭과 협의하기 위한 실무기구까지 만들어 서명하여 창립한 상태이다. 이렇게 WCC와 카톨릭에 농락당해 타락한 이들을 기독교회라고 말할 수 있겠는가?

이러고도 500년 전 개혁자들이 온갖 핍박과 처형을 당해가며 카톨릭에 맞서서 저항의 대가로 세워진 한국교회가 종교개혁으로 말미암은 기독교회라고 감히 자신 있게 말할 수 있을까? 이들은 종교개혁 500주년을 입에 담을 자격이 없는 기독교회의 역적이며 반역자들일 뿐이다. 카톨릭과 합작한 이들로 인하여 요한 후스, 마틴 루터, 존 칼빈은 다시 한 번 부관참시 당하는 꼴이 됐다.

통합교단을 비롯한 NCCK는 자칭 기독교회라고 하면서도 종교개혁 500년사와 한국교회 130

> 제2차 바티칸공의회(1962-1965) 이후, 개신교 진보계 신학자들과 교회 지도자들은 로마가톨릭교회가 개신교회를 교회로 인정했다고 좋아했다. '갈라져 나간 우리의 형제들'이라고 일컬으면서 개신교회를 형제로 여긴다고 기뻐했다. 김삼환 목사는 평화방송 텔레비전 문답에서 천주교회를 '형님' 또는 '큰집'으로 일컬었다고 알려진다.
>
> ▲ 크리스천투데이 2014.07.31 19:17 특별기고 발췌

▲ 카톨릭과 일치 반대하는 현수막

년 역사를 더 이상 이어갈 수 없도록 끝장내 버린 사악한 짓거리들을 서슴지 않고 저질러 버렸다. 마치 나라를 팔아버린 매국노와 진배없는, 기독교회를 '카톨릭'에 '일치' 시켜 없애 버린 매교노이며, 피 흘려 지킨 믿음의 선진들에 대한 반역행위이요, 기독교회에 대한 배교, 배도행위였음은 부인 할 수 없을 것이다. 자신들의 기독교회를 목숨과 뜻을 다하여 지키기는 커녕 이단 '카톨릭'에 '일치'로 짓밟아 버리고 한국교회를 등진 역적 행위이다. 그러므로 더 이상 NCCK를 비롯하여 통합교단은 요한 후스, 마틴 루터, 존 칼빈 등 믿음의 선진들과 한국 기독교 130년의 신앙을 지켜낸 기독교회의 반열에 들 자격이 없다.

예장통합교단 같은 경우, 칼빈의 후예들로서 개혁주의라고 입에 침이 마르도록 자랑하고 교회 기둥에 장로회 간판을 내걸었고 웨스터민스트 신앙고백을 앞세웠으나, 지금은 이 모든 것들을 헛것으로 만들었고 믿음의 선진들이 기독교회를 위하여 흘린 피와 목숨 바친 희생에 침을 뱉어 반역하는 꼴이 됐다.

이 같은 현상을 일으킨 원인은, 이들이 사탄의 회인 WCC 회원이 되어 WCC물을 먹고 자라 WCC 노선을 따른 결과이다. WCC는 기독교회를 카톨릭에 '일치' 시켜 없애 버리는 이토록 무서운 정체성을 가진 것이다. WCC는 양의 탈만

▲기독교회를 카톨릭에 '일치' 시키기 위한 조약서에 대한예수교장로회 통합교단 명의로 서명하고 있는 당시 총회장 김동엽 목사

▲카톨릭과의 '일치'를 위한 신앙과 직제협의회 창립발기인, 좌측에서 두 번째 통합교단 당시 김동엽 목사, 세 번째가 NCCK 김영주 총무

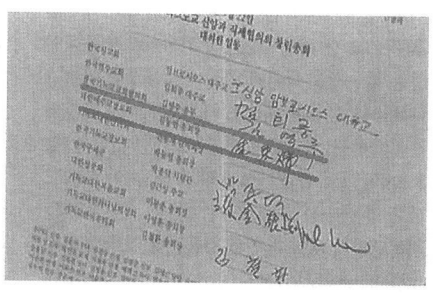

▲신앙과 직제협의회 창립 목적이 '일치'라고 분명히 보여주고 있다.
▶대한예수교장로회 통합교단 명의로 일치를 위한 신앙과 직제협의회를 당시 김동엽 총회장과 NCCK 김영주 총무가 서명하여 창립였다.

쓴 이리이지 우리와 똑같은 양이 아니다. 양이 아닌 양의 탈만을 쓴 이리떼와 같이 섞여 '함께' 하다 보니 뼛속까지 물이 들어 자신들이 섬기고 믿고 따르며 생활한 기독교회를 온갖 우상을 숭배하는 '카톨릭'에 희생시켜 버리게 되고 만 것이다. 이들은 2014년 5월 22일 대한성공회 서울대성당에서 믿음의 선진들로부터 이교도와 적그리스도로 규정된 카톨릭과 함께 공부하기, 함께 기도하기, 함께 행동하기로 조약을 맺고 교단명으로 총회장이 나서서 서명까지 하였으니, 빼도 박도 못하는 처지이며 대한예수교장로회 통합교단과 NCCK는 더 이상 믿음의 선진들로 비롯된 정통 기독교회가 아니다. 아닐 뿐만 아니라 배교자요, 반역자다.

이렇게 만든 것이 로마 제국의 종교 카톨릭과 일치 사업을 펼치는 WCC의 물을 마시고 자란 결과이며 열매이다. 이 얼마나 무서운 정체를 가진 WCC란 말인가?

한국교회가 뼛속 깊이 각인하고 알아야 될 것이 있다. 지금의 기독교회는 비 성경적이고 반기독교적인 로마종교 우상숭배의 본산인 카톨릭의 이교적인 정체에 항거하고 성경적인 기독교회를 세운 개혁주의자들의 후예들이라는 점이다. 그러므로 믿음의 선진들의 개혁주의 정체성이 당연히 후예들에게 있어야 하고, 그 진리의 힘과 형상을 가지고 당당하게 나타내야 한다. 그렇지 않다면 개혁주의 기독교회 후예들이 아니다. 그러므로 NCCK와 예장통합교단은 '카톨릭'과의 '신앙과 직제일치'로 더 이상 믿음의 선진들이 지키고 세운 개혁주의 기독교회 후예들이 아니다. 기독교회를 없애 버린 반역자들이고 역적이다.

유대인들이 아브라함의 후손임을 앞세워 자랑했지만 아브라함의 후손이 아니라고 예수님은 지적하셨다. 후손이면 조상과 같아야 한다는 것이다. 조상이라고 앞세우는 아브라함은 예수님을 따르고 잘 대접하였는데 후손이라는 유대인들은 예수님을 죽이려 했기에 정체성이 다르고 나타내는 형상과 행동이 다름으로 아브라함의 후손이 아닌, 타락한 유대인들이었던 것이다.(요 8:39-40) 이들 유대인들과 같이 NCCK와 통합교단은 믿음의 선진들로부터 역사를 이어온 정통 기독교회에 대한 타락한 자들이다. 기독교회가 '카톨릭'과 '일치'할 수 있는 길이 있는가? 절대 없다. 있다면 지금의 카톨릭이 지구상에서 없어지고 성경적인 기독교회로 거듭나야 한다. 다른 길은 없다. 한국교회를 비롯하여 세계의 기독교회를 로마제국의 종교 카톨릭에 일치시켜 없애 버리기 위하여 WCC가 저지른 만행은 로마 카톨릭의 이교도적인 교리들을 '다른 전통'으로 수용하는, 용서할 수 없는 죄악을 저질렀다.

믿음의 선진들이 저항했을 그때 당시보다 지금의 '카톨릭'은 더 비성경적이고, 반기독교적이며, 이교도적인 교리들이 더해졌으면 더해졌지 어느 하나 성경적으로 개혁된 것이 전혀 없다.

▲통합교단 소속 고 한경직 목사, 교황 알현하다.

▲통합교단 김동엽 당시 총회장이 로마교황을 알현하다.

▲고 한경직 목사와 교황

▲기독교인과 무슬림이 형제자매라는 로마교황/ 재경일보 캡처

기독교와 카톨릭은 '흑' '백' 보다 더 다르다

그런데도 주의 몸 된 기독교회를 온갖 우상을 숭배하는 그런 곳에 '일치' 시킨 통합교단은
99회 총회 시 '카톨릭' 이 다른 이단들과 달리 사회에 피해를 준 것이 없고
기여한 바가 크다 해서 이단이 아니라고 했다.
'카톨릭' 이 이단이 아니라면 이 세상에는 이단이 없다.

그런데도 주의 몸 된 기독교회를 온갖 우상을 숭배하는 그런 곳에 '일치' 시킨 통합교단은 99회 총회 시 '카톨릭' 이 다른 이단들과 달리 사회에 피해를 준 것이 없고 기여한 바가 크다 해서 이단이 아니라고 했다. '카톨릭' 이 이단이 아니라면 이 세상에는 이단이 없다. 무슨 짓을 더 해야 이단이라고 할 것인가? 믿음의 선진들은 로마교 '카톨릭' 을 이단 차원을 넘어 적그리스도라고 했다. 우리 믿음의 선진들을 모진 고문과 핍박, 수천만 명을 죽인 로마 제국의 종교 카톨릭이 어찌 기독교회란 말인가? 기독교회를 '카톨릭' 에 '일치' 시킨 통합교단과 NCCK 행위는 기독교회의 전 역사를 부정하고 없애 버린 만행을 저지른 것이다.

믿음의 선진들의 후예들이라고 자부하는 대한예수교장로회 통합교단은 '카톨릭' 을 옹호하는 비호 세력이 되었고 2009년도에 이단 '카톨릭' 과 '일치' 시켜 버렸다. 이는 예수 그리스도로 비롯된 성경적인 기독교회를 일으켜 세운 믿음의 선진들의 정체성과 진리사수와는 정 반대의 정체성, 곧 기독교회를 무너뜨리는 형상으로 변종된 행동이다. 그런데도 아직도 버젓이 기독교회로 착각하고 기독교회 곁에 남아서 개혁주의 장로회 간판을 아무런 부끄럼도 없이 달고 있다. 총회의 명의로 총회장이 나서서 '신앙과 직제협의회' 를 서명하여 창립하였으니 더 이상 장로회 기독교회 간판을 달고 있지 말고 떼야 마땅할 일이다.

대한예수교장로회 통합교단은 더 이상 루터와 칼빈 등으로 이어지는 개혁자들이 흘린 수많은 피와 수많은 죽음으로 맞서서 지키고 일으켜 세운 성경적인 정통기독교회 후예들이 아니다. 피와 땀으로 지켜낸 기독교회를 없애 버리는 영적 음란, 간음 행각을 벌려 놓고서도 아직도 뻔뻔하게 기독교회 행세를 해서야 되겠는가? 명품도 진품도 아닌 짝퉁일 뿐이다. 하여, 한국교회가 통합교단을 기독교회로 오인하면 안 된다.

물론 전제를 두지만 통합교단에 속한 모든 교회가 다 그렇다는 것은 아니다. 다만 위에서부터 흐르는 정체성과 색깔은 무시할 수 없다는 말을 하고 싶다. 우리의 구원은 중 ,대형교회냐, 유명한 목사냐 하고는 전혀 상관이 없다. 마지막 때를 살고 있는 성도들은 이런 것에서 탈피하여 영적인 혜안을 가지고 지금 속해 있는 자리와 상황을 간파할 줄 알아야 한다.

▲2013년 10월 29일 '제10차 WCC 부산총회' 반대집회에서 이 땅의 회복을 위하여 한 목소리로 통성기도를 하고 있는 성도들.

▲ '제10차 WCC 부산총회'에서 김삼환 목사가 환영사를 마친 후에 손으로 하트모양을 만들고 있다.

▲같은 장소에서 찬양과 억울한 영혼을 달래는 진혼제가 함께 진행되고 있다.

한국교회는 NCCK를 비롯하여 통합교단과는 단호한 구별이 필요하다. 그렇지 않게 되면 이들이 품고 있는 WCC 인본주의 사상에 점점 감염되어 한국교회 전체는 자멸하고 말 것이다. 이제 NCCK를 비롯하여 통합교단이 한국에서 기독교회 일원으로 함께 하려면 'WCC' 및 '카톨릭'과 맺은 '신앙과 직제협의회'를 한국교회 앞에서 공식 탈퇴 발표를 해야 한다. 그렇지 않다면 기독교회를 '일치'로 묶어서 없애 버리려는 종교개혁 500년사와 한국교회 130년 역사의 역적이 될 뿐이고, 반드시 후대의 기독교역사에는 그렇게 기록될 것이다.

기독교회를 타락시킨 주범

자칭 우리와 같은 기독교회라고 하면서도 대한예수교장로회 통합교단과 NCCK가
기독교회를 어떻게 배역하고 '카톨릭' 과 '일치' 할 수 밖에 없는가?
사탄의 회인 'WCC' 의 마수에 걸려들었기 때문이다.

자칭 우리와 같은 기독교회라고 하면서도 대한예수교장로회 통합교단과 NCCK가 기독교회를 어떻게 배역하고 '카톨릭' 과 **'일치'** 할 수 밖에 없는가? 사탄의 회인 'WCC' 의 마수에 걸려들었기 때문이다.

물고기를 낚는 떡밥에는 반드시 빠져나올 수 없는 날카로운 낚싯바늘이 숨겨져 있듯이 영적 이리떼 'WCC'는 얼핏 보기에는 전혀 문제될 것이 없어 보인다. 하지만 걸려들기만 하면 마수의 바늘에 꼽혀 빠져나올 수가 없을 정도로 독성이 강하다. 그것이 바로 다음이다.

신학을 전공하지 아니한 감리회 신자 존 모트는 사회 계몽주의자로서 1921년도에 국제선교협의회(IMC: International Missionary Conference)를 창립하였고 미시오데이(missio Dei)라고 하는, 하나님의 선교를 주창했고 1961년도에 WCC와 통합하여 WCC 내에서 "세계선교와 전도위원회"(CWME: Commission on World Mission and Evangelism)가 된, WCC의 세계선교와전도위원회(CWME)는 1989년 미국 샌안토니오에서 하나님의 선교를 다음과 같은 내용으로 구체화했다.

▲존 모트 (John Raleigh Mott)　▲WCC 선교와 전도위원회 의장/인도 정교회 주교 조지 쿠릴로스

삼위일체 하나님께서 이 세상에서 일 하시기에 교회도 세상으로 나와서 종교 간 대화, 화합, 교제, 일치로서 하나님께서 창조하신 이 세상을 평화케 하자. 이것이 삼위일체 하나님의 선교로서 교회는 이 사업에 동참해야 한다.

WCC가 주창하는 선교의 의무는, 성경적인 용어를 사용하여 예수 그리스도의 지상 최대의 명령이며, 교회에게 주어진 절체절명의 사역, 죄와 사망에서 멸망하는 인류를 구원하기 위한 십자가의 복음전도 사역을 왜곡한 채 변형, 변질시키는 패악한 주장이 아닐 수 없다. 흑암의 거

▲제3대 총무 필립 포터와 교황 바오로 2세
(1984년 6월 WCC 본부방문)

▲WEA 대표가 교황 프란체스코를 방문하고 있다.

▲이슬람의 코란에 입맞춤하는 로마교황

▲2014년 광화문 시복식에서 마리아상 앞에서 절하며 분향하는 교황 프란체시코

짓이며, 교회 사역의 본질을 통째로 바꿔치기한 기독교회와 전혀 다른 패러다임일 뿐이다.

'WCC'는 이와 같은 일을 'WEA', 로마교 '카톨릭'과 연합해서 펼치고 있으며 여기에 걸려든 것이 대한예수교장로회 통합교단과 NCCK이다. 그 결과, 자신들이 평생을 바쳐 섬기고 믿어온 기독교회를 온갖 우상숭배를 다하는 우상의 전시장인 로마교 '카톨릭'에 '일치' 시켜 자신들이 믿고 따르던 자신들의 기독교회의 종말을 스스로 고해 버렸다. 또한 예수 그리스도로 말미암은 십자가의 복음전도가 WCC의 인본주의 사상으로 앞세운 삼위일체 하나님의 선교라는 패러다임에 가로막혀 쇠퇴기를 맞게 된 것이다.

이렇듯 'WCC'의 정체는 사악함에 무섭기까지 하다. 기독교회의 옷을 입고 기독교회를 미혹하여 기독교회를 없애 버리는 사탄의 회가 'WCC'이다.

WCC, WEA, 로마교 카톨릭이 기독교회가 아니라는 판단의 근거

'WCC'는 기독교회가 아니다. 아니라는 증거들을 발견하기 위하여, 아래는 'WCC', 'WEA', 카톨릭과의 공동 선교선언문, 'WCC'의 바아르 선언문, 'WCC' 바로 알자라는 등의 그 동안 'WCC'가 공식적으로 밝힌 여러 내용을 사실에 근거해서 알기 쉽게 집대성한 것이다.

'WCC'는 기독교회가 아니다. 아니라는 증거들을 발견하기 위하여, 아래는 'WCC', 'WEA', 카톨릭과의 공동 선교선언문, 'WCC'의 바아르 선언문, 'WCC' 바로 알자라는 등의 그 동안 'WCC'가 공식적으로 밝힌 여러 내용을 사실에 근거해서 알기 쉽게 집대성한 것이다. 이에서 'WCC'가 기독교회가 아니라는 사실을 보게 되고, 대부분이 성경적인 것처럼 용어를 사용하여 교회의 사역처럼 보이지만, 인본주의 사상으로서 기독교회를 미혹하고 희생시키려는 이리가 덮어쓴 양의 탈이며 미끼이다. 소개하면 이렇다.

마치 '일치' 헌장 이라고 명명하고 싶다

한 신(하나님/하느님)이 천지를 창조하셨고, 그 신이 사람을 지으셨기에 나라와 민족만 다를 뿐 신은 같으며 어떤 사람은 불교, 어떤 사람은 서로는 같은 형제이다. 그렇지만 종교간 갈등과 분쟁과 전쟁으로 인류사회는 심히 불안하다. 이를 해결하기 위해서는 종교의 다름과 교리의 차이를 극복해야 한다. 타 종교에 대한 배타적인 정신을 버리고 이웃종교 혹은 형제의 종교로 받아들여서 서로는 존중하는 마음과 태도를 가져야 한다. 기독교회에 예수님이 구원자이듯이 다른 종교에도 그 나름대로 구원자가 있기에 다 종교사회에서 내 종교에만 구원자가 있다는 독선적이고 배타적인 정신은 버려야 하고 하나님의 능력을 제한해서는 아니 된다. 기독교를 사랑하는 하나님이 이웃종교를 사랑하지 않겠는가? 그러기에 특정 종교의 우월성이나 특정 교리는 앞 세우지 말고 하나님의 사랑으로 그 모든 장애를 뛰어넘어 **'일치'**의 운동장으로 나와서 이웃 형제 종교 간 서로 대화하고 존중하고 화합하여 하나의 일체를 이루어 한 가족 한 세계를 이루어 이 세상을 평화케 하자. 예수님의 최후의 기도의 핵심적 목적은 하나님과 예수님이 하나이듯이 이 세상 모든 인류와 모든 피조물들이 다 하나님 안에서 하나가 되는 것이다. 하나님께서 태초에 창조하시고 장차 완성하실 그 한 세계를 지향하는 것이다. 인간의 타락 후 이 하나님이 기뻐하신 조화로운 세계가 깨어졌는데 이 깨어진 하나님의 한 세계, 한 가족을 회복하는 것이다.

영적 이리떼인 'WCC'가 지금까지 밝힌 위 내용에는 'WCC'가 기독교회가 아니라고 단정 지을 수 있는 결정적인 근거가 있다. 예를 들어 길이가 얼마인지 맞는지 틀리는지 알려면 표준자

▲좌로부터 루이 토랑 교황청 종교 간 대화 위원회 추기경, 올라프 트베이트 WCC 총무, 제프 터니클리프 WEA 대표

▲위 사진 손가락 가리키는 지점은 대한예수교장로회 통합교단이 WCC에 차지하는 공로가 처음부터이며 가장 앞서 기여한 것을 나타내며 직선 부분은 WCC의 사역을 이룬 범위이고 점선은 아직 활동해야 할 남은 부분을 가리킨다. 2014년 WCC 총무와 통합교단 김동엽 당시 총회장

가 있어야 한다. 표준 자를 가지고 길이를 재보면 맞고 틀림이 표준 자에 나타난다. 'WCC'도 마찬가지다. 이들이 정말 기독교회인지 아닌지 진위 여부를 알려면 성경적의 잣대에 재 보면 바로 나타나게 된다. 그렇다면 표준 잣대라는 성경적인 기독교회는 어떤 것인가?

삼위일체 하나님을 믿느냐? 예수님의 인성과 신성을 믿느냐? 성경을 하나님의 말씀으로 믿느냐? 예수님만이 구원자이심을 믿느냐? 등은 이단을 분별하는 기준 잣대로 삼는 경우다. 틀린 것은 아니지만 이러한 것들은 어디까지나 입고 있는 표면적인 옷이다. 기독교회의 실체를 규명하는 표준으로 기준 잣대가 아니며 이단들도 때에 따라서는 상황 변화에 이러한 고백들을 한다.

표면적인 이런 것들은 도리어 무덤에 회칠로 이용되고, 이리가 입고 있는 양의 탈로 악용됨을 보게 되는데 영적 이리떼들인 WCC, WEA를 보라. 이들이 세계 기독교회 연합단체들로서 앞세우는 헌장들 전부는 성경에서 비롯된 것들로서

매우 정의롭고 거룩하게 보였다. 그래서 그들도 자신들의 정당성으로 그와 같은 것들을 앞세운다. 'WCC'를 지지하는 한국교회 일부 교단들이 2013년 11월 '제10차 WCC 부산총회'를 개최하면서 그들도 똑같이 했다. 그렇다고 해서 'WCC'가 기독교회라고 할 수 있는가? 할 수 없다. 그들이 앞세우는 그 모든 헌장들은 기독교회가 아니며 기독교회 모양새를 갖춘 옷에 불과할 뿐 속성과 나타내는 행동은 절대 기독교회가 아니다.

오히려 그러한 것들을 포장하고 앞세워 'WCC' 정체를 감추고 기독교회를 미혹하고 무너뜨리는 데 이용하는 것이다. 이렇게 단정 짓는 근거는 먼저 영적 이리떼 'WCC'가 주장하는 바를 보라. 한 신이 천지를 창조하시고 사람을 지으셨다. 지음을 받은 그 사람들 중에 어떤 사람은 불교 어떤 사람은 이슬람교, 어떤 사람은 유대교, 어떤 사람은 기독교를 믿기에 종교만 다를 뿐 신은 같으며 같은 신으로부터 태어났기에 서로는 같은 형제다. 그러므로 종교 간 분쟁이나 전쟁을 하지 말고 종교간 대화, 화해, 화합, 교제,

김상복 목사, WEA 회장 선출 소감 밝혀

얼마 전 열린 세계복음주의협의회(WEA) 2008 총회에서 아시아인으로서는 최초로 회장에 선출된 김상복 목사가 임기 동안 **WCC, 가톨릭과의 교회 일치사업에 주력**하고 싶다는 포부를 밝혔다. 김상복 목사는 할렐루야교회에서 진행 중인 한국선교지도자포럼 도중 가진 인터뷰에서 "반기독교 및 과격한 타종교의 기독교 핍박이 심해지고 있는 상황에서 기독교가 보다 크게 연대해 대처해야 한다"며 이같이 밝혔다.

▲ WCC, 카톨릭과 일치사업에 주력하겠다는 WEA 의장 김상복 목사

기독교회 흉내를 내는 기독교회로 둔갑한 꼬리가 아홉 달린 요물, 기독교회를 미혹하여 지옥으로 끌고 들어가는 유사 기독교회임을 여실히 보여주는 증거이다.

사랑과 일치로서 신이 창조하신 일류 세상을 평화케 하자.

이와 같은 주장은 'WCC'가 기독교회가 아닌데 기독교회의 옷으로 치장하고서는 기독교회 흉내를 내는 기독교회로 둔갑한 꼬리가 아홉 달린 요물, 기독교회를 미혹하여 지옥으로 끌고 들어가는 유사 기독교회임을 여실히 보여주는 증거이다. 기독교회는 이 세상 사람들의 종교가 아니다. 그러나 위에서 보는 바와 'WCC', 'WEA', 로마교 '카톨릭'은 자신들이 기독교회라고 하면서 종교 간 대화 등으로 기독교회를 이 세상 종교로, 또는 아담으로 말미암은 이 세상 사람들임을 자신들 스스로가 나타내 주고 있지 않는가?

성경적인 기독교회는 하나님께서 창조하신 아담과 하와로 말미암은 육신으로 태어나는 이 세상 사람들과는 출생과 신분을 완전히 달리하며 새 언약으로 태어난 새 사람, 새 생명이다. 이 차이는 하늘과 땅 차이 보다 더 다르다.

이스라엘의 특이점과 하나님과의 관계

'WCC'는 아담으로 말미암은 사람들로서,
그 사람의 정신 사상(육신의 생각/인본주의 사상)으로 이 세상 사회 구원을 추구하되,
자신들이 마치 기독교회인 것처럼 비슷하게 옷차림새를 하고 행동한다.

'WCC'는 아담으로 말미암은 사람들로서, 그 사람의 정신 사상(육신의 생각/인본주의 사상)으로 이 세상 사회 구원을 추구하되, 자신들이 마치 기독교회인 것처럼 비슷하게 옷차림새를 하고 행동한다. 그러나 기독교회는 아담으로 말미암은 이 세상 사람도 아니고 이 세상에 속한 것도 아니다. 출생의 배경과 기원은 아담으로 말미암은 이 세상 사람들과는 완전히 달리하는 것이 기독교회이다. 우리가 이를 이해하자면 다음 배경을 먼저 알아야 한다.

사람을 지으시고 천지를 창조하신 여호와라고 하는 신이 아담으로 말미암은 사람이 살아가는 이 세상에 나타나서 아브라함의 몸을 통해 한 생명을 태어나게 하고 그 자손들을 하늘의 별과 같이 바닷가의 모래 같이 많게 하시겠다는 언약을 하셨고, 이 언약을 따라서 태어난 사람이 이삭이고 이삭으로 말미암은 야곱과 그 아들 12지파로 이룬 것이 이스라엘이다. 이렇게 태어난 이삭으로 말미암은 이스라엘은 아담으로 말미암은 이 세상 사람들과 출생의 기원이 완전 다른 것으로서, 하나님의 언약으로 태어났다는 특이점이며, 그래서 이삭으로 말미암아 태어난 이스라엘을 가리켜서 약속의 자녀, 혹은 언약의 백성이라고 부르는 것이다. 그 증표로서 몸에다 살을 베서 표시한 할례이다. 구약성경은 아담으로 인한 세상 사람들에 대한 역사가 아니라, 언약으로 태어난 이삭으로 말미암은 이스라엘과 하나님과의 관계를 다룬다. 이에서 주목 할 것은 하나님의 언약으로 태어난 이삭과 이로 말미암은 이스라엘에 대한 언약으로 여호와가 하나님(מיהלאה/엘로힘)이 되신 하나님이라는 점이다.

창 17:7 내가 내 언약을 나와 너와 네 대대 후손의 사이에 세워서 영원한 언약을 삼고 너와 네 후손의 하나님이 되리라
창 17:8 내가 너와 네 후손에게 너의 우거하는 이 땅 곧 가나안 일경으로 주어 영원한 기업이 되게 하고 나는 그들의 하나님이 되리라

총각 대통령이 한 처녀와 결혼을 하게 되면 결혼의 당사자, 그 처녀에게만 대통령이 남편이 됨과 같이, 이삭으로 말미암은 이스라엘에게만의 언약으로 여호와가 하나님이 되신 것이기에 아담으로 말미암은 이 세상 사람들의 하나님이 아니다. 총각 대통령이 한 처녀와 결혼하게 되면

결혼한 처녀의 남편이 되고 신부 입장에서는 '대통령은 내 남편이다' 라는 것과 같이 이스라엘에 있어서 여호와가 무엇이냐? 여호와는 하나님이라고 한 것이다.

신 4:35 여호와는 하나님이시오, 신 4:39 여호와는 하나님이시오, 신 7:9 여호와는 하나님이시오, 왕상 18:37 여호와는 하나님이신 것과, 시 118:27 여호와는 하나님이시라, 사 45:18 여호와는 하늘을 창조하신 하나님이시며, 시 118:27 여호와는 하나님이시라

그래서 이스라엘은 하나님을 '이스라엘의 하나님 여호와시다' 라고 한 것이다.

출 32:27, 출 34:23, 수 7:13, 수 7:19, 수 8:30, 수 10:40, 수 10:42, 수 14:14, 수 24:23, 삿 5:3, 삿 11:21, 삿 21:3, 룻 2:12, 삼상 2:30, 삼상 14:41, 삼상 20:12, 삼상 23:11, 삼상 25:32, 삼상 25:34, 삼하 12:7, 왕상 1:48, 왕상 18:36, 대상 17:24, 대상 29:10, 시 68:8, 사 17:6, 사 21:10, 사 21:17, 사 37:21, 렘 9:15, 렘 11:3, 렘 13:12, 렘 21:4, 렘 24:5, 렘 25:15, 렘 29:4, 렘 29:21, 렘 30:2, 렘 32:15, 렘 32:36, 렘 33:4

일반적으로는 아담으로 말미암은 이 세상 모든 사람들의 하나님으로 여기지만, 이 세상 모든 사람들에게 여호와가 하나님이 되신 적이 없으며 오직 이삭으로 말미암은 이스라엘에 대하여 여호와가 언약으로 하나님이 되신 하나님이시며, 이스라엘 소유의 하나님이시며. 그래서 이스라엘은 우리 하나님 여호와라고 한 것이다.

출 3:18, 출 5:3, 출 5:8, 출 8:10, 출 8:26, 출 8:27, 출 10:25, 출 10:26, 신 1:6, 신 1:19, 신 1:20, 신 1:41,

신 2:29, 신 2:33, 신 2:36, 신 2:37, 신 3:3, 신 4:7, 신 5:2, 신 5:24, 신 5:25, 신 5:27, 신 6:4, 신 6:20, 신 6:24, 신 6:25, 신 29:15, 신 29:18, 신 29:29, 신 31:17, 신 32:3, 수 18:6, 수 22:19, 수 22:29, 수 24:17, 수 24:18, 수 24:24, 삿 10:10, 삿 11:24, 삼상 2:2, 삼상 7:8, 삼하 10:12, 삼하 22:32, 왕상 8:57, 왕상 8:59, 왕상 8:61, 왕상 8:65, 왕하 18:22, 왕하 19:19, 대상 13:3, 대상 15:13, 대상 16:14, 대상 19:13, 대상 28:2, 대상 28:8, 대상 29:13, 대상 29:16, 대하 2:4, 대하 2:5, 대하 13:10, 대하 13:11, 대하 14:7, 대하 14:11, 대하 20:7, 대하 20:12, 대하 32:11, 슥 4:3.

영적 이리떼들인 'WCC', 'WEA', 카톨릭은 아담으로 말미암은 이 세상 모든 사람들이 하나님께서 창조하셨다고 하여 하나님의 백성, 하나님의 사람으로 주장하지만, 이들은 육신으로 태어난 육신의 자녀이고 하나님의 백성, 하나님의 자녀는 오직 하나님의 약속으로 태어난 자라야 한다. 이렇게 언약으로 태어난 이스라엘만이 하나님의 약속으로 태어났고, 약속으로 태어난 이들 이스라엘에 대해서만 여호와가 하나님이 되신 것이다. 그러므로 육신으로 태어난 아담으로 말미암은 이 세상 모든 사람은 하나님의 자녀가 아니다.

롬 9:7 또한 아브라함의 씨가 다 그 자녀가 아니라 오직 이삭으로부터 난 자라야 네 씨라 칭하리라 하셨으니
롬 9:8 곧 육신의 자녀가 하나님의 자녀가 아니라 오직 약속의 자녀가 씨로 여기심을 받느니라 남자와 결혼하지 않은 처녀에게 남편이 없는 것과 같이 이 세상 사람들에게는 하나님이 없는 처녀들이다. (엡 2:12) 그러나 이스라엘의 경우는 여호와와 언약을 맺은 관계이기에 처녀가 아닌 신부가 되어 자신들에게 있는 하나님을 섬기게 된 것이다.

하나님이란?

'WCC', 'WEA', '카톨릭'은 언약관계가 아닌,
아담으로 말미암은 육신에 속한 이 세상 사람들로서
천지를 창조하신 여호와를 천주로서 하느님의 개념이다.

아담으로 말미암은 이 세상 사람들이 천지를 창조하신 여호와를 하나님으로 섬기는가? 아니다. 이들에게 하나님이 없는데 어떻게 하나님을 섬기겠는가? 이들은 상제의 개념으로 하느님이라 칭하고 하늘 님으로, 천주로 대한다. 그러나 이스라엘은 언약으로 말미암아 여호와가 자기들의 하나님(엘로힘)이 되셨고, 그들에게 계셨기에 하나님을 섬기게 된 것이다. 아주 중요한 것이 있다. 아담으로 말미암은 이 세상 사람들에게 여호와가 하나님이 되신 것이 아니라 약속으로 태어난 사람들에 대해서만 하나님이 되셨다는 점이다. 우리 기독교회가 누군가? 하나님의 약속으로 태어난 하나님의 자녀다.

갈 4:28 형제들아 너희는 이삭과 같이 약속의 자녀라

영적 이리떼들인 'WCC', 'WEA', '카톨릭'은 아담으로 말미암은 육신으로 태어난 이 세상 사람들이고, 기독교회는 하나님의 약속으로 태어난 새 생명, 새 사람들이다. 그래서 기독교회의 하나님이고 하나님이 기독교회에 있기에 하나님으로 섬기는 것이다. 새 언약으로 태어났기에 자녀로서 자녀의 영을 보내주셔서 하나님을 아버지라고 부르는 것이다.

갈 4:6 너희가 아들인고로 하나님이 그 아들의 영을 우리 마음 가운데 보내사 아바 아버지라 부르게 하셨느니라

그러나 'WCC', 'WEA', '카톨릭'은 언약관계가 아닌, 아담으로 말미암은 육신에 속한 이 세상 사람들로서 천지를 창조하신 여호와를 천주로서 하느님의 개념이다. 그러나 언약관계에 있는 이스라엘에 대하여 여호와는 섬김의 대상으로 오직 하나 뿐인 유일하신 개념으로 하나님이시다.

막 12:29 주 곧 우리 하나님은 유일한 주시라, 요 5:44 유일하신 하나님께로부터, 요 17:3 영생은 곧 유일하신 참 하나님과, 딤전 1:17 홀로 하나이신 하나님께, 유 1:25 홀로 하나이신 하나님께, 신 6:4 우리 하나님 여호와는 오직 하나인 여호와시니, 사 37:16 유일하신 하나님이시라

기독교회의 탄생 배경과 특이점

그리스도의 사람들을 한자어로 표기한 것이 기독교회이다.
그러므로 기독교회는 종교가 아니고 하나님의 새 언약으로 태어난 새 생명, 새 사람들로서
하나님의 백성, 하나님의 자녀이다.

구약 성경이라는 함은 창세기 11장까지는 아담으로 말미암은 이 세상 사람들에 대하여 기록하고 창세기 12장부터 끝까지는 약속의 자녀 이삭으로 말미암은 이스라엘이 태어나서 여호와를 하나님으로 섬기는 과정에서 비롯된 내용을 다룬다. 이들이 태어나 가나안 땅으로 여호와를 유일하신 하나님으로 섬기러 가서는 우상숭배와 이방 신을 섬김으로 여호와를 하나님으로 섬기는 타고난 생명과 존재목적 상실로 멸망을 당하되 자기 자식을 먹어야 하는 비극(애 4:10, 2:20)을 당하고 포로로 잡혀가게 되고, 그 후 유대지파가 예루살렘으로 귀환하여 무너진 성전을 건축하고 여호와를 하나님을 섬기는 듯하였으나 이방 여인을 아내로, 며느리로 삼는 악한 행위(혼합주의)로 하나님께서 400년 동안 침묵하셨다가 육신을 입으시고 예수 이름으로 자기 백성 유대인들을 구원하러 오셨던 것이다.(마 1:21)

그러나 유대인들은 자신들의 죄에서 구원할 자로 예수님을 영접치 아니하고 도리어 율법을 범하는 죄인으로, 귀신들린 자로 몰아 세워 배척함에 예수님은 수많은 표적들로 자신이 구원자 이심을 나타내어 믿게 하셨으나 이를 거절하고 빛보다 어두움을 더 사랑함으로 뱀들로 독사의 새끼들로 심판하여 이스라엘과 맺은 언약을 폐하여 버리시고 하나님은 새 언약을 피로 세우시고 피로 세운 새 언약을 따라 새 사람을 태어나게 하셨다. 그 새 사람들로부터 섬김을 받고 있는 하나님이시고, 하나님은 그 사람들의 하나님이시다. 그 사람들이 누구인가? 우리 기독교회이다. 기독교회는 구 언약으로 태어난 이스라엘을 저주하여 심판해 버리시고 새 언약으로 태어난 새 생명, 새 사람들이다. 기독교회는 불교, 천주교, 이슬람교 등과 같이 이 세상 여러 종교 중에 하나가 아니다. 더욱 아닌 것은 아담으로 말미암은 아버지와 어머니 사이로 태어나는 이 세상 육신의 사람들이 아니고 구 언약으로 태어난 이스라엘도 아니고, 피로 세운 새 언약으로 말미암아 태어난 새 생명, 새 사람들로서 이들의 회중이 그리스도의 사람들이다.

그리스도의 사람들을 한자어로 표기한 것이 기독교회이다. 그러므로 기독교회는 종교가 아니고 하나님의 새 언약으로 태어난 새 생명, 새 사람들로서 하나님의 백성, 하나님의 자녀이다.

▲ 2013년 10월 30일 총신대학교 반대집회 모습(부산 수영로교회 앞)

아담으로 말미암아 태어나는 이 세상 육신의 사람들과는 출생과 신분을 완전 달리한다. 이삭으로 말미암은 이스라엘과 맺은 언약을 폐하여 버리시고 새 언약으로 새 생명, 새 사람을 태어나게 하시고 이들로부터 섬김을 받은 하나님이시다.

요1:11-13 자기 땅에 오매 자기 백성이 영접지 아니하였으나 영접하는 자 곧 그 이름을 믿는 자들에게는 하나님의 자녀가 되는 권세를 주셨으니 이는 혈통으로나 육정으로나 사람의 뜻으로 나지 아니하고 오직 하나님께로서 난 자들 이니라

기독교회는 아담으로 말미암은 사람들이 아니다. 그러나 영적 이리떼들인 'WCC', 'WEA', 카톨릭'은 자신들이 기독교회라고 하면서 아담으로 말미암은 사람들로 자신들의 정체를 이렇게 드러냈다. 한 신(하나님/하느님)이 천지를 창조하셨고, 그 신이 사람을 지으셨기에 나라와 민족만 다를 뿐 신은 같으며 어떤 사람은 불교, 어떤 사람은 유대교, 어떤 사람은 이슬람교, 어떤 사람은 카톨릭, 어떤 사람은 기독교(개신교)를 믿는 것이기에 종교만 다를 뿐 서로는 같은 형제이다.

'WCC', 'WEA', '카톨릭'의 잘못된 정통 기독교회의 개념은 아담으로 말미암은 이 세상에 속한 이 세상 사람들로 여기고 종교로 대한다. 이는 새 언약으로 태어난 기독교회가 아니라는 명백한 증거이다. 'WCC', 'WEA', 카톨릭'은 다만, 아담으로 말미암은 이 세상 육신에 속한 사람들이 성경을 인용, 도용하여 기독교회의 모양새를 갖추게 하고서는 이 세상을 그들만의 낙원으로 만들고자 한다. 하나님의 선교라는 그럴듯한 이름으로 포장해서 말이다. 그래서 얼핏 보면 맞아 보이고 의롭고 거룩해 보이지만 그것은 어디까지나 아담으로 말미암은 죄인 된 이 세상 사람들이 기독교회의 이름을 가지고 기독교회 행세를 하며

WCC', 'WEA', '카톨릭'은
다만, 아담으로 말미암은 이 세상 육신에
속한 사람들이 성경을 인용, 도용하여
기독교회의 모양새를 갖추게 하고서는
이 세상을 그들만의 낙원으로 만들고자 한다.
하나님의 선교라는 그럴듯한 이름으로
포장해서 말이다.

▲영적 음녀인 WCC, WEA, 카톨릭은 하나의 인간 세계 정부를 이 세상에 꿈꾸는 것으로 이는 하나님의 뜻에 반하는 대적 행위이다

하나님께서 창조하신 이 세상을 앞세워 낙원을 꿈꾸고 자기 자신들을 하나님의 자리에 앉히려고 펼쳐가는 뉴에이지 운동에 불과할 뿐이다.

이들은 새 언약으로 태어난 성경적인 기독교회가 아니며, 기독교회가 펼치는 사역과도 전혀 다르다. 새 언약으로 태어난 기독교회에게 주어진 교회의 사역은 바로 아담으로 말미암은 이 세상 모든 사람들은 죄로 인하여 율법의 저주와 심판과 그에 따른 형벌, 곧 사망에 이르는 멸망의 자식들이기에 이러한 상태 하에 놓여 있는 인류에게 구원자 예수님과 그의 복음을 전하여 이를 믿게 하여 구원을 받게 하고 사망에서 영생에 이르게 하고 성령으로 거듭나게 하여 하나님의 자녀로서 하나님의 나라에 들어가게 하는 것이다.

그러나 영적음녀인 'WCC', 'WEA', 로마교 '카톨릭'은 자칭 기독교회라고 둔갑된 명찰을 달고 연합 '일치'를 꾀하고 있다. 삼위일체 하나님의 선교라는 말로 교묘히 포장하여 인본주의 사상이 만든 새로운 주장을 앞세워 예수 그리스도의 지상 최대의 명령, 십자가의 복음을 전하지 못하게 바꾸는 작업을 한창 진행 중에 있다. 이는 천국 복음을 가로 막는 십자가의 원수행각이며 예수님을 대적하는 행위이다. 죄로 인하여 사망에 이르게 되는 이 세상 사람들에게 복음으로 구원 받지 못하게 하고 하나님의 나라에 들어가지 못하게 하는, 구원의 길과 천국 문을 닫아 버리는 천하에 간교하기 짝이 없는 사탄의 회이다.

구원론적인 관점에서의 기독교회

지금까지는 새 언약으로 말미암은 기독교회의 출생과 기원에 관하여 언급하여 영적음녀인 'WCC', 'WEA', '카톨릭'이 기독교회가 아님을 증명했다.
구원론 적인 관점으로 비춰 보아도 'WCC', 'WEA', '카톨릭'은 아담으로 말미암은 이 세상 사람들이지 결코 기독교회가 아님이 증명된다.

지금까지는 새 언약으로 말미암은 기독교회의 출생과 기원에 관하여 언급하여 영적음녀인 'WCC', 'WEA', '카톨릭'이 기독교회가 아님을 증명했다. 구원론 적인 관점으로 비춰 보아도 'WCC', 'WEA', '카톨릭'은 아담으로 말미암은 이 세상 사람들이지 결코 기독교회가 아님이 증명된다. 이들은 하나님께서 지으신 아담으로 말미암은 사람들이 어떤 사람은 불교, 어떤 사람은 이슬람교, 어떤 사람은 카톨릭, 어떤 사람은 기독교회를 믿는 것으로 해서 서로는 다 같이 하나님께로 태어난 형제라고 하고서는 이웃의 형제 종교 간 '대화', '화합', '일치'로서 하나님께서 창조하신 이 세상을 평화케 하자는 운동을 펼친다.

아담으로 말미암은 이 세상 사람들이 기독교회를 모방한 인본주의 사상에서 펼치는 '일치' 운동이다. 종교와 관계없이 선인과 악인을 막론하고 이 세상 모든 사람들은 아담으로 말미암은 사람들로서 죄인들이다. 죄로 인하여 사망케 되는 멸망의 자식들이다. 기독교회는 이러한 세상 사람들에게 속한 사람들이 아니다. 전에는 그 사람들이었으나 그 옛 사람은 예수 믿음으로 예수님과 함께 십자가에 못 박혀 죽어 장사지낸바 되고 다시 태어난 새 생명, 새 사람들이 기독교회이다. 이름 하여 구원받은 사람들이다.

롬 6:3-4 무릇 그리스도 예수와 합하여 세례를 받은 우리는 그의 죽으심과 합하여 세례 받은 줄을 알지 못하느뇨, 그러므로 우리가 그의 죽으심과 합하여 세례를 받음으로 그와 함께 장사되었나니 이는 아버지의 영광으로 말미암아 그리스도를 죽은 자 가운데서 살리심과 같이 우리로 또한 새 생명 가운데서 행하게 하려 함이니라

이것을 밖으로 드러내는 예식이 물속에 잠겼다가 다시 올라오는 세례침례이다. 구원론적인 이러한 관점에서 비춰 보아도 영적 음녀인 'WCC', 'WEA', 로마교 '카톨릭'은 기독교회가 아님이 증명이 된다. 공히 예수님을 믿는다고 'WCC', 'WEA', '카톨릭'이 말하지만, 또 기독교회로서 하나님께서 창조하신 이 세상을 '일치'로서 평화케 하는 삼위일체 하나님의 선교를 펼친다고 선전하지만 예수 믿음으로 죄인 된 옛 사람이 죽고 다시 태어난 새 생명, 새 사람들이 아니다. 기독교회는 옛 사람이 예수님을 믿음으로

 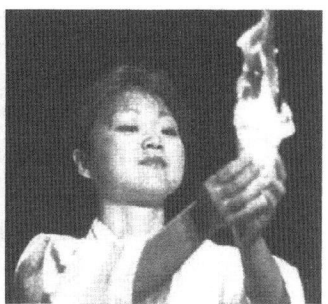

▲2013년 'WCC 제10차 부산총회' 참관인 자격으로 참석한 불교, 천도교 등 타종파 대표자들이 30일 개막식을 지켜보고 있다   ▲초혼제를 지내는 정현경 박사 (1991. 캔버라)

말미암아 예수님과 함께 죽어 장사지낸 바 되고 새롭게 거듭난 존재들로서 이들이 하나님의 나라에 들어가는 기독교회이고, 아담으로 말미암은 육신의 사람은 누구를 막론하고 하나님의 나라에 들어가지 못하고 죄로 인하여 이 세상에서 멸망한다.

요 3:3 예수께서 대답하여 가라사대 진실로 진실로 네게 이르노니 사람이 거듭나지 아니하면 하나님 나라를 볼 수 없느니라
고전 15:50 형제들아 내가 이것을 말하노니 혈과 육은 하나님 나라를 유업으로 받을 수 없고 또한 썩은 것은 썩지 아니한 것을 유업으로 받지 못하느니라
고전 3:5-7 예수께서 대답하시되 진실로 진실로 네게 이르노니 사람이 물과 성령으로 나지 아니하면 하나님 나라에 들어갈 수 없느니라. 육으로 난 것은 육이요 성령으로 난 것은 영이니 내가 네게 거듭나야 하겠다 하는 말을 기이히 여기지 말라.

그러므로 우리 기독교회는 거듭났기에 아담으로 말미암은 이 세상 사람들과 같이 육신에 있지 않고 영에 있다.

롬 8:9 만일 너희 속에 하나님의 영이 거하시면 너희가 육신에 있지 아니하고 영에 있나니 누구든지 그리스도의 영이 없으면 그리스도의 사람이 아니라

영적 음녀요 이리떼들인 'WCC'와 'WEA', 로마교 '카톨릭'은 아담으로 말미암은 사람들로서 이 세상에 속하였지만 기독교회는 이 세상에 속하지 아니하였다.

요 17:14 내가 세상에 속하지 아니함같이 저희도 세상에 속하지 아니함을 인함 이니이다.
요 17:16 내가 세상에 속하지 아니함같이 저희도 세상에 속하지 아니하였삽나이다
요 15:19 너희가 세상에 속하였으면 세상이 자기의 것을 사랑할 터이나 너희는 세상에 속한 자가 아니요

예수 믿음으로 예수님과 연합하여 옛 사람이 죽고 다시 태어난 우리 기독교회는 땅에 속한 것이 아니라 하늘에 속한 하나님의 자녀들이다.

생명적인 관점에서 기독교회

그러나 영적음녀인 'WCC', 'WEA', 로마교 '카톨릭'은
예수님의 죽으심으로 말미암아 열매로 태어난 사람들이 아니라
아담으로 말미암은 육신에 속한 이 세상 사람들이다.
비록 요 17:21절을 앞세워 '일치'를 주장하고 삼위일체 하나님을 고백한다.

이 세상 모든 사람들은 땅에 속한 첫 사람 아담으로 말미암아 태어난 사람들로서 에덴동산의 선악을 알게 하는 나무의 실과를 따 먹음으로 인해 이 세상에서 죄와 사망으로 멸망한다. 반면 둘째 사람 예수님은 하늘로부터 생명으로 오신 분이시다. 기독교회라는 것은 이러한 예수님으로부터 비롯된 생명을 가진 자들이다.

고전15:47 첫 사람은 땅에서 났으니 흙에 속한 자이거니와 둘째 사람은 하늘에서 나셨느니라

요 8:23 예수께서 가라사대 너희는 아래서 났고 나는 위에서 났으며 너희는 이 세상에 속하였고 나는 이 세상에 속하지 아니하였느니라

기독교회라는 것은 그리스도의 사람들로서 예수님이 하늘 위로부터 이 세상에 한 알의 씨앗(생명)으로 오셔서 땅에 떨어져 죽으심으로 이에서 태어난 열매들이다.

요 12:24 내가 진실로 진실로 너희에게 이르노니 한 알의 밀이 땅에 떨어져 죽지 아니하면 한 알 그대로 있고 죽으면 많은 열매를 맺느니라

그러나 영적음녀인 'WCC', 'WEA', 로마교 '카톨릭'은 예수님의 죽으심으로 말미암아 열매로 태어난 사람들이 아니라 아담으로 말미암은 육신에 속한 이 세상 사람들이다. 비록 요 17:21절을 앞세워 '일치'를 주장하고 삼위일체 하나님을 고백한다 해도 영적 이리 떼인 'WCC'는 기독교회가 아니다. 그들은 아담으로 태어난 죄인들로서 생명이 없는 자들이다. 비록 기독교회의 옷을 입고 요 17:21절로 목걸이 하고 기독교회 흉내를 낸다하더라도 기독교회가 아니다.

양의 탈을 쓴 이리들로서 기독교회를 이 세상 종교와 '일치'시켜 혼합으로 기독교회의 진리를 말살시켜 버리려는 사탄의 회중이다. 이런데도 한국교회 일각은 'WCC'를 지지하면서 'WCC'가 입고 있는 겉옷의 모양새만을 앞세우며 'WCC'가 아주 좋은 기독교회 단체로 선전하고 급기야는 '제10차 WCC 총회'를 부산에 개최한 것이다.

하나님께서 창조하신 세상과 아담으로 말미암은 사람들의 세계로 오신 예수님은 이 세상에 속

▲ 2016년 11월 5일 서울역 광장에서 열린 'WCC 반대운동' 3주년 집회

하신 것이 아니며 하늘로부터 한 생명으로 오셔서 죽으심으로 태어난 생명들이 그리스도의 사람들이며, 이러한 그리스도의 사람을 예수님께서는 "자기 사람들"(요 13:1)이라고 하셨고, 같은 형제라고 하셨다.(요 20:17) 예수님은 이러한 그리스도의 사람들에게 보혜사로서 성령을 보내셔서 내주하여 함께 계시게 하셨다.

요 14:17 저는 진리의 영이라 세상은 능히 저를 받지 못하나니 이는 저를 보지도 못하고 알지도 못함이라 그러나 너희는 저를 아나니 저는 너희와 함께 거하심이요 또 너희 속에 계시겠음이라

진리 가운데로 인도케 하셨고 인을 치게 하셨고 말씀들을 생각나게 하시고, 하나님의 깊으신 모든 세계를 깨닫게 하신 것이다. 이러한 기독교회는 하나님께서 창조하신 이 세상뿐만 아니라 이 세상 모든 사람들과도 완전 구별된, 새로운 피조물이다. (고후5:17) 기독교회는 예수님의 죽으심으로 태어난 사람들이고, 이들만이 생명이 있기에 하나님의 자녀로서 하나님의 나라에 들어간다.

아담으로 말미암은 이 세상 사람들과는 출생 기원과 신분과 소속을 완전히 달리한다. 'WCC'는 요17:21절을 앞세워 예수님께서 기도하신 목적이 '**일치**'라고 주장하며 종교간 '**일치**' 운동을 펼치고 있으나, 예수님은 이 세상을 위하여 기도하지 않으셨고,(요17:9) 예수님으로 말미암아 태어나는 자기 사람들, 곧 예수 그리스도의 사람들을 위하여 기도하신 것이다. (요 17:20)

예수님께서 자기 사람 그리스도의 사람, 곧 기독교회를 이 땅에 두고 떠나심은 기독교회가 있게 될 하늘 처소를 마련하시기 위하여 떠나셨고, 마련이 되시면 데리러 다시 오마 약속하셨다. 우리 기독교회는 하나님의 나라에 대한, 이 약속을 소망하는 가운데 있다.

요 14:2-3 내 아버지 집에 거할 곳이 많도다 그렇지 않으면 너희에게 일렀으리라 내가 너희를 위하여 처소를 예비하러 가노니 가서 너희를 위하여 처소를 예비하면 내가 다시 와서 너희를 내게로 영접하여 나 있는 곳에 너희도 있게 하리라

대속적인 관점에서의 기독교회

WCC, WEA, 로마카톨릭은 기독교회라고 표방하고 있으나 기독교회가 아니다.
자신들 스스로가 신분과 출생을 아담으로 말미암은 존재로 밝혔다.

WCC, WEA, 로마카톨릭은 기독교회라고 표방하고 있으나 기독교회가 아니다. 자신들 스스로가 신분과 출생을 아담으로 말미암은 존재로 밝혔다. 아담으로 말미암은 이러한 인류는 죄와 율법의 저주와 심판과 그에 따른 사망권세 아래 놓여서 모든 인류는 멸망하는 상태 하에 있다. 기독교회는 이러한 상태 하에 놓인 인류 세계로 예수님이 오셔서 자신의 부르심에 응답하고 이에 택하심을 받은 사람들을 위하여 죄, 율법의 저주, 심판과 그에 따른 형벌의 값을 지불하여 주시고 건져내어 값으로 사신 존재들이 기독교회이다.(고전 6:20, 7:23) 그 형벌의 값이 십자가의 죽으심이다. 기독교회는 반드시 예수님의 죽으심이라는 값으로 사신 존재이어야 한다. 아담으로 말미암은 이 세상 모든 인류는 죄, 율법의 저주, 심판과 그에 따른 형벌, 곧 사망이 주인으로 주장한다. 그 마침은 멸망이다. 이러한 흑암의 권세에 사로 잡혀 멸망하는 우리를 건져내어 예수님 자신의 소유로 삼으시기 위하여 값을 지불하신 것이 예수님의 십자가의 죽으심이다. 그러므로 우리의 소유주는 예수님이시고 우리는 예수님을 위하여 살아야 하는 존재들이다.

롬 14:7-9 우리 중에 누구든지 자기를 위하여 사는 자가 없고 자기를 위하여 죽는 자도 없도다 우리가 살아도 주를 위하여 살고 죽어도 주를 위하여 죽나니 그러므로 사나 죽으나 우리가 주의 것이로라 이를 위하여 그리스도께서 죽었다가 다시 살으셨으니 곧 죽은 자와 산 자의 주가 되려 하심이니라

예수님은 아담으로 말미암은 이 세상에 속하신 분이 아니시다. 또한 아담으로 말미암은 이 세상 사람들도 예수님께 속하지 않았다.

요 18:36 예수께서 대답하시되 내 나라는 이 세상에 속한 것이 아니라 만일 내 나라가 이 세상에 속한 것이었더면 내 종들이 싸워 나로 유대인들에게 넘기우지 않게 하였으리라 이제 내 나라는 여기에 속한 것이 아니니라

오직 예수님께서 죽으심이라는 값을 주고 사신 사람들만이 예수님의 소유된 '사람들'이고 통치하는 '나라 세계'이며 예수님도 이들에게만 '주'이시고 '왕'이시다.

이러한 사실에 비춰서 WCC, WEA, 로마교 카톨릭은 아담으로 말미암은 인류이기에 기독교회가 절대 아닌 것이고 대한예수교장로회 통합 교단을 비롯하여 NCCK가 기독교회라고 하면서 회원이 되어 일치 활동하고 있으니 타락의 정도가 지극히 심각하다고 하겠다. 이 세상 사람들은 죄로 인하여 부정하기에 하나님을 섬길 수 없다.

그러나 기독교회는 예수님의 피 뿌림을 받아 정결케 되고 거룩하게 되어 비로소 하나님을 섬길 수 있게 된 것이다. 이러한데 기독교회가 어떻게 이 세상 사람들과 일치할 수 있단 말인가? WCC, WEA, 로마교 카톨릭이 펼치는 종교 간 대화, 화합, 일치주장은 미혹이고 거짓이고 사기이다.

결 론

문제는 기독교회로 옷을 입고 가슴에 기독교회 이름표를 달고,
요 17:21절을 목걸이 하고는 기독교회와 비슷하게 야리꾸리한 흉내를 내고 있기에
'WCC' 정체를 밝혀 기독교회를 지키기 위하여 'WCC'를 반대하는 것이다.

아담으로 말미암은 이 세상에 속한 사람들이 '일치', 평화운동을 펼친다면야 누가 뭐라 하겠는가? 이 세상에 속한 유엔이나 국제 사회단체나 시민단체들이 'WCC'와 같은 운동을 펼친다면 하등의 문제될 것도 없고 상관할 일도 아니다.

문제는 기독교회로 옷을 입고 가슴에 기독교회 이름표를 달고, 요 17:21절을 목걸이 하고는 기독교회와 비슷하게 야리꾸리한 흉내를 내고 있기에 이 세상 사람들이 기독교회로 오인케 되고 성경적인 기독교회가 미혹케 됨으로 'WCC' 정체를 밝혀 기독교회를 지키기 위하여 'WCC'를 반대하는 것이다.

이들이 비록 성경을 본다고 하여도, 또 예배를 드린다고 하여도 사람들의 구미에 맞는 이 세상 사회정의, 평화를 외친다하여도 모양이 비슷하고 형식이 비슷해 보여도 기독교회가 아닌, 아담으로 말미암은 이 세상 사람들이 기독교회의 짝퉁 옷을 입고 기독교회 모양새를 하고서 자신들이 목적하는 바, '일치'로서 기독교회를 혼합에 빠뜨려 없애려는 사탄의 간계이다. 종교 통합으로 기독교회를 없애 버리고 이 세상에 인간의 단일 정부를 꾀하는 음모로서 하나님의 뜻을 대적하는 행위이다. 이 같은 'WCC'의 미혹의 빠진 것이 대한예수교장로회 통합교단이며 NCCK이다. 하루 속히 'WCC'의 마수의 손길에서 벗어나야 한다. 온갖 우상을 숭배하고 비성경적이고 반기독교적이며, 이교도적인 교리와 행세를 하는 로마제국의 종교와 어떻게 기독교회가 일치할 수 있단 말인가? 지금 'WCC', 'WEA', '카톨릭'과의 모든 관계를 끊는 개혁이 없다면, 혼합으로 인하여 머잖은 내일에는 더 이상 역사를 이어가지 못하고 자멸하는 비극을 초래하게 될 것이다. 이를 두고 보는 것은 주의 군사로서 절대 합당치 않다고 하겠고, 깨어 있고 주님을 사랑하는 한국교회에 속한 그리스도 예수의 사람들이라면 일어나서 목소리를 높혀서 로마교 카톨릭과 함께 일치 운동을 펼치는 WCC, WEA 인본주의 노선을 경계해야 하리라.

골 3:1 그러므로 너희가 그리스도와 함께 다시 살리심을 받았으면 위엣 것을 찾으라 거기는 그리스도께서 하나님 우편에 앉아 계시느니라.

신나서 그렇게 웃고 있을 때가 아니라
무릎 꿇고 회개를 하며 통곡을 해야 할 때입니다.

회개없이 종교개혁 500주년을
논할 자격이 없습니다.

아래는 한국교회를 근간을 흔드는 행적들입니다.

· 2013년 10월 30일 사탄의 회인 '제10차 WCC 부산총회' 개최
· 2014년 5월 22일 서울성공회 대성당에서 NCCK와 로마 카톨릭과의 '신앙과 직제일치' 창립
· 2014년 8월 예장통합 당시 총회장(김동엽 목사)의 로마교황 프란치스코 알현 방문
· 2016년 2월 WEA 서울 세계대회개최(한기총 주최 대표 이영훈 목사)

상기인들은 2013년 사탄의 회인 '제10차 WCC 부산총회'를 앞두고 한국준비위원회로 공식 기자회견을 열고 다음과 같이 말했습니다. "WCC 개최는 인류를 위해 봉사 할 수 있는 축복의 기회다" 상기인들은 '제

▲ 2013년 WCC 부산총회 한국준비위원회(준비위원장 이영훈 목사, 대표회장 김삼환 목사, 준비대회장 박종화 목사)

10차 WCC 부산총회'를 개최하면서 동성애가 공식적 명분을 가지고 한국교회 안에 발을 들여놓을 수 있도록 행사장 안에 동성애 부스를 버젓이 설치해주고 전 세계 동성애자들이 마음껏 동성애를 홍보 할 수 있도록 길을 열어준, 하나님 말씀을 인본주의 늪에 빠져 허울좋은 명분과 바꿔버린 실로 대단한 분들입니다.

대한민국과 한국교회를 무너뜨리는 원흉이 될 수도 있는 동성애 부스를 세워주고 홍보해 주는 것이 상기인들이 말하는 인류를 위해 봉사할 축복의 기회였는지 묻고 싶습니다. 지금 대한민국과 한국교회는 매년 6월이면 시청 앞 광장에서 동성애자들의 퀴어 축제로 몸살을 앓고 있습니다. 이것이 축복입니까? 당신들로 인하여 동성애는 비공식적으로 한국교회 안에서 직간접적으로 탄력을 받게 됐고 그들에게 일정 부분 명분

▲무지개, 동성애를 위한 책자들 유인물들, 전단지들을 홍보하는 동성애 크리스챤 단체 부스 ▶2013년 11월 3일 종로구 광화문 광장에서 10차 WCC 부산총회를 맞아 해외 기독교단체와 기독교인들이 한국동성애 인권단체와 함께 LGBT를 위한 '성소수자 그리스도인 공동선언문 발표.

아닌 명분을 제공해 주는 일에 앞장선 꼴이 되었습니다. 스스로 하나님과 한국교회 앞에 공적公敵임을 자처하게 된 것입니다.

뿐만 아닙니다. 상기인들이 속해있는 교단(NCCK)들과 그 수장들이 2014년 5월 로마 종교 카톨릭과의 '신앙과 직제일치'를 체결하였으며, 2014년 8월에는 로마종교 카톨릭의 수장인 교황이 한국방문을 하였을때 자칭 장자교단이요 대교단의 교단장(당시 통합 측 총회장 김동엽 목사)이라고 하는 분께서 우상의 종교 카톨릭의 수장인 교황에게 머리를 조아리고 알현까지 하는 폐악을 저질렀습니다. 김삼환 목사 또한 카톨릭은 형님(큰집), 개신교는 동생(작은집)이라는 망발까지 서슴치 않았습니다. 카톨릭이 언제 우리의 형제였습니까? 카톨릭은 수세기 동안 우리 기독교회의 종교개혁자들과 성도들을 수천만 명 학살한 이교도일 뿐입니다.

우리 기독교회는 출발부터 카톨릭과 함께 한 적도 없었습니다. 우리 기독교회가 카톨릭으로부터 분리되어 떨어져 나온 것도 아니고 카톨릭이 기독교회로부터 떨어져 나간 것도 아닙니다. 기독교회는 출발부터 기독교회였고 카톨릭은 출발부터 우상숭배를 하는 이교도였습니다. 단지 약간의 기독교회의 옷을 걸치고 무임승차했을 뿐입니다. 카톨릭은 예수님의 이름으로 기독교를 잔혹하게 핍박하였으며, 수많은 기독교인들을 죽인 피의 역사와 피의 전통을 가지고 있음을 잘 알 것입니다.

그럼에도 불구하고 카톨릭과 함께 '일치' 를 하신다구요? 종교단원주이며 우상숭배 집단인 WCC와도 함께?

2017년 10월 31일은 종교개혁 500주년이 되는 역사적인 날입니다. 요한 후스, 마틴 루터, 존 칼빈 등 종교개혁자들과 카톨릭의 핍박속에 신앙을 지키며 처참하게 희생당한 신앙의 선진들이 로마의 종교 카톨릭과 '신앙과 직제일치'를 하며 카톨릭으로 돌아가려고 하는 상기인들과 NCCK를 보면 뭐라고 할까요?

다시 원점으로 돌려놓지 않고서 종교개혁 500

◀◀철갑처녀로 알려진 고문기구는 여인의 모습과 같은 크기로 그 속이 텅 비어 있었다. 여기에 칼들을 꽂아서 여러 방법으로 압박을 주어 고문을 했으며 고문당하는 죄인은 꼼짝없이 칼에 둘러 쌓여 찢김을 당할 수밖에 없었다. 그들은 이러한 고문을 하면서 '성수'를 기구에 뿌렸고 라틴어로 '오직 하나님께 영광을'이란 말을 적어 놓기도 했다. ◀ 종교재판의 고문실(피카트 1673-1733) 고문을 당하는 희생자들은 밤에 마룻바닥이나 벽에 쇠사슬로 묶였으며 그 결과 그들은 피로 가득 찬 고문실 안에 살고 있는 쥐들과 해충의 먹이가 되어 죽을 수밖에 없었다.

주년을 기념한들 무슨 의미가 있겠습니까? 이는 개혁자들과 선진들의 얼룩진 순교의 피로 이뤄낸 종교개혁을 더럽히는 행위요 그들을 기망하는 행위일 뿐입니다. 한국교회는 종교개혁 500주년을 맞기 전에 WCC, WEA, '신앙과 직제일치' 등 우상숭배와의 야합으로 황폐해진 한국교회의 영적권위를 복원하는 일이 급선무일 것입니다.

이런 관점에서 구약시대의 요시아가 생각이 납니다. 구약시대의 요시아는 8살의 어린나이에 유다의 왕이 되었습니다. 그는 등극하자마자 제일 먼저 한일이 므낫세와의 우상 숭배를 통해 황폐해진 하나님의 성전을 복원하는 일이었습니다. 그는 복원하는 중에 하나님의 말씀을 발견하게 되었고, 그 말씀에 찔려 옷을 찢고 회개하였습니다. 그리고 그는 하나님의 말씀에 따라 모든 고을과 예루살렘 사면 산당의 우상들을 불사르고 빻아서 가루를 만들어 평민의 묘지에 뿌렸습니다. 뿐만 아니라 신접한 자와 박수 등을 이스라엘에서 제하여 버렸습니다. 그러나 하나님께서는 유다를 향한 그 타오르는 분노를 멈추지 않으셨고, 성경은 그 이유를 므낫세의 우상 때문이라고 말합니다. (왕하 23:25~26, 24:3)

선대의 잘못은 아무리 후대사람이 잘하여도 3~4대까지 이르고 선대의 공적은 수천 여대까지 이르는 것이 성경적 진리인 것입니다. 이러한 때에 오늘을 사는 우리들은 어떻게 해야 하겠습니까?

이제 이 땅에서 주님께서 피로 값 주고 사신 한국교회에 또아리를 틀고 있는 제2의 신사참배인 WCC, WEA, '신앙과 직제일치' 라는 망령된 우상을 제거해야 합니다. 주저없이 가증한 것들은 그것들이 차지하고 있는 거룩한 곳에서 끌어내어 불사르고 빻아서 평민의 묘지위에 뿌려야합니다. 이방신들과 가증스럽게도 종교라는 너울로 뒤집어쓰고 하나로 화합하려는 자들, 박수와 신접한 자들과 다를 것이 무엇입니까? 한국교회에서 몰아내야 합니다. 그럴 때에 비로소 하나님께서 주시는 진정한 평화와 화평이 대한민국과 한국교회에 오게 될 것입니다.

카톨릭 토막상식

◀ 1572년 성 바르톨로메오의 축일에 프랑스에서 일어난 로마 가톨릭에 의한 위그노(프랑스의 프로테스탄트) 대학살 장면을 담은 17세기 판화. 이 사건을 전후하여 수만 명의 위그노들이 죽었고 프랑스에서 추방되었다. 그 결과 프랑스에는 오늘날까지 개신교인의 수는 전체 인구의 0.6%에 지나지 않는다.

◀ 반종교개혁의 전위대인 예수회를 공식적인 로마 가톨릭의 수도회로 공인하는 내용이 담긴 R그림. 예수회를 설립한 이그나티우스 로욜라(1491-1556)가 교황 바오로 3세 앞에 무릎을 꿇고 있다. 예수회는 개신교의 확장을 저지하고 교황권을 절대적으로 지지하여 로마 카톨릭의 핵심적인 단체로 발전하였다. '기독교 강요'를 통해 성경적인 사상을 확립했던 존 칼뱅(1506-1564)과 동시대를 살았던 로욜라는 인본주의적 신비주의 경향의 '영성수련' 이라는 책을 남겨 오늘날까지 로마 카톨릭의 영성을 주도하고 있는 사상으로 이어가고 있다. 이 두 삶의 사상은 완전히 대비되는 것이다. 예수회는 그들 단체의 이름과는 정반대로 가장 진리를 대적하는 집단이다.

▲ 성 바르톨로메오의 축일에 일어난 개신교인 대 학살의 주범인 당시의 교황 그레고리우스 13세가 발행한 메달 앞면에는 교황의 날카로운 옆모습을 담고 뒷면에는 이 교황의 가장 큰 업적(?)인 개신교인을 박멸하는 당시의 사건을 담고 있다. 천사가 칼과 십자가를 들고 악인들을 무찌르는 듯한 이 장면에서 죽어가고 있는 사람들은 프랑스의 프로테스탄트인 위그노들이다. 성경적인 신앙을 가지고 사는 그리스도인들을 죽이는 것을 임무로 생각하는 자가 사탄의 일을 하는 자가 아니고 무엇인가?

▲ 성경적인 신앙을 가진 자들을 죽이게 한 교황 그레고리우스 13세는 스스로를 사탄의 대리자인 적그리스도로, 형상을 통하여 밝히고 있다. 메달 뒷면에 성경에서 사탄의 상징인 숫 염소(단8:8) 형상이 있고 메달 둘레에는 용(계 12:9, 20:2)이 조각되어있다. 그는 스스로를 사탄이라고 드러내고 있다. 세상의 모든 종교들은 우상들을 숭배한다. 이것은 단순히 미술적인 장식이 아니다. 그래서 성경은 우상에 대하여 그토록 예민하게 다루고 있는 것이다.

도표로 보는 로마 카톨릭의 배교역사

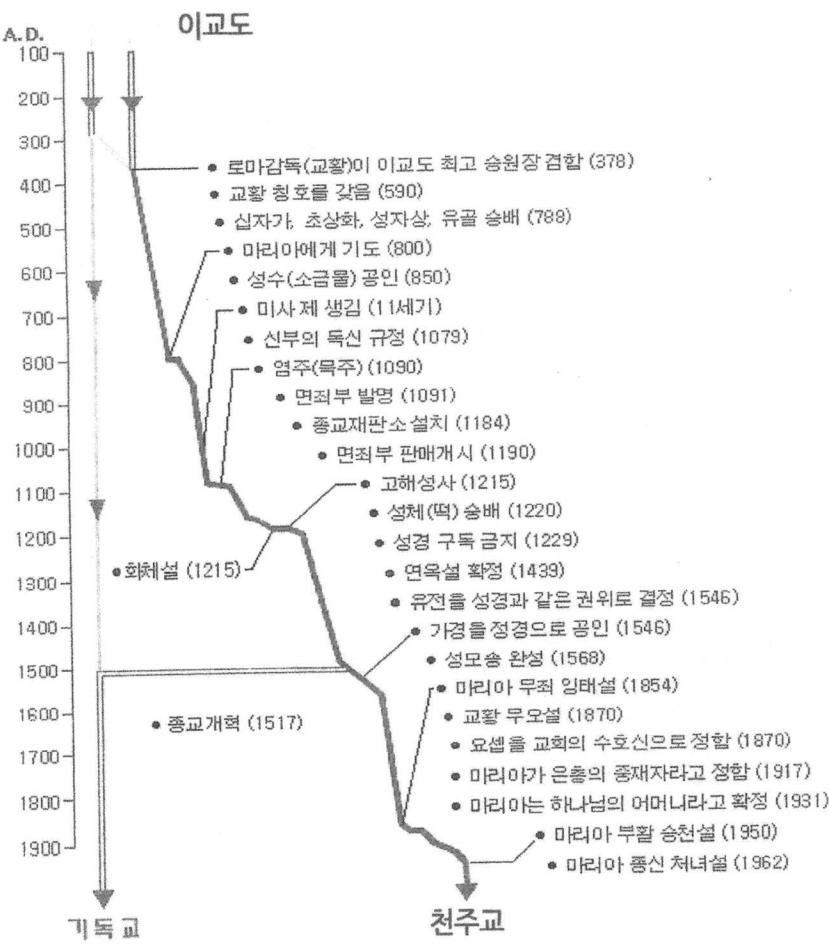

사단법인 대한예수교장로회총연합회 세미나
한국교회 이대로 좋은가

- 조용목 목사 (한국기독교한림원 이사장 및 은혜와진리교회 담임)
- 정성구 박사 (전 총신대 총장 및 한국칼빈주의연구원장)
- 박형용 박사 (전 합동신학대학원대학교 총장)
- 김의환 박사 (전 칼빈대학교 총장)
- 차영배 박사 (전 성경신학대학원 총장)
- 최희범 박사 (서울신학대학교 교수 및 총장역임, CTS 기독교TV 이사)
- 이선 박사 (전 대한신대 총장)
- 나용화 박사 (전 개신대학원대학교 총장)
- 김남식 박사 (한국장로교사학회 회장)
- 예영수 박사 (전 라이프신학대학 총장)
- 조요한 박사 (총회신학대학 학장)
- 박영률 박사 (전 중앙신학대학원대학교 부총장)
- 조석만 박사 (대한신학대학원 조직신학교수)
- 고중권 박사 (전 비브리칼총회 신학교 학장)
- 박용기 박사 (성경신학술원 원로)
- 엄신형 박사 ((사)한국원로목사총연합회 대표회장)
- 피종진 박사 ((사)한국복음화운동본부 대표총재)
- 오관석 박사 (전 침례신학대학 이사장)
- 강춘오 박사 ((사)한국기독언론 법인 이사장)
- 안병삼 박사 ((사)예장총연 이단사이비대책위원회 위원장)

변경할 수 없는 신앙과 삶의 원칙

조 용 목 목사
세계하나님의성회 실행위원
한국기독교한림원 이사장
은혜와진리교회 담임

성경은 신앙과 삶의 원칙들이 계시되고 기록된 책입니다. 그리스도인이란 성경에서 이러한 불변의 원칙들을 배우고 적용하며 살아가는 사람들이라고 할 수 있습니다. 그러나 오늘날 기독교회에는 우려할만한 풍조가 현저히 나타나고 있습니다. 그것은 원칙이 결여(缺如)된 교역자, 원칙이 결여된 신자가 늘어나고 있다는 사실입니다.

객관적 기준이나 절대적 권위가 배격되고 제멋대로 행하는 것을 미덕으로 여기는 포스트모더니즘(postmodernism)이 풍미(風靡)하는 시대가 되었습니다. 무원칙의 주관주의가 유행병처럼 번지고 있습니다. 성경적 원칙을 고수하려는 것을 융통성이 없고 고집이 센 성격적 결함이나 미련함으로 여기고, 적당히 타협하는 것을 유능하고 지혜롭고 선(善)한 것으로 여기는 경향이 있습니다.

사람들은 지름길을 좋아합니다. 그러나 이러한 경향이 지나치게 되면 원칙을 내버리고 편법을 찾게 됩니다. 목적을 이루기 위해서는 수단과 방법을 가리지 아니하게 됩니다. 이 같은 것은 누구나 빠져들기 쉬운 함정입니다. 그리하여 인본주의적 사상과 종교다원주의, 이단과 사이비(似而非) 그리고 세속화의 물결에 휩쓸려 가고 있는 것이 기독교회의 현실입니다.

교통기관과 통신기기의 획기적인 발전으로 세계화와 정보화시대가 되었습니다. 신속한 왕래와 용이한 정보수집 및 전달이 가능하게 되

없습니다. 이로 인하여 사람들이 여론과 유행의 대세를 추종하는 경향이 농후하게 되었습니다. 대중영합주의와 다원주의(pluralism)의 경향이 기독교회에도 조수처럼 밀려들고 있습니다. 절대적 진리를 부정하며, 사람을 기쁘게 하고, 사람의 칭찬을 받으려고 급급합니다.

고린도전서 15장에 이렇게 기록되었습니다. "형제들아 내가 너희에게 전한 복음을 너희로 알게 하노니 이는 너희가 받은 것이요 또 그 가운데 선 것이라 너희가 만일 나의 전한 그 말을 굳게 지키고 헛되이 믿지 아니하였으면 이로 말미암아 구원을 얻으리라 내가 받은 것을 먼저 너희에게 전하였노니 이는 성경대로 그리스도께서 우리 죄를 위하여 죽으시고 장사 지낸 바 되었다가 성경대로 사흘 만에 다시 살아나사"(고전15:1-4)

여기서 〈성경대로〉라는 말씀에 방점(傍點)을 찍어야 하겠습니다. 우리가 전파할 말씀은 성경에 계시된 말씀입니다. 성경에 배치되는 그 무엇도 전파해서는 안됩니다. 성경 말씀에 못 미치거나 성경 말씀을 지나쳐 나가는 철학이나 사상 그리고 교리는 배격해야 합니다.

동방박사들을 베들레헴으로 인도한 별처럼 해야 합니다. 그 별은 예루살렘에 매료되어 그 곳에 머물지 않았습니다. 자유주의(Liberalism) 신학을 가르치거나 믿는 자들은 중도에 머물러 서 버린 사람들입니다. 이들은 성경을 하나님의 말씀으로 인정하지 않습니다. 성경에는 계시를 받은 사람들의 기록이 일부분 포함되어 있을 뿐 이라고 주장합니다.(Thomas Hobbes 1588-1679)

하나님의 계시로 기록된 성경을 인간의 두뇌에 의한 사색, 관찰, 연구로 말미암은 철학, 사상, 과학, 학문으로 분석하고 비평한 결과입니다. 교회 지도자들이 그리스도 안에서 거듭나는 체험, 성령 충만한 체험을 하지 못했기 때문에 그 영향을 받게 됩니다. 그렇게 되면 그들이 믿는 하나님은 성경에 계시된 하나님이 아니라 사람이 생각해 낸 무능하고 무력한 하나님일 수 밖에 없습니다.

성경은 하나님의 감동으로 된 것입니다.(딤후3:15,16) 성령의 감동 하심을 입은 사람들이 하나님께 받아 말한 것입니다.(벧후1:20,21) 이러한 성경 말씀을 믿지 못하는 사람은 예수 그리스도께로 나아가다가 인간의 합리주의, 고등비평에 매료되어 중도에 머물러 버린 사람입니다.

동방박사들을 인도한 별은 예루살렘에 머물지 아니했을 뿐 아니라 지나친 열심을 내어 베들레헴을 지나쳐 나아가지 아니했습니다. "박사들이 왕의 말을 듣고 갈새 동방에서 보던 그 별이 문득 앞서 인도하여 가다가 아기 있는 곳 위에 머물러 섰는지라"(마2:9) 라고 기록되었습니다.

신비주의에 치우친 사람은 베들레헴을 지나쳐 가버린 사람들입니다. 기독교는 기적의 종교이며, 신비의 종교입니다. 기적과 신비를 배제한 기독교는 기독교가 아닙니다. 성경 전체가 기적과 신비로 가득 차 있습니다. 성경의 시작부분에는 천지창조의 기사가 기록되었습니다. 지극히 신비로운 이야기입니다. 성경의 결말부분은 새 예루살렘성이 하늘에서 내려옴과 예수님의 재림에 관하여 기록되었습니다. 신비로운 이야기 입니다. 그뿐 아니라 성경은 신비로운 사건으로 가득 차 있습니다. 신비를 부정하면 성경을 부정할 수 밖에 없습니다. 성경적 신앙은 신비를 믿는 신앙입니다.

그러나 주의해야 할 것은 신비에 치우쳐 신비주의자가 되지 않도록 주의해야 합니다. 신비주의자가 되면 여러 가지 나쁜 폐단을 초래합니다.

① 신비주의자는 감정에 치우칩니다.
② 신비 체험에 몰두합니다.
③ 성경보다 자신의 신비 체험에 더 권위를 두려고 합니다.
④ 신비체험에 몰두하다 보면 거짓말하는 영에 지배 당할 수 있습니다. 임사체험(臨死體驗)을 통해 혹은 환상 중에 천국과 지옥을 보았다는

사람들이 있습니다. 이런 사람들의 간증 테이프나 책들이 널리 보급되고 있습니다. 개인의 체험에 대하여 판단할 이유는 없습니다. 다만 그 사람들의 신비체험이 여러 매체를 통하여 소개됨으로 인하여 사후세계에 대한 그릇된 인식이 만연하여 지는 것은 바람직하지 아니한 현상입니다. 더욱이 조작된 체험담으로 사욕을 채우는 자도 있기 때문입니다.

예를 들면 〈내가 본 천국〉이라는 책의 저자인 〈펄시 콜레〉와 〈천국은 확실히 있다〉는 책의 저자 그리고 죽어서 시신이 병원 냉동실에 안치되었다가 장의차에 실려 장지로 가는 도중에 죽은 자의 어머니에게 딸이 살아났다는 하나님의 말씀이 임하여 도로 병원으로 옮겨서 관 뚜껑을 열어 보니 살아났다는 성 모 권사 등이 있습니다. 이런 자들에 의하여 교회가 농락당하는 것은 수치이며 비극입니다.

사도 바울은 셋째 하늘 곧 낙원에 이끌려 갔던 체험을 언급하면서 "그가 낙원으로 이끌려 가서 말할 수 없는 말을 들었으니 사람이 가히 이르지 못할 말이로다"(고후12:4) 하였습니다. 사도 요한은 밧모섬에서의 체험을 기록했는데 "네 본 것과 이제 있는 일과 장차 될 일을 기록하라"(계1:19)는 주님의 지시를 받았기 때문입니다.

사후세계에 관한 지식과 믿음은 철저하게 성경에 계시된 말씀에 근거해야 합니다. 성경에 계시된 것 외에 더 알려고 할 필요가 없습니다. "천국과 지옥이 있다는 사실을 믿는 이유가 무엇입니까?"라는 질문을 받으면 성경을 펼쳐서 예수께서 친히 하신 말씀이나 요한 계시록에 기록된 말씀을 찾아서 여기에 있습니다 라고 대답해야 할 것입니다.

기록한 말씀 밖으로 넘어가는 행위는 동방박사를 인도하는 별이 베들레헴을 지나쳐 가버리는 것이나 다름 없습니다. 성경대로의 신앙에 못 미치거나 지나쳐 나간 교리, 신학, 신앙은 예루살렘에 머물러 있거나 베들레헴을 지나쳐 간 것입니다.

각 종교의 신(神) 개념, 구원 개념, 죄 개념을 다 수용하고 혼합하는 포용주의, 혼합주의, 종교다원주의(宗敎多元主義: religious pluralism)는 사람의 호응과 칭찬에 마음을 두고 있습니다. 이런 정신을 가진 자들은 사람의 칭찬과 호응을 얻기 위해 복음을 혼잡하게 하고 다른 복음을 전하기도 합니다. 성경에는 이런 사람에 대하여 저주(詛呪)가 선언되었습니다.

"그러나 우리나 혹 하늘로부터 온 천사라도 우리가 너희에게 전한 복음 외에 다른 복음을 전하면 저주를 받을지어다 우리가 전에 말하였거니와 내가 지금 다시 말하노니 만일 누구든지 너희의 받은 것 외에 다른 복음을 전하면 저주를 받을지어다 이제 내가 사람들에게 좋게 하랴 하나님께 좋게 하랴 사람들에게 기쁨을 구하랴 내가 지금까지 사람의 기쁨을 구하는 것이었다면 그리스도의 종이 아니니라"(갈 1:8-10)

바울 사도는 고린도 교회에 보낸 편지에서 다음과 같이 기록했습니다. "우리는 수다한 사람과 같이 하나님의 말씀을 혼잡하게 하지 아니하고 곧 순전함으로 하나님께 받은 것같이 하나님 앞에서와 그리스도 안에서 말하노라"(고후2:17)

언젠가 텔레비전에서 비육우(肥肉牛)를 사육하는 농장을 취재하여 방영한 것을 보았는데 사료에 항생제와 호르몬제 방부제 같은 것도 섞는 모양입니다. 존 로빈스는 〈음식혁명〉이라는 책에서 "단 시간에 부드러운 육질로 살찌우기 위한 소, 돼지, 닭의 사육환경"에 관해 조사하고 관찰한 것을 기술하고 "끔찍한 상상이지만 만약 3.5kg의 아기를 닭의 사육방식으로 키우면 18주 만에 680kg에 도달하게 될 것이다"하였습니다.

이런 글을 읽으면서 저는 오늘날 성도들의 영혼에 대한 사랑과 책임의식이 소실되고 어찌하든지 양적인 증가만을 달성하려고 수단과 방법을 가리지 않고 행하는 기독교계의 일부 현실이 오버랩 되었습니다. 영혼에 독이 되는 온갖 사상, 교리, 신학, 세속적 경향을 혼합하는 것도 주저하지 않는 행위는 죄악이 아닐 수 없습니다.

이런 사람들은 '육에 속한 자며 성령은 없는 자들'입니다. 갈라디아서에 기록되기를 "그리스도의 은혜로 너희를 부르신 이를 이같이 속히 떠나 다른 복음 좇는 것을 내가 이상히 여기노라, 다른 복음은 없나니 다만 어떤 사람들이 너희를 요란케 하여 그리스도의 복음을 변하려 함이라"(갈1:6,7) 하였습니다.

6절의 "다른 복음 좇는 것을 이상히 여기노라"에서 '다른 복음'은 (헤테론 유앙겔리온)의 번역인데 이질적인 복음, 거짓 복음을 뜻합니다. 7절의 "다른 복음은 없나니"라는 표현을 자세히 설명하면 〈헤테론 유앙겔리온은 결코 또 하나의 복음이 아니다〉입니다.

그러므로 6절과 7절에서 말하고자 하는 요지는 '복음이라고 불리는 것이 여럿이 있을지라도 진정한 복음은 단 하나 밖에 없다'는 것입니다. 이는 다원주의적인 구원론을 철저하고 완전하게 차단하고 있습니다.

종교다원주의자들이 즐겨 인용하는 비유들이 있습니다. ① '산의 정상(頂上)에 오르는 길이 여러 가지 있듯이 구원에 이르는 길도 여러 가지다' ② '구원이란 마치 베를 짜는 것과 같아서 씨실과 날실이 종합 되듯이 여러 가지 사상과 교훈이 종합되어 이루어 지는 것이다.' 이러한 비유는 다만 산의 정상에 오르는 것과 베를 짜는 것에 해당될 뿐이지 구원의 진리와는 전혀 무관한 것입니다. 얼토당토 아니한 전제(前提)를 사용하여 견강부회(牽强附會) 하려는 행위입니다.

종교다원주의를 주장하는 신학자나 목사가 화해, 일치, 사랑, 화합이라는 말을 상투적으로 사용하지만 실상은 기독교와 무관한 사람들입니다. 그들이 기독교의 이름아래 활동하는 것은 사람들의 관심을 끄는 것과 생계를 위한 방편입니다. 이런 유(類)의 사람들은 다른 종교에 속하여 이런 소리를 하는 것이 걸맞습니다.

어떤 분이 복음을 듣고 회개하면서 자기가 어릴 때 행한 일을 가슴 아파하며 뉘우치는 글을 썼습니다. 그는 어렸을 때 짓궂은 장난을 좋아하였습니다. 길거리로 돌아 다니며 길을 안내하는 이정표 푯말을 돌려놓는 것을 즐겼습니다. 그로 인해 얼마나 많은 사람들이 길을 잘못 들어 금전과 시간과 체력을 소모하고 낭패를 만나게 되었을 지 다 모를 일입니다. 그가 회개할 때 그 일이 생각났던 것입니다.

이정표를 돌려 놓는 행위란 참으로 나쁜 일입니다. 그런데 하물며 영생과 구원으로 가는 길을 안내하는 이정표를 돌려 놓는 행위는 비할 데 없이 악한 일입니다. 복음을 혼잡하게 하여 전파하는 행위는 최악의 범죄행위입니다. 사람의 영혼에 범하는 범죄행위입니다.

성경적 신앙 원칙을 고수하는 사람을 편협하고 독선적이라고 비난합니다. 학생들에게 '하나 더하기 하나는 둘이다, 그 외에는 다 틀렸다'라고 가르치는 교사를 편협하다든가 독선적이라고 비난할 학부모는 없습니다. 하나 더하기 하나의 답을 셋이라고 답하는 것을 옳다고 채점하는 교사를 이해심이 많고 사랑이 많은 교사라고 부를 사람 역시 없습니다. 너그러운 사람이 아니라 나쁜 사람입니다.

진리는 타협하거나 양보할 성격의 것이 아닙니다. 더욱이 하나님이 정하신 구원의 진리에 대해서는 논란할 여지가 없습니다. "지옥에서 가장 끔찍한 자리는 인생의 중대문제에 직면했을 때 중립을 취했던 사람들의 차지이다"는 말이 있습니다. 타협적으로 행하는 것을 좌우로 치우치지 않는 것이라고 오해하지 않도록 해야 합니다. 성경이 명하고 있는 '좌우로 치우치지 말라'는 말씀을 중용(中庸)의 태도를 취하는 것으로 여기지 않아야 합니다.

일반적으로 헬라 철학이나 유교에서 말하는 중용이란 어떤 일에 대해 지나치거나 아니면 부족하게 행하는 양 극단에 치우치지 않고 적당한 중간을 취하는 것을 가리킵니다. 중용이란 인간의 생각을 적당히 중간치에 둔 다분히 인본주의적인 것입니다. 성경의 치우치지 않는 태도란 그 기준이 절대자이신 하나님입니다. 하나님께서 인간에게 정하여 주신 길, 곧 하나님의 말씀을 떠나 좌로나 우로나 치우치지 않는 것을 말합니다. 여호수아 1장 7절에 "오직 너는 마음을 강하게 하고 극히 담대히 하여 나의 종 모세가 네게 명한 율법을 다 지켜 행하고 좌로나 우로나 치우치지 말라 그리하면 어디로 가든지 형통하리라"하였습니다.

비성경적 교리와 사상과 세상 풍조들이 방심하고 해이해진 교회를 어떻게 잠식하고 변질시키는 가를 몇 가지 비유로써 살펴보도록 하겠습니다.

먼저, 뻐꾸기의 산란과 번식에 관한 이야기입니다. 뻐꾸기는 자기 집을 짓지 않습니다. 산란기가 되면 때까치, 멧새, 노랑할미새, 물까치, 개개비, 종달새 등의 둥지에 알을 낳습니다. 이런 종류의 새가 집을 지으면 가만히 지켜봅니다. 둥지가 완성되고 알을 낳기까지 기다립니다. 그런 후 그 새가 잠시 자리를 비운 사이에 뻐꾸기는 그 둥지 안에 알을 낳습니다. 부화된 뻐꾸기 새끼는 둥지주인 새의 알 혹은 부화된 새끼를 등으로 밀어 밖에 떨어뜨립니다. 그리고 그 집을 독차지합니다. 어리석은 둥지주인 어미 새는 뻐꾸기 새끼를 자기 새끼인 줄 알고 먹여 키우느라고 전력을 다합니다. 결국 다 자란 뻐꾸기 새끼는 자기 어미의 '뻐꾹' 하는 소리를 듣고 뒤도 안 돌아 보고 그 어미에게로 날아가 버립니다. 비성경적인 교리와 사상, 그리고 세상 풍조는 마치 뻐꾸기와 같습니다, 방심하는 사이에 교회에 침투하여 드디어 교회를 잠식해 버리고 맙니다.

다음은, 개구리에 관한 이야기입니다. 물을 담은 냄비 안에 개구리를 집어넣고 아주 서서히(매초 0.0036도F 만큼) 물을 데우면 온도 변화가 극미하여 개구리는 물이 끓어도 그 차이를 느끼지 못하고 2시간 반 정도 후에 푹 삶겨서 죽고 만다는 것이 실험을 통해 밝혀졌습니다. 교회의 지도자가 각성하지 아니하고 교계의 흐름과 대세에 맡기고 이를 즐기고 있는 동안 푹 삶겨서 재기불능이 되고 맙니다.

그 다음은, 트로이 목마 이야기입니다. 전쟁은 10년 동안이나 계속되는데 좀처럼 결말이 지어지지 않았습니다. 트로이성은 난공불락이었습니다. 거기서 그리스군의 맹장 오뒤세우스는 〈목마의 계교〉를 생각해 내었습니다. 나무를 깎아 말 모양을 만들고 그 목마 안에 몸집이 아주 작은 군사를 넣어 놓고는 그리스군은 전부 퇴각하여 귀국하는 듯이 하였습니다. 이를 눈치 채지 못한 트로이군대는 전리품으로서 이 목마를 성 중에 끌어 들인 후 환호성을 지르면서 즐기고 있을 때, 목마에 숨어 있던 그리스군사가 밤중에 가만히 나와서 트로이 성문을 열어 놓았습니다. 드디어 물밀듯이 쳐들어간 그리스 군대에 의하여 트로이성은 함락되고 말았습니다. 관용과 화합이라는 이름으로 비성경적 신학, 이단, 우상종교, 세상풍속을 교회로 받아 들이고는 마치 전리품을 얻은 듯이 행세하지만 이는 트로이의 목마가 되고 맙니다.

화해, 일치, 사랑, 화합이라는 캐치프레이즈를 내걸면 원칙도 내버리고 투항하는 목회자들이 있습니다. 다원주의, 포용주의, 혼합주의를 수용하는 관용, 일치, 화합 지상주의자들은 그들과 함께하지 않으면 원칙주의자 또는 배타주의자 라고 비난합니다.

기독교의 배타성은 하나님께서 정하신 것입니다. 신학자나 목사가 정한 것이 아닙니다. "나 외에 다른 신을 네게 두지 말라" 창조주이시며 절대 주권자이신 하나님께서 명하신 말씀입니다. "내가 곧 길이요 진리요 생명이니 나로 말미암지 않고는 아버지께로 올 자가 없느니라" 구세주 예수님께서 친히 하신 말씀입니다. "천하 인간에 예수 그리스도외에 구원 받을 만한 이름을 우리에게 주신 일이 없느니라" 성령의 감동하심을 받은 사도들이 선포한 말씀입니다.

한편으로는 성경대로 말하고 다른 한편으로는 성경을 벗어난 말을 하는 이중적인 태도를 취하는 사람들은 자신들이 매우 지성적이고 융통성이 있으며 세계화 시대에 걸 맞는 처신을 하고 있다고 자부합니다. 사람을 기쁘게 하고 하나님도 기쁘게 한다는 생각을 하고 있습니다. 사람에게 칭찬을 받고 하나님에게도 인정을 받고 있다고 생각합니다. 마치 세모난 네모를 만들려고 하는 것이나 다름없습니다. 하나님의 말씀에 서서 그들을 보면 참으로 어리석고 가련한 모습입니다.

이들은 혼합주의와 이중성으로써 복음적 신앙을 가진 단체와 교인들을 혼란 시키며 미혹합니다. "우리는 예수 그리스도를 통한 구원 외에 다른 이야기를 할 수 없다. 동시에 우리는 하나님의 구원의 능력에 어떤 제한을 둘 수 없다"라는 식으로 교묘하게 말합니다. 그러면서 "기독교의 진리는 다양한 종교와 창조세계에서 발견되는 많은 진리들 가운데 하나 일 뿐이다 라고 하는, 보다 겸손하고 품위 있는 자세를 가지도록 요구한다"라고 말합니다.

양의 껍질을 쓴 이리가 보통의 이리보다 더 위험하다는 것은 설명을 부연할 필요가 없습니다. 예수께서 경고하시기를 "거짓 선지자들을 삼가라 양의 옷을 입고 너희에게 나아오나 속에는 노략질하는 이리라"(마7:15) 하였습니다.

한편으로는 성경대로 믿는다고 하면서 또 한편으로는 WCC조직이나 대회에 가입하고 참여하는 것을 자랑스럽게 여기는 사람들이 자기 정당화를 위해 내세우는 논지는 이러합니다.

"UN에는 공산주의 국가도 있다. 그렇다고 유엔회원국은 공산주의를 따라야 하는 것이 아니다"라고 정당화의 논리를 펴는 사람이 있습니다. 이는 전제와 비유가 잘못된 것입니다. 논리의 비약을 도모하려는 속셈이 있습니다. UN은 종교단체가 아닙니다. 기독교단체는 더더욱 아닙니다. 국제적인 협의와 협약을 위한 기구입니다. WCC는 기독교를 표방하는 〈세계교회협의체〉 입니다. 기독교단체는 성경을 기반으로 하여야 하며 예수 그리스도 만이 구세주라는 신앙을 가진 사람들의 모임입니다. 이런 모임에서 다원주의를 주장하는 사람들을 용납해서는 안됩니다. 더욱이 다원주의를 확산시키려는 목적이 분명히 드러난 단체라면 그런 단체에 참여해서는 안 됩니다.

"비판하고 배척하는 것은 소극적 대응태도이다. 참여하여서 그 정체성을 변화시키는 것은 적극적 대응자세이다"라는 논리를 펴는 사람이 있습니다. WCC에 들어가서 그들의 정체성을 변화시킬 수 있다고 하는 논리에 대해서는 다음의 질문을 던져 보면 그들의 주장이 자가당착이라는 것이 드러나게 될 것입니다.

〈알코올 중독자들을 변화시키기 위하여 그들과 어울려 술을 즐겨 마시면서 그들을 감화시키는 것이 적극적인 해결 방법이다〉라고 주장하는 것이 과연 성경적이라고 하겠습니까?

〈마약 중독자들을 건져내기 위하여 그들과 어울려 마약을 흡입하면서 설득하고 변화시키는 것이 적극적인 해결 방법이 된다〉는 논리를 제시하는 사람은 정상이 아닙니다.

〈물 부족을 해결하기 위해 바다의 짠 성분을 제거하도록 모든 호수들을 강과 연결시켜 바다로 흘려 보내야 한다〉는 논리를 제시하는 사람은 바다가 얼마나 크고 깊은 가를 모르는 무지를 스스로 폭로하는 셈이 될 것입니다. 바다로 들어가는 강물은 즉시 짠 성분을 가진 물이 되고 말 것입니다. 기독교회를 잠식하고 무력화 시키려는 마귀의 궤계는 아주 간교합니다. 그리고 그 조직과 힘은 날로 증대되고 있습니다.

요즘 사람들이 잘 사용하는 언어를 살펴보면 단정적이고 확실한 표현을 기피하는 현상을 보게 됩니다. 그 단적인 예가 〈…같아요〉라는 표현입니다. 하늘을 직접 쳐다보면서도 〈하늘이 맑은 것 같아요〉 합니다. 음식을 직접 먹으면서도 〈맛있는 것 같아요〉 합니다. 아름다운 장면을 직접 보면서도 〈아름다운 것 같아요〉 합니다. 애매모호, 책임회피의 성격을 가진 표현입니다. 〈하늘이 맑습니다〉〈음식이 맛있습니다〉〈장면이 아름답습니다〉 라고 확실하게 형용하지 않는 경향이 있습니다. 이런 표현들을 금지할 필요는 없지만 신앙적인 표현에 사용하는 것은 삼가야 합니다.

　애매모호한 성격을 띠는 신앙은 그리스도인의 신앙이 아닙니다. 예수님께서 친히 말씀하시기를 "오직 너희 말은 옳다 옳다, 아니라 아니라 하라 이에서 지나는 것은 악으로 좇아 나느니라"(마5:37) 하였습니다. 그런데 오늘날 기독교회의 추세는 과연 어떠합니까? 실로 우려하지 않을 수 없습니다. 우리나라의 몇 대형 교회들과 KNCC 회원 교단들이 종교다원주의의 온상인 WCC의 제10차 대회를 한국에 유치하여 개최하게 하였습니다. 대회에서 그 실상을 확인하고도 놀라지 않고 오히려 그 대회를 자랑스럽게 여기고 있습니다.

　이런 현상은 성경대로의 성경관, 기독관, 구원관을 가지지 아니한 까닭입니다. 성경대로의 신앙이 아니면 구원을 얻지 못합니다. 신학과 교리가 성경에 못 미치거나, 성경을 지나쳐서는 안됩니다. 〈성경이 가는 곳까지 가고, 성경이 멈추는 곳에 멈춘다〉는 이 원칙을 고수해야 합니다. "말씀 밖에 넘어가지 말아야" 합니다 이 원칙은 하나님이 정하신 것이고 하나님이 주신 것입니다. 목회자가 사역의 원칙이 없거나, 잘못되었거나, 흔들리는 것이 사역의 위기이며 나아가서 교회의 위기를 불러옵니다.

　이런 기사를 본 적이 있습니다. 미국의 노스캐롤라이나 주에서, 달려오던 한 유람 열차가 도개교(跳開橋) 아래로 추락한 사고가 일어난 적이 있습니다. 다리가 열리고 있을 때 그 열차가 그대로 돌진해 들어왔던 것입니다. 이 사고로 인해 열 여덟 명의 승객이 목숨을 잃었습니다.

　사고 장소에 있었던 기수는 분명히 붉은 기를 흔들었었다고 주장했습니다. "열차가 다리로 뛰어들기 전에 저는 붉은 기를 흔들어 다리가 열리고 있다는 것을 알렸습니다. 기관사가 내 신호를 봤다면 충분히 열차를 멈춰 세울 수 있었을 것입니다." 다른 역무원들도 그의 주장을 뒷받침해 주었습니다.

그렇다면 기관사에게 문제가 있었던 것일까요? 하지만 기관사의 주장은 기수의 그것과 정반대였습니다. '나는 그가 흰 기를 흔들고 있는 것을 봤습니다. 분명히 흰 기였어요. 그래서 나는 다리가 닫혀 있는 것을 확인하고 그대로 달렸던 것입니다'

경찰은 기수에게 그 문제의 붉은 기를 보여 달라고 요구했습니다. 그러자 사건의 원인은 즉시 밝혀졌습니다. 기수가 흔들었다는 깃발은 분명 붉은 기였습니다. 하지만 색이 바랜, 그래서 거의 흰색이라고 착각을 일으키기에 충분한 빛바랜 신호기였던 것입니다. 복음 사역자가 성경적 원칙을 벗어난 빛바랜 애매한 깃발을 흔드는 것보다 더 비극적인 일은 없습니다.

김삿갓(金笠)의 시 가운데 대나무 竹자를 사용하여 지은 시가 있습니다.

차죽피죽화거죽(此竹彼竹化去竹) 이대로 저대로 되어가는 대로
　풍타지죽낭타죽(風打之竹浪打竹) 바람 부는 대로 물결 치는 대로
　반반죽죽생차죽(飯飯粥粥生此竹) 밥이면 밥 죽이면 죽 이대로 살고
　시시비비부피죽(是是非非付彼竹) 옳으면 옳고 그르면 그르고 그대로
　　　　　　　　　　　　　　부쳐두고
　빈객접대가세죽(賓客接對家勢竹) 손님 접대는 가세 대로
　시정매매세월죽(市井賣買歲月竹) 시정 매매는 시세 대로
　만사불여오심죽(萬事不如吾心竹) 만사가 내 마음 대로 아니 된다네
　연연연세과연죽(然然然世過然竹) 그러나 그렇고 그런 세상에 그런
　　　　　　　　　　　　　　대로 지나 가려나

이 시는 초월적이고 여유작작한 삶의 자세를 나타내고 있습니다마는 차죽피죽화거죽 / 이대로 저대로 되어가는 대로

풍타지죽낭타죽 / 바람부는 대로 물결 치는 대로

라는 구절은 마치 오늘날의 기독교계를 풍자하는 것처럼 느껴집니다.

그리스도인은 바람 부는 대로, 물결 치는 대로 가서는 안됩니다. 세상의 풍조(風潮), 종교계의 풍조 대로 휩쓸리면 안됩니다. 여론이나 대세에 밀려가서도 안됩니다. 원칙에 서지 않으면 도덕적 타락의 물결, 물질에 대한 탐욕, 이단, 혼합주의, 종교다원주의, 종교일치 통합운동의 물결에 휩쓸려 갈 수 밖에 없습니다. 대세가 어쩔 수 없다 라고 할 것이 아니라 복음사역에 있어서 거룩함이 없는 위대함은 분토와 같이 여겨야 합니다. 성경대로의 창조신앙, 구속신앙, 부활신앙, 재림신앙 그리고 성경에 의한 성경관, 기독관, 내세관에 견고히 서서 복음을 전하며 신앙생활을 영위해야 합니다.

지금은 그 어느 때보다 성경에 기록된 종말의 징조들이 분명하게 드러나고 있습니다. 예언된 말씀이 빠르게 현실이 되어가고 있습니다. 마치 폭포를 향하여 흐르는 강물이 폭포에 가까워지는 만큼 유속이 빨라지는 것과 같습니다.

〈전쟁 불안감 보다 더 나쁜 것은 전쟁 불감증이다〉 라는 말이 말세를 만난 성도들을 향한 경고문으로서도 적절합니다.

"만일 누가 가서 우리의 전파하지 아니한 다른 예수를 전파하거나 혹 너희의 받지 아니한 다른 영을 받게 하거나 혹 너희의 받지 아니한 다른 복음을 받게 할 때에는 너희가 잘 용납하는구나"(고후11:4) 라는 성경 말씀이 오늘날 교회의 현실을 잘 말해주고 있습니다. 종말의 교회가 이런 거짓되고 헛된 교훈과 풍조에 휘말리게 될 것이 성경에 예언되어 있습니다. 대대적인 배도와 적 그리스도의 등장입니다.(살후2:1-4) 성경에 그렇게 되리라고 한 것을 막을 길은 없습니다. 그러나 정신을 차려서 그릇된 행동을 하지 않도록 타이르고 깨우쳐 주는 일을 하는 사람이 있어야 합니다.

그릇된 교리를 좇아 행하는 자들에 대해 담대하게 그들의 잘못을 지적해 주어야 합니다. 이것이 주안에서의 참된 사랑입니다. 교회의 지도자들은 종교다원주의와 종교혼합주의 종교통합운동에 대응하기 위해 고민하고 적극적으로 대처해 나가도록 서로 격려하고 협력해야 합니다.

첨언(添言)

2013년 2월 5일 사단법인으로 등록된 일곱 개의 교단연합(협의회) 대표들이 모여 심도 깊게 의논하며 WCC 제10차 대회 반대를 표명하고 WCC의 정체를 알리는 담화문을 일간지에 발표하였다.

〈사)대한예수교장로회총연합회, 사)대한예수교장로회총회연합회, 사)대한기독교총연합회, 사)한국기독교개혁교회협의회, 사)한국개신교단협의회, 사) 한국기독교보수교단협의회, 사)한국기독교교단협의회〉

이를 계기로 하여 사)한국기독교보수교단총연합회 대표회장(박동호 박사)은 WCC 실체를 알리기 위하여 인터넷 홈페이지 (WCC 고발운동본부-WCC를 고발한다)를 개설 운영하여 지금까지 3,870만이 넘는 방문자 수를 기록하고 있습니다.

3H운동

조 용 목 목사
세계하나님의성회 실행위원
한국기독교한림원 이사장
은혜와진리교회 담임

　성경에는 〈그리스도 안에〉라는 표현이 많이 기록되어 있습니다. 매우 중요한 의미를 가진 말입니다. 고린도후서 5장 17절에 기록되기를 "그런즉 누구든지 그리스도 안에 있으면 새로운 피조물이라 이전 것은 지나갔으니 보라 새 것이 되었도다"하였습니다. 누구든지 진실하게 예수 그리스도를 믿으면 성령으로 거듭나서 그리스도 안에 있게 됩니다. 그리스도 안에 있는 사람에게는 세상이 줄 수 없고 빼앗아 갈 수 없는 신분이 부여됩니다.
　의인, 성도, 그리스도인, 하나님의 자녀, 천국시민 등의 신분입니다. 이러한 신분은 사람의 행위로 획득하거나 보전되는 것이 아닙니다. 이 같은 신분이 부여된 자들은 그 신분에 합당하게 행하여야 하는 의무가 있습니다. 하나님이 그리스도 안에서 주신 고귀한 신분에 합당하게 행하는 것을 도외시하는 사람은 가짜 신자임을 스스로 드러내는 것입니다.
　거듭난 사람은 하나님이 주신 신분으로 인하여 기뻐하고 감격하며 신분에 합당하게 살려고 힘쓰게 됩니다. 신분에 부합(符合)되게 행하지 못하면 탄식하고 자성(自省)하기를 마지아니하는 사람은 하나님의 긍휼을 입게 됩니다. 그리고 온전히 행하도록 성령께서 도와 주십니다.
　저와 친교를 나누는 목사님들 중에 한 분이 저에게 이런 이야기를 하였습니다. 새벽기도를 인도한 후 홀로 남아 기도를 하고 있었는데 거룩, 명예, 정직이라는 세 단어가 불현듯 뇌리에 떠올라서 사라지지 아니하므로 성경에서 그 낱말과 관련된 구절들을 찾아서 읽고 묵상하는 동안 깊이 깨닫게 되었다는 것입니다.

영어로는 (Holiness, Honor, Honesty) 세 낱말의 첫 알파벳이 모두 동일하므로 3H 운동을 해야겠다는 결심을 하였다고 말했습니다. 그리고 자신과 한국교회를 위하여 기회가 주어지는 대로 이에 관하여 설교하기로 다짐하였다고 하였습니다.

제가 듣고 감명을 받았습니다. 그로부터 여러 해 후에 그 목사님이 대표가 된 사단법인 한국교회언론회 정기총회에서 제가 설교하게 되어 3H에 관하여 다음과 같이 설교하였습니다.

목회자든 교인이든 모든 그리스도인은 하나님이 주신 신분에 부합되게 살아야 합니다. 달리 말하자면 의인답게, 성도답게, 하나님의 자녀답게 생각하고 말하며 행동해야 합니다. 그러기 위하여 명확하고 구체적인 실천 목표를 인식해야 합니다. 그 중에서 세 가지를 강조하여 말씀 드리겠습니다.

첫째, 거룩입니다.

거룩은 하나님의 속성입니다. 하나님의 존재의 뿌리이고 중심으로서 하나님의 다른 속성들을 포괄합니다. 베드로전서 1장 15절에는 "오직 너희를 부르신 거룩한 자처럼 너희도 모든 행실에 거룩한 자가 되라"하였습니다. 성경에 그리스도인을 가리켜 성도라고 부릅니다. 〈거룩한 자〉라는 말입니다. 사람은 어떤 방도로도 스스로 거룩하게 될 수 없습니다. 거룩하게 되는 길은 하나뿐입니다. 그리스도 예수로 말미암아 거룩하여지고 성도라고 불리게 됩니다. 고린도전서 1장 2절에 기록되기를 "고린도에 있는 하나님의 교회 곧 그리스도 예수 안에서 거룩하여지고 성도라 부르심을 입은 자들…"이라고 하였습니다.

〈거룩〉이라는 말이 우리의 삶에 적용될 때는 하나님을 섬기기 위하여 세속적인 것들로부터 구별됨을 뜻합니다. 성도는 하나님에 의해 구별되고 또한 하나님을 위해 구별된 자 입니다. 거룩은 성도들의 생활을 특징짓는 용어입니다. 거룩의 원어 〈하기오스〉의 기본 뜻은 〈다르다〉〈구별되다〉입니다. 그리스도인과 교회는 세상과 다른 점이 있어야 합니다. 구별되어야 합니다.

고린도후서 6장 17절, 18절에 "그러므로 주께서 말씀하시기를 너희는 저희 중에서 나와서 따로 있고 부정한 것을 만지지 말라 내가 너희를 영접하여 너희에게 아버지가 되고 너희는 내게 자녀가 되리라 전능하신 주의 말씀이니라 하셨느니라"하였습니다. 교회는 세상에 있으나 세상에 속하지 않습니다. 세상과의 구별이 무너지면 세속화됩니다. 무분별하게 세상종교와 손을 잡거나 세속문화를 받아들이면 세상을 변화시키는 것이 아니라 교회가 변질되어 버립니다.

제가 일본의 오순절적인 교회들의 협의회에서 개최하는 성회에 강사로 초청되어 간 적이 있습니다. 그 때 다룬 주제들 중의 하나가 〈거룩한 사역〉에 관한 것이었습니다. 대회가 끝나 갈 무렵 대회를 주관하는 임원들과 대화를 나누는 중에 이런 말을 들었습니다.

"예전에는 펜티코스트(Pentecost) 운동이 순수하고 뜨거웠는데, 지금에 와서는 펜티코스트가 '변태 코스테'가 되고 말았다"라고 말했습니다. 오순절 이라는 낱말의 헬라원어는 〈펜테코스테〉인데 〈펜테코스테〉의 〈펜테〉를 〈변태〉라고 발음하여 세속화 되어가는 오순절 운동을 꼬집어 말한 것입니다. 각성을 촉구하는 의미 있는 풍자라고 생각합니다. 모든 성도들, 모든 교역자들은 성경에 어긋난 교리와 윤리를 철저히 배격하고 구별되게 행하므로 거룩함을 나타내어야 합니다.

둘째, 명예입니다.

육신의 정욕, 안목의 정욕, 이생의 자랑은 성도들 특히 성직자들이 경계해야 할 세속적인 욕심입니다. 명성을 추구하는 것은 〈이생의 자랑〉에 해당됩니다. 〈명성〉이라는 낱말과 〈명예〉라는 낱말은 비슷한 뜻을 가지지만 적용에서는 현저히 다릅니다.

명성이란 〈사람들로부터 좋은 평판을 얻고 널리 이름이 알려 지는 것〉을 뜻합니다. 명예는 〈사람들로부터 훌륭하다고 인정되는 이름이나 품위〉를 말합니다. 명성과 명예의 사전적 의미와 일상에 사용되는 말의 의미 사이에는 어느 정도 차이가 있습니다. 〈명성〉은 〈널리 알려진 이름〉이라는 뜻으로 사용되지만 좋은 평판에만 사용되는 것이 아닙니다. 좋고 나쁨이나 아름다움과 추함과는 관계없이 유명한 것을 의미합니다. 반면에 〈명예〉는 존중되어야 할 성격을 지닌 인격이나 사물과 관련됩니다.

〈명성이 자자하다〉는 표현은 있어도 〈명예가 자자하다〉는 표현은 없습니다. 명성을 잃는다고 하여 반드시 명예가 손상을 입는 것은 아닙니다. 어떤 사물이 지금까지 비교될 것이 없는 위치를 차지하였는데 그보다 더 한 것이 등장하게 되면 지금까지 가졌던 명성을 잃게 됩니다.

뉴욕 맨해튼에 있는 〈엠파이어 스테이트 빌딩〉이 그러합니다. 세계 최고층 건물이라는 명성을 잃은 지 오래됩니다. 지금은 그보다 더 크고 높은 건물들이 세계 도처에 있습니다. 우리나라에서 한동안 가장 높은 건축물이 여의도에 있는 63빌딩이었습니다. 높이 249미터 지하 3층 포함하여 63층으로 1985년에 완공되어서 우리나라에서 가장 높은 건물이라는 명성을 가졌습니다. 18년 만에 그 명성을 잃었습니다.

현재 1위는 높이 555미터 123층 롯데월드타워, 2위는 높이 411.6미터 101층 부산엘시티 랜드마크 타워, 3위는 높이 339미터 85층 해

운대 엘시티 주거타워A 입니다. 세계 최고층 건물은 아랍에미리트 두바이에 위치한 부르즈 칼리파 입니다. 163층 높이 828미터 입니다.

최고 제일이라고 알려진 그 무엇이 그 순위에서 밀려나게 되어 지금까지 가졌던 최고라는 명성을 잃게 된다 해서 명예가 훼손되는 것은 아닙니다. 명예훼손이라는 말은 있어도 명성훼손이라는 말은 없습니다. 명예란 명성과 연관되기도 하지만 무관할 수도 있습니다. 명예훼손을 당할 경우 그 명성이 알려져 있는 정도에 비례하여 충격과 피해가 발생하게 됩니다.

성직자는 명성에 대한 과도한 욕망을 제어해야 합니다. "자, 성과 대를 쌓아 대 꼭대기를 하늘에 닿게 하여 우리 이름을 내자" 이는 바벨성을 쌓은 무리들의 캐치프레이즈였습니다. 그들은 인본주의적인 명성에 대한 야망을 이루기 위해 성 쌓기를 시도했습니다. 하나님은 그들의 도모를 좌절시켰습니다. 그들의 경영이 허사가 되게 하셨습니다.

교역자가 명성을 과도하게 추구하면 사이비한 단체에 몸을 담게 되기 쉽습니다. 이단들과도 손을 잡습니다. 그릇된 교리에 대해 눈을 감습니다. 종교다원주의자가 됩니다. 불의한 일에 가담합니다. 교역자는 지도적인 위치에 있기 때문에 그의 거취가 미치는 영향이 심대합니다. 교역자는 물론 모든 성도는 명예를 귀중히 여겨야 합니다. 명성만 얻을 수 있다면 명예는 아랑곳 하지 않는 것을 세상에서 흔히 보게 되지만 성도들은 그럴 수 없습니다. 그래서는 안 됩니다.

비전을 크게 가지는 것은 좋습니다. 그러나 비전이 큰 만큼 탐심이 틈탈 여지가 많다는 것을 간과해서는 안 됩니다. 비전이 큰 만큼 명성을 과도하게 추구하거나, 그릇된 교리와 타협하게 될 위험이 다분히 따르게 됩니다. 성직자와 모든 성도들은 명예를 생명처럼 귀하게 여겨야 합니다.

셋째, 정직입니다.

하나님께서 주신 자연법칙이 없다면 우주가 이처럼 질서와 아름다움을 유지하지 못할 것이며 생명체가 존재하지 못할 것입니다. 만유인력의 법칙이 없다면 태양계가 존재하지 못할 것입니다. 태양의 행성들은 태양의 인력에 매달려 태양을 선회하고 있습니다. 지구는 태양의 주위 9억4천 킬로미터를 초속 29.77km로 공전하고 있습니다. 365일 5시간 48분 46초에 한 바퀴 선회합니다. 1년에 1초의 1,000분의 1도 틀리지 않습니다. 그리고 매일 지축을 중심으로 23시간 56분 4.091초의 주기로 자전하여 밤 낮을 구분합니다. 중력의 법칙이 없다면 우리가 지구에 발을 딛고 살 수 없게 됩니다. 대기권도 존재할 수 없습니다.

사람이 자연법칙을 응용할 수는 있어도 바꾸거나 없애지는 못합니다. 전세계의 과학자들이 국제회의를 통해 만장일치로 결의하여도 자연법칙을 바꿀 수 없습니다. 국민투표에 부쳐 100% 찬성을 얻어낸다고 해도 자연법칙을 바꿀 수는 없습니다.

하나님께서 주신 자연법칙은 이처럼 정확하고 불변하여 인생들이 예측 가능한 삶을 살도록 하여 주십니다. 계절과 밤낮을 예측할 수 없다면 우리의 삶이 어떻게 될 것인가를 생각해 보십시오. 봄이 와서 잎이 피고 꽃이 피는 중에 갑자기 겨울이 되어 버리고, 눈보라가 치고 얼음이 얼더니 폭염이 내리쬐는 여름이 되어버린다고 생각해 보십시오. 도저히 계절의 변화가 예측 불가능하게 된다면 불안하기 짝이 없는 상황에 처하게 될 것입니다.

하나님은 말씀하시는 하나님이십니다. 히브리서는 이렇게 시작합니다. "옛적에 선지자들로 여러 부분과 여러 모양으로 우리 조상들에게 말씀하신 하나님이 이 모든 날 마지막에 아들로 우리에게 말씀하셨으니" 만일 하나님께서 인생들에게 말씀하시지 않고 침묵하신다면 사람은 삶의 의미와 목적을 알지 못하고 표류하게 될 것입니다. 왜 살며, 어떻게 살아야 하며, 어디로 가는 것인가를 알 수 없을 것입니다.

하나님께서 예언자들과 사도들을 통해 말씀하셨고, 그 말씀이 기록된 성경을 인생들에게 주셨습니다. 성경에는 인생들에게 하나님께서 행하신 일들과 그리고 앞으로 행하실 일들이 계시되어 있습니다. 성경을 읽고 기록된 말씀을 믿는 사람들은 미래에 대한 확실한 전망을 가지고 살아갈 수 있습니다.

성도들의 소망과 확신은 하나님의 신실하심에 근거합니다. 만일 하나님께서 언약을 변개하신다면 성경은 가치와 의미를 상실하게 됩니다. 기록되기를 "하나님은 인생이 아니시니 식언치 않으시고 인자가 아니시니 후회가 없으시도다 어찌 그 말씀하신 바를 행치 않으시며 하신 말씀을 실행치 않으시랴"(민23:19) 하였고, 시편에는 "여호와여 주의 말씀이 영원히 하늘에 굳게 섰사오며 주의 성실하심은 대대에 이르나이다"(시119: 89,90) 하였습니다. 예수님께서 말씀하시기를 "천지는 없어지겠으나 내 말은 없어지지 아니하리라"(마24:35) "율법의 한 획이 떨어짐보다 천지의 없어짐이 쉬우리라"(눅16:17) 하였습니다.

마귀는 거짓말쟁이며 거짓의 아비입니다. 마귀는 그 나라를 거짓 위에 세웁니다. 하나님께서는 진실하십니다. 하나님의 나라는 진리 위에 세워져 있습니다. 거짓 위에 세워진 것은 결국 심판을 받고 무너집니다. 진리 위에 세워진 하나님의 나라는 영원합니다. 성도들이 세상에서 행한 일은 장차 공력심판을 받게 됩니다. 거짓으로 행하여 이룬 일들은 모두 나무나 짚이나 풀처럼 불타 버릴 것입니다. 진실하게 행한 것은 금이나 은이나 보석처럼 타지 아니할 것입니다. 만일 거짓으로 행한 것이 천국에서도 용납된다면 천국이 세상이나 다름없는 곳이 되고 말 것입니다. 큰 일하고 많은 일 한다고 수단 방법 가리지 않으면 공력 심판 때 수치를 당케 될 것입니다.

사람은 염치가 있어야 합니다. 염치란 결백하고 정직하며 부끄러움을 아는 마음입니다. 짐승은 염치를 모릅니다. 염치를 모르는 사람은 짐승이나 다를 바 없습니다. 일방적으로 약속을 파기하고 견강부회하는 사람은 무서운 사람입니다. 서약서, 확인서, 각서 등에 서명하고는 거기에 상반되는 행동을 하여 상대편을 낭패에 빠뜨리는 사람은 악한 사람입니다. 모여서 주님의 이름으로 기도하고 선포한 후에 돌아서면 다른 소리 하는 사람은 하나님의 이름을 망령되이 일컫는 것을 두려워하지 않는 사람입니다.

사람은 연약하고 부족합니다. 불가항력의 상황까지는 아닐지라도 약속을 이행하기에는 역부족일 경우가 있을 수 있습니다. 그럴 때에는 약속 당사자에게 이해를 구하고 용서를 얻어 내도록 최선을 다해야 합니다. 약속을 헌신짝처럼 버리고 목전의 이익을 좇아 행동하는 처세술은 세속적 처세술입니다. 사탄의 지배를 받는 세상에서는 〈융통성〉이라는 미명아래 버젓이 그런 일들이 행하여지고 있습니다.

약속과 신의를 고집하는 사람을 향하여 근본주의니 원칙주의니 융통성이 없느니 라고 비꼬며 비난하는 사람들이 있습니다. 그러한 비판이 옳은가 하나님 앞에서 판단해 보아야 할 것입니다. 다원주의·혼합주의·포용주의·세속주의에 물들어 가는 기독교회의 추세는 융통성을 최고의 처세술로 아는 타락한 성직자들로 인한 것입니다. 선지자들과 사도들이 비방과 냉대와 핍박을 당하고 심지어 죽음을 당하는 것이 융통성이 없는 소치입니까? 그렇다면 우리는 기꺼이 융통성 없는 선지자들과 사도들을 본받아야 할 것입니다.

악과 불의와 거짓에 타협하는 융통성은 분토같이 여기고 배격해야 합니다. 신의와 진실을 중요시 여기지 않고 기만과 술수를 행하는 융통성을 백안시해야 합니다. 우리는 악과 불의와 거짓에 타협할 수 없는 융통성 없는 편을 기쁘게 선택해야 합니다.

거짓말을 잘하고, 식언을 예사로 하는 사람과 함께 하기가 곤란한 것은 그의 행동을 예측할 수 없기 때문입니다. 언제 어떻게 돌변할 지 알 수 없습니다. 더욱이 지도자가 예측 불허한 행동을 하면 그 조직과 체제 안에 있는 모든 이들은 불안합니다. 그런 지도자를 추종하려고 하면 기회주의자들이 될 수밖에 없습니다. 정직한 사람과 함께 일 하면 마음이 평안합니다. 예측 가능하기 때문입니다. 식언하고 기만하고서 견강부회하는 폐습은 척결해야 합니다. 설혹 유능하고 힘있다 하여도 거짓말을 처세 방법으로 삼는 자를 물리칠 수 있어야 교회의 정체성이 회복됩니다.

〈기독교인은 정직하다. 믿을 수 있다〉고 하는 것이 사회의 정평(定評)이 된다면 복음전도에 대로가 열릴 것입니다. 이를 위해서 성직자가 솔선수범해야 할 것입니다.

〈대인은 청탁을 가리지 않는다〉는 말이 있습니다. 도량이 넓고 덕행이 있는 점잖은 사람은 온갖 성격의 사람을 다 수용한다는 뜻으로 사용되는 격언입니다. 이 격언을 아전인수격으로 해석하여 불법과 불의도 눈감아 주는 것이 대인이다 라는 식으로 곡해하지 않도록 해야 합니다.

넓은 호수는 쏟아지는 비로 인하여 흙탕물이 된 시냇물이 흘러 들어오는 것을 수용해도 문제될 것 없습니다. 호수는 이를 정화시키는 자정능력이 있습니다. 정화는 시간 문제일 뿐입니다. 그러나 수질을 오염시키고 독성을 가진 오폐수를 수용하면 호수가 썩고 맙니다. 그 물이 피부에 닿으면 피부병을 발생시키고, 그 물을 마시는 자를 죽음에 이르게 합니다.

성경에 배치되지 않는다면 모든 다양성이 존중되어야 합니다. 그러나 비성경적 교리와 윤리는 단호하게 거부해야 합니다. 성직자가 거룩과 명예와 정직을 외면하고 세속과 불의와 거짓이라는 독성 오폐수를 수용하고 용납하면 교단이나 교회가 병들고 썩게 됩니다. 영혼이 망하게 됩니다.

거룩과 명예와 정직을 외면한 채 목회성공의 판단기준을 물량과 숫자와 외형의 확장에 두는 것은 교회의 타락을 가속화 시키는 요인이 됩니다. 막대한 재정능력으로 화려한 행사와 자선구제를 행하는 것으로 불의와 기만을 포장하고 세를 과시하며 기고만장 하는 것은 하나님의 나라에서는 인정 받지 못합니다. 성도와 교회는 거룩, 명예, 정직이라는 특성을 견지하고 발현해야 합니다. 성직자가 앞서가면서 그 모범을 보여야 합니다.

존경하는 동역자 여러분, 우리 모두 3H운동(3H movement)을 전개해 나가십시다.

육신으로는 힘들고 손해가 있어도, 거룩하고 명예롭고 정직한 길을 걷는 즐거움이 그 모두를 상쇄하고도 남는다고 말할 수 있어야 합니다. 목회 성공이란 성경대로의 원칙에 서서 행하고 거룩과 명예와 정직을 좇아 사역하는 그 자체입니다.

기록된 말씀 밖에 넘어가지 말라

조 용 목 목사
세계하나님의성회 실행위원,
한국기독교한림원 이사장,
은혜와진리교회 담임

〈본문〉 고린도전서 4장 6절

본문에 언급된 "기록된 말씀"이 무엇을 가리키는 가를 몇 가지로 논할 수 있으나 포괄적 의미는 성경에 기록된 하나님의 말씀을 의미합니다.

예수님은 성경을 인용할 때 "기록되었으되"라고 말씀하셨습니다. 예수께서 광야에서 40주야를 금식하신 후 마귀의 시험을 받았습니다. 이때 예수님은 "기록된 말씀"으로 마귀의 시험을 물리치셨습니다. "기록되었으되 사람이 떡으로만 살 것이 아니요 하나님의 입으로 나오는 모든 말씀으로 살 것이라 하였느니라"(마4:4) "기록되었으되 주 너의 하나님을 시험치 말라 하였느니라"(마4:7) "사탄아 물러가라 기록되었으되 주 너의 하나님께 경배하고 다만 그를 섬기라 하였느니라"(마4:10)

성경은 성령의 감동하심을 입은 사람들이 '하나님께 받아서 기록된 말씀'입니다. 그러므로 '기록된 말씀'은 하나님의 말씀입니다.

성경에 기록된 말씀은 절대자이신 하나님의 말씀이므로 그 말씀을 어기는 것은 곧 하나님에 대한 거역입니다. "기록된 말씀"은 사람이 무시하거나 변경할 수 없는 원칙이며 법칙입니다.

만유를 살펴보면 하나님이 정하신 한계와 범위가 존재하고 있음을 알 수 있습니다. 이를 사람들은 〈자연법칙〉이라고 부릅니다.

'자연'이라는 용어의 한자는 '스스로 자 自' '그러할 연 然'입니다. 〈스스로 그러하다〉입니다. 사전에는 '사람의 손에 의하지 않고서 존재하는 것이나 일어나는 현상'이라고 풀이하였습니다.

자연이란 오랜 세월과 우연에 의하여 스스로 존재하는 것이 아닙니다. 하나님께서 창조하신 것입니다. 성경은 〈태초에 하나님이 천지를 창조하시니라〉라는 말씀으로 시작합니다.

사람들은 우주 만물을 부단히 관찰하고 다양한 실험을 함으로써 만유인력법칙, 엔트로피법칙, 에너지보존법칙, 질량보존법칙 등 다 셀 수 없을 정도로 많은 법칙들을 발견했습니다.

만물이 법칙들에 의해서 존립하고 있다는 사실을 알게 되었습니다. 그런데도 만물과 자연법칙을 우연의 결과로 아는 것은 하나님의 계시를 믿지 않는 인간의 교만과 어리석음의 소치입니다.

자연법칙은 하나님이 주신 제한표시입니다. 사람은 자연법칙을 응용할 수는 있어도 법칙을 만들거나 없애지는 못합니다. 만약 이 법칙을 무시하거나 역행하면 손상과 타격을 입게 됩니다. 불행한 대가를 치르게 됩니다.

자연법칙이 존재하기 때문에 인류가 문명의 이기들을 만들어 사용하면서 살아가고 있습니다. 그러므로 하나님이 주신 자연법칙들을 알아내고 이 법칙들을 잘 응용하고 순응하는 것이 삶의 지혜입니다.

하나님은 아담이 홀로 사는 것이 좋지 않다고 하시며 아담을 깊이 잠들게 하고 그 갈빗대를 취하여 여자를 만들었습니다. 그리하여 최초의 가정, 최초의 인간사회가 구성되게 하셨습니다.

그날 이후 사람들은 다양한 사회를 이루어 살아갑니다. 사회생활은 단점보다 이점이 훨씬 많기 때문에 씨족사회, 부족사회, 국가사회, 국제사회로 점점 규모가 확대되어 왔습니다.

하지만 사회 구성원이 각기 자신이 원하고 좋아하는 대로만 행동하면 사회란 결국 힘세고 포악한 사람이 판치게 될 것입니다. 그러므로 모든 사람이 안전하고 편리하며 풍요로운 삶을 살아가기 위해서는 윤리적 규범이 있어야 하고 법률과 규칙 등이 있어야 합니다.

이러한 규범, 법률, 규칙들은 사람들이 합의하여 정한 제한입니다. 가령 운전자가 교통법규를 알지 못하거나 무시하고 제 멋대로 운전한다면 그 결과는 불을 보듯이 뻔한 것입니다.

매우 마음씨가 곱고 어진 사람을 가리켜 흔히 '법 없이도 살 사람' 이라고 말하지만 사실은 그런 사람일수록 법의 보호 없이는 살 수 없는 것이 인간 세상입니다.

그러므로 정상적인 국가 사회에서 제정한 헌법과 법률은 결코 그 사회 구성원을 부자유하게 하거나 무거운 짐이 되게 하려고 제정한 것이 아닙니다. 안전과 편리와 풍요를 누리게 하기 위한 것입니다.

사람은 자연법칙이나 인간사회의 규범과 법규를 알아야 하듯이 하나님이 주시는 율법과 법도를 반드시 알아야 합니다. 인간은 하나님이 정하신 법도 안에 거할 때 진정한 행복을 향유할 수 있습니다.

하나님이 정하신 제한이 무엇인지 알려고 하지 않거나 알아도 거부한다면 불행을 자초하게 됩니다. 하나님의 말씀 곧 "기록된 말씀"에 하나님이 인생들의 행복을 위해서 정하신 제한이 명확하게 계시되어 있습니다.

"기록된 말씀 밖에 넘어가지 말라"하신 것은 권면이라기 보다 명령입니다. 모든 인생이 반드시 지켜야 할 법칙입니다. "기록된 말씀"안에 거할 것인가 "기록된 말씀"밖에 넘어갈 것인가에 대한 선택은 자유이지만 말씀 밖에 넘어감으로 겪게 되는 일은 자신의 책임입니다.

성경에 등장하는 사람들에 관한 이야기는 '하나님의 말씀 밖으로 넘어간 사람들에 대한 이야기'와 '넘어가지 아니한 사람들에 관한 이야기'로 대별할 수 있습니다. 이를 우리가 거울과 경계로 삼아야 합니다.

먼저, "하나님의 말씀 밖으로 넘어간 사람들"이 그렇게 행한 원인을 알아봅시다.

첫째, '반신반의' 나 '설마' 하는 생각 때문에 말씀 밖으로 넘어갑니다.

인간이 원죄를 가지고 출생하게 된 것은 인류의 조상이 하나님의 말씀 밖으로 넘어간 결과입니다.

여호와 하나님이 에덴 동산을 창설하시고 아담을 그 곳에서 살게 하셨습니다. 여호와 하나님이 그 땅에서 보기에 아름답고 먹기에 좋은 나무가 나게 하셨으며 동산 가운데에는 생명나무와 선악을 알게 하는 나무를 두셨습니다. 아담에게 동산 각종 나무의 실과를 임의로 먹게 하셨습니다.

그런데 단 한 가지 제한하는 말씀을 하셨습니다. 여호와 하나님이 아담에게 명령하시기를 "동산의 나무에서 나는 모든 것을 자유롭게 네가 먹을 수 있으나, 선과 악을 알게 하는 나무의 열매는 먹지 마라. 네가 그것을 먹는 날에는 반드시 죽을 것이다." 하였습니다.

어느 날 간교한 사탄이 뱀을 통해 하와에게 접근하여 "하나님께서 참으로 너희에게 동산 나무에서 나는 모든 것을 먹지 마라고 말씀하셨느냐?"라고 물었습니다.

여자가 뱀에게 대답하기를 "동산 나무의 실과를 우리가 먹을 수 있으나 동산 중앙에 있는 나무의 실과는 하나님의 말씀에 너희는 먹지도 말고 만지지도 말라 너희가 죽을까 하노라 하셨다" 하였습니다.

뱀은 하와가 하나님의 말씀을 반신반의하여 설마 죽기야 하겠느냐 라는 생각을 하고 있음을 간파하였습니다. 그러자 뱀은 "너희가 결코 죽지 아니하리라 너희가 그것을 먹는 날에는 너희 눈이 밝아 하나님과 같이 되어 선악을 알 줄을 하나님이 아심이니라"라고 말했습니다.

결국 아담과 하와는 하나님이 제한하신 말씀을 반신반의와 설마 라는 생각으로 해석하고 판단하여 하나님의 말씀 밖으로 넘어가고 말았습니다. 그로 인하여 죄와 사망이 세상에 들어오게 되었습니다.

둘째, '탐심'으로 인하여 하나님의 말씀 밖으로 넘어갑니다.

하나님께서는 여호수아를 통하여 말씀하시기를 여리고 성과 그 가운데 모든 물건은 여호와께 구별된 것이니 누구든 자기 것으로 취하지 말라고 하였습니다.
그런데 아간이 노략한 물건 중에 시날에서 만든 아름다운 외투 한 벌과 은 이백 세겔과 오십 세겔 중의 금덩이 하나를 보고 탐내어 취하였습니다. 그로 인하여 아간과 그 식구들은 처형되었습니다.
아간은 탐욕으로 인하여 하나님이 제한하신 말씀 밖으로 넘어갔습니다.

셋째, '교만'으로 인하여 하나님의 말씀 밖으로 넘어갑니다.

사울 왕은 사무엘 선지자를 통해 주신 하나님이 제한하신 말씀 밖으로 넘어갔습니다. 그것도 두 번이나 말씀 밖으로 넘어 갔습니다.
사무엘이 사울에게 기름을 붓고 이스라엘의 왕이 될 것을 예언하였습니다. 그리고 사울이 지켜야 할 말씀을 일러주었습니다.
"너는 나보다 앞서 길갈로 내려가라 내가 네게로 내려가서 번제와 화목제를 드리니 내가 네게 가서 너의 행할 것을 가르칠 때까지 칠 일을 기다리라"(삼상10:8) 하였습니다.
사울 왕이 길갈에 가게 되면 사무엘이 그곳에서 하나님께 번제와 화목제를 드릴 터이니 칠일을 기다리라는 제한적 말씀이었습니다. 그런데 사울은 왕이 된지 2년이 채 지나지 아니하여 교만하게 되었습니다.
블레셋 사람이 이스라엘과 싸우려 하여 대군대가 믹마스에 진을 쳤습니다. 사울 왕은 길갈에서 군사들을 소집하였습니다. 그때 사울 왕은 사무엘이 정한 칠일의 기한이 생각났습니다.

그런데 칠일째가 되어도 사무엘이 오지 아니했습니다. 사울이 칠일이 끝날 때까지 기다리지 못하고 그만 자신이 직접 번제와 화목제를 드렸습니다. 번제 드리기를 마치자 사무엘이 왔습니다.

사무엘이 묻기를 "왕이 무슨 일을 하였습니까?"하니 사울 왕이 대답하였습니다. "내가 보니 백성이 내게서 흩어지는데 제사장께서 정한 날에 오시지 않을 뿐만 아니라 블레셋 사람들은 믹마스에 모였으므로, 내가 말하기를 '이제 블레셋 사람들이 나를 치러 길갈로 내려올 텐데 나는 여호와의 은혜를 간구하지 못했다.' 하고 부득이 번제를 드렸습니다."

사무엘이 사울에게 "왕이 어리석은 짓을 했습니다. 왕은 왕의 하나님 여호와께서 왕에게 명하신 명령을 지키지 않았습니다. 명령대로 하였다면 여호와께서 왕의 왕국을 이스라엘 위에 영원히 세우셨을 것이나, 이제는 왕의 왕국이 오래 가지 못할 것이니 여호와께서 왕에게 명령한 바를 왕이 지키지 않았으므로 여호와께서 자기 마음에 맞는 사람을 찾아서 자기 백성의 주권자로 삼으셨습니다"라고 선포하였습니다.

사울 왕은 교만하여 하나님이 정하여 명하신 말씀 밖으로 넘어갔습니다.

또 한번은 아말렉 사람과 그 중에 있는 모든 것을 진멸하라는 하나님의 말씀이 선지자 사무엘을 통해 사울 왕에게 전달되었습니다. 그러나 사울 왕은 아말렉의 왕 아각을 죽이지 않고 체포하였으며, 살찌고 좋은 양들은 죽이지 않고 탈취했습니다.

하나님의 보내심을 받아 현장에 도착한 사무엘 선지자가 하나님의 선고를 전했습니다. "이는 거역하는 것은 사술의 죄와 같고 완고한 것은 사신 우상에게 절하는 죄와 같음이라 왕이 여호와의 말씀을 버렸으므로 여호와께서도 왕을 버려 왕이 되지 못하게 하셨습니다."

사울은 왕이 된 후에 마치 자기가 잘나서 왕이 된 것 같은 착각에 빠져서 교만하게 되어 하나님의 말씀 밖으로 넘어갔습니다. 말씀 밖으로 넘어간 것은 '말씀을 버린' 것과 같습니다.

다음으로, 하나님의 말씀 밖으로 넘어가지 아니한 사람들의 예를 살펴봅시다.

첫째, 성경에 등장하는 인물들 중에 노아와 아브라함의 예를 들어 보겠습니다.

아담부터 노아에 이르기까지 경건한 신앙을 가진 사람은 소수였습니다. 아벨, 셋, 에노스, 에녹은 홍수 이전 사람들 중에 특출한 사람들이었습니다. 하나님을 전심으로 경외하였습니다.

노아 당시에는 온 세상이 죄악으로 가득 찼습니다. 하나님께서 세상을 홍수로 멸하시기로 작정하셨습니다. 이를 노아에게 알리시고 방주를 예비하라고 말씀하셨습니다.

노아는 사람들의 비난이나 비웃음을 개의치 않았습니다. 오랜 날 동안 막대한 재산을 쏟아 부으며 엄청난 규모의 방주를 만들었습니다. 당시의 상황을 상상해 보십시오. 결코 쉬운 일이 아닙니다. 그러나 노아는 하나님이 명하신 말씀 밖으로 나가지 않았습니다. 온전히 말씀 안에서 행하였습니다. 말씀대로 믿고 말씀대로 순종하였습니다.

아브라함은 "네 본토 친척 아비 집을 떠나 내가 네게 보일 땅으로 가라"하시는 말씀을 듣고 곧 순종하였습니다. 갈 바를 알지 못하고 출발했습니다. 매일 하나님의 말씀에 귀를 기울이고 말씀을 좇아 행하였습니다. 그는 말씀 밖으로 나가지 않았습니다.

하나님은 사람들이 하나님의 뜻을 더욱 자세하게 알 수 있도록 배려하셨습니다. 이를 위해 하나님은 모세를 통하여 아브라함의 자손들에게 율법과 계명을 주셨습니다. 하나님의 주신 율법과 계명으로 인하여 이스라엘 자손들은 하나님이 정하신 제한이 무엇이며 어디까지 인가를 더 자세히 알게 되었습니다.

교회시대에 와서는 사도들을 통하여 기록된 말씀까지 우리에게 주셨습니다. 그리하여 성령강림 이후 말세를 살아가는 사람들은 신구약 성경을 가지게 되었습니다. 인쇄술의 발달과 활발한 선교활동으로 수많은 사람이 하나님의 말씀을 접하게 되었습니다.

말세지 말에 처한 오늘 날은 전파를 사용하는 정보통신 기기들의 발달로 인하여 실로 온 세상 만민에게 하나님의 말씀이 전파되었습니다.

그리하여 하나님이 인생들에게 '하라' 또는 '하지 마라'고 하신 말씀이 어느 때 보다 더 분명하게 알려졌습니다.

하나님이 정하여 명하신 말씀을 알고 그 한정하신 말씀 안에 거하는 것 이것이 참된 성공과 승리와 행복의 법칙입니다.

죄 사함과 영생을 얻고 하나님의 자녀가 되려면 하나님이 정하신 말씀 안에 있어야 합니다.

"하나님이 세상을 이처럼 사랑하사 독생자를 주셨으니 이는 저를 믿는 자마다 멸망치 않고 영생을 얻게 하려 하심이니라"

"영접하는 자 곧 그 이름을 믿는 자들에게는 하나님의 자녀가 되는 권세를 주셨으니"

"예수께서 가라사대 내가 곧 길이요 진리요 생명이니 나로 말미암지 않고는 아버지께로 올 자가 없느니라"

"다른 이로서는 구원을 얻을 수 없나니 천하 인간에 구원을 얻을 만한 다른 이름을 우리에게 주신 일이 없음이니라"

'기록된 말씀 안에 거하라' '예수 그리스도 안에만 거하라' 이것이 영생과 구원의 법칙입니다. 〈그리스도 예수 안에〉라는 말씀이 바울 서신에 164회나 기록되었습니다.

자신이 종교다원주의, 신신학, 자유주의 신학을 수용(受容)하면서도

'기록한 말씀 안에, 그리스도 안에' 있다고 생각하는 것은 망상입니다. WCC를 두둔하고 변호하면서도 '기록된 말씀 안에, 그리스도 안에' 있다고 생각하는 것은 망상입니다. 무신론적 유물론에 기반한 공산주의 체제는 기독교회를 제거하고 그리스도인을 멸합니다. 그러므로 공산주의자를 존경하면서 그리스도 안에 있다고 생각하는 것은 망상입니다.

만일 그러한 사실이 있었다면 이를 통한하게 여기고 회개해야 합니다. 종교다원주의와 공산주의의 실상을 공개적으로 알리고 지탄해야 합니다. 그러하지 않으면 진정한 회개를 한 것이 아닙니다. 참된 믿음을 가진 것이 아닙니다.

바벨론의 느부갓네살 왕은 히브리 청년 사드락 메삭 아벳느고가 왕의 금 신상에게 절하지 아니한 연고로 그들을 결박하여 용광로에 던져 넣게 하였습니다. 그런데 놀랍게도 그들이 용광로 안에서 타지 않으므로 가까이 가서 그들을 불러 내어 살펴보니 아무 이상이 없었습니다.

크게 감동한 느부갓네살이 말하기를 "사드락과 메삭과 아벳느고의 하나님을 찬송할지로다 그가 그 사자를 보내사 자기를 의뢰하고 그 몸을 버려서 왕의 명을 거역하고 그 하나님밖에는 다른 신을 섬기지 아니하며 그에게 절하지 아니한 종들을 구원하셨도다 그러므로 내가 이제 조서를 내리노니 각 백성과 각 나라와 각 방언하는 자가 무릇 사드락과 메삭과 아벳느고의 하나님께 설만히 말하거든 그 몸을 쪼개고 그 집으로 거름터를 삼을지니 이는 이같이 사람을 구원할 다른 신이 없음이니라."(단3:28,29) 하였습니다.

바벨론이 패망하한 후 바벨론을 다스린 다리오 왕은 다니엘을 시기한 사람들의 참소로 인하여 본의는 아니나 부득이 그가 총애하는 다니엘을 사자 굴에 던져 넣는 처벌을 하였습니다. 그러나 왕이 다니엘에게 이르기를 너의 항상 섬기는 네 하나님이 너를 구원하시리라 하였습니다.

이튿날에 왕이 새벽에 일어나 급히 사자 굴로 가서 다니엘이 든 굴에 가까이 이르러서 슬피 소리 질러 '하나님의 종 다니엘아 네가 항상 섬기는 네 하나님이 사자들에게서 능히 너를 구원하셨느냐"하였습니다.

그러자 다니엘이 왕에게 아뢰기를 '왕이여 원하건대 왕은 만수무강 하옵소서 나의 하나님이 이미 그의 천사를 보내어 사자들의 입을 봉하셨으므로 사자들이 나를 상해하지 못하였사오니 이는 나의 무죄함이 그 앞에 명백함이오며 또 왕이여 나는 왕에게도 해를 끼치지 아니하였나이다' 하였습니다.

왕이 심히 기뻐서 명하여 다니엘을 굴에서 올리라 하여 살펴보니 그의 몸이 조금도 상하지 아니하였습니다.

이를 본 왕이 명을 내려 다니엘을 참소한 사람들을 끌어오게 하고 그들을 그 처자들과 함께 사자 굴에 던져 넣게 하였더니 그들이 굴 밑에 닿기 전에 사자가 곧 그들을 움켜서 그 뼈까지도 부스러뜨렸습니다.

이에 다리오 왕이 온 땅에 있는 모든 백성과 나라들과 각 방언하는 자들에게 다음과 같은 조서를 내렸습니다.

"원컨대 많은 평강이 너희에게 있을지어다 내가 이제 조서를 내리노라 내 나라 관할 아래 있는 사람들은 다 다니엘의 하나님 앞에서 떨며 두려워할지니 그는 사시는 하나님이시요 영원히 변치 않으실 자시며 그 나라는 망하지 아니할 것이요 그 권세는 무궁할 것이며 그는 구원도 하시며 건져내기도 하시며 하늘에서든지 땅에서든지 이적과 기사를 행하시는 자로서 다니엘을 구원하여 사자의 입에서 벗어나게 하셨음이니라"(단6:25-27)

느부갓네살 왕과 다리오 왕의 명령과 조서 내용을 보니 더할 나위 없는 훌륭한 신앙고백입니다. 그들이 과연 참된 회개와 믿음으로 이런 조서를 내렸다면 분명코 그들이 섬겨왔던 신전과 신상을 버렸을 것입니다. 그런데 그런 일은 없습니다. 그들은 종교 다원주의자 였습니다.

참된 회개를 한 사람, 참된 믿음을 가진 사람은 구원의 복음에 관하여 이

중적 말과 처신을 하지 않습니다. 그런 행위를 하는 것이 불가능합니다.

우상을 배격하지 않으면서 한편으로는 예루살렘 성전에서 제사 드리는 자를 하나님은 가증하게 여기셨습니다. 그로 인하여 이스라엘과 유다가 하나님의 징벌을 받아 망하였습니다. 왕과 백성은 죽임을 당하거나 포로 되어 끌려갔습니다.

어찌하여 율법과 예언을 받은 이스라엘이 이런 행위를 하였습니까? 어찌하여 오늘 날 소위 성직자와 신자들이 종교다원, 종교혼합, 종교일치 주의자들의 종교 행사와 조직에 합류하면서 하나님을 두려워하지 않습니까?

하나님의 말씀에 대하여 "반신반의"와 "설마"라는 자기 중심의 해석을 하기 때문입니다. 탐심 때문입니다. 교만 때문입니다.

어떤 사람이라도 하나님의 말씀 안에 거하면서 동시에 말씀 밖에도 거할 수는 없습니다. 하나님께서 이를 인정치 않으십니다.

두 마음을 품어 정함이 없는 자가 하나님을 속이려고 들지만 이는 스스로 속이는 것에 불과합니다. "스스로 속이지 말라 하나님은 만홀히 여김을 받지 아니하시나니…"(갈6:7) 하였습니다.

우직하다는 말을 들어도 노아와 아브라함처럼 하나님의 말씀 밖으로 나가지 않고 말씀 안에만 거하여야 합니다. 성공자과 승리자와 행복자란 하나님 말씀 안에만 거하는 자에게 주어지는 명예로운 칭호입니다. 이는 하나님이 주시는 명예이며 선물이요 상급입니다.

예수께서 친히 말씀하시기를 "인자가 올 때에 세상에서 믿음을 보겠느냐"하였습니다. 이 믿음이란 하나님의 말씀에 부합(符合)하는 믿음입니다. 유혹과 핍박과 환난 중에도 하나님 말씀 밖으로 넘어가지 않는 믿음입니다.

改革主義神學에 生命불어넣기
- A. Kuyper의 롤모델을 中心으로

정 성 구 박사
전 총신대 · 대신대 총장,
한국 칼빈주의연구원장

Ⅰ. 서설

한국장로교 선교 130주년에 즈음해서 참된 개혁주의 신학과 신앙의 부흥이 요구되는 이때에, 필자는 이 논제를 통해서 모든 개혁주의 학자들이 개혁주의 신학의 본래 모습이 생명신학임을 재확인하고 모든 신학자들과 목회자들이 한국교회에 커다란 공헌을 할 수 있기를 바라면서 이 글을 발전시켜 보려고 한다.

Ⅱ. 본론

1. 성경과 교회사의 고비마다 항상 생명운동이 있었다.

구약성경에 선지자들의 메시지는 항상 화석화된 이스라엘 종교가들에게 〈들으라〉, 〈돌아오라〉, 〈찾으라〉하면서 회개를 촉구했다. 종교인이 되는 것이 곧 신앙인이 된다는 것이 아니라는 것을 선지자들은 불같이 외치고 있다. 결국 선지자들은 냉랭하고 의식적이고 형식적이고 싸늘한 종교에서 진실로 하나님께 돌아와서 영적으로 회복하고 생명 있는 신앙을 가지라고 외쳤다.

말하자면 선지자들의 외침은 생명운동이다. 신약성경에도 예수님의 메시지, 세례요한의 메시지, 바울의 메시지, 베드로의 메시지도 결국은 화석화된 서기관과 바리세인들이 논리와 주장만 있고 진실로 하나님 앞에 살지 못한 사람들을 책망하고, 개인뿐 아니라 구조적인 문제 재기를 통해서 생명의 운동으로 가기를 원했다.

교회사를 살펴보더라도 교회가 세속화되고 신학이 자유화되어 생명을 잃어버렸을 때 하나님께서는 그때마다 주의 신실한 종들을 일으켜서 역사의 물줄기를 되돌려 놓았다. 그 대표적인 사건이 종교개혁운동이다. 종교개혁 운동은 말씀회복 운동이자 신앙운동이고, 은혜운동이며 생명운동이었다. 그런데 칼빈과 루터의 차이점은 루터는 가슴이 뜨겁고, 영성이 풍부하고 열정이 넘쳤으나 가슴이 뜨거운 사람의 약점은 논리성과 합리성이 부족하다. 그러므로 루터는 종교개혁자 이었지만 개혁주의 신학자의 반열에는 서지 못했다. 그러나 칼빈은 그 당시 화석화된 가톨릭신학과 교회를 논리적으로 합리적으로 예민하게 비판하면서도 철저히 말씀중심의 신학체계와 성경강해를 통해서 개혁주의 신학을 수립하고 오늘의 개혁교회의 틀을 놓았다. 그는 신학자였지만 위대한 목회자요 강해설교자였다. 그리고 그는 교육가이자 주석가이고 기독교 강요를 썼다. 그리고 칼빈은 성경적 영성의 소유자였다. 최근 한국에는 영성에 대한 오해가 많고 영성에 대한 정의마저 분명치 않다. 감성이 곧 영성은 아니다

그러므로 감성을 영적인 것으로 혼돈되는 것을 경계해야 한다. 필자 나름대로의 정의는 영성이란 하나님의 말씀과 성령의 사역에 민감하게 반응할 줄 아는 것이 영성이다. 잘못된 영성운동은 생명운동으로 나갈 수가 결코 없다. 그러므로 칼빈은 신비주의자들의 폐해를 수도 없이 지적했고 신학자들의 문제가 얼마나 큰가를 여러 곳에서 지적하고 있다.

오늘처럼 자유주의 신학이 창궐한 이때에 우리는 더욱 확고하게 개혁주의 신학을 붙들되, 신학자들의 부족과 연약과기도 없음을 회개하

고 하나님께 더 가까이 가는 운동이 있어야 할 것이다.

2. 아브라함 카이퍼의 칼빈주의 생명신학 모델

아브라함 카이퍼는 요한 칼빈 이후 300년 만에 나타나서 개혁주의 신학을 부흥시키고 칼빈의 사상을 복원한 칼빈주의 신학자이다. 그는 대 목회자이자, 대 설교가 이며, 칼빈주의 신학을 다시 부흥시키고 삶의 전 영역에 하나님의 주권(主權)과 그리스도의 왕권(Pro Rege)을 세우기 위해서 영역주권(Souvereiniteitvan eigen kring)사상을 발표하고, 쁘라야 대학교(Vrije Universiteit)를 세워 개혁주의 목회자를 배출하고 칼빈주의적 세계관을 가진 인재를 양성해서 각계각층에서 소명(Roeping)을 가진 학자들과 지도자를 키워냈다. 그리고 카이퍼 박사는 자유주의 신학자들과 자유주의 신학을 변호하고 엄호하는 국가교회를 개혁해서 재개혁교회(Gereformeerde Kerk)를 세웠다. 뿐만 아니라 카이퍼는 자신이 하원의원, 상원의원, 수상의 자리에 올라 삶의 전 영역에 하나님의 영광과 주권을 세우는 일에 일생을 보냈다. 뿐만 아니라 그는 일간지 더 스텐다드(De Standaard)지와 주간지 더 헤라우트(De Heraut)지를 창간해서 50여 년간 주필로 활동했고 223권의 크고 작은 책을 써서 교회를 깨우고 사람들의 잠자는 심령을 깨웠다. 그러므로 카이퍼의 개혁주의 신학이란 차디찬 논리가 아니라 생명이 넘치고 얼마나 역동적이며, 얼마나 적극적인가를 보여주는 롤 모델이라고 할 수 있다.

① **A. 카이퍼는 당시 화석화되고 이론적인 화란 개혁신학에 생명과 활력을 불어 넣었다.**

카이퍼의 비문에는 "말씀의종, 교회의 개혁자"(Bedienaar des woords, Kerk Reformator)라고 기록되어 있다. 카이퍼는 위대한 개혁신학자이자, 정치가요, 대학의 설립자이고, 불굴의 저널리스트이고 칼빈의 사상을 본받아 칼빈주의 세계관을 체계적으로 세운 하나님의 위대한 종이었다. 그러나 그는 역시 목사요, 설교가로서 화란 개혁 교회가 하나님의 말씀위에 굳게 서기를 바랐다. 그러나 당시 화란의 국가교회는 자유주의 사상을 받아드렸다. 그래서 카이퍼는 그의 모든 것을 다 바쳐 자유주의 신학자들과 싸웠고, 하나님의 말씀인 성경의 권위를 수호하기 위해서 한 평생 투쟁했다. 왜냐하면 당시 국가 교회는 하나님의 말씀에 기초하지 않고 인본주의 사상에 기초해서, 교회의 전승(Tradition)만 귀히 여길 뿐 형식화 의식화 되었다. 카이퍼는 이런 교회를 다시 개혁해서 하나님의 말씀을 따르는 개혁(Reformed according to the Word of God)을 함으로 생명 있는 교회, 생명 있는 신학, 생명 있는 신앙을 역설했다. 당시 화란 국가 교회는 명백히 개혁교회 (Hervormd Kerk)라고 했으나, 신학의 좌경화로 영적인 상태는 죽은 것이나 다름이 없었다. 이런 환경에서 아브라함 카이퍼는 현대주의 사상과 대결하는 전투적 지도자가 되었다. 카이퍼는 신학의 좌경화와 세속화가 곧 교회의 세속화임을 지적하고 교회개혁의 최전방에 섰다. 카이퍼는 이런 현대주의 사상의 배후에는 독일 철학자 쇼펜하우어(Arthur Schopenhauer, 1788-1860) 그리고 프레드리히 니체(Fredrich Nietzsche, 1844-1900)의 영향이 크다고 지적했다.

카이퍼가 우트레흐트(Utrecht)교회에 재임할 때 설교를 통해서 "내가 원하는 교회는 개혁주의 적이며, 민주적이며, 독립적인 것이다. 특히 교리로 잘 조직되고 공예배가 잘 이루어지고 교육이 잘 실시되며 사랑의 목회가 있는 그런 교회다."라고 했다. 그러면서 카이퍼는 성도들이 끊임없이 신앙의 순결을 지키면서 성장해 갈 것을 주문했다. 또한 카이퍼는 16세기 종교개혁자들이 주장한대로 개혁교회는 하나님 앞에서 끊임없이 개혁되어야 한다고 주장했다. 카이퍼는 칼빈 그러했던 것처럼 18세기와 19세기의 병든 교회와 신학을 향해서 성경만이 하나님의 말씀이고 교회의 진리의 기둥과 터이므로, 화석화되고 말씀에서 한참 멀어진 화란의 신학과 교회를 향해 도전하고 새로운 생명을 불어 넣었다.

② A. 카이퍼는 신학교 강의와 강단의 설교가 모두 뜨겁고 생명력이 넘쳤다.

A. 카이퍼는 약관 26세에 목사가 되었다. 이때는 명문 라이덴 대학교(Lyden University) 신학부에서 25세 나이에 신학박사(Dr. Theol)가 된 지 일 년 후였다. 카이퍼는 당대의 자유주의 신학의 거두였던 스콜덴(Prof. Dr. J. H. Scholten)아래서 공부했고 자유주의 신학의 분위기에 젖어 있었다.

그의 부친 카이퍼 목사는 비록 개혁주의 목사였지만 A. 카이퍼는 자유주의 신학을 가진 체 시골 목회지인 베이스트(Beesd)교회로 부임했다. 그런데 카이퍼는 이 교회에서 4년간 목회하는 동안 자유주의자에서 철저한 역사적 개혁주의자 곧 칼빈주의자로 새롭게 태어났다. 여기서 그는 전통적으로 칼빈의 신학과 신앙을 지키는 사람들을 만났고, 돌트신경(Dordt Canon)을 철저히 지키는 그 교회 성도들과 접하면서 변했다. 특히 그 그룹 중에 여성도인 발투스(P. Baltus)의 순교자적 신앙에 크게 감화를 받은 카이퍼는 전과는 다른 생명이 넘치고 역동적인 개혁주의 목사가 되었다. 카이퍼는 여기서 신학박사 학위 소지자라는 간판도 주의 십자가와 하나님의 말씀 앞에 내려놓게 된다. 카이퍼는 일찍이 박사 학위 논문을 쓸 때 칼빈을 연구했지만, 목양의 현장인 베이스트 교회에서 칼빈 이후 300여 년 동안 고이 간직해 내려온 칼빈의 개혁주의 사상을 체험적으로 깨달았고, 신학자로서 밑바닥까지 내려가 삶의 현장을 체험하고 영혼 사랑하는 법을 배웠다.

카이퍼는 당대의 최고의 칼빈 연구가로서 또는 19세기 칼빈주의 부흥가로 다시 태어났다. 카이퍼는 낮은 자리에서 성도들의 아픔과 눈물을 보았고 그들의 필요를 알았다. 이때로부터 카이퍼의 설교는 다듬어지고 영적으로 무르익어 갔으며 심방과 상담을 병행했다. 카이퍼의 베이스트 교회 목회 4년은 장차 위대한 개혁주의 신학자로서의 못자리가 된 셈이다.

A. 카이퍼의 두 번째 목회지는 우트레흐트(Utrecht)중앙교회였다. 우트레흐트 교회는 당대의 걸출한 정통주의 학자들이 수두룩했는데 약관 30세가 된 카이퍼가 이 거대한 교회를 담임하게 된 것은 참으로 놀라운 일이 아닐 수 없다. 우트레흐트 교회의 분위기가 부담스럽기도 했지만 한편으로 카이퍼는 정통주의 신학과 신앙으로 자리 매김하는 기회가 되었다. 우트레흐트 교회는 국가교회이니 만큼 거대한 제직회가 있었고, 11명의 부목사와 함께 일했고 지역교회는 책임목사가 따로 있었다. 카이퍼 목사의 부임 첫 설교는 "하나님께서 사람이 되심, 교회의 생활원리"(De Menschw-ording Gods; Het Levensbeginsel der kerk)란 제목으로 설교하면서 "우리는 반드시 교회를 개혁하고 새로운 교회를 세워야 합니다. 그러나 새로운 교회를 세우려면 성령께서 계시하신 교회 건설의 방법을 따라야 합니다. 또 그것은 순수해야 합니다."라고 했다.

카이퍼는 잠자던 화란 국가교회에 새로운 생명운동을 전개했고, 그가 설교 하거나 강연을 할 때는 항상 초만원을 이루었다. 카이퍼는 그냥 역동적이고 생명력이 넘치는 설교자 일뿐 아니라, 교회의 구조적 변화 곧 시스템(System)의 변화 없이는 안 된다고 질타하고 강연과 소책자 발행을 통해서 교회 개혁에 박차를 가했다. 그러나 현실에 안주하려는 기득권 세력들에게는 카이퍼는 위험하고 버거운 존재였다. 그래서 그들은 카이퍼 공포증(Kuyper Phobia)을 가졌고, 카이퍼가 총회를 벌집 쑤시는 듯하다고 해서 방화범(Firebrand)이라고 비꼬기도 했다. 30대 초반의 카이퍼가 대형교회를 맡으면서 자유주의신학과 화석화된 국가 교회를 개혁하기 위한 불같은 그의 메시지는 그를 더 큰 일터로 갈수밖에 없도록 했다.

카이퍼는 그의 나이 33세에, 화란의 수도 암스테르담, 암스테르담

중에서도 왕궁과 나란히 놓인 중앙교회 목사가 되었다. 당시 암스테르담 교회의 교인의 총수는 일만4천명이었다. 부임 첫날, A. 카이퍼 목사의 설교는 에베소서 3:17을 읽고 "뿌리가 박히고 터가 굳어진"이란 제목으로 설교했다. 그는 이 설교에서 교회는 비 진리에 항거해야 하며 끊임없이 개혁되어야 할 것을 역설했다. 카이퍼의 메시지는 늘 새롭고 역동적이었으며 생명력이 있었다.

 카이퍼 목사의 메시지는 어느 계층에 치우치지 않고 남녀노소, 빈부의 유무에 관계없이 살아있는 말씀을 힘 있게 증거 했다. 카이퍼는 칼빈주의자요, 칼빈 연구가로서의 대학자이지만 그의 메시지는 항상 불꽃을 튀기는 역동적이고 생명력이 넘치는 카리스마가 있었다. 그래서 카이퍼의 설교는 항상 은혜가 충만한 영적인 설교였고 교리적으로 철저히 개혁주의 신학의 기초위에 서 있었다. A. 카이퍼는 대칼빈주의 신학자였지만, 그의 설교는 성경본문에 충실한 설교자였다. 그리고 그의 메시지는 신학적인 강의나 감정적인 훈계나 충동적인 설교도 아닌 영적으로 균형 잡힌 설교였다. 카이퍼의 설교는 청중들의 지 · 정 · 의 에 호소하는 설교로서 역동적이고 감동적이고 은혜가 충만했다. 카이퍼는 현대주의(Modernism) 신학과 논쟁을 벌이거나 강의를 할 때나, 대중들을 위한 설교를 할 때도 항상 생명력이 넘쳤다. 일반적으로 신학자들은 논리적으로 합리적으로 생각하기 때문에 차갑다고 생각할지 모르나 카이퍼는 불타는 논리(Logics in Fire)를 갖고 있었다. 카이퍼는 학문으로서의 신학이 하나님과 관련 없거나 · 생명력이 없으면 그것은 학문이 아니라 차라리 죄악이라고 까지 했다. 카이퍼의 논지를 인용하면 다음과 같다.

 "인간의 학문 역시 하나님께로 향하게 하는 것이 기독교 신자의 의무라고 생각한다. 학문의 한 분야 즉 신학이 하나님께 대한 지식을 목적으로 하여 그 역할을 잘 개척해 나갈 뿐 아니라, 모든 분야의 학문이 총체적으로 하나님의 영광을 드러내도록 해야 한다. 학문이 아무리 완전하고 박식하다고 해도 그것이 하나님을 따로 떼어놓고 그분의 존재에 대해서 의심을 품게 하거나 하나님을 부인하게 된다면 그것은 더 이상 학문이 아니라 죄악인 것이다. 왜냐하면 인간이 온 마음과 뜻을 다하여 우선 하나님을 사랑해야 하는 큰 계명을 거슬렀기 때문이다."라고 했다.

카이퍼는 신학이 하나님 중심한 학문이어야 하고, 삶 전체를 드리는 역동적이고 살아있는 학문이 되어야 할 것을 힘주어 말하고 있다. 즉 하나님 중심의 신학, 하나님의 영광을 들어 내지 않는 신학은 죽은 것이라고 일갈했다.

③ A. 카이퍼는 칼빈주의 신학을 신학자들의 전유물이 아니고, 모든 사람이 공유 할 수 있도록 대중화 했다.

카이퍼는 개혁주의 신학자였지만 대중 연설가이자 대중 설교자였다. 특히 카이퍼는 대중을 사로잡는 카리스마가 넘치는 설교자였다. 그런데 카이퍼는 그의 신학과 칼빈주의적 이상을 매일 매주일 쏟아내는 논설과 성경 묵상을 대중들에게 이해할 수 있도록 글을 썼다. 몇 가지 논설이 모아져서 소책자가 되고 소책자가 모여서 두꺼운 책이 되어 나왔다. 카이퍼는 대학시절 신학과 문학을 동시에 공부했을 뿐 아니라 미학(美學)과 수사학(修辭學)에 천재적이었다. 거기에다 타고난 굵은 바리톤의 음성과 사람들을 감동시키는 웅변술의 대가였다. 카이퍼는 독서광에다 문필가였다. 그의 학자적 기질은 그의 나이 23세 때 흐로닝겐(Groningen)대학에서 주최하는 학생 논문 공모전에서 폴란드의 종교 개혁자 존 라스코(John à Lasco)를 연구해서 대상인 금상을 수상했다. 이는 마치 16세기 요한 칼빈이 23세 때 〈세네카의 관용론 주석〉을 써서 학계에 인정받은 것과 비교할 수 있을 것이다. 이 논문을 발전시켜 이년 후에는 〈요한 칼빈과 요한 라스코의 교회관에 대한 역사적 신학적 비교 연구〉로 신학박사 학위를 받았다. 그 후 카이퍼 박사는 평생 223권의 크고 작은 저서를 남겼고, 학문적이고 깊이 있는 저술은 그의 명저 〈신학 백과 사전학〉(Encyclopaedie der Heilige Godgeleerdheid) 전 Ⅲ권의 방대한 저작이 있다. 그리고 교의학 강의 시간에 학생들의 필기를 모아서 다시 정리한 교의학강의(Dictaten Dogmatiek, Collegedictrten door Stude-nten Saamgesteld, 1910)전 Ⅴ권이 있다. 그밖에 그의 명저, 〈성령의 사역〉(Het Werk van den Heiligen Geest, 1886)은 De Heraut지에 3년간 연재했던 것이고, 카이퍼의 사상을 극명하게 보여준 〈일반은총론〉(De Gemeene Gratie, 1902-1904) 전3권도 De Heraut지에 3년간 연재했던 것이다. 그리고 〈그리스도의 왕권〉을 위해서 (Pro Rege of het Koningschap van Christus, 1911-1912)도 De Heraut 지에 연재됐던 것을 모은 것이다. 그 외에도 카이퍼의 대표적 명상록인 〈하나님께 가까이〉(Nabij God Te Zijn, 1908)를 비롯한 여러 명상록과 성경연구도 모두 신문에 게제 됐던 것을 다시 책으로 만들었다.

④ A. 카이퍼는 개혁주의 신학이론이 삶의 전 영역에 적용되도록 했다.

카이퍼의 사상 가운데 가장 두드러진 것은 이른바 〈영역주권〉(Souvereigniteit in eigen Kring)이란 말이다. 사실 하나님의 주권에 대한 논의는 일찍이 칼빈이 언급한바 있다. 그러므로 칼빈과 칼빈주의를 제창한 카이퍼 사이에 어떤 연속성이 있는지를 살펴야 한다. 칼빈에게 있어서, 하나님의 주권은 모든 인간, 모든 만물에 영향을 끼치지 않는 것이 없다. 하나님은 모든 피조물에 대해서 주권자이시며 통치자이시다. 하나님은 죄로 말미암아 타락한 인생조차 통치하시며, 또한 하나님은 그의 구속사(救贖史)를 관여하신다. 하나님은 인간의 삶의 전 영역에 간섭하시고 통치하시고 주관하신다는 것이다. 칼빈에게 있어서 하나님의 주권이란 만물에 대한 하나님의 절대적 지배를 뜻했다. 그런데 아브라함 카이퍼는 칼빈이 말한 하나님의 주권에 대한 포괄적인 의미를 더욱 확대하고 구체화 했다고 할 수 있다. 특히 아브라함 카이퍼는 1880년 쁘라야 대학교(Vrije Universiteit)를 세울 때 총장 취임 연설로 영역주권사상을 선포했다. 카이퍼의 연설 가운데 핵심적인 메시지는

"우리 인간이 살고 이 세상에는 모든 것을 주관 하시는 그리스도께서 '내 것이다' 라고 주장하실 수 없는 땅은 한 치도 없다"(There is not of Our haman existence over Which Christ, Who is Sovereign over all, does not cry 'mine')라고 했다.

카이퍼가 주장한 영역주권 사상을 정리하면 다음과 같다. 카이퍼는 하나님을 절대 주권자로 보고, 하나님은 인간이 살고 있는 모든 영역에 주인 되심을 선포했다. 결국 영역주권 사상은 국가, 교회, 정치, 경제, 문화, 예술, 교육, 과학, 학문 등 모든 영역을 예수 그리스도를 머리로 해서만이 존재하고 그에게 소속되어 있다는 것이다. 그러므로 각 영역은 다른 영역의 권리나 자유를 간섭하거나 침해하지 않고 자주적으로 존재하는 것이다. 이는 사도 바울이 골로새서 2:10에 말한 대로 "그는 모든 정사와 권세의 머리"이기 때문이다. 카이퍼는 주장하기를 절대적 주권자이신 하나님께서 사회내의 각각의 영역에서 제각기 법을 주었으며 각각의 영역들은 하나님으로부터 주어져 제각기의 법에 의해서 존속되도록 했다는 것이다.

흔히들 학자들의 말이 학문은 어디까지나 중립적이라고 말하는 이들이 대부분이다. 그러나 카이퍼는 이에 대해서 학문에는 중립이 없다는 것이다. 즉 하나님 중심의 세계관을 가지고 인생과 세계와 우주와 학문을 보는 것과, 인본주의나 유물주의 세계관을 가지고 학문을 보는 것과는 하늘과 땅 같은 차이가 있다는 것이다. 그것은 정치, 경제, 사회, 문화, 예술, 교육, 과학, 학문에도 꼭 같이 적용된다. 그 모든 분야에 그리스도 예수께서 왕이 되시고 주(主)가 되셔야 한다는 것이다.

아브라함 카이퍼는 신학이 단지 학문으로서의 신학이 아니고 그것

은 구체적인 삶의 영역에 꽃이 피고 열매를 맺으며 삶을 변화시켜야 한다는 것이다. 또한 이런 사상이 정치, 사회, 문화, 예술, 교육, 과학, 학문에 핵심적인 사상으로 자리매김 할 것을 주장했다. 1880년 10월20일 뿌라야 대학교 설립 겸 총장 취임연설에서 불꽃같은 메시지로 청중을 사로잡고 영역주권 사상을 선포하면서 다음과 같은 확신을 했다.

"우리는 영역주권이 우리 대학을 탄생시킨 자극제가 된 것을 보았으며, 우리에게는 영역주권이 또한 모든 학문을 번성케 할 것이라는 국왕의 약속이기도 하다는 것을 분명히 말씀드린다. 나는 영역 주권 사상을 우리의 신조로, 개혁교회의 신조로 허락받은 일이 남아 있다고 본다. …나는 이 연설에서 그것을 강력히 주장한다. 따라서 나는 성경의 요구와 요한 칼빈(John Calvin)이 보여준 정통을 따라서 나는 하나님의 주권을 전면에 내세웠다. 왜냐하면 그것만이 우리를 자극해서 기본적으로 인간의 모든 두려움과 심지어는 사탄이 주는 모든 두려움까지 극복하기 때문이다. 만약 어떤 사람이 나에게 정말로 '영역주권'이라 개념이 성경적인 핵심인 동시에, 그것이 개혁교회 성도들에게 생활이 중심이냐고 묻는다면, 나는 그에게 제일 먼저 성경의 나타난 신앙의 기본원리를 생각 하라고 할 것이다."라고 했다. 카이퍼의 주장의 핵심은 영역주권 사상은 성경과 칼빈 신학의 중심이라는 것이다. 하나님께서는 만유와 만사의 주인이시며, 예수 그리스도는 우리의 삶의 모든 영역에 왕이라는 확신이었다.

⑤ A. 카이퍼처럼 모든 신학자는 〈성령의 신학자〉가 되어야 한다.

칼빈을 성령의 신학자로 부르듯이, 카이퍼도 역시 성령의 신학자라고 할 수 있다. 흔히 카이퍼 연구가들은 카이퍼의 일반은총론과 정치가로서의 카이퍼를 지나치게 강조한 나머지 성령의 신학자로서의 카이퍼를 제대로 다루지 못하고 있다. 그런데 아브라함 카이퍼는 칼빈 이후 300년 만에 나타난 위대한 성령의 신학자였다. 카이퍼가 쓴 방대한 900페이지도 넘는 「성령의 사역」〈Het werk van den Heiligen Geest)은 칼빈이나 오웬의 성령론을 뛰어넘어 훨씬 더 광활하고 대중적으로 쉽게 다가갔다. 이 책은 본래 1883년 9월2일부터 1886년 7월4일까지 3년 동안 주간지 De Heraut지에 논설로 연재 되었던 것을 모은 책이다. 성령론을 기독교 대중잡지에 게제 한다는 것 자체가 파격적이다.

그는 신학을 풀어서 대중들에게 이해되고 감동을 주는 생명의 신학을 만들어갔다. 카이퍼의 성령론이 대중들에게 다가가고 이해되는 말로 썼기 때문에 어떤 이들은 카이퍼가 학문성이 부족하다는 평가도 한다. 그러나 비·비·워필드(B. B. Warfield)는 말하기를 카이퍼의 「성령의 사역」은 "확실히 학문적 정확성을 지녔으며, 다른 어떤 기독교 서적에 학문적 형태를 지닌 것보다 확실히 가치가 있다."고 했다.

이 책은 사람들로 하여금 경건한 마음을 갖게 하고, 또 이 책은 새롭고 신성한 언어로 기록되어 있기에 성령의 사역에 대한 분명한 지식을 가르쳐 준다. 그 뿐만 아니라 이 책에는 성령 하나님 안에서 영속적이고 행복스런 안정감을 준다. 칼빈 이후 300년 만에 나타난 카이퍼는, 성령의 사역은 유기적이고 통일적이고 풍부하고 실제적으로 가르쳐 준다.

카이퍼는 「성령의 사역」이란 책에서, 우리가 일반적으로 알고 있는 성령의 사역은 개인의 영적감화 정도가 아니라, 성령 하나님은 창조, 구속, 보존, 성화에 이르기까지 실로 광범한 사역에 역사 하신다는 사실을 알 수 있다. 특히 그는 존 오웬의 저서를 높이 평가 하면서 종교 개혁 시대부터 그때까지 나온 80여권의 책을 탐독하고 이 책을 집필했다. 카이퍼의 책 총론 부분에 언급한 내용을 요약하면 다음과 같다. 즉 우리는 성령의 사역을 하나님의 형상을 따라서 지어진 택한 자들을 새롭게 하는 정도로 이해해서는 안 된다고 했다. 성령의 사역은 말씀의 성육신과 메시야 사역까지를 포괄한다. 따라서 성령의 사역은 하늘과 땅의 모든 만물과 상관되지 않을 수 없다. (het werk der Heiligen gee-nter moet ook raken heel heir oles hemels en der aarde)고 했다. 카이퍼에게 있어서 성령의 사역은 너무나 방대하다. 성령은 예수 그리스도의 성육신에 관여하고, 성경의 기록, 교회의 탄생, 천지창조에 관여하셨다는 것이다. 그리고 장차는 예수의 재림과 최후의 심판까지 관여하실 것이다. 또 성령의 사역으로 말미암아 구원은 하나님의 영원한 주권적 은혜로(Eeuwiglijk Vrijmachtege Genade)로 얻어지는 것이라고 했다. 따라서 카이퍼 박사는 성령의 사역 교리를 개혁주의 신앙의 기본원리 (Het Gereformeerde Grondbeginsel)라고 주장했다.

1898년 카이퍼가 프린스턴 신학교의 스톤강좌인 칼빈주의 강연(Lecture on Calvinism)을 할 때 그의 마지막 말은 매우 인상적이다. 즉 살아계신 하나님의 성령을 받지 아니하면 칼빈주의도 무력하다는 요지의 메시지는 카이퍼가 성령의 사역에 관하여 얼마나 폭넓은 시각을 갖고 있는가를 보여준다.

달리 말하면 개혁주의 신학도 성령께서 함께 하시지 않으면 그것은 무력한 신학이 될 수밖에 없다는 뜻이겠다. 개혁주의 신학이 생명력 있고 역동성이 있고 살아 움직이는 신학이 되려면 신학을 가르치는 자가 먼저 성령의 도우심과 인도를 받을 뿐 아니라 신학을 가르치는 자가 성령의 뜨거운 체험을 가져야 함은 두말할 필요가 없다. 그런데 성령의 체험적인 은혜는 바로 하나님의 말씀과 더불어 역사해야 한다.

카이퍼 박사의 학위논문이 「칼빈과 존 라스코의 교회론 비교연구」였고, 카이퍼는 칼빈 신학의 열매요 결정체인 돌트신경(Canon of Dordt)과 벨직 신앙고백서(Belgic Conf-ession of Faith)가 그의 신학의 주축을 이루었다. 특히 카이퍼의 「성령의 사역」에서 말씀과 성령은 더불어 역사 한다는 논리는 칼빈과 완전히 일치하고 있다. 이에 대한 카이퍼의 입장은 다음과 같다.

"성경은 성령님의 주요 예술품이라는 것과 성령께서 성경을 교회에 주셨고, 교회는 성경을 도구로 사용한다. 이제는 성경이 하나님의 모든 섭리를 계시하고 있기 때문에 그것에 아무것도 추가 할 수 없다. 누가 감히 이런 생명의 책을 감하고 보태며, 신적 세계의 사상을 밝힐 수가 있겠는가?"라고 했다.

카이퍼는 성경을 생명의 책 또는 영적 생명이란 말을 쓰면서, 말씀의 배후에는 성령의 역사가 뒤 따른다고 했다. 카이퍼는 성령의 영감으로 기록된 하나님의 말씀에 대해서 중요한 진리를 지적했다. 그러면서 카이퍼는 성령의 영감에 대해서 다음과 같이 명쾌하게 지적했다.

⑥ 카이퍼는 칼빈주의 신학이론이 선교와 경건과 뜨거운 기도로 점화되어 칼빈주의 신학의 부흥을 가져왔다.

많은 사람들은 생각하기를 개혁주의 신학은 하나님의 주권과 하나님의 움직일 수 없는 섭리만 주장하고 인간의 책임은 무시하기에 선교와 무관하다고 한다. 그래서 칼빈주의자는 그 성격으로 볼 때, 신앙 지상주의가 되었고 교리 수호를 지나치게 주장한 나머지 이방인 선교에 대해서 무심하기 짝이 없다고 생각했다. 그러나 실제로 종교개혁자 요한 칼빈(John Calvin)은 선교의 프런티어였고 새로운 선교 패러다임을 만들었다. 예컨대 1559년에 칼빈이 세운 제네바 아카데미(Geneva Academy)는 개혁신학의 센터였지만 동시에 국제 선교 훈련 센터라고 할 수 있다. 칼빈은 유럽 각국에서 온 개혁주의 신앙을 가진 청년들을 철저히 훈련시켜 자기 모국으로 보내어 선교하도록 한 것이다.

칼빈의 개혁주의 신학의 맥을 이은 아브라함 카이퍼는 선교에 어떤 이론을 세웠는지 살펴보자. 카이퍼는 그의 명저 「신학백과사전학(Encyclopaedie van Heilige Godgleerd-heid)에서 선교학이란 말을 푸로스테틱(Prosthetic)이라고 했다. 이 말의 뜻은 행 2:41,

5:14, 11:24등에서 사용된 헬라어 προστέθησαυ에서 나온 말로서 '점점 많아진다', '증가한다'는 뜻을 갖고 있다. 이 용어는 카이퍼 이후에는 잘 쓰지 않았다. 근대 선교신학의 선구자인 구스타브 바르넥(Gustav Warneck)이 1897년 「복음적 선교학」(Evangelsiche missionslehre)을 출판했는데, 카이퍼는 그보다 3년 전인 1894년에 선교 이론을 세웠으니 카이퍼야 말로 근대 선교의 기초자라고 할 수 있다.

실제로 카이퍼 박사는 1871년 9월6일 제 11회 화란 개혁주의 선교협의회 연례 선교 축제의 대회 전야 연설에서 자신의 기본적 선교 정책을 담았다. 카이퍼는 선교가 개인의 사역이 되어서는 안 되고, 조직된 교회가 주체가 되어야 할 것은 역설했다. 왜냐하면 선교는 그리스도께서 그의 몸 된 교회에 주신 사명이기 때문이라고 했다.

카이퍼 박사가 선교에 대한 원칙과 방법론을 제시한 것은 그 후에도 1873년, 1890년, 1896년 여러 차례 있었다. 카이퍼의 전기 작가 룰만(J. C. Rullman)은 1896년 미들벍 총회에서 한 카이퍼의 메시지가 후일 "개혁주의 선교 정책의 대헌장"(In laten tijd de Magna Charta van Gereformeerde Zending Geheeten)이라고 말했다. 그리고 카이퍼는 기회 있을 때마다 교회의 개혁을 부르짖었다. 즉 교회의 사명이 주의 복음을 땅 끝까지 증거 하는 것이었다. 그는 개혁 교회의 목표대로 무엇을 하든지 하나님 중심, 성경중심, 교회중심이 되어야 한다고 했다. 카이퍼의 선교적 메시지를 요약하면, 선교사역은 하나님의 영광과 하나님의 주권적 사역이라는 것이다. 구원은 인간의 자력(自力)으로 되어지는 것이 아니고 하나님의 절대 주권적 역사와 더불어, 하나님의 거저주시는 은혜 때문에 가능하다는 것이다. 또한 카이퍼는 선교사역을 수행할 권리와 의무는 각 지역교회에 있다고 보았다. 뿐만 아니라 카이퍼는 주장하기를, 선교사로 지원 하는 자는 파송하는 교회의 목사 이상으로 철저한 신학교육과 영적 훈련을 제대로 받아야 한다고 했다. 그리고 선교사 훈련을 위한 기구를 세우고 언어와 문화 등 실제적 훈련을 해야 한다는 카이퍼의 지론은 1910년 에딘버러 국제 선교대회보다 약 20년이 빠른 선교의 비전이었다. 사실 선교를 지향하지 않는 신학은 죽은 신학이다. 그리고 말씀을 증거하는 설교를 지향하지 않는 신학은 생명력이 없다. 아브라함 카이퍼! 그는 칼빈의 신학을 재건하고 칼빈주의 사상을 더욱 체계화하고 활성화하고 대중화하는 신학자로서 살면서도, 개혁주의 신학이 항상 선교 지향적인 생명 있는 신학이 될 것을 요구했다.

아브라함 카이퍼는 칼빈에 비해서 경건의 의미가 보다 진취적이며 적극적이다. 카이퍼에게 있어서 경건이란 하나님의 일을 하는 것이다. 하나님의 일에 손을 놓고 있는 것이 경건이 아니고, 하나님이 힘 주심을 바라보면서 보다 적극적으로 일하는 것이다. 또 그리스도인의 경건이란 인내를 통해서 나타난다. 그리고 성령의 능력으로 사는 것이 경건이라고 했다. 뿐만 아니라 카이퍼에 있어서 경건이란 말씀을 따라 사는 것을 경건으로 이해했다.

카이퍼가 말한 경건의 훈련 또는 경건의 의미는 하나님 앞에서 사는 것이다. 이점에 있어서 카이퍼의 경건의 신학은 칼빈과 다르지 않다. 그러나 카이퍼의 경건의 삶이란 단순히 하나님을 향한 마음의 상태거나, 내면적 믿음에 머물지 않는다. 카이퍼는 경건의 여러 덕목들 온유, 인내, 사랑, 용서 등 모두가 훌륭하지만 그것이 그냥 상대적으로 머물러 있어서는 안 된다는 것이다. 우리가 사는 세상은 마귀와 일전을 벌리고 있는 전쟁터 이다. 전쟁터에는 이기지 못하면 죽는 것이다. 생사기로에선 그리스도인으로서 죄와 세상과 사탄을 이기기 위해서 싸워야 한다고 했다. 우리는 연약 하지만 하나님의 은혜와 구속을 믿고 성령의 능력으로 하나님의 말씀으로 싸워서 승리를 쟁취하는 것이 경건으로 보았다. 개혁주의 신학자들의 자기 방어적이고 소심함에서 벗어나서 더욱 적극적으로 하나님의 영광과 진리를 위해 투쟁의 최전방에 서자는 것이다. 이러할 때 개혁주의 신학은 보다 생명력 있고 역동적인 신학이 될 수 있다.

Ⅲ. 결론과 제안

　필자는 이글에서〈改革神學에 生命불어넣기 -아브라함 카이퍼의 롤 모델을 중심으로-〉라는 주제로 살펴보았다. 근자에 들어와서 개혁주의 신학을 가르치던 나라들에서 그 옛날 영화를 잃어가고 있고, 서구 신학이 역사적 개혁주의 신학에서 점점 멀어지는 시대에 살고 있다. 온 세상은 거의 에큐메니칼 신학 즉 종교학이 신학을 대신하고 있는 이때에, 한국 교회에서는 개혁주의 신학에 생명 불어 넣기를 주제로 삼고 토의하는 그 자체만 해도 희망적이요 축복이라고 생각한다. 최근 필자의 졸저인〈아브라함 카이퍼의 사상과 삶〉이 영문으로 번역되어 미국 개혁교회 및 장로교 신학교들의 교과서로 사용되려는 움직임은 한국교회의 개혁주의 신학과 신앙운동의 청신호로 보여 진다. 필자가 본고에서 개혁주의 신학에 생명불어 넣기의 롤 모델로 아브라함 카이퍼를 선택한 이유는 그는 위대한 개혁주의 신학자이면서 영적으로 충만하고 뜨거운 가슴으로 외치면서 교회와 세상의 변화와 개혁을 함께 추진했기 때문이다. 그는 신학 이론에 머물지 않고 삶의 전 영역에 하나님의 주권, 그리스도의 왕권을 세우기 위한 거룩한 투쟁을 했기 때문이다. 우리가 물려받은 개혁주의 신학의 유산은 박제화되거나 화석화 된 것이 아니라 처음부터 역동적이고 생명이 넘치는 신학이라는 사실이다.

　문제는 오늘의 신학자들이 그것을 옳게 깨닫고 있는가 함이다. 한국에 전달된 개혁주의 신학은 박형룡, 박윤선 박사 등에 의해서이다. 필자는 1962년부터 박윤선 박사와 함께 사역하고 그의 주석에 교정을 보며, 그의 일에 4반세기를 보필했다. 박윤선 목사는 위대한 주석가 이였지만 그의 설교 그의 강의는 생명을 걸었고 모든 이들에게 뜨거운 영감을 주었으며, 그는 위대한 주석가요, 신학자였다. 기도의 사람, 말씀의 사람이었다. 그는 신학자이지만 설교를 좋아하고 평생토록 기도하기를 쉬지 않았다. 개혁주의 신학이 생명을 잃은 것이 아니다 아마 신학자들이 이론 신학만을 전달하는 것에 그치다보니 개혁주의 신학의 감격과 확신을 잃어버렸을 것이다. 그러므로 개혁주의 신학에 생명 불어넣기는 실상 우리 모든 한국교회 신학자들의 과제이자 사명으로 보아야 할 것이다. 그 좋은 모델로 위대한 칼빈주의 신학자 카이퍼를 생각했다.

포용 주의를 포용할 것인가?
– W.C.C 에 대한 한국보수 주의의 입장

정 성 구 박사
전 총신대 · 대신대 총장
한국 칼빈주의연구원장

(요14:6) 우리 교회는 포용 주의(Inclusivism)를 포용할 것인지, 아니면 역사적 개혁주의 신학과 신앙의 전통을 지킬 것인가에 기로에 서 있습니다. 세상은 발 빠르게 변하고 있습니다. 세상은 하루가 다르게 변하고 있어서, 그 변화를 따라 잡는가 아니면, 그 변화에 역행하느냐에 따라서 교회의 지형도 바뀌어 지고 있습니다.

1. 포용 주의는 포스트모더니즘에서 나왔다.

최근 우리 사회의 화두는 「포용」, 「화해」, 「더불어」, 「관용」, 「평화」, 「융합」, 「개방」, 「양극화 극복」 등 입니다. 그래서 요즈음 정치권과 언론매체들의 단골 메뉴는 「포용 사회를 만들자」, 「포용적 국가건설」, 「평화공존」, 「사람 중심의 포용 국가건설」, 「포용적 성장」 등, 이런 포용 정신으로 남북통일을 하자는 것입니다. 지난 정부는 이른바 이념과 사상을 초월해서 묻지도 따지지도 말고, 사회주의, 공산주의자와도 대화하고 통합하자는 사상이 대세를 이루고 있었습니다. 목사님들도 낙관주의 세계관으로, 북한의 주체사상이 거대한 이단 종파이고, 세계 십대 종교인 줄 모르고 평화 통일을 설교하고 노래합니다. 한국 사회는 수십 년 전부터 「열린 예배」, 「열린 교육」, 「열린음악회」, 「열린 정당」이란 말에 익숙하게 되었습니다.

포스트모더니즘(Post Modernism)의 사상에서 이런 말들의 의미는, 이 세상에는 절대적 진리나 표준이란 있을 수 없고, 모두가 상대적이어서 서로의 차이를 받아들이고 포용적 가치를 존중히 여기고 상대주의와, 다양성을 용납하자는 것이 오늘의 현실입니다. 그래서 오늘의 운동권은 「동성애」를 지지하고, 「차별금지법」을 만들려고 합니다. 이번 주간은 「돌트신경(Canon of Dordt)」이 발표된 지 꼭 403주년인데, 우리 교회는 지금 개혁주의 교리를 가르치는데 매우 무관심합니다. 그래서 목회자들은 복음과 성경 진리를 설교하기보다는 번영신학에 물들어져, 성도들에게 그저 「위로」와 「평화」, 「행복」을 말하고, 「긍정의 힘」을 설교하고 노래하고 있습니다.

현실적으로 우리 교회들은 국제기구에 가입하느냐 마느냐로 서로 의견이 엇갈리어 있는 것도 사실입니다. 어떤 이는 세계 유수 한 개혁주의 신앙을 표방하는 교단이나 신학교도 W.C.C에 가입하는 판에, 유독 우리 교회만이 시대의 흐름을 거슬러서 고립을 자초해서는 안 된다는 의견도 있습니다.

저는 이 문제에 대해 목사로서, 신앙 양심적으로 제 소신을 말씀드리려고 합니다. 사람은 그가 자란 태생적 환경과 교육에서 벗어날 수는 없습니다. 물론 저는 박형룡 박사에게서 7년을 배웠고, 박윤선 박사에게 26년 동안 측근에서 모시고 배우고 함께 살았습니다. 제가 총신에서 가르치기 시작한 것이 1967년에 교단에 섰으니 벌써 55년 되었고, 그동안 총신대와 대신대에서 12년간 총장으로 봉사했습니다. 그래서 저는 자연히 역사적 개혁주의 신학과 신앙을 지키는 데 힘써 왔습니다. 그렇다고 저는 세칭 꼴통 보수나 우물 안 개구리는 아니었습니다. 저는 전 세계 수많은 신학교와 대학을 순방했고, 수백 명의 세계의 지도급 신학자들을 만나기도 하고 교제하기도 했습니다. 부족하지만 저는 30여 년 전부터 국제적 모임에 나가기도 하고, 세계 여러 나라에 각종 강연과 설교를 해 왔습니다. 그러니 저도 앞뒤가 꽉

막힌 사람은 아니라고 자평 합니다. 사실 여러 목사님들과 장로님들께서는 W.C.C가 무엇인지 정확히 말하는 이도 많지 않을 줄 압니다. 또 W.C.C 문제는 이미 60년 전에 합동과 통합이 나누어지는 과정에서 엄청난 통증과 소용돌이를 거쳤는데, 지금 와서 왜 또다시 그 사실을 들먹이냐 하는 분도 있을 것입니다.

2. W.C.C의 배후에는 로마 카톨릭

우선 W.C.C를 움직이는 그 중심에는 로마 카톨릭이 있다는 사실을 알아야 합니다. 사람들은 왜 남의 종교에 대해서 비판하는가 하는 사람도 있습니다. 하지만 로마 카톨릭은 유사 기독교(Pseudo Christianity)요, 우리와는 다른 종교입니다. 그런데 로마 카톨릭이 1960년대부터 「종교 통합」, 「화합과 일치」, 「평화」를 앞세워서 W.C.C 안에 깊숙이 들어와 조종하고 있음을 알아야 합니다. 한국의 W.C.C 지지자들은 교회가 연합하여 하나님의 나라를 이루고 선교를 위해서 협력하는 것뿐이라고 합니다. 우리 중에서도 로마 카톨릭은 그냥 종교개혁 전에 있었던 구교(舊敎)요, 우리 기독교의 뿌리는 카톨릭이며, 로마 카톨릭은 우리의 큰 집이라고 말하는 이들도 있습니다. 그런데 지금 W.C.C에 속한 한국 교회들이 카톨릭과 「신앙과 직제」 일치를 주장하면서 카톨릭과 연합하는데 서명을 해버렸습니다.

어떤 이들은 에큐메니컬 정신이야말로 오늘 우리 시대의 정신이라고 말합니다. 하기는 1948년 W.C.C 창립 시는, 2차 세계대전이 끝나고 유럽이 완전히 파괴되어 황폐화 되었을 때, 세계 교회가 그동안 교회끼리 서로 반목하고 분열했던 것을 회개하고, 세계 교회가 연합하여 선교하자는 뜻이 있었을 것입니다. 그러나 W.C.C 1차에서 10차까지 오는 동안에 그것은 변신에 변신을 거듭하면서 괴물로 변했습니다. W.C.C는 교회 연합이 아니고 「종교연합」, 「종교통합」

기구가 된 것입니다. W.C.C는 카톨릭, 개신교, 이슬람 등 세상의 모든 종교를 통합하자는 기구입니다. 즉 W.C.C는 어떤 종교를 믿든지 결국은 구원은 똑같다는 것이며, 이른바 「종교 다원주의」(Religious Pluralism)를 표방하게 되었습니다.

W.C.C의 주장은 그리스도 중심 또는 성경 중심의 교회 연합이 결코 아닙니다. 사실 서구의 모든 종합대학의 신학부는 종교 신학(Theologia Religionis)을 가르치고, 대개가 신학부에 카톨릭 신부들이 함께 가르치고 있습니다. 우리가 W.C.C를 배격하는 것은, 그들은 우리가 말하는 교회끼리의 연합이 아니고, 「종교 통합」이기 때문입니다. 그들은 로마 카톨릭을 포용할 뿐 아니라 함께 일하고 있습니다. 그래서 우리는 로마 카톨릭의 정체를 좀 더 확실히 아는 것이 중요합니다.

W.C.C의 그 배후는 로마 카톨릭입니다. 로마 카톨릭은 정치와 종교 두 얼굴을 가진 괴물입니다. 로마 카톨릭은 성경에 없는 종교임에도 불구하고 전 세계 정치 지도자들, 기독교 지도자들이 교황을 알현하려고 안달하고 있는 것은 참으로 우스꽝스런 일입니다. 우리 교회 안에서도 로마 카톨릭을 이단으로 볼 것인가, 또는 구교 정도로 대접할 것인가에 대해서 의견이 분분하는 듯합니다. 이단이란, 말 그대로 「끝이 다르다」는 뜻입니다. 교리의 대부분은 비슷해도 성경 원리의 한 부분이라도 잘못되면 이단으로 보는데, 카톨릭은 수백, 수천 가지가 비성경적이며 복음에서 떠났습니다.

특히 그들은 제수잇(Jesuit)파를 앞세워 개신교를 박멸하는 전위 부대를 운영해 왔습니다. 저는 이미 1997년 제34회 "전국 목사·장로 기도회"(충현교회)에서 「영적 전쟁에서 살아남을 것인가?」라는 주제로 강연하면서, 로마 카톨릭은 이단이라고 선포했고, 전국의 목사, 장로들이 '아멘'으로 화답했습니다. 4세기에서 시작해서 16세기, 아니 현재까지 로마 카톨릭의 교리와 신앙은 성경에 없는 「태양신 종교」와 「바벨론 여신 사상」을 끌고 들어와 토착화시킨 것을 기독교인 것처럼 조작한 것입니다. 카톨릭은 성경에 없는 「마리아 교」, 「로마 교」이며 〈유사 기독교〉입니다. 카톨릭이 비성경적 유사 기독교라는 것은 역사적으로 다 판명되었기에, 저는 여기서 길게 말씀드릴 필요는 없을 것이지만 우선 교회 개혁자 요한 칼빈 목사(Rev. John Calvin)의 입장을 몇 가지 지적을 보면 이렇습니다.

3. 로마 카톨릭에 대한 개혁교회의 입장

"교황의 신학 전체에 대한 저주를 안심하고 비난해도 좋다. 이는 참 빛을 완전히 어둡게 하기 때문이다."(칼빈의 공동서신 주석 p.179)
"우리는 종종 카톨릭 교회 제도와 기독교가 얼마나 다른가를 강력하게 보여주고 증거 해야 한다."(칼빈의 사도행전 주석 1권 p.125)
"로마 교황청은 모든 기교와 속임수의 요새이다."(칼빈의 사돌레토에게 보내는 회신 논문 1. p.28)
"로마의 적그리스도는 일치라는 미명 아래 그에게 초대하고, … 그에 복종하지 않는 모든 사람은 분열주의라고 선언한다."(칼빈의 교황 바울 3세의 서신에 대한 비평(논문집 p.259) 등.
칼빈은 분명하게 교황을 적그리스도라고 했습니다. 500년 전에 이미 판결된 적그리스도 교황을 알현하고 그들과 하나가 되려는 교회 지도자들이 목사가 맞습니까? 이런 로마 카톨릭이 전 세계 모든 프로테스탄트 교회를 그들의 발아래 두려고 W.C.C 안에서 활동합니다. 20세기의 영적 거장 마틴 로이드 존스 박사(Dr. Lloyd Jones)는 로마 카톨릭 시스템의 간교함을 예리하게 분석하면서 조목조목 잘 지적합니다.
"로마 카톨릭 시스템은 공산주의가 자기 백성을 혼과 자유를 유린하는 것처럼, 군국주의 히틀러가 자신의 잔혹한 체제 안에서 사람들을 획일적으로 인도했던 것처럼, 자기에게 속한 신도들의 혼을 절대적으로 얽어 메고 있습니다."(Evangelical Press, 136, Rosendale Road. London, SE21 8LG. England 한역, p.24)

또 다시 로이드 존스 박사는 말하기를,

"로마 카톨릭 체제는 전적으로 공산주의보다 훨씬 위험한 체제입니다. 왜냐하면 이 체제는 위조지폐와 같이 기독교를 위조한 체제이기 때문입니다."(Ibid. p.38)

로이드 존스 박사는 더욱 확실하게 지적하기를,

"로마 카톨릭 교회야말로 위조품이요 가짜 교회이며, 가장 저질의 매춘부요 세상에서 가장 마귀적 집단이기 때문입니다"(Ibid)

설교의 왕자 챨스 스펄젼(C. H. Spurgeon 1834-1892) 목사는 말하기를,

"로마 카톨릭 교회의 이리들이 교훈을 받지 못한 양 무리들을 약탈하고 있으니, 올바른 가르침만이 우리들 속에 들어와 종횡무진하고 있는 이단들로부터 양떼들을 보호하는 것이 최선의 길이다"라고 했습니다.(C. H. Spurgeon, Ledtue to my student, Zondervan. 1954)

카톨릭 국가인 벨기에에서 20년 동안 선교하면서 로마 카톨릭을 연구한 고 구영제 선교사는, 영국의 위대한 사회 철학자이며 정치, 경제 학자인 아담 스미스(Adam Smith 1723-1790)의 명저 국부론에서,

"로마 카톨릭은 국가 정부의 권위와 안전에 반대될 뿐 아니라, 인간의 자유와 이성 및 복지에 대적하는 인류가 만들어낸 가장 가공할 만한 조직체이다"이란 말을 인용하면서 「이단은 이단이다」라고 했습니다. 그런데 에큐메니칼 학자들 중에는 옛날의 카톨릭과 오늘의 카톨릭은 다르다고 말합니다. 특히 제2 바티칸 공의회 이후로 우리를 「갈라진 형제」라고 부르면서, 마치 카톨릭이 변화된 것처럼 선전하는데, 그것은 전혀 사실이 아닙니다. 카톨릭의 전통은 절대로 변치 않습니다. 교황의 삼중 면류관이 벗겨진 것도 아니고, 마리아 숭배, 태양신 숭배

가 없어진 것도 아니고, 연옥의 불이 꺼지지 않았습니다. 그들의 모토는 「파괴하기 위해 침투하라」(Join to destroy), 「반대하기 위해 인정하라」(Agree to disagree, We agree to differ)라는 것이었습니다.

이상에서 본 것처럼, 우리가 W.C.C를 반대하는 것은, 그들이 로마 카톨릭과 가시적으로 하나가 되고, 카톨릭화 되었기 때문입니다. W.C.C는 루터와, 칼빈과, 쯔빙글리, 낙스가 발견한 진리의 대부분을 그대로 포기했습니다. W.C.C는 로마 카톨릭 교리를 묵인하면서 동반자로 함께 걷고 있습니다. 로마 카톨릭 교회는 16세기 교회 개혁 운동 시대부터 개신교에 대적하면서 개혁교회를 「이단」으로 규정하고(윤형중, 상해천주교요리상, 카톨릭교회 출판사. 1990. pp.258-259)개혁자 마틴 루터(M. Luther)와, 존 칼빈(J. Calvin)을 파문하고 「이단의 괴수」목록에 올렸습니다. 카톨릭은 개혁자들을 향해 「주의 포도원을 허문 여우」, 「이단자」, 「분리주의자」, 「그리스도의 몸을 찢은 자」라고 못 박았습니다.

로마 카톨릭의 포용 정책은 하나의 음모였습니다. 처음에 로마 카톨릭은 W.C.C의 출현을 달갑지 않게 생각했습니다. 왜냐하면 로마 카톨릭과 버금가는 거대 교회의 출현은 그들에게 위협이 될 수 있기 때문이었습니다. 하지만 제2차 바티칸 공의회(1962~1965)에서 개신교에 대한 태도를 완전히 바꾸고 1968년부터 W.C.C에 가담하면서, W.C.C를 로마 카톨릭 수하에 두려고 했습니다. 그래서 개신교 성도들을 향하여 「비카톨릭 그리스도인」이라 칭하고, 「갈라진 형제」라고 부르면서 적대 태도를 바꾸었습니다. 한편 W.C.C는 로마 카톨릭 교회가 들어오면서 개혁교회의 「하나님의 말씀 선포」자리에 「미사」를 인정했습니다. W.C.C는 로마 카톨릭과 함께, 사도신경과 니케아 신경 고백만으로 통일을 이루고, 개혁교회가 그토록 생명 바쳐 지켜온 「하나님의 거저 주시는 은총의 교리」를 포기하고, 「오직 성경」, 「오직 믿음」, 「오직 은혜」를 버리고 「종교 다원주의」, 「종교 혼합주의」로 돌아섰습니다.

그러나 로마 카톨릭은 교리도, 체제도 하나도 변함이 없습니다. 그들의 주장은 「오직 참 교회는 로마 카톨릭 밖에 없다」하고, 「화체설」을 확고히 하고, 「교황은 무오하고」, 「마리아가 중보자」란 사실을 흔들림이 없이 지키고 있습니다. 이래도 W.C.C가 나가는 길이 옳은 것입니까? 카톨릭과 종교 다원주의와 종교통합 포용주의란 이런 것입니까? 그런데 안타깝게도 W.E.A도 W.C.C와 동의하며 모든 걸음을 함께 한다고 공식 선언했습니다. 2013년 제10차 W.C.C 부산 대회에서 W.E.A 신학위원장 슈마허는 W.C.C와 적극 협력하고 궤를 같이 한다고 공식 선언했습니다.

4. 무너지는 복음주의자들

저는 W.E.A회원 교회와 지도자들이 복음적이며 훌륭한 분이 많이 있는 것을 잘 알고 있습니다. 하지만 그 회원 교회들은 거의 모두가 W.C.C 회원이란 사실을 알아야 합니다. 말하자면 W.C.C 회원이면서 동시에 W.E.A의 회원이 되는 복수 회원(Double Membership)인 셈입니다. 우리가 반대하는 것은 W.E.A의 교리나 신앙이 잘못됐다는 것이 아니고, 그들의 〈포용주의〉가 결국은 W.C.C와 로마 가톨릭을 포용하고, 결과적으로 종교통합으로 기울어졌기 때문입니다. 미국 수정교회 로버트 슐러 목사는 말하기를 "지금은 프로테스탄트 성도들이 목자인 〈교황〉에게 찾아가서 "집에 돌아 오려면 우리가 무엇을 하리까"라고 물어야 할 때다〉"(Los Angeles Herald Examiner, Sep. 19. 1987 Religion Page)라고 했습니다. 참으로 한심한 복음주의자가 아닐 수 없습니다.

로버트 슐러 목사는 복음주의자로서 미국의 개혁교회(RCA)소속 목사입니다. 즉 복음주의자이면서 가톨릭을 포용하는 것이 신복음주의입니다. 한편 신복음주의의 선두주자, 대부흥사 빌리그레함 목사는 교황 요한 바오로 2세를 가리켜 "현 시대의 가장 위대한 종교 지도자"라고 격찬했습니다. (Billy Graham, The Saturday Evening Post, Jan-Feb. 1980) 오늘날 점점 많은 수의 신복음주의자들이 카톨릭 교도들을 〈동역자〉로 받고, 카톨릭교와 복음주의자들이 함께 하는 것을 셋째 천 년에서 기독교의 사명이라고 생각하고 있습니다.(Evangelical and Catholic's together, ECT문서)

하지만 마틴 로이드 존스 목사는 말하기를, "로마 카톨릭을 대적할 수 있는 유일한 길은 성경에 입각하여 바른 교리를 가르치는 기독교뿐입니다."라고 했습니다.

존경하는 우리 교회의 목사님들과 장로님들! 이제 우리는 〈포용주의〉를 포용할 것인지 아니면, 하나님의 말씀인 성경만이 우리의 신앙과 생활의 유일한 법칙임을 믿는 개혁교회의 신앙의 전통을 바로 지킬 것인지 결단할 중요한 시기입니다. 이미 W.C.C의 배후 조종은 로마 카톨릭이고, 로마 카톨릭 중에 가장 무서운 전위 부대는 제수잇(Jesuit)이라는 것을 알고 있습니다. 제수잇은 이그나티우스 로욜라(Ignatius Loyola)가 만든 반동 종교 개혁 운동(Counter Reformation)으로, 개혁교회뿐 아니라 국제적 정치사건 배후에 공작을 하는 악랄한 조직입니다. 지금의 교황도 예수회파 요원으로 전 세계에 광명한 천사처럼 활동하고 있습니다. 그럼에도 오늘의 개신교는 로욜라가 개발한 각종 영성 프로그램들을 즐겨 사용하고 있음이 어찌된 일입니까? W.C.C의 종교 통합의 길에 W.E.A도 동반자로 가고 있기에, 우리는 이런 포용주의를 배격하려고 합니다.

역사적으로 살펴보면 콘스탄틴 대제(Constantine)가 313년 기독교를 국교로 만들고 자유를 주었습니다. 얼핏 보면 그것이 기독교의 승리처럼 보였지만, 콘스탄틴 대제는 역시 정치꾼이므로 이른바 통합의 정치를 목적으로, 또는 전도를 빌미로 삼아 로마의 「태양신 숭배」를 교회 안으로 끌어들였습니다. 그리고 바빌론 여신을 섬기는 사람들을 교회로 전도한다는 명분으로 「마리아 숭배」로 바꾸었습니다. 그러므로 로마 카톨릭은 기독교가 아니라 「마리아 교」입니다. 그들은 또한 수백 수천 가지 이방 종교를 통합했습니다. 이른바 「포용 주의」가 성경적 기독교를 괴물 로마 카톨릭으로 바꿨습니다. 그로부터 로마 카톨릭은 정치와 종교의 두 얼굴을 가진 기관으로서 유럽과 세계에 군림했습니다.

처음에는 성경적 기독교와 콘스탄틴이 만든 종교 사이가 그렇게 다르지 않는 듯 했으나 1,200년의 세월이 흐르는 동안 로마 카톨릭은 완전히 다른 종교가 되었습니다. 그래서 16세기 개혁자들이 「근원으로 돌아가자(Ad Fontes)」라고 외치면서 성경을 재발견하고 카톨릭과 결별하고, 성경적 기독교로 되돌려 놓았습니다. 그런데 지금은 거꾸로 오늘의 W.C.C는 다시 로마 카톨릭으로 되돌아가려 하고 있으니 기가 막힐 노릇입니다. 그리고 W.E.A는 신복음주의 사상에 바탕을 두고 있습니다. 신복음주의는 신정통주의와 타협하고 성경 비평을 그대로 수용합니다. 신복음주의는 빨트주의자들로서, 전도와 선교를 위한다는 명목으로 자유주의자들과 우호적, 협력적 관계를 갖고 함께 「포용 정책」을 취합니다. 자유주의자들은 우리를 근본주의자로 매도하나 우리는 성경을 하나님의 무오의 말씀으로 믿고, 하나님의 영광과 주권을 최우선 하는 역사적 개혁주의 교회입니다. W.E.A가 받아 드리는 신복음주의는 빨트주의입니다. 빨트는 성경의 모든 초자연적, 이적 기사를 믿지 않고, 다만 그 사건이 오늘을 살아가는 우리들에게 주시는 실존적 교훈이 무엇인지 받으면 된다는 것입니다. 그러니 빨트가 말하는 것은 〈역사적 기독교〉가 아닙니다.

우리 한국 교회 역사에도 「포용 주의」를 걷다가 실패한 사례를 말씀드리겠습니다. 금년은 3·1운동 100주년이었습니다. 3·1운동은 민족적 거사로서 민족의 독립을 위해서 기독교, 불교, 천도교인들이 함께 했습니다. 하지만 한국 교회 자체가 독립운동을 한 것은 아닙니다. 어느 기록에도 당회나, 노회나, 총회가 독립운동을 지도하고 독려했다는 기록은 없습니다. 다만 나라를 사랑하는 깨어있는 성도들이 3·1운동에 참여한 것은 맞습니다. 그 후 일제의 포용적 문화정책으로 한국 교회는 모두 친일로 돌아섰습니다. 1938년 제27회 대한예수교장로회는 「신사참배」를 가결하고, 총회가 끝난 후 모두가 신사에 가서 참배했습니다. 신사참배는 국가 의식일 뿐 종교의식이 아니라는 일제의 논리를 「포용」하고 타협했습니다. 물론 주기철 목사를 비롯한 신사참배 반대 운동의 지도자들이 순교의 잔을 마셨습니다.

그럼에도 불구하고 한국 장로교회는 「포용」과 「타협」으로 한국 교회를 팔아먹고, 「일본기독교 조선교단」이 되어 주일 예배 때 먼저 「동방요배」를 하고, 「대동아 전쟁 필승기원」을 하고, 「황국신민의 맹세」를 암송했습니다. 그리고 천황을 찬양하는 「우미유가바」를 부른 후 1장 찬송과 사도신경을 암송했습니다. 그러니 우리 교회는 말하자면 여호와와 바알을 동시에 섬겼던 트라우마가 있습니다. 그럼에도 불구하고 세월이 지나자 한국 장로교회들은 생명을 바쳐 순교한 분들을 아전인수(我田引水)격으로 들먹이며 저마다 자기들이 순교적 신앙 노선에 선 듯이 말하는 것은 참으로 염치없고 부끄러운 일이 아닐 수 없습니다.

그러나 역사적으로 보면 「포용 주의」를 거부하고 순수한 복음 진리를 지키려다가 순교한 성도의 수는 기독교 백과사전 통계로 1999년 현재 164,000명의 순교자가 나왔습니다. 그중에는 국가의 박해로 순교한 숫자보다, 로마 가톨릭의 「종교재판」을 통해 그리스도인들을 죽인 숫자가 더 많았습니다. 첫 번 영어성경을 번역한 존 위클립(J. Wycliff)은 부관참시 당했고, 성경을 번역한 윌리엄 틴달(W. Tyndale)은 교수형을 당했고, 프라하 대학 총장인 얀 후스(J. Hus)는 「성경만이 신앙과 생활의 유일한 법칙」임을 선포했다고 화형을 받아 순교했습니다. 벨직신경 초안자 귀도 더 브레스(Guido De Breas)는 칼빈의 개혁주의 신앙대로 고백서를 만들었다고 47세에 교수형을 당했습니다. 칼빈의 신앙을 따르는 위그노파(Huguenot)의 수장이요 장로였던 콜리니(Coligny) 장군은 1572년 로마 가톨릭과 특히 제수잇의 공작으로 순교 당했습니다. 그날 제수잇파와 도미니코파들이 성 바돌로메 축제일에 콜리니 장군의 배를 갈라 창자를 꺼내어 성당 창문에 걸고, 그날 밤 칼빈주의 신앙을 따르는 위그노파 성도 3,000명을 사살했습니다. 그리고 가톨릭의 제수잇파는 4개월 동안 수만 명 성도들의 목을 자르고, 배를 갈라 죽여서, 파리의 쎄느강을 피의 강으로 만들었습니다. 그것을 기념하여 교황청은 모든 성당에 축하의 종을 울렸습니다. 우리는 가톨릭의 교권으로 순교한 개혁교회 성도들의 피를 기억합시다.

5. 포용 주의는 포용할 수 없다.

1638년 2월 28일 스코틀랜드 에딘버러 그레이프라이어스 교회 앞마당에는 국왕 찰스1세가 「짐은 국가의 머리고 동시에 교회에서도 머리」라고 하자 1,200명의 언약도(Covenanter) 장로교인들이 모여서 지도자 알렉산더 핸더슨(Alexander Henderson) 목사님의 설교를 듣고, 그 자리에서 신앙고백을 하고 모두 서명했습니다. 그것 때문에 그들은 지붕 없는 감옥에 갇혀 모두 순교의 잔을 마셨습니다. 그때 그 「언약도들의 신앙고백과 서명 원본」은 지금 한국칼빈주의연구원 박물관에 잘 소장되어 있습니다. 이 언약도들(Covenanters)의 신앙이 우리 장로교회 뿌리입니다. 칼빈, 낙스, 멜빌, 커버넌트들이 우리 장로교회의 원줄기입니다.

존경하는 목사님들과 장로님들! 우리는 지금 「포용 주의」를 포용할 것인가 아니면, 「포용 주의」를 거부하고 개혁주의 신앙을 지킬 것인가 하는 중요한 기로에 섰습니다. 제가 2009년 파리에 가서 선교집회를 하는 중에 로마 카톨릭의 거짓됨과, 1572년 성 바돌로메의 살해 사건을 낱낱이 폭로했습니다. 그런데 마지막 날에 내 설교를 몰래 들었던 불란서 신부가 앞으로 걸어 나와 "나는 불란서를 대표할 신부도 아니고 추기경도 아니지만, 우리들의 죄를 용서해 달라"고 했습니다. 그 말을 듣고 제가 앞으로 나가서 기도하기를 "하나님 저들의 죄를 용서하여 주시지만, 또한 우리 프로테스탄트 죄도 용서해 주십시오. 개혁자들이 「Sola Scriptura」하고 카톨릭에서 나왔지만, 지금 우리는 말씀대로 증거도 못하고, 말씀대로 살지도 못했습니다. 「Sola Fide」라고 외치고 나왔지만 우리는 만유의 주 하나님, 그리고 왕이신 구주 예수를 제대로 믿지 못했습니다. 「Sola Gratia」하고 나왔지만, 우리는 하나님의 거저 주시는 은총에 대한 감격이 없어졌습니다. 「Soli Deo Gloria」하고 나왔지만, 우리는 하나님께 영광은 고사하고 하나님의 영광을 가리우는 죄를 범했습니다."라고 기도했을 때, 그날 밤 온 회중이 뒤집어지는 회개와 통회가 있었습니다.

「포용 주의」를 포용해서는 안됩니다. 오늘 우리는 개혁자들과 순교자들이 피 흘려 지켜온 생명의 복음을 등한시 하고, 세속주의와 인본주의와 짝하면서 「포용 주의」로 가려는 우리들의 연약을 회개합니다. 우리가 세계 교회에서 고립주의가 된다고 걱정하지 마십시오! 세계 각처에 우리와 같은 신앙을 가진 사람들이 참으로 많습니다. 한국의 모든 장로교회들은 지금 합동측 교회가 어디로 가는지를 눈을 부릅뜨고 지켜보고 있습니다. 우리가 먼저 하나님께 가까이 가면서 복음 진리에 깨어 있어야 합니다. 우리가 먼저 선지자와 사도들이 지켜온 복음 진리를 붙잡고 선교적 사명을 갖고 칼빈과 낙스, 카이퍼, 바빙크, 메이첸이 지켜왔던 역사적 개혁주의 정통 신앙을 지켜갑시다. 감사합니다.

끝나지 않은 교회의 개혁
- 교회개혁 500주년 메시지

정 성 구 박사
전 총신대 · 대신대 총장,
한국 칼빈주의연구원장

   금년은 독일의 마틴 루터(Martin Luther)가 1517년 교회개혁을 시작한지 정확히 500주년 되는 해 입니다. 그러나 교회개혁은 끝난 것이 아니라 지금도 계속 되고 있고, 앞으로도 교회는 끊임없이 말씀과 성령으로 개혁되어야 할 것입니다. 그런데 오늘 이 논제를 가지고 말씀하기 전에 몇 가지 전제하고 싶은 것이 있습니다. 그것은 일반적으로 모든 교회, 모든 학자들이 「종교개혁(Reformation) 500주년」이라고 말하지만 당시 개혁자들은 아무도 종교개혁이란 말을 쓴 일이 없습니다. Reformation을 종교개혁이라고 부른 것은 일본사람들이 만들어낸 말입니다. 물론 당시 유럽은 모두 가톨릭 국가였고, 가톨릭 사회였습니다. 하지만 오늘날 우리가 종교개혁이란 말을 쓴다면 곤란합니다. 세계 교회는 지금 에큐메니칼 시대이고, 이른바 복음주의란 간판을 내건 사람들마저도 거의 모두가 가톨릭이나 기독교나, 모슬렘이나 불교가 다 같은 종교라고 우기면서 종교통합이나 종교다원주의 그리고 종교의 신학(Theologia Religionis)을 부르짖는 마당에 종교개혁 운운하는 것은 적절치 못합니다. 이미 16세기에 개혁자 요한 칼빈을 가리켜 교회의 개혁자(John Calvin, Reformer of Church)라고 불렀으니 만큼 교회개혁 500주년이란 말이 맞습니다.
   313년 콘스탄틴 대제가 당시 박해 받던 기독교를 공인하고 자유를 준 것은 잘된 일이지만 기독교 교회의 부흥 과정에서 온갖 이방 종교를 받아들이는 불행한 일이 되었고, 그 후 성경적 기독교, 사도적 기독교는 변질되었습니다. 또 하나 살필 것은 오늘날 많은 교회지도자들이나 평신도 할 것 없이 우리 기독교를 개신교니 프로테스탄트라고 부르기도 하고, 어떤 이는 로마가톨릭교회는 큰집이고 우리는 작은집이라고 칭하기도 합니다. 이는 우리 족보를 모르는 매우 무지하고 그릇된 것입니다. 교회개혁시대나 지금이나 로마가톨릭교는 기독교가 아닙니다. 로마가톨릭교는 태양신 숭배와 여신 숭배 등 모든 바벨론 종교와 토속신앙을 섞어서 만든 이단 종파입니다. 그러면서 로마가톨릭교회는 예수 그리스도를 들먹이고 사도들을 들먹이고 전통을 말하는 철저한 이단들입니다. 그들은 성경에도 없는 교황제도를 만들고 성경에도 없는 희한한 교리들을 교황의 칙령(Bulla)으로 계속 내어 놓으면서 교회 머리는 예수 그리스도가 아니라 교황이라고 주장하는 가짜 기독교(Psudo Christinity)요 이단입니다. 이미 14세기 때부터 16세기까지 교회개혁자들은 교황을 적그리스도(Anti-Christ)라고 칭했습니다. 그런데 가톨릭은 그 후 익나시우스 로욜라(Ignatius Loyalla)를 시켜 제수잇(Jesuit)을 만들어 수없이 많은 개혁교회 성도들을 짓밟고 반동종교개혁운동에 앞장섰고, 로마 교황청은 이른바 〈종교재판〉을 통해서 수많은 칼빈주의 신앙을 따르는 자들을 비참하게 살해했습니다. 로마가톨릭은 지금도 에큐메니칼 운동을 배후에서 조종하고 성경을 제대로 믿는 복음적 기독교 신자들을 파멸에 몰아넣고 있습니다. 오늘 우리 개혁교회 목회자들과 성도들은 이 엄청난 음모를 잘 모르고 있습니다. 특히 진보적 입장의 사람들은 모든 종교는 모두 같다느니, 서로 화합하고 연합 하자 느니 하는 어리석은 말을 하고 있습니다. 나는 이 뜻 깊은 교회개혁 500주년의 해에 우리 성도들이 이것을 바로 깨달았으면 합니다.

우리가 배우기로는 1517년 10월 31일 독일의 가톨릭 신부이자 어거스틴 수도원출신인 마틴 루터가 비텐베르크 교회정문에 교황청의 면죄부 판매를 비판하면서 95개조 항의문을 붙임으로 교회개혁이 시작된 걸로 알고 있습니다. 그가 깨달은 오직 성경(Sola Scriptura), 오직 믿음(Sola Fide), 오직 은혜(Sola Gratia) 그리고 오직 의인은 믿음으로 산다(Justification by faith)는 확신이 교회개혁의 횃불을 올렸고, 그것이 기폭제가 되어서 교회개혁의 시발점이 되었습니다. 그런데 사실은 교회개혁 운동은 루터보다 훨씬 오래 전에 시작되었습니다. 이미 14세기의 옥스퍼드 대학의 교수 존 위클립(John Wycliff, 1330-1384)이 로마가톨릭의 〈면죄부(Indulgence)〉 판매, 〈연옥사상〉, 〈마리아 숭배사상〉, 〈성인 숭배사상〉, 〈성상 숭배사상〉, 〈성체 숭배사상〉, 〈성화 숭배사상〉, 〈화체설〉을 반대하고, 예수 그리스도를 따르지 않는 교황을 적그리스도(Anti-Christ)라고 규정하고, 예수 그리스도만이 교회의 유일한 머리이며 우리의 신앙의 근거는 오직 하나님의 말씀인 성경만이 표준이라고 계속 설교하다가 나중에는 죽은 후 부관참시 당했습니다. 뿐만 아니라 15세기에 와서는 위클립의 신앙을 이어 받은 체코의 프라하 대학의 총장이었던 얀 후스(Jan Huss, 1369-1415)가 프라하 시내에 있는 베들레헴 채플에서 교회개혁의 설교 운동을 통해서 생명을 걸고 교회개혁을 힘 있게 증거했습니다.

그는 〈교회론〉과 〈성직매매론〉 등의 저서를 통해서 로마가톨릭교회의 비성경적인 사상을 비판하고 성경만이 신앙과 생활의 유일 원리이며, 예수 그리스도만이 교회의 머리라는 것을 힘 있게 증거 했습니다. 후스는 1413년 6월 13일, 로마가톨릭의 〈여섯 가지 오류〉란 글을 베들레헴 교회 안쪽 벽에 부착했습니다. 이는 마틴 루터의 95개조 보다 100년 전에 개혁의 불을 지폈습니다. 실은 루터의 선구자는 후스였습니다. 후스는 1415년에 로마가톨릭의 거짓과 허위를 고발하고 성경을 신앙의 표준으로 삼는다고 외치다가 교황에 의해서 장작불에 화형을 당해 순교했습니다. 루터는 말하기를〈나는 후스에게 빚졌다〉, 〈나는 후스의 추종자〉라고 했습니다. 만에 하나 1415년 후스의 순교가 없었다면, 루터도 없었을 것이고 루터가 없었다면 칼빈도 없었을 것 입니다.

한 세대 후 즉 루터의 교회개혁운동은 20년 만에 프랑스의 젊은 청년 요한 칼빈에게 옮겨졌습니다. 일찍이 교회사학자 필립 (Phillip Schaff)이 말한 대로, 마틴 루터는 단단한 바위산을 다이너마이트로 폭파한 사람이라면, 칼빈은 루터가 깬 바위에다 글을 세긴 사람이라고 했습니다. 아주 적절한 명언이었습니다. 칼빈은 준비된 개혁자였습니다. 그는 25세에 불후의 명작 〈기독교 강요〉(The Institute for Christian Religion)를 집필하기 시작하여, 27세 되던 1536년에 출판했습니다. 이 책이 교회개혁 이후 모든 기독교 교리의 기초가 되었고 표준이 되었습니다. 그러면 어떻게 젊은 청년 요한 칼빈(John Calvin, 1509-1564)이 그토록 위대하고 놀라운 역작을 남겼을까요. 그 이유는 다음과 같습니다. 즉 칼빈은 첫째로 어학의 천재였습니다. 그는 당대에 히브리어와 헬라어, 라틴어의 천재였고, 특히 라틴어는 자기 모국어인 불어보다 더 잘 했습니다. 둘째로 그는 성경의 박사였습니다. 칼빈은 성경에 박식 했을 뿐 아니라 성경을 체계적으로 연구했습니다. 셋째로 칼빈은 독서광이었습니다. 그는 당시에 출판된 모든 교부들의 원전을 모두 통독하고 통달했습니다. 예컨대 교부들의 모든 저서들 폴리갑, 아다나시우스, 암부로스, 크리소스톰, 어거스틴 등의 모든 작품을 섭렵했습니다. 넷째로 그는 수사학(Rhetoric)의 천제였습니다. 수사학이라 함은 말과 글을 논리적으로 미려하게 해서 상대방을 설득시키는 기술입니다. 그래서 칼빈은 로마가톨릭과 논쟁에서 단 한 번도 패한 적이 없습니다. 대표적인 것은 추기경 사도레토의 가톨릭 교리를 낱낱이 격파했습니다. 칼빈은 위와 같은 여러 조건을 다 구비해서 신구약 66권을 거의 다 주석하고, 수많은 논문과 편지를 썼고, 제네바의 시의회를 이끌고, 강해설교를 통해 전후 27년간 제네바 성삐에레 교회를 목회하며 제네바 대학을 세웠습니다. 1559

년 제네바 대학을 세우던 날 칼빈은 기도순서를 맡아 이 학교가 〈경건〉과 〈학문〉의 전당이 되게 해 달라고 했습니다. 그리고 자기보다 10살이나 어린 데오도르 베자에게 학장을 맡기고 자신은 목회의 현장으로 갔습니다. 나는 50년 동안을 칼빈과 칼빈주의 사상 연구에 몸 바치고 32년 전에 칼빈주의연구원과 박물관을 세웠습니다. 그런데 제가 지금까지 혼신의 힘을 드려서 칼빈과 칼빈주의를 연구하고 칼빈 박물관을 만든 것은 칼빈의 위대함을 찬양하려는 것이 절대 아니고, 걸어 다니는 병원이라 하리만큼 그 병약했으며 고독하고 가톨릭 지도자들과 이단들에게 둘러싸여 죽음의 위협을 늘 느꼈고, 가정적으로 불행했던 그 사람 칼빈을 하나님께서 어떻게 하나님의 영광을 위하고, 참된 교회를 세우는데 도구로 사용하였는가를 보여주기 위함입니다. 즉 하나님의 영광이 제일 큰 목적입니다.

그러면 교회개혁 500주년을 맞는 우리는 어찌 하여야 합니까? 교회개혁 당시의 구호대로 교회는 항상 개혁되어야 합니다.(Ecclesia Reformata Semper Reformanda) 아직도 교회의 개혁은 끝나지 않았습니다. 흔히들 교회개혁 500주년을 맞아 백 명이면 백 명 모든 지도자와 평신도들이 〈성경으로 돌아가야〉 한다고 합니다. 그런데 문제는 성경으로 돌아가자고 구호는 외치지만 실제로는 이 말이 무슨 뜻인지 대부분 잘 모르는 것 같습니다. 가령 성경을 몇 구절 읽고 설교하면, 그것이 성경으로 돌아가는 겁니까? 큰 전도집회를 하면 그것이 곧 성경으로 돌아가는 것입니까? 또 교인의 숫자가 많아지면 그것이 성경으로 돌아가는 것입니까? 중요한 것은 성경을 하나님의 말씀으로 바로 믿는가 하는 것이 중요합니다. 오늘날 기독교 교회는 성경을 언급하지만 성경을 믿지 않습니다. 이른바 자유주의자, 종교다원주의자들은 성경이나 코란이나 불경이나 같은 걸로 생각하는 사람들이 대부분 입니다. 뿐만 아니라 미국이나 한국교회 안에서는 미국의 번영신학에서 나오는 긍정적 사고방식, 긍정의 힘, 곧 적극적 사고방식,

자기 신뢰와 결단을 성경인 듯, 신앙인 듯 설교하고 있는 목회자들이 많습니다. 이른바 복음주의로 자처하는 목사님들도 성경의 계시적 사건을 소홀히 취급하고, 성경이 오늘날 우리에게 주는 의미만을 생각하자고 합니다. 아주 그럴 듯 하지만 성경을 제대로 이해하는 것이 아닙니다. 우리는 교회개혁자들 특히 칼빈이 깨달은 성경의 방법, 카이퍼(A. Kuyper), 바빙크(H. Bavinck), 스킬더(K. Schielder), 보스(Geerhardus Vos)가 깨달았던 성경의 구속사적 안목, 즉 성경의 계시사적 통일을 바로보고, 성경은 일점일획도 변치 않는 하나님의 말씀이란 시각을 갖는 것이 성경으로 돌아가는 것입니다.

또한 교회개혁의 정신을 되살리는 것은 개혁자 칼빈이 제네바 대학을 세워 교역자인 목사와 교수들만 양육하는 것이 아니라, 정치, 경제, 사회, 문화, 예술 각계 각 분야에서 하나님 중심의 삶을 살도록 교육했습니다. 우리는 17세기 청교도 설교자 예컨데, 존 오웬, 리차드 벡스터 등 청교도들의 설교와 스코틀랜드의 국가 언약도(National Covenant)들의 신앙을 되살려야 합니다. 특히 19세기에 칼빈의 신학과 신앙을 이어 받고, 칼빈주의 부흥운동을 일으킨 아브라함 카이퍼(Abraham Kuyper) 박사는 칼빈의 교회개혁 정신을 그대로 받들어 암스테르담에 뿌라야 대학(Vrije Universiteriteit)를 세우고 칼빈처럼 정치, 경제, 사회, 문화, 법률, 예술 등 삶의 모든 영역에 하나님의 영광과 주권을 높이는 소명자로 키웠습니다. 또한 그 자신이 위대한 칼빈주의 신학자, 칼빈주의 정치가, 칼빈주의 언론인, 칼빈주의 교육자로 살면서 223권의 책을 쓴 저술가이기도 했습니다. 그러므로 성경만이 우리의 신학과 신앙의 참됨을 믿되 하나님 중심사상, 곧 칼빈주의적 세계관을 바로 가져야 합니다.

오늘의 한국교회는 교회개혁 정신을 상실했습니다. 교회개혁 500주년을 맞으면서 각 교단, 각 연구소, 각 언론사 등이 기념 예배, 심포지엄, 세미나 등을 열려고 계획합니다. 그러나 금년에 무슨 행사 한

번, 논문 몇 편을 쓴다고 교회개혁이 되는 것도 아닙니다. 일회성의 이런 저런 행사를 치른다고 교회개혁의 사명을 다하는 듯이 생각하는 것은 버려야 합니다. 실례로 오늘 우리 한국교회는 근본적으로 변화를 받아야 할 뿐 아니라, 앞서간 주의 종들이 순교의 피로 지켜온 성경의 진리를 지켜내야 합니다. 오늘의 위클립, 오늘의 후스, 오늘의 칼빈, 오늘의 낙스, 오늘의 카이퍼, 오늘의 주기철, 오늘의 손양원이 필요한 것이지, 무슨 행사, 무슨 심포지엄, 무슨 세미나가 필요한 것이 아닙니다. 사실 한국교회는 그 동안 성장과정에서 너무나 오염되고 성경에서 떠나 있었습니다.

유물주의, 세속주의, 인본주의가 교회 안에 너무 깊이 들어와 버렸습니다. 그것도 부흥이란 명분으로 성장이란 명분으로, 세상의 빛과 소금은 고사하고 세상의 골치 거리가 되고 있습니다. 교회가 성경으로 돌아가는 것이 일차적 목표이지만, 동시에 교회가 한국사회와 민족의 개혁을 위한 선지자적 사명을 가지고 세상의 변화까지 책임을 지는 교회가 되기를 소원합니다. 그리 되려면 교회가 교회되어야 하고, 목사는 참 목자가 되고, 모든 성도들이 세상의 변화에 견인차가 되어야 합니다. 그리고 주께서 세운 참된 교회는 세상에서 영광과 권세를 가질 것이 아니라 이 시대의 십자가를 지는 교회여야 합니다. 그러므로 말 그대로 한국교회는 오직 성경(Sola Scriptura), 오직 믿음(Sola Fide), 오직 은혜(Sola Gratia), 오직 하나님께만 영광(Soli Deo Grolia)의 참 뜻을 깨우쳐야 할 것입니다. 따라서 교회개혁은 끝나지 않았습니다. 개혁교회는 항상 말씀과 성령으로 개혁하여 나아가야 합니다.

종교개혁 정신을 회복하자

박 형 용 박사
합동신학대학원대학교 명예교수
웨스트민스터신학대학원대학교 총장

내년 2017년은 종교개혁 500주년이 되는 해이다. 루터가 1517년 10월 31일 비텐베르그 교회(Wittenberg Church) 정문에 95개조 (The Ninety Five Theses)를 못 박아 공표한 것을 기념하기 때문에 금년이 500주년이 되는 것이다. 중세 캐톨릭은 신비주의와 율법주의에 매여 성경의 교훈에서 멀리 떠나 있었다. 종교개혁은 하나님의 말씀인 성경을 다시 찾은 운동이고 바울 사도를 다시 찾은 운동이었다.

종교개혁 시대 : 루터(Martin Luther)와 칼빈(John Calvin)의 성경관

하나님은 루터와 칼빈을 거의 동시대에 보내 주셔서 종교개혁을 성공하게 하신다. 그것도 루터(1483-1546)를 먼저 보내시고 칼빈 (1509-1564)을 나중에 보내셔서 16세기 종교개혁이 잘 마무리 되도록 하셨다. 루터가 칼빈보다 26년 먼저 태어나고, 18년 먼저 하나님의 품으로 가셨다. 하나님은 동시대에 살았던 그들을 사용하시어 종교개혁을 이룰 수 있게 하셨다. 루터는 담대했고 칼빈은 철저하고 예언적이었다. 루터가 설교자였다면 칼빈은 강의를 잘하는 연설가였다. 종교개혁이 꽃을 피우게 된 것은 하나님께서 루터와 같은 성격의 소유자와 칼빈과 같은 성격의 소유자를 병행해서 사용하셨기 때문이다. 루터는 추진력을 제공했고 칼빈은 정지작업을 했다.

16세기의 루터와 칼빈은 성경을 바로 이해하는데 큰 공헌을 했다. 그들은 가톨릭교회와 교회 회의, 그리고 교황의 권위에서부터 '오직성경'(sola Scriptura)의 권위에로 방향을 전환시켰다. 성경만이 최고의 권위를 가진다는 루터의 태도는 "라이프치히 논쟁"(Leipzig disputation, 1519)에 잘 나타난다. 루터는 "진실로 새롭고 확증된 계시가 일어나지 않는 한 성경만이 신적 권위로 수여된 것이기 때문에 어떤 기독교인도 이 성경 말고 그 이상의 어떤 권위를 인정하도록 강요받을 수 없는 것이다."[1]라고 "오직성경"의 확고한 입장을 천명한다.

또한 보름스 회의(the Diet of Worms, 1521)에서 요한 폰(Johann von Eck)이 그의 잘못을 취소하라고 요구하자 루터는 "내가 성경의 증거나 확실한 이유에 의해 확신되지 않는 한 …나는 내가 인용한 성경에 매여 있다. 나의 양심은 하나님의 말씀에 포로가 되어있다. 그리고 양심을 거슬러 행동하는 것은 안전하지도 않을 뿐만 아니라 바르지도 않기 때문에 나는 철회할 수도 없고 철회하지도 않을 것이다. 나는 다른 일을 할 수가 없다. 하나님 나를 도우소서, 아멘"[2]이라고 말했다.

칼빈은 "성령은 성경의 저자이시다. 그는 그 자신으로부터 변경될 수 없고 달라질 수 없다. 따라서 성령은 마땅히 그가 한 때 그 자신을 성경에 나타낸 것처럼 항상 의롭게 남아 있어야 한다."(He (the Holy Spirit) is the Author of the Scriptures: he cannot vary and differ from himself. Hence he must ever remain just as he once revealed himself there."(John Calvin, Institutes of the Christian Religion, Book 1, Chapter IX, 2(Institutes of the Christian Religion, Vol.

---

1) M. Luther, Werke, Weimar edition II, 279 : Quoted by J. Mackinnon, Luther and the Reformation IV (London-New York, 1930), p.296.
2) Luther, Werke, Weimar edition VII, p. 838.

1, trans. Ford Lewis Battles (Philadelphia: the Westminster Press, 1967), pp. 94-95.)

칼빈은 계속해서 "바울 사도가 그의 설교를 '영의 직분'(the ministration of the Spirit)(고후 3:8)이라 불렀는데 그 뜻은 성령이 성경에 설명해 놓은 그의 진리에 내재해 있기 때문에 정당한 경외와 위엄이 말씀에 주어질 때에만 성령이 그의 능력을 나타내 보이신다."(Calvin, Institutes, Book 1, Chap. IX, 3)라고 설명한다.

칼빈은 성경이 인간의 언어로 기록되었지만 성령께서 저자들을 특별하게 감동시켜 기록하게 하셨음으로 성경은 정확무오한 하나님의 말씀이라고 믿었다. 그래서 칼빈은 성경해석을 할 때 문법적 역사적 해석 방법을 따랐으며 그의 신학적 입장이 성경 해석을 조종하는 일은 거의 없었다. 오히려 성경 해석을 통해 그의 신학이 정립되었던 것이다. 칼빈은 풍유적 해석이 성경의 뜻을 모호하게 만들려는 사단의 궤계라고 생각했으며 "성경은 성경이 해석 한다"(Scripture interprets scripture.)라고 생각했다. 그래서 칼빈은 문맥 (context), 문법 (grammar), 단어 (words), 병행구절 (parallel passages)을 연구하여 저자의 뜻을 찾으려고 노력했다.

칼빈은 루터보다 성경을 이해하는데 더 일관성이 있음을 보여준다. 칼빈을 통해 문법적 역사적 해석 방법이 더 튼튼한 뿌리를 내리게 되었다. 칼빈의 주석은 성경 해석사에 불후의 명작으로 남을 수 있는 대걸작 품임에 틀림없다. 칼빈의 신학을 공격했던 알미니우스 (Jacobus Arminius, 1560-1609) 조차도 그의 친구 세바스챤 에그베르츠 (Sebastian Egbertsz)에게 쓴 글에서 칼빈의 주석을 다음과 같이 극찬했다. "나는 칼빈의 주석을 읽도록 권장한다.…왜냐하면 나는 성경 해석에 있어서 칼빈과 비길만한 사람이 없다고 확신하기 때문이다. 그리고 그의 주석들은 교부들의 글을 통해 우리에게 전해 내려온 어느 것보다 더 가치가 있기 때문이다. 그만큼 나는 칼빈이 특별한 예언

정신에 있어서는 다른 누구보다도 탁월한 위치에 있다고 인정한다."[3] "개혁자들에게 있어서 성경은 신앙의 집을 받들어 올리는 여러 개의 기둥 가운데 하나가 아니었다. 성경은 유일한 기초인 것이다."[4] 라고 개혁자들의 성경에 대한 태도를 묘사했다.

한국교회가 받은 유산

한국에 복음이 전해진 년도를 1885년 4월 5일 장로교 선교사 언더우드와 감리교 선교사 아펜젤러가 제물포항(현재 인천항)에 도착한 것을 그 시작을 생각한다. 그런데 흥미 있는 사실은 언더우드 선교사나 아펜젤러 선교사가 살았던 시대가 성경을 중요하게 받아들였던 시대였다. 역사는 칼빈주의 3대 학자로 카이퍼(Abraham Kuyper, 1837-1920: 83세), 워필드(B.B. Warfield, 1851-1921: 70세), 바빙크(Herman Bavinck, 1854-1921: 67세)의 세 이름을 떠 올린다. 이들 3대 칼빈주의 학자들은 하나같아 성경의 중요성과 성경 66권이 하나님의 말씀임을 강조한다. 그런데 우리 한국에 복음을 전해 준 언더우드와 아펜젤러도 3대 칼빈주의 학자들과 거의 동시대 인물들이었다. 언더우드(Horace Grant Underwood, 1859, 7, 19-1916, 10, 12: 57세)와 아펜젤러(Henry Gerhart Appenzeller, 1858-1902: 44세) 두 선교사는 3대 칼빈주의 학자들과 거의 동시대에 살았던 인물이다. 언더우드 선교사는 26세에 한국에 왔고, 아펜젤러 선교사는 27세에 한국에 왔다. 역사를 주관하신 하나님은 성경을 강조하던 시기에 한국에 두 선교사를 보내 주신 것이다.

---

3) Carl Bangs, Arminius: A Study in the Dutch Reformation (Nashville: Abingdon Press, 1971). p.287에서 인용.
4) Robert M. Grant, A Short History of the Interpretation of the Bible (New York: Macmillan Co., 1966), p.129. "Scripture for the reformers is not one of several pillars which uphold the house of faith; it is the sole foundation."

성경은 성도들의 신앙과 생활의 규범이다. 규범은 객관적인 것으로 변하면 안 된다. 한국교회가 유산으로 받은 성경에 관한 교리는 성경이 영감된 정확무오한 하나님의 말씀이라는 것이다.

언더우드 선교사와 아펜젤러 선교사는 한국교회에 성경말씀이 하나님의 정확무오한 말씀이라고 가르쳤다. 그들은 성경말씀이 성도들의 신앙과 생활을 위한 중요한 규범임을 강조했다. 이 견해는 백락준 박사도 지지하며(L. G. Paik, The History of the Protestant Missions in Korea, 1832-1910(한국 개신교사), p.217), 클락(C. A. Clark)도 네비우스 방법이 가장 강조하는 점은 성경 공부라고 견해를 같이 한다. 간하배(Harvie M. Conn, "Studies in the Theology of the Korean Presbyterian Church," The Westminster Theological Journal, Philadelphia, No. 1, p.29)

박사도 한국의 초대교회가 성경을 중요하게 생각했다고 말한다. 현재 살아있는 김영재 교수는 그가 집필한 "한국교회사" 122페이지에서 "1890년 언더우드는 네비우스 방법의 중요한 원리 중 하나인 '성경 공부(the Bible Training Class System)'를 실시하기 시작하였다"라고 진술한다. 여기서 확실한 것은 한국교회가 처음에 받은 유산은 성경의 중요성, 성경이 하나님의 말씀이라는 신앙이었다.

초대 한국교회가 받아들인 네비우스(Rev. John Nevius) 원리는 성경공부를 강조한 원리였다. 네비우스 원리는 일반적으로 "3자 원리"(three self principles)로 알려져 왔다. 그것들은 "자전"(self-propagation), "자치"(self-government), 그리고 "자립"(self-support)이다. 초기 선교사들은 네비우스 선교활동의 방법을 "오랜 기도와 심사숙고 끝에"(after long and prayerful consideration) 한국교회의 선교정책으로 수용했다.[5] "언더우드 박사는 오랜 기도와

---

5) Allen D. Clark, A History of the Church in Korea (Seoul: The Christian Literature Society, 1986), p.114; 김의환, 「기독교회사」(서울: 성광문화사, 1982), pp.413-414.

심사숙고 끝에 주로 우리는 네비우스 방법을 수용하도록 인도 받았다."6)고 전한다.

클락(Clark)은 네비우스(Nevius)선교정책을 가리켜 "진정한 핵심은 성경공부 제도에 있었다. 이 제도는 모든 성도들에게 성경을 공부하도록 격려했으며 성경공부에서 배운 것을 다른 사람에게 전할 수 있도록 격려했다."7)라고 평가한다. 곽안련 역시 네비우스 방법의 성공 비결은 자전, 자치, 자립이상으로 교회 사역의 각 분야에서 성경을 보편적으로 사용한 것이라고 강조한다. 그는 한국교회가 "성경위에, 단순한 성경 본문 위에 건립되었다."8)고 확신한다. 초기 한국교회는 성경을 하나님의 말씀으로 받고 성경에 권위를 부여했다. 성경은 초기 한국교회 성도들의 신앙과 삶에 확실한 기준이 되었다.

초기 한국교회를 섬겼던 선교사들이 그 당시 한국교회의 상황을 평가한 것은 한국교회가 얼마만큼 성경중심으로 성장해 왔는지를 잘 정리해 주고 있다. "물론 성경 그 자체가 모든 나라에서와 마찬가지로 복음화에서 가장 두드러진 요소이다. 그러나 한국의 성경은 좀 독특한 위치를 차지해 온 것이 분명하다.…성경공부와 성경공부 반은 한국교회의 발전에서 가장 독특하고 가장 중요한 요소이다. 그것들 속에서 신앙과 지식의 기초를 놓아 왔다."9) "성경은 한국에서 제일 공부가 많이 되는 책이다. 교회생활의 매우 뚜렷한 특징은 성경공부에 있다. 성경공부 반은 겨울에 열흘에서 2주일 동안 중심지에서 열린다. 겨울마다 족히 12만 5천명의 사람들이 성경을 공부하기 위해 모

---

6) Allen D. Clark, op. cit., p.114: "Dr. Underwood reports that 'after long and prayerful consideration, we were led, in the main, to adopt these Nevius Methods."
7) Allen D. Clark, op. cit., p.115: "Its real core was in the Bible study system, which encouraged every Christian to study his Bible and to be able to pass on to others what he found there."
8) 곽안련, 「한국교회와 네비우스 선교정책」 박용규, 김춘섭 옮김(서울: 대한기독교서회, 1994), p. 19.
9) S. A. Moffett, Bible Society Record of ABS, 1916. 11., p. 216.

이는 것으로 추정된다. 그 목적은 단지 개인적인 유익을 위해서가 아니고 배운 것을 출신 교회에 전달해 주기 위한 것이다."[10] "한국교회의 주목할 만한 성장과 발전은 성경을 체계적으로 가르친 때문이라는 것이 충분히 관찰한 사람들의 확신이다."[11] 그리고 초기 한국교회의 성경 강조는 그들의 신앙의 삶의 전 부분에서 나타나고 있다. 한 선교 보고는 "성경 자체가 물론 다른 모든 나라에서처럼 복음 전도의 가장 큰 요소로 두드러지게 부각되어 왔지만 한국의 사역에서는 이 성경이 유달리 독특한 위치를 점유해 왔다. 한국교회의 능력, 영성, 기도에 대한 큰 믿음, 후한 기부정신은, 전교회가 성경 지식에 깊이 젖어 있다는 사실로부터 나오고 있다."[12]고 평가한다.

이처럼 초기 한국교회는 성경을 중심으로 성장해 왔다. 성경말씀을 하나님의 말씀으로 믿고 생활한 초기 한국교회는 사회에 큰 영향을 미쳤으며 영적인 성장과 함께 숫자적인 성장도 급속하게 이루어졌다.

박형룡 박사(1897. 3. 28(음)-1978. 10. 25: 81세)

장동민 박사는 "박형룡이 한국 교회를 위하여 행한 일은 크게 두 가지로 요약될 수 있다. 하나는 애국주의와 신비주의로부터 정통 기독교를 확립한 것이요, 둘째는 근대주의와 신학적 자유주의의 도전으로부터 정통 기독교를 수호한 것이다."라고 박형룡 박사의 공헌을 정리한다.(장동민, 박형룡: 한국 보수주의의 수호자(파주: 살림출판사, 2006), p.255.) 박형룡 박사가 박윤선 박사보다 8년 년 상이고, 10년 먼저 하나님 품으로 가셨다.

박윤선 박사(1905. 12. 11-1988. 6. 30: 83세)

김영재 박사는 "박윤선은 분명 합동신학교에만 속한 인물이 아니

---

10) Annual Report of NBSS for 1917, p. 32.
11) Annual Report of NBSS for 1930, p. 104.
12) 북장로교 선교회 25주년 보고서, p. 17.

고 온 한국 교회와 신학계의 역사적인 인물이다. 그는 고신과 총신에서 한국 개혁주의 신학의 터전을 닦으며 신학 교육을 위하여 오랜 세월 동안 헌신했으나 거기서 안주하며 계속 봉사할 수 가 없었다. 고신에서 내침을 받았을 때는 석 달 동안 갈 곳 없이 지내면서 설교할 수 있는 강단을 주시도록 하나님께 매달리기도 했던 그였다. 그런 쓰라린 역사를 뒤로 하고 그는 합동신학교를 함께 일구어 온 사람들, 그를 진정으로 기리는 사람들의 영접을 받아 학교 뒷동산에 편히 잠들어 있다."라고 박윤선의 삶을 정리한다.(김영재, 박윤선: 경건과 교회 쇄신을 추구한 개혁주의 신학자(파주: 살림출판사, 2007, pp.245-246.))

한국교회의 근래 형편

목사의 전횡으로 발생한 문제점들, 목사와 장로의 갈등에서 오는 문제점들, 교회 재정을 잘못 사용함으로 오는 문제점들, 교회 지도자들의 도덕적 해이에서 오는 문제점들, 그리고 은퇴 목사님들의 후계자 선정 과정에서 오는 문제점들, 은퇴 목사님들의 예우와 관련하여 생긴 문제점들, 성도들의 성숙되지 못한 태도에서 오는 문제점들이 끊임없이 제기 되고 있다. 오늘날 한국교회는 외적으로는 교회의 대 사회에 대한 영향력 감소로 무기력하게 보이고, 내적으로는 교회 성장의 정체 혹은 감소로 인해 방향성을 잃고 헤매는 모습이다.

우리 교회 지도자들은 "나의 싸움에 하나님이 내 편이기를 바라는 욕구중심의 신앙인인가?" 아니면 "내가 하나님의 싸움에 나를 헌신하는 소명 중심의 신앙인인가?"라는 질문을 스스로에게 던지면서 한국교회가 교정해야할 몇 가지를 함께 묵상하도록 한다.

기독교는 다른 어느 종교에 비해서 고등종교이다. 고등종교의 타락 원인을 고찰하면 ① 성직자의 급증, ② 종교 기관수의 급증, ③ 기복주의 성향, 그리고 ④ 교회 및 교회 기관들이 권익 집단으로 전환하는 것 등을 들 수 있다. 한국교회는 이런 부분에서 위험 수위에 육박하고 있다. 서구 사회는 후기 기독교 사회로 이미 접어들었다. 한국 교회도 후기 기독교 사회로 들어가는 시기가 곧 다가 올 것이다. 한국교회는 수적으로 약 65,000-70,000 교회를 자랑하고 있다. 현재 한국교회가 파송한 선교사의 숫자는 168국에 1만 9413명을 파송한 것으로 집계된다(2009년 1월 기준 한국세계 선교협의회 자료). 세계에서 미국 다음으로 두 번째로 많은 선교사를 파송하고 있다. 때로 한국교회는 숫자로 밀어 붙이면 무엇이든지 할 수 있다고 생각한다. 하지만 숫자는 지겨운 개념이 될 수 있다.

그런데 근래의 한국교회는 성경을 접할 기회는 많지만 성경의 중심 사상으로부터는 멀리 떨어져 있다. 한국교회는 성경으로 돌아가야 한다. 요즈음 우리들의 신앙과 생활의 기준이 되어야 할 성경의 교훈을 떠나서 시류에 따라 흔들리는 한국교회의 모습을 종종 보게 된다. 한국교회의 신앙생활을 살펴보면 대부분의 장년들은 주일 예배의 30여 분(혹은 1시간)에 걸친 설교 말씀으로 일주일을 산다. 이런 현상은 중·고등학생, 청년들도 예외는 아니다. 청년들이나 장년들에게 성경의 내용을 질문하면 답을 하지 못한다. 장로로 임직 받을 분들까지도 성경의 내용을 잘 알지 못한다. 성경의 내용을 알지 못하면 기독교인의 역할을 감당할 수 없다. 하나님 아버지의 구속계획과 하나님의 우리를 향한 뜻을 모르고 우리가 어떻게 하나님의 뜻대로 살 수 있겠는가? 그것은 불가능한 일이다. 그러므로 한국교회는 교회 활동 스케줄을 조정해서 가능한 많은 성도들이 성경을 공부할 수 있도록 하지 않으면 안 된다. 성도들이 말씀과 멀어지면 외식할 수밖에 없다. 어쩌면 요즘 말로 "무늬만 성도"라고 할 수 있다. "일요일 성도"와 "월요일 성도"가 다르다고 비판받는 이유도 여기에서 찾아볼 수 있다.

1. 성경 말씀을 신앙과 생활의 중심에 둔다.

(1) 성경 66권을 하나님의 정확무오한 말씀으로 믿고 성경을 귀하게 생각해야 한다.

디모데후서 3:16, 17: "모든 성경은 하나님의 감동으로 된 것으로 교훈과 책망과 바르게 함과 의로 교육하기에 유익하니 이는 하나님의 사람으로 온전하게 하며 모든 선한 일을 행할 능력을 갖추게 하려 함이라"

첫째, "성경"이란 용어가 신약에서 사용될 때에는 정관사와 함께 주로 구약을 가리킨다. 그런데 바울은 여기 디모데후서 3:16에서는 정관사 없이 성경(그라페)을 사용했다(예: 롬 1:2; 16:26; 딤후 3:16). 바울 사도가 여기서 정관사 없이 성경(그라페)를 사용한 이유는 구약을 가리키기 위해서가 아니요, 오히려 그라페에 질적인 의미를 부여하여 지금까지 기록된 성경의 질을 소유한 기록들을 염두에 둔 것이다.

둘째, "모든"의 뜻은 개별을 생각하면서 "모든"(every)이라고 사용할 수 있고, 전체를 생각하면서 "모든"(all)이라고 사용할 수 있다. 본문은 전체를 생각하면서 "모든"이라고 생각하는 것이 옳다. 신약성경은 제 4대 로마 황제 가이사 글라우디오(A.D. 41-54)와 제 5대 가이사 네로(A.D. 54-68), 그리고 제 11대 가이사 도미티안(A.D. 81-96) 세 황제라 로마를 통치할 때 27권 전체가 기록되었다. 바울이 디모데후서를 기록할 때는 AD 68년으로 바울의 나이가 74세 정도되었을 때이다. 그 당시는 신약의 요한복음, 요한 1서, 요한 2서, 요한 3서, 계시록의 5권을 제외하고 다른 모든 신약이 기록되었을 때이다. 그러므로 바울이 여기서 "모든" 했을 때는 이미 기록된 성경 전체를 가리킨다고 생각하는 것이 바르다.

셋째, "하나님의 감동으로 된 것으로"(데오프뉴스토스)를 어떻게 이해해야 하는가? 이 용어는 본 문맥에서 형용적 역할보다는 서술적 역할을 하는 것으로 받아야 한다. 본문에서 이 용어의 서술적 역할을 살려서 번역하면 "모든 성경은 하나님의 감동으로 된 것으로"라고 한글 개역개정과 같이 해야 한다. 또한 이 용어를 본 문맥에서 능동의 역할을 하는 것으로 받느냐 수동적 역할을 하는 것으로 받느냐가 문제가 된다. 본 문맥에서 이 용어는 능동의 뜻을 가진 것으로 해석해서는 안 되며 수동의 뜻으로 해석해야한다. 하나님이 저자들을 성령으로 특별하게 감동하여 저자들이 정확무오하게 성경을 기록했다는 뜻이다. 즉, 성경이 영감시키는 역할을 하는 것이 아니요, 성경이 영감된 것을 뜻하는 것이다.

베드로후서 1:20-21: "먼저 알 것은 성경의 모든 예언은 사사로이 풀 것이 아니니 예언은 언제든지 사람의 뜻으로 낸 것이 아니요 오직 성령의 감동하심을 받은 사람들이 하나님께 받아 말한 것임이라."

첫째, 예언은 사사로이 푼 것이 아니니로 생각해야 한다.

둘째, 성경은 하나님과 저자의 역할이 함께 적시되었다.

셋째, "성령의 감동하심을 받은" 상태는 정상적인 사고와 행동을 할 수 있는 상태를 가리킨다.

구약시대나 신약시대나 할 것 없이 하나님은 그의 말씀을 귀하게 생각하고 실천하는 백성을 축복하시고 선한 길로 인도하신다. 오늘날 한국 교회는 성경을 중요하게 생각한다고 하면서도 그 말씀의 원리에 따르기보다 편의와 실리에 따라 말씀을 적용하는 경우가 많다. 구약시대 때에 하나님께서 이스라엘 백성들에게 너희들이 나에게 제물은 바치지만 마음은 내게서 멀다고 하신 상황과 비슷하다고 사료된다. 의식이 있는 목사들에게 "현재 한국교회의 문제점이 무엇이라고 생각합니까?"라고 질문을 하면 그들은 한국교회에 현재 팽배한 것은 "원리가 없다"라고 답변을 한다. 이 말은 성경 말씀이 우리의 신앙과 생활의 규범이 되어야 하는데 그렇지 못하다는 뜻이다. 성경의 원리보다는 교회의 숫자가 증가한다면 성경원리에 맞지 않아도 좋고 심지어 이단적인 방법 일지라도 사용하겠다는 분위기이다.

(2) 객관적 계시인 성경보다는 주관적 경험을 더 중시하는 경향을 경계해야 한다.

1960년대부터 한국교회에 불어 닥친 은사 운동은 한국교회에 많은 영향을 미쳤다. 은사 운동은 객관적 계시보다는 주관적 경험을 강조했다. 그 결과 한국 교회는 성도들의 감정을 자극하는 사역을 많이 진행했다. 지난 1992년 10월 28일 24:00에 예수님의 공중 재림이 있을 것을 예언한 다미선교회 사건도 성경의 객관적 계시보다는 개인들이(특히 이 경우는 어린이들까지 내세워) 받은 계시를 강조하다 나타난 현상들이다. Family Radio라는 그룹이 2011년 5월 21일에 예수님이 재림한다고 동아일보에 2회에 걸쳐 전면광고를 한 것도 주관적인 계시를 중시하기 때문이다.

하나님은 특별한 영감의 방법으로 예수님 재림 때까지 교회가 사용할 정경 66권을 주셨다. 그러나 인간은 지, 정, 의를 가진 존재로 창조 받았기 때문에 감정에 많이 좌우된다. 그러나 우리가 기억해야할 것은 우리의 감정도 객관적 계시에 조종을 받아야 한다는 사실이다. 객관적 계시인 성경보다 주관적 경험을 중시 할 때 결국 그 결과는 내세 지향적이 되며, 윤리성이 약해지는 방향으로 흐른다.

2. 교회를 교회되게 해야 한다.

교회의 주인은 예수 그리스도이시다. 교회를 교회되게 하기 위해서는 먼저 교회의 정체성과 사명을 회복시켜야 한다. 교회의 정체성과 사명은 사회와의 차이에서 나타난다. 오늘날 한국교회의 모습은 사회의 모습을 너무 많이 닮았다. 교회 내의 선거에 돈이 큰 힘을 발휘하고 지역주의가 팽배하며 중상모략까지 난무하고 있다. 교회 개혁의 바른 길은 교회의 정체성과 사명을 회복하는 길이다.

(1) 예수님이 교회의 머리이시다.(엡 1:22-23)

예수님은 **베드로의 신앙고백**을 들으시고 "너는 베드로라 내가 이 반석 위에 내 교회를 세우리니 음부의 권세가 이기지 못하리라"(마 16:18)라고 분명히 **"내 교회"**라고 말씀하신다.

예수님은 베드로에게 "시몬아 네가 이 사람들보다 나를 더 사랑하느냐"라고 세 번 물으신 다음 베드로의 답을 들으시고 "내 어린 양을 먹이라," "내 양을 치라"했지 "너의 어린 양을 먹이라"라고 말씀하지 않았다.(요 21:15-17).

바울사도는 머리(kefalhv)라는 용어를 그의 서신에서 18회 사용한다.[13] 그런데 18회의 용도 가운데 그리스도께서 교회의 머리라는 개념을 확실하게 전하는 구절은 4회이다(엡 1:22; 4:15; 5:23; 골 1:18). 특히 에베소서 1:22과 골로새서 1:18은 그리스도가 교회의 머리되심과 만물의 머리되신다는 사상을 분명하게 전하고 있다. 그리스도를 "만물 위에 교회의 머리로 삼으셨다"(엡 1:22)는 표현과 "교회는 그의 몸이니 만물 안에서 만물을 충만하게 하시는 이의 충만"(엡 1:23)이라는 표현, 그리고 "그는 몸인 교회의 머리라… 이는 친히 만물의 으뜸이 되려하심이요"(골 1:18)[14]라는 표현은 그리스도와 교회 그리고 그리스도와 피조물과의 관계를 설명하는 축약된 특이한 표현이다.

그런데 여기서 주목해야 할 사항은 예수 그리스도께서 교회의 머리가 되시고 또 만물의 머리가 되시는 근거를 예수 그리스도의 부활에

---

13) 롬 12:20; 고전 11:3(3회), 4(2회), 5(2회), 7, 10; 12:21; 엡 1:22; 4:15; 5:23(2회); 골 1:18; 2:10, 19.
14) 골 1:18은 골 1:15과 함께 고찰해야 한다.

둔다는 것이다(엡 1:20-23; 골 1:15-18 참조). 바울 사도는 창조주와 구속주가 같은 한 분이심을 밝힌다.[15] 그러면 "교회는 그의 몸이니 만물 안에서 만물을 충만하게 하시는 이의 충만"(엡 1:23)이라는 뜻은 무엇인가? 이 구절의 해석은 "충만"(plhvrwma)이라는 용어를 능동적인 의미로 생각하느냐 수동적인 의미로 생각하느냐에 따라 그 해석이 달라진다.

"충만"을 능동적인 의미로 생각하면 본문은 교회가 그리스도를 완전하게 만든다는 뜻이다. 머리가 그 자체로 완전할지라도 지체가 없으면 무엇인가 불완전하기 때문에 교회의 머리이신 그리스도가 완전하게 되기 위해서는 지체인 교회를 필요로 한다는 것이다. 바울이 문맥에서 머리와 몸의 비유를 사용했기 때문에 그리스도의 완전이 교회를 필요로 하는 것으로 해석한다.[16]

그러나 "충만"을 능동으로 해석하기보다는 수동으로 해석하는 것이 문맥과 더 잘 어울린다고 생각된다. 본 구절의 "충만"을 수동으로 해석하면 교회가 '채우는 것'이 아니요 '채워지는 것'이 된다. 그렇다면 교회가 그리스도의 충만 인 까닭은 교회가 그리스도를 충만케 하기 때문이 아니라 그리스도가 교회를 충만케 하기 때문이다.[17] 본문의 "충만"을 그리스도를 묘사하는 것으로 생각하기보다 교회를 묘사하는 것으로 생각하는 것이 더 타당하다. 교회는 그리스도의 은혜와 은사로 채워지는 저장소이다(엡 4:7-11 참조).[18] 즉 교회는, 그리스

---

15) K.H. Bartels, "Firstborn," The New International Dictionary of New Testament Theology, Vol. 1. (Grand Rapids: Zondervan, 1975), p. 669.
16) John Calvin, The Epistles of Paul the Apostle to the Galatians, Ephesians, Philippians and Colossians (Grand Rapids: Eerdmans, 1974), p. 138; William Hendriksen, Ephesians (NTC), pp. 103-106.
17) John R.W. Stott, God's New Society, The Message of Ephesians (Downers Grove: IVP, 1979), p.64.
18) David S. Lim, "Fullness," Dictionary of Paul and His Letters (Downers Grove: IVP, 1993), p. 320.

도의 몸으로서, 그리스도가 아버지로부터 받은 완전한 충만을 그리스도로부터 계속 받는 것이다. 그리스도가 하나님에 의해 채워진 그 충만이 이제는 그(그리스도) 안에 있는 사람들을 채우고 있다.[19] 교회는 그리스도의 몸일 뿐만 아니라 머리이신 그리스도에 의해 모든 필요와 자양분을 공급받는 것이다.

에베소서 1:23의 논리의 방향은 교회로부터 그리스도에게로 가 아니요, 그리스도로부터 교회와 우주에게로 이다. 바울 사도가 시종일관 예수님의 절대주권을 강조하면서 같은 문맥에서 교회가 그리스도를 완전케 한다고 생각할 수 없는 것이다. 바울 사도는 본 문맥에서 하나님의 지극히 크신 능력이 그리스도를 교회의 머리로 세우시고 그리스도로 하여금 교회의 존재와 사명에 필요한 모든 것을 충분하게 제공할 수 있도록 하신다고 설명한다.

(2) 그리스도를 대표하는 몸의 기능(고전 12:27)

몸은 사람을 외적으로 대표하는 역할을 한다. 나의 몸이 움직일 때 내가 움직이고, 나의 몸이 일할 때 내가 일하게 된다. 따라서 나의 몸이 선한 일을 하면 내가 선한 일을 하고 나의 몸이 악한 일을 하면 내가 악한 일을 하게 되는 것이다. 체조 선수의 몸이 훌륭한 연기를 보여 주면, 그 선수 자신이 훌륭한 연기를 보여 주었다고 생각한다.

고린도전서 12:27은 고린도 교회를 가리켜 "너희는 그리스도의 몸이요"라고 했다. 이 말씀은 우리의 몸이 우리 자신을 외적으로 대표하는 역할을 하는 것처럼 교회는 세상에서 그리스도를 나타내 보이는 역할을 해야 한다는 뜻이다. 바울 사도가 다른 서신에서 "우리가 그리스도를 대신하여 사신이 되어"(고후 5:20)라고 말한 내용도 비슷한 뜻을 함축하고 있다. 또한 "너희 몸을 하나님이 기뻐하시는 거룩한 산 제사로 드리라"(롬12:1)고 했을 때 바울 사도가 육체를 제사로 바

---

19) John A.T. Robinson, The Body (London: SCM Press, 1977), p. 69.

치라는 것을 뜻하지 않고 전체 인격을 모두 하나님께 바치는 것을 뜻한다. 여기서 몸은 전체 인격을 가리킨다. "거룩한 산 제사"는 제물이 죽어 있는 것이 아니라 제물이 살아 있으면서 제사를 바치는 것이다. 그것은 우리의 몸이 살아서 활동하는 가운데 하나님께 우리 인격 전체를 바치는 것을 뜻한다.

본문에서 "너희는 그리스도의 몸이요"라고 했을 때 이 말은 교회에 큰 도전을 주는 말씀이다. 왜냐하면 교회가 그리스도의 몸이라고 말씀하기 때문이다. 교회는 세상을 향해서 그리스도를 대신해야 한다는 말씀이다. 즉 교회가 움직이면 그리스도가 움직이는 것과 같고, 교회가 휴식을 취하면 그리스도가 휴식하는 것과 같고, 교회가 잘못을 저지르면 그리스도가 잘못을 저지르는 것과 같으며, 교회가 선한 일을 하면 그리스도가 선한 일을 한 것과 같기 때문이다.

3. 예배를 회복해야 한다.

(1) 하나님의 성령으로 예배를 드려야한다.(빌 3:3)

예수님은 요한복음 4:23-24에서 "아버지께 참되게 예배하는 자들은 영과 진리로 예배할 때가 오나니 곧 이때라 아버지께서는 자기에게 이렇게 예배하는 자들을 찾으시느니라. 하나님은 영이시니 예배하는 자가 영과 진리로 예배할지니라"(요 4:23-24, 개역개정)라고 말씀하신다. 사마리아 여인에게 하신 예수님의 이 말씀은 그 의미가 심장 하다. 예수님은 예수님의 초림으로 종말이 도래했고 이제 종말의 때에는 예루살렘에서나 그리심 산에서 예배할 필요가 없고 하나님께 영과 진리로 예배를 드릴 수 있다는 뜻이다. 영과 진리로 예배드리는 것은 우리 자신들의 영(spirit)과 하나님의 진리가 함께 연합하여 진정한 예배 분위기를 형성하면서 예배를 드려야 한다는 뜻이다. 하나님께 예배 할 때 우리의 영이 참여하지 않으면 그 예배는 형식적인 예배로 단순한 의식을 치르는 것에 지나지 않는다. 그리고 예배에서 진리를 배제하면 우리의 영이 예배에 몰두할지라도 하나님이 기뻐 받으실 수 없는 공염불(空念佛)과 같은 것이 되어 버린다.[20]

바울은 로마 감옥에서 "개들을 삼가고 행악하는 자들을 삼가고 몸을 상해하는 일(개역: 손할례당)을 삼가라. 하나님의 성령으로 봉사하며 그리스도 예수로 자랑하고 육체를 신뢰하지 아니하는 우리가 곧 할례파라"(빌 3:2-3)라고 쓴다.

참다운 종교는 성령의 인도로 하나님께 예배를 드려야 한다(빌 3:3). 본문의 분사 라트류온테스 (latreuvonte")는 라트류에인 (latreuvein)에서 형성된 것으로 본래 "삯을 위해 일하다"는 뜻을 가졌다. 그래서 후에는 종이나 자유자가 보상을 받을 생각을 하지 않고 봉사한다는 뜻에서 "단순히 봉사하다"의 의미로 사용되었다. 그러나 구약의 용법을 보면 선택된 이스라엘 백성들이 여호와 하나님께 예배하는 것을 묘사할 때 이 용어를 사용했다(출 23:25; 신 6:12-13; 10:12, 20; 수 22:27). **본문 빌립보서 3:3의 의미는 "봉사하다"의 의미보다는 "예배하다"의 의미로 해석하는 것이 더 타당하다.**[21] 참다운 하나님의 백성은 하나님께 예배할 때 성령으로 예배를 드려야 한다. 바울은 오순절이 발생한 이후에 하나님의 부르심을 받았다. 그래서 바울은 "성령으로 예배하며"라고 말할 수 있었다.

---

20) R.C.H. Lenski, The Interpretation of St. John's Gospel (Minneapolis: Augsburg Publishing House, 1943), p. 323.
21) 개역판 한글성경은 "봉사하다"로 번역했으며, 표준새번역은 "예배하며"로 번역했고, NASB는 "worship in the Holy Spirit of God"로 번역했다. 피(Gordon D. Fee, God's Empowering Presence : The Holy Spirit in the Letters of Paul, Hendrickson Publishers, 1994, p. 752; G.D. Fee, Paul's Letter to the Philippians (NICNT), Grand Rapids : Eerdmans, 1995, p. 300)는 본문의 latreuvw "예배하다" 보다는 "봉사하다"(offer service)는 의미로 해석해야 한다고 주장 한다: "The verb, therefore, is not the one for 'worship' in the sense of what the congregation does together as a gathered people, but for service rendered to God as a form of devotion to him." (God's Empowering Presence, p. 752)

예배 도중 목사가 "하나님께 영광의 박수를 올려 드립시다."라고 말하고 박수를 치는 행위는 무슨 뜻이 함축되어 있는가?

(2) 예배드릴 때 성경을 교독하는 관습은 하나님의 권위를 침범하는 것이다.

근래에 한국 교회의 예배의식을 살펴보면 목사가 성경을 읽을 때 회중의 참여를 의식하여 교독할 것을 제안하는 경우가 많다. 그러나 성경봉독은 하나님께서 그 말씀봉독을 통해 가장 직접적으로 성도들에게 말씀하시는 방법이다. 성경봉독은 설교보다도 더 직접적으로 하나님께서 성도들에게 말씀하시는 수단이다. 예배드릴 때 시편을 교독하는 것을 바람직하지만 설교의 본문을 교독하는 것은 심하게 말하면 하나님이 말씀하실 기회를 박탈하는 것이다. 그러므로 성경 봉독은 예배 인도자가 혼자 봉독하는 것이 바람직하다.[22]

(3) 평상 주일에 목사가 가운을 입고 예배를 인도하는 관행과 평상 주일에는 정장을 입고 설교하다가 성찬 예식이 있는 주일에는 가운을 입고 흰 장갑을 끼는 일은 하나님 중심의 행위인지 목사중심의 행위인지 묵상해 볼 필요가 있다.

어떤 한국교회는 예배드릴 때 목사가 가운을 입고 예배를 드리는 교회가 있는가 하면 어떤 교회는 목사와 장로가 모두 가운을 입고 예배

---

[22] The Book of Church Order of the Presbyterian Church in America (sixth edition, 2005), Chapter 50, Verse 1: "The public reading of the Holy Scriptures is performed by the minister as God's servant. Through it God speaks most directly to the congregation, even more directly than through the sermon. The reading of the Scriptures by the minister is to be distinguished from the responsive reading of certain portions of Scripture by the minister and the congregation. In the former God addresses His people; in the latter God's people give expression in the words of Scripture to their contrition, adoration, gratitude and other holy sentiments. The psalms of Scripture are especially appropriate for responsive reading." (예배모범에서)

드리는 광경을 볼 수 있다. 그리고 영상 매체를 통해 설교하는 대부분의 목사들이 가운을 입고 설교하는 모습을 보게 된다. 그러나 목사가 예배드릴 때 가운을 입는 것은 성경적이 아니요 개혁주의 전통이 아니다. 목사가 예배드릴 때 가운을 입으면 목사와 성도들을 구별하고 목사를 특별 계층으로 인식하게 하는 잘못을 범한다. 종교개혁자들은 만인제사장직을 가르쳤다. 하나님 앞에 예배드릴 때 목사나 성도나 모두 죄인이요 한 인격체일 뿐이다. 카톨릭의 사제들은 가운을 입고 미사를 집례 함으로 일반 성도들과 자신들을 구별시킨다.

그리고 어떤 교회는 목사가 평시에는 보통 정장을 입고 설교를 하다가 성찬 예식이 준비된 주일 예배에는 목사가 가운을 입고 흰 장갑을 끼고 예배를 인도하고 성찬을 집례할 때는 목사와 장로가 가운을 입고 흰 장갑을 끼고 집례하는 경우를 자주 보게 된다. 물론 그렇게 하는 것은 성찬 예식을 성스럽게 인도하기 위한 목적이 있겠지만 성찬이 계획되어 있는 주일에 목사와 장로가 가운과 흰장갑을 착용하고 예배를 인도하고 성찬을 집례하면 성도들은 설교보다 성찬이 더 중요한 것으로 인식하게 된다. 그러나 "성찬식이 주일 예배보다 더 거룩하다거나 예배가 성찬식보다는 덜 거룩하다고 생각하는 것은 옳지 않다."[23] 설교도 은혜의 수단이고 성찬도 은혜의 수단이다. 성찬식을 설교보다 더 거룩한 것으로 생각하면 중세 교회의 잘못을 답습하는 것이다. 그리고 우리는 예수님께서 처음 성만찬을 제정해주신 장면을 상기해 보아야 한다(눅 22:13-23). 예수님이 첫 성만찬을 제정하실 때 예수님께서 장갑을 끼었다든지 아니면 그 당시 할 수 있는 특별한 방법을 동원해서서 성만찬 집례를 하셨는지 상고해 볼 필요가 있다. 예수님은 보통 식사하시는 방법으로 성만찬을 제정해 주셨다.

개혁주의를 신봉하는 기독교인들은 성만찬을 통해 성령께서 그리스도의 대속적 죽음의 특혜를 성찬을 받는 믿음의 사람에게 부어주신다

---

23) 김영재, 「한국 기독교 재인식」(서울: 도서출판 엠마오, 1994), p. 289.

고 믿는다. 예수님이 "이것은 내 몸이니라"라고 말씀했을 때 예수님은 유추(analogy)를 사용하신 것이지, 동일성(identity)을 가르치신 것이 아니다. 예수님이 "이것은 내 몸이니라"라고 말씀을 하실 때 그리스도의 몸이 떡을 들고 있었다. 마찬가지로 예수님이 "이것은 내 피니라"라고 말씀했을 때 예수님의 몸 안에 피는 계속 흐르고 있었다.

4. 경건을 회복해야 한다.

한국교회는 디모데후서 3:16, 17의 "모든 성경은 하나님의 감동으로 된 것으로"까지는 비교적 중요하게 생각하고 그대로 받으려고 한다. 그러나 한국교회는 바로 그 다음의 내용인 **"교훈과 책망과 바르게 함과 의로 교육하기에 유익하니 이는 하나님의 사람으로 온전하게 하며 모든 선한 일을 행할 능력을 갖추게 하려 함이라"(딤후 3:16-17)**는 부분에 대해서는 소홀히 한다. 우리는 바울이 강조한 "믿음으로 의롭게 된다"(롬 3:28)와 야고보가 강조한 "행함이 없는 믿음은 그 자체가 죽은 것이라"(약 2:17)의 의미를 분리해서 생각할 수 없음을 주목해야 한다. 성경은 구원을 받을 수 있는 진실한 믿음은 반드시 선한 행함이 뒤따라야 한다고 가르친다.

프란치스코(Francisco) 교황이 지난 2014년 8월 14일(목)부터 18일(월)까지 4박 5일의 한국 방문 일정을 마치고 교황청으로 귀임했다. 프란치스코 교황은 이전의 다른 교황과는 달리 근엄한 얼굴이라기보다는 맑은 미소를 지녔고 그의 얼굴 미소에 어울리듯 친근감을 느끼게 한다. 그의 활동 역시 가난한 자를 가까이 하고 소외된 자에게 관심을 가지며 교황의 행동으로는 예상할 수 없는 튀는 행동을 많이 한다. 프란치스코 교황의 그런 행동은 많은 사람들의 눈과 마음을 사로잡는다. 많은 사람들은 프란치스코 교황이 말보다는 행동으로 복음을 실천하고 있다고 생각한다. 프란치스코 교황은 한국 방문기간 동안 낮은 자들을 찾았고, 고통 받는 자들을 위로하였고, 어린이들에게 깊은 관심을 보이는 등 한국 사람들의 마음을 사로잡기에 충분한 활동을 하셨다. 한국 사람들은 원래 정이 많은 사람들이기 때문에 종교나 정치 지도자가 이런 활동을 하면 크게 감동을 받는다.

프란치스코 교황은 그냥 무시하고 지나가도 될법한 일인데도 세심한 관심을 기울여 상대방을 배려하기도 한다. 무신론자 언론인인 이탈리아 유력지 "라 레프블리카"의 설립자 에우제니오 스칼파리가 카톨릭 교회권력을 비판하는 도발적인 질문을 했을 때 프란치스코 교황은 그에게 편지로 답을 했다. 그리고 교황의 답이 2013년 9월 11일 "라 레프블리카"에 실렸다. 교황의 편지는 "나는 다른 사람을 개종시킬 마음이 없습니다. 하느님을 믿지 않는 사람들은 자신의 양심을 따릅니다. 진리는 하느님이 예수 그리스도로서 우리에게 품고 있는 사랑입니다. 따라서 진리는 관계입니다"라는 내용을 포함하고 있었다.

프란치스코 교황은 진보적 성향인 예수회 출신으로는 처음으로 교황이 되었고, 또한 처음으로 유럽 출신이 아니라 라틴 아메리카 출신으로 교황이 되었다. 이번 프란치스코 교황의 한국 방문은 30년 만에 이뤄지는 행사이다. 프란치스코 교황의 한국 방문은 천주교는 물론 개신교회의 리더들에게 큰 관심을 갖게 한다.

프란치스코 교황이 한국 방문 기간 동안 한번도 "예수 그리스도가 우리의 죄 때문에 십자가에서 죽으셨다"고 말하거나, "예수를 믿어야 구원을 받는다"라고 말한 적이 없음에도 불구하고 많은 사람들은 그의 행동에 감명을 받았다. 우리는 프란치스코 교황의 행동을 보면서 한국교회의 장점이 무엇인지를 깨닫고 또한 한국교회의 약점이 무엇인지를 깨달아야 한다. 한국교회의 장점은 분명한 구원관을 가지고 있다는 사실이다. 그러나 한국교회의 약점은 믿는 교리를 바로 실천하지 못한 부분에 있다. 우리는 프란치스코 교황이 한국 방문 기간 동안 보여준 모습을 통해 한국 사람들이 갈망하고 있는 것이 무엇인지를 깨달아야 한다.

(1) 개혁은 자신부터 해야 한다.

오늘날 교회 개혁을 외치는 사람들의 방향성이 잘못된 듯하다. 일반적으로 개혁을 주창하는 사람들이 자신의 잘못을 뉘우치고 자신부터 개혁해야 하는데 자신은 의인의 반열에 세워두고 다른 사람들만 고치려 하는 모습이 우려를 낳게 한다. 예수님께서 "어찌하여 형제의 눈 속에 있는 티는 보고 네 눈 속에 있는 들보는 깨닫지 못하느냐"(마 7:3)라고 하신 말씀의 뜻을 깊이 새겨야 한다. 개혁은 자신부터 시작해야 한다. 그리고 개혁은 떠들면서 하는 것이 아니요 조용하게 실천에 옮기는 것이다. 한국교회가 개혁되어야 한다고 앞장 선 사람이나 단체들이 개혁의 대상이 되는 경우를 얼마든지 볼 수 있다. 한국교회 지도자들은 "내 자신"과 "우리 교회," 그리고 "내가 관계하고 있는 기관"의 어느 부분이 개혁되어야 할 것인지를 찾아서 뼈를 깎는 어려움이 있을 지라도 올바르게 고쳐나가야 한다.

(2) 영적 (Spiritual)의 의미

몸과 영혼을 이원론 적으로 접근하여 잘못된 신앙과 행위를 정당화하는 경우가 있다. 하나님은 우리를 몸 따로 영 따로 대하시지 않는다. 하나님은 우리를 대하실 때 몸과 영 전 인격체를 함께 대하신다. 우리들의 몸도 구원 받은 몸이다. 성도는 영적인 존재이다. 사람이 예수를 믿으면 성령이 우리 안에 내주하기 시작한다. 그래서 바울은 "너희가 하나님의 성전인 것과 하나님의 성령이 너희 안에 계시는 것을 알지 못하느냐"(고전 3:16; 6:19)가고 말한다. 우리 몸은 성령이 내주하시기 때문에 "성령의 전"이다. 성도들은 예수님 때문에 영적인 존재가 된 것이다. 그러므로 성도가 행하는 모든 일은 죄를 짓는 것을 제외하고 모두 영적인 일인 것이다. 성도가 집에서 설거지하는 것, 교회 화장실 청소하는 것, 이웃집 앞마당 청소하는 것 모두 영적인 일이다.

오늘날 교회 내에 사고의 전환이 이루어지는 징후를 보게 된다. 그 사고의 전환은 "경험적인 신앙"을 추구하는 것이다. 마음의 종교가 아니라 감정의 종교를 추구한다. 오늘날 문화는 기독교 교리나 권위 있는 성경적 교훈을 평가 절하 시키기 원한다. "영성"은 실용적이고 개인적인 것이 되어 버렸다. 구원보다는 긴장해소에 더 관심이 있다. 신학적이기보다는 치유에 더 관심이 있다. "영성"은 선하게 되는 것에 관한 것이 아니요, 기분 좋게 느끼는 것에 관한 것이다. "영성"은 영혼에 관한 것이 아니요 육체적이요 감정적인 것에 관한 것이다. 그러나 우리는 예수 그리스도를 떠나면 우리의 진정한 내적 안정을 얻을 수 없다는 사실을 알아야 한다.

5. 목사의 신뢰를 회복해야 한다.

(1) 목사의 직분에 대한 잘못된 이해를 바로 잡아야 한다.

한국교회 내에서 목사는 특별한 지위를 소유한 것으로 대우 받는다. 한국에 복음이 들어 온 이래 지난 120여 년간 목사의 직분에 대한 이해가 개혁주의적인 입장에서 거리가 먼 방향으로 진행되어 왔다. 종교개혁 사상은 성경에 기초하여 예수 그리스도를 재발견하여 예수님을 중심으로 삼는 것이었다. 개혁자들은 오직 은혜로만 구원을 얻으며 오직 믿음으로만 구원을 얻는다고 가르쳤다. 죄인이 의인이 되기 위해서는 유일한 중보이신 예수 그리스도를 믿음으로 가능한 것이다. 그래서 개혁자들은 성자숭배를 반대하고, 교황주의를 반대하며, 목사가 제사장이라는 교권주의도 반대했다. 목사는 말씀의 선포와 성례를 집행하는 직무를 맡은 사람이다.[24] 일부 목사들은 구약의 삼직인 제사장직, 선지자직, 왕직을 목사가 소유한 것으로 생각한다. 그러나 구약의 삼직을 온전히 성취하신 분은 예수님 한 분뿐이시다. 목사는 주님의 피로 값 주고 산 성도들을 양육하고 보살펴야할 종이다. 고린도전서 4:1의 "그리스도의 일꾼"할 때 "일꾼"(uJphrevta")은 배 밑창에서 노를 젓는 노예라는 뜻이다.

(2) 성도들의 무지를 소위 "목회적 성공"에 이용하지 않아야 한다.

목회자들은 교회의 외형적 발전에 많은 관심을 가진다. 외형적 발전이 나쁜 것은 아니다. 그러나 외형적 발전을 위해 재정적 필요가 있기 때문에 목회자들은 때때로 기복신앙을 조장한다. 그래서 많은 헌금이 큰 축복을 받게 된다는 공식을 전한다. 헌금은 하나님으로부터 받은 은혜를 감사하여 마음과 몸을 바치는 뜻에서 드리는 것이다. 사실상 인간이 하나님께 바칠 것은 아무 것도 없다. 왜냐하면 하나님은 세상의 모든 것의 주인이시기 때문이다. 그런데 한국교회의 헌금 경향은 축복을 받았음으로 감사해서 바치기보다는 축복을 받기 위해 바치는 것이다. 마치 하나님과 흥정하는 것이요 장사하는 것과 비슷하다. 그래서 바친 자의 이름을 강단에서 알리고 그를 위해 특별 기도를 하는 것은 잘못이다. 체면을 중시하는 한국문화를 잘 활용하여 많이 헌금한 사람의 체면을 세워주는 일을 하고 있다.

---

24) 김영재, 한국 기독교의 재인식(서울: 도서 출판 엠마오, 1994), p. 287.

나가는 말

　16세기 종교개혁은 하나님의 주권을 높이고 성경이 정확무오한 하나님의 계시의 말씀임을 믿었다. 그래서 개혁자들은 성경이 가는 곳까지 가고 성경이 멈추는 곳에서 멈추어야 한다고 생각했다. 종교개혁은 성경을 바로 발견하고 바울을 바로 발견했다. 한국교회는 초기 선교사님들로부터 위한 유산을 받았다. 초기 선교사님들은 종교 개혁자들처럼 하나님의 주권을 높이고 성경이 신앙과 생활의 규범으로 정확무오한 하나님의 말씀으로 믿고 이 사상을 우리에게 전수해 주셨다. 이제 한국교회는 종교 개혁자들의 유산과 한국 초기 선교사님들의 유산을 그대로 이어받아 성경으로 돌아가야 하겠다.
　특히 성경이 우리의 신앙의 규범이 되고 생활의 규범이 되어야 하겠다. 물론 하나님의 축복으로 이만큼 성장하고 쓰임을 받고 있는 한국교회에 대해 성급한 평가를 하는 것은 잘못이다. 우리는 이제 하나님이 우리에게 맡기신 사명을 다 해야 한다. 우리는 먼저 하나님께 감사해야 한다. 그리고 우리는 주의 일에 더 힘써야 한다(고전 15:57-58). **우리는 항상 겸손, 겸손, 또 겸손의 자세**로 우리의 연약성을 개선하여 하나님의 교회를 든든히 세우고 하나님 나라의 확장에 쓰임을 받아야 한다.

한국교회 130년: 취해야 할 것과 버려야 할 것

박 형 용 박사

합동신학대학원대학교 명예교수
웨스트민스터신학대학원대학교 총장

서언(Preface)

한국교회는 세계 교회가 놀랄 만큼 괄목할만한 성장을 했다. 그것도 비교적 짧은 기간 안에 이루어진 것이어서 많은 주목의 대상이 되어 왔다. 본 논문에서는 1945년 해방 이전의 한국교회의 성장에 관해 간략하게 다루고, 해방 이후의 한국교회의 성장과 문제점에 관해서는 장로교 중심적으로 다루기로 한다.

1. 초기 한국교회의 성경 중심적 기초

한국에 복음이 들어온 해를 1884년으로 잡는다.[1] 그 이유는 최초의 체류 선교사인 의사 알렌 (Horace N. Allen)박사가 1884년 9월 20일에 인천에 도착했고, 이틀 후인 1884년 9월 22일에 서울에 도착했기 때문이다. 그러나 좀 더 중요한 시점은 장로교 선교사인 언더우드 목사 (Rev. Horace G. Underwood)와 감리교 선교사인 아펜젤러 목사 (Rev. Henry G. Appenzeller)가 도착한 1885년이다. 두 선교사는 1885년 4월 5일 부활절 날 아침에 인천항에 도착했다. "훗날 감

---

1) Allen D. Clark, A History of the Church in Korea (Seoul: The Christian Literature Society, 1986), p.88.

리교인들 이나 혹은 장로교인들이 자기 교파가 먼저 도착했다고 아무도 말할 수 없게 하기 위해 그들이 손을 잡고 함께 해안으로 뛰어 내렸다는 이야기는 매력 만점의 이야기이긴 하지만 사실적인 근거가 있는 것 같지 않다. 실제로 제일 먼저 해안에 발을 디딘 사람은 아펜젤러 부인이었다."[2]

그 이후 1885년 5월 3일 감리교 선교사 스크랜톤 (W.B. Scranton) 부부가 도착했고, 같은 해 6월 24일에는 장로교 선교사 헤론 (John W. Heron)이 도착했으며, 1889년 10월에 호주 장로교 선교사 데이비스 (J. Henry Davies)가 그의 여동생 엠 티 데이비스 (Miss M.T. Davies)와 함께 도착했으며, 1892년에 미국 남장로교 선교사 테이트 (L.B. Tate) 등 수 많은 선교사들이 한국에서 선교를 시작했다.[3] 데이비스 목사는 6개월 후 천연두에 걸려 1890년 4월 15일에 별세하였다.[4]

선교사 왓슨 (Alfred W. Wasson)과 서명원 (Roy E. Shearer)은 한국교회가 대개 10년을 주기로 하여 사회적인 불안 요소가 비교적 많을 때 그와 병행하여 신도수가 성장했음을 관찰했다.[5]

초기 한국에 온 선교사들은 중국(Cheefoo, China)에서 오랫동안 선교활동을 해 온 요한 네비우스 (Rev. John Nevius)의 선교활동 원리를 수용하여 한국에서도 적용했다. 네비우스 원리는 일반적으로 "3자 원리"(three self principles)로 알려져 왔다. 그것들

---

2) Allen D. Clark, A History of the Church in Korea, p.90-91: "The story that they took hold of hands and jumped ashore together, in order that no one might later say that either the Methodists or the Presbyterians had arrived first, is a very charming story, but seems to have no basis in fact. Actually, it was Mrs. Appenzeller who was the first to step ashore."
3) 더 자세한 내용은 김영재, 「한국교회사」 (A History of the Korean Church) (서울: 개혁주의신행협회, 1992), pp.67-71을 참조하라.
4) Allen D. Clark, A History of the Church in Korea, p. 109.
5) Alfred W. Wasson, Factors in Growth of the Church in Korea (New York: International Missionary Council, 1934); Roy E. Shearer, Wild Fire: Church Growth in Korea (Grand Rapids Eerdmans, 1966).

은 "자전"(self-propagation), "자치"(self-government), 그리고 "자립"(self-support)이다. 초기 선교사들은 네비우스 선교활동의 방법을 "오랜 기도와 심사숙고 끝에"(after long and prayerful consideration) 한국교회의 선교정책으로 수용했다.[6] "언더우드 박사는 오랜 기도와 심사숙고 끝에 주로 우리는 네비우스 방법을 수용하도록 인도 받았다."[7]고 전한다.

네비우스(Nevius) 선교정책은 사실상 성경공부가 강조된 정책이었다. "진정한 핵심은 성경공부 제도에 있었다. 이 제도는 모든 성도들에게 성경을 공부하도록 격려했으며 성경공부에서 배운 것을 다른 사람에게 전할 수 있도록 격려했다."[8] 곽안련은 네비우스 방법의 성공 비결은 자전, 자치, 자립이상으로 교회 사역의 각 분야에서 성경을 보편적으로 사용한 것이라고 강조한다. 그는 한국교회가 "성경위에, 단순한 성경 본문 위에 건립되었다"고 확신한다.[9]

초기 한국교회는 성경을 하나님의 말씀으로 받고 성경에 권위를 부여했다. 성경은 초기 한국교회 성도들의 신앙과 삶에 확실한 기준이 되었다. 초기 한국교회를 섬겼던 선교사들이 그 당시 한국교회의 상황을 평가한 것은 한국교회가 얼마만큼 성경중심으로 성장해 왔는지를 잘 정리해 주고 있다.

"물론 성경 그 자체가 모든 나라에서와 마찬가지로 복음화에서 가장 두드러진 요소이다. 그러나 한국의 성경은 좀 독특한 위치를 차지해

---

6) Allen D. Clark, A History of the Church in Korea, p.114; 김의환, 「기독교회사」 (서울: 성광문화사, 1982), pp.413-414.
7) Allen D. Clark, op. cit., p.114: "Dr. Underwood reports that 'after long and prayerful consideration, we were led, in the main, to adopt these Nevius Methods.'"
8) Allen D. Clark, op. cit., p.115: "Its real core was in the Bible study system, which encouraged every Christian to study his Bible and to be able to pass on to others what he found there."
9) 곽안련, 한국교회와 네비우스 선교정책, 박용규, 김춘섭 옮김 (서울: 대한기독교서회, 1994), p. 19.

온 것이 분명하다.…성경공부와 성경공부 반은 한국교회의 발전에서 가장 독특하고 가장 중요한 요소이다. 그것들 속에서 신앙과 지식의 기초를 놓아 왔다."[10] "성경은 한국에서 제일 공부가 많이 되는 책이다. 교회생활의 매우 뚜렷한 특징은 성경공부에 있다. 성경공부 반은 겨울에 열흘에서 2주일 동안 중심지에서 열린다. 겨울마다 족히 12만 5천명의 사람들이 성경을 공부하기 위해 모이는 것으로 추정된다. 그 목적은 단지 개인적인 유익을 위해서가 아니고 배운 것을 출신 교회에 전달해 주기 위한 것이다."[11] "한국교회의 주목할 만한 성장과 발전은 성경을 체계적으로 가르친 때문이라는 것이 충분히 관찰한 사람들의 확신이다."[12] 그리고 초기 한국교회의 성경 강조는 그들의 신앙의 삶의 전 부분에서 나타나고 있다. 한 선교 보고는 "성경 자체가 물론 다른 모든 나라에서처럼 복음 전도의 가장 큰 요소로 두드러지게 부각되어 왔지만 한국의 사역에서는 이 성경이 유달리 독특한 위치를 점유해 왔다. 한국교회의 능력, 영성, 기도에 대한 큰 믿음, 후한 기부정신은, 전교회가 성경 지식에 깊이 젖어 있다는 사실로부터 나오고 있다."[13] 고 평가한다.

이처럼 초기 한국교회는 성경을 중심으로 성장해 갔다. 성경말씀을 하나님의 말씀으로 믿고 생활한 초기 한국교회는 사회에 큰 영향을 미쳤으며 영적인 성장과 함께 숫자적인 성장도 급속하게 이루어졌다.

2. 한국교회 성장에 기여한 몇 가지 특이한 현상

(1) 천년기 전 재림설과 한국교회 성장

초기 한국에 온 선교사들은 천년기전 재림설 (전 천년설)을 주로 가

---

10) S. A. Moffett, Bible Society Record of ABS, 1916. 11., p.216.
11) Annual Report of NBSS for 1917, p.32.
12) Annual Report of NBSS for 1930, p.104.
13) 북장로교 선교회 25주년 보고서, p. 17.

르쳤다. 그 결과 보수적인 장로교 목사들과 신학자들은 천년기전 재림설을 그들의 신학적 입장으로 받아 들였다. 한국교회 초기에 큰 영향을 미친 길선주 목사는 전 천년설을 주장하면서 무천년설과 후천년설을 강력하게 비판하였다.[14] 특히 한국교회에 괄목할만한 영향을 미친 조직신학자 박형룡(Hyung Nong Park) 박사와 성경신학자 박윤선(Yune Sun Park) 박사의 종말론 입장은 주목의 대상이 된다. 박형룡 박사는 조직신학 분야에서 한국 보수신학의 기초를 놓으신 분이요 박윤선 박사는 주경신학(Exegetical Theology) 분야에서 기초를 놓으신 분이다. 박형룡 박사의 조직신학은 루이스 벌코프(Louis Berkhof)의 조직신학을 골격으로 삼고 많은 개혁주의 학자들의 저술이나 논문을 사용하여 완성시킨 귀한 작품이다. 그래서 박형룡 박사는 자신의 조직신학을 가리켜 "다른 사람들의 화원에서 꺾어 모은 꽃다발"[15]이라고 겸양의 표현을 하신다.

박윤선 박사는 1938년 고린도후서 주석(표준주석)을 집필하기 시작하여 1979년 에스라/느헤미야/에스더 주석을 마지막으로 성경 66권 전체를 20권의 책으로 펴냈다. 분량을 보면 구약 주석이 총 7,347페이지이고 신약주석이 총 4,255페이지로 신구약 주석을 합하면 총 11,602페이지에 달할 만큼 방대한 주석을 펴냈다.[16] 박윤선 박사의 주석은 거의 모든 한국교회 목회자들의 서재의 한 자리를 채울 만큼 한국교회에 큰 영향을 끼쳤다.

그런데 한국교회에 지대한 영향을 끼친 박형룡 박사와 박윤선 박사의 종말론 입장이 전천년설이라는 점이 주목을 끈다. 왜냐하면 두 분

---

14) 김영재, 「한국기독교의 재인식」 (서울: 엠마오, 1994), p.237.
15) 박형룡, 「교의신학 서론」 (부산: 칼빈 출판사, 1964), p.11(머리말에서).
16) 박윤선, "나의 생애와 나의 신학," 「신학정론」 (Journal of Reformed Theology, Vol. 7, No.2 (Dec.1989), pp.162-187. 본 호 「신학정론」은 1988년 6월 30일 소천하신 박윤선 박사를 기념하여 출판되었다. 본 호에 게재된 논문들은 대부분 제1회 정암신학 강좌에서 발표한 내용들이다.

의 교육배경을 볼 때 그들이 전천년설을 주장하는 데에 특이한 점이 있기 때문이다.

박윤선 박사는 "나는 주로 메이천 (Machen)박사의 지도를 받았고 그의 강의를 듣게 되었다. 그는 위대한 신학자이면서 하나님의 말씀대로 사는 위대한 신앙가였다. 그는 평생 결혼하지 않고 불철주야 하나님 말씀 연구에 집중하면서 살았다. 그는 모든 신학생들을 자기의 친자식과 같이 여기고 신앙적으로 지도했으며 언제나 확신을 지닌 사람으로 살았던 사람이다." … 중략 … "나는 그의 문하에서 신약학을 전공했는데 특별히 주경신학을 배우는 도중에 그의 도움을 많이 받았다."[17]

이처럼 벌코프(Louis Berkhof)의 조직신학 책을 참고하여 자신의 조직신학을 쓴 박형룡 박사나 메이천(J.Gresham Machen)에게 큰 영향을 받은 박윤선 박사의 종말론적 입장이 전천년설(Premillennialism)이라는 사실이 주목의 대상이 된다.[18] 왜냐하면 벌코프도 메이천도 모두 무천년설을 성경적 입장으로 받아드렸기 때문이다.

그러면 전천년설 종말론과 한국교회의 성장과는 어떤 관계가 있는가. 복음이 한국에 들어온 이후 한국은 대단히 어려운 시기에 처해 있었다. 한반도는 19세기에 이르기까지 중국과 일본, 그리고 러시아 사이에 계속적인 충돌의 현장으로 어려움을 겪었다. 그리고 1910년 일

---

17) 박윤선, "나의 생애와 나의 신학," 「신학정론」 (Journal of Reformed Theology, Vol.7, No.2, pp.177-178.
18) 박형룡, 「박형룡 박사 저작전집」, Ⅵ (서울: 한국기독교 교육연구원, 1983), p.278; 박윤선, 「성경주석: 요한계시록」 (서울: 영음사, 1964), pp.327-29; 박윤선, 「성경신학」 (서울: 영음사, 1977), pp.200-8. 박윤선은 천년기후설과 무천년설을 설명할 때는 각각 비판을 가하여 천년기 후설과 무천년기설이 자신의 입장이 아님을 밝히고 반면 전천년설을 설명할 때는 해설만 첨가하여 천년기 전설이 자신의 입장임을 밝힌다; cf. Ung Kyu Park, From Fear to Hope: The Shaping of Premillennialism in Korea, 1884-1945. Ph.D. diss., Westminster Theological Seminary, 1998, pp.342-56. Ung Kyu Park은 이 부분에서 Hyung Nong Park과 Yune Sun Park의 전천년설 입장을 구체적으로 다룬다.

본에 합병된 후 36년간 계속적인 억압과 핍박 속에 있었다. 일본으로부터 해방 이후도 1950-53년 사이 한국동란과 계속되는 군사 구테타 및 군부 통치는 한국 내에서의 고난과 핍박이 계속되었음을 증거한다. 새 브리태니카 백과사전은 "정부가 1970년대와 1980년대를 통해 신문과 방송을 철저하게 조종했다. 그러나 1900년대에 들어오면서 남한의 정치적 민주화는 신문 방송에 상응하는 자유를 가져다주었다"[19]라고 기록한다. 대략적인 역사적 사건만 열거해도 복음의 전파가 고난의 때에 이루어졌다는 것을 알 수 있다.[20] 한국의 과거 역사는 복음이 이 땅에 들어 온 이래 이런 저런 모양으로 복음 전파와 한국교회에 시련의 과정이었음을 증거 한다.

이와 같이 과거의 한국 역사는 수난의 역사였다. 적어도 한국의 토양은 복음 전파에 호의적인 것은 아니었다. 김영재 교수는 복음이 전파된 이후의 한국의 상황을 천년왕국 신앙과 연계하여 다음과 같이

---

19) The New Encyclopaedia of Britannica (1994), p.960.
20) In 1885, Rev Underwood and Rev. Appenzeller arrived in Inchon; In 1895, Japan was at war with China and Japan acquired many rights (Coal mine, Gold mine, Building railroad from Busan to Shineuijoo) over Korea; In 1905, Japan was at war with Russia and Japan had complete control over Korea; In 1910, Japan annexed Korea as Japanese territory and ruled Korea ruthlessly for 36 years until the end of World War II; In 1945, Korea was emancipate from Japanese colonial rule; In 1948, the Republic of Korea was established in South Korea only. The North Korea, the above of 38th parallel was controlled by Soviet Unions; In 1950-53, the Korean War devastated the whole country; In 1960, Military coup d'etat was led by two star general Jung Hee Park; From 1961 to October 26, 1979, Jung Hee Park was the President who ruled the country as a dictator; In 1980, General Doo Hwan Chun took the power and revised the constitution and was elected the President by the handfuls of government chosen-electorates; From 1980 to 1987, President Doo Hwan Chun ruled the country with the might; From 1987 to 1992, a General-turned-Politician Mr. Tae-Woo No, a close friend of the President Chun, ruled the country as his successor; In 1992, the first civilian President Young Sam Kim was elected; In 1997, the President Dae Jung Kim was elected. And in 2002, Roh Moo-Hyun was elected as the President for five-year term until February 2008.

요약한다. "천년왕국 신앙과 고난을 견딘 한국교회는 그리스도의 복음을 받을 당시부터 6.25동란을 겪을 때까지 줄곧 불안한 사회적인 상황에서 살아왔으며, 핍박 하에서와 고난 속에서 살아 왔다. 그러므로 불안 속에서 안정을 찾는 백성들은 쉽게 내세 지향적인 종말신앙을 복음으로 받아 들였다."[21] 그 이유는 다음과 같이 설명한다.

"이러한 종말론적인 신앙(전천년설)은 고난을 당하는 성도들에게 위로가 되었고, 특히 신사참배 반대자들에게는 옥고를 이기고 순교의 길을 갈 수 있도록 위로와 활력을 불어 넣어 준 신앙이 되었다."[22]

김영재 교수는 계속해서, "특히 천년왕국에 대한 신앙은 현재 당하는 고난의 역사와 대조적으로, 현재 압제를 가하는 원수를 역사의 지평 위에서 다스리며 심판할 수 있다는 좀 더 현실적인 희망을 안겨 주는 것이었으므로 더 호소력이 있는 것이었다."[23]라고 지적했다.

이런 고난의 상황에서 어떤 종말론적 입장이 더 쉽게 한국교회 지도자를 사로잡았을까를 생각해 볼 때 그것은 무천년설보다는 전천년설이라고 할 수 있다.

한국교회는 한국의 지정학적 이유로(geo-political reasons) 많은 핍박과 고난 중에 성장해 왔다. 그러므로 현세를 강조하기 보다는 내세를 강조하는 전천년설이 한국교회 성장에 직접적으로, 간접적으로 영향을 미쳤다고 생각된다.

(2) 교회 분열과 한국교회 성장

김의환 박사(John E. Whan Kim)는 그의 저서 「기독교회사」(History of Christianity)의 한 장(Chapter)에서 "한국교회의 부흥과 분열"을 다룬다.[24] 김의환 박사는 I. 한국교회의 부흥 요인을 1. 외적인 요인들

---

21) 김영재, 「한국기독교의 재인식」 (서울: 엠마오, 1994), p.240.
22) Ibid.
23) Ibid., p.240-241.
24) 김의환, 「기독교회사」 (서울: 성광문화사, 1982), pp.405-458.

과 2. 교회의 진취적 정신으로 나누고, 교회의 진취적 정신에서 ① 대부흥운동, ② 전도 집회들, ③ 네비우스 선교방법, 그리고 ④ 군복음화 계획을 열거한다. 그리고 II. 분열의 원인으로서 신학 논쟁에서는 자유주의 신학의 영향으로 한국 장로교회가 어떻게 분열했는지를 기술하고 있다.

물론 분열은 장려할 것이 못된다. 분열은 아픔을 초래하고 그 상처는 오래 남는다. 그리고 한 번 분열한 교회는 다시 합동하기가 대단히 어렵다. 특별히 한국교회가 분열할 때는 교리적인 요소도 많이 있지만, 교리적인 요소 이외에 교회 기구에 대한 권리, 지방색 (regionalism), 그리고 교회 지도자들의 개성 (personality) 등이 관계되어 분열하기 때문에 다시 합동하기가 어렵다. 한국 장로교회는 많은 분열을 거듭해 왔다.

처음 장로교 분열은 일본의 한국 점령과 무관하지 않다. 일제는 한국 교회에 신사참배를 강요했다. 신사참배의 문제는 결국 교회를 분열하는데 일조를 했다. "일본인들은 중국과 전쟁을 하고 있을 당시 1937년에 한국 기독교인들을 긴밀하게 감시하고 있었다. 1938년에 정부는 모든 교회가 그들의 예배에 참석하기 전에 먼저 신사에 참배해야한다고 명령했다."[25] 하지만 성경의 하나님을 유일신으로 섬기는

---

25) Cf. International Review of Missions, January 1939, p.10; (The Japanese kept a close watch on Korean Christians during 1937, at a time when they experienced hostilities with China. In 1938 the government ordered that churches should see to it that all their members presented themselves at the shrine of the Sun-Goddess before they attended Christian services.
Pyengyang Theological Seminary, the center of Korea's puritan Calvinism, was closed in 1938 because of the shrine issue, and a new institution, Chosun Seminary, was opened in Seoul during March 1939. The Chosun Seminary was not recognized by the General Assembly as it was thought to be liberal. Instead the General Assembly opened another seminary, in Pyengyang, in April 1940. Both continued during the Korean war years and both compromised on the shrine issue.) cf. Lee Kun Sam, The Christian Confrontation with Shinto Nationalism (Amsterdam: Van Soest, 1962).

대부분의 한국교회 지도자들이 일제의 강요를 그대로 순응할리 없다. 결국 신학교가 둘이 되고 교단이 나누이게 된다. 한국의 청교도 칼빈주의의 중심인 평양 신학교는 신사참배 문제로 1938년 9월 30일 자진해서 무기휴학 선언을 했고, 1939년 3월부터 조직된 새로운 신학교 설립 기성위원회는 1940년 4월에 정식으로 조선신학교를 서울에서 개교하였다. 조선신학교는 서울 승동교회 하층을 사용했다.[26] 조선 신학교가 시작될 당시 조선신학교는 자유주의라는 이유로 총회의 인정을 받지 못했다.

그리고 1945년 남쪽과 북쪽이 38선으로 나누인 이후 조선신학교 (Chosun Seminary)가 남쪽 장로교 총회에 속한 유일한 신학교가 되었다. 조선신학교는 1946년 장로교 총회에서 총회 직영신학교 (General Assembly Theological Seminary)로 인준을 받았다.[27] 하지만 조선신학교의 신학적 입장은 계속적으로 문제가 되었다. 남쪽 장로교회의 좌경화를 지켜본, 신사참배 반대로 옥중에서 핍박을 받은 옥중 성도들과 신앙의 자유를 위해 망명 갔던 보수신학자들이 힘을 합쳐 세운 보수 신학교가 1947년 10월에 부산에서 박형룡박사를 교장으로 모시고 문을 열었다. 이 신학교가 바로 고려신학교였다. 그런데 고려신학교 설립자이신 한상동 목사와 교장 박형룡 박사 사이에 이견이 생기게 되었다. 박형룡 박사는 자유주의 신학과 싸울 전략으로 신학교를 서울로 옮길 것을 주장했고, 한상동 목사는 과거 평양신학교가 평양에 위치해 있으면서도 총회의 유일한 신학교로 역할을 감당한 것처럼 고려신학교가 부산에 있어도 유일한 장로교 신학교로 역할을 할 수 있다고 생각하여 고려신학교를 서울로 옮길 것을 반대하였다.

---

26) 김의환, 「기독교회사」, p. 444.
27) G. T. Brown, Mission to Korea, Board of World Missions, Presbyterian Church, U.S., 1962, p.177.

결국 박형룡 박사는 부산을 떠나 서울로 상경하여 1948년 6월 옛 평양신학교의 정신을 이어받은 신학교로 장로회신학교를 서울에 설립했다. 그리고 장로회신학교는 1949년 4월 19일 서울에서 모인 제35회 총회에서 총회 직영신학교로 인준 받았다. 이로써 한 총회 내에 조선신학교와 장로회신학교가 총회 직영신학교로 존재하게 되었다. 총회의 주도권을 찾은 보수 쪽 인사들이 조선신학교와 장로회신학교의 합동을 제안하였고 조선신학교 쪽 인사들은 합동하는 것은 자신들에게 불리함을 알고 신학교 합동을 반대 하였다. 한국동란이 1050년 6.25일 북한의 남침으로 발발하였다. 6.25 한국동란 직후 1951년 5월 26일 부산 중앙교회에서 제 36회 속개 총회가 모였을 때 총회가 직영 신학교로 인정한 양 신학교를 취소하고 새로운 신학교를 설립하자는 안건의 가결을 보았다. 그래서 총회의 결의대로 총회신학교가 1951년 9월 18일 대구에서 교장 감부열 선교사와 교수 박형룡, 명신홍, 권세열, 김치선, 한경직 제씨를 모시고 개교하기에 이른다. 총회 내에서 더 이상 영향력을 발휘할 수 없는 상황에 이른 조선신학교 측 인사들은 1953년 6월 10일 서울 한국신학대학(조선신학교 후신) 강당에 모여 "법통 총회"란 이름하에 제 38회 총회를 속개한 다음 그 다음 해부터 "대한기독교장로회"란 새로운 이름으로 교단을 창설하였다.[28] 이렇게 하여 1947년 10월에 창립된 고려신학교와 1951년 9월 18일 대구에서 개교한 총회신학교와 1953년 6월 10일 시작한 한국신학대학으로 나누어져 세 개의 장로교 교단이 형성되게 되었다. 자연히 한국의 장로교회의 교단은 고려 측, 총회 측, 기장 측으로 나누어져 존재하게 된다.

그 이후 한국장로교회는 1959년 9월 24일 대전중앙교회에서 제 44회 총회로 모여 WCC 문제로 정회되었는데 WCC를 찬성하는 사람들은 정회되는 그날 1959년 9월 28일 서울로 옮겨 연동교회에서 총회

---

28) 김양선, 한국 기독교 해방 10년사 (서울: 장로회총회교육부, 1956), p. 227.

를 속개하였고, WCC를 반대한 사람들은 1959년 11월 24일 서울 승동교회에서 총회를 속개하였다.[29] 이로써 한국장로교회는 대한예수교장로회 (합동측 혹은 승동측)과 대한예수교장로회 (통합측 혹은 연동측)으로 둘로 나누이게 되었다. 그 후 대한예수교장로회 (합동측)이 1979년 주류측, 비주류측, 중립측으로 나누어졌고 계속해서 합종연횡(合從連衡)의 과정을 거쳐 현재는 장로교만 100여 교단이 넘는 상황이 되었다.

이처럼 한국교회는 분열이라는 아픔을 통해 숫자적으로 성장한 역사를 가지고 있다. 하나님은 인간의 잘못을 사용해서도 그의 뜻을 이루어 가신다.

(3) 십일조 강조와 한국교회의 성장

한국교회는 십일조 헌금을 강조한다. 대부분의 목회자들이 십일조 헌금의 강조를 위해 그 근거를 구약에서 찾는다. 특히 목회자들은 헌금 강조를 위해 말라기를 인용하곤 한다. 인용된 성구는 "너희는 나의 것을 도적질하고도 말하기를 우리가 어떻게 주의 것을 도적질 하였나이까 하도다 이는 곧 십일조와 헌물이라"(말 3:8)와 "만군의 여호와가 이르노라 너희의 온전한 십일조를 창고에 들여 나의 집에 양식이 있게 하고 그것으로 나를 시험하여 내가 하늘 문을 열고 너희에게 복을 쌓을 곳이 없도록 붓지 아니하나 보라"(말 3:10) 등이다.

말라기 3:8의 내용은 헌금을 강요할 때 사용되고, 말라기 3:10은 기복신앙을 조장하는 역할을 해 왔다. 이와 같은 기복신앙을 조장하는 십일조의 강조는 교회 안에 이상한 형태의 헌금제도를 낳게 했다. 어떤 교회는 축복을 기대하는 마음으로 선 십일조 (prepaid tithe)를 강조하기도 한다. 선 십일조란 십일조의 금액에 따라 하나님이 수입을 보장해 주신다는 생각으로 수입이 있기도 전에 십일조를 바치는

---
29) 김의환, 「기독교회사」, pp. 452-457.

것이다. 이는 하나님과 노름을 하는 셈이다. 하나님이 수입의 십일조를 바치라 명하셨으니 먼저 십일조를 바치면 하나님은 할 수 없이 그 십일조의 십 배를 수입으로 주실 것이라는 생각이다. 이렇게 기복신앙을 조장하는 십일조 헌금과 다른 헌금이 한국교회 내에 깊이 뿌리를 내리게 되었다. 심지어 근래에는 어떤 교회에서 십일조를 내지 아니하면 교인 자격을 주어서는 안 된다는 주장이 나오기까지 하였다.

사실상 십일조의 강조는 1950년대까지는 그렇게 많지 않았다. 이 말은 일본의 36년 통치기간에 한국교회가 십일조를 많이 강조하지 않았다는 뜻이다. 그러나 1950년 한국동란(6.25동란)을 겪으면서 교회 재정은 극도로 피폐되어졌고 재정확충의 필요가 대두되어졌다. 한국동란은 한국민족에게 고난과 고통을 안겨 주었고 따라서 고통 속에 처한 한국교회는 기도와 회개를 강조하게 되었다. 그래서 도시 인근 산 속에는 이곳저곳에 불법 기도원이 설립되고 성도들은 자신들의 고통과 나라의 고난을 기도로 분출하게 되었다.[30]

밤에 산 속의 나무 밑에서 혹은 큰 돌 밑에서 기도하다보니 자연히 큰 소리로 기도할 수밖에 없었고 그런 관행은 한국교회의 예배의식 속에 통성기도라는 형태로 자리를 잡게 되었다. 오늘날은 저녁 예배시, 특별 집회시, 수요 예배시, 금요 집회시 거의 모든 교회에서(장로교 포함) 통성기도를 하고 있다. 이처럼 민족의 고난의 시기와 더불어 교회의 재정은 어렵게 되고 기도원의 미신적인 신앙형태와 맞물려 기복신앙을 조장하는 십일조가 강조된 것이다.

그런데 하나님은 기복신앙의 요소가 있는 십일조 헌금의 강조와 미신적인 색체가 있는 기도원의 기도운동을 통해 한국교회의 수적 성장

---

30) 오늘날 많은 교회는 옛날 개념의 기도원을 운영하지 않고 수련회로 모일 수 있는 수양관을 운영하고 있다. 옛날 개념의 기도원은 전체 집회를 할 수 있는 비교적 큰 방과 두 세 사람이 잘 수 있는 작은 온돌방들과 허술한 식당으로 되어 있으나 오늘날 운영되는 수양관은 거의 시내 호텔과 맞먹는 시설들을 가지고 있다. 예: 소망 수양관, 광림 수양관, 사랑의 교회수양관 등.

을 허락하신 것이다. 한국교회가 오늘날 이만큼의 선교사들을 파송할 수 있게 된 것도 십일조 헌금의 강조와 무관하다고 할 수 없다.

물론 십일조 헌금은 바쳐야 한다. 왜냐하면 우리가 가진 모든 소유가 하나님의 것이요 십일조 헌금은 그 사실을 확인하고 감사하는 헌금이기 때문이다. 그러나 기복 신앙을 조장하는 십일조 헌금은 원래의 헌금의 의미와는 차이가 있는 것이다.

(4) 교회당 건축과 성전의식

저녁시간에 인천공항과 김포공항에 도착한 사람이 서울시내로 들어오면서 놀라는 광경이 있다. 그것은 서울 시내 이곳저곳에 위치한 교회당의 뾰족탑 (steeple) 위에서 빛나고 있는 셀 수 없을 만큼 많은 십자가를 보는 것이다. 한국을 방문하는 성도들이 처음으로 경험한 좋은 인상은 수많은 십자가를 본 것이라고 예외 없이 말하곤 한다.

서울 시내 인구를 대략 1,100만(eleven million)이라고 한다. 남한 인구의 약 1/4이 서울에 살고 있다. 그리고 남한의 기독교 인구를 약 1,000만(ten million) 정도로 잡는다. 그러므로 서울 시내에 교회당이 많이 있는 것은 당연한 현상이다.

그러나 여기서 다루고자 하는 것은 한국교회 성도들이 예배당을 성전의 개념으로 이해함으로 교회당 건축에 특별한 열정을 쏟았고 그 결과 수많은 예배당이 건축되었다는 사실이다. 그리고 예배당의 건축은 교인 수 증가에도 일익을 담당했다. 목회자들은 예배당을 건축할 때 구약 성경 구절을 근거로 성도들의 헌신을 요구한다. 자주 인용되는 성경 구절은 학개 1:4-11의 말씀이다. 특히 일부 목회자들은 "이 전이 황무하였거늘 너희가 이때에 판벽한 집에 거하는 것이 가하냐"(학 1:4) "Is it a time for you yourselves to be living in your paneled houses, while this house remains a ruin?" (Haggai 1:4)과 "나 만군의 여호와가 말하노라 이것이 무슨 연고

뇨 내 집은 황무하였으되 너희는 각각 자기의 집에 빨랐음이니라" (학 1:9) "Declares the Lord Almighty. Because of my house, which remains a ruin, while each of you is busy with his own house."(Haggai 1:9) 등이다.

일부 목회자들은 이 구절들을 근거로 예배당을 건축하는 것은 하나님의 집, 성전을 건축하는 것임으로 성도들이 전심전력으로 헌금하고 헌신해야 한다고 강조한다. 그리고 목회자들은 성도들이 이런 헌신을 해야 하나님으로부터 복을 받을 수 있다고 강조한다(학 1:5-10). 성도들은 신약교회의 예배당을 구약의 성전으로 생각하여 자신의 집을 팔아 헌금을 하기도 하고 자신의 눈을 팔아 헌금할 각오까지 갖는다.[31]

예배당을 구약성전으로 생각하는 관습은 예배당 건축에만 국한되지 않는다. 일부 목사들은 강대상이 있는 곳을 제단 (altar)으로 생각하고 안수 받은 목사이외의 다른 성도들은 올라갈 수 없도록 한다. 특히 여자 성도들은 강대상을 사용할 수가 없다. 이런 관습이 시행되는 교회에서는 때때로 웃음을 자아내는 장면이 연출되곤 한다. 여전도회 헌신예배를 드릴 때 나이 많은 할머니 회장님은 아래 강단에서 사회를 하고 아들정도 되는 젊은 청년 목사는 윗 강단에서 설교를 한다. 이런 관습이 여인은 제단에 올라 갈 수 없다는 구약 교훈에서 기인된 것이다.

이처럼 교회당에 대한 잘못된 인식이 예배당 건축에 자극제 역할을 했고 많은 예배당의 건축은 교인 수를 증가시키는데 일익을 담당했다. 한국에 세계 10대 교회 중의 몇 교회가 있다는 사실은 이와 무관하지 않다고 생각된다.

하나님은 역사의 주관자이시다. 지금까지의 한국교회의 역사적 진

---

31) 군산의 문집사의 헌신 이야기: 참조, 박형용, 하나님이 가라사대, '그럼에도 불구하고' (안산: 좋은 미래, 2003), pp. 21-23.

전은 하나님께서 인간의 잘못을 통해서도 교회를 인도해 주셨음을 증거 한다. 우리는 우리의 잘못을 정당화하기 위해서 하나님이 역사의 주관자이심을 강조해서는 안 된다. 우리는 잘못을 저지르지 않도록 노력해야 하지만 그럼에도 불구하고 우리가 잘못할 때 하나님은 그의 지혜로 그 잘못을 가장 좋은 방향으로 인도하신다는 뜻이다. 우리는 이 부분에 대해 성경이 "우리가 무슨 말 하리요. 은혜를 더하게 하려고 죄에 거하겠느뇨? 그럴 수 없느니라. 죄에 대하여 죽은 우리가 어찌 그 가운데 더 살리요."(롬 6:1-2; 참조 롬 3:5-8)라고 말씀하신 사실을 기억해야 한다.

3. 한국교회가 지키고 취할 것

고등종교의 타락원인을 고찰하면 ① 성직자의 급증, ② 종교 기관 수의 급증, ③ 기복주의 성향, 그리고 ④ 교회 및 교회 기관들이 권익 집단으로 전환하는 것 등을 들 수 있다. 한국교회는 이런 부분에서 위험 수위에 육박하고 있다. 서구 사회는 후기 기독교 사회로 이미 접어 들었다. 한국 교회도 후기 기독교 사회로 들어가는 시기가 곧 다가 올 것이다.

(1) 성경 66권을 하나님의 정확무오한 말씀으로 믿고 성경을 귀하게 생각해야 한다.

구약시대나 신약시대나 할 것 없이 하나님은 그의 말씀을 귀하게 생각하고 실천하는 백성을 축복하시고 선한 길로 인도하신다. 한국 교회는 성경을 중요하게 생각한다고 하면서도 그 말씀의 원리에 따르기 보다 편의와 실리에 따라 말씀을 적용하는 경우가 많다. 구약시대 때에 하나님께서 이스라엘 백성들에게 너희들이 나에게 제물은 바치지만 마음은 내게서 멀다고 하신 상황과 비슷하다고 사료된다. 의식이 있는 목사들에게 "현재 한국교회의 문제점이 무엇이라고 생각합니까?"라고 질문을 하면 그들은 한국교회에 현재 팽배한 것은 "원리가 없다"는 것입니다 라고 답변을 한다. 이 말은 성경 말씀이 우리의 신앙과 생활의 규범이 되어야 하는데 그렇지 못하다는 뜻이다. 성경의 원리보다는 교회의 숫자가 증가한다면 성경원리에 맞지 않아도 좋고 심지어 이단적인 방법 일지라도 사용하겠다는 분위기이다.

심지어 개혁주의 신학을 표방하는 신학교에서도 "역사적 비평적 해석방법"(The Historical Critical Method)에 호의적인 태도를 취하기도 한다. 역사적 비평적 방법은 성경에서 초자연적인 요소를 제거하고 단순히 인간의 합리를 적용하여 성경을 해석한다. 요즈음 여러 가지 명칭으로 등장한 해석 방법은 계몽주의의 영향을 받은 것으로 하나님 중심적인 접근보다는 인간 이성 중심적인 접근이 많다. 한국 교회는 성경으로 돌아 갈 때에 소망이 있다.

(2) 순교의 정신을 계승할 것

한국교회는 우상 숭배와 같은 신사참배를 거부했다. 이에 일제는 1938년 2월에 아직도 신사 참배를 거부하고 버티는 장로교회를 꺾기 위해 총력을 기울였다. 일제의 압력에 밀려 1938년 2월부터 9월 총회가 열리기까지 전국의 23개 노회 가운데 17개 노회가 일제에 굴복하고 신사참배를 찬성하고 말았다.[32] 그리고 그해 1938년 9월 9일 평양 서문밖교회에서 열린 제 27회 조선 예수교 장로회 총회가 소집되었다. 100여명의 일본 경찰의 삼엄한 감시 속에 열린 총회는 공포 분위기 가운데 미리 짜 놓은 각본대로 의사진행을 했고 한 총대가 신사참배를 국민의례로 인정하자는 동의를 하자 새로 선출된 총회장 홍택기는 즉시 가부를 물었다. 가부를 묻는 물음에 소수가 "예"라고 답을 했는데도 총회장은 반대의견이 있는지 묻지도 않고 황급히 동의대로

---

32) 김양선, 한국 기독교사 연구(1971), p. 186 이하.

가결 선포를 하였다.[33] "회의가 끝나자 부 총회장인 김길창 목사를 비롯하여 23명의 총대들이 평양의 신사로 직행하여 참배하였다. 이리하여 장로교회마저도 일본의 신사참배 강요에 공적으로 굴복하고 말았다."[34] 선교사 배위량(W.N. Blair) 한부선(Bruce F. Hunt) 등이 신사참배 결의가 불법이라고 외쳤으나 소용이 없었다.

그 당시 신사참배(神社參拜)를 반대하는 교역자와 교인들의 수도 많았다. 신사참배 반대자로 순교한 이들은 주기철 목사, 최봉석 목사, 박관준 장로, 박의흠 전도사, 서정명 전도사 등 50여명이며, 신사참배를 반대함으로 옥고를 치르고 출옥한 이들은 이기선 목사, 주남선 목사, 한상동 목사, 채정민 목사, 방계성 전도사, 이인재 전도사, 김린희 전도사, 손병복 전도사 등 50여 명이었다. 1939년 4월 주기철이 세 번째로 검속되었을 때 이기선목사, 채정민목사는 서북 지방에서 신사참배에 반대하는 많은 목사와 평신도들을 규합하여 1940년 3월 다음과 같은 결의를 하고 신사참배 반대 운동을 조직화하였다.[35]

① 신사 참배 학교에 자녀를 입학시키지 말 것.

② 신사 불 참배 운동을 일으켜서 현실 교회를 약체화 내지 해체시킬 것.

③ 신사 불 참배 신도를 규합하여 가정 예배를 보며 그것을 육성하여 교회를 신설할 것.[36] 여기서 자세하게 언급할 수 없지만 일제 강점기와 6.25 남침으로 인한 공산당 점령기간에 수많은 목사들과 성도들이 믿음을 지키기 위해 순교했다. 순교한 성도들의 삶은 자신의 생명보다 말씀을 순종하고 하나님을 소유하는 것이 더 가치 있는 일이라

---

33) 김영재, 한국교회사(서울: 개혁주의신행협회, 1992), p.212; 김영재, 한국 기독교의 재인식(서울: 도서출판 엠마오, 1994), p.157,182; 채기은, 한국교회사(서울: 예수교문서선교회, 1977), p.101.
34) 김영재, 한국교회사, p. 213.
35) 김양선, 한국 기독교사 연구, p. 195.
36) 김영재, 한국교회사, pp. 214-215.

고 생각했다. 한국교회는 믿음의 선진들이 생명을 바쳐 지킨 순교의 정신을 이어가야 한다.

(3) 행사나 프로그램 보다는 하나님 앞에서 잘못을 회개하고 바로 서야한다.

1907년 대부흥운동의 100주년 기념으로 2007년 7월 8일 상암 구장에서 "2007년 한국교회 대 부흥 100 주년 기념대회"가 열렸다. 이 대회에서 고 옥한흠목사(사랑의 교회 목사)가 설교하는 가운데 "한국교회는 만 명의 선교사를 파송하고 있고, 구제 사업에도 앞장서고 있습니다. 하지만 이 사회는 한국교회를 신뢰하지 않습니다. … 목회자로서 설교할 때 죄와 회개, 거룩함은 할 수 있으면 언급을 피했습니다. 회개나 반성보다 듣기 좋고 부드러운 말을 골라 설교하는 모습을 발견했습니다. 저도 모르게 복음을 변질시켜 갔습니다. 주여! 이놈이 죄인입니다. 입만 살고 행위는 죽은 교회를 만든 장본인입니다. 겉모양은 돌아가지만 내면은 죄악이 쌓여 있는 한국 교회를 깨끗하게 하옵소서. 한국교회를 살려 주옵소서."[37]라는 말씀의 설교를 전했다. 옥목사의 이 설교 말씀은 한국 교회 목사들을 대표해서 한 말씀이요 한국 교회가 귀 담아 들어야할 내용이다. 우리는 한국교회가 행사와 프로그램으로 성도들을 몰아가는 느낌을 받을 때가 있다. 한국교회는 성도들이 성경 말씀 안에서 내면적으로 거룩하고 충실하게 성장하는데 관심을 기울여야 한다.

(4) 한국교회는 기도의 열정을 계승해 나가야 한다.

한국교회는 기도하는 교회로 유명했다. 하지만 요즈음은 한국교회의 기도의 열기가 점점 식어져 가는 모습을 보게 된다. 한국교회는 새벽기도회로 유명하고, 금요일 철야기도회로 유명했다. 하지만 지금은

---

37) 아름다운 동행 제 16호(2007년 7월 29일~8월 11일).

거의 모든 교회가 철야기도를 하지 않는다. 금요일 오후 9시나 10시에 모여 12시 전으로 모든 기도회를 마친다. 그리고 예전에는 성도들이 기도할 수 있는 장소로 수많은 기도원이 있었다.

지금은 사회의 발전과 함께 그런 기도처소가 거의 없는 상태이다. 물론 우리는 미신적으로 기도하는 것을 경계해야 한다. 반드시 기도처소에 가야만 기도할 수 있는 것은 아니다. 우리는 어느 때나 어디에서든지 기도하는 습관을 가져야 한다. 우리는 하나님이 기도하는 백성을 기뻐하신다는 사실을 기억해야한다. 한국교회는 좋은 기도의 전통을 이어 받았으니 이를 계속 전승시켜야 한다.

4. 한국교회가 버리고 개선할 것

우리는 "나는 나의 싸움에 하나님을 끌어 들이는 욕구중심의 신앙인인가?" 아니면 "나는 하나님의 싸움에 나를 헌신하는 소명 중심의 신앙인인가?"라는 질문을 스스로에게 던지면서 한국교회가 교정해야 할 몇 가지를 함께 묵상하도록 한다.

(1) 객관적 계시인 성경보다는 주관적 경험을 더 중시하는 경향을 경계해야 한다.

1960년대부터 한국교회에 불어 닥친 오순절 운동은 한국교회에 많은 영향을 미쳤다. 오순절 운동은 객관적 계시보다는 주관적 경험을 강조했다. 그 결과 한국 장로교회는 성도들의 감정에 의존하는 사역을 많이 진행했다. 지난 1992년 10월 28일 24:00에 예수님의 공중재림이 있을 것을 예언한 다미선교회 사건도 성경의 객관적 계시보다는 개인들이 (특히 이 경우는 어린이들까지 내세워) 받은 계시를 강조하다 나타난 현상들이다.

하나님은 특별한 영감의 방법으로 예수님 재림 때까지 교회가 사용할 정경 66권을 주셨다. 하나님은 모든 교회가 예수님 재림 때까지 사용할 공적이고 객관적인 계시를 우리에게 주셨는데 또 계속해서 성도 한 사람 한 사람에게 객관적 계시에 버금가는 계시를 주시지 않는다. 그렇게 되면 기독교는 혼돈으로 가득 차게 될 것이다. 하지만 인간은 지, 정, 의를 가진 존재로 창조 받았기 때문에 감정에 많이 좌우된다. 우리가 기억해야할 것은 우리의 감정도 객관적 계시에 조종을 받아야 한다는 사실이다. 객관적 계시인 성경보다 주관적 경험을 중시 할 때 결국 그 결과는 내세 지향적이 되며, 윤리성이 약해지는 방향으로 흐른다.

(2) 기복신앙의 조장으로 축복받기 위해 헌금하는 경향이 한국교회 내에 많다.

헌금은 하나님으로부터 받은 은혜를 감사하여 마음과 몸을 바치는 뜻에서 드리는 것이다. 사실상 인간이 하나님께 바칠 것은 아무 것도 없다. 왜냐하면 하나님은 세상의 모든 것의 주인이시기 때문이다. 그런데 한국교회의 헌금 경향은 축복을 받았음으로 감사해서 바치기보다는 축복을 받기 위해 바치는 것이다. 마치 하나님과 흥정하는 것이요 장사하는 것과 비슷하다. 그래서 바친 자의 이름을 강단에서 알리고 그를 위해 특별 기도를 하는 것은 잘못이다. 체면을 중시하는 한국 문화를 잘 활용하여 많이 헌금한 사람의 체면을 세워주는 일을 하고 있는 것이다.

(3) 한국 교회 예배를 회복해야 한다.

한국교회 예배는 전통적으로 말씀중심의 예배였다. 성도들의 관심이 말씀을 선포하는 강단에서부터 자신들의 몸 운동으로 옮겨진 것이다. 그런데 오순절 운동으로 오순절교회 뿐만 아니라 다른 교회에서도 박수치는 것, 손을 오리는 것, 무릎을 꿇는 것, 춤을 추는 것 등 육체적인 표현이 빈번하게 되었고, "아멘," "할렐루야," "하나님께 영광"(칠레의 오순절 신자들의 경우) 등의 음성적인 표현도 곁들여 하는 경향을 낳게 했다.[38]

우리가 하나님께 예배드릴 때 목사 혼자서 흥행하는 식의 예배는 바람직스럽지 못하기 때문에 오순절식의 예배처럼 성도들이 육체적 표현과 음성적 표현으로 예배에 참여한다고 긍정적으로 생각할 수도 있으나 오순절 예배의 경우 인간 감정의 촉발을 조장하여 그 자체를 마치 신과 하나 되는 경지에 들어가는 황홀경으로 착각하게 만드는 경우가 많다. 하나님은 우리가 예배드릴 때 예배자의 마음을 가장 소중히 여기신다.

(4) 건전한 교회를 정착시켜야 한다.

대형교회는 작은 교회가 하지 못하는 여러 가지 일을 할 수가 있다. 대형교회는 성도들의 필요를 채우는데 더 효과적으로 일을 할 수가 있다. 그러나 대형교회는 항상 겸손한 마음으로 처신하고 다른 교회들의 필요를 채우는데도 관심을 가져야 한다. 때로 대형교회들이 자만에 빠져 질서를 파괴하고 자기들 마음대로 하려는 경향이 있다.

예를 들면 대형교회들 중 장로교회들이 한국 명칭은 장로교회로 사용하면서 영어표기로는 "무슨 공동체 교회"(… Community Church) 라고 하는 것은 잘못된 것이다. 그런 식으로 명칭을 사용하는 목사는 정체성에 대한 의식이 희박할 뿐만 아니라 하나님 앞에서 순수하지 못한 것이다. 목사가 공동체 교회를 원한다면 공동의회를 거쳐 그 교회가 속해있는 장로교 노회를 탈퇴하고 자신이 섬기는 교회를 공동체 교회로 만천하에 공개할 수 있다. 성도들은 교회의 신학적 노선에 관해서 별로 관심을 두지 않을 뿐만 아니라 영어 이름에 관해서는 깊

---

38) 이재범, "현대 오순절 교회 예배의 특징", 『성경과 신학』 6권(1988, 9월), p. 103. 〈91-112〉

은 생각도 하지 않는다. 이런 상황을 이용하여 자신의 교회 이름을 한국 명칭은 "무슨 교회"라고만 쓰고 영어명칭은 "무슨 Community Church"라고 쓰는 것은 정직하지 못한 처사이다. Community Church는 회중교회에서 쓸 수 있는 명칭이다. 장로교회는 회중교회 제도가 아니다.

(5) 목사의 직분에 대한 잘못된 이해를 바로 잡아야 한다.

한국교회 내에서 목사는 특별한 지위를 소유한 것으로 대우 받는다. 한국에 복음이 들어 온 이래 지난 130여 년간 목사의 직분에 대한 이해가 개혁주의적인 입장에서 거리가 먼 방향으로 진행되어 왔다. 종교개혁 사상은 성경에 기초하여 예수 그리스도를 재발견하여 예수님을 중심으로 삼는 것이었다. 개혁자들은 오직 은혜로만 구원을 얻으며 오직 믿음으로만 구원을 얻는다고 믿었다.

죄인이 의인이 되기 위해서는 유일한 중보이신 예수 그리스도를 믿음으로 가능한 것이다. 그래서 개혁자들은 성자숭배를 반대하고, 교황주의를 반대하며 목사가 제사장이라는 교권주의도 반대했다. 목사는 말씀의 선포와 성례를 집행하는 직무를 맡은 사람이다.[39] 그런데 목사가 교회 내에서 주인 행세를 하는 경우를 자주 목격한다. 이는 비성경적이요, 목사가 어떤 위치인지 모르고 행동하는 잘못이다.

(6) 예배드릴 때 성경을 교독하는 관습은 하나님의 권위를 침범하는 것이다.

근래에 한국 교회의 예배의식을 살펴보면 목사가 성경을 읽을 때 회중의 참여를 의식하여 교독할 것을 제안하는 경우가 많다. 그러나 성경봉독은 하나님께서 그 말씀봉독을 통해 가장 직접적으로 성도들에게 말씀하시는 방법이다. 성경봉독은 설교보다도 더 직접적으로 하

---

39) 김영재, 한국 기독교의 재인식(서울: 도서 출판 엠마오, 1994), p. 287.

나님께서 성도들에게 말씀하시는 수단이다. 예배드릴 때 시편을 교독하는 것은 바람직하지만 설교의 본문을 교독하는 것은 심하게 말하면 하나님이 말씀하실 기회를 박탈하는 것이다. 그러므로 성경 봉독은 예배 인도자가 낭독 하는 것이 바람직하다.[40]

(7) 예배드릴 때 목사가 가운을 입는 일과 성찬 집례 시 흰 장갑 끼는 일은 개혁주의 전통이 아니다.

어떤 한국교회는 예배드릴 때 목사가 가운을 입고 예배를 드리는 교회가 있는가 하면 어떤 교회는 목사와 장로가 모두 가운을 입고 예배드리는 광경을 볼 수 있다. 그리고 영상 매체를 통해 설교하는 대부분의 목사들이 가운을 입고 설교하는 모습을 보게 된다. 그러나 목사가 예배드릴 때 가운을 입는 것은 개혁주의 전통이 아니다. 목사가 예배드릴 때 가운을 입으면 목사와 성도들을 구별하고 목사를 특별 계층으로 인식하게 하는 잘못을 범한다. 카톨릭의 사제들은 가운을 입으므로 일반 성도들과 자신들을 구별시킨다.

그리고 목사가 성찬을 집례 할 때 흰 장갑을 끼고 집례 하는 경우를 자주 보게 된다. 예식을 성스럽게 인도하기 위한 목적이 있겠지만 "성찬식이 주일 예배보다 더 거룩하다거나 예배가 성찬식보다는 덜 거룩하다고 생각하는 것은 옳지 않다."[41] 성찬식을 예배보다 더 거룩

---

[40] The Book of Church Order of the Presbyterian Church in America(sixth edition, 2005), Chapter 50, Verse 1: "The public reading of the Holy Scriptures is performed by the minister as God's servant. Through it God speaks most directly to the congregation, even more directly than through the sermon. The reading of the Scriptures by the minister is to be distinguished from the responsive reading of certain portions of Scripture by the minister and the congregation. In the former God addresses His people; in the latter God's people give expression in the words of Scripture to their contrition, adoration, gratitude and other holy sentiments. The psalms of Scripture are especially appropriate for responsive reading."
[41] 김영재, 한국 기독교 재인식, p. 289.

한 것으로 생각하면 중세 교회의 잘못을 답습하는 것이다. 그리고 우리는 예수님께서 처음 성만찬을 제정해주신 장면을 상기해 보아야 한다(눅 22:13-23). 예수님이 첫 성만찬을 제정하실 때 예수님께서 장갑을 끼었다든지 아니면 그 당시 할 수 있는 특별한 방법을 동원하셔서 성만찬 집례를 하셨는지 상고해 볼 필요가 있다. 예수님은 보통 식사하시는 방법으로 성만찬을 제정해 주셨다. 목사가 설교할 때는 가운을 입지 않고 성찬을 집례 할 때는 가운을 입으면 성도들이 설교보다 성찬을 더 중요한 은혜의 수단으로 생각하게 된다. 그러나 설교나 성찬 모두 성도들이 은혜를 받는 은혜의 수단이다. 그리고 우리가 기억해야 할 것은 성찬은 구원받은 가족들만이 참여하는 가족 식사이지만 설교는 전도의 역할까지 하는 은혜의 수단이다.

(8) 교회 내에 잔존하는 여러 가지 잘못된 행태를 변혁시켜야 한다.
① 성경은 신약교회의 제도 중에 하나로 제비뽑기를 허락하지 않는다. 그런데 어떤 교단은 총회장 선거를 제비뽑기로 하기도 한다. 하지만 이는 선거의 부작용을 피하기위해 성경을 경시하는 현상이다. 이는 교회 지도자들이 성경의 교훈을 에누리하고 있는 것이다.
② 무자격 신학교의 난맥상을 개선해야 한다. 일 년에 두 차례 학기 초가 되면 기독교 신문에 신학생 모집 광고가 나온다. 그런데 광고에 나온 어떤 신학교는 우리들의 눈살을 찌푸리게 만든다. 광고도 하지 않고 아름아름 학생을 모집하여 가르치고 있는 신학교도 많다. 이와 같은 신학교는 어떤 한 개인이 주관하거나 어떤 한 교회가 주관하면서 자격 없는 목회자를 배출하고 있다.
③ 후임 목회자를 선정하는데 부자 세습을 지양해야 한다. 근래에 한국교회는 1세대 목사가 은퇴하고 후임 목회자를 모시는 과정에 아버지 목사가 아들 목사에게 교회의 의사와는 다르게 거의 강제로 담임목사로 세우는 경우를 가끔 본다. 아버지 목사가 은퇴할 때 전체 교

인들이 아들 목사를 담임목사로 모시겠다고 하여 공동의회를 거쳐 아들 목사를 담임 목사로 모시는 것은 크게 잘못이 아니라고 생각된다. 물론 오늘의 한국 교회의 상황을 볼 때 모양새는 그렇게 바람직스러운 것은 아니다. 하지만 전체 교회의 뜻을 모아 아들 목사를 모시는 것까지 탓할 필요는 없다고 본다. 하지만 오늘의 한국교회의 형편을 감안할 때 가능한 그렇게 하지 않는 것이 사회를 향한 좋은 메시지를 전하는 것이 되리라 사료된다.

④ 목사, 장로, 집사, 권사 직분을 벼슬처럼 생각하는 행태를 개선해야 한다. 교회의 직분들은 봉사의 직분들이다. 교회의 직분들은 벼슬자리가 아니다. 그런데 어찌된 일인지 장로 선거에 떨어진 사람은 교회 출석을 그만 두거나 선거의 공정성이나 다른 이유를 들어 교회를 어지럽게 만드는 경우를 자주 본다. 집사의 경우도 권사의 경우도 마찬가지이다. 성경 말씀은 분명하게 교회의 직분들이 섬기는 자리요, 봉사의 자리임을 분명히 한다. 예수님도 하나님이시면서도 섬기려 오셨다고 말씀하신다(막 10:45).

나가는 말

우리는 역사의 교훈을 마음 깊이 새겨야한다. 그리고 우리의 잘못은 고치고 버릴 것은 버려야 한다. 우리는 항상 성경말씀에 비추어 우리의 모습을 점검해야 한다. 하나님의 축복으로 이만큼 성장하고 쓰임을 받고 있는 한국교회에 대해 성급한 평가를 하는 것은 잘못이다. 우리는 먼저 하나님께 감사해야 한다. 그리고 우리는 항상 겸손 겸손 또 겸손의 자세로 우리의 연약성을 개선하여 하나님의 교회를 든든히 세우고 하나님 나라의 확장에 쓰임을 받아야 한다.

한국교회 이대로 좋은가?

박 형 용 박사
합동신학대학원대학교 명예교수
웨스트민스터신학대학원대학교 총장

들어가는 말

한국교회는 개혁되어야 한다. 오늘날 한국교회의 개혁을 부르짖는 소리가 이곳저곳에서 들린다. 목사의 전횡으로 발생한 문제점들, 목사와 장로의 갈등에서 오는 문제점들, 교회 재정을 잘못 사용함으로 오는 문제점들, 교회 지도자들의 도덕적 해이에서 오는 문제점들, 그리고 은퇴 목사님들의 후계자 선정 과정에서 오는 문제점들, 성도들의 신행불일치(信行不一致)에서 오는 문제점들이 끊임없이 제기 되고 있다. 그리고 심지어 이단들이 교회의 이름에 먹칠을 하여 교회에 대한 세상 사람들의 인상에 위험수위에 다다르게 되었다. 오늘날 한국교회는 외적으로는 교회의 대 사회에 대한 영향력 감소로 무기력하게 보이고, 내적으로는 교회 성장의 정체 혹은 감소로 인해 방향성을 잃고 헤매는 모습이다. 이럴 때에 한국교회의 개혁을 부르짖는 소리가 이곳저곳에서 들리는 것은 그나마 다행한 일이다.

개혁이라는 화두는 항상 부담스러운 주제이다. 하지만 오늘날 한국교회의 모습을 볼 때 한국교회는 개혁되어야 한다고 외치는 사람이 많았으면 좋겠다. 당연히 어느 기관이든지 계속적으로 개혁되어야 살아남을 수 있다. 교회는 더욱 더 그렇다. 그래서 "개혁교회는 계속해서 개혁되어야 한다"고 말하지 않는가? 한국교회는 세계 교회가 놀랄 만큼 괄목할만한 성장을 했다. 그것도 비교적 짧은 기간 안에 이루어진 것이어서 많은 주목의 대상이 되어 왔다. 그런데 근래의 한국교회는 "너의 처음 사랑을 버렸느니라 그러므로 어디서 떨어졌는지를 생각하고 회개하여 처음 행위를 가지라 만일 그리하지 아니하고 회개하지 아니하면 내가 네게 가서 네 촛대를 그 자리에서 옮기리라"(계 2:4-5, 개역개정)라고 에베소 교회에 말씀하신 하나님의 말씀이 오늘날 한국교회를 향한 말씀인 것임을 깨닫고 의미심장한 마음으로 읽어야 할 때인 것 같다. 그러면 한국교회가 어떻게 하여야 개혁될 수 있는가? 우리는 "개혁"이라는 용어를 머리에 떠 올리면 종교개혁을 생각하곤 한다. 루터(Luther)와 칼빈(Calvin)을 중심으로 한 종교개혁은 성경을 다시 찾고 바울을 다시 찾은 귀한 개혁 운동이었다. 우리는 종교개혁의 정신을 생각하면서 한국교회의 개혁을 어떻게 해야 할지 묵상해야 한다. 종교개혁 시대는 하나님의 말씀인 성경을 개혁의 원리로 삼고 성경에로 돌아가기를 원했다. 마찬가지로 한국교회도 성경의 교훈에로 돌아가는 개혁을 하여야 한다.

1. 하나님의 구속역사 진행과 완성: 기독교의 두 진수

"또 이르시되 이같이 그리스도가 고난을 받고 제 삼 일에 죽은 자 가운데서 살아날 것과 또 그의 이름으로 죄 사함을 받게 하는 회개가 예루살렘에서 시작하여 모든 족속에게 전파될 것이 기록되었으니 너희는 이 모든 일의 증인이라"(눅 24: 46-48, 개역개정)

예수님은 누가복음 24: 46-47절에서 기독교의 두 진수를 말씀하신다. 누가복음 24:46은 예수님의 죽음과 부활을 언급하고, 누가복음 24:47은 복음의 전 세계적 전파를 언급한다. 그런데 중요한 것은 누가복음 24:46 서두에 **"이르시되 이같이 기록되었으니"**(ou$tw" gevgraptai; Thus it is written)라고 시작함으로 46절의 내용과 47

절의 내용을 함께 묶고 있다는 사실이다. 예수님께서 "이같이 기록되었으니"라고 말할 때는 신약(The New Testament)이 아직 기록되지 않은 때이다. 그러므로 예수님은 여기서 구약(The Old Testament)을 가리키고 있음이 분명하다. 예수님의 말씀은 예수님 자신의 죽음과 부활, 그리고 복음의 전 세계적인 전파가 구약에 이미 기록되어 있다는 것이다. 그렇다면 이 두 가지 요소는 하나님께서 계획하신 바요 하나님의 뜻임에 틀림없다. 이제 이 두 요소를 구별 지어 고찰해 보도록 한다.

첫째, 예수님의 죽음과 부활

예수님은 자신의 죽음과 부활이 구약에 이미 예언된 사실이라고 말씀하신다. 이 문제와 연관하여 구약의 내용을 더듬어 보면 예수님의 말씀이 진리임을 곧 알게 된다. 하나님은 인간이 죄를 범하자마자 메시아(Messiah)를 주시겠다고 약속해 주신다. "내가 너로 여자와 원수가 되게 하고 네 후손도 **여자의 후손**과 원수가 되게 하리니 **여자의 후손**은 네 머리를 상하게 할 것이요 너는 그의 발꿈치를 상하게 할 것이니라"(창 3:15, 개역개정). 이 말씀은 아담(Adam)과 하와(Eve)를 넘어지게 한 뱀에게 내리신 저주의 말씀이다. 이 말씀은 하나님께서 "여자의 후손"을 주시겠다는 약속의 말씀도 된다. 여자의 후손은 단수로 표현되어 메시아를 가리키는 것으로 이해된다. 하나님은 인간이 죄를 범하자마자 약속으로 "여자의 후손"을 주시겠다고 말씀하신다. 이 약속은 **은혜의 범주**에 속하지 공로의 범주에 속하지 않는다. 이 말씀은 하나님께서 죄 문제를 해결하실 때 우리의 공로를 계산하지 않고 하나님의 은혜만으로 해결하실 것임을 암시하고 있다. 그러므로 구약 시대에도 율법을 지키는 우리의 공로로 구원을 얻는 것이 아니요 하나님의 은혜로만 구원을 얻는 것이다.

메시아를 주시겠다는 하나님의 약속은 구약 성경에서 점점 더 분명하게 드러난다. 하나님은 아브라함(Abraham)과 사라(Sarah)를 통해 이삭(Isaac)을 주시고 또 이삭을 바치게 하심으로 앞으로 오실 메시아가 어떻게 태어날 것과 어떻게 죽을 것을 표상적으로 암시해 주신다. 앞으로 오실 메시아는 불가능한 가운데 이적적으로 태어날 것이며 죽음의 길을 가게 될 것이다. 메시아가 고난의 길을 가게 될 것이라는 예언은 구약에서 점점 더 분명하게 나타난다. **시편 22편**에 보면 메시아가 당할 고난을 구체적으로 언급하고 있다. 심지어 예수님이 십자가에서 당하신 고난을 구체적으로 묘사하고 있다. "내가 내 모든 뼈를 셀 수 있나이다. 그들이 나를 주목하여 보고 내 겉옷을 나누며 속옷을 제비 뽑나이다"(시 22:17-18, 개역개정)라고 구체적으로 예언한다. 우리는 **이사야 53:1-12**의 내용에서 역시 메시아가 어떤 고난을 당하게 될 것을 본다. "그는 멸시를 받아 사람들에게 버림받았으며 간고를 많이 겪었으며 질고를 아는 자라"(사 53:3, 개역개정). "그가 찔림은 우리의 허물 때문이요 그가 상함은 우리의 죄악 때문이라 그가 징계를 받으므로 우리는 평화를 누리고 그가 채찍에 맞으므로 우리는 나음을 받았도다"(사 53:5). "그의 무덤이 악인들과 함께 있었으며 그가 죽은 후에 부자와 함께 있었도다"(사 53:9, 개역개정). 이 모든 말씀은 메시아가 고난의 종으로 오셔서 죽기까지 고난을 받으실 것을 예언하고 있다. 메시아가 죄 문제를 해결하기 위해 오실 것이기 때문에 고난과 죽음의 길을 가야하는 것이 당연한 것이다. 그래서 구약은 메시아의 고난에 대해 풍성한 자료를 제공해 준다. 심지어 구약은 메시아가 어디에서 태어날 것까지 예언하고 있다. "베들레헴 에브라다야 너는 유다 족속 중에 작을지라도 이스라엘을 다스릴 자가 네게서 내게로 나올 것이라 그의 근본은 상고에, 영원에 있느니라"(**미 5:2, 개역개정**). 상고에 계신 분이 누구인가? 영원에 계신 분이 누구인가? 바로 하나님이 아니신가. 이 말씀은 죄 문제 해결을 위해 하나님이 친히 메시아로 베들레헴(Bethlehem)에 태어나실 것을 암시하고 있다.

그런데 오늘 본문 누가복음 24:46에서 예수님의 죽음과 부활이 구약에 기록되어 있다고 말하지만 예수님의 부활은 예수님의 수난보다는 더 명백히 기록되어 있지 않다. 이는 계시의 점진성 때문이다. **구약의 전망으로 볼 때 예수님의 부활은 예수님의 죽음 이후에 있을 사건이기 때문이다.** 그렇다고 구약이 예수님의 부활을 명백히 증언하고 있지 않은 것은 아니다. **시편 16:10-11**은 "이는 주께서 내 영혼을 스올에 버리지 아니하시며 주의 거룩한 자를 멸망시키지 않으실 것임이니이다. 주께서 생명의 길을 내게 보이시리니 주의 앞에는 충만한 기쁨이 있고 주의 오른쪽에는 영원한 즐거움이 있나이다."(시 16:10-11, 개역개정)라고 메시아의 부활을 예언한다. 이 예언은 **사도행전 2:24-28**에서 예수님의 부활을 통해 성취되었음을 증거하고 있다. 또한 시편 49:15에서 "하나님은 나를 영접하시리니 이러므로 내 영혼을 스올의 권세에서 건져내시리로다(시 49:15)"라고 메시아의 부활을 증언하고 있으며 **시편 71:20**에서 "우리에게 여러 가지 심한 고난을 보이신 주께서 우리를 다시 살리시며 땅 깊은 곳에서 다 시 이끌어 올리시리이다."(개역개정)라고 메시아의 부활을 증언하고 있다. 이처럼 예수님의 죽음과 부활은 구약에 예언된 사건이었다.

둘째, 복음의 전 세계적인 전파

누가복음 24:47은 "그의 이름으로 죄 사함을 받게 하는 회개가 예루살렘에서 시작하여 모든 족속에게 전파될 것이 기록되었으니"(눅 24:47, 개역개정)라고 읽는다. 이 말씀은 그리스도가 이루신 구속의 복음, 생명의 복음, 화목의 복음, 기쁨의 복음이 "모든 족속" 즉 "땅 끝"까지 전파될 것이 기록되었다는 말씀이다. 그런데 우리는 땅 끝까지의 복음 전파에 대한 성경적 지원을 신약에서만 찾으려고 한다. 그러나 오늘 본문은 이 사실도 하나님의 계획이었음을 밝히고 사실상 신약의 기록은 하나님의 뜻과 계획이 실현되는 모습을 우리에게 전하고 있는 것이다.

그러면 구약 어디에서 이런 사상을 찾을 수 있는가. **하나님은 창세기 12장에서 아브라함을 선택**하신다. 그리고 하나님은 이스라엘과 특별한 관계를 유지해 나가신다. 그러면 이스라엘을 선택하신 목적은 무엇인가? 우리는 이 해답을 **이사야 49:6**에서 찾는다. "그가 이르시되 네가 나의 종이 되어 야곱의 지파들을 일으키며 이스라엘 중에 보전된 자를 돌아오게 할 것은 매우 쉬운 일이라 내가 또 **너를 이방의 빛으로** 삼아 나의 구원을 베풀어서 땅 끝까지 이르게 하리라"(사 49:6), 또한 **이사야 42:6**에서도 "나 여호와가 의로 너를 불렀은즉 내가 네 손을 잡아 너를 보호하며 너를 세워 백성의 언약과 **이방의 빛**이 되게 하리니"(사 42:6, 개역개정)라고 말한다. 이스라엘을 하나님이 선택한 것은 그들을 "이방의 빛"(a light for the Gentiles)으로 삼기 위해서이다. **이사야 60:1-3**과 이사야 60:19-22의 내용은 종국에 여호와 자신이 빛으로 오셔서 그에게로 그의 백성을 모으실 것을 증언하고 있다.

이 말씀은 예수님께서 자신의 죽음과 부활 그리고 복음의 전 세계적인 전파가 이미 구약에 기록되었고 따라서 하나님의 계획이요 뜻이었다고 말씀하신 것이 진실임을 증거 해 주고 있다. 복음이 예루살렘과 온 유대와 사마리아와 땅 끝까지 전파될 것은 하나님의 계획이었다(행 1:8).

셋째, 고상한 요청

예수님은 친히 메시아로 오셔서 예언된 대로, 성경대로 고난과 죽음을 당하시고 부활하셔서 죄 문제를 해결하셨다. 예수님께서 친히 십자가의 죽음과 부활을 통해 구속을 성취하셨다. 누가복음 24장은 예수님이 부활하신 후 말씀하신 내용임으로 누가복음 24:46의 "예수님의 죽음과 부활"은 이미 성취된 상태이다. 기독교의 첫 번째 진수인 예수님의 죽음과 부활은 예수님이 이미 성취하셨다. 그런데 기독교의 두 번째 진수인 "복음의 땅 끝까지 전파"(눅 24:47)하는 계획을 성취하기 위해 우리를 구속역사의 동역자로 초청하신다. **예수님은 "너희는 이 모든 일의 증인이라"(눅 24:48)라고 우리를 하나님의 계획에 불러들이신다.** 하나님께서 예수님이 성취하신 구속의 복음, 영생의 복음, 화목의 복음, 기쁨의 복음을 모든 족속에게 전파하라고 우리를 초청하신 것이다.

성경이 묘사하는 인간이 어떤 존재인가? 성경은 인간을 묘사하기를 "아침 구름"(호 13:3), "쭉정이"(호 13:3), "연기"(호 13:3), "구데기"(욥 25:6), "벌레"(욥 25:6), "이슬"(호 13:3), "바람"(시 78:39), "헛것"(시 144:4), "안개"(벧후 2:17), "물 없는 샘"(벧후 2:17)이라고 한다. 모세(Moses)는 "우리의 년 수가 70이요 강건하면 80이라도 그 년 수의 자랑은 수고와 슬픔뿐이요 신속히 가니 우리가 날아가니이다"(시 90:10)라고 고백한다. 이렇게 별로 내세울 것이 없는 우리에게 하나님은 하나님의 구속 역사 계획에 참여하도록 초청하신다. 이 초청이야말로 우리를 향하신 하나님의 **고상한 요청**이 아닐 수 없다. 우리는 내 중심적으로 나를 보면 내 가치가 폭락하지만, 하나님의 계획 속에서 나의 위치를 보면 나의 가치가 고귀한 것임을 깨달아야 한다. 우리는 하나님의 고상한 요청에 "예"라고 대답해야 한다. 그리고 하나님의 구속의 복음을 증거 하는 증인들이 되어야한다.

2. 신약교회의 설립

신약 교회의 설립은 오순절(The Pentecost)로 거슬러 올라간다. 오순절에 베드로(Peter)의 설교를 듣고 회개한 성도들의 수가 삼천이 되었다(행 2:41). 이 성도들의 모임이 신약 교회의 시작이다.

그런데 예수님은 오순절에 설립될 신약 교회를 내다보시면서 그의 공생애를 시작하셨다. 우리가 주목해야 할 점은 예수님께서 제자들을 모으실 때 가지고 계셨던 그의 의도이다. 예수님께서 제자들을 모으실 때 어떤 의도를 가지고 계셨는가. **요한복음 1:40-42**에 보면 안드레(Andrew)의 소개로 베드로가 예수님을 처음으로 만난다. 그때에 예수님은 처음 보는 **베드로를 향해 "네가 요한의 아들 시몬이니 장차 게바라 하리라"**(요1:42, 개역개정)고 말씀하셨다.(You are Simon son of John. You will be called Cephas.)(NIV). 이때는 예수님의 공생애 초기이다. 공생애 초기에 예수님은 요한의 아들 시몬이 장차 즉 미래에 게바 즉 반석이 될 것이라고 말씀하신다. 왜 예수님은 그 당시 바로 시몬을 향해 "너는 반석이다"라고 말씀하실 수 없었는가. 그 이유는 시몬이 반석 되는 것이 신약 교회의 설립과 관련되어 있으며, 신약 교회는 예수님을 주님으로 또 하나님의 아들로 고백하는 사람들로 구성되어야 하기 때문이다(롬 10:9-10; 고전 12:3). 베드로가 예수님을 처음 만났을 때에는 예수님을 하나님의 아들로 고백할 수 없는 상태에 있었다. 그래서 예수님은 시몬을 향해 "장차 게바라 하리라"라고 말씀하신 것이다.

이제 공생애 후반부에 나타난 예수님과 베드로의 대화를 들어보자. 그 동안 예수님은 제자들에게 자신이 누구인가를 직접적으로 또 간접적으로 가르치셨다. 예수님께서 제자들과 함께 가이사랴 빌립보(Caesarea Philippi) 지방에 전도 여행을 가셨다. 그 때 예수님은 두 가지 질문을 제자들에게 하신다. **첫 번째 질문**은 "사람들이 인자를 누구라 하느냐"(마 16:13)이며, **두 번째 질문은 "너희는 나를 누구라 하느냐"(마 16:15)이다.**

첫 번째 질문에 대한 제자들의 답은 예수님에게 만족스러운 것이 아니었다. 사람들은 예수님을 세례 요한(John the Baptist), 엘리야(Elijah), 예레미야(Jeremiah) 정도의 인물로 생각하고 있었다. 그런데 두 번째 질문에 대해 베드로가 유명한 신앙 고백으로 답을 한다.

베드로는 사도들을 대표해서 **"주는 그리스도시요 살아 계신 하나님의 아들이시니이다"**(마 16:16)라고 신앙을 고백한다. 이 신앙 고백을 들으신 예수님은 대단히 만족하셨다. 그래서 예수님은 "바요나 시몬아 네가 복이 있도다 이를 네게 알게 한 이는 혈육이 아니요 하늘에 계신 내 아버지시니라"(마 16:17)라고 베드로를 칭찬하신 후, **예수님은 "너는 베드로라 내가 이 반석 위에 내 교회를 세우리니 음부의 권세가 이기지 못하리라"(마 16:18, 개역개정)라고 말씀하셨다.**(And I tell you that you are Peter, and on this rock I will build my church, and the gates of Hades will not overcome it.)(NIV)

여기서 우리는 공생애 초기에 예수님께서 베드로에게 하신 말씀과 베드로의 신앙 고백 후에 예수님께서 베드로에게 하신 말씀의 차이를 본다. **"장차 게바라 하리라"**(요 1:42)에서 **"너는 베드로라"**(마 16:18)로 **변했다.** 즉, "너는 장차 반석이 될 것이다"에서 "너는 지금 반석이다"로 변했다. 그러면 왜 이런 변화가 발생했는가? **이는 예수님의 구속 사역의 진행과 관련되어 나타나는 변화이다.** 베드로가 예수님을 주님과 하나님의 아들이라고 고백할 수 없을 때에는 "너는 반석이다"라고 말할 수 없었지만, 예수님을 주님과 하나님의 아들로 고백할 때 "너는 반석이다"라고 말할 수 있게 되었다.

그런데 우리는 교회 설립 시기에 대한 예수님의 말씀에 주목해야 한다. 예수님은 베드로에게 "너는 반석이다"라고 말씀하셨지만 "이 반석 위에 내 교회를 지금 세운다"라고 말씀하시지 않고 "이 반석 위에 내 교회를 앞으로 세울 것이다"라고 **미래 시상**으로 말씀하셨다. 왜 예수님은 지금 당장 내 교회를 세운다고 말씀하지 않으셨을까? 그 이유는 죄 문제를 해결하고 구속을 완성하게 될 예수님의 죽음과 부활의 사건이 그 당시로 보아서는 아직 미래로 남아 있었기 때문이다. 구속의 성취 사건이 발생하기도 전에 그 구속의 복음을 책임지고 전파할 교회를 설립할 수 없었기 때문이다. 예수님의 죽음과 부활 이전에 신약 교회를 설립하면 신약 교회는 전파할 구체적인 메시지 없이 설립되게 된다. 이 사실은 예수님께서 오순절을 교회 설립 시기로 생각하고 계셨음을 암시해 주고 있다.

3. 예수님이 원하는 교회의 정체성

많은 학자들이 요한복음 17장을 "예수님의 대제사장적인 기도" 혹은 "예수님의 고별 기도"라는 명칭을 붙여 설명한다. 그런 명칭을 붙인 이유는 예수님이 십자가를 지시기 바로 전에 그를 따르는 백성들이 어떻게 살아야 할 것을 기도하신 내용이기 때문이다. 요한복음 18장이 겟세마네(Gethsemane) 동산의 사건을 기록한 것으로 보아 요한복음 17장은 예수님이 죽으시기 바로 전의 기도임에는 틀림없다. 예수님은 요한복음 17:12-26에서 교회가 소유해야할 다음의 여섯 가지 특징을 말씀하신다. 이 말씀은 예수님께서 십자가를 지시기 전에 앞으로의 역사를 내다보고 아버지께 기도하신 내용이다.

(1) 그리스도의 기쁨(thVn caraVn thVn ejmhvn)을 누리는 믿음의 공동체(요 17:13)
(2) 세상으로부터 성별된 믿음의 공동체(요 17:17, 19)
(3) 진리의 터 위에 세워진 믿음의 공동체(요 17:17)
(4) 전도명령을 실천하는 믿음의 공동체(요 17:18)
(5) 연합과 일치를 실천하는 믿음의 공동체(요 17:20-23)
(6) 사랑으로 결속된 믿음의 공동체(요 17:23-26)

그러면 오순절에 설립된 신약교회가 예수님의 기도에 나타난 신약교회의 특징을 나타내고 있는가? 사도행전 2:41-47은 신약교회의 생활의 모습을 묘사하고 있다. 우리는 예루살렘 초대교회의 삶에서 예수님이 원하시는 교회의 특징을 찾을 수 있다.

(1) 신약교회 내에 기쁨(ajgalliavsei)이 있었다(행 2:46).
(2) 신약교회는 성별되었다(행 2:44-46).
(3) 신약교회는 예수님의 진리대로 살았다(행 2:42).
(4) 신약교회는 전도명령을 실천했다(행 2:47).
(5) 신약교회는 연합과 일치를 실천했다(행 2:46).
(6) 신약교회는 사랑을 실천했다(행 2:43-47).

이 말씀은 예수님 재림 때까지 지구상의 모든 교회는 예수님이 기도하시면서 언급하신 여섯 가지의 특징을 소유해야 한다. 만약 그렇지 못하면 예수님의 뜻을 실천하지 못하는 것이다.

4. 한국교회의 개혁의 방향제시

첫째, 교회의 정체성을 회복하자.
"지피지기(知彼知己)면 백전백승(百戰百勝)이니라"라는 사자성어가 있다. 상대방을 알고 나를 알면 항상 이긴다는 격언이다. 요즈음 한국교회는 너무 부정적이 되었고, 너무 비판적이 되었고, 너무 방어적이 되어서 안정을 찾지 못하고 소심증에 걸려 있는 환자의 모습과 같다. 어쩌면 현재의 한국교회는 너무나 깊은 수렁에 빠져 내우외환(內憂外患)으로 시달리고 있다고 생각할 수 있다. 한국교회는 스스로의 모습을 돌아보아야 한다. 한국교회는 교회가 어떤 단체인지 그 정체성을 찾아야 한다. 이제 한국교회는 교회의 정체성을 회복하고 교회의 본연의 모습을 찾아가야 한다.

교회는 예수 그리스도의 피로 값 주고 산 특별한 신앙의 공동체이다. 교회를 위해 하나님의 아들이신 예수님께서 하늘의 영광을 버리고 이 세상에 오셔야만 했다. 교회를 위해 하나님의 아들이 인간의 몸을 입으셔야만 했다(롬 8:3). 교회를 위해 성육신하신 하나님의 아들 예수님이 십자가에서 죽으셔야만 했다. 교회를 위해 예수님이 죽음을 이기시고 부활하셔야만 했다(마 16:21). 교회는 하나님 아버지께서 유일하신 독생자를 희생시켜야 할 만큼 귀중한 단체이다. 하나님은 교회를 위해 구속역사를 진행하고 계시며 종국에는 완전한 하나님의 나라를 교회를 위해 마련해 주실 것이다. 그래서 바울은 우리가 "하나님의 상속자요 그리스도와 함께 한 상속자니"(롬 8:17)라고 말하고 "만일 하나님이 우리를 위하시면 누가 우리를 대적하리요"(롬 8:31)라고 자신 있게 선언하는 것 아닌가! 교회는 귀중한 단체요, 존귀한 단체이다. 한국교회 모든 목회자와 성도들이 교회가 하나님의 사랑의 대상이라는 사실을 확신하고 신앙생활을 해야 한다(롬 5:8).

그러므로 한국교회는 이제 긍정적인 생각, 적극적으로 격려하는 태도, 복음으로 세상을 변화시키겠다는 공격적인 태도를 가지고 세상을 품어야 하겠다. 어떤 사람은 문제 많은 한국교회에 필요한 것은 회개하는 일이라고 말 할 것이다. 물론 한국교회에 속한 모든 지도자들과 성도들은 세상의 비판을 받을 때 옷깃을 여미는 마음으로 경청하고 회개해야 한다. 그러나 우리는 문제의 해결이 문제만 바라볼 때 해결되는 것이 아니요 하나님을 바라 볼 때 해결된다는 것을 잊어서는 안 된다. 과거 하나님의 백성인 이스라엘이 다른데 눈을 돌릴 때 그들에게 재앙이 찾아 왔지만 하나님만을 바라 볼 때 그들 앞의 문제가 눈 녹듯 해결되었다. 한국교회는 하나님이 내 편이라는 사실을 기억하고 교회의 정체성을 회복하여 우리의 사명을 다 하여야 할 것이다. 한국교회가 정체성을 회복하는 것이 한국교회가 개혁되는 길이다.

둘째, 성경으로 돌아가자.

교회라는 신앙 공동체에서 하나님의 말씀을 빼버리면 교회는 세상의 어느 한 단체나 다름없는 단체로 전락하고 만다. 교회 내에서의 하나님의 말씀은 그만큼 중요하다. 교회는 말씀으로 성별되고, 말씀으로 영양을 공급받고, 말씀으로 개혁되고, 말씀으로 성장하는 단체이다. 감사하게도 초기 한국교회는 성경을 토대로 세워졌고 성경을 중심으로 성장해 왔다. 한국교회가 초기에 받아들인 네비우스(Nevius) 방법도 성경을 중요하게 생각하는 방법이었다. **곽안련**은 네비우스 방법의 성공 비결은 자전(Self-propagation), 자치(Self-government), 자립(Self-existence)이상으로 교회 사역의 각 분야에서 성경을 보편적으로 사용한 것이라고 강조한다. **곽안련**은 한국교회가 "성경위에, 단순한 성경 본문 위에 건립되었다"라고 확신한다. 초기 한국교회는 성경을 하나님의 말씀으로 받고 성경에 권위를 부여했다. 성경은 초기 한국교회 성도들의 신앙과 삶에 확실한 기준이 되었다. 한국교회의 주목할 만한 성장과 발전은 성경을 체계적으로 가르친 때문이라는 것이 충분히 관찰한 사람들의 확신이다. 성경말씀을 하나님의 말씀으로 믿고 생활한 초기 한국교회는 사회에 큰 영향을 미쳤으며 영적인 성장과 함께 숫자적인 성장도 급속하게 이루어졌다.

구약시대나 신약시대나 할 것 없이 하나님은 그의 말씀을 귀하게 생각하고 실천하는 백성을 축복하시고 선한 길로 인도하신다. 그런데 근래의 한국 교회는 성경을 중요하게 생각한다고 하면서도 그 말씀의 원리에 따르기보다 편의와 실리에 따라 말씀을 적용하는 경우가 많다. 구약시대 때에 하나님께서 이스라엘 백성들에게 너희들이 나에게 제물은 바치지만 마음은 내게서 멀다고 하신 상황과 비슷하다고 사료된다. **의식이 있는 목사들에게 "현재 한국교회의 문제점이 무엇이라고 생각합니까?"**라고 질문을 하면 그들은 한국교회에 현재 팽배한 것은 **"성경의 원리가 상실되었다"**는 것이라고 **답변**을 한다. 이 말은 성경 말씀이 우리의 신앙과 생활의 규범이 되어야 하는데 그렇지 못하다는 뜻이다. 성경의 원리보다는 교회의 숫자가 증가한다면 성경원리에 맞지 않아도 좋고 심지어 이단적인 방법 일지라도 사용하겠다는 분위기이다. 요즈음 한국교회는 하나님의 말씀 중심적인 접근보다는 인간 이성과 실용성 중심의 접근을 많이 한다.

하나님은 특별한 영감의 방법으로 예수님 재림 때까지 교회가 사용할 정경 66권을 주셨다. 하나님은 모든 교회가 예수님 재림 때까지 사용할 공적이고 객관적인 계시를 우리에게 주셨다. 그러므로 하나님은 계속해서 성도 한 사람 한 사람에게 **객관적 계시**(objective revelation)에 버금가는 **사적인 계시**(private revelation)를 주시지 않는다. 그렇게 되면 기독교는 혼돈으로 가득 차게 될 것이다. 하지만 인간은 지, 정, 의를 가진 존재로 창조 받았기 때문에 감정에 많이 좌우된다. 우리가 기억해야 할 것은 **우리의 감정도 객관적 계시에 조종을 받아야 한다는 사실이다**. 객관적 계시인 성경보다 주관적 경험을 중시 할 때 결국 그 결과는 내세 지향적이 되며, 윤리성이 약해지는 방향으로 흐른다. 초기 한국교회는 성경을 객관적인 하나님의 말씀으로 받고 성경에 권위를 부여했다. 성경은 초기 한국교회 성도들의 신앙과 삶에 확실한 기준이 되었다. 한국교회의 강단에서 성경 말씀이 확실한 자리를 차지해야 한다. 세계 교회의 과거 역사가 웅변적으로 말하고 있지 않은가? 유럽이나 미국이나 어느 나라 교회 내에서 성경이 제 자리를 찾을 때 교회는 부흥하고 사회에 영향을 미쳤지만 인간 이성과 인간의 실용성이 교회를 지배하면 교회는 쇠락해졌다. 역사의 교훈을 통해 배우지 않으면 잘못을 재연할 수밖에 없다. 한국교회는 다시 한 번 성경의 권위를 인정하고 성경을 교회 활동의 중심에 두어야 한다.

한국교회는 성경공부를 열심히 해야 한다. 한국교회의 신앙생활을 살펴보면 대부분의 장년들은 주일 예배의 30여 분(혹은 1시간)에 걸친 설교 말씀으로 일주일을 산다. 이런 현상은 중·고등학생, 청년들도 예외는 아니다. 청년들이나 장년들에게 성경의 내용을 질문하면 답을 하지 못한다. 장로로 임직 받을 분들까지도 성경의 내용을 잘 알지 못한다. 성경의 내용을 알지 못하면 기독교인의 역할을 감당할 수 없다. 하나님 아버지의 구속계획과 하나님의 우리를 향한 뜻을 모르고 우리가 어떻게 하나님의 뜻대로 살 수 있겠는가? 그것은 불가능한 일이다. 그러므로 한국교회는 교회 활동 스케쥴을 조정해서 가능한 많은 성도들이 성경을 공부할 수 있도록 하지 않으면 안 된다. 성도들이 말씀과 멀어지면 외식할 수밖에 없다. 어쩌면 요즘 말로 무늬만 성도라고 할 수 있다.

셋째, 예배를 회복하자.
하나님은 성도들의 예배를 즐겨 받으신다. 한국교회 예배는 전통적으로 하나님 중심, 그리스도 중심, 말씀중심의 예배였다. 그런데 근래의 한국교회의 예배는 하나님 중심, 말씀 중심에서 성도들 중심 곧 예배하는 자 중심으로 그 강조가 옮겨진 것 같다. 많은 한국교회의 예배에서 우리는 박수치는 것, 손을 올리는 것, 춤을 추는 것 등 육체적인 표현이 빈번하게 된 것을 발견하게 되었고, "아멘," "할렐루야," "하나님께 영광" 등의 음성적인 표현이 예배의 일상화가 되었음을 목격하게 된다. 이와 같은 행태는 예배의 주인이 누구이냐를 의심하게 만든다. 예배의 주인은 하나님 아버지시다. 성도들은 예배하는 자들이지 예배할 때 감정의 촉발로 스트레스를 해소하는 자들이 아니다. 하나님은 예배자의 마음을 중요하게 생각하신다. 그래서 하나님의 말씀은 "하나님은 영이시니 예배하는 자가 영(spirit)과 진리(truth)로 예배할지니라"(요 4:24)라고 가르치신다. 하나님은 성도들이 마음과 뜻과 정성을 하나로 모으고 하나님의 말씀인 진리의 선포를 들음으로 그에게 예배를 드리기를 원하신다.
성도들은 예배드릴 때 하나님께 헌금을 한다. 헌금은 하나님으로부터 받은 은혜를 감사하여 마음과 몸을 바치는 뜻에서 드리는 것이다. 사실상 인간이 하나님께 바칠 것은 아무 것도 없다. 왜냐하면 하나님은 세상의 모든 것의 주인이시기 때문이다. 그런데 한국교회의 헌금 경향은 축복을 받았음으로 하나님의 은혜에 감사해서 바치기보다는 앞으로 축복을 받기 위해 바치는 경향을 가지고 있다. 물론 하나님은 그의 백성을 보살피시고 복을 주신다. 그러나 축복을 받기위한 마음으로 헌금하는 것은 마치 하나님과 흥정하는 것이요 장사하는 것과 비슷하다. 한국교회의 목사들과 리더들은 성도들이 교회 생활과 일상 생활에서 하나님 중심적이요 성경 중심적인 삶을 살도록 가르치고 본을 보여야 할 것이다. 한국 교회의 예배가 살아있는 예배로 회복될 때 성삼위 하나님이 그 예배를 받으시고 그 예배에 임재 하셔서 한국교회를 흥왕하게 하실 것이다.

넷째, 교회의 직분의 의미를 바로 이해하고 실천하자.

한국교회 내에서 목사는 특별한 지위를 소유한 것으로 대우를 받는다. 한국에 복음이 들어 온 이래 지난 130여 년간 목사의 직분에 대한 이해가 성경의 교훈으로부터 많이 멀어진 형편이다. 종교개혁 사상은 성경에 기초하여 예수 그리스도를 재발견하여 예수님을 중심으로 삼는 것이었다. 개혁자들은 오직 은혜로만 구원을 얻으며 오직 믿음으로만 구원을 얻는다고 믿었다. 죄인이 의인이 되기 위해서는 유일한 중보이신 예수 그리스도를 믿음으로 가능한 것이다. 그래서 개혁자들은 **성자숭배를 반대하고, 교황주의를 반대하며, 목사가 제사장이라는 교권주의도 반대했다.** 목사는 말씀의 선포와 성례를 집행하는 직무를 맡은 사람이다. 그런데 목사가 교회 내에서 주인 행세를 하는 경우를 자주 목격한다. 이는 비성경적이요, 목사가 어떤 위치인지 모르고 행동하는 잘못이다.

목사뿐만 아니요 장로, 집사, 권사들도 받은 직분을 벼슬처럼 생각하는 행태를 나타낸다. 교회의 직분들은 봉사의 직분들이다. 교회의 직분들은 벼슬자리가 아니다. 그런데 어찌된 일인지 많은 한국교회에서 장로 선거에 떨어진 사람은 교회 출석을 그만 두거나 선거의 공정성이나 다른 이유를 들어 교회를 어지럽게 만드는 경우를 자주 본다.

집사의 경우도 권사의 경우도 마찬가지이다. 성경 말씀은 분명하게 교회의 직분들이 섬기는 자리요, 봉사의 자리라고 가르친다. 예수님도 하나님이시면서도 섬기려 오셨다고 말씀하신다(막 10:45).

지금까지 한국교회에 개혁해야 할 부분들이 많이 있지만, 한국교회가 개혁되기 위해서는 교회의 정체성 회복이 중요하고, 성경 말씀이 교회 모든 활동에서 제자리를 찾아야 하고, 한국 교회의 예배가 하나님 중심의 예배에로 복귀되어야 하며, 그리고 교회의 정체성 회복에 발목을 잡고 있는 교회 직분에 대한 바른 이해가 필요함을 지적했다. 한국교회가 개혁되기 위해서는 우선 이런 부분에서부터 개혁되었으면 하는 소망이다.

다섯째, 개혁은 자신부터 해야 한다.

오늘날 교회 개혁을 외치는 사람들의 방향성이 잘못된 듯하다. 일반적으로 개혁을 주창하는 사람들이 자신의 잘못을 뉘우치고 자신부터 개혁해야 하는데 자신은 의인의 반열에 세워두고 다른 사람들만 고치려 하는 모습이 우려를 낳게 한다. 예수님께서 "어찌하여 형제의 눈 속에 있는 티는 보고 네 눈 속에 있는 들보는 깨닫지 못하느냐"(마 7:3)라고 하신 말씀의 뜻을 깊이 새겨야 한다. 개혁은 자신부터 시작해야 한다. 그리고 개혁은 떠들면서 하는 것이 아니요 조용하게 실천에 옮기는 것이다. 그래서 개혁은 실력이다. 한국교회가 개혁되어야 한다고 앞장 선 사람이나 단체들이 개혁의 대상이 되는 경우를 얼마든지 볼 수 있다. 한국교회 지도자들은 "내 자신"과 "우리 교회," 그리고 "내가 관계하고 있는 기관"의 어느 부분이 개혁되어야 할 것인지를 찾아서 뼈를 깎는 고통이 있을 지라도 올바르게 고쳐나가야 한다.

여섯째, 개혁과 관련하여 한국교회의 관행을 묵상해 보자.

여기서 제시하는 내용은 어떻게 생각하면 아디아포라(Adiaphora)의 문제라고 할 수 있다. 아디아포라는 성경에서 구체적으로 좋다 나쁘다를 규정짓지 않은 사안들이다. 예를 들면 철저한 금주가 아디아포라에 속한다. 필자는 철저한 금주가 한국교회에 유익하다고 생각한다. 그러나 우리들은 한국교회의 관행이 성경 말씀에 더 부합하는지 묵상하고 더 좋은 길을 택하는 것이 한국교회의 개혁을 위해 해야 하는 것이라고 생각한다. 성경 66권은 정확무오한 하나님의 계시의 말씀으로 변할 수 없는 진리이다. 하지만 우리가 물려받은 교회의 관행은 성경말씀의 진리에 비추어 개혁되고 교정되어야 한다. 그래서 성경말씀을 정확무오한 하나님의 계시의 말씀으로 받는 개혁교회는 계속 개혁되어야 한다고 주장한다.

여기서 "축도"(Benediction)에 대한 관행과 "성만찬"에 대한 관행을 한 번쯤 묵상해 보았으면 좋겠다는 생각으로 다음의 의견을 겸허한 마음으로 제시한다. 이 제시는 누구를 비판하자는 것이 아니요, 우리의 관행에 대해 "브래인 스톰밍"(brain-storming)을 한 번 해보는 것도 좋겠다는 생각에서이다. 우리는 아무런 생각 없이 전통적으로 전수된 예배 형식을 그대로 실행해 가는 경우가 많이 있다. 우선 축도할 때 "지금은"을 처음에 붙이는 경우가 많은데 일반적으로 예배학을 가르치는 교수들은 "지금은"을 붙일 필요가 없다고 말한다. 축도를 시작 할 때 "지금은"을 붙이면 마치 축도 이전에는 성자의 은혜와 성부의 사랑과 성령의 함께하심이 필요 없고 축도할 때만 필요한 것처럼 들리기도 한다. 그리고 "지금은"을 붙임으로 때때로 희한한 해프닝이 벌어지기도 한다. 어느 목사님은 갑자기 축도를 하는데 "지금은"이 생각이 나지 않아 고심 끝에 "**요새는**"으로 축도를 시작했다는 믿을 수 없는 말도 회자되고 있다. 물론 축도할 때 "지금은"이나 "이제는"을 붙여서 축도한다고 해서 크게 문제될 것은 없다. "지금은"을 붙여서 축도하는 목사님들을 비판해서는 결코 안 된다. 하지만 우리는 우리의 관행이 올바른 것인지 한 번쯤은 생각해 볼 필요가 있다. 성경의 패턴대로 "주 예수 그리스도의 은혜와 하나님의 사랑과 성령의 교통하심이"(고후 13:13)로 시작하는 것이 바람직하다고 생각해 본다.

그리고 대부분의 교회에서 성찬식(The Lord's Supper)을 할 때 집례 하는 목사님이나 돕는 장로님들이 가운(gown)을 입는다. 목사가 설교할 때는 가운을 입지 않다가도 성례를 집행 하는 주일이면 가운을 입고 설교를 하고 성례를 집행한다. 설교와 성찬은 하나님이 우리에게 은혜를 주시는 은혜의 수단(means of grace)이란 점에서는 서로 같은 역할을 한다. 하나님은 설교를 통해서 우리에게 은혜를 주시고, 성찬을 통해서도 우리에게 은혜를 주신다. 하나님은 설교를 통해서 우리의 믿음을 굳게 하시고, 성찬을 통해서도 우리의 믿음을 든든하게 하신다. 성찬은 예수님의 부활을 기념하는 의식이 아니요, 예수님의 죽음을 기념하는 의식이다. 성찬은 그냥 느낌으로 참여하는 것이 아니요, 우리들의 죄 문제를 해결한 그리스도의 죽음이라는 사건을 기념하는 의식이다. 성찬은 말로 표현할 수 없는 값을 치른 예수님의 죽음을 기억하고 은혜를 받는 것이다.

그러나 우리는 설교와 성찬에 다른 점도 있음을 알아야 한다. 설교는 예수님께서 그의 죽음과 부활을 통해 구속을 성취하셨기 때문에 우리가 구속의 복음을 듣고 믿음으로 구원을 받을 수 있다는 복음전도의 특징이 있지만, 성찬은 이미 예수 믿는 가족들이 예수님의 몸과 피에 참예하는 의식이다. 성찬은 예수 믿는 가족들만이 참여하는 가족의 만찬이다. 그래서 한 마디로 설교를 통해서는 구원을 얻을 수 있지만, 성찬을 통해서는 구원을 얻을 수 없다. 왜냐하면 불신자들은 성찬에 참여할 수 없기 때문이다. 그러면 목사와 장로가 성찬예식을 집례 할 때 가운 입는 것이 무엇이 문제인가? 이는 성도들에게 잘못된 생각을 갖게 만드는 것이다. 목사와 장로들이 성찬예식을 집행할 때 가운을 입으면 성도들은 성찬예식이 설교보다 더 우월하고 더 중요하다고 생각할 수 있다. 목사가 매 주 설교할 때는 입지 않은 가운을 성찬예식 할 때만 입기 때문에 성도들은 자연히 설교와 성찬을 비교하고, 성찬을 더 무게 있게 생각하게 된다. 설교도 중요하고 성찬도 중요하다. 그러나 설교가 없으면 성찬의 진정한 의미도 찾을 수 없다. 교회 지도자들이 생각 없이 관행적으로 실천해 온 예배형식에 대해 우리는 한번쯤 숙고하고 개선하고 개혁해 나가야 한다. 그러나 중요한 것은 다른 사람을 비판하기 위한 태도가 아니라 자신의 관행이 성경의 교훈에 부합한지 겸손하게 묵상하는 것이다. 그것이 진정한 개혁교회의 모습이다.

나가는 말

목회자는 사람이 사람을 변화시키지 않고 하나님의 말씀이 사람을 변화시킨다는 사실을 인식해야 한다. 사람이 사람에게 약간의 영향을 줄 수 있을는지는 모르지만, 사람이 타락한 사람을 새로운 생명으로 변화시킬 수는 없다. 이와 같은 일은 오로지 하나님의 말씀으로만 가능하다.

형통한 삶을 사는 사람은 자신이 받은 달란트와 시간을 성실하게 사용하는 사람이다. 마태복음 25:14-30에는 성실한 청지기에 대한 비유가 있다. 주인이 타국에 갈 때에 종들에게 다섯 달란트, 두 달란트, 한 달란트씩 주고 떠난다. 주인은 종들의 "재능대로"(마 25:15) 달란트를 주셨다. 달란트는 주인이 각자의 재능대로 종들에게 주셨기 때문에 그 많고 적음은 문제가 되지 않는다. 문제는 받은바 달란트를 얼마나 성실하게 활용하느냐이다. **종들은 미래를 향한 소망을 가지고 성실한 현재를 살아야 한다.** 다섯 달란트와 두 달란트 가진 자는 바로 미래를 향한 소망을 가지고 장사를 하되 성실하게 현재를 사용했다. 주인에게는 달란트가 다섯이냐, 둘이냐, 하나냐가 문제가 아니라 그 달란트를 가지고 어떤 태도로 생을 사느냐가 더 중요했다. 우리는 다섯 달란트, 두 달란트 가진 자들은 자본이 넉넉했지만 한 달란트 가진 자는 자본이 넉넉하지 못했다고 생각할 수 있다. 그러나 본 달란트 비유는 가진 자본의 문제가 아니다. 자본은 넉넉할 정도로 주셨다. 한 달란트는 6,000 데나리온이며 그 당시 한 데나리온은 보통 노동자의 하루 품삯이다. 1년 300일을 노동하면 20년에 한 달란트(6,000 데나리온)를 모을 수 있다.(300일×20년=6,000 데나리온). 노동자가 임금을 20년 동안 한 푼도 쓰지 않고 모으면 한 달란트(6,000 데나리온)가 된다. 오늘날 계산으로 보통 노동자의 하루 품삯을 5만원으로 치면 한 달란트 받은 종은 3억 원을 받은 셈이 된다.(노동자의 하루 품삯이 10만원이면 6억원이 된다.) 이 금액은 예수님 당시 보통 노동자가 20년 걸려 벌 수 있는 금액이다. 한 달란트 받은 종도 장사할 수 있을 만큼의 자본을 받은 것이다. 예수님은 지금 한 달란트 받은 종에게 "**태만의 죄**"를 묻고 있는 것이다.

그러므로 예수님이 이 비유를 통해 주시고자 하시는 교훈은 달란트를 받은 종들이 성실하게 살아야 한다는 것이다. 이 사실은 다섯 달란트 남긴 자에게 주신 칭찬이나 두 달란트 남긴 자에게 주신 칭찬이 똑같다는 데서도 찾을 수 있다. 마태복음 25:21은 다섯 달란트 남긴 종에게 주는 칭찬이요, 마태복음 25:23은 두 달란트 남긴 종에게 주는 칭찬이다. "잘 하였도다 착하고 충성된 종아 네가 작은 일에 충성하였으매 내가 많은 것으로 네게 맡기리니 네 주인의 즐거움에 참여할지어다"(마 25:21, 23). 그런데 이 두 칭찬이 글씨 한 자도 틀리지 않고 똑같다는 사실은 달란트의 다소 때문에 칭찬한 것이 아니요, 그들의 성실성 때문에 칭찬한 것을 입증한다.

성도들은 각자 달란트를 받았다. 어떤 사람은 5 달란트 받은 사람처럼 많이 받았고 어떤 이는 조금 적게, 또 어떤 이는 1달란트 받은 종만큼 달란트를 받았다. 달란트를 받지 못한 사람은 한 사람도 없다. 성실한 청지기는 달란트를 주신 하나님께 감사하면서 받은 달란트를 잘 활용하는 사람이다. 성도들은 달란트의 많고 적음에 눈을 돌릴 것이 아니라 달란트를 주신 분께 눈을 돌려야 한다. "저 사람 재능이 많구나!"라고 칭찬을 할 때 그 칭찬이 누구를 향한 칭찬인가? 일반적으로 그 칭찬은 재능을 가진 사람을 칭찬하는 것이다. 그러나 성도들은 그 재능을 그 사람에게 주신 하나님을 생각해야 한다. 따라서 재능의 다소에 관심을 두기보다는 재능을 주신 하나님께 감사하고 받은 재능을 성실히 활용해야 한다. 이런 마음을 가지고 사는 사람은 형통한 삶과 유익한 삶을 사는 사람이다.

많은 사람이 성공의 삶을 추구한다. 하지만 성공의 삶을 추구하는 사람은 만족한 삶을 누리지 못한다. 왜냐하면 그의 마음 한 구석은 항상 비어 있기 때문이다. 성도들은 성공의 삶을 추구하기보다 형통한 삶과 유익한 삶을 추구하면서 살아야 한다. 형통한 삶을 사는 사람은 행복을 누리는 사람이요 유용한 삶을 사는 사람이다. 행복한 사람은 다른 사람의 유익을 위해 산다. 이런 사람의 행복은 술자리 연회(party)에서 찾을 수 있는 그런 가벼운 행복이 아니요 자신의 삶에 의미가 있으며 자신이 세상의 선을 위해 약간의 기여를 한다고 생각하는데서 오는 내적 평강의 감정에서 온다. 이런 사람들의 행복은 성실한 삶에서 기인한다.

한국교회 신학의 역사적 조명
(1900~1945)

김 의 환 박사
전 총신대학교 총장
전 칼빈대학교 총장

- 장로교회와 감리교회를 중심으로 -
A Historical Review on the Theology of Korean Churches(1900~1945)

한국교회는 주로 외국 선교사들에 의하여 처음 선교되었기 때문에 한국 신학을 논할 때 처음부터 미국 신학의 이식성을 벗어날 수 없다. 미국 신학의 영향이 초창기부터 오늘날까지 크게 한국교회 신학에 작용하여 왔음을 부인할 수 없다. 그러므로 한국교회 신학의 성격과 발전을 이해하려면 처음 선교사들의 신학적 배경과 역사적 배경을 먼저 살펴야 한다. 다음에 선교사들에 이어서 신학을 가르친 한국 교수들의 신학을 검토하고 장로교회와 강리교회의 신학의 흐름을 역사적으로 조명하고자 한다.

I. 장로교회의 신학

1. 평양(장로교)신학교

1901년 5월 15일 개신교로서는 처음으로 평양에 장로교신학교가 설립 됨으로 복음이 이 땅에 전파 된지 17년 만에 공식적으로 교역자 양성이 시작된 셈이다. 당시 평양신학교의 시작과 더불어 전임 및 시간강사로 참여한 교수들은 약 10여명 정도였다. 이들 선교사들은 신학적으로 보수적이었으며 청교도적 신앙을 견지하였다. 1920년대 미국 복장로교회의 해외 선교부 총무였던 A. J. Brown의 평가에 의하면 당시의 한국 선교사들은 신학과 성경비평학에 있어서 강한 보수주의자들이었으며 그리스도의 재림에 관한 종말론에 있어서는 전천년설의 견해를 따랐다. 또한 고등비평학과 자유주의 신학을 아주 위험한 이단으로 생각한 이들이었다.

평양신학교는 4개의 선교부의 대표로 구성된 장로교위원회에 의하여 운영하게 되었다. 1907년에 마포삼열(Samuel A. Moffet)이 초대 교장으로 선출되어 1924년까지 봉직하면서 평양신학교의 신학적 기초를 닦아 놓았다. 그러나 그는 신학자로서 무게 있는 저술을 남기지 못했다. 마포 상열 교장 이외에도 장로교 신학에 많은 영향을 미친 선교사들은 곽안련(C.A. Clark), 이눌서(W.D. Reynolds), 어드만(W.C. Eerdmans), 라부열(S.L. Robert), 구레인(.C. Crane), 소안론(W.L. Swallen), 함일돈(F.E. Hamilton) 선교사들이었다.

당시 평양신학교의 신학적 성격을 블레어(H.E. Blair)는 "역사적 칼빈 주의의 배경을 지니고 웨스트민스터 표준을 수용하고…" 성경을 하나님의 말씀으로 의심치 않고 받아들이는 "지극히 보수적인 신학을 논평하였다. 이러한 논평의 정당성은 1920년에 채택된 평양신학교의 교리적 기초에서 잘 입증되고 있다. "우리는 성경이 하나님의 영감된 말씀이며 따라서 모든 행위의 기본이 됨을 신실하게 받아들인다. 또한 성경을 진실로 신뢰하고 성경을 제대로 이해하며, 성경을 진심으로 사랑하고, 이를 명확하게 설명하고, 이 안에 있는 복음 구속을 완전하고 단순히 전파하려고 열정적으로 노력할 복음 사역자들을 훈련사키는 것이 이 신학교의 목적이다."

이러한 신학적 입장을 따라 평양신학교의 사상을 형성하는데 크게 공헌을 한 선교사는 이눌서(W.D. Raynolds)였다. 그는 한국어로 성경을 번역하였을 뿐만 아니라 평양신학교의 조직신학 교수로서 직접 1923년부터 1937년까지 14년간 보수적 신학 교육에 헌신하였다. 그는 평양신학교가 설립되기 5년 전에 "한국 목사 양성 지침서"를 작성하여 목회자 교육의 방향을 제시하기도 했다. 그 원칙의 내용은 목회자의 영적 훈련의 중요 성과 철저한 성경 교육과 목사의 교육 수준이 평신도들의 교육 수준에 맞게 가르칠 것 등이었다. 이렇게 하여 신학교육은 목회자 양성 위주로 하되 영성과 지성을 겸한 겸손한 '신령한 목사'를 배출시키는데 목적을 두었다. 조직신학 교재로 그는 구 프린스턴신학교 조직신학 교수 핫지(A.A. Hodge)가 쓴 「신학개요(An Outline of Theology)」와 중국인 교수 치아 유밍(Chia Yu Ming)이 쓴 「기독교의 증거(Evidence of Christianity)」를 번역하여 사용하였다. 그는 성경의 완전 영감과 권위를 강조하면서 자유주의적 현대주의 신학사상을 배격하였다. 성경의 권위에 도전하는 현대주의 신학을 '반 기독교적'이며 '배도적'이라고 공격하였다.

고등비평과 진화론을 비판하여 정통기독교 신앙을 위협하는 위험한 반기독교적 이단이라고 단정하였다.

그는 "종교와 성경"이라는 논문에서 자신의 성경관을 이렇게 피력하였다. "나는 종교와 경전의 관계를 절대적이라고 본다. 이런 생각은 심히 보수적이요, 고집한 의견이라고 할 이가 많은 줄도 잘 알고 있다. 그러면서도 내가 아는 범위 안에서 모든 종교가 경전과 절대의 관계를 가지고 있다는 생각을 내버릴 수가 없다. – 기독교가 성경을 버리거나 성경을 믿지 아니하면 그때부터 기독교가 될 수 없는 것이다. – 경전이 변한다면 종교가 변할 수밖에 없다는 말이다. 성경의 문자나 절구를 고친다든지 그 정신을 덮어놓든지 그 의미를 굽힌다든지 해서는 안 된다. 그 원형을 그대로 보존하고 그 정신을 그대로 발휘하지 않으면 안 된다."

이처럼 철저한 보수적인 성경관 위에서 그는 평양신학의 신학적 토대를 구축하는데 힘썼다. 이러한 보수신학 일변도의 신학적 경향에 대하여 당시 선교사들의 신학훈련의 배경 때문이라고 보는 일반적 해석에 의견을 달리하는 소수의 학자들이 있기는 하나 당시 한국에 파송된 선교사들의 신학은 보스턴 지역에서 온 소수의 감리교 선교사와 뉴욕 유니온 신학교 출신 소수의 장로교 선교사들을 제외하고는 극히 보수적 신학의 소유자였음은 놀라울 것이 없다. 선교사들의 신학 훈련의 배경을 살피면 쉽게 이해할 수 있다. 미국에서 신학 수학을 할 때에 보수적 신학 자들에게서 영향을 받은 선교사들이 압도적으로 다수를 차지하였다.

1893년에서 1901년까지 내한한 40명의 미국 북장로교 선교사들 중에 16명이 프린스턴(Pinceton)신학교 출신이고, 11명이 시카고의 맥코믹(McComick)신학교 출신이었다. 프린스턴 출신들은 찰스 핫지(C. Hocge) 부자(父子) 교수들과 워필드(Benamin B, Wafeid. 1851~1921) 등의 보수적인 신학자들에게서 신학 훈련을 받은바 그들의 신학이 평양신학의 신학이 된 것은 자연스런 일이 아닐 수 없다. 워필드의 성경관은 철저한 성경무오설, 바로 그것이었다.

"성경의 모든 말씀이 예외 없이 하나님의 말씀임을 믿는다. 동시에 그 말씀이 사람의 말이기도 하다 … 성경 기자들은 성경을 기록할 때 특별하며 초자연적이며 비상한 성령의 감화를 통하여 기록하되 그들의 인간적인 요소가 제한받는 일이 없이 하나님의 전적인 주관(감동) 아래 기록하였으므로 기자들의 기록한 말은 동시에 하나님의 말씀이 되었다. 그러므로 성경 말씀은 어떤 경우에도 절대로 오류가 있을 수 없다."

초기 선교사들의 신학적 입장은 1907년에 한국장로교회가 채택한 12신조에도 잘 나타난다. 1907년 9월 17일에 장로교 독노회가 선교사들 중심으로 조직되었다. 그 독노회에서 신경 채택의 필요성을 느끼고 1905년 인도 자유장로교회가 채택한 신경을 채택하였다. 이 신경의 신학적 성격에 대하여 '강한 칼빈주의적인 특색'을 가지고 있는 것으로 이종성은 해석하나 김영재는 이러한 견해에 동의하지 않고 오히려 복음주의적 영향 때문에 개혁주의적 내용이 다분히 희석화되어 있음을 주장한다. 그 이유로 12신조는 예정론은 말하나 이중예정을 강조하는 웨스트민스터신앙고백서와 달리 신자의 선택에 관해서만 언급하고 유기 교리에 대하여는 침묵을 하기 때문이라고 한다. 당시 영국의 영향권 아래 있는 인도 자유장로교회의 신조를 채택함에 있어 19세기말에 영국과 미국의 장로교회가 복음주의와 부흥운동의 영향을 입어 수정 칼빈주의적 경향으로 기울어진 것으로 본다.

12신조만이 수정 칼빈주의적인 것으로 보여진 것은 아니다. 평양신학교도 철저한 칼빈주의적이기보다 복음주의적인 기독교를 가르친 보수주의 학교로 보는 견해도 있다.

"평양신학교는 … 선명한 칼빈주의를 전하지 못했다. 이것은 주로 다음 두 가지의 원인 때문이었을 것이다. ① 신학생들이 선명한 칼빈주의를 배울 만한 학문적 자격을 갖추지 못했다. ② 교수진도 칼빈주의를 충실히 전할 수 있는 선명한 칼빈주의자들 만은 아니었다. 교수진 가운데 칼빈주의적인 학자들이 있었다는 것은 부인하지 않지만 그 가르침이 선명한 칼빈주의였느냐에 대해선 의심이 간다."

간하배는 이러한 의심을 더욱 강하게 다음 같이 피력한다. "전임 교수들이 개혁신앙에 투철했던가에 대한 회의에는 어느 정도 정당한 이유가 있는 것 같다."

그 이유로서 간하배는 두 가지를 열거한다.

첫째는, 1906년에 장로교 선교사들과 감리교 선교사들이 '한국기독교회'라는 이름으로 한국 민족교회를 설립하기로 합의하고 이어서 준비단계로 '재한 복음주의 선교 공의회'를 결성하였다. 결국 '하나의 교회'는 성립되지 못했으나 장로교가 감리교와 합치려는 데서 순수한 칼빈주의는 퇴색되어 버렸다는 주장이다.

둘째로는, 장로교 선교사들 가운데 세대주의를 수용한 선교사들이 적지 아니하였다는 사실이다. 이 세대주의가 한국교회에 잘 접목이 되는 이유는 세대주의적 해석 방법이 미래적 강조가 강하기 때문이라고 보았다.

이렇게 초기 장로교 선교사들에 대한 철저한 칼빈주의적 순수성 여부에 대하여 회의적 견해가 있기는 하지만 그런 평가가 평양신학교의 교수들에게 일반적으로 적용될 수는 없다. 그 중에도 곽안련(Charles Allen Clark, 1878~1961)의 경우는 더욱 그렇다. 그는 마포삼열, 이눌서 목사 와 더불어 한국장로교 신학 형성에 지대한 공헌을 이룩한 신학자였다. 그는 맥코믹신학교를 1902년에 졸업하고 곧바로 선교지 한국으로 파송되었 다. 그 후 다시 명문 시카고대학교에서 철학박사 학위를 받은 학구파 선교사였으며 평생에 많은 저술을 남겼다. 한국어로 50권, 영어로 6권을 저술한 다작가로 저술 범위는 한국교회의 필요에 따라 다방면으로 펼쳐졌다. 그가 쓴 '설교학', '목회학'은 한국 신학교의 교재로서 고전적 위치를 정하고 있다. 그밖에 레위기, 민수기, 사무엘 상·하, 에스라, 느헤미야, 욥기, 시편, 소선지서(6권), 공관복음 등 주석들을 썼다.

당시 '신학지남'에 나오는 글 중에 그의 글은 거의 전체의 삼분의 일 수준이었다. 평양신학교는 이처럼 초창기부터 우수한 교수들의 참여로 알찬 신학 교육에 주력하였으나 좀더 수준 높은 신학 교육은 1927년 한국인으로서 처음 교수직을 맡게 된 남궁혁박사를 위시하여 1930년대에 교수가 된 박형룡박사와 이성휘등의 교수 보강으로 더욱 촉진되었다.

2. 신학지남(神學指南)

이러한 교수 보강에 힘입어 「신학지남」을 통하여 더욱 활발한 신학적 논의와 학술적 연구가 이루어졌다. 「신학지남」은 평양신학 교가 개교한 후 17년이 되던 1918년에 한국 신학의 지남적 사명을 피고 평양신학교의 대변지로 출발하였다. 그러나 초창기는 신학적 연구지 보다는 목회자의 설교 준비에 도움을 주는 목회참고서 적인 역할도 감당 하였다. 그러기에 「신학지남」의 영문표지 「The Theological Review」 밑에 「Theological and Homiletic Quartery」이란 부제를 달았다. 초대 편집인이었던 王吉志(J. Eugel) 교수의 첫 호 권두언에서도 이러한 취지를 읽을 수 있다.

"比 雜誌는 聖經과 같으나, 決斷코 아니라 比期報는 聖經的으로 指南을 삼아 의지하여 每期에 특별히 吾長老敎會의 牧師와 神學生들에게 신학의 廣海에 向方을 指南하려는 目的이 있나니라. 吾 神學敎는 학생들에게 神學의 諸課程을 敎授하여도 時期가 不足함으로 滿足하게 敎授하지 못하는 故로 吾 卒業生들이 神學에 관한 問題를 더 工夫하면 或 每年에 平壤으로 가서 卒業後 別科를 工夫할 수가 있기는 하나 … 地方法으로 用하여 神學知識을 增加할 必要 多하니라 … 牧師들이 每主日과 每水曜日에 禮拜處에서 講說할 時間이 있으니 比期報는 講道 問題나 祈禱會 題目에 대하여 방조하려는 目的으로 … 折半을 講道部에 屬하게 하였노라"(19)

이러한 목회적 정보제공과 목회적 필요에 대한 충족 및 신학연구서 「신학지남」은 첫 호부터 2,500부가 인쇄, 매진되어 교계의 베스트셀러 신학지로 출발하였다. 1930년대부터는 해외유학을 마치고 돌아온 한국인 교수진에 의하여 「신학지남」의 내용은 선교사들에 의한 영어 논문 번역문에서 보는 매끄럽지 못한 글 대신 세련되고 수준 높은 신학논문들로 바꾸어지기에 이르렀다.

한국인 교수로서 처음으로 편집인이 된 남궁혁 박사는 미국 프린스턴과 유니온신학교를 졸업한 엘리트 신약학 교수였다. 그는 1928년에 편집 인이 되어 「신학지남」을 이끌어가면서 신학계에 하나의 새로운 전기를 마련하였다. 「신학지남」은 점차 필진의 보강과 연륜을 거듭함에 따라 연구의 주제가 다양화되었고 새로운 신학적 방법이 소개됨으로써 논란과 논쟁이 야기되기에 이르렀다. 보수신학의 단조로움을 벗어나 새로운 학설을 소개하려던 남궁혁 편집인의 폭넓은 편집 방침이 드디어 신학적 논쟁을 촉발시켜 신학적으로 문제화되고 말았다.

3. 필화사건(筆禍事件)

남궁혁은 편집인의 권한으로 평양신학교의 교수가 아닌 신진 자유주의적 경향이 있는 김재준과 송창근 등을 특별 기고자로 위촉하였다. 김재준은 일본 유학중 청산학원에서 신학을 배웠고 미국 피츠버그에 있는 웨스턴(Western)신학교에서 신학을 수학한 후 프린스턴신학교에서 대학원 수학을 한 다음 귀국하였다. 그 당시 프린스턴신학교는 1929년 신학교 조직 개편 후인지라 신학적으로 이미 자유주의 신학이 지배하고 있던 처지였다.

귀국 후 그는 그의 신학을 발표할 기회를 얻지 못하고 기독교계인 평양 숭인상업학교에서 성경을 가르치고 있던 중 남궁혁의 초청으로 신학지 남의 편집 실무를 맡아 평양신학교에 발을 디딜 수가 있었다. 그러나 그가 전공한 신학을 직접 가르칠 수 있는 기회는 박형룡의 반대로 얻지 못한 채 신학지남에 글로써 그의 신학을 발표하기 시작했다. 비록 짧은 기간이었으나 김재준은 1933년에서 1935년까지 무려 여덟 편이 넘는 학술 논문을 발표하였다. 그는 거침없이 주어진 기회를 이용하여 그의 자유주의적인 신학 입장을 밝히는 신학논문을 발표하여 새로운 신학 개척을 시도하였다. 특히 "이사야의 임마누엘 예언 연구"라는 글에서 이사야 7장14절에 나타난 동정녀는 처녀로 보다는 젊은 여자로 해석할 것을 주장함으로 메시아의 처녀탄생 예언을 희석시켰다. 그리고 거기에 '표적'이나 '징조'를 '이적'으로 볼 것이 아니라고 지적함으로 성경에 있는 초자연주의에 대한 도전을 불사하였다. 이와 같은 노골적 신학적 도전은 당시의 평양신학의 보수적 신학 입장에 대한 강한 불만 때문이었다. 김재준은 당시의 장로교의 보수신학을 '철의 장막'으로, 때로는 '숨막힐 통조림'으로 비유하면서 그의 신학적 사명을 이렇게 피력하였다.

"서른 두 살 되던 겨울에 귀국했다. 교회도 사회도 숨이 막힐 정도로 폐색과 체증에 걸려 있었다. 가까스로 어느 중학교에 교사로 붙을 수가 있어서 우리 새 세대와 접촉하게 되었다. 새 세대에 좀 트인 비전을 제공하고 그들로 하여금 더 세계적인 호흡 속에서 자라게 해야겠다는 각도에서 나의 일에 스스로의 의미를 부여하고 있었다. 나는 정통주의로 통조림 된 한국장로교회에 어딘가 숨쉴 구멍을 틔워져야 하겠다."

여기에서 김재준이 말하는 숨쉴 구멍이란, 분명 자유주의 신학 사상을 의미하였음은 의심할 여지가 없다. 김재준의 눈에 비친 당시의 평양신학교는 "일종의 특수직업학교적인 성격을 띠었으며 거기서 전파하는 신학사상이란 소위 정통위주의 신학이라는 고정적이요 물상화한 '조문'들이었고, 그 전파방법은 주입식(Indoctrination)이었다. 거기에 비판이 없고 할 사상할 자유가 없었음으로 거기서 전수되는 것은 하나의 물건이요 인격적 결단을 통한 '사상'일 수가 없었다 … 성경은 문자 그대로 정확무오한 천래의 말씀이니까 이러니저러니 비판할 여지가 없다."

김재준의 신학은 그가 귀국한 1930년대 초에는 도저히 평양의 토양에서 적응될 수 없는 자유주의 신학이었고, 그러기에 그의 설 땅이 없어진 그만큼 신학적 현실 비판은 과격한 것이었다. 당시 정통신학에 대한 혐오에 가까운 비판은 김재준 만의 것이 아니었다. 같은 무렵 신학지남에 김재준 식의 논조로 보수신학에 대한 비판적인 필봉을 휘두른 젊은 학자가 바로 송창근이었다. 송창근은 그의 신학편력에 있어서 김재준과 비슷한 바가 적지 않았다. 일본에서 청산학원을 마치고 도미 후 1925년부터 1930년까지 프린스턴신학교, 웨스턴신학교 그리고 덴버대학에서 신학연구를 마치고 신학박사 학위를 취득하였다. 웨스턴신학교 재학시절엔 김재준과 함께 수학한 동기생이기도 하였다. 김재준보다 더 솔직한 성격의 학 자였던 송창근의 비판은 보다 원색적이었다. 드디어 1935년 여름호에 발표한 "감격의 생활"이라는 글이 문제가 된 것이다. 그는 정통밥통이라는 표현으로 시작하여 "예배당을 지어야겠습니다. 목사 주택을 지어야겠습니다. 그러니까 부흥회를 해야 되겠습니다. 성신이여 강림하사 … 그대들은 성신이 그대들의 소사인줄 아느냐"고 열을 올리며 통박했다. 현실교회 에 대한 이러한 과격한 비판은 드디어 필화사건으로 발전하였다. 보수성이 강한 선천, 강서노회 등 여러 노회들이 신학교에 항의하게 되고 김재준, 송창근은 1935년 5월로 신학지남의 필진에서 물러나게 됨으로 필화 사건은 일단락이 되었다.

4. 모세오경 저작권 문제

1930년대에 들어서면서 일본과 미국 등에서 자유주의 신학을 섭렵한 신진 목사들의 귀국으로 점차 신학적 논쟁이 가속화되는 양상이 전개되기 시작하였다. 1934년 제23회 강병주목사가 서울 남대문교회 김영주목사의 신학적 입장에 대하여 문의하였다. 곧 김영주 목사의 모세 창세기 저작권 부인에 관한 것이었다.

이 사건은 총회적 차원에서 자유주의 신학과 보수주의 신학의 대립을 보여 준 첫 사건이기도 하였다. 김영주 목사는 일본에 유학하여 자유주의 신학을 가르친 관서학원 신학부를 졸업했으며, 평양신학교에서 1년간 수학한 후 장로교 목사로 장립한 후 남대문교회에 시무하는 중견 목회자였 다. 그는 서울로 오기 전에 함경북도에서 기독교 교육에 몸담고 있는 동안 캐나다 선교사 윌리암 스캇(William Scott)과 교제를 나누며 자유주의 신학자였던 스캇(한국명 서고도)의 영향을 받아 창세기의 모세 저작권에 회의를 품고 있었음이 분명하다. 그 무렵 캐나다 선교부의 선교지였던 함경도의 신학적 분위기는 다른 지역의 상황과는 달리 점점 좌경일색으로 변해갔다. 1925년에 캐나다 회중교회와 감리교회가 합동하여 캐나다 연합교회를 형성하였는데 교단의 합동 이후로 캐나다 선교사들 가운데 자유주의적인 신학 사상에 투철한 서고도(Scott), 배례사(Frazier) 선교사들이 한국 선교회의 주도권을 잡게 되자 보수적인 신학 입장을 따른 영재영(Young), 롭아력(Robb) 선교사 등은 캐나다 선교부를 떠나게 되었다. 영재영 선교사는 그 뒤로 일본으로 선교지를 옮겨 재일교포 상대로 독립적인 선교를 하게 되고, 롭아력 선교사는 평양으로 가서 북장로교 선교부와 합세하여 평양신학교에서 가르치게 되었다.

　이후로 미국에서 자유주의 신학을 배우고 귀국한 김관식, 조희염 목사 등이 함경도에 돌아와 교역자 수양회 개최 등으로 선교사들과 함께 자유주의 신학을 가르치는 일에 힘씀으로 함경도 지역은 장로교 총회의 신학적 입장과 다른 이질지역으로 변화하여 가게 되었다. 오늘날까지도 한국교회 내 자유주의 신학자들 중에 함경도 출신이 많다는 것도 이와 같은 인과관계 때문이다. 이러한 배경에서 사역 경험이 있는 김영주 목사의 모세오경 저작권 부인은 별로 이상한 일이 아니다. 김영주 목사의 신학 입장에 대한 강병주 목사의 제소로 제23회 총회는 평양신학교 교장 라부열 박사를 위원장으로, 박형룡을 서기로 하는 5인 조사위원회를 구성하여 조사 처리케 하였다.

다음 해 1935년 제24회 총회는 다음 같은 조사 보고서를 채택함으로 김영주의 자유주의 입장에 철퇴를 가하였다.

"우리 교회는 복음을 처음 받을 때부터 믿어 온 그대로 우리 교회의 신앙에 가르친 그대로 5경과 기타 신약서 모든 책을 포함하는 성경전서를 하나님의 말씀이요, 신앙과 본분의 정확무오한 법칙으로 믿기를 조금도 주저할 이유가 없으며, 모든 교역자로 하여금 이 본래 믿던 바 모든 신조에 가르친 바의 성경에 대한 확신을 확집하여 변함없이 가르 치게 함이 당연합니다. 그리고 창세기를 모세의 역작이 아니라고 가르 치는 교역자는 이상에 설명한 바와 같이 크게 말하면 오경전부 내지 성경 대부분의 파괴를 도모하는 사람이요 적게 말하더라도 오경의 증거와 구약 다른 여러책의 증거와 예수 그리스도의 증거와 신약 여러 책의 증거를 거짓말로 인정하여 성경의 권위와 그리스도의 권위를 무시하며 능욕하는 사람이니 … 우리 장로교회는 용납할 수 없습니다. 그런 사람은 우리 교회 신조 제일조에 위반하는 자이므로 우리 교회의 교역자됨을 거절함이 가합니다"

이러한 총회의 단호한 단죄 처리에 대하여 김영주는 자신의 신학입장을 철회하고 총회의 신학노선을 따르기로 함으로 사건은 형식상 일단락되었다.

5. 여권문제(女權問題)

모세 저작권 문제가 총회적인 이슈로 다루어진 그 무렵 함경북도 성진 중앙교회의 목사였던 김춘배에 의하여 제기된 여권문제가 신학적인 문제로 총회적 차원에 부상되었다.

김춘배는 "장로회 총회에 올리는 말씀"이란 제로 쓴 글 가운데 '여권문제' 항에서 "여자는 조용하라 여자는 가르치지 말라고 한 것은 2

천년 전의 한 지방교회의 교훈과 악습이요 만고불변의 진리가 아니라"고 진술했다. 감리교회의 여권문제에 대한 관용적 태도에 비교하여 장로교회는 너무 남녀차별적임을 지적하며 불만을 토했다.

"우리 장로교회는 아직도 장로와 집사, 안수 집사의 권도 주지 않고 공공연하게 남녀를 차별한 헌법을 만들어 놓고 여권의 신장을 막고 있다는 것은 참 모순도 심한 모순이올시다. 이같은 차별적 헌법을 고수한다는 것은 여자의 향상을 저해하는 것이요 종종 똑똑한 인물은 활동할 무대를 얻지 못하여 교회문을 등지고 나가거나, 좀더 냉철한 자는 다른 교파로 자리를 옮기게 하는 것이올시다."

이와 같은 김춘배의 주장을 단순한 여권신장의 차원에서의 건의로보다 총회는 성경의 권위와 진리에 대한 도전으로 받아들였다. 총회는 조사위원회를 선정하여 전기 창세기 저작권 문제와 함께 연구보고케 하였다. 1935년 제 24회 총회에 조사위원회는 이렇게 보고하였다.

"성경을 시대사조에 맞도록 자유롭게 해석하는 사람들은 성경본문을 떠난 여러 가지 구구한 설명을 부치면서 주장하기를 사도 바울이 여자의 교권을 금한 이 말씀은 고린도의 특수한 교회에게, 특수한 기회에, 특수한 교훈으로 준 것이요, 당시의 모든 교회를 위하여 법을 세우려 한 것이 아니요 장래 모든 교회를 위하는 사의는 없었다고 하였습니다. 이런 해석은 … 도무지 용납할 수 없는 해석입니다."

위원회는 이처럼 여권운동자들의 해석이 용납될 수 없다는데 그치지 단호한 처벌을 총회에 건의하기를 주저하지 아니하였다.

"현시대 사조에 영합하기 위하여 성경을 자유롭게 해석하는 것은 그 정신태도가 파괴적 성경 비평의 정신태도와 다름이 없습니다. 성경 상하 문맥에 가르친 말씀은 부관하고 세상 사람의 욕심에 맞도록 난데없이 딴 해석을 부치는 것은 성경의 신성과 권위에 대한 막대한 능욕입니다. 이렇게 성경을 경멸이 여기는 인물들은 성경이 하나님의 말씀이요 신앙과 본분의 정확무오한 유일 법칙으로 믿는 우리 장로교회의 교역자로 용납할수 없습니다. 그런 인물들은 우리 교회신조 제일조에 위반하는 자이므로 우리 교회 교역자됨을 거절함이 가합니다."

6. 어빙돈 주석(Abingdon Bible Commentary) 사건

1934년 장로교회 총회는 황해노회로부터 헌의된 유영기(표) 목사 주재 어빙돈 성경주석 번역출판 문제를 크게 신학적으로 다루어 문제시하였다. 헌의의 배후에는 길선주(금) 목사의 의지가 크게 작용하였다. 33) 그는 당대의 대표적인 부흥사였으며 자유주의 신학의 침투로 한국 교회가 신학적으로 변질될 것을 크게 우려하였다. 어빙돈 주석은 단권 주석으로 세계적인 66인의 성경학자에 의하여 집필된 무게 있는 주석이었 다. 그러나 대부분의 주석자의 신학은 자유주의 신학으로 성경의 이적이나 초자연적 기사에 대하여 회의적인 견해를 피력한 부분들이 적지 아니 하였다. 이러한 어빙돈의 주석에 대하여 박형룡은 다음과 같은 신랄한 비판을 가하였다.

"동서는 성경을 파괴적 고등비평의 원리에 의하여 해석하였으며 계시의 역사를 종교 진화론의 선입견을 가지고 고찰하였다. 그러므로 성경 제권의 전통적 작자와 연대를 의문 혹은 부인하며 도처에서 후인의 가필(10쯤)을 지적하고 성경의 신관에 변천이 있다는 것, 성경의 계시는 이적적이 아니라 인생의 경험에 의하였다는 것을 역설하였다. 그리고 성경에 기재되어 있는 이적의 다수는 부인하거나 혹은 자연론의 원리로 해석하여 그 허황을 지적하였다. 그뿐 아니라 그리스도의 처녀탄생을 부인하고 그의 신성을 의문시하였으며 그의 지식은 제한되어 있어 구약 어떤 책들의 저자와 역사적 사실에 대하여 그릇된 교 훈을 하셨다는 것, 그의 메시아 의식은 가이샤라 빌립보에서의 베드로 의 신앙고백이 있을 때 발생하였다는 것, 십자가의 대속론은 바울의 신학임에 불과하고 십자가는 본래 중심에서 나오는 통회의 방법으로 그리하여 사죄를 얻게 하는 재료로만 여겼던 것(도덕적 강화의 속죄론) 이라는 것을 역설하였다."

총회는 길선주의 의견을 따라 장로교회에 속한 집필자에게는 성명서를 내서 사과케 하고 그 책이 재판될 때에는 필자들이 집필한 부분을 빼겠다는 약속을 하게하고 장로교회 교인들은 이 주석을 구매치 말도록 금령(부 슈)을 내렸다. 그러나 번역 집필자의 반응은 미온적이었다. 송창근, 한경직, 채필근, 김재준 등은 성명서에 대한 총회의 재촉을 받은 뒤에 신학지남에 다음과 같이 발표하였다.

"① 우리는 전체 편집에는 전혀 관여한 바 없습니다.

② 우리가 쓴 글의 내용에는 아무 문제 될 것이 없습니다.

③ 이 책의 출판이 교계에 파문을 일으키게 된 데 대하여 유감의 뜻을 표합니다."

이들 가운데 채필근은 잘못을 인정하는 것과 자유주의 사상을 취소하는 것은 동일시 할 수 없음을 주장하였다. 이러한 집필자들의 일련의 반응을 평가하여 볼 때 박형룡이 후술한 대로 "총회가 취한 조처들 은 자유주의 신학사상의 확장을 실질적으로 막지 못하였으나 다소 형식적 인 제재를 가한 셈이었다."

1934년과 1935년 총회가 다룬 3건의 신학적 사건의 역사적 교훈은 무엇인가? 박형룡이 지적한 대로 총회는 형식적 제재를 취하는 정도로 신학적 문제를 정치적으로만 다루는데 그치고 말았다. 왜 이러한 자유주의 신학의 침투와 범람 현상이 생겼느냐에 대해 원인규명에 따라 근본적으로 대처했어야 했다. 근원적으로 살필 때 자유주의 신학이 장로교회 안에 침투되는 요인은, 첫째로 캐나다 선교회의 신학적 변질에도 불구하고 함경남북도 지역을 자유주의 신학을 따르는 선교사들에게 맡겨서 지도하도록 총회가 방치하였기 때문이다.

1925년 캐나다 장로교회가 회중교회와 감리교회와 연합하여 새로운 연합교회를 형성하였을 때 이미 캐나다 연합교회의 신학은 한국장로교회의 신학과 다른 자유주의 신학 노선을 따른 사실을 확인하여 행정적 조처를 취하였어야 했다. 1926년 제15회 총회는 캐나다 장로교회 소속 선교사 영재영(Young), 롭아력(Robb) 등을 배제하고 연합교회에 속한 선교사들의 수가 절대다수라는 이유 때문에 그들의 신학사상과 상관없이 받아들였다. 그 결과로 캐나다 선교부의 주도권은 자유주의 신학을 따르는 선교사들의 손에 넘어갔다. 성경관에서 개방적이며 자유주의 신학을 따른 서고도(William Scott)가 선교회의 책임자가 되고, 외국에서 자유주의 신학을 배워서 귀국한 김관식(소합처), 조희염 두 분의 한국인 목사가 가하 였다. 이런 상황에서 장로교 총회가 가는 보수 노선과 캐나다 연합선교회의 지도 노선의 차이 때문에 신학적인 문제가 발생하지 않을 수 없었다.

조희염 목사의 성경관이 문제가 되었다. "성경전체를 하나님의 말씀으로 믿는 것은 곧 잘못이다. 성경에는 하나님의 말씀 아닌 것도 포함되어 있다."는 그의 주장은 드디어 강의 도중 강의가 중단되어 강의 장소가 소란해질 만큼 물의를 일으키기도 했다. 서고도 선교사는 보다 조직적으로 자유주의 신학을 함경도 지역 교역자에게 교육하기에 주력하였다. 김양선은 서고도의 함흥 교역자 상대의 세뇌작업을 이렇게 기술하였다.

"서고도 선교사는 동년(1926년) 가을 김관식, 조희재등의 응원을 얻어 함흥에 유급 교역자 회를 소집하고 보수주의 신학의 결함을 지적하며, 또한 저들의 소신을 성경관과 종교관을 해설함으로써 교역자들의 자유주의사상에의 전환 기도하였다. 동회의는 방청을 엄금하고 극비밀리에 약 1주간 계속되었다."

결과적으로 캐나다 연합 선교회의 영향은 함경도 지역을 중심으로 점차 전 한국교회에 파급되기에 이르렀다.

두 번째로 한국 장로교 총회는 해외 유학을 마치고 귀국한 신학도들에게 철저한 신학적 검증을 거친 후에 교단에 가입하도록 신학적 검증작업에 힘썼어야 할 것이다. 자유주의 신학의 한국교회 침투가 선교사들뿐 만 아니라 일본이나 미국, 독일 등 자유주의 신학을 배우고 귀국하여 목회나 신학 교수를 희망하는 목사후보생들의 신학적 검증을 노회 차원에서 철저하게 거친 다음에 사역의 기회를 제공했어야 한다. 예를 들면 발트 신학자인 김재준을 평양신학의 「신학지남」에 자유롭게 신학사상을 발표 하도록 주선한 「신학지남」 편집인 남궁혁같은 평양신학 교수의 중도 포용주의가 허용됐다는 것이 문제였다. 「신학지남」은 어엿이 총회가 직영하는 평양신학교의 학술지가 아니었던가?

7. 조선신학교의 출범

1938년 한국장로교 총회는 일본 제국주의 정권의 강요에 의하여 일본 신사참배를 가결하였다. 평양신학교는 신사참배를 반대하여 동년 9월 30일 무기휴학에 들어갔다. 교수들은 해외로 망명하고 선교사들은 본국으로 철수하였다. 「신학지남」도 폐간되었다. 한국교회 지도자들은 신사참배를 반대한다는 이유 때문에 체포되어 고문, 투옥되었다. 한국교회는 일 대 수난기에 접어들었다. 보수주의적인 목사들에게 일본 당국의 박해는 더욱 가중되었다.

강단에서 예수 재림에 관한 메시지를 제한했고, 찬송가에도 예수를 왕으로 부르는 찬송을 부르지 못하도록 제한하였다. 이러한 제약과 간섭에 반대하거나 신사참배를 반대하는 보수적인 목회자들은 목회를 계속할 수 가 없게 되었다. 제2차 세계대전이 시작되면서 박해는 가중되어 1940년 9월에는 300명 이상의 지도적 목회자들을 검속하였다. 이러한 결과로 생긴 보수적 지도자의 공백은 새로운 교회 지도자의 출현의 기회를 제공하는 계기가 되었다. 새로운 교계의 상황이 전개되었다. 김양선의 지적대로.

"보수신앙의 용사들은 투옥으로 말미암아 보수진영이 붕괴되매 저들의 손에 견지해오던 교권은 자연히 종래 일본에서 신학 혹은 고등교육을 받은 교역자들에로 옮겨가게 되었고, 따라서 자유주의 신학 운운 일황의 강압에 따르는 일종의 변질된 신학사상이 출현하게 되었다."

바로 그 새로운 "신학사상의 출현"은 조선신학교의 출현을 의미하였다. 이 조선신학교는 이처럼 평양신학교의 폐교이후 생겨진 "보수신학의 폐허 위에서 자유주의 신학의 기반을 다져갔고 오늘의 한국 자유주의 신학의 모체가 된 것이다." 신사 불참배 이유로 평양신학교가 문을 닫게 될 무렵 이때를 기다렸다는 듯이 채필근은 기독교보를 통해 신학의 대안으로 조선신학교 설립을 제창하였다. 이에 김영주, 차재명목사 등이 서울 승동교회 김대현 장로의 거액(25만원) 지원금을 얻어 조선신학교 설립 동의에 적극적으로 호응하게 되었다. 1939년 3월 27일 "조선신학교 설립기성회"가 조직되었다. 다음해 1940년 4월에 조선신학교는 승동교회 하층에서 개교되었다. 채필근 교수는 평양신학교 설립을 위해 평양으로 내려가게 되고 김재준 교수 중심으로 송창근, 윤인구 등의 참여로 일본유학 출신들의 주도 아래 조선신학교는 출범하였다. 제28회 총회는 조선신학교 설립 청원을 허락하고 이사진과 교직원도 인준하였다.

설립 당시 내세운 목적은 "복음적 신앙에 기초하여 기독교 신학을 연구하여 충량유위한 황국의 기독교 교역자를 양성함을 목적"으로 삼았다. 김재준은 조선신학교 설립에 즈음하여 이렇게 술회하였다. 조선신학교의 설립은,

"조선교회 50년 사상에 있어 처음 되는 기록적 사건이었다. 그것은 이날부터 참된 의미의 조선교회가 시작된 것이기 때문이다. 지금까지의 다른 기관은 모두 조선 사람들에게 내어준다고 할지라도 신학교만은 기어코 선교사들이 경영하려는 것이다. 그러나 상술한 바와 같이

선교사우월권, 선교사주권을 유지하려면 조선교역자의 질을 선교사 이상의 선에 정지시켜야 될 것이며 그렇게 하려면 신학교육을 완전히 선교사가 독점하는 방법을 취할 수밖에 다른 길이 없었던 까닭이다. 그러므로 서울에 조선사람으로서의 조선신학교가 설립되고 선교사가 일제히 귀국한다는 것은 비록 전쟁에 대한 불가피의 사태라 할지라도 벌써 선교사 집권시대는 지났다는 것을 의미한 것이 아닐 수 없는 것이었다."

김재준 교수로서는 그 동안의 한이 담긴 심언이었다.

그러나 조선신학교의 시작을 참된 의미의 조선교회의 시작으로 단정한 것은 지나친 억단이 아닐 수 없다. 선교사의 손이 미치지 못하여 조선 교회의 시작이란 말인가. 1940년 이전에 대한예수교장로교 총회는 조선 교회가 아니었단 말인가. 신사참배를 거절한 이유로 폐교한 평양신학교의 폐허 위에 신사참배를 수용하며 세운 조선신학교가 참 기독교적이며 참 조선적인 신학교란 말인가. "충량유위한 황국의 기독교 교역자를 양성함을 목적"하여 세운 신학교가 참 조선교회를 재건하기 위한 신학교인가. 김재준의 지금까지 보수주의 신학을 표방한 평양신학은 선교사들의 영향권 아래 있었다는 사실 때문에 '조선적'이 아니었다는 지적은 일리 아닌 서울에 있는 조선신학교의 교회정치 역학적으로 해석될이다. 오늘날에도 신학교의 분열이나 난립 이유 가운데 많은 부분이 고질적인 지방주의와 교권주의의 소산임을 부인하기 힘든 현실이다.가 있다 할지라도 신학이 성경에 기초한 '성경적'이냐 아니냐의 규준이 조선적이냐 아니냐의 문제보다 우선적이어야 할 것이다.

조선신학교의 설립 동기는 신학적 또는 탈선교사 등의 이유 이외에도 설명되어야한다. 서북 중심으로 오랫동안 총회 교권이 지배되어온데 대 한 반감으로 쌓여온 이남 교세의 응집기반으로 평양에 있는 평양신학교가 아닌 서울에 있는 조선신학교의 출현은 교회정치 역학적으로 해석될 부분이다. 오늘날에도 신학교의 분열이나 난립 이유 가운데 많은 부분이 민족적 고질인 지방주의와 교권주의의 소산임을 부인하기 힘든 현실이다.

개교에 즈음하여 김재준은 조선신학교의 교육이념을 다음 같이 발표했다.

1. 우리는 조선교회로 하여금 복음선포의 실력에 있어서 세계적일 뿐만 아니라 학적, 사상적으로도 세계적 수준에 도달하게 할 것.

2. 그리하기 위하여 우리 신학교는 경건하면서도 자유로운 연찬을 경하여 자율적으로 가장 복음적인 신앙에 도달하도록 지도할 것.

3. 교수는 학생의 사상을 억압하는 일보다 충분한 동정과 이해를 가지고 신학의 제학설을 소개하고 다시 그들의 자율적인 결론으로 칼빈신학의 정당성을 재확인함에 이르도록 할 것.

4. 성경연구에 있어서는 현실비판학을 소개하되 그것은 성경연구의 예비지식으로 이를 채택함이요 신학수립과는 개별의 것이어야 함.

5. 어디까지나 조선교회의 건설적 실제면을 고려에 넣는 신학이어야 하며 신앙과 덕에 활력을 주는 신학이어야 할 것. 신학을 위한 분쟁과 증오, 모략과 교권이용등은 조선교회의 파멸을 일으키는 악덕임으로 삼가 논쟁을 피할 것.

우리는 여기서 지금까지 지켜온 평양신학교 교육이념의 상당한 변신을 보게 된다. 성경연구에 비판학을 수용하며, 신학에 있어서 자율적 결론을 내릴 수 있는 학문의 자유를 권징 하는 신학헌장이기도 하다. 조선신학교는 신학적으로 학문적 자유를 표방하며 국가적으로 신사참배 강요에 저항 보다는 타협을 내세워 전쟁 중 어려운 여건 속에서도 김재준 교수의 주도 아래 자유주의 신학의 산실의 역할을 다하기에 힘썼다. 비록 조선신학교의 출발이 조선교회의 출발은 아닐지라도 한국교회 역사에 새로운 신학적 전환점을 이룩한 것만은 부인할 수 없는 사실이다.

Ⅱ. 감리교회의 신학

1. 감리교 신학교의 설립

감리교 선교회에서는 장로교에서 평양에 목사 양성을 위해 1901년에 평양신학교를 세우기 훨씬 앞서 1893년에 지방 전도사 양성과정(Course of Study for Korean Local Preachers)을 시작하고 교역자 양성을 착수하였다. 그리고 전도사 진급시험을 4등급으로 나누어 시행하였다.

그러나 정식 신학교는 1905년 6월에 모였던 감리교 선교연회의 결의에 따라 종합신학교(General Theological School) 라는 이름으로 출발하게 되었다. 초대교장으로 조원시(G.H. Jones)가 추대되고, 설립위원으로 4명을 임명했다. 1907년에 미국 감리교회보다 늦게 입국한 미국 남감리 교회(1895년) 선교부의 제의에 의하여 두 감리교회 선교부가 연합하여 연합신학교(Union Theological Seminary)를 세우기를 합의하고 협성신학교라 이름하였다.

협성신학교의 목적은,
"그리스도교의 교역자 양성을 위하여 성경과 신학의 과정을 준비할 뿐 아니요, 그 고상한 직분의 실행을 위하여 교육하며 신학교의 신의 교훈과 그가 이 세상에서 역사하신 것의 완전한 지식을 학생들에게 가르칠 과정을 준비하는 것이니 이 과정은 교역자 되기에 기초가 되며 또 교회 일로 역사할 때에 능력 있는 일꾼 될 방법을 가르쳐 주는 것이라."
밝혔다. 감리교신학교는 출발부터 평양신학교와 같이 보수적인 성경관에 입각한 신학 노선을 천명하기보다 "교역자 되기에 기초가 되는 지식과 교회 일로 역사할 때에 능력있는 일꾼될 방법"을 가르치는 것을 목적으로 하였기 때문에 신학적 논란이 없이 학교운영이 가능하였다. 그런 신학적 평정은 송길섭이 지적한 대로 "초창기부터 신학적 제한성이나 편식을 거부하고 신학적 개방성과 포용성을 그 특징으로 삼고" 있었기 때문이다. 이와 같은 신학적 개방주의는 1930년 감리교 총회의 결의에 의하여 더욱 감리교신학교의 특색이 되기도 했다. "우리 교회회원이 되어 우리 연합하고자 하는 사람들에게 아무 교리적 시험을 강요하지 않는다. 우리의 중요한 요구는 예수 그리스도게 충성함과 그를 따르려고 결심하는 것이다. 입회조건은 신학적보다 도덕적이요, 신령적이다. 개인신자의 충분한 신앙자유를 옳게 결정한다. 여기에서 감리교회의 포용 정책을 읽을 수 있다. 감리교회의 입회조건이 신학적이기 보다 도덕적인데 우선을 두었으며 충분한 신앙자유를 인정함으로 자유주의 신학의 활로를 열어주는 결과를 초래하였다."

2. '신학월보'와 '신학세계'

한국 최초의 신학지 란 명예를 지닌 「신학월보」는 장로교의 신학지인 「신학지남」보다 18년 전에 출간되었다. 신학부재의 한국교회 개척기에 신학월보의 출현은 분명히 한국 신학의 새로운 장을 열어 목회의 길잡이가 되었다는 점에서 "한국 신학사의 원년을 획하게" 되었다고 할 수 있을 것이다.

신학월보의 창간의 글에서 월보의 발간 목적을 이렇게 밝히고 있다. 신학월보는 우리 그리스도 신학을 론리하고 성경 도리와 교회사기와 대한 교회의 진보함과 교인이 신명을 역행함과 덕행 개정하는 각색 일을 기재할 것이라 했다. 감리교 출판사는 순 한글로 10년간 신학월보를 발간함으로 초창기 한국 신학 발전에 크게 기여하였다. 이 잡지를 통하여 1901년에 최병헌은 한국인으로서 최초의 신학논문 "죄의 도리"를 발표하였고, 1907년엔 "셩산유람긔"를 연재하였다. 「신학

세계」의 창간에 즈음하여 주간 양주삼은 다음 같이 말하고 있다.

"본보의 목적은 명의의 출현함과 가히 성경과 신학의 연구한 바를 게재하여 보통으로 조선교인의 신덕을 배양하려니와 특별히 교역자의 지식을 증진케 함."

「신학세계」는 「신학지남」과는 달리 자유로운 신학적 연구를 발표하는 기회를 보장하여 출발하였기 때문에 창간호부터 예수와 공자의 동질적 비교론 "耶蘇孔子 兩校竝論"이 실리고 양주삼 교수의 모세오경에 대한 양식 비판적 고등비평이 거침없이 실렸다. 양주삼은 "구신약전서론"이라는 논문을 7회에 걸쳐 1916년에서 1917년 사이에 연재하여 한국 최초의 성경고등비평을 시도하였다. 당시 신학계에 쌍벽을 이룬 두 신학지 「신학지남」과 「신학세계」는 이처럼 처음부터 그 신학적 영향을 달리하며 한국교회 신학권에 영향을 미치게 되었다. 이종성은 두 신학지의 차이를 이렇게 비교 논평한 바 있다.

"첫째, 「신학세계」의 논문은 한국인 신학자들의 글이 주축을 이루고 있으나 「신학지남」의 글은 선교사 위주로 실렸다.

둘째, 「신학세계」에 실린 논문은 자유적이고 새로운 신학 이해를 시도하고 있으나 「신학지남」은 과거의 신학사상과 성경의 교리를 풀이하는데 치중하고 있다.

셋째, 「신학세계」의 글은 시대적 풍조에 따라 새로운 해석을 시도하고 있으나 「신학지남」의 글은 변증적 글이 대종을 이루고 있다.

넷째, 「신학세계」는 토착화 작업에 관대한 입장을 취하고 있으나 「신학지남」은 서구신학의 소개에 그치고 있다."

3. 정경옥의 자유주의 신학

감리교의 교리적 포용정책은 감리교신학교의 신학적 좌경을 초래하게 되고 이러한 자유로운 신학 분위기에서 종교적 포용주의는 감신의 특색으로 변하여 갔다.

이런 신학적 상황에서 1930년대에 가장 신학적 영향을 끼친 감신 교수는 정경옥이었다. 그의 신학적 성격을 한숭은 "전위적이었고 종교신학적이었다."고 평가하며 그러한 평가의 근거를 두 가지로 제시하고 있다. "그는 첫째 보수주의적 신앙과 자유주의적 신학의 변증법적합(Synthese)을 그의 신학구조로 설계했고, 둘째 기독교의 타종 배타주의를 지양하고 기독교를 포함한 모든 종교의 동일가를 수용하는 종교 상대주의를 그의 신학사상의 중심으로 설정했다." 한숭홍의 이러한 정경옥 론은 정경옥 자신의 신학적 자화상과 아주 가까운 표현임엔 틀림없다. 정경옥은 자신의 신학적 입장을 이렇게 밝힌 바 있다. "나는 신앙에 있어서 보수주의요, 신학에 있어서 자유주의란 입장을 취한 신학을 구태여 자연신학과 계시신학의 두 가지로 구분하고 나더러 그 중에서 꼭 한 가지만 내 것으로 택하라고 하는 군색한 질문을 한다면, 나는 슐라이허 막허이나 룻셀(리출)이나 발트가 주저할 것 없이 취하였으리라고 생각되는 바 오복음주의적 입장에 있어서의 계시신학을 택할 것이다. 그러나 나는 그 계시가 인간의 경험과는 실체 상으로 구분된다고는 생각할 수 없다. 나 자신은 신학상으로 보아서 룻셀을 많이 배웠다. 따라서 칸트를 좋아한다."

이처럼 슐라이허 막허, 리출, 발트 이 세 신학자들이 갖고 있는 신학사상이 근본적으로 상이함에도 불구하고 정경옥은 그들의 신학을 다 수용하는 포용성을 과시하였다. 이러한 정경옥의 포용성은 오늘날까지 감신의 신학적 방향의 특색이기도 하다.

정경옥은 1935년에 출간된 기독교 원리를 통하여 여덟 가지로 된 '기독교조선 감리회교리와 장정'에 대한 신학적 해석을 펼쳤다. 그의 해석을 요약해서 다음 같은 도표를 제시했다.

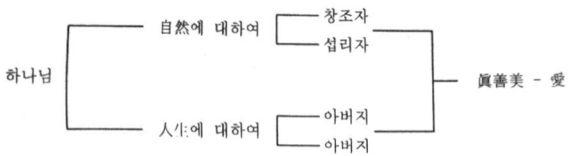

정경옥은 이러한 교리적 표현이 가장 간명한 체제로 기독교의 강요를 표술 천명한 것으로 보고 어느 교파를 따르든 기독신자의 신앙의 강령과 지침이 된다고 덧붙였다. 이 신조는 "감리교의 교파적 특색을 드러내라는 것이 아니요 다른 이단이나 사교를 공하려는 소극적 정신에서 만든 것이 아니라 어떤 교파에 속하여 있든지를 물론하고 그리스도인된 사람은 누구나 다 믿어야 할 기독교의 강요를 가장 간명한 체제로 표술한 것임을 잊지 아니하여야 할 것이며, 따라서 하나님께 관한 신조도 우리가 기독교인으로서 누구나 믿어야 할 바 가장 중요한 점만 적발하여서 우리 신앙의 망령과 지침을 삼으려고 한 것임을 기억할 것이다."고 설명하였다. 그리고 제7조에 "우리는 하나님의 뜻이 실현된 인류사회가 천국임을 믿으며"라고 한 것은 내세 천국을 완전히 부인하는 사회복음주의적 입장이 아니라는 사실을 밝히기도 했다. 여기에서 "하나님의 나라란 말은 하나님께서 통치하심을 지시한 것이요 하나님의 나라 즉 하나님께서 다스리시는 통치의 대상은 곧 인류사회라는 뜻이다. 인류사회라고 하였다 하여서 천국은 현실에만 국한한 현세론이라고 공격하는 사람도 있다. 그러나 인류사회 특히 하나님께서 통치하시는 인류사회는 현세에만 국한된 말이 아닌 것이 명백하다" 이처럼 정경옥의 신학은 내세를 부인하는 극단적인 자유주의 신학은 아니었다 할지라도 그의 포용주의적 신학은 동시대의 장로교 신학자였던 박형룡의 '기독교 현대신학 선평'에서 볼 수 있는 비타협적인 정통신학의 입장과는 대조적이 아닐 수 없다.

二十一世紀를 맞이하는
福音主義神學의 使命

차 영 배 박사
전 총신대학교 총장
전 성경신학대학원 총장

　世紀末的 現象的이던 三十世紀末 時限附終末論의 떠들석하던 괴이한 현상이 일어난지 불과 3, 4년이 지난 오늘날의 교회들은 상당히 차분한 분위기로 돌아선 것 같다. 이제는 2001년을 맞이하는 우리의 희망은 적어도 300년 이상의 미래상을 꿈꾸는 여유를 보이고 있다. 그 이유는 '아시아의 때'를 누리고자 하는 아시아복음화의 큰 기대를 품고 있기 때문이리라. 더욱이, 성령께서 중국인들 사이에 큰 역사를 일으키고 계시는 일로 인하여 한국교회가 크게 고무되 었기 때문인 것으로 풀이될 수도 있다.

　중국교인들은 어딘가 모였다 하면, 보통 천명이 넘는다. 이상한 일이다! 5,6년전만 해도 中國에는 약 5,000만명 정도의 使徒들이 있을 것으로 추정하더니, 이젠 1억은 넘을 것으로 본다. 놀라지 않을 수 없다. 동시에 이십일세기를 맞이하는 한국교회에게는 막중한 사명 곧 아시아 복음화의 사명이 지워져 있다. 복음화는 카톨릭의 司祭主義에 맞서는 복음주의 노선을 재확립하면서 이루어져야 한다.

　한편, 일부 知性人들은 한국교회자체의 保守와 改革에 힘써야 한다는 목소리가 높다. 성경에서 벗어나는 일이 많고, 어두움의 유혹이 끊임없이 일고 있기 때문이다. 이것은 "ecclesia semper reformanda est" 곧 "교회는 항상 개혁되어져야 한다"는 종교개혁정신이 살아 있기 때문일 것이다.

Ⅰ. 아시아 福音化의 使命

1-1. 사도행전 16:6-10

성령이 아시아에서 말씀을 전하지 못하게 하시거늘, 부르기아와 갈라디아 땅으로 다녀가, 무시아 앞에 이르러, 비두니아로 가고자 애쓰되, 예수의 영이 허락지 아니하시는지라.… 밤에 환상이 바울에게 보이니, … 이는 하나님이 마게도니아사람들에게 복음을 전하라고 우리를 부르신 줄로 인정함일러라." 이같은 성령의 뜻에 따라서 복음이 서구에 전파되어 약 천년이상 머물다가 미국으로 전파되어 전성기를 맞이하였고, 동양으로 건너온지 120년~200년, 앞으로 300년, 혹은 500년이상 더 머물지 그 누구도 예측할 수 없다.

1-2. 한국, 일본, 중국 및 동남아시아의 '때'

21세기는 아세아의 '때'이다. 일본은 청소년들에게 희망이 있다. 대부분의 일본청소년은 기독교를 선호한다는 통계가 나온 것을 읽은 기억이 있다. 일본청소년 및 청장년들은 지금 정신적으로 심각한 공허상태에 놓여 있다. 올바른 종교를 찾지못하고 있기 때문이다. 물질적 부요함이 오히려 심령에 허망함을 더욱 부채질하여 타락과 향락으로 혹은 회의에 빠져, 어디로 가야하는지 조차도 모르는 위기상황에 놓여 있다. 일본인들 스스로 이같은 진단을 하는 소리를 가끔 듣곤 한다. 따라서 일본 복음화에 더욱 힘써야할 것이다.

韓國은 福音主義 路線(新敎)을 各確하고, 總動員傳道主日을 해마다 시행하고, 한번 교회당을 밟은 분들을 지속적으로 인도하면, 앞으로 100여년 안에 70~80%의 한국인이 기독교인될 가능성이 크다. 교단이 클수록 신학을 공부하여 목사가 되고자 하는 젊은이들이 많다는 것은 장래에 한국교회가 꾸준히 성장하리라는 확실한 증거라고 볼 수 있다.

중국은 現在 중국땅에 부는 성령의 바람을 아무도 막을 수 없을 것이다. 중국인들의 복음에의 정열은 모든 핍박을 이기고도 남을 것으로 보인다. 앞으로 100년 안에 수억, 200년 안에 적어도 10억 이상의 중국인이 복음화될 지 아무도 예측할 수 없을 것이다.

돌이켜 보면, 복음화된 구라파가 사양길에 들어섰고, 미국에서는 활발하게 꽃피고 있으나, 복음의 순수성을 서서히 잃어가고 있는 것 같다. 그러나 아세아에서는 사정이 다르다. 극동 아시아에 복음이 전파된지 불과 100여년 혹은 200여년(구교) 되었으므로, 앞으로 300년 혹은 500년 이상 머물면서 아시아 천지가 기독교화되는 소위 아시아의 때가 오지 않겠는가!

II. 福音主義路線 再確立의 指名

2-1. 천만성도의 복음주의적(직접적) 기도

복음주의는 "그러므로 우리가 긍휼하심은 받고, 때를 따라 돕는 은혜를 얻기 위하여 은혜의 보좌 앞에 담대히 나아갈 것이니라"(히4:6)라는 말씀에 근거하고 있다. 司祭들만이 아니라, 평신도들도 성소는 물론, 지성소, 땅의 지성소가 아니라, 하늘의 지성소를 향하여 담대히 나아가 직접 기도할 수 있다는 것, 이것이 곧 복음주의의 핵심사상이다. 이러한 복음주의는 로마카톨릭의 사제주의와는 판이하게 다르다.

신교 복음주의의 특징은 평신도라도 직접 기도할 뿐만 아니라, 사제들을 통하지 않고, 성령을 직접 받을 수 있다는 데 있다. 믿는 자는 오순절 성령을 받을 수 있고, 성령을 받으면, 누구든지 제사장이 될 수 있고, 만인제사장, 민인왕이 될 수 있다. "오직 너희는 택하신 족속이요, 왕 같은 제사장들이요. 거룩한 나라요.…(벧전2:9); "너희는 거룩하신 자에게서 기름부음을 받고…, "너희는 주께 받은 바 기름부음이 너희 안에 거하나니…"(요일 2:20, 27) 등의 말씀이 이를 뒷받침한다. 이러한 복음주의노선을 걷는 신교의 성도들이 누리는 축복은 카톨릭의 사제에 의존하는 카톨릭 교인들과는 결코 비교될 수 없다.

2-2. 오순절 성령의 지속적 강림

성도들이 직접 기도함으로 성령을 받을 수 있다.

성경의 근거 : 행2:16-21, 이는 곧 선지자 요엘로 말씀하신 것이니, … 말세에 내가 내 영으로 모든 육체에게… 그 때에 내가 내 영으로 내 남종과 여종들에게 부어주리니, …주의 크고 영화로운 날이 이르기 전에 해가 변하여 어두워지고…" 2:38-39, 베드로가 가로되, 너희가 회개하여 각각 예수 그리스도의 이름으로 세례를 받고 죄사함을 받으라. 그리하면 성령을 선물로 받으리니, 이 약속은 너희와 너희 자녀와 모든 먼데 사람, 얼마든지 부르시는 자들에게 하신 것이라." 여기서 주목할 것은 ① '말세(복수)에' ② '모든 육체에'(모든 종족에게), '남종과 여종들에게' 곧 신분여하를 불문하고, ③ 모든 먼데 사람 얼마든지 부르시는 자들에게 곧 극동에 있는 우리들에게도, ④ 주의 크고 영화로운 날 곧 주님의 재림직전 곧 세상 끝날까지 오순절 성령과 同質同等한 성령이 오시리라는 약속의 말씀이다.

敎義神學的 근거 : 아버지의 약속(행1:4), 성령으로의 세례(행1:5, 권능으로 복음을 땅끝까지. 이르러 전파해야할 사명(햄1:8):

아버지의 약속 : 아브라함이 그에게 아들을 주시리라는 약속을 믿은 그 믿음으로 의롭다 하심을 얻은 그 은혜로운 약속에 근거하여(출2:24-25) 이스라엘 민족을 애굽에서 유월절 양의 피로써 속죄하시고, 구원하여 홍해를 건느게 하시고, 출에급한지 50일만에 시내산에

서 십계명을 돌비에 색여 주셨고, 마침내 예레미야 선지를 통해서 주신 새언약 곧 계명이 심비에 색여질 것을 약속하셨다: "나 여호와가 말하노라, 그 날 후에 내가 나의 법을 그들의 속에 두며, 그 마음에 기록하여 나는 그들의 하나님이 되고, 그들은 내 백성이 될 것이라"(렘 31:33, 히8:10). 영원하신 성령으로 말미암아 흠없는 자기를 하나님께 드린 그리스도의 피로 써 속죄를 완성하신 날부터 50일째되는 오순절에 성령이 임하여 초대교회의 성도들의 마음에 부어져, 그 심령들 위에 사랑의 계명이 불로써 색여졌다. 마음을 다하여 하나님을 사랑하고, 이웃을 내 몸같이 사랑하면, 율법이 이루어진다. 이것이 곧 성령으로 세례를 받는 목적이다.

성령으로의 세례 : 주 예수께서 승천하시기 직전에 주신 말씀이 성령으로 세례를 받으리라는 약속이다: "요한은 물로 세례를 받았으나, 너희는 몇날이 못되어 성령으로 세례를 받으리라"(행1:5). 이 성령세례는 신약에 일곱 번 언급되었다: 마3:11, 막1:8, 눅3:16, 요1:33, 행 1:5. 11:16, 고전12:13. 여기서 우리는 성령세례의 주체와 조건, 증거와 목적 등을 상고해 볼 수 있다.

성령세례의 주체 : 물세례의 施洗者는 세례요한과 같은 사람들이지만, 성령세례의 주체 곧 施洗者는 오직 주 예수 그리스도이시다: 마3:11, 막1:8, 눅3:16, 요1:33. 특히 요1:33에는 "성령이 내려서 누구 위에든지 머무는 것을 보거든, 그가 곧 성령으로 세례를 주는 이인 줄 알라"하신다. 여기서 성령으로 '세례를 주는 이'는 '호 바프티존' 곧 현재분사로서 '계속하여 세례를 주시는 분'이라는 뜻이다. 오직 하늘에 계시는 주 예수 그리스도께서 승천하신 후 재림하실 때까지 계속하여 믿는 사람들에게 성령으로 세례를 베푸신다.

성령세례의 조건 : ① 예수 그리스도의 이름으로 세례를 받고, ② 회개하여, ③ 죄사함을 받으라, 그리하면 성령을 선물로 받으리라(행2:38). ④ 구하라, 그러면 주실 것이요. … 하물며 너희 천부께서 구

하는 자에게 성령을 주시지 않겠느냐?(눅11:9-13), ⑤ 너희 몸을 하나님이 기뻐하시는 거룩한 산 제사로 드리라 … 너희는 이 세대를 본받지 말고, 오직 마음을 새롭게 함으로 변화를 받아 …(롬12:1), ⑥ 순종하는 사람들에게 주신 성령도 그러하니라(행5:32) 등등.

그러나 세례, 회개, 죄사함, 기도 등은 오직 믿음으로 되는 은덕들이고, 몸으로 드리는 헌신은 성령받는 조건이 아니다. 또 순종하는 자에게 주신 성령이라 하는 것도 성령 주시는 일이 먼저 일어나고, 그 다음에 순종한다는 뜻이므로, 조건이 아니다. 우리는 여기서 사도바울의 단호한 말씀에 귀를 귀울어야 한다: "어리석도다! 갈라디아 사람들아! 예수 그리스도께서 십자가에 못박히신 것이 너희 눈앞에 밝히 보이거늘, 누가 너희를 꾀더냐? … 너희가 성령을 받은 것은 율법의 행의로냐, 듣고 믿음으로냐? 너희가 이같이 어리석으냐?(갈3:1-3)

성령세례의 증거 : 성령세례를 받으면서 나타나는 증거는 여러 가지다.

첫째, 불같은 성령의 임재. "그는 성령과 불로 너희에게 세례를 주실 것이요"(마3:11, 눅 3:16). "옛적부터 항상 계신이가 좌정하셨는데, 그 옷은 희기가 눈같고, 그 머리털은 깨끗한 양의 털같고, 그 보좌는 불꽃이요, 그 바퀴는 붙는 불이며, 불이 강처럼 흘러 그 앞에서 나오며, …"(단7:9-10). 주 예수께서 승천하시기 전에 약속하신 말씀 곧 "너희는 몇날이 못되어 성령으로 세례를 받으리라"(행1:5) 하신 그대로 오순절에 성령이 강림하실 때에 "불이 혀 같이 갈라지는 것이 저희에게 보여 각 사람 위에 임하여 있더니"(행2:3),

둘째, 성령의 충만함. "저희가 다 성령의 충만함을 받더니"(행2:4). 이로써 성령의 첫충만 함이 곧 성령으로 세계를 받는 일과 같음을 알 수 있고, 120명의 초대교회가 모두 다 성령의 충만함을 받았다(행1:15, 2:4).

셋째, 방언과 예언. "성령이 말하게 하심을 따라 다른 방언으로 말하기 시작하니라"(행 2:4). 알아들을 수 있는 방언은 예언의 기능이 함께 따른다. 여기에는 모두 다 방언했다는 말씀은 없으나, 대부분 방언을 했을 것이다. 고넬료가정과 에베소의 열 두 사람쯤되는 제자들에게 성령이 임하였을 때에는 방언과 예언 또는 하나님 높임이 있었으나(행10:46, 19:6), 사마리아교회에는 방언 또는 예언이 있었다는 기록이 없다(행8:17).

넷째, 권능. "오직 성령이 너희에게 임하시면, 너희가 권능을 받고, 예루살렘과 온 유대와 사마리아와 땅끝까지 이르러 내 증인이 되리라"(행1:8). 이것은 초대성도들이 하늘로 가더라도 오늘날의 교회에 이르기까지, 또 앞으로도 오순절에서와 같은 동등동질의 성령이 계속 임하여 복음이 땅끝까지 전파되도록 하시겠다는 약속의 말씀이다. 여기서 주의할 것은 오순절 성령과 동등동질의 성령이 임한다고 해서 우리는 결코 사도일 수는 없다는 것을 깊이 명심해야 한다. 초대교회도 다 사도가 아니었다. 사도는는 교회의 초석이었으므로, 결코 되풀이되지 않는다.

다섯째, 애통과 통곡. "내가 다윗의 집과 예루살렘 거민에게 은총과 간구하는 심령을 부어주리니, 그들이 그 찌른 바 그를 바라보고, 그를 위하여 애통하기를 독자를 위하여 애통하듯 하며, 그를 위하여 통곡하기를 장자를 위하여 통곡하듯 하리라"(수12:10).

여섯째, 아빠, 아버지라 크게 부르짖음. "너희는 다시 무서워하는 종의 영을 받지 아니 하였고, 양자의 영을 받았으므로 아바, 아버지라 부르짖느니라"(롬8:15). 오순절 성령을 받으면, 두려워하거나, 무서워하지 아니하고, 담대하게 부르짖는다. 여기서 부르짖는다 함은 원어로 '크라조멘'이므로, 크게 부르짖는다는 뜻이다(영어의 cry에 해당).

일곱째, 성령의 마심과 숨. "저희를 향하사 숨을 내쉬며 가라사대,

성령을 받으라"(요 20:22). "내가 주는 물을 마시는 자는 영원히 목마르지 아니하리니, 나의 주는 물은 그 속에 영생하도록 솟아나는 샘물이 되리라"(요4:14). "예수께서 서서 외쳐 가라사대, 누구든지 목마르거든 내게로 와서 마시라. 나를 믿는 자는 성경에 이름과 같이 그 배에서 생수의 강이 홀 러나리라 하시니, 이는 그를 믿는 자가 받을 성령을 가리켜 말씀하신 것이라"(요7:37-39).

오순절 성령을 받으면, 그 배에서 생수의 강물이 흐르듯 성령이 넘쳐 흐른다.

이와 같이 성령세례 또는 성령을 받은 증거는 여러 가지이나, 그 조건은 단지 주 예수 그리스도의 무한한 공로를 믿는 믿음 뿐이다. "one condition, many evidences!"(하나의 조건, 많은 증거들). 오순절 계통에서 "many conditions, one evidence! 곧 많은 조건들, 하나의 증거(방언)라고 하나, 이것은 오순절신학이 약하다는 증거라 할 수 있다. 계자씨 한 알 만한 믿음으로 그리스도의 무한한 구속의 은혜를 믿는 그 첫믿음 곧 첫째 은혜가 무한한 은혜 곧 법정적 은혜(gratia forensis)가 넘어온다. 이에 반하여 둘째 은혜 곧 오순절 성령의 은혜는 문자 그대로 second bressing(둘째 축복)이다.

여기서 또 조심할 것은 그리스도의 무한한 구속의 은혜를 힘입어 성령을 주시옵소서 라고 기도하는 자녀들에게 어찌 성령을 주시지 않겠느냐 라는 것이다(눅11:9-13). 지금도 오순절 성령과 동질 동등한 성령을 받을 수 있음을 부인하는 자는 그리스도의 무한한 구속의 은혜를 모르는 사람 곧 첫째 은혜도 재대로 모르는 사이비 정통신학이라 아니할 수 없다. 아무리 정통운운해도 참된 의미의 성경적 정통은 아니다.

성령의 은사는 모두 구원의 서정 곧 성령의 은덕들이므로, 모든 신자들에게 주어지는 은혜의 선물이다. 구원이 서정에 관한 적절한 성경은 롬8:29-30(다섯 황금고리)이다: "하나님이 미리 아신자들로 또한 그 아들의 형상을 본받게 하기 위하여 미리 정하셨으니, 이는 그로 많은 형제 중에서 맏아들이 되게 하려 하심이니라. 또 미리 정하신 그들을 또한 부르시고, 부르신 그들을 또한 의롭다 하시고, 의롭다 하신 그들을 또한 영화롭게 하셨느니라"(롬8:29-30). 예지(엡1:5)-예정-소명-칭의-영화

2-3. 총동원주일의 활성화

마22:9-10, "사거리 길에 나아가 사람을 만나는 대로 혼인잔치에 청하여 오너라! 종들이 길에 나아가 악한자나 선한자나 만나는대로 모두 데려오니…" 청함을 받은 자는 부르심을 받은 자(소명)이다. 소명을 받는 일에 참여하는 신자들은 물론 부르심을 받고도 남는다. 신자들은 기본적으로 소명과 칭의 또는 의인을 받았으므로, 예정을 입었음에 틀림 없고, 또한 영화롭게 될 것임에 의심할 여지가 없다. 이미 오순절 성령 곧 영광의 성령으로 영화롭게 된자는 더욱 큰 확신으로 신앙생활을 할 수 있을 것이다.

III. 한국장로교 전통의 보수와 개혁의 사명

3-1. 좋은 전통의 보수: 성령의 권능과 충만

한국 장로회 사기, '진흥'이라는 항목(179-181쪽)에는 다음과 같은 기록이 나온다: 1903년 겨울에 쉐던(Sweden)목사 프란스가 남감리회 선교사 하리영(Hardy)가에 來하여, 일주간을 기도한 후, 원산에 장감양교파와 침례회까지 연합하여 창전예배당에서 일주간 매야 집회하여 기도하던 중, 하리영(Hardy)이 은혜를 특별히 받았고, 익년

(1904년) 春三月에 위 三派교회가 聯合査經中 長老會 宣敎師 업아력 (Robb)이 특별한 은혜를 받아 다일간 금식 통회하며, 가로상에서도 간구하기를 부절하므로, 신자들은 비소하고, 불신자들은 술취한 자라 하였더라. 이년후(1906년) 여름 제직사경회 중에 특별한 부흥이 일어나서 혹자는 40일간 시간을 정하여 기도하던 중 이상을 보기도 했으며, 업아력선교사 사제에서 삼사인이 기도하던 중 통회하는 곡성이 상가와 같았고, 당석에 참방하였던 가나다 선교회 총무 마가이와 중국 양자강 연안에서 전도하던 선교사 고요한은 방언(한국어)을 알지 못했으나, 特恩에 감동되었고, 또 평양에 이르러 장대현교회가 크게 부흥됨을 목도하고, 자기 나라(중국)에 돌아가 유명한 부흥회인도자가 되었다. 원산제직사경회는 부흥회로 변하게 되어, 엄아력(Robb)이 인도하던 중, 회개애통하는 자도 많고, 기이한 능력을 받은 자도 많았으며, 이것이 도화선이 되어, 그 후 전국교회가 점차 부흥함으로 교회 발전의 일대전기를 만드렸느니라.

1907년 1월에 평양장대현교회가 부흥하니라. 위에서 말한바 원산 거주 남감리회 선교사 하리영(Hardy)이 평양에 와서 장감양파 선교사를 회집하여 부흥회를 개최했는데, 성령의 감동을 받아 각기 죄를 자복하는 중, 이길함(Greham Lee) 선교사가 특은을 받고, 평양교회 제직을 회집하여 일구일간 매야에 요한일서를 가르치던 중, 제직들이 은혜를 받기를 시작했으며, 그 해 10월에 미국인 목사 하월드, 매그늑, 쟌스턴이 동교회에 와서 영국 웰스지방과 인도의 어느 교회에서 성령의 은사받은 일을 설명하고, 청중을 향하여 성령 받기를 원하는 자는 기립하라 함에 길선우가 즉시 기립하니, 미국인 하월드박사가 예언하기를 "이곳에도 성령이 장차 감림하리라"하더니, 그 해 1월 평남 도사경회에 각 학교에서도 성령받기를 위하여 기도하더니, 김찬성이 인도하던 숭덕학교에서 삼백여 명 학생일동이 죄를 회개하고 통곡하였고, 선교사 이길함이 매야 예배인도하던 중, 홀연히 급한 바람이 임하는 것 같더니, 만당 청중이 성령의 감동을 받아 각기 죄를 자복하며, 통곡하니라. 이렇게 하기를 10여일에 각 교회가 크게 부흥되었으며, 길선우의 인도로 일개월을 더 계속하던 중, 수 천명 교인이 다 중생의 성령세례를 받았느니라. 이것이 각지에 전파됨에 중국인 신학사 호만성, 장사정 등이 와서 일주간 유하였는데, 언어가 불통하고 통역도 없었으나, 예배하는 의표만 보고, 성령의 은사를 받았으며, 그 나라(중국)로 돌아가 자기의 교회를 부흥케하였느니라. 동년 봄에 중국 목사 유전악 등 이인이 평양에 와서 당지교회직원들과 모란봉에서 기도할 새, 자기 교회를 위하여 간절히 애통하며 기도하였더라. 동년(1907년) 봄에 경성(서울) 각교회가 부흥하니라. 평양교회 길선우 장로가 경성에 와서 경기도사경회에 성경도리를 가르쳤을 때, 성령의 감동을 받아 각기 죄를 자복하고, 애통하며, 중생의 세례를 받았고, 열심히 전도하여 도내 각교회가 크게 부흥하니라(181쪽).

3-2. 啓示의 歷史性

여기서 우리는 계시의 역사성 곧 계시의 역사적 진전성을 잠간 고려해 보아야 할 것 같다. 그 이유는 중생과 성령세례와의 관계가 어떠하냐에 관한 문제를 푸는 것이 유익할 것 같아서이다. 흔히들 중생과 성령세례는 같다는 것이다. 옳은 말이다. 그러나 중생의 역사성을 고려에 넣을 때 자명해지는 진리이므로 주의를 요한다. 기독교 강요에 나오는 칼빈의 중생 소위 사활중생은 성령세례와 같다.

중생의 역사성이란 첫 중생이 있고, 사활중생을 거쳐, 마지막 부활 때 이루어지는 부활중생으로 그 절정에 이른다. 첫 중생은 주 예수를 영접하고 나의 구속주로 믿기 직전에 일어난다(요1:12-13, 3:1-14). 사활중생은 오순절성령과 동질동등한 성령을 받아 "아바 아버지여!"라고 부르짖을 때, 성령이 친히 우리 영과 더불어 증거하시면서 우리 영이 크게 부르짖 을 때 일어난다. 이 때에 옛사람이 죽고, 새 사람으로 다시 살아난다(8:15-16, 4:23-24, 골3:1-10, 디3:5-7). 이것이 곧 성령세례이므로 사활중생과 서로 일치한다. 여기까지는 영적 중생이다.

마지막 부활중생은 몸이 부활할 때 일어나는 것으로서 성경은 이를 중생이라 한다: "예수께서 가라사대, 내가 진실로 너희에게 이르노니, '세상이 새롭게 되어' 인자가 자기 영광의 보좌에 앉을 때에 나를 좇는 너희도 열두 보좌에 앉아 이스라엘 열두 지파를 심판하리라." 여기서 '세상이 새롭게 되어'는 오역이다. 원문에는 '앤 테 파링게네시아' 곧 '중생에 있어'이다. 공간개념 '있어'는 시간개념 '時에'라고 할 수 있으므로, 결국 '중생時에'가 된다. 이것은 마지막 부활이 중생임을 보인다. 부활이야말로 참으로 중생이 아니고 무엇이겠는가!

기독교의 모든 교리는 이같은 역사성을 지니고 있다. 이것을 모르고 신학을 가르치는 자는 소경이라 아니할 수 없다.

3-3. 'Sola Scriptura'

"오직 성경만으로" 신학을 세우고, 목회하며, 설교하고, 정치하며, 권징한다는 종교개혁정신! "성령은 오직 성경을 검으로 사용하신다(엡6:17). "하나님의 말씀은 살았고, 운동력이 있어, 좌우에 날선 어떤 검보다도 예리하여 혼과 영과 및 관절과 골수를 찔러 쪼개기까지 하며, 또 마음의 생각과 뜻을 감찰하나니, 지으신 것이 하나라도 그 앞에 나타나지 않음이 없고, 오직 만물이 우리를 상관하시는 자의 눈(성령) 앞에 벌거벗은 것같이 드러나느니라(히4:12-13)."

3-4. 교회는 항상 개혁되어져야 한다!
(ecclesia semper reformanda est).

교회 역사상 교회는 성경으로부터 멀어지는 경향이 있었으므로, 항상 말씀과 성령으로 새롭게 개혁되어져야 한다.

3-5. 宗敎改革 신앙노선

"有限은 無限을 把握할 수 없다"(finitum non capax infniti est).
이것은 하늘에 오듯한 중세의 신비주의(예컨대, Suso 같은 신비주의자)에 대한 종교개혁의 절제된 신앙노선이다. "믿음으로 말미암는 의는 이같이 말하되, 네 마음에 누가 하늘에 올라가겠느냐 하지 말라! 올라가겠느냐 함은 그리스도를 모셔 내리려는 것이요"(롬10:6).
유한한 인간은 무한한 그리스도를 파악할 수 없다. 오직 주 예수께서 우리에게 지혜와 의로움과 거룩함과 구속함(몸의 구속: 부활, 롬8:23)이 되셨으니, 기록된바 자랑 하는 자는 주 안에서 자랑하라 함과 같게 하려함이니라(고전1:30-31).

절망(絶望)을 넘어서
희망(希望)을 노래하자

최 희 범 박사
서울신학대학교 교수 및 총장 역임
CTS 기독교 TV 이사

A. 들어가는 말(絶望과 希望)

　절망(絶望)의 어원적 의미는 '희망이 없음·모든 기대를 저버리고 체념함'이다. 영어의 표현으로는 despair, hopelessness 등으로 인간이 극한 상황에 직면하여 자기의 유한성과 허무성을 깨달았을 때의 정신 상태로 혼돈·방황·어두움·고독을 특징으로 한다. 철학자 S. Kierkegaard(1813-1855)는 절망적 상태 즉 불안과 고독을 사람을 죽음에 이르게 하는 병(病)이라고 하였다. 그리고 이러한 현상의 요인은 영적인 침체, 경제적 위기, 사회적 혼란 등이라고 지적하였다.
　반면에 희망(希望)이란 '앞일에 대하여 기대를 가지고 바람·좋은 결과를 기대하는 마음·밝은 전망' 등이며 영어로는 〈소망〉 hope·wish·desire, 〈포부〉 aspiration·ambition, 〈기대〉 prospect·anticipation 등으로 앞으로 잘될 수 있는 가능성에 대한 기대를 말하고 있다.
　때로는 정체 모를 불안과 공포에 흔들리는 인간들의 모습이나 현실적 상황에서 고통 당하며 절망하는 사회적 현상은 한 개인이거나 집단이거나 치유되고 벗어나야 할 과제이다. 그래서 우리는 희망을 던져주고 절망을 넘어서야 할 당위를 느끼며 교회가 감당할 몫을 찾아야 할 것이다.

B. 한국교회 무엇에 절망하는가?

1. 사회현상과 교회

교회는 세상 속에 있으며 사회로부터 누리는 혜택만큼 세상을 섬겨야 하는 책임이 있는 것이다. 많은 사람들이 말하는 것처럼 우리를 불안하게 하고 우울하게도 하며 때로는 절망하게 하는 일들이 있다. 지구상의 유일한 분단국가로 남북의 대립과 갈등의 심화 · 대한민국내의 지역간 · 계층간 · 세대간 갈등과 경제적 위기와 양극화 현상, 거기에 더하여 극도의 개인 이기주의와 도덕 불감증에 수반되는 가치관의 상실 등은 위기라고 할 만하다. 교회가 해야 할 일은 이를 치료하고 꿰매고 지향할 가치를 창출하고 든든한 사회기반 구축의 역할 감당일 것이다.

그런데 근간에 교회가 스스로 사회를 향한 지도력을 상실하고 오히려 지탄의 대상이 되므로 조롱거리처럼 된 것은 안타까운 일이다. 가장 대표적인 것이 교권 싸움을 내부에서 수습하지 못하고 사회법정에 의뢰하는 예가 여러 건 발생하고 있음은 수치일 뿐 아니라 분열과 갈등을 치유해야 할 교회가 그 의무를 저버리는 행위인 것이다. 이런 류의 일들로 도덕적 권위마저 상실하여 사회를 이끌고 갈 사표가 되지 못하고 있음이다. 역사적으로 법관이 공정하지 못하고 종교가 존경받지 못한 사회는 위기를 맞았음을 알고 있으며 그래서 우리를 절망케 할 요인이 오늘 우리에게 와 있는 것이다.

2. 한국교회의 고민

1) 체제(Orthority line)의 다원화

하나님께서 세우신 교회는 본래 '하나의 교회'이며 우주적 교회는 하나님이 부여하는 '하나됨'을 경험하는 공동체이다. 기독교는 각자 마음껏 뻗어나갈 수 있는 자생력이 강하다는 특징이 있다. 그것의 순기능은 부흥과 성장이지만 역기능은 교회 분열과 갈등을 초래한다는 것이다. 한국교회는 진보와 보수를 대변하는 양대 기관으로

한국기독교총연합회(CCK)와 한국기독교교회협의회(NCCK)가 있다. 때로는 한 사건에 대하여 다른 성명이 발표된다. 예컨대 사형제도에 대하여 한쪽에선 찬성하고 다른 쪽에서는 폐지를 주장한다. 국가보안법과 인권문제·국가안보와 대북문제 등에서도 다른 입장이다. 더욱이 한기총(CCK)은 극심한 내홍을 겪으면서 한국교회연합(CCIK)으로 분열 되면서 연합기관의 대표성의 혼란과 영향력의 감소를 초래하고 있는 반면 대 사회적으로는 힘을 상실하게 되는 면이 있는 것이다.

2) 이단 사이비 집단의 발호

교회를 피폐하게 만들고 사회를 혼란케 하며 지탄을 받게 되는 대부분의 이단 사이비 집단들은 기독교 교회라는 간판을 쓰며 그 대표자들을 목사라는 호칭을 쓴다. 그들은 기독교도 아니며 기독교 목사도 아니지만 그들의 행태로 인하여 교회가, 그리고 성직자들이 피해를 입게 되는 것이다. 지금까지의 양상과는 다르게 이단 집단들이 집요하게 그리고 치밀한 계획 하에 교회로 침투하여 교회의 지도력을 무너뜨리고 그 교회를 장악하려한다는 사실에 유념하여야 할 것이다. 이러한 때에 더 한심한 것은 연합기관 까지도 이단 논의와 시비에 빗나간 논쟁을 계속하고 있다는 것이다.

3) 교권주의와 끝없는 다툼

2008년도 한국의 대표적 교단이라 할 수 있는 교단 가운데 두 교단이 분열되어 사회법정의 재판에 회부된바 있고 그것은 지금도 미제의 사건으로 진행 중에 있다. 각자의 주장에 의하면 한결같이 자신이 주

장이 성경적이며 교단법의 적통이라는 것이다. 일종의 아집이고 독선이다. 그들이 주장하고 싸우는 동안 얼마나 많은 성도들과 교회들이 상처를 받고 있는가를 돌아 볼 생각도 못하고 있는 것이다. 이 땅에 교회를 세우고 지키기 위하여 목숨까지 내어 놓은 많은 순교자들을 생각한다면 감히 그런 일을 할 수 없으련만 양심에 화인 맞은 것은 아닌가 생각된다.

4) 어둡기만 한 한국교회의 미래

미래학자들의 예측에 의하면 자원고갈(에너지 · 식량) · 기후 변화에 의한 대재앙 2030년에 이르러 모든 성장이 멈추게 될 것이며 인류는 이러한 현상에 대처하려는 몸부림을 치게 될 것이라 하였다.

한국교회도 저출산 노령화의 급속한 진행과 경제위기에 따른 재정의 감소 등으로 사역 약화 · 선교 동력 저하와 함께 교회의 몰락까지를 염려하고 있다. 앞으로 10년 안에 우리가 경험하지 못한 일들이 일어날 것이며 어쩌면 교회 부도 사태에 직면할지도 모른다고 한다. 이처럼 한국교회는 위기와 기회가 공존하는 미래에 직면해 있으며 어쩌면 앞으로의 10년이 몰락과 부흥의 기로가 될 것이다.

3. 한국교회 정말 맛 잃은 소금 · 꺼진 등불인가.

한국교회는 민족의 아픔과 함께한 교회이다. 한국교회는 대한민국의 근대화에 결정적으로 기여한 집단이다. 한국교회는 그 어느 기관이나 단체보다 소외계층과 도움이 필요한 곳에 그 필요를 충족시켜 주고자 최선의 노력을 경주한 교회이다. 이것은 역사적 기록이나 정부가 발표하는 각종 통계에서 입증되는 것이다.

한국교회는 분명히 사회의 소금의 역할을 하였고 지금도 하고 있으며 세상의 등불로서의 사명을 수행하고 있는 것이다. 그러함에도 오늘에 와서 사회적 영향력이 상대적으로 다른 종단에 비하여 약해진 것처럼 보이는 것은 교회의 힘이 결집되지 못하고 흩어져있기 때문이다.

한국교회가 희망을 노래할 수 있는 주체가 되어야 함은 역사적 소명이기 때문이다. 절망할 수밖에 없는 상황에서도 교회는 절망을 극복하고 희망을 갖게 하는 당위를 그 본래적 사명으로 하는 것이다. 오늘 우리 사회의 허다한 문제가 있다 하더라도 긍정적인 면도 있는 것이며 교회가 대내외적으로 정리되어야 할 문제가 있다하더라도 교회는 여전히 세상의 소금이며 사회의 등불인 것이다.

C. 어떻게 희망을 노래하는가?

1. 절망(絕望)의 극복(克服) – 희망(希望)으로

2007년에 발표한 교황 베노딕토의 회칙의 제목은 '희망으로 구언된 우리'였다. 목표를 향해 나아가는 현재라면, 그리고 그 목표를 확신할 수 있다면 현실에 맞설 수 있는 든든한 희망을 가진 것이고 그런 의미에서 우리는 희망으로 구원받았다는 것이다. 그와 같은 주장의 근거로 '우리가 소망으로 구원을 얻었으매 보이는 소망이 소망이 아니니 보는 것을 누가 바라리요'(롬8:24)를 인용하였다.

'극복'이란 악조건이나 고생 따위를 이겨냄을 뜻하는 말이다. 우리를 절망케 하는 악조건을 이겨내는 것은 희망을 갖는데서 시작된다. 희망을 가진 사람은 다른 삶을 살게 될 것이며 희망하는 사람은 새 생명을 선물로 받게 된다. 어두웠던 미래의 암울한 문이 활짝 열리게 될 것이고 비록 고달프더라도 우리가 받아들이고 살아갈 수 있는 현재를 맞게 될 것이다.

성경에서 희망은 신앙의 중심 단어이며 인간을 구원하는 것은 물질이나 과학이 아니라 희망을 갖고 온전한 마음으로 하나님께 나아감으로 이루어지는 것이다(히10:22-23)라고 하였다. 하나님을 모르는 사람은 아무리 수많은 희망을 품을 수 있더라도 결국 삶 전체를 지탱하는 위대한 희망을 가지고 있지 않은 것(엡2:12)이며 어떤 절망에도 흔들리지 않는 위대한 참된 희망은 오로지 하나님으로 '끝까지', '다 이루어질 때까지'(요13:1, 19:30) 사랑하시는 하나님으로부터 올 뿐이다.

절망의 극복은 희망으로, 그리고 희망은 기독교 신앙에 기인하므로 온전하다는 것이다. 교회는 하나님께 의뢰하는 신앙과 예수 그리스도의 제자 되고자 하는 결단을 촉구하여야 하며 성도가 신앙 까닭에 절망을 이기고 희망을 노래하는 모습을 통하여 우리 사회에 희망의 메시지를 전할 수 있어야 할 것이다.

2. 교회(敎會)의 자리 찾기 - 거룩한 공동체(共同體)로

교회는 본래 거룩하며 보편적이며 하나(Holy Catholic One Church)이다. 그 개념들은 결국 '거룩함'에 용해 될 수 있으며 그 기조에서 교회의 참된 모습의 원형을 찾아야 할 것이다. 그 거룩함을 잠식하는 요인들로 세속화 · 물질주의 · 교권주의 등등이 있을 것이다.

종교가 성립되는 요건으로 신앙의 대상, 경전, 예전 등이 있는데 기독교 예전은 종교로서의 신비성이 감소되는 추세이다. 감성에 호소하는 예배와 집회는 신비성과 경건함이 많이 희석되고 마치 무대 연출과 같은 모습으로 변해가고 있는 것이다.

안수(安手)받은 교회 직분에 대한 겸손함과 성실성이 요망된다. 조용하지 못한 교회, 교만스럽게 보이는 교회, 혼란스런 모습의 교회는 결코 존경과 신뢰의 대상이 될 수 없다.

한국교회는 모든 법정 다툼을 즉시 중지하여야 한다. 모든 분열과 분파 활동은 용인 되어서는 안된다. 연합과 일치를 지향하고 화함을 이루어내야 한다. 그런 노력들을 통하여 교회는 거룩한 공동체로 거듭나야 한다.

Niebuhr와 Williams,의 공저인 「The Ministry in Historical Perspective」에서 밝힌 바에 의하면 교회사역의 명제는 세계를 변화시키는 것 (Ministry to the changing the world)이라 하였다. 교회가 거룩한 공동체로 돌아가는 것은 바로 세상을 변화시키려는 교회의 사명을 다하기 위함이다. 교회가 자기 자리 찾기에 성공하면 그 안에 담겨 있는 메시지(Message)가 절망하는 세대를 구출하고 희망을 노래하게 할 수 있을 것이다.

3. 아픔과 갈등의 치유(治癒) – 섬김(Diakonia)의 사역으로

현대교회가 기능해야할 바에 대하여 선포(Kerygma)·교육(Didache)·친교(Koinonia) 그리고 섬김(Diakonia)이라 하였다. 그 중에서 우리는 섬김과 사회에 대한 봉사에 주목한다. 예수께서 언급한 메시지(Message)는 '내가 섬김을 받으러 온 것이 아니라 섬기려 왔다'고 했으며 '섬김을 받고자 하는대로 섬기는 자가 되라' 하셨다. 한국교회는 섬김과 나눔에 있어 넘칠 정도로 힘써오고 있다. 이는 교회의 궁극적 목적인 전도와 선교는 교회가 사회를 섬길 때 비로소 가능하다는 신학적 견지와 예수님의 명령을 따르려는 데서 기인된 것이다. 교회의 사회적 사명은 교회의 본질적 사명가운데 하나이며 더구나 사회봉사에 대한 필요성이 확대되는 시대를 맞아 교회는 섬김의 사역을 더욱 활발하게 전개하여야 한다. 성경은 '주린 자에게 먹을 것을 주며 괴로워하는 자의 심정을 만족하게 하라'(사58:10)고 하였다.

한국교회는 갈등을 풀어가는 화해자(和解者)가 되어야 한다. 우리

사회는 여러 분야에서 갈등과 다툼 그리고 분열된 모습을 보이고 있는바 교회가 진정 섬김의 사역을 하려면 진정한 화해자로 사회를 싸매는 일을 하여야 한다. 그와 같은 일은 섬김의 자세에서 이루어 질 수 있다. "하나되어 섬기고 섬기며 하나되자"는 모토아래 최근에 출범한 (사)한국교회봉사단은 탈정치・굳어버린 조직과 기구를 뛰어넘어 한국교회가 섬김의 사역에 매진하도록 이끌려는데 목적을 두고 있다. 섬김의 사역은 진보와 보수의 이데올로기(Ideology)를 극복하며 교회의 연합과 일치를 지향하게 된다. 1925년 스톡홀름에서 개최 된 기독교인의 사역과 생명대회 때 외쳐진 구호가 "교리는 우리를 갈라놓지만 섬김은 우리를 하나되게 한다."(A dogma and theology separated churches a part, but Diakonia Service unites them to one)였다.

교회가 희망을 노래하려면 아픔과 갈등이 있는 곳을 찾아가야 하며 굶주린 자・소외된 자・억압 받는 자의 형편을 살리고자 하는 섬김의 사역으로 그 틀을 바꿔야 할 것이다.

4. 지도력(Leadership)의 회복으로

교회를 이끄는 1차적 책임은 목회자에게 있다. 목회자의 지도력이 교회의 위기를 기회로 바꿀 수 있으며 그 지도력의 기초는 권위에 기인하는 것이다. 그리고 권위는 위세가 아니고 타인과 그 구성원들로부터 신뢰와 존경에 의하여 떠 받쳐지는 것이다.

Oxford Dictionary의 "Leader"는 여덟 가지로 설명하고 있다. ① Commender(지휘관) ② Boss or Master(수령) ③ Chief(장) ④ Manager(관리자) ⑤ Executive(집행자) ⑥ Key-man(중심인물) ⑦ Opinion leader(여론유도자) ⑧ Elite(엘리트).

Gangel의 「Leadership for Church Education」에서 지도자가 그

역할의 효과를 위하여는 첫째, 원만한 인간관계 둘째, 회중과의 의사소통 셋째, 회중과 더불어 일하며 넷째, 동기(Motiration)와 과정(Process)의 적절한 변화 등을 일구어 내는 것이라 하였다.

결국 지도자의 지도력이란 조직의 목표를 효과적으로 달성하기 위하여 집단 성원으로 하여금 자발적으로 공헌할 수 있도록 유도, 조정하는 지도자의 행동으로 요약할 수 있다.

절망의 시대에 꼭 필요한 지도력을 위한 지도자로는 첫째, 神學의 정당성과 信仰의 확실함이 있어야 하며 둘째, 성경적 가치를 지키며 역사를 이끌 수 있어야 하며 셋째, 더불어 일하는 지도력을 가져야 하며 넷째, 신뢰(信賴)와 존경(尊敬)을 받는 지도자 이어야 할 것이다.

한국교회는 위기에 직면해 있다. 이 위기를 극복하고 희망을 노래하기 위한 필수적 요인은 지도자의 지도력 회복일 것이다.

5. 결국은 영성회복 운동이다.

영성이란 신앙인의 인격형성과 함께 그리스도를 본받아 하나님과 계속된 교제를 하는 동안 우리의 삶 속에 맺게 되는 성령의 열매를 말하며 "그리스도를 본 받는 생활"이라 할 수 있다.

그리고 영성을 통해서 진정한 하나님과의 만남으로 인해 하나님께 대한 절대적 의존과 철저하게 순종하는 삶이 가능해지는 것이다.

특히 교역자들은 그들의 생활 안에서 영성의 씨앗을 키워야한다. 하나님의 백성에게 봉사하는 그들의 삶 속에 살아계신 하나님이 나타나지 않는다면 진정한 목회사역이 될 수 없을 것이다. 그들이 깊은 영성을 통하여 나타나는 거룩한 삶은 성도들에게 깊은 영향력을 줄 수 있으며 이러한 운동의 파급은 1907년 한국교회의 대 부흥을 이 시대에 재현할 수 있을 것이다. 따라서 한국교회의 절망적 상황을 극복하고 희망을 노래할 수 있기 위하여는 상황에 대한 분석과 대응책을 마련하는 일과 새롭게 그리고 빠르게 변화하는 세태에 걸맞는 목회 프로그램 개발도 중요하지만 그 모든 것보다 하나님께 다가가 하나님의 주권적인 개입에 의존하는 영성 회복 운동이 있어야 하겠다.

D. 나가는 말(Nevertheless)

한국기독교총연합회와 한국기독교교회협의회가 공동주최한 한국교회 부활절 연합예배가 2009년 4월 12일 새벽에 시청 앞 서울광장에서 드려졌다. 그 예배의 주제가 "부활과 희망"이였으며 부제가 "일어나 희망을 노래하자"였다. 이 시대를 절망의 시대로 보고 이를 극복하기 위하여 희망을 노래해야 한다고 생각한 것이다. 우리가 절망할 수밖에 없는 현실이라 할지라도 이를 이겨내기 위한 길은 희망을 노래할 수 있어야 한다는 것이다. 예수께서 십자가에 못 박혀 죽으심은 절망의 극치였으나 죽음을 이기고 부활하심으로 지금과 내일의 희망(소망)을 던져 주셨던 것이다.

우리 사회와 한국교회는 많은 어려운 문제에 봉착해 있다. 어부 베드로가 빈 배로 돌아올 때 그 허탈함과 절망은 너무나 큰 것이었다. 그때 예수께서 그에게 다시 그물을 던져보라 하셨으며 베드로는 '그럼에도 불구하고'(눅5:5), 이유없이, 의심 없이 말씀에 순종하였다. 그 결과 절망은 희망으로 변했고 베드로의 인생은 변환을 맞게 된 것이다.

오늘 우리는 "일어나 희망을 노래하자"고 외친다. 우리의 형편과 모습이 어떠하더라도 그럼에도 불구하고(Nevertheless) 다시 일어나 희망을 노래하자. 교회가 새로워져 희망의 원천(原泉)이 되고, 우리 사회가 밝아져 살기 좋은 곳이 되게 하고, 우리나라가 일류국가가 되어 하나님이 부여하신 사명을 수행하는 나라가 되도록 하자. 반드시 그렇게 될 것이다.

한국교회 연합(聯合)과 일치(一致)운동 소고(小考)

최 희 범 박사
서울신학대학교 교수 및 총장 역임
CTS 기독교 TV 이사

1. 들어가는 말 : 한국교회 이대로 좋은가

하나님은 교회를 빛과 소금으로 이 땅에 보내셨다. 어두운 곳에 진리의 빛으로 밝혀주며, 병들어 아픈 곳은 사랑의 빛으로 치유해주며, 부패하고 썩은 곳은 공의의 소금으로 깨끗하고 바르게 세워주는 것이 교회의 사명이며 존재이유였다.

하나님의 교회는 이 땅에 존재하면서 하나님의 구원 역사를 이루어 간다. 그러므로 역사가 요청할 때마다 교회는 하나님의 뜻으로 응답해야 한다. 한국 역사의 부침 속에서 한국 교회는 주님의 부름에 최선을 다하는 진지한 모습으로 오늘에 이르고 있다.

이 나라가 일본의 침탈에 직면했을 때 교회는 주권 수호를 위해 노력했고, 이 나라가 일본의 식민지가 되었을 때 교회는 백성에게 용기와 위안을 주며 독립운동에 매진했다. 해방 후 나라가 둘로 나뉘어 전쟁을 치룰 때 공산주의자들로부터 나라를 지키기 위해 기도하며 나가 싸웠다. 이 나라가 산업화와 민주화의 과정을 거칠 때 교회는 그에게 주어진 사명을 다하였다.

한국교회는 세계가 놀랄만한 성장을 이루었으며 국내외에 굶주리고 고난받는 이들을 향하여 베풀며 복음을 전하는 일에 매진하므로 하나님께서 기뻐하시는 아름다운 교회로 자리매김 하였던 것이다.

그러나 금세기에 들어 한국교회는 성장정체 현상의 심화와 더불어 교회의 도덕성 및 사회적 기여도에 의문이 제기되고 윤리적 문제가 심각한 양상을 보이면서 한국 교회는 위기를 겪기에 이르렀다. 특히 교회의 분열 현상은 사회적인 비판의 대상으로 떠올랐고 이 틈에 각종 사이비 기독교 집단들이 우후죽순처럼 일어나 사회적 폐혜를 가져오면서 한국 교회는 온갖 비난의 표적인양 되어가고 있음이다.

그 중에서도 교회의 분열은 사회적 이념의 분화와 밀접한 관계를 갖는 가운데 결국 교회마저도 사회적 불화의 중심점에 서는 어이없는 양상을 드러내고 말았다. 우리 사회의 끊임없는 갈등과 분열을 치유하고 봉합해야 할 책무가 교회에 있음에도 불구하고 교회가 그 갈등과 분열의 촉매자 역할을 하게 되므로 한국교회는 스스로 위기를 자초하고 있는 것이다.

이러한 때에 한국교회는 종교개혁 500주년을 기념하는 뜻깊은 해를 맞이한 것이다. 2017년은 한국교회에 주신 축복으로 받아들이고 싶은 것은 종교개혁 500주년을 기하여 다시 일어설 수 있는 기회를 얻었기 때문이다.

한국교회는 개혁되어야 한다. 한국교회은 이대로는 안된다. 더 늦기 전에 고치도록 하여야 한다. 2017년에 한국교회는 새로워져야 하며 이 땅의 백성과 이 땅의 역사가 희망으로 다시 살아나야 한다.

이에 본인은 본인에게 주어진 논제인 「한국교회 연합과 일치운동」에 대하여 논하고자 한다.

2. 한국교회 연합과 일치운동의 장애들

하나님께서 세우신 교회는 본래 '하나의 교회'이며 전 우주적 교회는 하나님이 부여하신 '하나됨'을 경험하는 공동체이다. 그럼에도 우리 시대에 이기적인 개교회주의가 팽배하고 보편교회의 지체로서의 의미가 퇴색되어 가는 것은 참으로 안타까운 일이다. 교회가 교회로서의 본질을 지키려면 이기적 교파주의와 개교회주의를 극복하고 하나님이 부여하신 '하나됨'을 회복하려는 노력이 필요하다. 역사적으로 한국 교회는 이 땅에 복음이 들어온 시초부터 하나의 교회를 지향해 왔으나 근·현대의 격동기를 거치면서 사회의 대립양상의 영향을 받는 안타까운 일들이 있었다. 만약 교회가 하나 됨을 외면하고 사회에 희망을 던져주지 못한다면 이는 사회가 요구하며 하나님이 명하시는 시대적 소명을 거절하는 것과 다름이 없다.

교회분열의 역사는 교회 설립의 역사와 궤를 같이한다. 1054년 일어난 최초의 공적 분열인 동서방교회의 분열 이전 이미 초대 고린도교회는 바울파, 아볼로파, 게바파, 심지어 그리스도파로 나뉘어 분열했고 바울은 교회를 향해 "그리스도가 어찌 나뉘었느냐?"(고전 1:12-13)고 질책하기도 했다.

교회분열의 이유로는 흔히 신학적 차이를 주된 이유로 내세우지만 교리나 교회정치, 예전 등 교회 내적 문제뿐만 아니라 정치와 경제, 문화, 지리, 인종, 언어와 풍습, 정치적 주도권 다툼 등이 더 큰 요인이었다. 실제로 교회의 분열은 교회 지도자들의 야심과 시기와 질투가 결정적인 역할을 했음을 부정할 수 없다. 교회의 분열은 처음부터 평범한 성도들과는 아무 상관없는 일이었다.

정치적 사회적 상황과 밀접한 관계가 있었던 한국교회의 연합과 일치 운동은 이를 매개로하여 소위 보수와 진보의 대립을 통한 또 다른 분열을 자초했다. 그리고 이런 분열은 신학적 갈등과 교단 중심의 교회이기주의를 양산했고, 교회 당파성과 교회 폐쇄성을 극대화하는 결과를 초래했다. 교회 연합을 저해하는 대표적인 요인으로는 신학적 차이를 극복 못하는 보혁 갈등, 교파와 개교회 중심의 교회 이기주의, 기득권을 담보로 한 당파성과 폐쇄성 등을 꼽을 수 있다.

"성령의 하나 되게 하신 일을 힘써 지키라"(엡 4:3)는 매우 단순하고 명료한 하나님의 명령이 주어졌는데도 어떻게 성격에 절대 가치를 둔다는 한국교회는 사회의 손가락질을 받을 정도로 분열을 계속하며 심지어 서로를 적대시하기까지 하는가? 쉽게 설명할 수 있는 일이 아니다. 그러면 성경이 분명히 명령하는 연합과 일치에 대한 당위성에도 불구하고 이를 방해하는 요소들에 대하여는 다음과 같은 것들이 지적된다.

1) 교회 연합과 일치운동에 대한 오해

가장 흔한 연합과 일치운동에 대한 오해는 교회의 연합과 일치를 무조건 모든 교회와 교파간의 차이를 없애고 '조직적으로 하나가 되는 운동'으로 생각하는 것이다. 따라서 혹자는 교회의 연합과 일치운동을 혼합주의 혹은 신앙적 배교행위라고까지 규정한다. 그러나 다양성 속에 일치를 주장하는 오늘날의 교회 연합과 일치운동은 기구적 하나를 추구하는 것이 아니다.

한국교회는 다양한 스펙트럼을 가지고 있다. 하나의 사안이나 이슈에 대해 한국교회가 전체의 입장이라고 할 만한 것을 가지지 않았다는 것은 긍정적으로 생각하면 획일적이지 않음을 보여주는 좋은 실례라 할 수 있다. 따라서 한국교회의 연합과 일치운동은 교파간 그리고 교단간의 대화와 이해의 폭을 넓히며 공통점을 찾아 함께할 수 있는 사업들을 추진하는 연합운동이지 교리와 장정, 정치제도의 통일을 수반하는 일치운동이 아님을 이해해야 한다.

2) 성경 해석 방법과 신학적 차이

한국교회의 성경해석 방법론의 차이를 언급할 때 거론되는 것이 기장과 예장의 분열 이유로 지목되는 성경비평주의에 대한 태도 문제이다. 비평학적 성경해석방법의 등장으로부터 상당한 시간이 흘렀고,

그동안 전통적 비평학의 한계도 절실하게 노출된 상황에서 한국교회의 보수 진보로 분류되는 학자들이 신학적 분열을 극복하기 위한 진지한 논의가 필요한 시기가 되었다고 본다. 신앙에 있어서 가장 중요한 성경해석의 문제를 서로간의 대화 없이 상대를 과거의 잣대로 단정 짓는 과오에서 벗어나는 것이 진정한 의미의 교회연합과 일치 운동의 출발점이라 할 수 있을 것이다. 교리와 신학이 교회연합에 장애가 된다는 소리가 들려온 지 오래지만, 최소한 성경관과 해석방법론에 대한 상호 이해가 선행되지 않는다면 수십 년 간 형성되고 전승되어 온 분열의 벽을 제거하기는 어려울 것이다.

또한 반미, 친미, 반북, 친북 운동 등 우리 사회의 보수 진보 논쟁에 교회가 신학의 이름으로 개입하여 서로 대립각을 세우는 상황은 한국교회의 연합과 일치운동에 결정적인 방해 요소가 되고 있다. 신학과 신앙이 삶과 분리될 수는 없지만 교회는 사회의 투쟁적 소용돌이에서 벗어나지 못하는 우를 범해서는 안 될 것이다.

3) 교회의 권력화

오늘날 한국교회가 직면하고 있는 가장 심각한 문제는 교회가 영적 공동체요 사랑과 희생을 전제로 한 생명 공동체가 아닌 세속적 힘을 가지고 권력을 행사하는 기관처럼 비치고 있다는 점이다. 교회가 사람과 돈을 소유하게 됨으로써 권력화되는 것을 피하려면 끊임없이 자기를 갱신하고 역사의식을 고취해야 한다. 또한 자기만족을 추구하며 현실에 안주하려는 유혹을 벗어나야 한다. 따라서 교회 연합과 일치 운동은 철저하게 교회를 비세속화하는 과정을 밟아야 한걸음씩 앞으로 나아갈 수 있다. 교회 연합과 일치가 기구적 일치를 통해 교회 권력을 강화하는 방향으로 전개되는 한 이것이 교회를 갈등으로 모는 결과를 낳게 될 것이다.

4) 복음의 절대성과 교파·교단의 절대성 혼돈

개 교회를 성장시키려는 지도자들은 소속 교인들에게 '자기 교회의 절대적 가치'를 강조하려는 유혹을 받게 된다. 다른 교회와의 차별성이 교회 부흥의 전략으로 채택된지도 제법 되었다. 그러나 교회는 교회의 절대성이 아닌 복음의 절대성을 강조해야 한다는 절박한 이유가 있다 하여도, 자기 존재의 절대적 가치를 주장하려는 유혹은 과감히 벗어나야 한다. 장로교단에서 흔히 회자되는 '장자교단'이라는 용어나 '신사참배 반대'에 대한 독점, '민주화의 화신'이라는 자기 이미지 등이 여기 해당된다. 또한 각기 장단점이 있는 교회의 정치제도에 대해서도 절대화하는 것 역시 지양되지 않는다면 구체적인 연합과 일치운동에는 장애가 될 것이 분명하다.

3. 한국교회 연합과 일치운동의 당위성 : 그리스도 중심의 교회론을 통하여

교회연합과 일치운동은 시대적 요청이 그 당위성을 제공한다. 그러나 이보다 더 우선적인 것은 일치에 대한 성경적 요청이다. 성경은 "하나님의 구원의 목적을 하늘에 있는 것이나 땅에 있는 것이 다 그리스도 안에서 통일되게 하려 하심이라"고 선언한다.(엡1:10) 연합의 당위성을 논하려면 교회는 과연 어떤 존재이기에 하나 되어야 하는지를 숙고하는 것은 필수이다. 교회의 정체성에 대해 이해없이 연합을 말하는 것은 바람직하지 못한 것이다. 교회를 설명하는 성구는 여럿이 있지만 "교회는 그의 몸이니 만물안에서 만물을 충만케 하시는 자의 충만이니라"(엡1:23)고 교회의 정체성을 가장 명시적으로 규정한 성구를 중심으로 교회 일치와 연합운동의 당위성을 고찰하고자 한다.

1) 교회는 예수 그리스도의 인격과 사역의 표현

교회는 '그(예수 그리스도)의 몸'으로 일컬어진다. 이는 교회가 예수님의 인격을 드러내는 구체적인 실체라는 의미이다. 보이지 않는 예수님의 인격과 사역을 세상 사람들이 가시적으로 인지할 수 있도록 선포하고 드러냄으로 표현하는 것이 교회라는 뜻이다. 세상은 오직 교회(성도)를 통해서만 예수님을 볼 수 있으며 예수님은 교회를 통해, 교회 안에서 세상을 향해 역사하신다. 이는 교회는 예수님의 외적인 표현으로서 그분의 인격과 성품을 닮을 의무가 있다는 뜻이다. 교회는 단순히 예수님의 추종자들이 모인 것이 아니라 자신의 삶 속에 그리스도의 인격과 성품이 드러나도록 생각하고 바라보고 행동하는 사람들의 모임이 되어야 한다.

2) 교회는 창조주-피조물 관계의 우주적 모델

교회가 '그의 몸'이라는 표현은 교회와 예수님과의 관계를 표현한다. 교회는 머리이신 예수 그리스도의 적접적인 통치와 다스림을 받는 '몸'이다. 이는 교회가 자기의 주인과 통치자가 누구인지를 구체적으로 깨닫고 인식하며, 고백하며 진심으로 따르는 공동체임을 의미한다. 강압이나 부득이함이 아니라, 또한 입으로만 예수님을 주로 말하는 것이 아니라 자신의 삶과 인생에 있어 예수 그리스도의 통제와 지배를 받는 존재임을 기쁘게 드러내는 것을 말한다. 기쁨으로 주인을 섬기는 진실된 종의 모습이 드러나는 삶이다.

3) 교회는 피조세계 재창조의 선취모델

교회는 만물을 충만케 하시는 이, 곧 죄로 타락한 피조세계를 회복과 재창조 하시는 주님의 '충만'이다. 이는 만물을 하나님의 창조질서에 합당하도록 회복하시는 예수님의 역사가 먼저 교회 안에서 성취된다는 뜻이다. 교회 안에서 하나님의 통치와 영광과 주권이 분명하게 드러나고 선포되어 장차 만물을 회복하시는 '하나님나라'가 교회 안에서 먼저 이뤄짐을 말한다. 상처와 절망으로 무너졌던 심령들이 치유되고, 파괴된 관계가 회복되고, 이기심과 증오 그리고 편견으로 얼룩진 가치관이 사랑과 섬김의 가치관으로 바뀐다. 궁극적으로 죄인과 하나님의 관계가 원수에서 가족으로 본질적·실제적으로 변화된다. 장차 하나님 나라에서 전우주적으로 이뤄질 이 놀라운 회복의 역사가 교회 안에서 먼저 선취(先取)된다. 이것이 '교회는 그의 충만'이라는 표현의 의미이다.

4) 교회는 세상을 변화시키는 하나님의 도구

교회가 예수님의 '충만'이라는 말의 또 다른 의미는 만물을 회복시키시는 하나님의 역사가 교회를 통해, 교회에 의해 이루어짐이다. 교회는 예수님의 존재와 능력이 꽉차게 드러내는 존재로서 온 피조세계의 회복을 주도하는 주님의 도구이자 실제적이 엔진이라는 뜻이다. 세상을 향한 주님의 회복 사역을 실행하는 실제적인 기관이라는 뜻이다. 하나님은 성령으로 충만케 된 교회를 통해 온 우주의 회복을 주도하신다.

이러한 교회의 정체성을 이해한다면 우리는 한국 교회의 분열에 대해 하나님 앞에 회개해야 한다. 교회의 분열은 교회를 통한 하나님의 역동적인 역사에 반하는 행위이기 때문이다. 해방이후 거듭된 한국교회의 분열로 인해 교회의 대사회적 이미지는 결코 긍정적이지 못하다. 오히려 세상으로부터 지탄의 대상이 되거나 조직적 반기독교 운동에 직면하게 된 것이다.

4. 한국교회 연합과 일치운동의 제언

2003년부터 진보와 보수교회를 망라하여 드린 2006년 부활절연합예배는 한국교회 연합운동의 새로운 지평을 열어 놓았다. 많은 우여

곡절 속에도 양 진영은 꾸준한 대화와 양보를 통해 향후 한국교회의 연합과 일치운동이 어떤 방식으로 나아가야 할지를 보여주었다. 양측은 인내와 이해와 양보를 바탕으로 한 협력의 기본정신으로 대화에 임해 창의적으로 문제들을 해결해 나갔다. 이를 통해 한국교회는 그동안 정치적, 사회적 상황에서 세상적 영향력에 끌려다녔던 과거의 한계를 극복하고 양극화 심화로 몸살을 앓고 있는 한국사회에 정치, 경제, 사회 등 모든 분야의 화해자 역할을 감당할 수 있다는 자신감을 얻었다.

이제 이를 위해 한국교회는 보수진영과 진보진영의 교회들이 각각 한국교회의 연합과 일치를 위한 구체적인 정신을 공유해야 한다. 먼저 각각의 신학적 다양성과 의견을 존중하고 포용하는 자세를 갖추어야 한다. 또한 양 진영을 대표하는 기관과 단체들이 서로가 함께 협력해 나갈 수 있도록 서로가 이해하며 긴밀한 관계를 지속해 나가는데 수고를 아끼지 말아야 할 것이다.

무엇보다 교회는 우주적 보편성을 담고 있으며 시대는 한국교회 일치와 연합을 원하고 있다. 교회 연합과 일치운동은 교파나 교단을 떠나 교회공동체의 구성원들이 공감할 수 있는 비전을 공유하는 것을 의미한다. 그러면 당위성을 갖는 시대적 요구와 요청에 따라 한국교회 연합과 일치운동이 지향해야 할 방향은 다음과 같다.

1) 분열과 팽창의 역기능 극복

기독교는 위로부터의 지시와 통제에 따라 일사불란하게 움직이는 카톨릭이나 불교 등 다른 종교와 달리 각자 마음껏 뻗어나갈 수 있는 자생력이 강하다는 특징이 있다. 누가 지시하거나 시키지 않아도 각 지역교회나 선교단체가 자발적으로 조직을 키우고 인재를 양성한다. 오늘날 한국의 기독교가 이만큼 발전할 수 있었던 것도 이런 자생성에 일정부분 기인한다고 볼 수도 있다. 그러나 이 같은 자발적 팽창이 부정적으로 흘러 교회 분열과 갈등으로 치닫는 때가 종종 있다.
 이는 한국교회가 힘들게 쌓아놓은 공든 탑을 무너뜨리는 결과를 낳고 있으며 한국사회에서 기독교가 비난을 받는 이유도 상당수 여기에 속한다. 따라서 교회연합과 일치운동은 분열과 팽창으로 치닫는 오늘날 한국 기독교가 하나님이 제시한 올바른 방향을 따라 교회의 교회다움을 회복시키는 방향으로 나아가야 할 것이다.

2) 공동의 예배를 토한 '하나됨'의 회복

 예배는 구원의 목적으로 교회는 예배에서 시작되고 예배 그 자체의 중요성은 항상 강조되어야 마땅하다. 교회는 예배를 통하여 교회의 존재가치, 성도의 구원의 목적, 교회의 일치와 연합을 회복할 수 있다. 특별히 예배는 교회의 공동체성을 회복하게 한다.
 현대 기독교인들의 성향 중 하나는 교회를 떠나지는 않지만 교회를 출석하지 않는 것이다. 이름이 그리스도인이지만 실제로 그리스도인이 마땅히 갖춰야 할 내면을 가지고 있지 않은 사람들이다. 또한 사이버시대를 맞이하여 공동예배를 거부하고 각종 매체를 통한 대리예배로 만족하는 신자들이 증가하고 있다.
 무교회주의자들이 증가하는 현대에 있어 공동체성의 회복은 교회의 커다란 과제이기도 하다. 따라서 하나님을 한 장소에서 함께 경험하는 예배만큼 성도의 공동체성을 확보하는데 필요한 것은 없다. 그런 의미에서 다양한 예배자들이 다양한 예배를 경험하는 것은 일치와연합의 중요한 방법 가운데 하나이다. 교파와 교단에 따라 약간의 차이가 있지만 예배의 근본에 벗어나지 않는 예배형식의 차이를 이해하고 수용하는 것은 일치와 연합의 기본자세이다.

3) 교회 정치의 차이점에 대한 이해

 한국교회를 포함해 세계교회의 정치형태는 크게 교인의 선출한 대표자에 의해 교회정치가 이뤄지는 장로제(Presbyterian), 한 사람에 의해 교회정치가 이뤄지는 감독제(Episcopal), 모든 구성원이 교회정치에 참여하는 회중제(Congregational)로 나눌 수 있다.

성경은 이 중 어느 하나만을 지지하거나 암시하지 않는다. 교회정치의 세가지 형태는 각각 다른 교파와 교단을 만들었다. 교회정치의 차이는 예전(禮典)의 차이만큼 다양하다. 그러나 이러한 교회정치의 차이는 교회의 일치와 연합을 불가능하게 만드는 조건이 아니라 오히려 일치와 연합을 가능하게 하는 조건이다. 한국교회 연합과 일치운동은 모든 정치제도가 가지고 있는 특징과 장점들을 인정하면서 통일성을 추구하는 방향으로 나아가야 한다.

4) 사회봉사를 통한 연합

교회가 그 존재 목적을 성취하기 위해 상향(upreach)와 내향(inreach) 그리고 외향(outreach)의 지향점을 갖는다. 상향은 교회의 존재이유의 기본을 이루는 예배를 통해 성취되며, 내향은 보여지는 교회의 모습으로서 교회를 풍성하게 만드는 훈련과 양육을 통해, 마지막으로 외향은 실제적 교회의 사명으로서 전도와 이웃 섬김을 통해 이루어진다. 건강한 교회는 이 세 가지 지향점이 균형을 이룬다.

지금까지 한국교회는 상향과 내향을 강조하여 교회의 본질에는 충실했으나 외향에는 상대적 소홀함이 있었다. 그러므로 교회는 사회와는 별개의 기관이 되었고 교회가 상향과 내향을 강조하는 동안 사회를 외면하여 그 결과 교회는 성장했으나 이제는 사회가 교회를 외면하게 되었다. 이제 한국교회는 배우는 것으로 만족하는 것이 아니라 보냄을 받는 사도적 자세로 새로운 전환점을 마련해야 한다.

교회의 궁극적 목적인 전도와 선교는 교회가 사회를 섬길 때에 비로소 가능할 것이다. 교회의 사회적 사명은 교회의 본질적 사명 가운데 하나이며 더구나 사회봉사에 대한 필요성이 확대되는 시대를 맞아 각

교회가 사회봉사에 함께 참여하여 일치와 연합을 이뤄야 한다.

5) 연합을 통한 남북통일 지향

한국교회는 통일운동에 있어 적극적이며 긍정적인 자세로 임해야 한다. 왜냐하면 통일은 우리 민족의 정치적 과제나 사회적 과제에 머무르는 것이 아니라 궁극적으로는 한국교회의 선교적 과제이기 때문이다. 현실적으로 볼 때 한국교회는 통일운동에 가장 앞장 선 전위부대이다.

통계적으로 북한 사역과 탈북자 지원 사역에 동참하고 있는 기관, 특히 비영리단체(NGO) 가운데 기독교에 뿌리를 둔 기관이 다수를 차지하고 있다. 그리고 교회 자체가 가장 강력한 NGO의 역할을 감당하고 있다. 과거 민족 독립과 해방운동에 앞장섰던 한국교회가 이제는 민족의 화해와 통일운동에 앞장서는 것은 당연한 의무이다.

한국교회가 남북 평화통일의 전위가 되기 위해서는 교회 전체를 아우를 수 있는 일관된 대북 정책의 수립이 필요하다. 또 증가하는 북한 이탈 주민들에 대해 교회는 관심을 갖고 적극적으로 대처해야 한다. 그리고 교회는 통일 이후 시대를 대비하여 북한의 교회를 재건하는 재원과 구체적 방안을 준비해야 한다. 또 통일 이후를 겨냥한 교회의 연합된 정책이 필요하다.

어떤 상황과 방법으로 통일을 맞이하든 한국교회는 사회적 혼란의 완충 역할을 수행해야 할 것이다. 이를 위해, 그리고 이를 통하여 한국교회는 연합과 일치를 더욱 전향적으로 도모해야 할 것이다.

지금까지 고찰한 바를 정리한다면 다음과 같다.

한국교회 연합과 일치운동의 성공을 담보하기 위하여 제2장 연합과 일치운동의 장애들 제3장 연합과 일치운동의 당위성, 제4장 연합과 일치운동의 제언을 논하였다.

본인이 느끼는 바로는 이러한 논의는 새로운 것도 아니고 알지 못해서 실행되지 못하는 것이 아니라는 것이다.
결국은 사람, 즉 지도자의 의지와 그 의지를 유발하고 실행케 하는 것은 성령의 역사라고 생각한다.

다시 말해 이 모든 일들은 결국 영생회복운동에서 비롯되어야 한다는 것이다. 영성이란 신앙인의 인격 형성과 함께 그리스도를 본받아 하나님과 신앙인의 인격형성과 함께 그리스도를 본받아 하나님과 계속된 교재를 하는동안 우리의 삶속에 맺게 되는 성령의 열매를 말하며 "그리스도를 본받는 생활"이라고 할 수 있다. 그리고 영성을 통해서 진정한 하나님과의 만남으로 인해 하나님께 대한 절대적 의존과 철저하게 순종하는 삶이 가능해지는 것이다.

우리가 지향할 바는 모든 것에 앞서 하나님께 다가가 하나님의 주권적인 개입에 의존하는 영성회복운동이 있어야 할 것이다.

5. 나가는 말 : 한국교회 제2종교개혁

미래학자들의 예측에 의하면 자원고갈(에너지, 식량)과 기후 변화에 의한 대재앙, 2030년에 이르러 모든 성장이 멈추게 될 것이며 인류는 이러한 현상에 대처하려는 몸부림을 치게 될 것이라 하였다.

한국교회도 저출산 노령화의 급속한 진행과 경제 위기에 따른 재정의 감소 등으로 사역약화, 선교동력 저하와 함께 교회의 몰락까지 염려하고 있다.

한국교회는 위기에 직면했다. 성장둔화 뿐 아니라 반 기독교 세력에 의한 무차별저거 공격을 받고 있음에도 교회내의 여전한 부정적 행태 등으로 어려움을 겪고 있다. 그 중에서도 변화하는 시대를 따라가지도 못하면서 한없는 교권투쟁으로 인한 교회와 교단분열, 물질만능주의로 얼룩진 교치 정치풍토 등은 속히 해결하여야 한다.

16세기 교회 현상은 지금 우리와 다르지 않았다. 타락한 교회권력은 진리를 잠식시켜 버렸고 부패한 교회는 어처구니 없게도 '면죄부'라는 것을 판매하기에까지 이르렀던 것이다.

마침내 1517년 10월 31일 아우구스티누스 수도회 소속인 마틴루터(Martin Luther) 신부가 비텐베르크 성전에 95개조 논제를 내어 걸고 그 논제들에 대하여 강의와 토론을 시작함으로 종교개혁은 시작되었고 그때로부터 500년이 된 것이다.

95개조 논제의 몇가지면 추려보면 :
제1조 "회개하라" 진정한회개, 삶으로 입증되는 회개
제6조 교황은 죄의 사면권이 없다. 하나님의 사죄를 선언할 뿐이다.
제27조 헌금(면죄부구입)하므로 죽은 영혼이 연옥에서 빠져나온다는 것은 거짓이다.
제50조 면죄부로 베드로 성당을 세우느니 차라리 베드로 성당을 불태워 버리는 것이 좋은 일이다.

마틴루터의 종교개혁정신은 몇가지로 정리할 수 있을 것이다.
첫째는, 거짓에 대한 항거일 것이다. 당시의 교황권은 왕권보다 상위에 있었으며 엄청난 권세였다. 일개 신부가 도저히 항거할 수 없는 권력이었지만 그는 목숨을 걸고 용감하게 나섰던 것이다. 마침내 진리가 거짓을 이긴 것이다.
둘째는, 흔히 절대적 세가지(오직 믿음, 오직은혜, 오직 말씀) 명제를 말하지만 종국적으로는 "오직 하나님의 영광"을 위하여 라는 그의 정신·철학·생활관이 그로 하여금 만난을 뚫고 종교 개혁을 성사시켰던 것이다.
셋째는, 그의 95개 논제 중 제 1번에 「우리들의 주님이시며 선생이신 예수 그리스도께서 "회개하라(마4:17)"고 말씀하셨을 때 그는 신자들의 삶 전체가 회개의 삶이 되어야 할 것을 요구하신다」로 시작하였다.

  이는 교황의 사죄권을 거부하므로 "면죄부"의 허구성을 강조하고 하나님께서 만이 회개한 영혼에 새로운 삶을 허락하신다는 바탕에「오직믿음, 오직은혜 오직말씀」의 개혁정신을 담아낸 것이라 생각된다.

  한국교회는 위기라고 했다. 그리고 위기는 기회이기도 하다. 한국교회는 이대로는 안된다. 반드시 고쳐야 한다. 갱신(Renewal)만으로는 안된다. 개혁(Reform)이래야 된다. 무시무시한 권력에 목숨을 걸고 마주했던 그사람, 오늘의 마틴루터는 누구일까? 지금 이 자리에 있는 우리가 바로 그 사람이다. 행사를 치루기 위하여 2017년 10월 31일까지 기다릴 필요도 없다. 오늘부터, 지금부터 한국교회 제2의 종교개혁은 시작되어야 한다고 생각한다.

교회를 새롭게! 민족에 소망을! 하나님께 영광을!

영성 회복

이 선 박사
전 대한신대 총장
동남아크리스찬대학교 총장

제1장 영성과 영성훈련 정의

제1절 영성의 정의

1. 일반적 정의

영성(靈性 : Spiritualty)이란 말은 "육체적인 것"과 구별되는 것으로써 인간행위를 유발하는 그 어떤 태도나 정신으로서, 구체화된 종교적 또는 윤리적인 가치를 총칭한다.[1]

영성에 대한 이러한 개념은 어떤 특정 종교에만 국한되지 않고, 신적 또는 초월적인 것을 믿는 사람이면 누구에게나 적용되면, 각자의 종교적인 확신에 따른 생활양식을 형성하게 된다.

예를 들면 소크라테스의 정신을 자기의 정신으로 내면화시켜서 소크라테스의 정신대로 살아가는 스토아 철학자들에게는 스토아주의 영성이 있을 것이고, 도교의 도덕경(道德經)에 기초를 두고 있으면 도교의 영성이 될 것이며, 석가모니의 인격에 기초를 두면 불교의 영성이라 할 것이다.

물론 유교의 경천애인(敬天愛人)에 기초를 두어 "하늘을 공경하고 사람을 사랑하는 사상"에 근거하면 유교영성이라 할 수 있다.

---

[1] 조던오먼 / 이홍근 옮김, "영성신학", 본도출판사(1987), p.18.

2. 기독교 영성 정의

1) 고전적 정의

영성의 고전적 정의는 어떤 교의적이며 종교적 전제를 가지고 시작하는데 크게 두가지로 나눌 수 있다.

수덕덕 혹은 일상적 영성(ascetical or ordinary spirituality)과 신비적 혹은 특수 영성(mystical or extraordinary spirituality)이다. 후자는 특별히 은사를 가진 자들을 위해 보존한다는 가정에서 였다. 또한 수반되는 어떤 현상에 의해 그것이 진정한 영성 생활인지를 검증하는 특별한 시금석도 있었다. 가령 사랑, 희락, 화평과 같은 성령의 열매들이다.[2]

2) 기독교 영성의 정의
(1) 홈즈(Urban to Holmes)의 견해

영성이란 ① 인간의 관계성 형성 능력(a human capacity for relationship)이며 ② 그 관계의 대상은 감각 현상을 초월하는 존재이며, ③ 이 관계는 주체의 노력과는 별개의 것으로, 확장된 또는 고양된 의식으로서 주체에 의해 인식되며, ④ 역사적 상황 속에서 본질을 받고, ⑤ 세계 속에서 창조적 행위를 통하여 그 자신을 드러낸다.[3]

플라톤은 존재한다는 것은 관계 속에 있는 것이라고 말했고, 아리스토텔레스는 인간 존재를 정치적 동물로 정의했다. 이 술어는 종종 "사회적 동물"로 번역되나 문자적으로는 도시(polis)에 살고 있는 생물을 뜻한다.

영성이란 인간존재가 본질상 관계성을 요구하는 생물이라는 사실에서 시작되어, 인간이 된다는 것이 우리 각자의 내부에서 다른 사람과

---
2) U.T. 홈즈/ 김외식 옮김, 목회와 영성, 대한기독교서회(1988), p.28.
3) Ibid, p.29.

의 합일 즉 관계성 성립을 원하는 열망이 만족하는데 있다.

이 열망은 에로스(eros)라고 알려져 있는데, 여기서 애욕적(erosic)이란 단어가 나왔다.[4]

인간의 관계성에 대한 욕구는 외적인 접근(external proximity)만으론 충족되지 않는다. 즉 접촉만으로는 안 되고, 타인의 내적 자아 속에서 들어가 나의 내적 자아를 함께 나눌 때 이루어진다.

(2) 버나드 맥긴(Bernard Mcginn)의 견해

버나드 맥긴은 기독교 영성이란 기독교 신앙을 삶속에서 일반적인 형태로, 또는 보다 특수화된 형태로 실제로 체험하는 것을 말한다. 기독교 영성은 믿음 자체에 집중하지 않고, 종교적 의식과 수행 안에서 믿음이 일으키는 반응에 집중한다는 점에서 교리와 구분된다. 또한 기독교 영성은 인간의 모든 행동들과 하나님과의 관계를 다루는 것이 아니며, 하나님과의 보다 직접적이고 분명한 관계가 있는 행동들만 다룬다는 점에서 기독교 윤리학과 구분된다.[5]

(3) 노만 샤우척(Norman Schawchuck)의 견해

노만 샤우척은 기독교 영성은 주 예수님과의 인격적 교제 가운데서 경험하는 삶의 변화인데 이것은 하나님이 선물로 주시는 것이라고 했다.

(4) 아이리스 킬리(Iris V. cully)의 견해

아이리스 킬리는 기독교 영성을 교육학적인 각도에서 이해하고 있다. 인간의 본성과 교육과 양육에 의한 의도적인 개발의 상호작용이 영적성장을 가능하게 한다[6]고 했다.

아이리스 킬리는 하나님과의 관계되는 삶은 예수그리스도의 삶을 따라가는 삶이며, 하나님과의 관계를 기초로 하여 어떻게 인간과의 관계를 정의, 사랑, 평화에 관계로 회복할 것인가 하는 점에 중점을

---

4) Ibid, p.29.
5) 버나드 맥긴 외 2인 / 유해룡 외 3인 공역, 기독교영성, 도서출판은성(1997), p.10.
6) 오성훈, 영성과 목회-기독교 영성훈련의 이론과 실제, 장로회신학대학교 출판부(1997), pp.59-63.

두고 있다. 또한 영성은 성령의 역사임은 분명하다. 인간의 응답을 개발하는 교육(敎育)과 육성(育成)을 통해서만 진정한 영성에 도달할 수 있다고 보았다.

(5) 토마스 머튼의 견해

토마스 머튼은 기독교 영성의 독특한 모델을 제시한 관상 운동가였다. 그는 관상기도(contempaltive prayer)를 통해서 하나님과 합일에 이를 수 잇다고 보았는데 그 단계를 셋으로 구분하였다.

첫 번째, 단계는 자기 성찰의 기도(reflexive prayer)는 자신을 깊이 성찰하면서 사고를 훈련시키는 기도인데 이때는 하나님의 뜻이 이 땅에 이루어지기보다는 자신의 뜻(욕망과 필요)이 이루어지기를 바라는 기도이다.

둘째, 단계는 묵상기도(meditating prayer)는 자기의 모든 필요와 생각, 문제들까지도 끊어 버리고, 오직 하나님의 뜻을 발견하고 깨달으려는 적극적인 마음의 자세가 전체의 기도를 지배한다. 이때는 하나님의 뜻이 지배적이다.

셋째, 단계인 마지막 단계는 관상기도(comtemplative prayer)인데 이 기도는 완전히 자신을 비우고 정화하여 하나님의 은총의 현존과 성령의 뜻과 그리스도의 의지에 완전히 의탁하여 그분의 뜻과 일치하려는 기다림의 기도이다. 이때에 기도자는 자신을 완전히 십자가에 못 박고, 하나님이 보여주시는 세상을 있는 그대로 볼 수 있게 된다는 것이다.[7]

(6) 오성춘 목사의 견해

영성과 목회란 책에서 오성춘 목사께서는 "기독교 영성은 수평적이며 인본주의적인 일반영성과는 달리 하나님 중심의 수직적인 것이며, 하나님이 주시는 선물이요, 성령님의 역사로 이루어지는 신자의 모습이라고 하면서 3가지를 말했다.

---

7) Ibid, pp.65-68.

첫째 : 관계성이다. 동양적인 영성은 인간의 성품과 수양과 변화에 중점을 두는 반면, 기독교 영성은 인격적인 초월자이신 하나님과 관계를 맺고 사는 삶을 강조한다.

둘째 : 변화의 체험이다. 하나님과의 인격적 관계의 삶은 초월적 체험과 변화의 체험을 가져온다.

셋째 : 참여의 삶이다. 하나님과 인격적 관계의 체험을 통해 변화된 삶은 구체적인 역사 현장 가운데 구현시켜 참여의 삶을 살아간다[8]고 했다.

그러므로 기독교 영성은 예수그리스도의 정신을 나의 것으로 받아들여 그의 삶을 내 안에 구현시키는 것을 목표로 한다고 했다.[9]

(7) 기타의 견해

① 카일 라너(Kahl Rahmer)의 견해

인간의 영성은 인간이 창조 때부터 창조주 하나님으로부터 지음 받은 초자연적 생명이며, 세례로 말미암아 죽었던 속사람의 생명이 다시 소생하여 살아난 생명의 은총이다.[10]

② 제랄드 메이(Gerald May)의 견해

각 개인의 자아가 좀 더 고차원적인 어떤 힘과 관계를 맺을 뿐만 아니라, 기도 혹은 예배를 통하여 이러한 관계를 표현할 때 비로소 이 영적인 반응을 종교적이라 볼 수 있다. 그리고 여기서 더 나아가 종교적인 영성의 부분 집합인 기독교 영성은 예수그리스도를 믿는 신앙과 내주하시는 성령에 의해 가능해진 하나님과 깊은 관계를 맺고 있는 상태인 것이다.[11]

③ 사이몬찬(Simon Chan)의 견해

영성신학의 한 특징적인 유형에 의해 형성되는 삶의 예배방식으로 정의했다.[12]

---

8) Ibid, p.60.
9) Ibid, p.61.
10) 김광률, 영성훈련의 실제, 한국장로교출판사(1995), p.14.
11) 이선, 영성학과 성도양육, 예장총회출판부(2011), p.7.
12) 사이몬찬, 「영성신학」 (서울:IVP, 2002), p.18.

제2절 기독교 영성 형성

1. 영성은 하나님이 주시는 것이다.

영성은 하나님이 주신 선물이다. 우리는 이 영성을 통하여 영적인 삶을 형성하고 일구어낸다. 우리가 영성이 충만하여 영적인 삶을 잘 하도록 하는 과정을 영성형성(Spirituality formation), 영성교육(Spirituality education), 영성훈련이라고 한다.

2. 기독교 영성형성이란 성화의 과정과 관련이 있다.

영성형성이란 그리스도인들로 하여금 오늘이라는 삶의 자리에서 하나님의 선물인 영성을 통하여 성숙한 영적생활을 추구하도록 돕는 것이다. 그래서 내적으로는 친밀한 하나님과의 관계로 통하여 하나님의 자녀로써 참된 자기 정체성을 가지고, 예수 그리스도의 성품과 삶을 닮아가기 위해 성령의 현존과 능력을 경험하게 된다.

외적으로는 신앙공동체, 이웃, 사회, 하나님의 창조한 자연세계와의 관계에서 성숙한 영적인 삶과 사명을 발휘하기 위해 영적인 힘을 형성하도록 돕는 것이다. 영성형성은 하나님의 형상을 구현하고 성취하도록 돕는 그리스도인들의 성화(ctification)의 과정과 관련이 있다.[13]

3. 영성형성은 말씀과 하나님의 은혜방편으로 이루어진다.

영성형성은 하나님, 자기 자신, 이웃, 창조세계(자연)와의 역동적인 관계에서 끊임없이 성숙해 가는 과정이다.

그러므로 영성형성은 환경의 상태로 주어진 불변적 실체가 아니고, 성령의 도우심과 인도안에서 이루어져가는것인데 그것은 하나님의 말씀과 성령안에서 은혜의 방편인 기도, 묵상 등 영적 실천을 통해서

---
13) 최창국, 기독교 영성신학, 도서출판 대서(2010).

형성되고 성숙되는 것이다. 우리는 엡4:13[14]의 온전한 사람을 이루어 그리스도의 장성한 분량까지 자라야 하고 엡4:15[15]의 범사에 그에게까지 자라라는 말씀처럼 영성형성이 이루어져야 한다.

4. 영성은 기능적인 실체와 관계적인 실체가 대립되는 것이 아니다.

우리 기독교인은 기능적인 실체와관계적인 실체의 특징을 바르게 정립할 필요가 있다.[16]

1) 기능적인 실체

기능적인 요인이 영성형성을 위한 사역에서 중요한 하난의 실체이지만 기능적인 면이 본질이 된다면 기독교적인 사역의 본질적인 특성을 상실하게 된다. 「헨리 나우웬」(Henri Nouwen)은 이러한 기능적인 문화가 그리스도인의 참 존재의 정체성과 영성형성에서 왜곡된 길로 이끄는 유혹과 위험이라고 지적한다.[17]

우리의 정체성은 "내가 하는 일이냐"라는지 "남들이 나에 대하여 하는말이 곧 나"라든지 "내가 가진 것이 곧 나"라는 식으로 자신을 정의하려고 얼마나 많은 에너지로 쏟고 있는것일까? 그렇게 되면 삶은 기복의 연속일때가 많다.[18]

2) 관계적인 실체

성경에서는 기능적인 요소를 무시하는 것은 아니다. 성경의 가르침

---

14) 엡4:13 "우리가 다 하나님의 아들을 믿는 것과 아는 일에 하나가 되어 온전한 사람을 이루어 그리스도의 장성한 분량이 충만한 데까지 이르리니"
15) 엡4:15 "오직 사랑 안에서 참된 것을 하여 범사에 그에게까지 자랄지라 그는 머리니 곧 그리스도라"
16) M. 로버트 멀홀랜드 최대형옮김 p.50. 영성형성을 위한 거룩한 독서"(서울 : 은성, 2004) P.124.
17) 헨리나우웬, 「영성수업」 윤종석 옮김(서울 : 두라노, 2007) pp.48-49.
18) Ibid, pp.49-50.

은 관계적인 것이 기능적인것보다 우선한다는 것이다.

관계적인 영성형성이란 하나님께 대한 복종의 결과들로(신8:1,[19] 신8:2,[20] 신8:7-10,[21] 신8:11,[22] 신8:12-13)[23] 나타나는 것이다.

즉 삶의 실체를 가져오려고 노력하거나 그러한 실체가 노력의 결과라고 가정하는 기능적인 노력의 결과와는 대조된다.
그리스도인의 영성형성의 본질은 우리가 하나님에게 응답하는 사람의 관계 안에서 하나님께서 우리 안에서 행하시는 것이다.[24]

나아가 하나님은 우리의 영성형성을 위해서 우리가 사용할 수 있는 기능적인 기능의 역할자가 아니라 우리를 존재케 하시고 우리의 영성을 형성케 하시는 주체자이시다.

그래서 하나님이 우리의 영성형성의 주체가 되도록 할려면 하나님을 기능적인 수단으로 대해서는 안되며 하나님을 사랑과 순종의 대상으로 여겨야한다.

그러므로 영성형성이 그리스도의 형상으로 만들어 주는 은혜의 수단이 되려면 우리와 하나님과의 관계에서 시작되어야한다.

현대인들의 기능적인 문화를 비판하고 인격적인 관계로 전환을 위

---

19) 신8:1 "내가 오늘 명하는 모든 명령을 너희는 지켜 행하라 그리하면 너희가 살고 번성하고 여호와께서 너희의 조상들에게 맹세하신 땅에 들어가서 그것을 차지하리라."
20) 신8:2 "네 하나님 여호와께서 이 사십 년 동안에 네게 광야 길을 걷게 하신 것을 기악하라 이는 너를 낮추시며 너를 시험하사 네 마음이 어떠한지 그 명령을 지키는지 지키지 않는지 알려 하심이라."
21) 신8:7-10 "네 하나님 여호와께서 너를 아름다운 땅에 이르게 하시나니 그 곳은 골짜기든지 산지든지 시내와 분천과 샘이 흐르고 밀과 보리의 소산지요 포도와 무화과와 석류와 감람나무와 꿀의 소산지라 네가 먹을 것에 모자람이 없고 네게 아무 부족함이 없는 땅이며 그 땅의 돌은 철이요 산에서는 동을 캘 것이라 네가 먹어서 배부르고 네 하나님 여호와께서 옥토를 네게 주셨음으로 말미암아 그를 찬송하리라."
22) 신8:11 "내가 오늘 여러분에게 전하는 주님의 명령과 계명과 규정들을 정확하게 지킴으로써 여러분의 하나님 여호와를 잠시도 잊지 않도록 하십시오."
23) 신8:12-13 "여러분이 배불리 먹고 아름다운 집을 짓고 행복하게 살며 소 떼와 양 떼도 불어나고 은과 금도 많아지고 여러분의 모든 재산이 많아질 때에"
24) M.로버트 멀홀랜드, p 123.

해 「관계」를 세 가지로 구분했다.

첫째, "그것과 그것의 관계"다. 이 관계는 생명과 인격이 없는 무인력의 관계다. 인간관계에서 서로를 마치 물건처럼 서로가 서로를 이용한다.

둘째, "나와 그것의 관계"다. 상대방이 나를 물건처럼 이용해도 나는 상대방을 끝까지 인격으로 대할 때 그때 "나와 그것의 관계"가 성립된다. 그러나 이런 인간관계는 "나와 너"의 인간관계로 발전하지 않으면 안된다고 했다.

셋째, "나와 너의 관계"다. 나는 너를 인격적으로 대하고 그리고 당신은 나를 인격적으로 대하는 관계이다. 그러나 "내가 당신을 인격으로 믿어주고 당신이 나를 인격으로 믿어주어도 우리들 사이에는 언제나 그 인격적인 관계가 깨질 수 있는 긴장이 있다. 이것이 인간의 연약함이다. 그렇기 때문에 나와 너 사이에는 언제나 이 인간관계를 중매하는 하나의 촉매자가 필요하다"고 했다

부버는 이 촉매자를 '영원자 너' 즉 하나님으로 보았다.[25]

5. 그리스도의 형상을 닮아가는 것이 영성형성이다.

그리스도의 형상을 닮아가는 과정(confronting ourselves)인가? 아니면 닮아가는 과정(being confronted)인가:에 대하여 분명히 해야 한다. 스스로 닮아가는 것과 닮아가게 되는것의 차이에는 "통제"(control)라는 매우 중요한 문제가 제기된다.[26]

"통제 문제에 대한 끊임없는 다툼은 우리의 영적순례의 중대한 부분이다. 영성형성을 통제할 수 있는 힘이 우리에게 있다면 그것은 전혀 문제가 되지 않는다."[27]

---

25) 마르틴 부버 / 김천배 옮김, 「나와 너」(서울:대한기독교서회, 2000)
26) M.로버트 멀홀랜드, op. cit, pp.29-30.
27) Ibid, p.30.

제2장 건강한 교회

제1절 교회의 분류 통한 진단

1. 과거형 교회
성장이 노화되어 있는 교회이다. 그 특징은 다음과 같다.
1) 성직자 의존형
2) 변화에 둔하다
3) 지도자들이 새로운 변화를 거부한다.
4) 평신도에게 사역 거부
5) 담임목사가 계획하고 집행함

2. 현재형 교회
성장이 정체되어 있는 교회이다. 그 특징은 다음과 같다.
1) 모든 우선순위를 안전에 둔다.
2) 새로운 것에 도전 안한다.
3) 구제나 선교에 등한히 한다.
4) 기존의 프로그램에만 의존한다.
5) 기존신자 중심으로 사역한다.

3. 미래형 교회
성장 마인드 갖고 있는 교회로써 시련을 이기는 교회이다. 그 특징은 다음과 같다.
1) 성장의 비젼을 갖고 지도자가 성장의 동기부여를 준다.
2) 교회는 표의 몸 된 생명체이기 때문에 성장해야 한다는 의식이 전 성도가 다 갖고 있다.
3) 변화에 도전한다.
4) 새로운 신자에 관심이 대단하다.(양육과 조직이 있다.)

5) 비신자를 위해 전도가 살아있다.

제2절 미래형 교회 요건

1. 기본요건

	양 적 (외 적)	질 적 (내 적)
자신	정착 3. 교제 2. 예배	4. 양육 성장 5. 훈련
타인	1. 전도 재생산 8. 선교	6. 몸 7.물질 사역

1) 양적성장 4요소 : 8, 1, 2, 3
2) 질적성장 4요소 : 4, 5, 6, 7
3) 자신을 위한 요소 : 2, 3, 4, 5(어린, 받는 단계)
4) 타인을 위한 요소 : 6, 7, 8, 1(성숙, 드리는 단계)
   교회의 성도들이 성숙단계에 얼마나 속해 있는가?

3. PROCESS 목회와 PROGRAM 목회점검

1) 외부에서 가져와 심으려면 나무줄기(프로그램)만 가져오면 안된다. 프로그램만 있고 뿌리가 없으니 차라리 나무줄기가 없는 것이 더 낫다. 뿌리가 없으면 바람만 세게 불어도 넘어진다. 뿌리가 없기에 열매 맺기 어렵다.

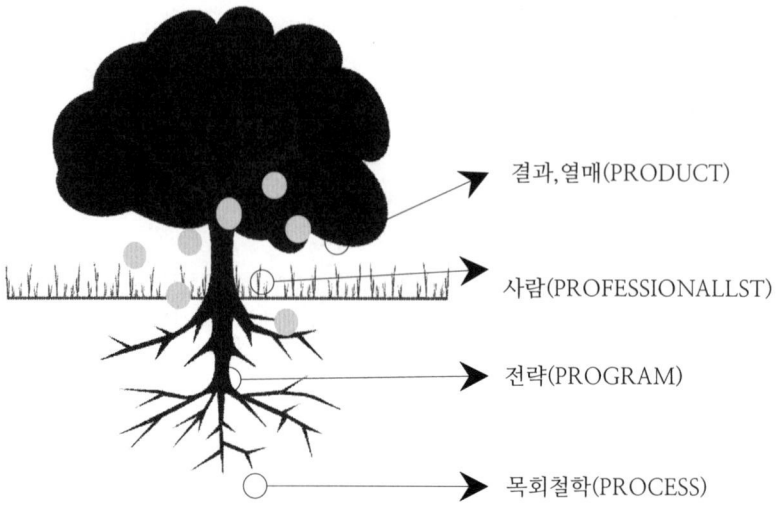

결과,열매(PRODUCT)

사람(PROFESSIONALLST)

전략(PROGRAM)

목회철학(PROCESS)

 2) 다른 것으로 바꿀수 있는 것이 프로그램이다. 제자훈련(좁은 의미) 프로그램은 없어도되나 양육과 훈련과정은 반드시 있어야 한다.
 3) 프로그램은 교회(지역,나라)의 토양에 먼저 맞아야 한다. 그것에 맞게 만드는 작업을 "목회철학이 뿌리 내리는 작업"이라 하며, 얼마간의 시간이 소요된다.
 4) 어떤 프로그램을 철학도 없이 도입해 안되면 프로그램을 버리게 되는데 프로그램을 버리면서 본질적 요소까지 버린다.
 예) 아기를 목욕시키고 목욕물을 아기와 함께 버리는 행위
   음식이 안 맞는다고 굶기면 안된다.
 5) 그 프로그램이 목회철학에 맞는지 반드시 검토해 봐야 한다.
 6) 건강, 성장방정식=철학+전략=실행
   [이중 어느 하나라도 값이 0 이면 글 결과도 0 이다.]
 7) 철학이 확정되면서 전략을 세우고 거기에 맞는 부교역자, 평신도 지도자를 세워야 한다. 이것이 거꾸로 되면 열매가 안 나타난다.
 8) 프로그램은 다양한 계층, 연령에 맞게 다양하게 만들어야 한다. 사

람들이 식성, 취향에 따라 음식도 다르게 먹듯, 다른 것을 나무라지 말고(취향이 다른 것은 죄가 아니다. 옳고 그름이 없다.) 다른 것을 준비해야 한다. 한 방법만 고집하면 열매가 한쪽으로만 맺히게 될 것이다.
  9) 프로그램 중심이 아니라 프로세스 중심이어야 한다.

4. 프로세스 목회의 4단계

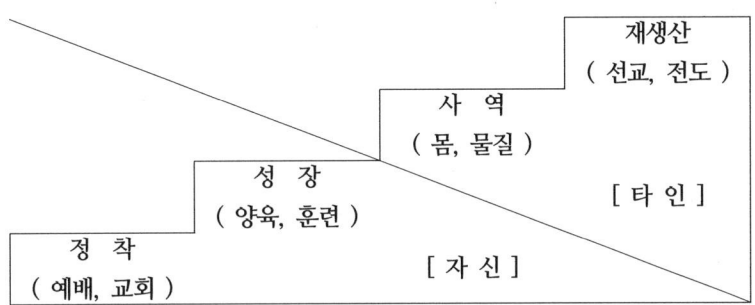

1) 교인 개개인이 어느 단계에 있는지 파악해야 함
2) 한 단계씩 올라가야 함을 강조한다.
3) 각 단계별로 목표를 분명히 하라.
4) 궁극적인 목표는 장성한 그리스도인이다.

제3절 건강한 교회 지도력

1. 동거의 지도력
1) 주님은 제자들과 함께 하셨다(마28:20).
① 함께 지내는 것은 그의 훈련 프로그램의 정수였다.
   이것은 그의 제자로 하여금 그를 따르도록 하게 하는 것이었다.
② 주님은 그 자신이 학교이며 교육과정이었다.

③ 지식을 법칙들, 교리들로 전달하지 않고, 제자들 가운데서 행하신 생생한 인격 안에서 지식을 전달하셨다(요18:19-21)
  2) **예수님의 제자훈련도 함께 하는 것이었다(막3:14-16).**
  3) **함께를 통해 하나 되었다.**
  ① 사귐을 통해 제자들은 하나님의 나라 비밀을 아는 것이 허락되었다(눅8:10).
  ② 지식은 설명으로 이해되기에 앞서 함께 거함으로써 얻어진다(요14:5-6).
  ③ '와보라'는 초청받은 요한과 안드레(요1:39), "나를 쫓으라"는 초청 받은 마태(마9:9), '나를 따라 오너라'는 초청받은 요한, 베드로, 야고보, 안드레(마4:19)등 단순한 한마디로 부르셨다. 그 후 많은 말씀을 함께 하면서 나누었다.
  4) **함께 하는 것을 통해 훈련하였다(막3:14).**
  ① 주님은 제자들과 함께 있을 필요성에 따라 한적한 시골 산간 지방에 데리고 다녔다. 북서쪽 두로와 시돈(막7:24, 마15:21), 데가볼리 지경(막7:31), 북동쪽에 있는 가이사랴 빌립보 여러 마을(막8:27), 요단강 동편 베뢰아(눅13:19-22), 빈들 가까운 에브라임 동네(요11:54), 예루살렘 성, 겟세마네 동산 등 마지막 시간까지 함께 지내며 부활 후에도 10차례 걸쳐 현현하여 같이 있었다.
  ② 개인적인 육성의 원리가 12제자에만 국한된 것은 아니다. 삭개오(눅19:7), 사마리아 여인(요4:39-42), 70인 전도대(눅10:17), 마르다와 마리아(눅10:32-42) 등 여인들과도 함께 하셨다. 다만, 주님은 할 수 있는 것은 모두 하셨으나 모든 사람에게 개인적으로 끊임없는 관심을 기울일 시간이 없으셨다.

  2. **헌신의 지도력**
  1) 주님은 그와 함께 한 사람들이 그를 순종할 것을 기대하셨다(마

11:29).
   2) 주님을 끝까지 헌신해야 한다.
   ① 옛 사고, 죄, 세상습관, 쾌락들도 하나님 나라의 훈련에 따라야 했다.(마5:1-7, 눅6:20-49)
   ② 헌신 행위의 기준은 오직 온전한 사람이다.(마5:48)
   ③ 많은 사람들이 주님의 가르침에 계속 따를 수 없었다(요6:25-59, 66).
   ④ 예수님의 생애를 끝가지 따르고서도 세상을 끊어버리지 않은 자도 있었다(가룟유다: 요6:70)
   3) 순종하는 것이 배우는 것이 중요하다.
   ① 다른 사람을 위해 종의 자리에까지 낮아져서 섬기게 된다는 가르침을 받아들이는 것은 어려웠다(눅22:24-30)
   ② 예수님은 선택된 제자들의 인간적인 결함을 인내하며 참으셨다(지위 다툼 : 막10:35-37, 시기심, 분노 등).
   ③ 절대적인 순종이 사랑의 표현이다(요14:15-15:14).
3. 나누는 지도력(분여의 지도력)
   1) 주님은 자신을 주셨다 - 그의 생애는 나누어주는 생애였다.
      (요15:15).
   2) 제자들도 거저 받은 것처럼 거저 주어야 한다고 했다(눅6:38).
   3) 예수님의 생애는 성령을 통해서만이 중재되었다
      (요4:1-14, 눅4:18).
   4) 이제 제자들에게 다른 보혜사를 보내시겠다고 하셨다.
      (요16:14-15).

4. 시범 지도력
   1) 주님은 제자들에게 본을 보이셨다(요13:15).
   2) 기도의 모범을 보이셨다(눅11:1-11).

3) 예수님의 궁극적인 목적에서 가장 중요한 것은 언제나 제자들에게 영혼 구원 방법을 가르치는 것이었다.

5. 위임 지도력
1) 제자들에게 사역을 위임했다.
　마 4:19 "내가 너희로 사람을 낚는 어부가 되게 하리라"
2) 제자들에게 주님은 그의 일을 할 수 있도록 자신의 권위와 능력을 부여하시면서 제자들이 하는 것은 주님이 하는 것과 같다고 하셨다.(마10:40)
3) 예수님은 둘씩 짝을 지어 팀을 만드셨다(막6:7)
4) 예수님의 이 원리는 제자들의 생각 속에서 점진적으로 명확해졌고 마지막엔 너무나 분명한 용어로 설명되었다(마28:19-20)
5) 선교 대명령을 위임하셨다(마28:18-20)

6. 감독의 지도력
1) 예수님은 점검을 계속하셨다(막8:17)
① 제자들의 전도여행 뒤 보고 받으시고 얘기하셨다(막6:30, 눅10:17)
② 계속 복습하고 적용하게 하셨다(막8:17-19)
2) 사도의 일원이 아닌 다른 사람들의 주님사역을 막지 않으셨다(막9:39-50).

7. 재생산 훈련 지도력
1) 예수님은 그들이 재생산할 것을 기대하셨다(요15:16).
2) 지상명령은 제자 삼는 일이 되어야 한다는 것이었다(마28:19).
① 추수할 일꾼을 위해 기도해야했다(마9:37-38).
② 강조점은 지도자에 있다(영적 목자).
③ 교회의 성공여부는 숫자나 예산 증가가 아닌 훈련에 달려있다.

제3장 갈등과 교회성장

1. 교회의 건강 사이클

2. 교회의 갈등해소 원리

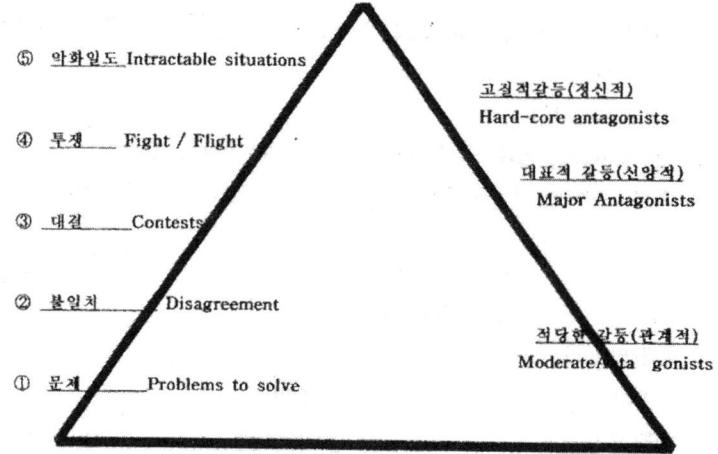

3. 갈등과 미움의 법을 무너뜨리는 법

미국내에서 인종간의 갈등을 해결하는 인간사이의 관계를 증진시키기 위해 노력하는 "프로미스 키퍼(promise Keeper)"의 「화해이론」은 다음과 같이 말한다.

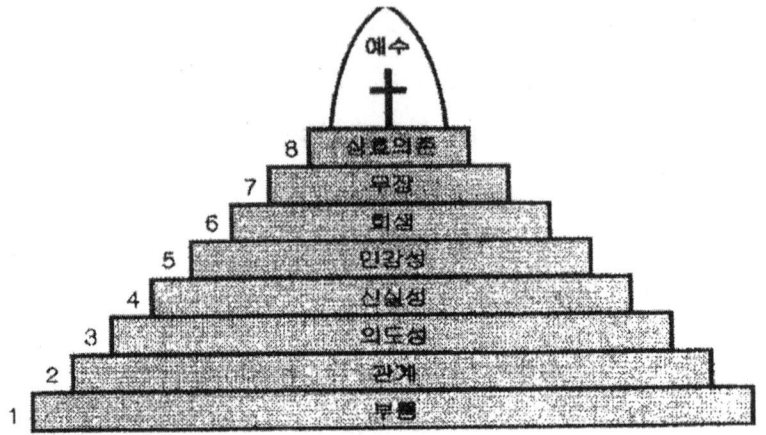

제1단계 : 화해로의 부름(고후5:19)
제2단계 : 인간관계에 헌신하기(요13:34)
제3단계 : 의도성(엡4:3)

형제들과 헌신된 관계를 경험하기 위해 의도적이고 적극적이며 계획된 행동이 요구된다.

제4단계 : 신실성(엡4:15)

우리는 해결과 신뢰구축의 목표를 가지고 개방적이 있어야 하며, 우리의 감정, 표현, 태도들, 차이점들과 인식들을 기꺼이 표현할 수 있어야 한다.

제5단계 : 민감성(마7:12)

다른 전통이나 문화의 배경으로부터 온 사람들에게 심리적으로 다가가기 위해 형제들에 대한 지식을 가져야 한다.

제6단계 : 희생(빌2:3-4)

상대보다 더 낮은 지위를 취할 수 있어야 한다.
제7단계 : 무장(엡6:11)
제8단계 : 상호의존성(고전12:25)

제4장 좋은지도자의 지도력

지도력 이론을 그 발전 과정을 중심으로 살펴보면 다음과 같이 요약할 수 있다.

우선, 지도력의 연구는 1930년대에서 1950년대에 걸쳐 '특성 이론'으로 요약되는데, 이는 지도자와 비지도자를 구별할 수 있는 개인적 특성이나 특징을 찾는 데 연구의 초점을 두었다.

다음으로 등장하게 된 이론은 특성 이론의 한계를 극복하기 위해 나타났는데, 1950년대부터 1960년대에 연구의 주류를 이룬 '행동 이론'이다. 행동 이론에서는 지도자의 어떠한 행동유형이 조직성과에 높은 영향을 미치는가를 밝히기 위한 연구에 중점을 두었다.

1970년대 이후 '상황 이론'이 대두되어 어떤 상황에서나 효과적으로 적용할 수 있는 유일하고 최선의 지도적 유형은 없다는 전제하에 유효성은 상황과 관련하여 그 상황에 적절한 지도력을 발휘할 때 조직의 성과는 증대된다는 것이다.

1. 특성 이론

특성 이론은 가장 오랜 역사를 지닌 이론으로 그 기본적인 가정은 효율적인 지도자는 비효율적인 지도자와 명확하게 구별되는 몇 가지 특성과 자질을 가지고 있다는 것이다.

이 이론에 따르면 지도자로서 어떤 특성과 자질을 가진 자는 어떤 시공간 속에서도 지도자가 될 수 있다는 것이다.

이 이론은 제1차 세계대전 초에 미국 심리학협회가 실시한 연구 결과에서부터 대두되기 시작하였는데 선천적 이든 후천적 이든 지도자의 일련의 공통적 특성을 규명하는데 목표를 두었다.

지도력에 관한 초기 연구가 대부분 이 이론을 따르고 있다. 이러한 연구는 이미 영웅이나 위인에 관해 관심을 가졌던 이전의 연구에 기초하는데 1841년경 토마스 칼라일의 「영웅과 영웅 숭배」라는 책에서 본격적으로 소개되었는데 지도자는 태어나는 것이며 사회적인 요청에 의해 떠오르게 된다는 주장에서 그 발단을 찾을 수 있다.

특성 이론은 효과적인 지도력을 발휘하기 위해서는 무엇보다도 지도자가 이끌어 가는 집단에 직접 참여할 수 있는 자세와 능력이 있어야 하며, 집단으로부터 받아들여지고 영향력을 미치기 위해서는 남보다 특출해야 한다는 것이다.

이 이론을 주장하는 사람들은 다음과 같은 특성을 제시하고 있다.

깁(C. A. Gibb)은 지도자의 특성을 정력, 강한 자신감, 지성, 웅변력, 통일된 태도, 통찰력 등으로 보았고, 티드는 체력과 지구력, 목적의식과 지도력, 열의, 사교성, 기술적 숙련, 결단력, 지능, 교습 기술, 신념으로 규정하였으며, 버나드는 안정적 상황에서는 냉정, 침착성이 중요하고, 불안 상황에서는 박력과 지구력, 결단력, 설득력, 책임감, 지적 기술적 능력 등을 들고 있다. 이상에서 살펴본 특성 이론은 다음과 같은 문제점을 지니고 있다.

1) 성격 특성을 엄밀히 조사할 수 있는 기술이 아직 발달되어 있지 않다.
2) 특성을 표현하는데 개념이 다양하고 그 의미도 통일되어 있지 않다.
3) 상황이 미치는 영향을 무시하고 지도자의 특성만으로 집단 목표는 달성할 수 없다.
4) 모든 상황에 맞는 공통적 지도자의 특성은 발견하기 힘들다.
5) 지도자 위주라서 집단 성원에 대한 고려가 없다.

이상과 같은 문제점과 함께 현재까지의 수많은 연구에도 불구하고 지도자는 반드시 어떠한 특성을 갖추어야 하며, 그것만 갖추면 반드시 지도자가 된다는 일반 법칙적인 명제는 확립되어 있지 않다. 오히려 지도자는 역사적, 문화적, 집단적 상황에 따라 그가 구비해 야 하는 자질이 달라진다고 하는 것이 근래의 이론이다.

그러나 이러한 문제점에도 불구하고 인간 관계를 전제하는 지도력은 그 속성상 지도자의 인격적 특성을 결코 무시할 수는 없다. 지도자의 특성은 지도력의 발휘에 큰 영향을 미치는 요소인 것은 틀림없는 사실이다. 따라서 이 이론은 다른 이론들과의 연계적인 연구를 통하여 그 실효성을 찾을 수 있을 것이다.

2. 행동 이론

이 이론은 특성 이론과 마찬가지로 지도자가 취하는 행동에 중점을 두고 지도력을 연구 분석하려는 연구인데 지도자에게 요구되는 역할은 집단의 성격 즉, 집단성, 상황, 구성원의 성격 등에 따라 달라지겠지만 집단 형성 과정, 혹은 목표 달성 과정에 있어 많은 정보를 제공하고 선도적 행동을 하여 다른 구성원들로부터 인정받게 되면 지도자로 선정되며 지도자로서의 역할 수행과 지도력이 결정된다는 견해이다.

행동 이론은 특성 이론과 많은 점에서 공통적 요소를 지니고 있기는 하지만 다음과 같은 점 에서 차이가 있다.

행동 이론가들은 개인의 성과 혹은 집단의 성과에 영향을 미치는 지도자의 관찰된 행동이 어떤 것인가를 연구하는 데 관심을 갖고 있다. 또한 종업원의 공헌도를 보다 잘 평가하는 지도자가 보다 성과가 높은 종업원을 가지고 있는지에 대하여 관심을 가지고 있다.

반면에 특성 이론가들은 지도자의 성과에 관련되는 지성 혹은 자신감과 같은 지도자의 자질을 어떻게 측정할 수 있는가를 연구하는 데 관심이 있다. 이들 두 이론은 방법과 가정 에서 차이가 있다. 왜냐하면 행동 이론가들은 지도자의 행동은 성과에 영향을 미치며 관찰 가능한 행동이라고 가정하고 있으나, 특성 이론가들은 지도자를 효율적으로 만드는 것은 지도자의 특성이라고 가정하여 지도자의 행동에 대한 면을 고려하지 않고 있다.

특성 이론에서 볼 때 지도자는 후천적인 것보다는 선천적인 것으로 가정되며, 행동 이론에서는 행동이 변하게 되면 지도자는 만들어 지거나 개발될 수 있다고 가정한다. 그러나 이 이론도 특성 이론과 같은 문제점을 안고 있다고 할 수 있다.

3. 상황이론

이제까지의 지도력 스타일에 대한 연구들의 과제는 한결같이 어떠한 유일한 이상적인 지도력 형태를 개발하는 것이었다. 그러나 이들 연구들은 모두 유효성이란 측면을 적절하게 설명하지 못하고 있다.

따라서 어떤 상황에서나 효과적인 유일한 지도력 스타일이란 존재하지 않는 것이라고 가정하여 지도력의 유효성을 상황과 연결시키려는 상황 이론이 등장하게 된 것이다.

이 이론에 의하면 지도자란 상황의 산물이기 때문에 한 상황이 요구하는 지도자의 형태가 있는데 지도자가 이에 부응하게 될 경우 효과적인 지도력이 발휘되게 되는 것이다.

이 이론은 초점을 지도자가 처해 있는 조직이나 집단의 상황요인에 두고, 주어진 상황에 의해서 지도자의 가치가 판단되고 지도자의 행동은 집단의 상황에 따라 결정된다고 주장하는 이론이다. 지도력 과 상관관계 내지 함수관계를 갖는 상황적 요소로서는 문화적 환경, 개인간의 차이, 조직의 특성, 직무의 특성, 조직이나 집단의 역사 등이 있다.

그러나 이 이론에 따라 상황의 모든 요소를 고려하여 분석한다 하더라도 지도력을 완전히 파악할 수는 없다. 왜냐하면 지도자는 주어진 상황에 따라 지도력을 제한 받기만 하는 것이 아니라 목표 달성을 위해 상황을 이겨내는 능동적인 지도력을 행사하기도 하기 때문이다. 또한 상황만이 지도력의 결정요인이라면 동일한 상황에서 다른 사람을 물리치고 어떤 특정인이 지도자가 되어 지도력을 발휘하는 이유를 명확히 밝혀주지 못한다.

4. 상호작용 이론

지도력은 어느 하나의 변수에 의해서 결정되는 것이 아니라 많은 변수에 의해 결정되는 것이기에 지도자의 개인적 자질과 그가 처한 상황, 추종자간의 상호작용에 의해 지도력이 결정된다는 이론이다.

이 이론은 다음과 같이 요약할 수 있다.

1) 지도력은 상황과 언제나 상대적이다. 이것은 집단의 목표, 과제, 조직 등이 상대적이기 때문이다.

2) 지도력은 사회적 상호작용의 과정과 같은 과정을 통해 이루어진다.

3) 지도자와 구성원은 공통의 목표와 욕구 등 서로 공통적인 요인에 의해 결합하지 않으면 안 된다.

4) 성원의 성격이 부여되면 지도자의 지위선정은 성원의 인지에 의해 결정된다.

5) 성원들은 그들과 전혀 다른 욕구와 가치관 그리고 목표를 갖고 있는 자에게는 종속하려 하지 않는다. 반면에 자기들과 같은 요인을 갖고 있고 자기들보다 우수한 자에게 종속하려고 한다. 만일 집단의 상황이 바뀌면 성원 중의 한 사람이 새로운 지도자가 되기 때문에 성원들은 모두 지도자가 될 준비를 하 고 있는 것이다.

5. 카리스마 이론

카리스마 이론과 다음에 살피게 될 변화 이론은 최근에 소개된 이론으로써 많은 관심을 끌고 있다.

카리스마적 지도력에 대해서 어떤 학자는 자존심이 높고 자율성에 대한 높은 욕구를 가진 사람은 그렇지 않은 사람들보다 카리스마 에 덜 반응할 것이라고 주장하는 반면, 부하들의 개인 특성에 무관하게 지도자의 지도력과 개인 능력으로 부하와 카리스마적 관계를 형성하는 지도자도 있다고 주장된다. 하우스와 라손은 카리스마적 지도력은 부하들의 과업이 중요한 이념적 요소를 갖고 있을 때 적절하다고 주장한다.

6. 변환이론

변환적 지도력은 지도자와 부하가 서로 동기 부여와 도덕성을 보다 더 높은 수준으로 높일 수 있도록 상호작용을 할 때 발생하고, 거래적 지도력과 같이 지도자와 부하간의 교환에 의해서가 아니라 지도자의 개인적 가치와 신념에 의해서 생긴다. 따라서 변환적 지도력을 발휘하는 지도자들은 부하들의 동기를 만족시켜 줌으로써 부하들의 동기의 기반을 변화시킨다. 따라서 가장 효과적인 형태의 변환적 지도력은 부하의 가장 기본적이고 지속적 인 욕구들이라 할 수 있는 고차원적이고 일반적이며 포괄적인 가치에 호소하는 것이다. 따라서 카리스마적 지도자는 극단의 존경을 받고 부하들로 하여금 무조건적으로 복종하고 신뢰하게 하는 지도자인 반면, 변환적 지도자는 부하들로 하여금 더욱 더 자율적, 자기 지시적, 자아 실현적이고 이타적이 되도록 하는 지도자라고 할 수 있다.

한국 교회의 성경 개혁
– 바른 신학과 바른 성경 번역을 통한
한국장로교회 개혁을 위하여

나 용 화 박사
전 개신대학원대학교 총장

서 론

지난 5월 12일에 1차로 오늘처럼 "한국교회 이대로 좋은가"라는 주제로 예장연 특별세미나가 있었다. 그날 설교는 고중권 박사, 그리고 논문발표는 정성구 박사, 최희범 박사, 박형용 박사, 그리고 강춘오 목사가 각각 맡아 하셨다. 설교를 맡은 고중권 박사(라이프신학대학 부총장)는 종교다원주의와 종교대화주의로 말미암아 기독교의 절대가치가 상실될 위기에 있다고 했다. 이는 모든 종교인들, 심지어 무종교인들까지도 하나님의 익명의 자녀들(소위, anonymous christians)이기에 전도나 개종의 대상이 아니라고 종교다원주의가 보기 때문이라고 고박사는 강조하였다.

정성구 박사(한국칼빈주의 연구원장)는 "끝나지 않은 교회의 개혁"이라는 주제로 언급하기를, 현재의 종교다원주의 환경에서는 '종교개혁'이라는 용어보다는 '교회개혁'이라고 하는 것이 좋겠다고 하였다(참고로 말하자면, 칼빈의 저서「기독교강요」에는 기독교만이 유일한 종교이고, 또 '종교'는 '신앙' 또는 '경건'의 의미로 사용되었다). 그리고 존 위클립, 얀 후스, 루터와 칼빈 등이 강조한 대로 절대무오한 하나님의 말씀인 성경으로 돌아가 교회를 끊임없이 개혁해야 한다고 하였다. 그러면서 주기철과 손양원 목사 같은 분들이 오늘의 교회 개혁의 견인차가 되기를 희망했다.

최희범 박사(서울신학대학교 전 총장)는 "한국교회 연합과 일치 운동의 소고"라는 주제로 교회의 도덕성과 사회적 기여도를 언급하였다. 그는 교회의 존재 목적을 상향(upreach), 곧 예배와 내향(inreach), 곧 훈련과 양육 그리고 외향(outreach), 곧 전도와 봉사로 규정하고, 교회가 한국 사회에서 정치 경제 사회 문화 등 여러 분야에서 화해자 역할을 감당해야 할 것을 강조했다.

박형용 박사(합동신학대학원대학교 명예교수)는 "종교개혁 정신을 회복하자"는 주제로 한국교회가 처음부터 하나님의 무오한 말씀인 성경을 사랑하고 공부한 것이 한국교회 부흥의 밑거름이었다고 전제하였다. 그는 초대선교사였던 언더우드와 아펜젤러가 19C말과 20C초 3대 칼빈주의 신학자인 카이퍼, 워필드, 바빙크와 거의 동시대 인물들이었음을 상기시켰다. 그리고는 근대의 한국교회가 성경을 많이 가까이 하는 것 같으나 사실상 성경의 중심사상으로부터 멀어져 있고, 성경보다는 주관적 영적 경험을 중시하는 경향이 있다고 지적하였다. 그는 예배와 경건 회복을 목회자 자신부터 할 것을 제안했다.

강춘오 목사(교회연합신문 발행인)는 "한국교회 이단연구 패러다임 바뀌어야 한다"는 주제로 오늘의 한국교회가 동물의 왕국, 곧 강한 자가 약한 외톨이를 희생물로 삼아 죽이는 왕국과 같은 이단 사냥놀음의 함정에 빠져있다고 진단했다. 그에 의하면 조작된 이단 시비로 인하여 한국교회가 분열되는 아픔을 당하고 있다.

지난번 특별세미나의 맥을 이어, 오늘 "한국교회의 성경 개혁"이라는 주제 아래 바른 신학과 바른 성경 번역을 통한 한국장로교회의 개혁을 부분적으로 다루었다. 이와 관련하여, 한국의 장로교회가 신학의 기본을 재인식해야 하는 문제, 루터와 칼빈의 신학을 재발견해야 하는 문제, 성경적 계시관을 바르게 정립하고 성경을 바르게 번역해야 하는 문제, 그리고 WCC신학이 어떤 점에서 변질되고 왜곡되었는가를 알아야 하는 문제 등을 순서대로 기술하였다.

1. 한국장로교회는 신학의 기본을 재인식할 필요가 있다.

한국장로교회, 특히 정통적인 신학과 신앙을 자랑하고 있는 한국의 보수적인 장로교회는 성경과 칼빈의 신학과 웨스트민스터 신앙고백을 3대 기초로 삼고 있다. 그런 까닭에 이 3대 기초의 핵심이 무엇인지를 바르게 재인식할 필요가 있다.

1) 성경의 핵심 진리와 주제

성경 가운데 구약을 대표하는 것은 창세기이고, 신약의 경우는 로마서이다. 창세기와 로마서에 의하면, 성경의 핵심 진리와 주제는 창조, 타락, 구원이다. 창조의 경우, 창세기 1장은 창조주 하나님이 시간과 공간과 함께 우주를 그의 영광의 대극장으로 지으시고, 인간을 하나님의 형상으로 만드시어 관리 대행자 곧 청지기로 삼았다. 청지기로서의 인간은 하나님의 시간표와 계획표에 따라 자연을 품어주고 잘되게 해야 하는 직분을 하나님께로부터 받았다(참고, 창세기 1장 28절의 '정복하고, 다스리다'는 말은 2장 17절의 '경작하며 지키다'와 관련지어 이해되어야 하고, '경작하다'는 단어는 히브리어의 경우 '섬기다'(serve)를 의미한다). 창세기 2장의 경우, 에덴의 동산은 하나님이 사람을 만나 교제하는 성소이고, 생명나무와 선악과는 하나님의 언약의 수단이며, 안식일은 성소에서 하나님을 예배하며 안식을 누리는 날이고, 가정은 안식처로서 언약의 체험 현장이요 안식을 누리는 기본 단위이다. 하나님의 창조로 인하여 이 피조세계에는 하나님의 신성과 능력과 영광이 계시되어 있고(롬1:20), 사람에게는 하나님을 아는 지식이 있는 것이다(롬1:19, 21).

타락과 관련해서는 원죄의 성격을 깊이 알고, 죄의 조성자인 사탄과, 죄의 해결책이자 해결자인 '여자의 후손'(창3:15), 곧 그리스도라고 하는 예수님의 세 직분을 알아야 한다. 그가 어떤 점에서 복음이며, 그를 통해서 어떻게 하나님의 나라가 이 땅에 세워졌는가를 또한 알아야 한다. 특히, 하나님의 나라가 종말론적으로 어떻게 시작되었고, 그리스도의 재림 및 최후의 심판과 함께 어떻게 완성되는가를 바르게 이해해야 한다. 예수님의 말씀에 의하면, 하나님의 나라는 그의 의의 실천과 함께 이루어진다(마6:33). 그러기에, 하나님이 아브라함을 택하여 부르신 것도 정의와 공의를 행하도록 하기 위함이었다(창18:19).

하나님의 의는, 잠언에 따르면, 정의(justice)와 공의(righteousness)와 공정(fairness, 또는 equity)이다. 정의는 은혜와 함께 하나님의 말씀의 법에 따라 옳고 그름을 판단하는 것(법치, 法治)이고, 공의는 인애로 허물을 덮어 바르게 세워주는 것(인치, 仁治)이며, 공정은 긍휼을 베풀어 가난하고 약한 자의 아픔을 함께 나누는 가운데 삶과 복을 누리게 하는 것(덕치, 德治)이다. 그래서 시편 103편 6~8절에 보면, 공의와 정의가 긍휼, 인애, 은혜와 함께 언급되어 있고, 잠언은 긍휼을 베풀어 공정을 실천하는 것을 강조했다(잠11:24 ; 14:21, 31 ; 19:17 ; 28:27 ; 31:20). 사실상, 은혜는 죄를 이겨내 하나님 앞에 바로 서게 하는 사랑이고, 인애는 변함없는 언약적 사랑으로 허물을 덮어주고 인내하며 용납하는 사랑이며, 긍휼은 힘없고 가난한 자의 아픔을 함께 나누는 깊은 속정으로 하나님 앞에서 함께 사는 사랑이다.

이런 까닭에, 바울은 하나님의 나라를 세우는 복음이 바로 예수 그리스도인 것(롬1:2~4)과, 그 복음이 구원에 이르게 하는 하나님의 능력이며(롬1:16), 그 하나님의 나라는 성령 안에서 의와 평강과 기쁨(롬14:17)이라 하였다. 또한 하나님의 나라를 위하여 복음이 필요한 것은 사탄 마귀로 말미암는 불경건과 불의와 우상숭배와 같은 죄 때문이요(롬1:18~3:20), 그 죄의 해결자가 하나님의 의이신 예수 그리스도라고 바울은 강조했다(롬3:21~25). 그래서 예수 그리스도는 복음과 하나님의 나라를 선포했고(막1:15), 복음을 선포하고 병든 자들을 긍휼히 여겨 치료함으로 하나님의 나라를 세우셨다(막

1:39~45). 그리고 바울은 예수가 그리스도이심을 가르치고 하나님의 나라를 선포했다(행28:31).

한국의 장로교회가 성경대로, 창조와 타락과 구원, 그리고 죄의 해결자이신 구원자 예수 그리스도와 하나님의 나라 및 하나님의 의와 사랑(정의, 공의, 공정 및 은혜, 인애, 긍휼)을 바르게 인식하는 것이 교회 개혁의 첫걸음이다. 한국의 보수적인 장로교회는 성경대로 하나님 나라와 정의를 연결지어 파악하지 못함으로 인하여 1974년에 발표된 로잔언약을 신복음주의로 왜곡하여 거부하였고, 정의실현을 소홀히 함으로써 개독교로 낙인찍히는 수모를 당했다. 로잔언약은 복음선포와 정의실현을 교회가 균형있게 추구할 것을 선포한 자기반성의 산물이었다.

2) 칼빈 신학의 핵심

한국의 보수적 장로교회는 대체로 16세기의 칼빈의 신학과 17세기의 칼빈주의 신학과 19세기 후반에 아브라함 카이퍼가 주도한 신칼빈주의를 구별하여 알고 있지 않다. 알미니우스주의와 대립각을 세워 발전된 칼빈주의만을 주로 알고 있을 뿐이다. 그리고 자유주의 신학과 대립각을 세워 발전된 신칼빈주의의 영역주권 사상을 흔히 강조한다. 물론 칼빈주의나 신칼빈주의 모두 칼빈의 신학에 뿌리를 두고 있다. 그러나 칼빈 자신의 신학은 로마가톨릭의 그릇된 비성경적 미신(또는, 맹신)과 거짓된 예배와 대립각을 세워 루터의 개혁원리에 영향을 받아 세워졌다. 그런 까닭에, 칼빈의 신학은 그의 기독교강요에 나타나 있는 대로 하나님 아버지를 아는 지식, 특히 하나님의 부성애(fatherly care)를 아는 지식과 그로 말미암은 경건(godliness, piety 또는 religion)이 핵심이다.

하나님과 사람 자신을 아는 참 지식에서 지혜를 얻고, 그 지혜를 통해 하나님을 아버지와 주님으로 알고 사랑하고 신뢰함으로 경건케 된다. 이 경건에서 믿음과 회개가 가능하고, 이로써 그리스도와의 신비한 연합이 있게 되고, 하나님의 자녀의 권세를 얻는다. 이 연합에 근거하여 그리스도를 믿는 하나님의 자녀가 의롭다함(칭의)과 거룩함(성화)의 이중의 유익을 얻게 된다. 칭의와 성화는 비유컨대 햇빛과 햇볕처럼 구별은 되지만 항상 평생토록 함께 한다. 칭의 없는 성화 없고 성화 없는 칭의 없다. 칼빈은 기독교강요에서 이 둘을 다룸에 있어서 칭의보다 성화를 먼저 다루었다.

칼빈이 그의 기독교강요에서 칭의보다 성화를 먼저 다룬 데는 이유가 있었다. 기독교강요 초판이 출간된 1536년은 루터가 개혁의 깃발을 든 지 10년 되는 때였고, 최종판은 42년 후인 1559년이었다. 루터는 이신칭의 교리를 가르친 후 15년에 지났을 때 그 교리를 악용하고 왜곡하여 무율법주의적 방종에 빠지지 않기를 독일교회에게 당부한 바 있었다. 그런가하면, 로마가톨릭교회는 칭의 교리가 영적으로 나태하게 하고 거룩한 생활에 대하여 무관심하게 만든다고 끊임없이 비난하였다. 이같은 루터의 경고와 로마가톨릭교회의 비난을 염두에 두고 칼빈이 성화를 칭의보다 먼저 그리고 훨씬 많은 분량을 할애하여 기술하였다. 뿐만 아니라 칭의를 선행과 연결지어, 칭의는 사람의 인격뿐만 아니라 행위까지도 포함하였다. 다시 말해서, 칼빈은 살아있는 참된 신앙의 증거로 선행을 언급함으로써 믿음과 선행을 분리시키지 아니했던 것이다. 또한 칼빈은 믿음에 본질상 구원의 확신이 있다는 사실을 강조하였고, 그 확신이 흔들리지 않도록 신앙의 성장을 독려하고 평생에 걸친 회개의 필요성을 가르쳤다. 이로써 하나님의 자녀로서 경건하여 그리스도와 온전히 연합되어 의로움과 거룩함으로 하나님을 예배하게 된다는 사실을 칼빈이 강조함으로써 로마가톨릭교회의 미신과 거짓예배를 거부하였던 것이다.

오늘의 한국의 보수적 장로교회가 칼빈의 신학을 바르게 재인식할 때 경건의 능력과 구원의 확신과 참된 예배를 회복할 수 있을 것이다.

3) 웨스트민스터 신앙고백의 핵심

1648년에 영국과 스코틀랜드 교회와 의회에 의해서 제정되고 승인된 웨스트민스터 신앙고백은 칼빈의 신앙과 신학에 근거하되 1610년에 등장한 알미니우스주의 신학과 대립각을 세우고 있다. 그러나 우리가 유의할 것은 알미니우스주의 신앙과 신학을 이단으로 취급해서는 안 된다. 알미니우스도 그의 제자들에게 칼빈의 주석의 탁월성을 알고서 읽고 공부할 것을 권하였다. 한국의 복음주의신학회는 칼빈주의 신학자들과 알미니우스 신학자들이 함께 회원으로 연구하며 신학을 교류하고 있다.

웨스트민스터 신앙고백은 알미니우스주의 신학과 대립각을 세우고 있기는 하나, 그 자체의 핵심적 신학이 있다. 이 신앙고백은 우선 로마교황의 권위와 영국 여왕의 세속적 권위에 대하여 성경의 권위를 먼저 강조하고, 그리스도만이 교회의 머리임을 주장했다. 로마가톨릭 교회는 교황을, 그리고 영국의 교회는 여왕을 각각 교회의 머리로 인정하고, 교황과 여왕의 칙서가 성경보다 더 권위가 있었다. 하나님의 말씀인 성경만이 절대권위가 있고, 신앙과 생활의 절대무오한 규범, 곧 법이라는 교리를 이 신앙고백은 전체 33장들 중에서 첫 번째 장에서 가르쳤다.

이 신앙고백의 성경관에 관하여 한국장로교회가 크게 오해하고 있는 것이 있다. 이 신앙고백에 의하면, 자연계시의 불충분함을 인하여 특별계시가 필요하게 되었고, 이로 인하여 하나님은 그 특별계시를 기록하여 두기를 기뻐하였다. 그렇게 기록된 것이 성경이고, 이 성경이 주어짐으로써 과거의 계시의 방식, 곧 구약시대에 예수 그리스도를 계시하던 방식이 이제는 중단되었다. 다시 말해서, 구약의 계시의 방식이었던 약속과 예표와 희생제물 등이 계시의 실체인 그리스도가 육신을 입고 오심으로써 더 이상 필요가 없어 중단된 것이다.

그러나 하나님의 계시는 사람을 향한 하나님의 소통행위(a divine

communicative act)로서 방식 외에도 수단(means)이 있다. 일반계시의 수단으로는 사람의 본성과 자연현상과 역사적 사건들이 있고, 특별계시의 수단으로는 신현(하나님의 나타나심)과 예언(말씀이 주어짐)과 이적(능력 행함과 치유와 기적) 등이 있다. 하나님은 예나 지금이나 항상 변함없이 이같은 수단을 사용하여 자신을 계시하고 있고, 예수 그리스도는 그의 선지자직을 행하심에 있어서 지금도 성경을 가지고 성령을 통해서 구원의 비밀들을 계시하고 있다(8장 8항 ; 대요리 43문답).

이로 보건대, 계시의 구약의 방식과 관련해서는 계시가 중단되었으나, 계시의 수단이나 그리스도의 선지자직 및 하나님의 소통하는 행위로서 계시의 정의와 관련해서는 계시는 결코 중단된 것이 아니고, 살아있고 항상 있으며(벧전1:23) 활동력이 있다(히4:12). 이런 까닭에, 한국의 보수적 장로교회가 주장하는 바 계시종결론(termination of revelation)은 웨스트민스터 신앙고백의 성경과 계시관을 크게 오해함으로써 비롯된 것이다. 그리스도 외의 다른 복음, 곧 다른 계시는 없으나, 구원의 비밀에 관한 하나님의 계시는 결코 종결된 적이 없고 지금도 항상 있다.

웨스트민스터 신앙고백은 인간을 다룸에 있어서 본래 상태의 인간(4장 2항), 죄의 상태에 있는 인간(6장), 은혜 상태에 있는 인간(10~20장), 그리고 영광 상태에 있는 인간(32~33장)으로 구분하였다. 그리고 인간의 의지의 자유(9항)에 관해서도 무죄 상태(1~2항), 타락한 죄의 상태(3항), 은혜 상태(4항), 그리고 영광 상태(5항)로 구분하여 기술했다. 이에 관하여 한국장로교회가 유의할 점은, 죄의 상태에서 인간은 부패하고 무능력하여 의지가 자유롭지 못하고 죄의 노예가 되어 있으나, 은혜의 상태에서는 그 의지의 자유가 회복되어 있다는 사실이다. 빌립보서 2장 13절에 말씀된 대로, 하나님의 기쁘신 뜻을 위하여 자원하여(즉, 의지적으로, 또는 뜻을 세워) 힘써 행해야 할 의무가 성도에게 있으며, 베드로후서 1장 5~11절대로, 더욱 힘써 믿음과 인내와 형제우애와 사랑을 공급하고, 부르심과 택하심을 굳게 해야 한다.

그렇게 해야 그리스도의 영원한 나라에 넉넉히 들어갈 수 있다.

한국의 장로교회는 안타깝게도 웨스트민스터의 계시관과 자유의지에 관한 가르침을 충분하게 이해하지 못함으로써, 오늘 임하시는 하나님의 음성을 듣는데 소홀하고, 의지의 자유를 힘써 사용하여 하나님의 음성에 순종하는데 소극적이 되기 쉽다. 이로써 교회가 약해지는 것이다.

결론적으로 요약하자면, 한국의 장로교회가 성경을 하나님의 말씀으로 알고 믿으며, 칼빈의 이름을 자랑하고, 또 웨스트민스터 신앙고백을 헌법으로 채용하고 있으나, 왜곡된 성경의 계시관과 성경의 핵심 주제에 대한 지식이 얕고, 칼빈의 신학의 핵심과 웨스트민스터 신앙고백에 대한 충분한 지식을 결여하고 있다. 이같은 한국장로교회의 약점은 장로교회의 신학대학교나 신학대학원 교수들 가운데 창세기와 로마서를 전공한 교수 외에는 이 성경들을 깊이 연구하여 저술한 자들이 거의 없고, 칼빈의 기독교강요와 웨스트민스터 신앙고백을 필수과목으로 정하여 가르치고 있지 않은 데서 비롯되었다.

2. 한국의 장로교회는 루터와 칼빈의 신학을 재발견할 필요가 있다.

마틴 루터가 1517년 10월 31일 만성절 전날 비텐베르크대학의 게시판에 내건 95개 조항은 당시 로마가톨릭교회의 잘못된 교리와 관행을 알리기 위함이었다. 로마가톨릭교회는 아리스토텔레스의 윤리의 대명제, "선행이 의에 앞선다."는 말대로 선행이 먼저 있어서 성도가 의로운 것으로 인정될 수 있다고 가르쳤다. 그러나 어느 성도도 자신이 행한 선행으로는 죽어서 천국에 들어가거나 하나님 앞에 설 자가 없었다. 그래서 모든 사람들이 구원의 확신이 없어 불안하고 절망에 빠질 수밖에 없었다. 루터가 고백한 대로, 그에게 그리스도는 중보자가 아니라 심판자요 마귀였다. 그는 1510년 로마여행 중 빌라도의 돌계단을 무릎으로 오르다가 피가 흘러도 그의 양심은 편안하지 못하고, 구원의 확신이 없어 여전히 불안했다.

그는 1513년 시편을 강해하기 시작하고, 1514년 가을 에르풀트시에 있는 어거스틴 수도원의 흑탑(黑塔)에서 그 이듬해 강의할 로마서를 묵상하다가 1장 17절을 통해 복음적 칭의 교리를 깨달았다. 아리스토텔레스의 윤리의 대명제와는 다르게, 성경에 의하면, 하나님의 의가 인간의 선행에 앞선다. 그러므로 이제 루터에게는 인간의 율법주의적인 선행 대신에 하나님이 예수 그리스도를 통해서 마련해 주신 의가 구원의 실제적 원인이 되었다. 그에게는 하나님의 의이신 그리스도 예수를 믿는 믿음이 신학의 실제적 원리가 되고, 교황 대신 하나님의 말씀인 성경이 형식적 원리가 된 것이다. 이로써 루터는 종교개혁의 원리로 오직 예수, 오직 성경, 오직 은혜, 오직 믿음 등을 주장하였다. 그는 선행이 구원의 원인이 될 수 없다는 사실을 깨닫고 가르쳤다. 구원의 원인은 오직 예수 그리스도, 곧 하나님의 의 뿐이다. 하나님의 의이신 예수 그리스도가 바로 복음이요, 로마서 1장 16절대로 구원의 능력이다. 이점에서, 구원의 원인과 관련해서 볼 때, 인간의 선행, 곧 율법과 하나님의 의, 곧 복음이 상충되는 것이다. 그러나 주의할 것은 구원의 결과로서 믿음으로 행해지는 선행, 곧 율법은 하나님의 의인 복음과 상충되지 않고 조화를 이룬다(참고, 롬7:12 ; 갈5:23).

한국의 장로교회는 구원의 원인으로 주장되는 로마가톨릭교회의 율법의 선행과 구원의 결과로 행해지는 믿음으로 말미암는 율법의 선행을 구별하여 알지 못한 채, 무조건 율법과 복음이 상충되는 것으로 오해하여 무율법주의에 빠지며, 오직 은혜만을 내세운다.

구원의 원인으로서의 하나님의 의와, 구원의 결과로서 믿음으로 행해지는 하나님의 의를 오해하지 않도록, 루터는 하나님으로부터 밖에서 오는 의(an alien righteousness from God)와 하나님 앞에서 행해지는 실제적 의(a practical righteousness before God)을 구별하여 가르쳤다. 이 실제적 의가 성화의 과정에서 열매를 맺는다. 우리를 의롭다 칭하게 하는 믿음은 입술로 그리스도를 고백하는 단계에서 행동으로 그리스도에게 순종되는 단계로 성장 발전되어야 하는 것이다. 즉, 그리스도에 대한 고백적 신앙은 우리의 삶에서 그리스도를 나타내 보이는 실천적 신앙으로 성장해야 한다고 루터가 가르쳤다.

루터는 15년 정도 세월이 흐른 후, 1513년 8월에 행한 요한복음 7장 37절에 관한 강해애서 많은 성도들이 복음을 육적인 방종과 쾌락을 위해 악용하고 있다고 경고했다. 또한 그로부터 6개월이 지난 1532년 2월에 행한 요한복음 8장 38절에 관한 강해에서도, "우리는 육적인 욕망 가운데 살고 있고 방종에 빠져있다."고 개탄하면서, 교황보다 더 악한 악마의 수중에 빠질까 크게 염려했다. 이 경고와 개탄의 소리가 오늘 한국의 장로교회에도 해당되어 보인다.

루터와 마찬가지로, 칼빈도 참된 신앙은 고백적이면서 또한 실천적이어야 한다고 했는가 하면, 사랑 없이 신앙은 홀로 있을 수 없다(Without love faith does not remain alone)고 하였다. 우리로 의롭다함 받게 하는 그 믿음은 곧바로 선행으로 열매를 맺어야 참된 신앙인 것이다.

칼빈은 칭의에 앞서 성화를 말함에 있어서, 철저하게 자기를 부인하고 자기의 십자가를 지는 삶을 살 것(마16:24)을 강조하였다. 칼빈에 의하면, 그리스도께서는 그의 십자가에서의 죽으심과 죽은 자 가운데서 부활하심으로 자기 성화(self-sanctification)를 성취하여 자기를 부인하는 것과 자기 십자가 지는 삶을 친히 보여 주셨다. 그는 십자가에서 피흘림의 죽임을 당하심으로 속죄 제물, 곧 법적대리 희생제물(a substitutional victim)이 되셨고, 전 생애를 통한 순종(히5:8~9)뿐 아니라 피와 성령으로 자신을 성결케 하신 것이다(요17:19 ; 히9:14). 예수 그리스도의 십자가의 죽음은 자기부인(self-denial)과 순종의 모범이고, 그의 부활은 성결과 영광의 모범이시다.

우리는 이같은 예수님의 모범을 본받아야 한다. 우리는 예수님을 흉내 내는 원숭이가 아니고, 그분을 마음과 삶으로 본받는 제자들이다. 그런데, 그리스도 안에 있는 우리가 죄에 대하여 확정적으로 죽고(롬 6:1), 죄에서 자유로워진 의인들이며, 율법에 대하여도 죽음으로써 율법이 우리를 더 이상 주관하지 못하지만(롬7:4, 6), 우리 안에 죄의 법이 있고, 죄의 남은 쓰레기들이 있어 곤고하고 갈등이 크다(롬 7:24). 그런 까닭에, 날마다 죄를 회개하여 용서를 구하고, 자기를 부인하며 자기 십자가를 짊어짐으로 죄를 죽여야 하는 것이다. 그래서 고난과 고통이 때로는 우리에게 필요하다고 칼빈은 가르쳤다. 한국장로교회는 칼빈의 십자가 신학을 재발견할 필요가 있는 것이다.

3. 한국의 장로교회는 성경적 계시관을 바르게 재정립하고 성경을 바르게 번역할 필요가 있다.

1) 성경적 계시관의 재정립

앞서 웨스트민스터 신앙고백과 관련하여 밝힌 대로, 한국장로교회가 성경과 웨스트민스터 신앙고백을 오해하여 계시종결론을 주장한다. 이를 주장하게 된 배경에는 어떤 이단적 무리들이 성경과 다른 내용의 주관적인 직접 계시를 하나님께로부터 받았다고 하거나, 예수님의 재림의 날짜를 직접 계시 받은 것처럼 단언하고, 또 천국이나 지옥을 직접 보고 왔다고 간증하는 불건전한 사례들이 있다.

그러나 우리가 유의할 것은, 한국의 장로교회가 워필드(B. B. Warfield)의 신학적 영향을 받아 계시종결론과 함께 은사중지론(cessation of spiritual gifts)을 주장하고 있는 점이다. 워필드와 그의 영향을 받은 박형룡에 의하면, 성경이 하나님의 특별계시의 말씀인 것을 증명하기 위하여 하나님은 이적들을 허용하셨다. 그런데 그리스도 예수님과 그의 사도들의 시대에 신구약 성경 66권과 그들이 선포한 복음이 그들이 행한 이적들에 의하여 하나님의 계시의 말씀인 것으로 확증된 까닭에, 계시는 종결되고, 성령의 은사들(방언, 이적, 치유 등)이 중지되었다는 것이다.

하지만 앞서 지적했듯이, 계시는 하나님의 소통의 행위요, 성경말씀은 살아있고 항상 있으며 활동력이 있어 종결된 바 없고, 계시의 수단인 이적 또한 하나님이 살아계셔서 일하시기에 중지될 리가 없다. 칼빈은 그의 기독교강요에서 하나님이 본성의 빛과 자연현상 및 역사의 사건들을 통해서 매일같이 풍성하게 계시하고 있다 하였고, 성령님께서는 성경을 가지고 성경을 통해서 내적으로 우리에게 계시하고 있다고 가르쳤다. 바울도 하나님 아버지께서 지혜와 계시의 성령을 통해 하나님을 알게 하신다고 말했다(엡1:17). 세상의 임금인 사탄 마귀가 사람들의 마음을 어둡게 하여 그리스도의 영광의 복음의 광채를 보지 못하게 하는 것이다(고후4:4).

한국장로교회의 일부 신학자들과 목회자들이 워필드와 박형룡의 영향으로 인하여 계시종결론과 함께 은사중지론에 사로잡혀 하나님의 계시 행위 및 방언이나 치유와 축사(악령을 쫓아내는 일) 등 성령의 은사들을 원론적으로 부인함으로써, 교회가 현저하게 약화된 것이다. 하나님이 성령으로 그리스도 예수의 제자들에게 계시를 주시고(예 ; 요14:26 ; 15:26 ; 행10:34~38 ; 고후12:1 ; 계1:1~2), 악령들을 제압하고 질병을 고치는 능력(눅9:1)과 더불어 방언의 은사도 주셨다(행19:6 ; 고전12:28 ; 14:26~30).

한국의 장로교회 상당수의 목회자들은 목회과 선교 현장에서 하나님께서 성령으로 오늘도 강단 메시지를 통하여, 그리고 때로는 꿈과 환상과 어떤 사건들을 통하여 계시해 주고 계신다는 사실과, 방언과 치유와 축사(악령을 쫓아내는 일) 등 각종 은사가 있다는 사실을 인정할 뿐 아니라 실제로 경험하고 사용한다. 그래서 데살로니가 2장 13

절을 인용하여 강단 메시지를 통해 하나님의 말씀을 받으라 하는가 하면, 예수 그리스도의 이름으로 악령을 쫓아내고 방언을 말하기도 한다. 그러면서도 신학적으로 원론적으로 가르칠 때는 계시가 없다 하거나, 성령의 은사들을 부인함으로써 자기모순에 빠져있고, 결과적으로 교회를 혼란스럽게 만들고 약화시킨다. 그리고 이 문제로 말미암아 교회 안에 분열이 조장되는 것이다.

2) 성경의 바른 번역

성경계시와 성령의 은사에 관해 한국장로교회가 성경대로 바르게 재인식하는 일과 함께, 성경 번역을 적법한 절차를 따라 할 뿐만 아니라 문법적 신학적으로 정확하게 번역할 필요가 있다. 그리고 적법한 절차에 따른 성경 번역에 대해서는 어느 개인이나 기관에서 하든지 상호 존중해 주어야 한다. 그렇게 해야 교회 안에 분열이 없고, 성경을 더 깊이 그리고 배움으로 신앙이 견고해져 교회 성장에 도움이 되는 것이다.

한국교회는 장로교회 뿐 아니라 거의 대부분의 교회들이 한 종류의 성경만을 강단용으로 인정하여 사용하고 있다. 대한성서공회가 번역 발행한 개역성경(1962년)과 개역개정성경(1998년)만을 공인해 사용하는 것이다. 이로 인하여 성경 번역을 독점하는가 하면, 다양한 번역을 통해 한국교회 성도들이 성경을 좀 더 깊이 공부할 수 있는 기회를 빼앗았다. 뿐만 아니라, 성경 번역과 관련하여 세상 법정에 소송하는 일이 생겨나 교회 분열을 조장하였다.

한국교회가 초기부터 건강하게 급성장한 것은 성경번역과 성경공부 때문이었다. 1885년 언더우드와 아펜젤러 선교사들이 입국하여 한국교회의 공적인 역사가 시작되기 전에 한국교회는 이미 시작되었다. 만주에서는 서상륜 등이 세례를 받았고, 일본에서는 이수정이 세례를 받아 기독교인이 됨으로써 한국교회 역사가 이미 사실상 시작된 것이다. 뿐만 아니라 만주에서는 서상륜 등이, 그리고 일본에서는 이수정이 각각 거의 같은 해에 성경을 우리말로 번역하기 시작했다. 언더우드와 아펜젤러 선교사들은 한국에 처음 입국할 때 이수정이 번역한 성경을 이수정에게서 직접 배워 손에 들고 왔다.

그런가 하면, 1907년 일어난 평양 중심의 한국교회 대부흥 운동은 사경회에서 성경공부를 함으로써 가능했고, 성경 말씀과 함께 최권능 목사 같은 분들을 통해 성령의 강한 역사와 은사들이 나타났기 때문이다. 특별히 주목할 것은, 일제강점기에 여자 선교사들(예: 서서평과 유화례)을 통해서 여자들에게 성경을 가르치되 성경학교(예: 이일성경학교)와 여자 중고등학교를 세워 체계적으로 가르친 사실이다. 또한 여전도회를 조직하고 마을 단위의 성경공부 그룹을 조직하여 성경을 가르치고 여성도들의 지도력을 길러줌으로써 교회가 성장할 수 있었다. 1960년대에는 대학생들을 중심으로 한 선교단체들을 세워 성경공부를 체계적으로 실시하고(예: UBF와 CCC), 70년대에는 QT(예: 매일성경과 일용할 양식)를 통해 성경공부가 개인적으로 매일 가능하게 되었다. 이러한 체계적 성경공부와 함께 오순절 성령운동이 순복음 교회를 중심으로 일어났고, 결과적으로 1974년 엑스플로 전도운동을 통해 한국교회는 급성장할 수 있었다.

이같은 성경공부는 우리말로 번역된 성경이 있었기에 가능했다. 우리말 성경번역이 제대로 완성된 것은 대한성서공회가 발행한 1963년판 개역성경이다. 이 성경번역은 대체로 성공적이었다. 그러나 번역상 그리고 어휘면에서 부족한 부분을 바로잡고자 30년이 지난 후 1993년에 대한성서공회는 표준새번역성경을 발행하였다. 이 표준새번역성경은 개역성경보다 훨씬 번역이 잘되고 어휘도 현대적으로 바뀌어 성공한 듯하였다. 특히, 신약의 서신들을 높임말로 번역한 것은 아주 잘된 번역이었다(참고, 서신 형식으로 기록된 누가복음서와 사도행전은 높임말로 번역 안 됨).

그렇지만 여호와를 가리켜 일컬어진 "스스로 있는 자"를 어설프게 "나는 스스로 있는 나다"(출3:14)라고 번역한 것이나, 예수님을 가리키는 "독생자"(요3:16)를 바르게 고쳐 번역하지 못한 것, 레위기 1장 1절 "회막으로", 민수기 1장 1절 "회막에서", 마태복음 1장 1절의 예수님의 계보에 대한 것이나 마가복음 1장 1절의 번역은 저자의 의도나 문법을 제대로 파악하지 못한 데서 비롯된 큰 실수였다. 그리고 영어 "boast in the Lord"(고전1:31), "rejoice in the Lord"(빌 4:4, 10 ; 롬5:3 "rejoice in our sufferings") 등의 경우는 전치사 "in"을 "안에서"라고 하면 안 되고, "주님을 자랑하다", "주님을 기뻐하다"로 번역해야 했다. 하박국서 3장 18절의 경우도 마찬가지이다.

특별히 표준새번역성경이 그 당시 한국교회의 공인을 받지 못하게 된 것은 그리스도의 신성을 살려내지 못한 번역 때문이었다. 대표적으로, 사도행전 20장 28절의 경우 "하나님께서 자신의 피로 사신 교회"라고 하는 대신 "하나님께서 자기 아들의 피로 사신 교회"로 번역했고, 디도서 2장 13절도 "우리의 크신 하나님 구주 예수 그리스도" 대신에 "위대하신 하나님과 우리의 구주이신 예수 그리스도"로 번역함으로써 그리스도가 하나님이심을 부인한 것이 되었다. 베드로후서 1장 1절도 "우리 하나님과 구주 예수 그리스도"가 아니라 "우리 하나님 곧 구주 예수 그리스도"로 번역해야 했다.

표준새번역성경에 나타난 그리스도의 신성을 부정하는 번역들 때문에 공인하기를 거부한 보수적인 장로교회들은 한국성경공회를 조직하여 1996년에 "하나님의 말씀 신구약 성경"을 발행하였다. 이 성경은 히브리어와 헬라어 원문 성경에서 번역하는 대신에 1963년판 개역성경의 어려운 한문 용어를 쉽게 수정하는 수준에 머물렀다. 이로 인하여 대한성서공회로부터 법원에 표절로 고소당하여 패소함으로써 그 성경은 교회에서 사용 금지되고 말았다. 이에 한국성경공회는 다시금 번역진을 구성하여 원문 성경에 근거하여 제대로 번역하여

2008년 "바른 성경"을 발행했다.

　이 "바른 성경"이 번역이 시작되던 때 대한성서공회는 개역성경의 단어 몇 가지와 오역된 몇 곳을 급히 수정하여 "개역개정판 성경"을 1998년에 발행하여 한국의 대부분의 교회에서 공인을 받았다. 그리고 2008년 "바른 성경"이 발행되자 법원에 또다시 표절 시비를 걸어 고소하였고, 그것을 빌미로 삼아 "바른 성경"이 시중 기독교 서점에서 판매되는 것을 사실상 봉쇄해 버린 것으로 알려져 있다.

　한국성경공회가 2008년에 원문대로 번역하여 발행한 "바른 성경"은 1996년의 "하나님의 말씀 신구약 성경"과는 전혀 다른 번역성경이 되었다. 표준새번역성경이 안고 있는 오역들도 대부분 바로 잡았다. 그러나 아쉬운 것은 사복음서에서 예수님이 제자들이나 무리들에게 하신 말씀이나, 사도들이 교회에게 보낸 공적 서신들, 그리고 구약의 경우 모세의 율법과 역사서들에서 모세나 선지자들이 회중에게 한 말이나, 선지자들이 기록한 선지서들을 높임말로 번역하지 못한 것은 큰 약점이다. 예수님이나 선지자들은 모두 하나님의 백성들을 섬기는 종들이었다. 예수님은 스스로를 종으로 칭하기도 하셨고(눅22:27), 자주 종으로 불렸다(마12:18 ; 빌2:7). 종들이 한 말을 높임말로 번역하는 것은 너무나도 당연한 데도 불구하고, 한국교회는 예수님을 하나님으로만 생각하고서 그의 하신 말씀들을 모두 낮춤말로 번역했다. 박창환 목사가 번역한 "신약성경"(국제크리스챤학술원, 2008년)은 예수님의 말씀과 사도들의 서신들이 모두 높임말로 번역되었다.

　예수님이나 사도들 그리고 구약의 모세와 선지자들의 말이나 글들을 높임말로 번역하지 아니함으로써, 그들의 권위가 높아진 것이 아니고, 강단에서 설교하는 목사들의 권위주의가 살아났다. 이로써 목사들의 섬기는 자로서의 태도에 상당한 문제가 생겨났고, 결과적으로 그들의 권위주의 때문에 교회 안에서 목사와 성도들 간에 갈등이 빚어졌다.

4. 한국장로교회는 WCC신학의 변질과 왜곡을 알 필요가 있다.

　한국의 보수적 장로교회는 교리로서의 신학과 선교와 목회 현장에서의 영적 경험이 균형을 이루지 못하고 있다. 그래서 합동 교단의 경우 1979년 분열의 아픔을 겪던 때, 총신대학교 구약신학의 김희보 교수가 문서설을 가르친 것으로 오해하고, 로잔언약을 지지한 역사신학의 김의환 교수를 신복음주의자로 몰아세운 일이 있었다. 그리고 앞서 지적한 대로, 계시종결론과 은사중지론을 주장하여 목회 현장에서 나타나는 은사 체험을 무조건 성경과 배치되는 주관적 그릇된 체험으로 매도해 왔다. 방언도 없고 치유도 없고 축사(악령을 쫓아내는 일)의 은사도 없다고 주장한다. 그같은 은사들을 주장하면 이단으로까지 정죄한다. 그런가 하면, WCC의 신학이 성경과 그리스도 그리고 구원과 하나님 나라를 왜곡 변질시켰는가에 대해서는 어렴풋이 알고 있을 뿐이다. WCC신학의 정체를 폭로하는 것이 가장 효과적으로 그것을 반대하는 목소리가 될 것이다.

　WCC의 신학과 신앙에 관해서 먼저 주의해야 할 것이 있다. 보수적인 장로교회가 성경대로 믿고 가르치는 것 같으나 실상은 계시종결론과 은사중지론을 주장하는 데서 알 수 있듯이 성경의 진리를 제한한 데 비하여, 자유주의적인 장로교회는 신학과 신앙을 분리시키고 신학대학원에서의 신학 교육과 교회와 선교 현장에서의 목회적 신앙 교육 또는 설교를 분리시킨다. 다시 말하면, WCC를 반대하는 보수적인 장로교회는 성경교리와 성령의 은사 체험 간에 균형을 상실한 데 비하여, WCC를 지지하는 자유주의 장로교회는 신학과 신앙이 상호일치하지 않는다. 신학은 신학교에서, 그리고 신앙은 교회에서 맡아 가르친다. 신학교에서 가르치는 신학과 교회에서 선포하고 가르치는 신앙이 전혀 다르다. 그래서 자유주의적인 장로교회는 학문과 표현의 자유를 구실로 삼아 신학교에서 신학 교수들이 어떤 종류의 신학을 가르치든 상관이 없으며, 결과적으로 종교다원주의에 대하여 관용적이다.

1) WCC의 성경에 대한 왜곡과 변질

한국의 자유주의적인 장로교회는 대체적으로 교회 안에서는 신학교 강의실에서와는 다르게 성경대로 가르치고 설교하며 사도신경과 주기도도 제대로 고백하고 기도한다. 그래서 WCC를 지지하는 교회와 목사와 성도들은 자신들의 성경관과 신앙이 보수적인 장로교회와 다를 바 없다고 생각하며 주장한다. 여기에 WCC를 지지하는 자유주의적인 장로교회의 자가당착과 함정이 있다. 스스로 속고 속이고 있는 것이다. 신학대학원의 강의실에서 교수들에 의해 가르쳐지고 있는 성경관이 무엇인가를 자유주의 장로교회의 목사와 성도들은 유의해야 한다.

WCC의 신학은 1970년대 초반에 남미의 교회에서 혜성처럼 등장한 해방신학과, 그것에 영향을 받은 각 나라와 지역의 신학들(예: 인도의 천민신학, 한국의 민중신학 등)에 의해 주도되고 있다. 한국의 자유주의적인 장로교회의 신학의 근저에는 1974년 유신체제 하에서 싹이 터 1980년대 5·18 광주민주항쟁과 함께 서남동과 안병무 등에 의하여 발전되었다.

민중신학은 계시(revelation)라는 용어 대신에, 전거(reference)라는 용어를 선택했다. 신앙과 생활의 규범으로서의 계시를 거부하고, 인간의 해방을 위한 역사적 사건들을 원계시로 보고, 그 원계시를 위한 전거, 곧 참고 자료를 알 뿐이다. 하나님의 계시는 역사적 사건들이고, 그 사건들을 기록해 놓은 문헌들이 성경이다. 따라서 그 역사적 해방사건들을 해석하는데 주요한 자료들(예: 출애굽기, 마가복음서 등)만이 전거로서 가치가 있다. 다시 말해서, 출애굽 사건, 가나안 정복, 사사들의 활동, 예수님의 십자가 처형 사건 등이 민중신학의 전거이다.

민중신학은 민중의 이야기, 곧 민담(folk-tales)이 하나님의 언어요 하나님의 진짜 계시이고, 이것을 사회학적으로 해석하는데 신학자들이 사용할 수 있는 성경의 일부 자료들이 전거인 것이다. 그러기에 전통적 삼위일체 교리, 그리스도의 십자가에서의 피에 의한 속죄 교리, 은혜의 방편으로서의 성례, 하나님의 말씀과 언약을 범한 원죄 교리 등은 민중신학이 볼 때, 가난한 민중을 억압하는 교조화된 억측들에 지나지 않는다.

민중신학이 말하는 민담, 곧 원계시로는 '쇠똥에 미끄러진 범', '은진미륵과 쥐', '홍길동전' 등과 김지하의 '장일담'이 있다. 이 이야기들은 공통적으로 가장 악한 종류의 권력과 가장 약한 가난한 자들 간의 대결을 보여주고, 가능한 한 평화적인 비폭력에 의하여 구조악을 극복한 꿈을 말하고 있다. 이런 까닭에, 민중신학의 경우, 성경은 민중을 억압하고 현재의 기득권 체제를 유지하는데 사용되는 지배계급의 무기일 뿐이다. 이에 반하여, 민담은 착취 당하고 억눌린 희생자(민중)들의 고통이요, 신음소리요, 혁명이요, 투쟁인 것이다. 이로 보건대, 성경도, 교회도, 성도도 없는 신학이 민중신학이다.

2) WCC의 그리스도에 대한 왜곡과 불신앙

민담을 원계시로 보고, 사회적 경제적 정치적 문화적 약자의 역사적 사건을 사회학적으로 해석하는 것이 민중신학이다. 그런 까닭에, 성경의 예수 그리스도도 사실상 그리스도 아닌 예수로만 보고, 사회학적으로 예수를 해석하고 이해한다. 민중신학에 의하면, 예수는 신앙의 대상이 아니고, 지극히 보통의 사람이고, 본받아야 할 사나이이다. 예수를 믿는다는 것은 그의 삶의 방식을 따르는 것이다. 이 예수는 고난당하는 이웃과 자신을 동일시하여 그들을 위하여 사랑하며 삶을 산 무명의 땅 나사렛 출신의 시골 사람이다. 예수는 사실상 단지 민중일 뿐이다. 민중이 있는 곳에 예수가 있고, 예수가 있는 곳에 민중이 있다. 예수님은 하나님도 아니고, 하나님의 유일한 아들도 아니며, 신적 성품도 전혀 없다.

특히, 민중신학은 사람을 집단적 존재로 파악하기 때문에, 예수도 민중의 사회적 전기요, 전 인류를 포함한 한 집단의 선구자인 것이다. 안병무는 로마서 5장 12~21절에 근거하여, 아담이 개인인 듯하나 사람이라는 집단 개념이듯이, 그래서 그의 범죄가 전인류라는 집단에 연쇄적 운명을 갖다 준 것이라면, 예수도 한 개인인 듯하나 집단성이 있기에 전인류에게 연쇄적으로 새로운 길을 열 수 있었다고 해석했다. 예수는 예루살렘의 기득권층 권세자들에 의해 억압받고 소외되고 착취당한 갈릴리의 이름 없는 사람들 가운데 있는 것이다. 그래서 갈릴리의 민중이 예수이고, 예수가 갈릴리의 민중이다.

그런 까닭에, 민중신학에 의하면, 예수와 동일시되는 민중은 적어도 역사의 주체이고, 생산적 노동의 주체들이며, 문명의 창출자들이자, 문화의 건설자들이다. 이 우주의 운명의 열쇠가 민중의 손에 있다. 이 민중은 이미 구원받은 백성이고, 하나님의 선택된 엘리트이며, 죄를 범하는 자들이 아니라, 기득권층의 권세자들에 의하여 범죄를 당한 자들이다. 죄를 용서 받아야 할 자들이 아니고, 기득권자들의 죄를 용서해야 할 자들이다. 그들은 죄를 범한 죄인들이 아니기 때문에 회개할 것이 없다. 그들은, 전통적 교회가 말하는 바, 전도의 대상도 아니고, 기독교로 개종할 필요가 없는 자들이다. 이미 처음부터 구원받은 하나님의 엘리트인 것이다. 이 민중이 바로 예수이다. 민중신학은 주장하기를, 예수에게는 메시아 의식이 전혀 없었고, 따라서 예수를 신격화하여 참 하나님이시요 스스로 하나님이신 자(auto-theos)로 믿는 자들을 적그리스도 이단(the anti-christ herecy) 취급하고 비난하였다.

이같은 민중신학이 한 축을 이루고 있는 WCC는 필연적으로 종교다원주의에 빠질 수밖에 없고, 기독교의 독특성이나 유일성을 아예 포기할 수밖에 없다.

결 론

한국의 장로교회는 특히 성경과 그리스도에 관해서 보수적인 교회와 자유주의적인 교회로 나뉘어 있다. 보수적인 장로교회는 계시와 성경과 관련하여 계시종결론과 은사중지론을 주장함으로써 교회를 약화시키거나 분열시켰다. 그리고 정의와 공의와 공정과 관련하여 로잔언약(1974년)을 신복음주의로 단정하여 거부함으로써 교회가 사회정의 실현에 부정적이 되었다. 하나님의 나라에서 정의와 공의와 공정을 소홀히 취급하다가 보수적인 장로교회는 교조주의에 빠지는 어리석음을 범하게 된 것이다.

그런가 하면, 칼빈의 기독교강요와 그의 신학 및 웨스트민스터 신앙고백을 한국의 보수적 장로교회가 말로는 최고로 귀중한 자산이라고 자랑하면서도, 신학대학원에서 필수과목으로 선정하여 강의하지 않을 뿐더러, 시대에 뒤진 것으로 냉대하고 있다. 칼빈과 웨스트민스터 신앙고백의 기본적이고 핵심적인 신학과 신앙을 제대로 배우지 못함으로써 보수적인 장로교회가 연약할 수 밖에 없게 된 것이다.

또한, 루터와 칼빈의 신학이 신앙생활과 관련하여 어떻게 균형있게 가르쳤는가를 깊이 모를 뿐 아니라, 교회가 칭의 교리를 오해하거나 왜곡하여 정욕과 방종에 빠지지 않도록 당부한 경고의 메시지도 놓쳤다. 그래서 보수적인 장로교회가 부분적이지만 도덕적 사회적으로 부도덕하여 세상 사람들의 눈에 개독교로 비쳐지게 되었다.

그리고 성경번역과 관련해서는, 번역을 경우에 맞게 그리고 문법적으로나 신학적으로 좀 더 정확하게 해야 하고, 번역 출판을 주관하는 공회들 간에 불미스러운 분쟁을 삼가고 상호 존중하여 더 좋은 번역들이 나올 수 있게 해야 한다. 이로써 한국교회들이 하나 되고, 질적으로도 성장 발전할 수 있을 것이다.

한편, WCC를 지지하는 자유주의적인 장로교회는 그것의 근간이 되고 있는 민중신학의 성경관과 그리스도관이 신학적으로는 말할 것도 없고, 상식적으로도 도저히 용납될 수 없다는 사실을 자성해야 한다.

  이 자유주의적 장로교회는 신학과 신앙을 분리시키는 일을 삼가야 한다. 그리고 신앙과 일치하지 않는 신학, 교회에 신앙적으로 유익을 주지 못하는 신학, 예수 그리스도를 참 하나님으로 인정하지 않기에 신앙의 대상으로 보지 않는 신학, 성경을 민담의 전거, 곧 참고자료로 간주하는 신학은 물리쳐야 한다. 한국의 장로교회는 성경과 신학에 있어서 전체적으로 개혁되어야 한다.

한국교회의 개혁, 이렇게 하자

김 남 식 박사
한국장로교사학회 회장

서 론

1. 개혁의 시급성

흔히들 한국교회는 위기상황에 있다고 말한다. 여기에 대해 여러 가지 논의들이 있지만 우리들은 위기 상황 속에서 새로운 변화를 위하여 개혁의 시급성을 절감한다.

한국교회 위기의 징표로 그동안 성장을 거듭해 왔던 한국교회가 이제 그 성장이 멈추고 쇠퇴의 길로 접어들었고 한국교회가 사회적으로 존경과 신뢰를 잃어버림으로 교회의 공신력이 한없이 추락하고 있는 점이다.

왜 한국교회는 양적성장의 쇠퇴기에 접어들었을까? 여러 가지 이유가 있겠지만 물론 경제적 수준의 향상은 한국인의 가치관에 영향을 미쳤다. 경제적인 여유는 사회적인, 심리적인 여유를 만들어내면서 종교 이외의 것, 특히 삶의 쾌락에 대한 관심이 높아졌다. 또한 낮은 출산율도 문제다. 종교가 성장하려면 근본적으로는 국가의 출산율이 높아야 한다. 과거 교회성장에 기여했던 한국인의 높은 출산율이 이제는 세계에서 가장 낮은 수준으로 떨어졌다.

그러나 한국교회의 쇠퇴를 촉진한 보다 심각한 요인은 교회 자체에 있다. 한국교회가 사회적 공신력을 잃으면서 한국교회에 대한 신뢰도가 매우 낮아졌다. 이러한 한국교회에 대한 불신 때문에 많은 신자들이 교회를 떠나가서 비신자가 되거나 이른바 '가나안' 성도가 되고 있다. 한국교회가 새로워져야 우리가 살 수 있음을 어느 누구도 부인하기 어려운 과제이다.

2. 개혁의 시기성

우리는 종교개혁 500주년을 맞아 우리 교회의 관심을 한국교회의 개혁에 집중하고 이런 시기에 우리의 역량을 개혁에 모으는 노력이 필요하다.

한국교회는 가진 것이 없고 누릴 것이 없었을 때 오히려 신앙적인 역동성이 있었고, 사회적으로 신뢰와 존경을 받았다. 그러나 많은 것을 가지고 많은 것을 누리게 되면서 한국교회는 영성을 상실하게 되었다. 이제 한국교회는 교회의 본질, 신앙의 본질을 회복해야 한다.

한국교회 영성과 도덕성의 보다 구체적 회복을 위해 종교개혁의 정신으로 돌아가야 한다. 종교개혁은 교회가 교회답지 못했고, 성직자가 성직자답지 못했고, 교인이 교인답지 못했던 중세 가톨릭교회를 바로 세우려는 갱신운동이요 신앙운동이었다. 오늘날 수많은 교회, 수많은 목회자와 교인들이 있으면서 세상을 하나님의 뜻에 맞게 변화시키지 못하는, 하나님의 사랑과 정의를 실천하지 못하는 한국교회의 모습은 중세기 가톨릭교회의 모습을 많이 닮아 있기에 종교개혁의 정신을 되찾아야 한다.

제2의 종교개혁이 한국교회에서 일어나려면 믿음을 단순히 복을 받기 위한 수단으로 전락시킨, 은총보다 자신의 공로에 의지하려는, 성경의 가르침대로 살지 않고 있는 교회, 목회자, 교인의 현실에 대한 통렬한 회개운동이 먼저 있어야 한다. 또 전통주의, 권위주의, 파벌

주의, 물질주의에 물들어 있는 비신앙적인 틀을 깨뜨리고 하나님보다 이 세상적인 것(돈, 권력, 지위, 명예)을 더 사랑하고, 기독교인다운 도덕적 삶을 살지 못하고, 서로 하나 되는 공동체적인 관계를 갖지 못했던 모습을 청산하고 새롭게 거듭나야한다.

이러기 위하여 우리는 무엇을 하여야 할까? 매우 중요하고 무거운 과제이다.

I. 바른 신학의 정립

교회의 개혁은 바른 신학의 회복에서 이루어진다. 한국교회가 안고 있는 문제들은 많다. 이것을 요약하면 첫째는 영적 자만심이다. 한국교회는 성공과 번영이 하나님의 축복을 나타내는 척도라는 잘못된 믿음을 가지고 있다. 둘째는 분열이다. 한국교회는 교리적으로나 지역적으로나 조직적으로 너무 분열되어 있다. 셋째는 교회의 권위주의적 지도력에 대한 것이다. 넷째는 윤리적 가르침이 소홀히 되고 있다. 다섯째는 신앙과 행위가 일치하지 못한 점이다.

물론 한국교회 목회자의 대부분은 영적으로나 도덕적으로 건강하며 그들은 헌신적으로 목회 사역에 최선을 다하고 있음을 부인하지 않는다. 그러나 한편 적지 않은 목회자들이 세속화되고 부도덕하여 교회 전체의 이미지를 흐려놓고 있음을 부인할 수 없다. 이러한 인식이 불식되지 않고는 한국교회의 미래가 밝지 않을 것이다.

바로 한국교회가 위기를 맞고 있는 것은 단순히 교세가 약해지고 있다는 데 있는 것이 아니라 교회가 본질인 영성과 도덕성을 잃으면서 사회적 존경과 신뢰도 함께 잃고 있다는 것이 문제의 본질이다.

이것을 극복하기 위하여 바른신학의 회복이 무엇보다 필요하다. 개혁의 첫 출발은 바른신학의 정립이고 이것이 신학교육을 통하여 목회자들이 개혁되고 교회가 개혁되는 것이다. 종교개혁의 핵심은 성경으로 돌아가는 것이고, 여기서 바른신학이 정립된다.
오늘의 한국교회는 각종 신학의 전시장이 되고 있다. 또 각급 신학교육기관들은 자신의 길을 달려가고 있으나 갱신되어야 할 점이 너무 많다.

1. 성경중심적 신학의 정립

성경으로 돌아가자는 종교개혁의 기본 정신에 따라 우리의 신학사상도 성경중심적이어야 한다. 여기서 바른교회가 설립되고 확산된다.
종교개혁 시기에 신학교육의 갱신을 통하여 교회를 개혁하고 나아가 도시와 사회를 개혁하였다. 이러한 측면에서 종교개혁 신학을 구현하는 신학교육의 갱신이 이루어져야 한다. 종교개혁기의 신학교육의 갱신은 중세에서 근세로의 이행기에서 일어나 사회적인 변화를 반영하려는 패러다임의 변화였다.
루터를 비롯한 종교개혁자들의 목회윤리는 기존의 교회의 권위를 옹호하는 변증논리가 아니라 기존 교회의 부정과 부패를 드러내는 비판논리였다. 봉건제도의 붕괴, 근대 도시의 출현, 교황의 권위 타락, 교회의 도덕적 타락 등 중세교회의 대내외적 상황에서 면죄부 판매를 통한 중세교회의 부패를 신랄하게 비판하기 시작하였다. 이것이 바로 종교개혁의 저항의 시작이었다.
이와 같이 종교개혁자들은 사회비판에 앞서 교회비판을 주도하였고, 이러한 교회비판이 당시 사회에서 커다란 공감대를 얻으면서 개혁활동을 점차로 확산되어 나갔다. 이러한 종교개혁자들의 주장들이 당시 사회의 공론장에서 공감을 얻으며 확산되어 나갈 수 있었던 것은 인쇄술이라는 새로운 매체를 동원하여 자신들의 주장을 펼쳐 나간 것도 중요한 한 가지 이유이지만 가장 근본적으로 그들의 신학적 주장의 공적 설득력 때문이었다.
그보다 더욱 중요했던 것은 로마교황청이 성베드로 성당 건축을 위한 재정확보를 목적으로 "공익의 탈을 쓰고 사익을 챙기던" 로마 가톨릭교회를 목숨을 걸고 신랄하게 비판하면서 공공의 입장을 대변했기 때문이었다. 루터의 신학적 입장은 성경의 권위에 의거해 교회를 위해 공공의 입장에서 교회를 비판했으며, 그 결과 프로테스탄트의 교회신학 패러다임을 낳음으로써 그 공적 정당성과 신뢰를 회복했다. 그러므로 종교개혁 500주년을 맞이하여 한국의 신학교육도 한국교회의 갱신이 필요한 부분에 대한 정확한 진단과 함께 그것을 해결할 수 있는 실질적인 신학교육개혁이 이루어져야 한다.

2. 바른신학교육의 실천

신학은 학문성으로만 되는 것이 아니라 '경건과 학문'의 조화를 통하여 균형있는 교육이 이루어져야 한다. 지적인 면에만 치우치면 영성의 실종이라는 비극이 생기고 여기서 목회윤리의 공백상태가 생기게 마련이다.

종교개혁자들은 당시에 타락했던 로마 가톨릭교회의 부패한 교회상과 지배적 목회자상을 극복하기 위하여 종교개혁을 진행하였다. 그러한 종교개혁의 진행은 새로운 목회자상을 구축하여 올바른 목회윤리를 형성하려는 작업이었다. 그러한 목회윤리를 형성하기 위해서는 당시의 로마 가톨릭교회 목회자들의 부패한 윤리성을 파악하는 것과 함께 그것을 극복할 수 있는 성경적인 대안을 찾아서 교육기관의 설립을 통하여 구현하는 것과 함께 사회적인 공감대를 얻어내는 것이었다.

이러한 점에서 종교개혁자들은 지배적인 목회자상을 비판하고 만인제사장직을 주장하였으며, 목회자들은 행정관리나 미사집전자나 고해성사담당자가 아니라 하나님의 말씀을 선포하는 자라고 보았고, 그것을 실천하기 위한 목회자교육에 집중하였다. 이들은 목회자들의 모범적인 삶의 중요성을 인식하였고 칼빈은 이 문제를 제도화하고자 시

찰회를 조직하였으며, 그와 동시에 성도들의 삶을 개혁하기 위한 방안을 모색하여 치리제도를 수립하고자 하였다.

그러한 측면에서 목회자들의 윤리를 개혁하는 데는 그 윤리개혁을 뒷받침할 수 확실한 신학적인 근거가 마련되고 그것을 교육해 나가야 한다. 지금까지 군림하던 사제들의 지위에서 만인제사직의 확립을 통해 말씀 선포를 통해 섬기는 종의 모습으로서의 성직자의 개념을 정립하였다. 그러한 측면에서 한국교회의 목회자들의 권위화를 극복하고 평신도들의 만인사제직을 구현하는 방안이 모색되어야 할 것이다.

3. 현장을 중심한 신학교육

신학교육은 교회라는 현장을 중심해야 한다. 그리해야 교회의 공적 역할이 이루어지고 교인들의 삶의 문제에 대한 응답을 할 수 있다.

오늘날 신학의 공공성을 회복해야 한다는 논의가 다양하게 제기되고 있다. 신학의 공공성은 기독교신앙이 개인의 구원과 심령의 평안을 추구하는 것을 넘어서서 사회의 공적인 문제에 대한 올바른 신학적인 방향을 모색하는 것이므로 대단히 중요한 문제이다. 오늘날 이것을 체계화하여 공공신학(公共新學, Public Theology)으로 개념화하고 있다.

종교개혁자들은 교회가 세상 권력을 장악하여 타락하는 것을 비판하면서 교회와 국가의 영역을 구분하면서 동시에 교회가 성경에 근거하여 사회의 건전한 발전 방향을 제시하는 예언자적인 사명을 감당하였다.

그렇지만 신학적인 공공성이 목회자들의 직접적인 정치참여로 이해되는 것은 깊이 경계해야 할 것이고, 오히려 성경적인 가치를 실현하기 위한 평신도들의 건전한 교육과 함께 건전한 시민운동을 통하여 기독교 가치관의 공공성의 실현해 나가야 한다.

종교개혁에서 가장 중요한 문제로 대두되었던 것이 성도들의 생활과 관련된 치리의 문제였다. 그리고 오늘날 한국교회에서는 치리가 실종되었다고 볼 수 있다. 그렇지만 그것을 해결할 방안은 보이지 않는 것 같다. 그런데 종교개혁 당시의 치리는 단순하게 잘못된 행위에 대한 권징만이 아니라, 성도들의 건전한 영적 성숙을 도모하는 양육의 개념으로 이해해야 한다.

츠빙글리, 부처, 칼빈으로 이어지는 치리에 대한 강조는 그들의 영적인 성숙을 도모하는 것이었다. 그러므로 오늘날 성도들의 건전한 영적인 성숙을 도모하려는 설교와 교리교육 등을 통한 교육목회, 제자훈련 등을 필요한 인격적인 성숙, 그리고 성도들의 삶의 문제를 상담을 통해 해결하려는 목회상담제도의 심화 등이 이루어져야 한다.

오늘날같이 다원화되고, 여러 교회가 공존하고 있는 상황에서 교회와 국가가 협력하여 권징을 시행하던 시대의 방법의 단순한 복원은 거의 불가능하다고 보인다. 오히려 필요한 것은 성도들의 적극적인 성숙을 도모하기 위한 목회자들의 건전한 윤리의식의 형성이 필요하다. 이러기 위하여 현장을 중심한 신학교육이 이루어져야 한다.

Ⅱ. 바른교회의 확산

종교개혁의 목표는 성경으로 돌아가는 것인데 오늘의 한국교회는 이런 원리를 따르고 있는 것인지 되돌아보아야 한다. 여러 사람들의 논의가 있으나 여기서는 중요한 몇 가지를 제시한다.

1. 개교회주의의 극복

한국 기독교는 16~17세기 종교개혁 시대에 로마 가톨릭교회의 잘못된 신학과 전승을 고치기 위해 투쟁한 프로테스탄트 가운데 개혁교회(Reformed Church)라고 불리우던 장로교가 주류를 이룬다.

개혁교회는 중세에 개혁이 완성된 교회가 아니라, 오늘도 계속 역사

안에서 '개혁하는 교회'를 뜻한다. 이 개혁교회는 중세에 수백만명에 이르는 그리스도인들이 생명과 재산을 받쳐 이룬 역사적 교회이다.

그런데 이 개혁교회가 한국에서는 종교권력화 하여 교권과 물욕과 명예욕을 탐하고 있다. 이는 개혁교회 원리에서 타락한 교회의 모습이다. 이제 겨우 그 역사가 100여년이 조금 넘어 예배당 하나 지을 만한 여유가 생겼다 싶으니까 지도자들이 사심(私心)을 드러내고 세속적 이익을 위해 욕심을 부리고 있는 것이다. 종교의 이름으로 세속적 욕심을 드러나게 되면 그 교회는 오래지 않아 망하는 길로 갈 수밖에 없다. 그러면 구체적으로 무엇이 문제인가?

① 교회론의 변질

사도성을 계승한 예수 그리스도의 교회는 그것이 어디에 어떤 모양으로 있든지 모두가 '하나'이다. "몸이 하나이요 성령이 하나이니 이와 같이 너희가 부르심의 한 소망 안에서 부르심을 입었느니라 주도 하나이요 믿음도 하나이요 세례도 하나이요 하나님도 하나이시니 곧 만유의 아버지시라 만유 위에 계시고 만유를 통일하시고 만유 가운데 계시도다"(엡 4:4-6).

그런데 일부 한국교회는 '내 교회'라는 개교회주의를 내세운다. 이러한 개교회주의를 극복하지 못하면 한국 기독교는 진정한 예수 그리스도의 교회로서의 구실을 할 수가 없다.

개교회주의는 무엇보다도 교회 재정운영의 폐쇄성으로 인해 지체의식이 없어지고, 교회와 교회 간에, 목회자와 목회자 간에 동료의식을 악화시킨다. 결국 자기 능력껏 살아가는 '무당네'와 크게 다르지 않게 된다.

특히 노회(Presbytery)를 중심으로 하는 장로교회는 어떤 경우에도 개교회주의가 존재할 수 없다. 그럼에도 한국교회에는 장로교회도 '독립교회' 운운하며 개교회주의가 가능한 것처럼 생각하는 사람들이 많다. 실제로 그렇게 운영되는 교회가 많이 있다. 여기에서의 탈피가 무엇보다 시급하다.

② 기복주의의 확산

오늘날 한국교회의 강단은 무속적 기복주의에 점령당한 상태이다. 한국의 종교는 모두 기복화(祈福化) 되고 있다고 할 정도이다. 기독교도 크게 다르지 않다. 물론 종교가 있는 곳에는 기복행위가 있다. 기복은 자식과 재물과 부귀와 출세를 위하여 빌고, 병을 고치고 재앙을 물리치기 위한 모든 소시민적 행위와 연관되어 있기 때문이다. 그러나 기복(祈福)과 종교(宗敎)는 분명하게 구분되는 현상이다. 더욱이 기복주의(祈福主義)는 성경의 축복신앙(祝福信仰)과는 거리가 먼 사상이다.

기복은 모두 현실적인 삶의 욕망을 충족시키려는 행위에 지나지 않는다. 뿐만 아니라 기복행위는 언제나 현세적이고 자기중심적이며 이기적인 태도를 갖는다. 따라서 기복주의자들은 구체적인 욕망들이 충족되었을 때에 행복해진다. 심지어 기복주의적 목회자는 돈벌이가 잘 되어야 행복하다. 그러나 복음은 다르다. 자기중심이 아니라 오로지 예수 그리스도를 위해 사는 삶이다. 현세적이고 이기적인 태도가 아니라 그리스도의 나라를 위한 이타적인 삶의 태도를 갖는 것이다. 그러므로 기복과 복음은 완전히 다르다. 기복주의로는 참된 그리스도인을 양육할 수 없다.

③ 물량적 성공주의의 제패

우리 사회에 팽배해 있는 '돈이면 다 된다'는 생각은 두 말 할 필요 없이 세속주의로서 교회의 적이다. 옛 말에 유전가사귀(有錢可事鬼) 라는 말이 있다. "돈이 있으면 귀신도 부릴 수 있다"는 뜻이다. 세속적 성공주의자들은 교회도 돈이 있으면 하나님도 '영광스럽게' 할 수 있다고 생각한다. 예배당을 화려하게 짓고, 교육관을 크게 늘리고, 산속에는 수양관을 세우고, 교인들을 몰고 다니며 성지순례다, 무슨 잔치다 하며 폼나게 목회를 할 수 있을 것이라고 생각한다. 그러나 목회는 '소명'에 따른 헌신이다. 소명보다 '목회 비전'을 앞세우는 것은 위험한 일이다. 그래서 종교개혁자 요한 칼빈은 "목사에게 가장 중요한 것은 '소명'이고, 가장 경계해야 할 것은 '욕망'이다"라고 말했다.

성경이 "돈을 사랑함이 일만 악의 뿌리가 된다"(딤전 6:10)고 한 말은 오늘날에도 하나님의 말씀으로써 진리이다. 교인이 근면 성실하고, 이웃을 사랑하며, 하나님의 뜻을 순종하는 삶을 살면 영적 축복뿐 아니라 물질적 축복도 함께 온다는 것은 성경의 가르침이다. 그때 축복받는 물질은 그 개인이나 개교회가 잘 먹고 잘 살라고 주신 것이 아니고, 그것으로 그리스도의 영광을 위해 사회적 연관성을 가지고 청지기적 삶을 살라는 것이다.

2. 설교의 개혁과 성찰

교회는 설교를 통하여 일어서기도 하고 무너지기도 한다. 한국교회의 강단에서 선포되는 설교가 바른 복음이며 바른 설교인지를 자문해 보아야 한다.

종교개혁은 교회의 탐욕과 성직자의 타락에서 왔다. 당시 교회는 세속 권력자들과 끊임없는 결탁을 통해 부동산을 늘려갔고, 베드로 대성당을 지을 돈이 모자라자 면죄부를 만드는 등 기상천외한 방법으로 돈을 긁어모았다. 교회가 탐욕으로 가득 차면 절대 바른 복음, 가공되지 않은 순수한 말씀 대신 인간의 생각이 가득한 말씀이 선포된다. 그 결과 탐욕을 점점 부끄러워하지 않았고 도리어 자부심과 긍지를 가지게 된다.

종교개혁기의 대부분의 사제들이 윤리·도덕적으로 타락해 교인들은 그들로부터 배울 것이 없어져 그들을 불신하기에 이르렀다. 교황들은 정치권력과 결탁했고, 추악한 성직매매가 빈번했다. 이런 일은 현재 한국교회 목회자들의 반면교사이다. 주변에서 들려오는 목회자들의 타락과 돈에 대한 과도한 욕심, 권력과 명예 중독은 결국 하나님의 법을 불순종하게 만든다.

하나님의 소명에 관심이 없고 탐심과 쾌락이 주를 이루다 보니, 사제들이 성경에 무지해졌다. 르네상스의 영향으로 인문주의 사상이 번져가면서, 평신도들은 예전과 달리 사제의 무지를 알아차리기 시작했다. 그동안 교회의 교황과 사제들의 가르침이 성경과 무관함을 알게 된 이들은 자연스럽게 말씀으로 돌아가자는 운동이 일어난 것이다.

종교개혁 전야의 모습은 오늘날 한국교회에 동일하게 적용될 수 있다. 목사들의 성경과 하나님 뜻에 대한 무지는 부끄러운 교회를 만들 것이고, 마침내 교회의 개혁을 불러오게 될 것이다.

목회자들은 성경과 좋은 책 읽는 일에 최선을 다하고 성경을 이해하는 일에 진력해야 한다. 교회는 이를 위해 기도하고 도와야 한다. 한국교회가 종교개혁 500주년을 맞아 우상숭배인 탐욕을 버리고, 목사들부터 거룩한 삶을 살며, 기도와 말씀으로 충만해질 때 성도들은 각성하고 변화돼, 그들이 이 사회를 변화시킬 수 있을 것이다.

3. 교회정치의 변혁

교회는 성경과 각 교단의 헌법에 따라 건전한 교회정치가 이루어져야 한다. 그러나 이것이 교권화 할 때 심각한 문제가 제기된다.

종교개혁은 부패한 로마 가톨릭교회에 대한 저항이었다. 그러므로 종교개혁은 근본적으로 부패와 타락에 대한 강력하고 지속적인 저항정신의 표출이었다. 그러한 저항정신을 가진 개혁교회는 항상 개혁되어야 한다는 표어 속에 잘 표현되어 있다. 구르는 돌은 이끼가 끼지 않지만, 멈춰 서 있는 돌은 이끼가 낀다. 흐르지 않고 고여 있는 물은 썩기 마련이다.

그러한 면에서 한국교회 내부에서의 자정이 일어나지 않기 때문에, 한국교회 밖에서의 공격을 통해 한국교회의 자정을 촉구하고 있다고 볼 수 있다. 한국교회 내부 안에서 일상화된 교권 다툼과 법적 분쟁, 신학교들마다의 내부적인 싸움, 이러한 교권화된 한국교회의 문제 속에서 한국교회 이탈 현상이 심화되고 있다.

그러한 면에서 하나님의 교회나 신천지 같은 여러 이단들이 발흥하고 있다. 그리고 기독교의 부패를 고발하는 여러 반기독교적인 성격을 가진 언론들이 등장하고 있다. 기독교 이단들의 기독교에 대한 공격들이 빈번하게 일어나고 있다. 진보세력과 무신론 단체들은 기독교의 정치세력화를 공격하고 있다. 이러한 다양한 공격들은 한국교회의 자정능력 상실에 대한 외부의 공격일 수도 있고, 교회의 세력화로 인한 사회의 경계감이라고 볼 수도 있겠다.

총회나 노회가 교권에 의해 장악되어 관련 당사자들의 이해관계의 다툼의 장으로 변질되고 있다. 그 기구가 생겨난 본래의 모습을 회복할 방안이 마련되어 제 기능을 발휘할 때, 목회자들의 윤리가 확립될 수 있을 것이다. 중세 로마 가톨릭교회의 부패상에서 일어나던 것들이 한국개신교 안에서 더 심하게 일어나고 있다는 자조석인 이야기들은 그러한 세태를 반영하고 있다. 목회자들이 윤리적으로 모범적인 삶을 살아가면서 교회의 공조적인 건전한 모습으로 정화되고 갱신될 때 한국교회의 건강한 회복의 길이 열리게 될 것이다.

Ⅲ. 바른 생활의 실천

그리스도인의 변화란 말로만 되어지는 것이 아니라 행동으로 나타나야 한다. 즉 성경중심의 삶이 이루어지고 신앙과 행위의 일치가 있어야 한다. 이것이 진정한 변화이다. 바른생활의 실천을 위해 몇 가지 방안을 탐구할 수 있다.

1. 기독교 세계관의 확립

그리스도인은 성경적 관점에서 모든 것을 보아야 한다. 이 관점이 곧 세계관(Worldview)이다. 세계관에는 여러 가지가 있으나 우리는 성경적 기독교 세계관을 바로 알고 실천해야 한다. 이 세계관의 특성을 몇 가지로 요약할 수 있다.

(1) 하나님 절대주권적 세계관

첫째, 개혁주의적 세계관은 하나님의 절대주권에 입각한 세계관이다. 하나님은 이 우주와 역사의 창조주요 섭리자시다. 하나님은 그의 절대주권적인 섭리와 경륜으로써 우주와 인간을 그의 영광을 위하여 창조하셨다. 그러므로 이 우주와 자연은 창조자 하나님의 창조물이요 그 존재를 그의 말씀에 의존하고 있다. 하나님의 지탱케 하시는 섭리가 없을 때 이 우주는 혼돈과 무질서로 떨어지고 만다. 바울이 증언하는 것처럼 만물은 하나님으로부터 나와서 하나님에게로 돌아간다. 이것은 우주적인 영의 영원한 주기적인 자기순환을 말하지 않는다. 인격적인 하나님의 우주와 역사 섭리에 의하여 만물이 창조되고 전개되고 결국에는 그의 뜻이 이루어진다는 것이다. 하나님의 절대주권은 카이퍼(Abraham Kuyper)가 피력한 바와 같이 우주에서 뿐만 아니라 우리 삶의 모든 영역 속에서 수행된다. 그러므로 기독교 세계관에는 하나님의 섭리와 뜻이 있을 뿐이지 운명이나 자연의 맹목적인 장난이나 우연이란 없다.

둘째, 개혁주의적 세계관은 유신론적 일원론의 세계관이다. 선과 악의 이원론을 말하지 않는다. 하나님과 사단, 선과 악은 영원히 공존하지 않는다. 악은 독립적으로 존재하지 않는다. 그것은 깨어진 관계요, 창조의 타락이며, 선의 왜곡이다. 그것은 어두움이요 속임이며 죽음의 원천으로써 빛과 진리와 생명의 변질자로서만 존재한다. 선은 영원하고 악은 부수적으로 발생한 것이다. 성경은 물질과 정신의 이원론을 말하지 않는다. 이 세계는 신과 동일하지도 않고 신에 대해 대립하여 존재하지도 않는다. 이 세계는 하나님으로부터 창조된 우연적 존재요 동시에 하나님의 주권적 섭리에 의해 상태를 지탱할 수 있는 의존적 존재이다. 그러므로 성경적 유신론적 일원론은 정신이나 물질의 자율성을 인정하지 않는다. 정신도 신에 의해 창조된 피조물이다.

(2) 구속사적 세계관

개혁주의 세계관이란 구속사적 세계관이다. 구속사적 세계관이란 실낙원의 세계관이며 메시아적 역사구속의 세계관을 내용으로 한다.

첫째, 개혁주의적 세계관은 실낙원의 세계관이다. 우주와 역사는 그 창조 본연의 상태에 있지 않다. 창조 본래적인 상태는 선한 상태였다. 현재의 우주와 세계는 원초적인 선한 상태에서 타락된 것이다. 그러나 개혁주의 세계관은 베다 힌두교처럼 이 세상을 마야(maya) 내지 환상(幻像, illusion)으로 보지 않으며, 역사는 어떤 의미도 가지지 않는다고 보는 극단적인 관념론 견해를 거부한다. 하나님의 창조는 선한 것이었다. 이 선한 창조의 세계에 악마의 꾀임에 의해 악이 들어왔다. 악마의 꾀임이란 선과 악을 알게 하는 실과를 먹게 될 경우 인간의 눈이 밝아져 하나님처럼 된다는 것이다. 악마의 꾀임이란 악의 유출이나 불가항력적인 침투가 아니다. 그것은 인간의 의지의 결정을 통하여 들어온 것이다. 인간은 하나님처럼 선과 악을 스스로 분별하고자 했다. 이것은 인간의 신격화를 뜻한다. 이것이 인간의 원죄이다.

둘째, 개혁주의적 세계관은 메시아적 역사구속의 세계관이다. 성경은 이 세계의 타락 그리고 이 세상의 죄악상 그리고 비판적인 세계상의 증언에서 끝나지 않는다. 성경은 이와 동시에 예수 그리스도의 메시아적 보내심과 그의 수난과 십자가상에서의 죽음을 통한 인류와 역사의 구속에 관하여 증언하고 있다. 세계사의 진행은 이 하나님의 구속의 경륜을 성취하기 위하여 진행한다. 보편적인 역사는 그 자체가 목적이 아니라 그리스도의 구속을 이루기 위한 수단에 불과하다. 구속사는 보편사의 의미요 목적이다. 그리스도는 시간의 중심이요 시간의 의미이다. 그리스도는 때의 충족이다. 구약시대의 약속이 예수 그리스도 안에서 비로소 성취되고 충족되었다.

(3) 변혁주의적 종말론적 세계관

기독교 세계관이 궁극적으로 모색하는 것은 성경이 가르치는 원리에 따르는 것이다. 개혁주의 세계관이 추구하는 모델은 변혁주의적 종말론적 세계관이다. 첫째, 그것은 변혁주의적 세계관으로서 문화를 변혁시키며, 둘째, 그것은 메시아적 종말론적 세계관으로서 모든 인본주의적 세계이상향이나 세계혁명성취를 거부한다.

첫째, 개혁주의적 세계관은 변혁주의적인 세계관이다. 성경적 개혁주의 사상은 역사와 문화에 대한 변혁적인 책임을 창조하고 있다. 이 세상의 문화와 사상은 인간의 원죄라는 권력의지의 소산이기 때문에 이기적이고 부패할 수밖에 없다. 역사 속에서 어떠한 사회나 단체도 온전할 수 없다. 여기에는 인간의 이기적 권력의지 표현되어 있다. 역사 속에 있는 어떠한 문화라고 할지라도 이러한 부패성과 비리 모순성을 피할 수 없다. 그러나 변혁주의적 세계관은 역사와 문화에 대한 도피주의나 염세주의에 빠지지 않는다.

역사와 문화에 대한 변혁적 사명이 부여되고 있다. 왜냐하면 부패와 타락은 역사와 인간의 본래적인 성질이 아니고 그 원천적인 선한 성질에서 소외되고 변질되었기 때문이다. 하나님의 왕국이란 단지 초월적으로 다가오지만 않고 인간의 역사 참여와 변혁적 행동을 통하여 파편적으로 이루어진다. 여기서 변혁이란 뉴에이지사상이 주장하는 바 인간 속에 잠재되어 있는 신적 본질을 드러내기 위한 내면적 의지의 개혁이 아니라 하나님의 말씀과 성령의 역사에 의한 부패되고 자율성을 지향하는 인간 존재의 실존적 변혁이다.

둘째, 개혁주의적 세계관을 메시아적 종말론적인 세계관이다. 성경적 개혁주의적 역사이해는 역사 안에서 역사의 구속이 인간의 사회적 개혁이나 인간의 내면적 자아의식의 확장에 의하여 성취된다고 보지 않는다. 인간의 구원과 역사의 구속은 인간 스스로의 내면성 개발을 통한 자기의식의 혁명 내지 확장으로도 그리고 사회적 혁명으로도 도래하지 않는다. 인간은 결단코 신적 의식을 선천적으로 소유하지도 아니하고 역사 자체도 스스로 신적 성향을 지닌 존재가 아니기 때문이다. 개인과 역사의 진정한 구속은 다시 오시는 메시아에 의하여 종말론적으로 성취된다. 하나님의 아들 그리스도의 재림에 의하여 세계와 역사의 진정한 종말은 성취된다. 그러므로 이러한 기독교적 종말론은 인간 스스로 신격화되고 우주와 합일한다고 주장하는 뉴에이지 사상을 단호하게 거부한다.

2. 물신주의(物神主義)의 극복

한국교회가 극복해야 할 중요한 과제는 물신주의의 극복이다. '돈이면 다 된다'는 이른바 천민자본주의가 교회 안에도 팽배해 있다. 이것을 극복해야 교회의 순정성을 회복할 수 있다.

구약성경에는 제사장의 축복도 있고, 신약성경에는 지도자들의 축복도 있다. 그러나 이것은 "먼저 그의 나라와 그의 의를 구하는" 모든 그리스도인들의 축복권이지, 제사장이나 목회자만의 독점적 축복권이 아니다. 더욱이 예수님은 '강단의 축복권'을 어디에서도 말씀하지 않으셨다. 강단의 축복권을 말하는 것은 개혁주의 교회의 신학도 신앙도 아니다. 그것은 하나님의 아들 예수 그리스도께서 자신의 몸을 십자가에 내어주면서까지 극복하고자 했던 제사장 종교의 폐단이 부활하는 것이다. 굳이 강단의 축복권을 말한다면, 그것은 강단에서 구원의 "말씀"이 선포되는 것이다.

　기독교는 이들의 목표나 가치와 전혀 별개의 가치관을 가진다. 성경이 "너희가 먹든지 마시든지 무엇을 하든지 다 하나님의 영광을 위해 하라"(고전 10:31)는 말씀에서 볼 수 있듯이, 기독교의 최고 가치는 하나님의 영광에 있다. 따라서 웨스트민스터 소요리문답에서 "인간의 제일되는 목적은 하나님을 영원토록 영화롭게 하는 데 있다"는 정의는 기독교의 가치관을 분명하게 제시하는 것이다.

　그러므로 하나님 없이는 물질의 생산도, 극대화 한 경제적 이윤도 가치가 없다. 따라서 기독교에서 "하나님 다음에 돈이 중요하다"는 말은 성립되지 않는다. 왜냐면 그리스도인에게 있어서는 오로지 하나님뿐이지, 하나님 다음에 둘 수 있는 가치는 아무것도 없기 때문이다.

　교회는 믿음의 사회요, 오로지 신앙에 의해 통일된 평등사회이다. 모든 표준은 믿음에 있다. "믿음이 없이는 하나님을 기쁘시게 못한다"(히 11:16). 그러므로 교회의 최상의 덕목은 믿음이다. 따라서 교회의 직분도 믿음의 분량에 따라 맡겨져야 한다. 그렇지 않고 교회에서 직분이나 대우가 돈이나 그 사람의 사회적 지위에 의해 좌우되고, 또 중직에 맡겨진다면 이는 이미 교회의 근본을 이탈하는 것이다. 많은 교회의 분쟁이 여기에서 비롯되고 있다.

　돈이면 다된다는 생각이 지배하는 세상은 천민자본주의 사회가 낳은 타락된 세상이다. 거기에는 도덕성과 건전한 가치관이 결여되어 있다. 교회는 교인들로 하여금 어떻게 돈을 벌어 어디에 쓰는 것이 옳은 것인가를 가르쳐야 한다. 그래야만이 돈의 노예가 되는 물신주의에 빠지지 않고 돈을 부리는 청지기 정신에 바로 설 수 있는 것이다.

　성경은 돈이라고 다 같은 돈이 아님을 말하고 있다. 그래서 "창기가 번 돈과 개 같은 자의 소득은 어떤 서원하는 일로든지 네 하나님 여호와의 전에 가져오지 말라 이 둘은 다 네 하나님 여호와께 가증한 것임이니라"(신 23:18) 라고 했다.

3. 섬김사역을 통한 전도

예수님은 이 땅에 섬김을 받으러 오신 것이 아니라 섬기려 오셨다. 변화된 그리스도인들은 섬김사역을 통하여 그리스도를 따라가고 닮아가는 삶을 살아야 한다. 열매를 보고 그 나무를 알듯이 섬김의 자세를 통하여 그리스도의 역사를 나타낼 수 있다.

(1) 섬김사역의 핵심

사도행전 6:2에서 "우리가 하나님의 말씀을 제쳐 놓고 접대를 일삼는 것이 마땅하지 아니하니"(개역개정)는 좋은 번역이 아니다. "접대를 일삼는 것" 보다는 "접대하는 것을 위해"(목적의 부정사)가 더 맞다. '일삼다'는 상당히 부정적인 어의를 가진 말이다. 사도들은 가난한 이들을 음식으로 섬기는 일이 자신의 직무가 아니라는 뜻으로 말한 것이 아니라, 그 '섬김'에 주력하다가 말씀을 전하는 '섬김'을 제쳐 두는 것이 옳지 않다고 판단했다는 뜻이다. 다른 이들이 '음식의 섬김'을 도와준다면, 사도들이 '기도하는 일'과 '말씀의 섬김' (행 6:4)에 주력하는 것은 너무도 당연하다. 그들 외에는 '말씀의 섬김'을 제대로 할 자가 없기 때문이다. 그렇다고 해서 기본적인 섬김의 자세를 잃었다거나, 말씀 외의 다른 섬김은 전혀 하지 않는다고 생각하는 것은 오해이다. 처음부터 사도의 일은 '섬기는(디아코니아의) 직무'와 '보냄 받은 자의(사도적) 직무'였다(행 1:15). 사도들은 '섬기는 일'을 그들의 사역에서 제쳐놓은 일이 없다. 왜냐하면 그리스도 자신이 제자들의 발을 씻기는 등, 소위 '말씀의 섬김'과 '다른 섬김'을 병행하셨기 때문이다.

따라서 사도들과 제자들이 사람들에 대한 섬김을 중요하게 여기고 다양한 방법으로 사람들을, 그리고 서로를 섬기려는 마음과 태도, 구체적인 섬김의 노력들을 다했을 것이라 보는 것은 무척 자연스럽다.

소명의 직무, 예컨대 말씀 전파나 구재 등의 직무도 이런 '섬기는 일'에 해당되는 것이다. 제자들이 '스스로 사람들의 디아코노스가 되신 우리 주님을 따라 우리도 사람들을 섬기는 디아코노스가 되자'고 다짐하는 것은 당연한 일이다.

자신이 할 수 있는 자신에게 주어진 '디아코니아'(섬김) 그 자체를 소중하게 여기는 것이 당연하다. 그래서 그런 일을 하는 자를 '디아코노스'(섬기는 자)로 불렀는데 이는 후에 직분이 되고, 오늘날 '집사'란 이름으로 불리게 된다. '집사'는 본래 교회의 특정 직분자를 가리키는 말이 아니라, 본래 그리스도를 따라 '섬기는 자'라 했던 데서 비롯된 것임을 이해할 필요가 있다.

그리스도께서 자신을 '섬기는 자'라 했으므로 그 뒤를 따라 '섬기는 자'로 인정되고 세움을 받는 것은 그의 제자 된 자로서 큰 영광이 아닐 수 없다. 또 그리스도의 섬김의 길을 제대로 따르느냐, 따르지 않느냐를 검증할 필요도 있었을 것이다. 그래서 교회는 후에 아무나 '섬기는 자'(집사)로 세우지 않게 되었고 그렇게 세울 때는 자격을 제한하게 된 것이다(딤전 3:8-13). 섬기는 자로 문제가 없을 때에야 그 섬기는 일을 계속하게 하였다('책망할 것이 없으면 그들로 [계속] 섬기게 하라'/직역, 딤전 3:10, "집사의 직분을 맡게 할 것이요"/개역)은 교회에 존경과 주님의 상을 얻게 된다.

(2) 섬김사역의 특성

우리 말에서 디아코니아는 '봉사', 또는 '섬김'을 뜻하는 말로 이해된다. 즉 이 말은 이웃, 공동체, 또는 사회와의 관계에서 나타내는 인간의 선한 행위로써 봉사와 섬김을 뜻하는 말로 이해되었다. 특히 기독교적으로는 그리스도의 말씀과 정신에 따라서 이웃과 사회를 위해 행하는 봉사로 이해된다. 그리고 그 봉사(디아코니아)는 '복음전파'와 '복음의 실천'이란 관계에서 이해하는 것이 중요하다. 복음전파는 복음 전도를 가리키는 말이며, 복음의 실천이란 이웃에 대한 봉사(섬김)를 뜻하는 말이다. 이러한 두 측면의 모습은 바로 예수님의 삶에서 쉽게 발견한다. 즉, 그는 사람들에 대한 하나님의 사랑을 계명과 복음으로 가르쳤으며, 또한 실제로 사람들을 사랑하는 모습으로 그 행동을 보여주었기 때문이다. 예수님의 복음 전도와 복음의 실천은 바로 인류를 섬기고 봉사하신 사랑, 즉 봉사였던 것이다. 여기서 섬김은 사회봉사의 의미로 해석된다고 볼 수 있다. 그리고 섬김의 개념이 사회봉사로 이해될 때, 그 성격과 과제는 넓은 의미를 가지게 될 것이다. 즉 디아코니아는 복음 선교의 과제와 관계를 가지며, 이웃을 돕는 사회봉사의 일들과도 관계된 것으로 볼 수 있다.

(3) 섬김사역과 복음선교

앞에서 살펴 본대로 '섬김'(디아코니아)이 교회의 세상을 향한 봉사와 섬김의 행위를 가리킨다면, 그것은 예수 그리스도의 복음을 전파하는 일과 관련하여 복음의 증인으로 행동하는 과정에 나타나는 '사랑의 행위'와 관련하여 복음의 증인으로 행동하는 과정에 나타나는 '사랑의 행위'와 관련된 것으로 인식된다. 즉 디아코니아는 예수 그리스도를 통하여 나타난 하나님의 사랑($αγαπη$)을 나타내 보이는 일인 것이다. 특히 그것은 예수님이 말씀하신 이중사랑(하나님 사랑과 이웃사랑)의 계명과 관련하여 모든 그리스도인들에게 윤리적으로 요구되는 봉사와 섬김을 뜻하는 것으로 이해된다. 그러므로 '섬김'(디아코니아)은 복음 선교사역에 있어서 밀접한 연관성을 가진 것이며, 그 본질에 있어서 동일한 목표를 가진 것이고, 동시에 목표를 성취하기 위한 수단적 의미로 이해된다고 할 수 있다.

결 론

오늘의 한국교회는 반기독교적 정서의 도전으로 인해 교회의 치부가 드러나고, 사회의 조롱거리가 되고 있다. 반기독교운동으로 인해 교회의 신뢰도가 추락하고 있는 현실에서 우리 스스로를 반성하고 개혁하는 노력을 해야 한다.

1. 교회를 교회되게 하라

종교개혁은 다른 의미로 교회개혁이라고 할 수 있다. 우리는 종교개혁의 참의미를 깨닫고 '교회를 교회되게' 해야 한다.

교회란 자신의 존재와 연대의 이유, 그리고 다른 집단과의 차이를 오직 하나님의 부르심에 두고 있는 사람들의 공동체를 말한다.

이 교회는 하나님으로부터 자신의 고향과 친척 집을 떠나라는 부르심을 받았던 아브라함과 함께 시작한다. 하나님의 부르심은 아브라함을 통해 한 민족과 나라를 이루고 또 세상의 많은 민족으로 복을 받게 하기 위함이었다. 이 은혜의 언약은 그 후 네 번이나 아브라함에게 확증되었고, 그것을 통해 그의 후손은 복을 받게 되었다(창 22:17, 18). 그 언약은 다시 아브라함의 자손 이삭과 그의 아들 야곱에게 확증되었다. 창세기는 이를 이스라엘 자손이 "그의 몸에 향 재료를 놓고 애굽에서 입관하였더라"(창 50:2)라는 말로 간략하게 기술한다.

그러나 야곱의 아들 레위의 후손인 모세가 애굽의 억압으로부터 이스라엘 백성을 구원했을 때 하나님이 아브라함에게 하셨던 언약의 성취는 큰 진전을 보게 되었다. "이스라엘이 어렸을 때에 내가 사랑하여 내 아들을 애굽에서 불러 냈거늘"(호11:1). 이스라엘은 출애굽한 지 석 달 후에 시내 광야로 들어갔다. 그리고 하나님은 모세에게 이스라엘 백성에게 다음과 같이 전하라 말씀하셨다.

내가 애굽 사람에게 어떻게 행하였음과 내가 어떻게 독수리 날개로 너희를 업어 내게로 인도하였음을 너희가 보았느니라 세계가 다 내게 속하였나니 너희가 내 말을 잘 듣고 내 언약을 지키면 너희는 모든 민족 중에서 내 소유가 되겠고 너희가 내게 대하여 제사장 나라가 되며 거룩한 백성이 되리라(출 19:4-6).

이렇게 하나님의 언약이 확증되고 율법을 받아 성막의 예배 제도가 시작되었다. 그 후 이스라엘은 약속의 땅을 정복하고 그곳에서 왕정 체제를 세웠다. 그러나 이 모든 것은 재앙으로 끝나고 말았다. 그의 백성들이 하나님과의 언약을 파기하고, 그분의 율례를 거부하고, 그분이 보내신 예언자들을 멸시함으로 그들은 결코 용서받을 수 없는 상태에 이르렀다. 결국 하나님은 그들을 심판하셨고 바벨론으로 유배를 보내 버리셨다.

하지만 하나님은 그들을 완전히 버리지는 않으셨다. 때가 차매 언약에 신실하신 하나님이 애굽에서 이스라엘을 구원하신 것처럼 하나님은 그들을 바벨론으로부터 불러내어 본토로 돌려보냈다. 예레미야를 통해 하나님께서 말씀하신 그대로 이다.

보라 날이 이르리니 다시는 이스라엘 자손을 애굽 땅에서 인도하여 내신 여호와께서 살아 계심을 두고 맹세하지 아니하고, 이스라엘 자손을 북방 땅과 그 쫓겨났던 모든 나라에서 인도하여 내신 여호와께서 살아계심을 두고 맹세하리라 내가 그들을 그들의 조상들에게 준 그들의 땅으로 인도하여 들이리라(렘 16:14, 15).

하나님은 그 백성을 통해 전세계의 모든 족속에게 복을 주시겠다고 약속하셨다. 그리고 이 약속은 그리스도를 통해 성취되었다. 하나님은 먼저 아브라함과 그의 가족을 우르와 하란을 떠나 가나안을 향하도록 부르시고 후에는 야곱의 후손들을 애굽에서 구원하시고 유다의 남은 족속을 바벨론에서 불러 내셨다. 이 모든 것은 온전한 소명, 더 위대한 구원, 더 풍성한 유산을 위한 그림자였다. 하나님의 원대한 목적은 그리스도의 죽음과 부활을 통해 하나님의 백성들을 죄로부터 구원하고 구속의 언약을 그들로 하여금 상속받게 하라는 것이었다.

이렇게 교회는 그분의 에클레시아, 즉 하나님의 부르심을 받아 그분의 소유가 되어 세상으로부터 분리된 그러나 세상 속에 존재하는 하나님의 백성이다. 신약성경은 이 사실을 우리에게 매우 분명하게 말하고 있다. 하나님은 우리를 부르셔서 "그의 아들 예수 그리스도 우리 주로 더불어 교제하게"(고전 1:9) 하시고 "예수 그리스도의 것으로 부르셨다"(롬 1:6)라고 말씀하신다. 이러한 하나님의 부르심은 "거룩하신 소명으로 부르심"(딤후 1:9)이요. "거룩하게 하시는"(살전 4:7) 부르심이다. 하나님은 자신이 거룩하니 우리도 거룩하라(벧전 1:15, 16)라고 명령한다. 또한 부르심을 입은 자는 "부르심을 받은 일에 합당하게 행하라"(엡 4:1)라고 하신다. 따라서 우리는 성령의 거룩하게 하시는 능력으로 거룩하고 구별된 하나님의 택하신 백성, 즉 "성도"가 되는 것이다(롬 1:7; 고전 1:2; 행 15:14; 딛 2:14).

그러나 하나님의 부르심은 교회를 세상에서 불러 내어 그저 경건하게 따로 살라고 하심이 아니다.

2. 하나님의 자녀로 살아가라.

하나님의 백성은 이 세상에서 하나님의 자녀로 살아가야 한다.

성경은 하나님에 의해 부르심을 받아 다른 백성과 구별된 한 백성의 이야기이자 그러한 신적 부르심에 따라 그 안에서 자신들의 다양한 역할을 부여받은 한 백성의 이야기이다. 그러나 성경의 가장 주된 관심사는 하나 된 연합체로서의 백성이며, "나는 너희 하나님이 되고 너희는 나의 백성이 되리라"라고 끊임없이 말씀하고 계시는 하나님이다. 교회의 모든 구성원들이 갖는 차별성은 다른 교회 지체들과의 구별이 아니라 세상과의 구별에 있습니다. 하나님의 백성, 즉 하나님의 '거룩한' 백성이 구별되어야 할 곳은 바로 세상이다. "나는 여호와 너희의 하나님이니라. 너희는 너희가 거주하던 애굽 땅의 풍속을 따르지 말며, 내가 너희를 인도할 가나안 땅의 풍속과 규례도 행하지 말고, 너희는 내 법도를 따르며, 내 규례를 지켜 그대로 행하라. 나는 너희의 하나님 여호와니라"(레 18:2-4). 예수님은 새 이스라엘의 핵심 구성원인 그의 제자들에게 이와 동일한 말씀을 하였다. "이방인의 집권자들이 그들을 임의로 주관하고 그 고관들이 그들에게 권세를 부리는 줄 너희가 알거니와 너희 중에는 그렇지 않아야 하나니"(마 20:25, 26). 세상과 구별되어 거룩하게 살라는 부르심은 에베소서에도 기록되어 있다. "이방인이 그 마음의 허망한 것으로 행함 같이 행하지 말라"(엡 4:17).

이것이 하나님의 백성들이 알아야 할 근본적인 차별성이다. 구별은 교회 안에서가 아니라 교회 밖 즉 세상과의 관계에서 있어야 한다. 하나님의 백성들은 모두 똑같으며 그분이 거룩하기 때문에 그의 백성들은 이 세상과 구별되어야 한다.

그러나 구분될 수 없는 하나님의 백성들 안에도 구별은 존재한다. 물론 그것은 지위에 관한 것이 아니라 공동체에서의 기능과 관련해서 그렇다. 단일성과 다양성 사이의 차이에 대해 사도 바울은 자신의 서신에서 최소한 세 번 이상 언급하는데, 그는 그 서신에서 여러 지체들로 이루신 몸을 비유로 들어 설명한다.

우리가 한 몸에 많은 지체를 가졌으나 모든 지체가 같은 기능을 가진 것이 아니니 이와 같이 우리 많은 사람이 그리스도 안에서 한 몸이 되어 서로 지체가 되었느니라. 우리에게 주신 은혜대로 받은 은사가 각각 다르니(롬 12:4-6).

  교회의 단일성과 다양성의 조화를 바울은 고린도전서 12장에서 가장 생생하게 설명하고 있다. 사도는 고린도전서 12장을 모든 그리스도인이 다 같이 한 성령을 받았다는 사실을 강조함으로 시작한다. 우리가 "예수는 주시다"(1-3절)라고 다같이 고백할 수 있는 이유는 우리가 다함께 한 성령을 받았기 때문이다. 우리는 다같이 한 성령으로 세례를 받았고 한 성령을 함께 모시고 있다(12, 13절). 그러나 몸은 여러 지체들로 구성되어 있다(14절). 사도 바울은 계속해서 한 성령이 섬김을 위해 주신 서로 다른 영적 은사들을 성령이 '세우신' 다양한 그리스도인의 사역과 함께 나열한다(28절). 이 직분들을 통해 하나님의 나라를 확장하여야 한다. 한국교회는 이러한 성경적 원리를 통해 바로 세워져야 한다.

네 발에서 신을 벗으라

예 영 수 박사
전 라이프신학대학 총장

(출애굽기 3:1-12)
1 모세가 그의 장인 미디안 제사장 이드로의 양 떼를 치더니 그 떼를 광야 서쪽으로 인도하여 하나님의 산 호렙에 이르매 2 여호와의 사자가 떨기나무 가운데로부터 나오는 불꽃 안에서 그에게 나타나시니라 그가 보니 떨기나무에 불이 붙었으나 그 떨기나무가 사라지지 아니하는지라 3 이에 모세가 이르되 내가 돌이켜 가서 이 큰 광경을 보리라 떨기나무가 어찌하여 타지 아니하는고 하니 그 때에 4 여호와께서 그가 보려고 돌이켜 오는 것을 보신지라 하나님이 떨기나무 가운데서 그를 불러 이르시되 모세야 모세야 하시매 그가 이르되 내가 여기 있나이다 5 하나님이 이르시되 이리로 가까이 오지 말라 네가 선 곳은 거룩한 땅이니 네 발에서 신을 벗으라

모세는 40세의 혈기왕성한 젊은이었다. 그는 민족의 지도자, 조국을 위한 헌신, 내게 맡겨진 소명 등 거창한 야망으로 애국운동을 했다.

애굽 사람을 쳐 죽이면, 그의 백성들이 "우리의 지도자가 여기 있다."하고 자기를 민족지도자로 인정해 줄 것을 기대했다. 그는 애굽사람을 때려죽여 모래 속에 감추어두면 될 줄 알았다. 그런데, 그는 이스라엘 동족으로부터 "너는 도대체 누구냐?(Who are you?)"라고 지탄을 받았다. "웬일이니, 착각은 자유야!"하고 놀림감이 되었다.

그래서, 모세는 애굽사람들에게는 반역자로 쫓기는 몸이 되고, 같은 민족에게는 배신당하여 쓰임 받기는커녕, 버림받은 자가 되어 외로운 존재로 전락하게 되었다. 그는 미디안 광야에서 방황하는 고독한 존재가 되었다.

왜 그렇게 되었습니까? 그가 한 일은 이스라엘 선민을 위한 것이기에 목표도 동기도 좋았다. 그러나 문제는, 모세의 방법이 잘못되었다.

그는 하나님의 일을 하나님 없이 성급하게 시도했던 것이다. 하나님의 일을 하는데, 사람을 때려죽이는 일부터 시작했다. 목적이 수단을 정당화했든 것이다. 개인의 일도, 교회의 일도, 국가의 일도, 아무리 목적이 좋아도, 수단이 하나님의 뜻에 합당치 않으면 안 된다는 것이다.

모세는 40년간 처가살이하는 보잘 것 없는 존재가 되었다. 일국의 왕족이 전락하여 처가살이하는 별 볼일 없는 자가 되었다. 그러나 다행히도 처(십보라)를 잘 만나서 먹고살게 되었다. -미디안 제사장 이드로의 사위가 되어 양 무리를 치게 되었다. 처갓집 양떼를 이끌고 광야를 헤매는 한심한 신세가 되었다. 우린 그것을 "처가 장학생(wife-scholarship)"라고 하셨다. 모새는 장가들고, 아들 딸 놓고, 양떼를 기르며 40년간 처가살이를 했다. 그 결과 "민족의 지도자" "조국을 위한 헌신" "내게 맡겨진 소명" 같은 거창한 큰 용어는 모세의 마음속에서 살아졌다.

"이젠, 나도 별 볼일 없는 80세 노인으로 이렇게 살다가 죽는 거지, 머!" 모세는 목에 힘 다 빠지고, 실패와 좌절감에서, 의욕도, 욕망도, 이상도 다 살아져 버린 그런 인생이었다.

이스라엘 백성이 애굽의 압제와 고역으로 탄식하며 부르짖었다. "떨기나무 불꽃" 사건 직전에(출 2:23-25) 1번 이스라엘이 부르짖었다. 직후에(출3:7-8, 3:9-10) 2번 반복해 고통 받은 이스라엘의 부르짖었다. 합하여 3번 부르짖었다. 이스라엘 백성의 고통의 부르짖음의 응답으로 하나님께서 임재하셨다.

홀연히, 호렙산 떨기나무 불꽃 가운데서 하나님께서 모세의 생애 속에 나타나신 것이다. 하나님께서 "모세야, 모세야!" 불러 주셨다. 모세는 "제가 여기 있나이다.라고 답했다.

왜 하나님은 하필이면 "떨기나무"와 관련되어 나타나셨나? 떨기나무는 히브리어로 "스네(sene)"라고 하셨다. 사막에서 발견되는 키가 작은 관목류의 가시덤불이다. "스네"의 특징은 약함의 상징이다. 매우 약해서 인위적으로 불을 붙이지 않더라도 여름의 작열하는 사막의 열기에 쉽게 발화되어 즉시 타버린다. 불이 붙었다하면 여지없이 소멸해 버린다. 사막에 버려진 이 연약한 떨기나무에 불이 붙어 거대한 불길이 활활 타오르는데도 타지 않은 것은 보통 일이 아니다. 여기에 큰 뜻이 있는 것이다.

이 떨기나무는 "연약함"의 상징이다. 중동의 가난하고 힘없는 노예 생활 해온 이스라엘의 상징이다. 형편없이 전락하여 보잘 것 없이 된 모세의 상징이다. 어쩌면, 힘없는 나, 여러분, 우리네 한국 백성들 모두의 상징이기도 하다. 그런데, 쉽게 타버릴 수밖에 없는 이 "떨기나무"가 소멸되기는커녕, 하나님은 오히려 그 연약한 떨기나무 불꽃 가운데서 강열한 불길을 일으키시며, 바로 그 연약함 가운데서 강한(전지전능한) 힘으로 나타나셨다.

여러분! 지금 우리 한국의 형편이 경제적, 정치적, 문화적, 군사적인 (이북의 협박으로) 어려움으로 인하여, 우리가 떨기나무처럼 연약한 존재이기도 하다. 그러나 하나님의 성령이 연약한 떨기나무인 우리가운데 임하시면, 우리는 강한 힘으로 역사하게 된다. 우리에게 새로운 희망의 역사가 시작된다.

이 떨기나무 불꽃은, 바로 오순절 마가의 다락방에서 나타났던 그

강한 성령의 불이다. 이 불은 겁쟁이 베드로에게 용기를 준 그 성령의 불이다.

모세가 호렙산에서 떨기나무 불꽃가운데서 하나님의 음성을 들은 것처럼, 하나님의 음성을 들으시기 축원하셨다.

어거스틴(Augustine)은 『신의 도성』(The City of God)에서 영원한 도시가 이 땅의 도시에 임재하는 순간임을 말하면서, 영원이 시간 속에 임재하는 순간임을 말하고 있다. 어거스틴은 시간 개념을 말하면서, 과거는 기억(memory)속에 존재하고, 미래는 기대(expectation)속에 존재하지, 실제로 존재하지 않는다고 했다. 존재하는 것은 여기(here), 지금(now)의 현재뿐이라고 했다.

폴 틸리히(Paul Tillich)는 어거스틴의 시간개념을 이용하여, 영원에서 지금(now) 여기(here)의 시간 속으로 오신, 말씀이 육신이 되어 우리가운데 거하신 성육신(Incarnation)하신, 예수 그리스도를 만나는 순간을 "영원한 현재(Eternal Now)"라고 했다.

모세가 떨기나무 불꽃 속에서 하나님을 만나는 순간이야 말로 모세가 "영원한 현재(Eternal Now)"를 체험하는 순간이다. 마가의 다락방에서 120문도가 성령을 체험하는 순간이다. 바울이 다메섹 도상에서 "나는 네가 핍박하는 예수로다"를 체험하는 순간이다. 1738년 5월 24 (수): 저녁에 John Wesley가 올더스게이트 집회에서 "나는 내 가슴이 이상하게 뜨거워지는 것을 느꼈다(I felt my heart strangely warmed)."을 체험하는 순간이다. Charles Finney가 자신이 근무하는 법률 사무실에서 비올라 켜면서 성가를 불렀을 때 빛으로 오신 주님의 발 앞에 쓰러져서 어린 아이처럼 큰 소리로 울면서 모든 회개를 다한 그 순간이다.

▶ 하나님은 모세에게 "너의 선 곳은 거룩한 땅이니 네 발에서 신을 벗어라"라고 명령하셨다.

하나님은 모세에게 "너의 선 곳은 거룩한 땅이니 네 발에서 신을 벗어라"라고 명령하신 그 곳은 모세가 자주 다녔든 땅 일 것이다. 이 사막의 땅은 버림받은 땅이요, 저주받은 형편없는 땅이었다. 그런데, 이 형편없는 땅이, 하나님께서 임재하심으로 거룩한 땅으로 바뀌었다.

우리가 예배하는 이 평범한 장소가 하나님께서 임재하심으로 거룩한 삶의 자리로 변한 줄로 믿으시기 바란다. 우리의 평범한 자리가 하나님께서 임재하시면, 그 자리가 복의 근원 되는 자리가 되는 것이다. 그 자리는 사람이 들어와도 축복 받고, 나가도 축복 받는 자리가 된다.

"네 발에서 신을 벗어라"고 한 것은 모세 자신의 과거와, 인간적인 죄에서부터 절대 단절을 의미하셨다. 모세가 혈기에 차서 사람을 때려죽이는 인간적인 과거와의 단절을 의미하셨다. 인간의 지식과 의지와의 단절을 의미하셨다. 좌절과 불신앙과의 단절을 의미하셨다. 이기적이고 소극적인 생활과의 단절을 의미하셨다.

우리도 고뇌에 찬 죄 된 "어제(yesterday)"의 신을 벗어버리고, 주님과 함께 하는 "오늘(today)"이 되라고 명령하신 것이다.

"어제"의 신을 벗는다는 것은 퇴행심리(psychological regression)를 버리라는 것이다. 우리는 이 새로운 시대에 "어제"라는 치욕의 역사를 다 벗어버려야 하셨다. "어제"라는 지역감정을 다 벗어버리라 하셨다. "어제"의 쓴 뿌리를 다 벗어버리라 하셨다.

하나님의 말씀을 변질시키고 동성애자를 공인하는 반성경적인 Sodomite WCC의 신을 벗어 버려야 하셨다. 우리의 서울 시장이, 국회의원의 집안에 남자가 며느리가 되고, 여자가 사위가 되는 괴상버려라 하셨다. 교회를 자신의 사업장화 하려는 소위 자기도착적인 기독교 지도자의 생각의 신을 벗어 버려라 하셨다. 문서설 같은 것을 도입하여 성경의 계시적 권위를 손상하려는 학설의 신을 벗어 버려라 하셨다.

폴 틸리히는 나에게서 어제를 벗어버리는 것은 "회개"를 통해서 이고, 다른 사람들과의 관계에서 어제를 벗어버리는 것은 "용서" 를 통해서이라고 했다. 회개와 용서는 우리의 발에서 어제의 신을 벗는 것을 의미하셨다. 이것은 하나님과 만나는 "영원한 현재(Eternal Now)"를 체험하는 순간에 이루어진다.

모세는 "내가 누구관대 바로에게 가며 이스라엘 자손을 애굽에서 인도해 냅니까?"라고 했다. 모세가 완전히 낮아진 때, 완전히 자기를 포기한 때, 완전히 코가 납작해 진 그 때, 모세는 "저는 형편없는 인간입니다. 저는 말더듬입니다. 저는 살인자요 도망자입니다. 저는 민족에게 배신당했습니다. 저는 40년간 처가살이하며 양치기로 늙어버린 힘이 다한 자입니다."라고 했을 것이다. 모세는 "I am somebody."에서 "I am nobody."가 되어 버린 그 때 이다. 모세가 "나는 아무 것도 아니야!"하는 바로 그 때, 완전히 자기부정의 그 때에 하나님은 모세를 만나주셨다.

하나님이 말씀하셨다(출 3:10). "이스라엘 백성의 부르짖음을 내가 들었노라… 이제 내가 너를 바로에게 보내어 너로 내 백성 이스라엘 자손을 애굽에서 인도하여 내게 하리라" 모세의 대답(출 3:11)은 "내가 누구관대 바로에게 가며 이스라엘 자손을 애굽에서 인도하여 내리이까?" 하나님은 모세에게 "내가 반드시 너와 함께 있으리라"라고 약속하셨다.

▶ 하나님께서 모세를 부르신 것은 3가지 이유가 있었다(출 3:8). "내가 내려가서 ① 그들을 애굽인의 손에서 건져내고 ② 그들을 그 땅에서 인도하여 ③ 아름답고 광대한 땅, 젖과 꿀이 흐르는 땅 곧 가나안 족속, 헷 족속, 아모리 족속, 브리스 족속, 히위 족속, 여부스 족속의 지방에 데려가려 하노라"

① 하나님은 그들을 애굽인의 손에서 건져내리라고 하셨다(사람으로부터). 하나님의 백성(my people)의 고통을 보고, 부르짖음을 듣고, 근심을 안다고 하셨다(3:7). 하나님께서 처음으로 이스라엘을 "나의 백성(my people)"이라고 부르셨다. 저주, 구타, 강제 노동으로 이스라엘 노예들의 신음하는 소리를 들으셨다.

하나님은 우리의 어려움과 고통을 보고, 듣고, 알고 계신다는 것이다. 우리를 궁극적으로 사탄의 손에서, 우리 원수의 손에서, 우리를 미워하는 자의 손에서 구원하시겠다는 사실을 상징하고 있다.

② 하나님은 그들을 그 땅에서 인도하여 내시리라 하셨다(땅으로부터). 이스라엘 자손들을 애굽인들과 구별하여 그 땅에서 인도해 내시겠다하셨다. 애굽은 세상과 세상적인 방법의 상징이다. 바로는 악한 군주, 사탄 자신의 상징이다.

예수님은 사탄의 권세로부터, 세상의 사로잡힘으로부터 우리를 구원해 주신다. 수치, 낙심, 외로움, 사고, 부도덕, 마약, 욕망, 범죄 등으로부터 구원해주신다. 예수님은 우리를 죄로부터 의로움으로, 죽음으로부터 생명으로, 지옥으로부터 천국으로, 공허로부터 충만함으로, 고독으로부터 우정으로, 어둠으로부터 빛으로, 무의미함으로부터 뜻있는 것으로, 방황에서부터 목적 있는 삶으로 인도하셨다.

③ 아름답고 광대한 땅, 젖과 꿀이 흐르는 땅으로 들어가게 하겠다 하셨다. 약속의 땅 가나안은 약속의 나라, 하나님 나라의 상징이다.

"젖과 꿀이 흐르는 땅"은 두 가지 뜻이 있다. 첫째, 풍요로움, 결실, 비옥함, 넘침에 대한 그림이다. 하나님의 백성의 물질적인 필요를 위한 모든 것이 예비 되어 있는 곳이다.

둘째, 6개 국가가 살고 있는 광활한(넓은) 땅을 말하셨다. 땅이 넓기 때문에 모든 사람을 위한 모든 것을 수용하기에 충분하다는 것이다.

넓은 땅에서 서로 평화롭게 산다는 것이다.

(요 3:16)물론 약속의 땅은 영생하는 나라 천국을 의미하셨다. "하나님이 세상을 이처럼 사랑하사 독생자를 주셨으니 이는 그를 믿는 자마다 멸망하지 않고 영생을 얻게 하려 하심이라"

모세가 5번 사양하고 변명했다(3:11, 13; 4:1, 10, 13). "내가 누구이기에 바로에게 가며 이스라엘 자손을 애굽에서 인도하여 내리이까"

하나님은 모세에게 "내가 정녕 너와 함께 있으리라"라고 약속했다. 하나님께서 모세와 함께하시니, 모세는 이스라엘을 애굽에서 인도해 내는 위대한 역사를 이룩하셨다. 하나님은 불과 구름기둥으로 모세와 함께 하시고, 능력의 지팡이를 쥐어준다. 애굽의 대군이 밀려올 때 홍해를 갈라지게 하셨다. 바위에서 물이 솟아오르게 하셨다. 만나와 메추리를 주신(고전 1:30)다. 길을 가로막는 아말렉을 물리쳐버리도록 하셨다.

모세가 경험하는 "타지 않는 떨기나무 불꽃" 사건의 의미는 모세(스네와 같은 약한 존재이지만)의 개인에게는 보잘 것 없는 양치기의 생활이 변하여 한 민족의 구원사를 장식하는 희대의 민족지도자의 삶으로 바꾸어 놓는 사건이었다. 결정적인 삶의 전환을 가져오는 실로 새로운 체험의 시작이었다.

이 "타지 않는 떨기나무 불꽃" 사건은(이스라엘 역사의 관점에서) 선민 이스라엘(스네와 같은 약한 민족이지만)의 역사라는 맥락에서 본다면, 한 민족 구원사의 시작이다.

이 "타지 않는 떨기나무 불꽃" 사건은(종교적-우상을 섬기는 형편

없는 민족이지만) 이스라엘의 종교적인 맥락에서 본다면, "이스라엘의 하나님은 도대체 누구냐?"라고 묻는 신학의 출발이다. "나는 스스로 있는 자니라" … 'Ego Eimi'(I AM who I AM). 헬라어의 '에고 에이미'(!Egwv eijmi)는 '에고'(ejgwv)는 '나'(I)라는 뜻이고, '에이미'(eijmi)는 영어로는 "I AM"이라고 번역된다. 하나님은 스스로 존재하시는 분, 영원하신 분, 완전하신 분, 절대하신 분,

▶ 결론 : 두 가지 이야기를 하고자 한다.

인도의 간디(Mahatma Gandhi) 이야기는 감동을 준다. Oxford 대학 재학시절 강연장소로 나가고 있었다. 비오는 날 버스에 타다가 백인 청년에게 발길로 차였다.

간디는 도서관에서 책을 읽으면서 감동하는 여학생에게 영향을 받았다(마 5:39) "누구든지 네 오른편 뺨을 치거든 왼편도 돌려 대며, 또 너를 고발하여 속옷을 가지고자 하는 자에게 겉옷까지도 가지게 하며 또 누구든지 너로 억지로 오 리를 가게 하거든 그 사람과 십 리를 동행하고…"

(마 5:43) "원수를 사랑하라"라는 구절을 일고 감격하여

→ non-violence(비 폭력) 사상, → non-resistance(무저항주의)를 외침 → 인도를 독립시켰다,

그의 작은 오막살이의 흙벽에는 흑백으로 그려진 예수 그리스도의의 초상화를 붙여 놓고, 그 아래에 "He Is Our Peace."라고 써 놓았음.

+ Elizabeth 여왕과 정치회담 함, - 맨발로, 알량한 천으로 칭칭 감고 나타남.

+ 나는 산상수훈의 말씀에 따라 I love Jesus, and I am a Christian. 그러나 나는 기독교는 거부했다. 왜냐하면 산상수훈의 대로 살지 않기 때문에 간디가 인도를 독립시킬 수 있었고, 위대한 민

족지도자로 쓰임 받게 된 것은 Oxford대학 도서관에서 성경말씀을 통해 예수 그리스도를 만났기 때문임.

그는 Hindu 교도 이면서 Christ의 말씀을 만났기에, 떨기나무 불꽃 속의 하나님을 말씀을 통해 만났기에, 인도를 영국에서 구원해내는 출애굽과 같은 위대한 역사를 이룰 수 있었다.

코카콜라 회장님 이야기를 하고자 합니다.

학자요, 정치가요, 목사요, 주한미국대사(1993-1997)였던 제임스 레이니는 임기를 마치고 귀국하여 에모리대학의 교수가 되었다.

건강을 위해서 매일 걸어서 출퇴근하던 어느 날, 쓸쓸하게 혼자 앉아 있는 노인을 만났다. 레이니 교수는 노인에게 다가가서 다정하게 인사를 나누고 말벗이 되어 주었다. 그 후, 그는 시간이 날 때마다 외로워 보이는 그 노인을 찾아가 잔디를 깎아주거나 커피를 함께 마시면서 2년여 동안 교제를 나누었다.

그러던 어느 날, 출근길에서 노인을 만나지 못하자, 그는 노인의 집을 방문하였고, 노인이 전날 돌아가셨다는 것을 알게 되었다. 곧바로 장례식장을 찾아 조문하면서, 노인이 바로 '코카콜라 회장'을 지낸 분임을 알고는 깜짝 놀랐다. 그때 한 유족이, "회장님께서 당신에게 남긴 유서가 있습니다."라며 봉투를 건넸다.

유서의 내용을 보고 그는 너무나 놀랐다. "2년여 동안 내 집 앞을 지나면서 나의 말벗이 되어 주고, 우리 집 뜰의 잔디도 함께 깎아 주며, 커피도 나누어 마셨던 나의 친구 레이니! 고마웠어요. 나는 당신에게 25억 달러와 코카콜라 주식 5%를 유산으로 남깁니다."

너무 뜻밖의 유산을 받은 레이니교수! 그는,
1. 전 세계적인 부자가 그렇게 검소하게 살았다는 것!
2. 자신이 코카콜라 회장이었음에도 자신의 신분을 밝히지 않았다

는 것!
  3. 아무런 연고도 없는 사람에게 잠시 친절을 베풀었다는 이유만으로 그렇게 큰 돈을 주었다는 사실에 놀랐다.

  레이니교수는 받은 유산을 에모리대학 발전기금으로 내놓았다. 제임스 레이니가 노인에게 베푼 따뜻한 마음으로 엄청난 부가 굴러 들어왔지만 그는 그 부에 도취되어 정신을 잃지 않았다. 오히려 그 부를 학생과 학교를 위한 발전기금으로 내놓았을 때, 그에게는 에모리대학의 총장이라는 명예가 주어졌다.

  제임스 레이니 총장님(목사님)이나, 코마콜라 회장님 같은 분들은 떨기나무 불꽃 속의 예수그리스도를 만났기에 한국에 있는 우리에게도 가슴 뭉클한 감동을 줄 수 있습니다.

하나님 나라와
예수님의 부흥운동방법

예 영 수 박사
전 라이프신학대학 총장

(성경: 마태복음 4:23-25)

동서독 장벽이 무너지다

동서독 사이의 장벽이 무너지고 독일이 통일을 한 것은 동서독의 교회의 역할이 컸음은 역사적인 사실이다.

1989년 5월에 동독이 붕괴한 제일 중요한 사건(事件)이 발생했다. 동독의 Leipzig시의 Nikolai교회가 매 월요일마다 평화를 위한 기도회 가졌다. 물론 서독의 교회가 협조를 했다.

9월 4일 예배 후 교인들과 반체제인사들 70명이 거리를 행진했다. 9월 18일 동독의 Nikolai교회 Wonnerberger목사가 국가에 대해 저항주의 시위선언을 했다. 경찰이 시위 제재를 했다. 9월 25일(월)밤 5,000~6,000여명이 모였다. 경찰은 교통정리만을 했다. 10월 2일(월)밤 20,000명이 예배 후 평화 행진을 했다. 10월 9일(월) 모든 교회가 다 문을 열어놓았다. 상점 문을 모두 닫았다. 의사들이 병원 입원실을 비우고 대기했다. 가정집은 문을 열어놓고 피난처로 제공했다. 오후에 공산 당원들이 Nikolai교회를 점령해 버렸다. 교인들은 발코니에만도 수천 명이 예배를 드렸다. 공상당원들도 설교에 감동을 받았다. 예배 후에 50,000명이 평화 행진을 했다.

Honecker 공산당 서기장이 천안문 사건처럼 발포 명령을 했다. 동독 정치국원인 Egon Drenz가 Leipzig에 와서 서기장의 명령을 변경했다. 며칠 후 Honecker 서기장이 사임했다. 교회가 "We are the people."이란 슬로건을 붙였다. 11월 7일 23,000명이 서독으로 탈출했으며, 동독의 내무장관이 사임했다. 11월 8일 33,000명이 서독으로 탈출했으며, 동독의 정치국이 사임했다. 11월 11일 50만~100만 명이 시위를 했으며, 장벽이 무너졌다. 그 후 Leipzig거리에 "We thank you, church!"라는 현수막이 걸렸다. 기독교의 복음과 사랑의 기도 운동이 동서독 장벽을 무너지게 했다.

"한국교회 이대로 좋은가"는 우리가 너무 잘 아시기에 여기서 현재 상황을 분석하는 언급은 하지 않고, 오늘 본인은 한국교회가 어떻게 하면 좋겠는가 하는 해결책의 설교말씀을 하고자 한다.

영원한 현재(Eternal Now)의 체험

기독교 초기의 교부 어거스틴(354-430)은 『하나님의 도시』(The City of God)에서 두 도시 이야기, 즉 "하나님의 도시(Heavenly City)"(시 148:1)와 "땅의 도시(Earthly City)"(요 8:44)에 관해서 설명하고 있다. 어거스틴은 두 도시 이야기에 시간 개념을 적용하여, 하나님의 도시는 영원(Eternal)으로 설명하고, 땅의 도시는 시간(temporal)으로 설명하고 있다. 어거스틴은 땅의 도시에 사는 우리가 어떻게 하늘의 도시와 만나느냐? 시간의 세계에 사는 우리가 어떻게 영원을 체험하느냐? 에 대한 질문을 하고서 그 해답을 제시하고 있다. 어거스틴은 하늘에 도시에서 땅에 도시로 오신 그분을 통하면 땅에도시에 사는 우리가 하늘의 도시의 임재를 경험할 수 있다고 생각했다. 영원에서 시간의 세계로 오신 그 분을 통하면 우리가 시간의 세계에 살면서 영원을 체험할 수 있다고 생각했다.

어거스틴은 요한복음 1:14절을 읽고서 감탄했다. "말씀이 육신이 되어 우리 가운데 거하시매 우리가 그의 영광을 보니 아버지의 독생자의 영광이요 은혜와 진리가 충만하더라" 말씀이 "하나님 나라"에서 육신이 되어 땅의 도시로 오셨다고 했다. 말씀이 "영원(Eternal)"에서 "시간의 세계(temporary)"에 거하신다고 했다. 신학은 이것을 "성육신(Incarnation)"이라고 했다.

"말씀"이 무엇인가? 요한복음 1:1-4에서 "1 태초에 말씀이 계시니라 이 말씀이 하나님과 함께 계셨으니 이 말씀은 곧 하나님이시니라"고 하심으로서 말씀은 하나님이시라고 했다. "2 그가 태초에 하나님과 함께 계셨고"하심으로서 말씀은 예수 그리스도라고 했다. "3 만물이 그로 말미암아 지은 바 되었으니 지은 것이 하나도 그가 없이는 된 것이 없느니라"고 하심으로서 말씀은 창조주요 창조의 능력이라고 하셨다. "4 그 안에 생명이 있었으니 이 생명은 사람들의 빛이라"고 하심으로서 말씀은 생명이요 빛이시라고 했다. 종합하면, 말씀은 하나님요, 예수 그리스도요, 창조주요, 생명이요, 빛이시다.

Paul Tillich(1886-1965) (독일태생, Union신대, Harvard신대, Chicago신대 교수)는 그 유명한 "영원한 현재(Eternal Now)"란 논문을 썼다. Tillich 교수는 어거스틴의 시간 개념을 인용하여 시간은 "과거, 현재, 미래" 3가지 형태로 존재한다고 하고, 과거는 우리의 기억(memory) 속에 존재하고, 미래는 우리의 기대(expectation) 속에 존재한다고 한다. 우리의 과거는 "더 이상 없고(no more)" 우리의 미래는 "아직 없는(not yet)" 것이기에, 존재하는 것은 "지금(now)" "여기(here)"에 "현재"뿐이라고 했다. Paul Tillich 교수는 "영원"에서 "말씀이 육신이 되어 우리 가운데 거하신" 예수 그리스도를 "지금(Now)" "여기서" 우리가 만나는 때를 "영원한 현재(Eternal now)"라고 했다.

"영원한 현재"는 하늘의 도시가 땅의 도시에 임재하는 때이며, 예수 그리스도가 영원에서 시간의 세계에 오시는 때요 "나라이 임하옵시며 뜻이 하늘에서 이룬 것같이 땅에서도 이루어지는" 때이다라고 했다. "영원한 현재"는 가난이 있는 곳에, 풍요로움을 가져오는 때이다. 전쟁이 있는 곳에, 평화가 도래하는 때이다. 억압이 있는 곳에, 해방이 있게 되는 때이다. 질병이 있는 곳에, 치유가 일어나는 때이다. 귀신들린 자에게서, 귀신이 쫓겨나는 때이다. 상실이 있는 곳에, 회복이 오게 되는 때이다. 하나님 나라의 "의와 평강과 희락"이 임하는 때이다.

예수님의 부흥운동 방법

오늘의 본문 마태복음 4:23-25에서 예수님은 이 땅에서 하나님 나라가 확장되는 방법을 말씀하고 있다.
23. 예수께서 온 갈릴리에 두루 다니사 그들의 회당에서 가르치시며 천국 복음을 전파하시며 백성 중에 모든 병과 모든 약한 것을 고치시니 24. 그의 소문이 온 수리아에 퍼진지라 사람들이 모든 앓는 자 곧 각색병과 고통에 걸린 자 귀신 들린 자 간질하는 자 중풍병자들을 데려오니 저희를 고치시더라 25. 갈릴리와 데가볼리와 예루살렘과 유대와 요단강 건너편에서 허다한 무리가 따르니라.

위의 말씀을 통해서 보면 예수님은 목회사역을 위해 3가지를 하셨다. ① 예수님은 온 갈릴리 지역을 두루 다니셨다. ② 예수님은 갈릴리 지역에서 먼저 말씀 선포를 하셨다. 예수님은 회당에서 말씀을 가르치시며 천국 복음을 전파하셨다. ③ 예수님은 능력(기적) 사역으로 말씀을 증언 하셨다. 백성 중에 모든 병과 모든 약한 것을 고치셨다. 그 소문이 온 수리아에 퍼졌다. 사람들이 갖가지 질병, 고통당하는 모든 환자들, 귀신 들린 자, 간질병자, 중풍병자들을 데려 왔다.

예수님께서 갈릴리에서 치유하신 것은 3가지 특수 치유 분야였다. ① 귀신 들린 자를 치유하신 것은 영적 치유를 말하고, ② 간질 병자를 치유하신 것은 정신적(심적, 내적) 치유를 말하고, ③ 중풍병자들을 치유하신 것은 육적 치유를 말한다. 말하자면, 영적, 정신적(내적), 육적 분야에 치유를 하신 것이다. 예수님은 그들을 모두 고쳐주시는 표적으로 말씀을 증언하셨다. 병자들이 고침 받는 그 순간이 하나님 나라를 체험하는 때요, 갈릴리 지역에 사는 사람들이 "영원한 현재(Eternal Now)"를 만나는 때이다.

그 결과 하나님 나라가 확장되었음은 우리가 주시해야 한다. 예수님께서 갈릴리에서 치유사역으로 말씀을 증언하셨는데, 그 소문이 온 수리아에 퍼지게 되고, 갈릴리, 데가볼리, 예루살렘, 유대와 요단강 건너편에서 수많은 무리가 따라왔다는 것이다. 하나님 나라가 이 땅에 확장되었음을 증언하고 있다.

누가복음 4:18-19)에 나타난 예수님의 하나님 나라 확장 방법

주의 성령이 내게 임하셨으니 이는 가난한 자에게 복음을 전하게 하시려고 내게 기름을 부으시고 나를 보내사 포로된 자에게 자유를 눈먼 자에게 다시 보게 함을 전파하며 눌린 자를 자유롭게 하고 주의 은혜의 해를 전파하게 하려 하심이라 하였더라.

(1) 예수님은 가난한 자들이 사는 지역을 두로 다니셨다. 주의 성령이 예수께 임하심으로 가난한 자들을 찾아다니셨다. (2) 예수님은 물질적 가난뿐 아니라 영적으로 가난한 모든 사람들에게 복음(말씀)을 전하는 일을 하셨다. (3) 예수님은 3중 치유사역으로 말씀을 증언하셨다. ① 포로 된 자들에게 자유와 ② 눈먼 자들에게 다시 보게 함과 ③ 억눌린 자들을 풀어주는 능력사역으로 복음을 전하셨다.

① "포로 된 자"는 비탄에 포로 된 자, 죄에 포로 된 자, 악한 세력에 포로 된 자, 정욕에 포로 된 자, 전쟁에 포로 된 자, 경제적으로 포

로 된 자, 질병에 포로 된 자들을 의미한다. 포로 된 모든 사람들을 자유롭게 하셨다. ② "눈먼 자"는 육체적으로 눈먼 자들, 영적으로 눈먼 자들을 의미한다. 예수님은 모든 눈먼 자들을 치유하셔서 다시 보게 하셨다. 영적 눈먼 자에게 진리를 깨닫게 하셨다. ③ "눌린 자"는 육적으로, 정신적으로, 감정적으로, 심리적으로, 영적으로 상처받은 자들을 의미한다. 예수님께서 눌린 자들의 내적 치유를 하셨다. 포로 된 자, 눈먼 자, 눌린 자들이 "영원한 현재(Eternal Now)"와의 만남으로 치유함을 받았다. 그 결과 하나님 나라가 확장 되었다. "주의 은혜의 해"를 전파하게 하려 하셨다는 것은 구원의 날을 의미한다. 메시아가 오신 때를 의미한다. "주의 은혜의 해"는 하나님 나라가 확장되는 때를 말한다.

마가복음 16:15-20에서 예수님께서 제자들에게 위탁의 말씀을 하셨다. 예수께서 부활하신 후 승천하시기 직전 제자들에게 위탁의 말씀을 하셨다.

15. 또 가라사대 너희는 온 천하에 다니며 만민에게 복음을 전파하라 16. 믿고 세례를 받는 사람은 구원을 얻을 것이요 믿지 않는 사람은 정죄를 받으리라 17. 믿는 자들에게는 이런 표적이 따르리니 곧 저희가 내 이름으로 귀신을 쫓아내며 새 방언을 말하며 18. 뱀을 집으며 무슨 독을 마실지라도 해를 받지 아니하며 병든 사람에게 손을 얹은즉 나으리라 하시더라 19. 주 예수께서 말씀을 마치신 후에 하늘로 올리우사 하나님 우편에 앉으시니라 20. 제자들이 나가 두루 전파할새 주께서 함께 역사하사 그 따르는 표적으로 말씀을 확실히 증언하시니라

(1) 예수님은 제자들에게 "온 천하에 다니며"라고 했다. 온 세계를 선교지역으로 삼으라고 하셨다. (2) 제자들에게 "만민에게 복음을 전파하라"고 하셨다. 그 말씀을 믿고 세례를 받는 자는 구원을 얻을 것이라고 하시고 믿지 않는 자는 정죄함을 받을 것이라고 하셨다. (3)

예수님은 능력사역으로 말씀을 증언하셨다. 예수임은 믿는 자들에게는 예수의 이름으로 귀신을 내쫓으며, 새 방언으로 말하며, 손으로 뱀을 집어 들며 독을 마실지라도 해를 받지 아니하며, 병든 사람들에게 손을 얹은즉 나으리라 하셨다.

예수께서 제자들에게 말씀을 마치신 뒤에, 승천하셨다. 제자들은 나가서 곳곳에서 복음(말씀)을 전파하였다. 주께서(주의 성령이) 그들과 함께 역사하시고, 따르는 표적으로 말씀을 확실히 증언하였다. 수 많은 사람들이 예수님을 믿게 되고 하나님 나라가 확장되었다. 예수님은 제자들로 하여금 능력사역으로 말씀을 증언하게 함으로서 수많은 자들이 "영원한 현재"와의 체험으로 구원받게됨을 중요시하셨다.

예수님의 전 생애는 말씀선포를 하시고(Word=what He said), 능력 사역으로(works=what He did) 말씀을 증언하셨다. 그 결과 사람들로 하여금 "영원한 현재"를 체험함으로서 하나님 나라가 확장되게 하셨다.

사도행전에서의 부흥운동 방법

사도행전 1:1-5은 4복음서가 끝나고 사도시대가 시작되는 연결어구로서 4복음서를 요약하고 사도행전에 사도들이 해야할 일을 요약하고 있다. 1절에서 "데오빌로여 내가 먼저 쓴 글에는 무릇 예수께서 행하시며 가르치시기를 시작하심부터"라고 했다. "행하시며(to do)"와 "가르치심(to teach)"은 4복음서를 요약하는 말씀이다. 예수님의 "가르치심"은 하나님의 말씀을 가르치신 것을 말하고, "행하신 일"은 예수님의 능력 사역, 즉 치유, 축귀, 사람을 살리시는 등의 표적으로 하나님의 말씀을 증언하는 것을 의미한다. 예수님은 말씀을 선포하시고, 능력사역으로 말씀을 증언하심으로써 사람들로 하여금 "영원한 현재"를 체험하게 함으로서 이 땅에 하나님 나라가 확장되게 하셨다는 것입니다.

　사도행전 1:3에서 예수님의 말씀의 핵심은 예수님의 죽으심과 부활하심과 하나님 나라에 관한 것이었다. 예수님의 죽으심과 부활하심은 인류의 구원을 확신시키는 것이다. 예수님은 죽음으로서 인류의 죄를 위한 형벌을 지불하셨다. 예수님은 죽음으로부터 부활하심으로서 인류를 위해 죽음을 정복하셨으며 믿는 자를 위해 권능의 새로운 삶을 가능케 하셨다. 예수님의 이 땅에서의 사역은 위대한 인류의 희망 즉 하나님 나라의 약속을 선포하는 것이다. 하나님 나라는 예수님의 부활하심 이후에까지라도 예수님의 메시지의 핵심이시다. 생존을 위한 인류의 유일한 희망은 하나님 나라이다. 우리도 말씀의 핵심은 예수님의 죽으심과 부활하심과 하나님 나라에 관한 것이어야 할 것이다.

　사도행전 1:4-5에서 예수님은 성령임재에 대한 약속을 말씀하셨다. 예수님의 이 땅에서의 목회는 믿는 자들에게 위대한 약속 즉 성령의 약속을 선포하는 것이었다. 5절에서 "요한은 물로 세례를 베풀었으나 너희는 몇 날이 못되어 성령으로 세례를 받으리라 하셨느니라"고 하셨다. 예수님께서 마지막으로 제자들에게 사도행전 1:8에서 "오직 성령이 너희에게 임하시면 너희가 권능을 받고 예루살렘과 온 유대와 사마리아와 땅 끝까지 이르러 내 증인이 되리라"라고 하셨다.

　사도행전 3:1-10에서 베드로와 요한이 성전 미문에서 나면서 앉은뱅이된 자를 고치신 사건이 있다. 베드로가 "은과 금은 내게 없거니와 내게 있는 이것을 네게 주노니 나사렛 예수 그리스도의 이름으로 일어나 걸으라"하고 오른손을 잡아 일으켰다. 베드로와 요한은 성령의 역사하심으로 기적을 통해 말씀을 증언했다. 모든 백성이 앉은뱅이가 걷는 것과 하나님을 찬송함을 보고 심히 놀라서 솔로몬의 행각에 모여들었다. 앉은뱅이가 "영원한 현재"와의 만남으로 치유되는 것을 보고서 이 땅에 하나님 나라가 확장되었다.

교회사에서의 부흥운동 방법

시애틀 성공회 성누가교회의 Dennis Bennet (1917-1991)의 은사주의 운동은 『아침 9시』(Nine O'clock in the Morning)에 상세히 기록되어 있다. "아침 9시"는 사도행전 2:15의 "때가 제3시니 너희 생각과 같이 이 사람들이 취한 것이 아니라"는 말씀에서 '아침 9시'라 했다. 오순절에 성령의 역사가 나타난 때를 말한다.

은사주의 부흥운동은 1960년 4월 3일 미국 캘리포니아의 밴 나이스에 있는 성마가 성공회교회의 Dennis Bennet 신부가 회중들에게 '방언했음'을 고백한 때부터 시작되었다. 방언을 사모하든 베네트의 혀는 경쾌하게 움직이기 시작하더니 5분 동안 방언을 했다. 그는 방언을 하면서 바울이 고린도전서 14:2에서 "방언을 말하는 자는 사람에게 하지 아니하고 하나님께 하나니 이는 알아듣는 자가 없고 영으로 비밀을 말함이라"고 하는 뜻을 알게 되었다. 방언으로 기도하면서 목회 생활의 메마름은 사라졌다.

그러나 베네트는 1960년 4월 3일 1, 2, 3부 주일예배 때 교인들에게 방언 체험을 하게 된 사실을 고백했다. 교회에서 방언을 거부하는 자들의 항의 때문에 2600명 교인들에게 사임을 공포하고, 7년 동안 섬긴 교회를 떠났다. 성마가성공회교회에서의 소동은 라디오를 통해 전 미국에 알려지게 되었다. 『타임즈』는 "이제 방언은 미국 교회에서 다시 회복되고 있는 것처럼 보인다. 방언은 오순절 교회뿐만 아니라 성공회에서도 나타났다."라고 보도했다.

베네트는 시애틀의 성누가 성공회 교회로 부임했다. 시애틀 지방 성공회 주교는 성누가교회를 폐쇄할 작정이었다. 성누가 성공회에서 30여 명의 목회자들이 모여 기도회를 가졌다. 방언으로 기도하면서 베네트는 "하나님의 영광이 우리 위에 임하심을 알게 되었다"고 고백했다. 그들은 놀라운 하나님의 사랑을 느끼면서 기쁨으로 웃고 울었다.

그들은 너무나 성령 충만하여 의자에서 일어서지를 못했다.

치유의 은사가 나타나다. 베네트는 후두암에 걸린 친구에게 수술을 받기 전에 기도 해주었다. 의사는 "참 이상한데요. 후두암이 완전히 사라졌네요."라고 했다. 도로에서 여성도가 교통사고로 엉덩이뼈가 부서지게 되었다. 베네트와 교인들이 안수기도를 한 결과 그녀는 완전히 치유 받았다. 베네트 자신의 딸의 목병도 기도로 고쳤다. 그에게 치유의 역사가 계속 일어났다. 그는 마가복음 16:17-18에서 "믿는 자들에게는 이런 표적이 따르리니 병든 사람에게 손을 얹은즉 나으리라"라는 말씀을 직접 경험하게 되었다.

오순절 교단의 초청을 받아 집회를 인도했다. 성령의 불의 역사, 자유함, 기쁨의 역사가 그 집회 가운데 임했다. 그는 방언으로 기도할 때 환상 가운데 "전능자가 하늘의 보좌에서 땅과 하늘의 무수한 무리들에 둘러쌓여 찬양과 영광을 받는 것을 보았다"라고 고백했다.

베네트가 부임한 후 이 작은 교회는 10년이 지난 후 5부 예배를 드렸다. 2,000명이 넘는 교인으로 성장했다. 방언, 방언 통역, 치유, 예언, 기적 등 여러 가지 성령의 은사가 나타났다.

우리가 관심을 가지고 주목해야 할 것은 금요 저녁 집회마다 75명-200명의 틴에이저들이 경배와 찬양을 드렸다. 이것이 금요 집회의 시작이었다. 수천 명의 젊은이들이 성령세례를 체험했다. 학생운동이 시작되었다. 학생들은 "새로운 사람들(New Men)" "사람 낚는 어부들(Fishers of Men)"이란 그룹을 만들어서 시애틀과 타 도시의 100여 개의 학교에서 선교를 했다. 청소년을 위한 복음 운동에 큰 영향을 끼쳤다. 1960년 8월 15일자 『타임』지는 베네트 신부의 LA의 성마가교회와 시애틀의 성누가교회에 관한 사건을 53-55페이지에(3페이지에) 상세히 보도했다. 하루아침에 전 세계가 알게 되었다.

은사(카리스마) 운동과 교회 부흥이 일어났다. 교회에 치유의 역사가 크게 나타났다. 출혈병, 신장결석, 맹장, 횡경막, 후두암, 유방암,

관절염 등이 치료되는 많은 치유의 역사가 일어났다. 예수 그리스도의 이름으로 귀신을 쫓아내었다. 표적과 기사가 따랐다. 목회자와 교인들은 예수님께서 말씀하신 "나를 믿는 자는 내가 하는 일을 그도 할 것이요 또한 그보다 큰 일도 하리니"(요 14:12)라는 말씀을 직접 체험하게 되었다. 베네트는 감리교, 침례교, 퀘이커, 루터교, 개혁교단, 장로교 등 많은 다른 교단의 목회자와 평신도들을 위한 집회에 초청받았다. 이 영향으로 한국에서도 60년대 후반부터 70년대에 부흥회가 많이 열리게 되었다.

모든 기성교단에 오순절 운동이 일어났다. 은사운동은 1960년대와 70년대에 급속히 미국 전역으로 확산되었다. 세계의 장로교, 감리교, 성공회, 루터교와 다른 많은 교단과 가톨릭교회에서도 오순절 운동이 강하게 나타났다. 베네트를 통해 성령의 은사운동이 기성교회로 넘어가게 되었다. 능력사역으로 말씀이 증언되고 하나님 나라가 확장되었다. 이것을 은사주의 운동(Charismatic Movement) 혹은 신오순절 운동(Neo-Pentecostal Movement)이라고 했다. 베네트의 은사운동의 방법은 예수님께서 4복음서에서 사용하시고 제자들이 사도행전에서 사용하신 것과 같은 방법(패턴)이었다. 말씀을 선포하고, 능력사역으로 말씀을 증언하고 그 결과 하나님 나라가 확장되었다.

우리가 특별히 주목해야 하는 것은 브라운스빌 교회의 청소년들에게 성령의 불이 붙었다는 것이다. 브라운스빌 교회 10대들에게 성령의 역사가 강하게 나타났다. 타락해 가던 그 곳 청소년들이 교회로 몰려왔다. 그 결과 청소년을 위한 목요 밤의 "경배와 찬양 예배"가 1995년에 100명으로 시작된 것이 1998년(3년 만에) 900명의 청소년들이 참석하게 되었다. 그 후 1년 만에 300명에서 2,000여 명의 학생들이 모여 기도회를 갖게 되었다. 학생들을 교실에 모두 수용할 수 없게 되어 국기 게양대 앞 학교 잔디밭에 모여 기도회를 가졌다.

10대들이 강단 앞으로 몰려와 담배, 콘돔, 마리화나 봉지, 각종 마약, 복권, 유행가 CD, 이상한 글을 새겨진 T셔츠 등 잡다한 청소년세대의 우상들을 큰 드럼통이 가득 차도록 버렸다. 이 소식을 들은 그 지방 경찰 서장은 브라운스빌 교회집회에 참석하여 청소년들이 죄를 회개하고 새사람되는 것을 직접 목격했다. 경찰 서장은 "이것은 정말 놀라운 일이군요! 이러한 복음적인 집회만이 미국을 변화시킬 수 있다는 것을 확신하게 되었습니다."고 감탄하며 말했다. 몇 주일이 지난 후 경찰 서장의 딸도 브라운스빌 교회 예배에 참석하게 되었다.

청소년 담당 목사인 리차드 크리스코(Richard Crisco) 목사의 청소년 선교와 교육 전략은 감동적이었다. 크리스코 목사는 학생들을 위해 13주간의 제자 훈련을 시작했다. 그는 청소년들을 위한 새로운 제자 훈련의 3가지 요소는 ① 간단할 것(simple), ② 실질적일 것(practical), ③ 영적일 것(inspira- tional) 등이라고 말했다. 제자 훈련 지도자들이 학생들에게 요구하는 것은 간단했다. ① 하루에 성경 3장을 읽을 것, ② 1주에 성경 1절을 암기할 것, ③ 1주에 1사람에게 전도하는 것 등 3가지뿐이었다.

크리스코 목사는 학생들에게 다음과 같이 말했다. "자네들이 진동하든지, 쓰러지든지, 방언하든지 모두 좋단 말이야. 그러나 사단이 나타나 자네들을 유혹한다면, 어떻게 하겠는가? 사단 앞에서 진동만 하고 있으면 사단이 도망갈까? 성령의 권능 아래 쓰러져서 죽은 척하고 누워 있으면 사단이 자네들을 가만히 두고만 있을까? 절대 그럴 리가 없지. 따라서 우리가 사단을 이기려면 예수님이 하신대로해야만 된다고. 하나님의 말씀을 듣고 '성경에 이렇게 기록되었단 말이야' 하고 말씀으로 대항을 해야 된다고. 하나님의 말씀을 모른다면, 아무리 성령이 충만하다고 하더라도, 무기력하단 말이야. 하나님의 말씀만이 우리가 가진 유일한 무기란 말이야!" 크리스코 목사는 성령의 권능으로 나타나는 현상은 말씀 증거를 위해 사용할 것을 강조했다. 학생들이 학교에서 동료 학생들에게 전도할 때 암기한 성경 구절을 그들의 말을 뒷받침 해 주는 증거로 삼았다. 그들은 탈의장에서도, 체육관에서도, 화장실에서도, 식당에서도 친구들에게 말씀으로 전도했다. 결국 이들의 친구 중 많은 사람들이 부흥 집회에 참석하여 구원을 받게 되었다.

크리스코 목사는 학생들에게 다음과 같이 말했다. "아무리 깔끔한 프로그램, 깔끔한 설교, 모든 것에 깔끔한 충격을 주어도, 틴에이저들을 쉽게 변화시킬 수가 없다는 것입니다. 우리 목회자들이 교회를 성장시키고 청소년들을 주님 앞으로 인도하는 방법은, 청소년들을 하나님의 능력으로 접촉하는 길뿐입니다. 오늘날 젊은이들이 바라는 것은 그들 자신이 직접 하나님의 능력을 보고 체험하는 것입니다."라고 힘주어 말했다. 다시 말하면, 젊은이들은 하나님의 말씀을 직접 접하고 "영원한 현재"와의 체험을 통해 표적과 기적을 직접 경험하고 하나님 나라가 이 땅에 확장되는 일에 직접 참여해야된다는 것이다.

예 목사의 부흥운동 방법

처가 집의 충실한 가정부가 무의식 상태의 식물인간으로 3일간 병원 중환자실에 누워 있다는 소식을 전해왔다. 나는 목사로서 마음속에 치유 기도를 해주어야겠다는 간절한 소망이 일어났다. 나는 병원 중환자실에 가서, 의식 없이 누워있는 가정부의 머리에 손을 대고 간절히 치유를 위한 기도를 했다. 그 다음 날 가정부는 완전히 치유되어 살아났다.

살아난 가정부의 이야기이다. 예쁘장하게 생긴 아가씨가 나타나서 "아주머니 많이 기다렸어요. 이제 갑시다."하고 아가씨는 손을 내밀어 가정부의 손을 잡으려고 했다는 것이다. 그 때 예 목사가 나타나서 양복 상의(믿음의 유산을 상징함)를 벗어서 흔들면서 큰 소리로 "썩 물러가라!"고 3번 외쳤다고 한다. 그랬더니 아가씨가 "아이 구, 오늘 또 나 혼자 가야 하겠네!"하고 사라져 버렸다고 했다. 가정부는 살아났다. 그 때가 예 목사가 가정부의 머리에 손을 대고 기도하는 때였다.

그 이후에 가정부의 온 가족이 예수님을 믿게 되었다. 그녀는 교회에 다니게 되고 출석하는 교회의 권사가 되었다. 얼마나 열심히 교회를 섬기고 전도를 하는지 담임 목사님이 감동하여 어느 교회에서 왔느냐고 물었다고 한다. 나는 능력사역으로 예수님을 증언함으로서 하나님 나라가 가정부의 가족들과 친척들과 교회에 확정되는 것을 보았다.

미국 Washington주 Seattle의 정관봉 목사님(장로회 연합회 회장)의 영광교회 집회 때 일어난 일이다. 나는 1992년과 1993년에 걸쳐 1년 동안 Seattle에 있는 University of Washington에 교환교수로 가 있을 때였다. 정 목사님은 나에게 1일 부흥회를 인도를 해 달라고 했다. 토요일 밤 10시에, 밤 12시에 그리고 주일 새벽 6시에 3번 설교를 해 달라고 했다. 정 목사님은 사직서를 보이면서 1일 부흥회 후에 교회서 사퇴하기로 했다고 했다. 교회에 문제가 발생했는데 청년들이 1일 부흥회라도 하고 좋게 해여지자고 했다는 것이다. 교인들 160여명 가운데 80여 명이 1일 집회에 참석했다.

나는 밤 12시 예배가 끝난 후 나도 모르게 불치의 환자는 앞으로 나오라고 했다. 35여 명이 나왔다. 나는 교수로서 목회 경험이 없다. 치유 기도를 해본 일도 별로 없다. 나는 길게 기도해도 능력이 안 나타나면 어떻게 하나 하고 짧게 기도해 주면서 계속 기도하라고 했다. 당회장 실에서 누워서 나는 "주님 한 사람이라도 치유되게 해주세요!" 하고 간절히 기도하다가 잠이 들었다. 3주가 지난 후 정 목사님은 또 한번 1일 부흥회를 인도해 달라고 했다. 정 목사님과 교회 사이에 사랑의 화해가 이루어졌다고 했다.

나는 토요일 오후 10시 집회를 위해 좀 일찍 교회에 도착했다. 당회장 실에 7명이 나를 기다리고 있었다. 한 부부가 일어서더니 눈물지면서 간증을 했다. 서울에서 식당을 경영하든 부부가 Seattle에 15일간 여행을 마치고 귀국하려다가 교통사고로 부인이 머리에 크게 부상을 입어 병원에서 치료를 했는데 의사는 머리에 너무 크게 상처를 입어 수술을 한 결과 이제 진정제를 먹고도 하루 2시간 이상 잠자기가 힘들 것이라고 했다는 것이다. 예영수 교수는 유명한 예태해 목사님의 형님이란 말을 듣고 1일 부흥회에 참석해서 기도를 받았다고 했다. 기도를 받고 숙소로 왔는데 머리가 너무나 맑고 깨끗하여 남편이 부인을 업고 뺑뺑이를 돌고 베개를 벽에 대고 머리를 박아도 아무런 일이 없었다고 했다. 병원에 가서 진찰을 받았더니 의사가 "I don't understand."라고 하면서 머리가 완전히 정상으로 돌아왔다는 것이다. 이 부인은 너무나 감사하여 귀국하지 않고 Seattle에서 교통사고로 머리 깨진 분들을 모두 데리고 왔다고 했다. 나는 밤 10시 예배 후에 그들 모두에게 안수기도를 해주었다. 나는 능력사역으로 말씀을 증언함으로서 하나님 나라가 확장되는 것을 경험했다.

한국교회 이대로 좋은가? 우리도 예수님처럼 능력사역으로 말씀을 땅끝까지 선포해야한다. "영원한 현재"와의 만남으로 치유의 기적과 표적으로 말씀을 증언하자. 그래서 이 땅에 하나님 나라가 확장되는 것을 직접 확신하자.

현대 자유주의 신학의 실체

조 요 한 박사
총회신학대학 학장

서 론

오늘날 가장 심각한 이단은 자유주의 신학이다. 자유주의 신학은 역사상 그 어떤 이단들 보다도 더 파괴적인 이단이며, 게다가 다른 이단들처럼 구별되지 않으며 장로교, 감리교, 성결교, 침례교 등 기성 교회 안에 들어와 있다.

오늘날 구미신학으로 대표되는 현대 자유주의 신학은 분명히 탈 기독교의 활주로에 와 있음을 알아야 한다.

이제 21세기 현대 자유주의 신학은 역사적 기독교신학 또는 정통 신학의 유일한 기독교 사상을 강그리 짓밟아버리고(요 14:6, 롬 1:16, 행 4:12), 또는 에큐메니칼 종교 혼합주의의 허무한 공간으로 치닫고 있다.

작금에는 과정신학이나 존재신학, 신비주의신학, 경험주의신학, 세대주의 무신론적 인본주의신학, 근본주의신학, 신근본주의신학같은 보수의 탈을 뒤집어쓴 사이비 보수신학도 설쳐대고 있으며, 민중 신학이니 풍류신학이니 하는 별별 신학이 신학 앞에 형용사가 붙어 쏟아져 나오고 있으니 정신이 혼미하다.

오늘 강의의 주제하에 극단주의적 자유주의 신학자 몇 사람을 소개해 보고자 한다.

자유주의 신학자들의 이단사상들의 예를 모두 다루는 것은 시간상 어려울뿐더러 간략하게 그 대표적인 몇 명의 인물을 통해서 자유주의 신학사상이 이단적이라는 것을 밝혀보고자 한다.

1. Karl Barth

바르트는 신정통주의의 시조이다. 그는 구 자유주의의 내면주의적 경향을 비판하고, 초월자 하나님의 계시와 그 내용인 그리스도를 강조한다. 그러나 그는 성경의 내용적 계시의 기록임을 부정하고 소위 성경의 고등 비평을 용납하며 하나님의 역사와 인간역사를 분리하는 이중적 역사관을 주장한다.

1) 성경은 하나님의 말씀이 아니라고 주장한다.

말씀을 깨달음과 믿음은 하나의 사건이며, 이 사건에서 성경은 하나님의 말씀이 된다(Church Dogmatics, p.124).

성경은 인간의 문서들로 구성되어 있다. 그러므로 우리는 역사적이며 비평적인 연구로 이해해야 한다고 주장한다. 한마디로 성경 무오의 반대로 성경의 유오를 주장한다(ibid., p.533 참조).

2) 성경의 천지 창조 기록을 'saga'라고 한다.

아담의 타락도 saga라고 하고, 그리스도의 사건들을 신화로 처녀 탄생을 부정, 그리스도의 부활의 역사적 사실을 부정, 재림의 역사성을 부정(the word of God and the word of man, p.90), 또한 몸의 부활을 부정하며 이 윤리의 객관적 규범임을 부정한다.

3) 보편적 구원론적 경향이다.

하나님께서 인간을 버려두지 않으실 것이기 때문에 인간을 버림을 당하거나 최종적으로 타락하도록 허용되지 않는다고 본다.

하나님의 은혜는 반드시 죄인에게 심판의 형태를 취하지만 그를 포기하지 않는다. 심지어 심판의 형태 속에서도 하나님의 은혜는 은혜이기를 중단치 않는다(신의 세계와 인간의 세계, p.34).

하나님의 영원한 뜻에 근거하여 모든 인간 존재가 또한 가장 쓸데없는 자들 가장 악하고 불쌍한 자들까지도 그리스도께서 그의 형제시며, 하나님께서 그의 아버지심을 생각해야 하며, 우리는 이러한 생각 위에서 취급되어야 한다(신의 백성, p.53).

바르트는 릿 하르낙 헤르만 등 구 자유주의 삼총사를 몰락시키면서 1919년 이후부터 약 30년간 유럽의 신학계를 석권하였다. 그러나 횡하고 나타난 불트만의 등장으로 바르트는 발을 헛디디고 말았다.

불트만의 저서 『말씀과 신학』(1948)에 출간되면서 바르트는 몰락의 길을 가게 된 것이다.

성경의 오류를 주장하고 성경에 기록된 구원사적 사건들에 대하여 역사적 사건이 아닌 초 역사적인 해석으로 가함으로써 칼 바르트는 정통주의신학의 반열에서 이탈해 버리고 말았다. 바르트의 뒤를 이어 한걸음 더 나아간 불트만의 시대가 열리고 있으니 어찌할고….

2. Rudolf Bultmann

불트만의 신학은 ① 양식 비평(Form Criticism) ② 비신화화(Entmythologisierung) ③ 실존주의 해석학(Existential hermeneutics), 불트만은 20세기 현대신학계에서 신약학 분야의 상의 4권의 책을 출간함으로써 명성을 떨쳤다. 그의 신학은 실존주의 해석학 신학이다.

그의 신학의 골격은 ① 성경의 신빙성과 역사적 증거성을 부정한다. ② 성경은 전승과 신화로 가득한 책이며, ③ 그리스도의 처녀 탄생이 전설이고, ④ 그리스도의 성육신이 신화이며, ⑤ 성경의 기적은 하나의 전설이며, ⑥ 그리스도의 대속의 죽음은 신화 부활은 전설 종말론적 기대는 하나의 망상이며 재림을 부정하며 하나님 나라 개념은 하나의 신화이다.

(1) 불트만의 형식 비평
1) 성경의 기록은 믿을 수 없다.

신약 성경에 있는 그리스도와 사도들의 생애와 교훈에 대한 기록들이 신빙성이 없다고 한다. 복음서들은 예수와 제자들의 행적에 관한 정확한 역사적 기록들이 아니며 초대교회가 편집하여 놓은 것이다.

예수와 사도들의 행적과 교훈에 관한 잡다한 이야기들을 초대교회의 편집자들은 때와 장소를 그것들에게 부여하여 문화적으로 앞뒤가 맞는 스토리로 조작함으로 사건화, 사실화하는 결과를 가져왔음을 따름이다.

2) 배후 복음을 찾자.

편집되기 이전의 복음을 예수님의 가르침의 본래의 내용을 찾자는 것이다. 한마디로 형식양비평은 복음서들 뒤에 숨어 있는 원래의 예수님 가르침의 내용을 찾아서, 그것만을 기독교 신앙의 본질로 받아들이자는 것이다(한마디로 복음 배후에 있는 원복음을 찾자는 것).

(2) 비신화화

불트만의 신학에 있어서 불가결의 요소가 되고 있는 것이 그의 비신화화 개념이다.

1) 삼층 세계관

삼층 세계관이란 인간들이 사는 세상 위에 하나님과 천사들이 거주하고 있는 하늘이 있고, 인간들이 사는 세상 아래에는 지옥이 있는데 사탄과 마귀들이 있다고 생각하는 세계관이다. 이런 것들은 과학 이

전의 산물로서 내어버리고, 곧 비과학적인 이적 이야기들을 가려낸 후 복음의 본질을 파악해야 할 것이다.

2) 신화의 옷을 벗기자.

불트만은 신약성경으로부터 신화의 옷을 벗기자고 절규한다. 비과학적 전근대적 사고의 산물인 신화들을 가려내고 제거하자는 것이다.

"물로 포도주를 만드셨다"는 이야기가 이방의 전설에서 취하져 예수님에게 돌려졌다는 것은 의심할 여지가 없다. 사실 그 이야기는 디오니소스 전설의 전형적 주제다. 불트만은 신약의 이적들을 모두 신화로 본다(The Gospel of John, pp.118~119).

3. Paul Tillich

폴 틸리히는 구 자유주의와 신 정통주의의 경계선에 있다고 표현된다. 그의 사상은 매우 과격하다.

그의 신학의 골격은 다음과 같다.

1) 근본주의를 마귀적이라 한다.

그들은 영원한 진리와 그 진리의 시간적 표현을 혼동한다. 근본주의는 현재의 상황과 접촉하지 못한다. 왜냐하면 모든 상황을 초월한 곳으로부터 말하기 때문이 아니고, 과거의 상황으로부터 말하기 때문에 이런 점에서 근본주의는 마귀적 특성을 가진다고 주장한다(틸리히 조직신학 제1권, p.3)

2) 성경의 영감을 부정하며 객관적 신적 권위를 부정한다.

영감이란 이성의 주체, 객체 구조에 의해 결정되는 지식의 복합체에 아무것도 더해주지 않는다(조직신학 제1권, p.114).

만일 우리가 성경을 하나님의 말씀이라고 부른다면, 신학적 혼동이 거의 불가피하다. 그러한 동일시로부터 구수적 영감교리, 성경 본문을 취급함에 있어서의 부정직한 책의 무오성이라는 "단성론적

(monophysitic) 신학"과 같은 결함들이 나온다(ibid., p.158).

3) 하나님은 존재한다고 말할 수 없다고 주장

그는 본질과 존재를 초월한 존재 자체이다. 그러므로 하나님이 존재한다고 말하는 것은 오히려 그를 부정하는 것이 된다(ibid. I, p.205). 하나님의 존재를 부정하는 것이 무신론적이듯이 하나님을 긍정하는 것도 그러하다(ibid. I, p.237).

4) 삼위일체 하나님을 부정한다.

삼위일체의 상징들은 변증법적이다. 그것들은 삶의 변증법 즉 분리와 재결합의 운동을 반영한다. 셋이 하나요, 하나가 셋이라는 진술은 삼위일체의 신비에 대한 가장 나쁜 왜곡인 것이다(ibid. III, p.284).

5) 창조를 부정한다.

창조란 말은 우리가 피해야 할 애매모호한 개념이다(ibid. I, p.263).

6) 천사와 귀신을 신화로 성경의 기적부인, 인류타락 역사를 부정

예수님의 성육신, 대리속죄, 부활, 승천, 영혼불멸, 그리스도의 재림을 모두 부정한다. 최후 심판, 지옥의 장소성 부정한다.

틸리히의 신학 핵심은 (존재의 신학)이다.

① ground of being ② New of being ③ Power of being

만일 신이 존재라고 한다면, 그가 바로 최고자라고 할지라도 상대적 존재에 불과할 것이다. 신이 신이라고 할 것같으면 즉 신이 참으로 절대자라고 한다면 신은 존재 자체이거나 준재 지반, 존재의 힘이라야 할 것이다(신을 철학적 제단앞에 희생 제물 삶음).

4. Robinson의 "신에게 솔직히"

로빈슨은 영국의 올윗치의 감독으로서 『신에게 솔직히』라는 책에서 틸리히와 본훼퍼의 신학에서 얻은 개념들을 활용하여 오늘까지 역사적 기독교가 가졌던 신관이 현대인에게 무의미한 것이 되었으므로

우리는 현대 인간의 철학과 생활에 적응하는 새로운 '신'의 개념을 고안해야 한다고 역설했다.

로빈슨은 기독교 세계관은 삼층 세계관임을 말하고, 성경의 저자들은 신을 위해 계신 분으로 생각하고 항상 올라가고 내려오고 하는 공간적인 표현을 사용했다. 그러나 오늘날 우리 기독교인들이 신을 위에 있는 분으로 생각하지 않는다고 하더라도 저만치 멀리 있는 분으로 생각한다. 그러나 신을 위해 있는 분으로 생각하는 것이나 저만치 멀리 있는 분으로 생각하는 것이나 양자가 다같이 이 우주여행시대에 사는 현대인에게 부적당한 비과학적이며 유치한 생각이 아닐 수 없다.

신의 존재를 우주여행 시대에 사는 현대인을 납득시키기 위해서는 전에 우리가 가졌던 신의 개념을 새것으로 바꾸어야 한다. 성도덕에 있어서도 순결은 사랑의 표현인 까닭에 사랑으로 하는 행위이면 옳은 행위로 인정해야 한다. 어떤 가정이나 부부간의 이혼이 온 가정의 심리적, 정신적 유익을 가져온다면 이혼을 하라. 이같이 로빈슨의 도덕관은 기독교 윤리 법칙의 준수가 이 아니라 인본주의임이 분명하다.

5. Van Buren의 "복음의 세속화의 의미"

1963년에 출판된 책, 여기서 신이라는 낱말을 언어 분석학적으로 고찰할때 무의미하다고 주장했다. 그리고 객관적 신의 존재에 관해서는 침묵을 지키는 것이 현명한 일이라고 했다.

바르트나 불트만, 옥덴 이들은 진정한 현대인을 위한 신학을 수립하지 못했다는 것이다. 그러면서 반 뷰렌은 현대신학이신 '하나님'이라는 말의 사용을 중지할 것을 주장했다. '신'이란 말을 "언어의 한 조각"(a piece of language)으로 생각하고, 객관적 신의 존재에 관해서는 침묵을 지킬 것을 주장했다.

반뷰렌은 한마디로 말해서 자연주의적 기독론자이다. 예수님은 단순이 한 인간이었는데, 그의 사후에 그를 따르던 제자들이 각성이 왔다. 그 각성은 "이웃을 위한 사람으로" 살아야 하겠다는 각성이엇다. 반뷰렌의 주장 골격은 ① 기독교 복음을 세속적 생활을 하는 현대인에게 납득시키기 위해서 현대인의 언어를 재해석하려고 노력하였다. 그러나 뷰렌은 언어 분석을 그의 신학의 방법으로 삼고 인간이 감관적으로 경험할 수 있는 것만이 참이라 하며 정신계의 존재를 부인하고 신없는 신학을 말했고 예수님의 인간적 자유를 논한 것이다.

② 뷰렌의 입장의 원리는 순전히 경험주의이다. 인간이 무엇이며 어디서 왔다가 어디로 가는지 확인할 수가 없다는 것이다. 인간의 감관적 경험과 인식의 범위 안에 들어오지 않는 것은 그 존재와 의미가 입증될 수 없다는 것이다.

③ 뷰렌은 본 훼퍼의 인간은 신이 존재하지 않는 것처럼 생각하고 살아야 하며, "이웃을 위한 사람"을 예수님을 인간의 생활 이념으로 삼아야 한다는 것을 배웠다. 이것을 반 뷰렌은 "이웃을 위한 사람"을 인간 예수님으로 객관화 시켜 버렸다.

6. Altizer의 기독교 무신론 복음(신의 사망 선언)

신의 사망을 공공연하게 선언했다는 점에서 다른 급진신학자들과 다르다. 1966년 웨스트민스터 출판사를 통해 발간된 기독교 무신론 복음서에서 역사적 기독교를 부정했고, 까마득하게 먼 태고에 인간들에게 십계명을 주었다고 전해지는 신은 죽어버린지 오래다.

그러므로 우리는 신의 죽은 몸에 메달리지 말고 오늘날 사는 용기 가운데서 기독교적 말씀으로 돌아가서 새로운 신학을 수립하고, 또 그의 책 17~19페이지에 오늘의 혼돈을 무덤으로 알고 오늘의 인류 불안은 신이 죽어서 썩은 냄새로 안다. 공허와 허무가 신의 사망의 결과라는 것을 아는 지식이 우리로 하여금 혼돈과 불안에서 자유케 할 것이다.

　신의 사망의 선언은 오늘날 기독교인들이 해야 할 신앙고백인 것이다. 신의 사망은 william blake의 말과 같이 신의 자멸을 의미하지만 이는 헤겔의 부인의 부정개념을 통해서 인식되어야 한다는 것이다. 왜냐하면 "신의 사망은" 그리스도 안에서의 "신의 사망"이며 신과 인간을 하나 되게 하는 새 창조를 목적으로 하기 때문이다.

　알타이저는 역사적 기독교를 헤겔의 철학과 블레이크의 시로 바꾸어놓고 이것을 복음이라고 하는 어리석은 모험을 하는 투지 넘치는 젊은 도박도인 것이다.

결 어

　때문에 천주교를 반대하여 500년 전에 종교 개혁이 일어났고, 소위 개혁신학이 정립되게 되었다. 개혁신학의 요점대로 성경만이 우리의 신앙 행위와 정확 무오한 기준이다. 어떤 개인의 가르침이나 심지어 교회의 가르침이라도 성경과 다르면 우리는 그것을 거부하고 배척해야 한다. 또한, 하나님은 절대 주권자시며 인간은 전적으로 부패하고 무능력해졌으므로 인간의 구원은 전적으로 하나님의 은혜이며 오직 예수 그리스도를 믿음으로 말미암는다는 것을 우리는 믿어야 한다.

한국교회의 영성지도자의 자세

박 영 률 박사
전 중앙신학대학원대학교 부총장

(고린도전서 2장 1~5절)
"내말과 내 전도함이 지혜의 권하는 말로 하지 아니하고, 다만 성령의 나타남과 능력으로 하여 너희의 믿음이 사람의 지혜에 있지 아니하고 다만 하나님의 능력에 있게 하려 하였노라 (고린도전서 2장4~5절)

1. 영성이란 무엇인가?

영성(靈性 : spirituality)이란 우리말 큰사전에 보면 "신령스럽게 총명한 품성 또는 성질, 천부의 총명"이라고 기록되어 있다.
〈한국교회의 영성지도자의 자세〉란 제목은 (사)예장총연 이사장님께서 며칠 전 중부전선 태풍전망대로 가는 버스 안에서 저에게 주어진 강의 제목이었다. 이런 명제를 제게 주신 데에는 한국교회의 여러 가지 문제점 가운데 가장 중요시 되는 것은 지도자의 영성이 문제되고 또한 지도자의 자세가 매우 중요하다는 것으로 받아지면서 저 또한 공감이 되었다.
영성이란, spirituality로서 프라임(prime)학습 영한사전에 의하면 정신이고 영적이며 성직자의 직무라고 기록되어 있기도 하다. 그렇다면 한국교회의 영성지도자는 곧 한국교회의 목회자 · 성직자를 의미한다.
또한 "주제별 성서활용대전(主題別 聖書活用大典)"에 의하면,

① 첫째로 탁월하고 불후의 선으로 표현되며 누가복음 10장 42절에 「그러나 몇 가지만 하든지 혹 한 가지만이라도 족하니라. 마리아는 이 좋은 편을 택하였으니 빼앗기지 아니하리라 하시나라.」고 예수님께서 마르다의 많은 일로 인하여 염려와 걱정, 근심으로 동생 마리아에 대하여 얄밉고 해서 불평을 털어 놓을 때 우리 주님께서는 〈마리아〉는 좋은 편을 택하였으니 빼앗기지 아니하리라고 말씀하셨다. 그러니까 주님 발아래 앉아 주님의 말씀 듣는 것이 일하는 것보다 더욱 귀하고 중하다는 것이다. 그러므로 영성지도자는 무엇보다도 주님의 말씀을 잘 들어야함을 가르치고 있다고 하겠다.

② 둘째로 영성지도자는 하나님에 대한 사랑과 헌신으로 표현되고 있다. 신명기 6장5절에 「너는 마음을 다하고 성품을 다하고 힘을 다하여 네 하나님 여호와를 사랑하라.」고 했으며 여호수아 22장5절에는 더 나아가 「계명을 지키고 마음과 성품을 다하여 그를 섬길지니라.」고 기록하고 있으며 시편1장2절에서는 "오직 여호와의 율법을 즐거워하여 그 율법을 주야로 묵상하는 자"가 되어야 함을 제시하고 있다. 뿐만 아니라 우리 주님께서는 "중심에 진실함을 주께서 원하시오니 내속에 지혜를 알게 하시리이다.(시편51장6절)"라고 기록함으로 영성지도자는 진실해야함을 분명히 밝히고 있다.

③ 셋째로 평강과 희락, 성실함 속에 평안함이 영성지도자의 덕목이다. 이사야 26장3절에 "주께서 심지가 견고한 자를 평강에 평강으로 지키신가."고 했으며, 예레미아 33장6절에 "성을 치료하며 고쳐 낫게 하고 평강과 성실함에 풍성함을 그들에게 나타낸다."고 밝히고, 로마서 8장6절에서는 "육신의 생각은 사망이요, 영의 생각은 생명과 평안"이라고 했다. 뿐만 아니라 "하나님의 나라는 평강과 희락이라.(로마서 14장17절)"고, 사도바울은 영성지도자 마음가짐, 마음의 자세를 밝히고 있는 것이다.

④ 넷째로 영성지도자는 세상의 형적. 즉 세상의 모든 일이나 어

떤 물건에 애착을 가지지 말고 위에 것을 귀하게 여겨 찾으라는 것이다. "위에 것을 생각하고 땅에 것은 생각하지 말라."고 골로새서 3장 1~3절에서 밝힌다.

⑤ 다섯째로 영성지도자는 의에 대하여 목말라 해야 한다. 우리는 주님의 산상 보훈의 말씀인 마태복음 5장6절에서 "의에 주리고 목마른 자는 복이 있나니 저희가 배부를 것임이요."라고 말씀하심으로 영성지도자는 의에 대하여 목말라야 하는데 오늘의 한국교회의 지도자들은 의보다는 세상 명예와 권세, 부(돈)에 더욱 관심이 있어 목말라 한다는 것이다. 또한 사도요한은 "썩는 양식을 위하여 일하지 말고 영생하도록 있는 양식을 위하여 하라. 이 양식은 인자가 너희에게 주리니 인자는 아버지 하나님의 인치신 자니라.(요한복음 6장27절)"고 밝힘으로 오늘 한국교회의 목회자들에게 경고하고 있다. 우리 모두는 이 경고를 겸손하게 받아들여야 한다. 그렇지 않으면 살아계신 하나님께서는 모든 것을 아시기 때문에 분명히 간섭하시고 판단하셔서 회개의 합당한 열매가 없이는 하나님의 진노를 사게 되어 반드시 후회할 때가 올 것이다.

⑥ 여섯째는 영성지도자는 성령님께서 내재하심을 믿고 성령님의 뜻을 거스르지 않고, 성령님을 쫓아 행하며 살아가야 한다. 사도바울은 로마서 8장4절에서 "육신을 쫓지 않고 그 영을 쫓아 행하는 우리에게 율법의 요구를 이루어지게 하신다."고 했으며, 사도요한은 "내가 내 아버지께 구하겠으니 그가 또 다른 보혜사를 너희에게 주사 영원토록 너희와 함께 있게 하시리니 저는 진리의 영이다. 세상은 능히 저를 받지 못하나니, 이는 저를 보지도 못하고, 알지도 못함이라. 그러나 너희는 저를 아나니 저는 너희와 함께 거하심이요, 또 너희 속에 계시겠음이라(요한복음 14장16~17절)"고 밝히고 있다.

이상에서 살펴본바와 같이 성령의 능력, 성령의 힘은 이 세상 그 어떤 것으로도 제어할 수가 없다. 그 성령이 우리 안에서, 내안에서 영원토록 함께 하시며 우리를 진리 가운데로 인도하시고 모든 것을 생각나게 하시며 모든 것을 깨닫고 알게 하신다.

본문인 고린도전서 2장4~5절 말씀에서 사도바울은 고백하기를 "내 말과 내 전도함이 지혜의 권하는 말로 하지 아니하고, 다만 성령의 나타남과 능력으로 하여 너희 믿음이 사람의 지혜에 있지 아니하고, 다만 하나님의 능력에 있게 하여 하였노라."고 밝히고 있다. 여기서 "성령의 나타남"은 내적으로 인간의 심령에 역사하는 것이고, "능력"은 외적으로 나타나는 이적을 말한다고 신학자 하지(Hodge)박사는 주석하고 있다.

그래서 사도바울은 고린도전서 4장20절에서 "하나님의 나라는 말에 있지 아니라고, 오직 능력에 있음이라."고 단언하였다. 따라서 "우리의 믿음이 사람의 지혜에 있지 아니하고 하나님의 능력에 있게 하려 하였노라."고 밝힘으로 인간의 지혜가 끝날 때에는 믿음도 끝날 수밖에 없을 것이다. 그러므로 믿음의 영원성을 보존하기 위하여 하나님의 능력, 곧 성령의 능력에 의존해야 한다. 존.칼빈은 "인간에게 의뢰함이 없이 하나님께만 의지하여 안식함이, 믿음의 본질인데 믿음이 그만한 견고성을 가져야 지옥의 모든 공세 앞에서도 실패하지 않고 끝까지 견뎌 나간다."고 말했다.(Calvin,s. Commentary on Corinthians. P.101)

그러면 영성이란 다름 아닌 성령의 능력인데 성령의 능력에 대하여 살펴볼 필요가 있다.

2. 성령의 능력과 사역이란 무엇인가?

오늘날 기독교에 있어서 최대의 문제는 충만한 영성 곧 성령 충만한 삶인 것이다. 왜 기독교가 무기력하여 영향력 있는 삶을 살지 못하며 사회와 국가에 대하여 힘 있는 모습을 보이지 못하고 있다. 한마디로 말한다면 그것은 성령 충만한 삶을 살지 못하기 때문이다. 과거와 현재, 미래에 있어서 크리스챤에게 가장 중요한 문제는 첫째도 성령 충만 이요, 둘째도 성령 충만이며, 셋째도 성령 충만 이라고 하겠다.

사도행전 6장8절에 나오는 스테반이 은혜와 권능이 충만하여 기사와 표적을 행한 것은 곧 성령의 충만을 의미한다고 하겠다. 뿐만 아니라 하나님의 말씀은 성령께서 그분의 사역을 수행할 수 있는 도구이다. 또한 하나님의 말씀은 성령의 검(에베소서 6장17절)이어서 "살았고 운동력이 있어 좌우에 날선 어떤 검보다도 예리하여 혼과 영과 및 관절과 골수를 찔러 쪼개기까지 하며 또 마음의 생각과 뜻을 감찰하신다.(히브리서4장12절)"는 것이다. 따라서 말씀과 기도를 통하여 성령님은 역사하신다.

말씀과 기도 없는 영성은 신비주의 열광주의, 바탕이 없는 열심에 빠지기 쉬우며 말씀만 강조하면 생명과 능력이 없는 무미건조한 역사가 없는 진리일 뿐이다. 그러므로 기도와 말씀가운데 성령의 역사가, 성력의 능력이 나타나야 그것이 곧 바른 능력이요 힘이며, 하나님의 권능인 것이다.

○ 첫째로 성령은 예수 그리스도와 그의 영광을 인간에게 나타내기 위하여 능력으로 역사하신다.(고린도전서 12장3절, 요한복음 15장26절)

○ 둘째로 성령은 죄악의 세상을 책망하시기 위하여 능력으로 역사하신다.(요한복음 16장8~11절)

○ 셋째로 성령은 성도를 새롭게 하며 의롭게 만들고 중생하게 하기 위한 능력이시다. (디도서 3장5절, 로마서8장9절, 고린도전서 3장16절, 고린도전서 6장 19~20절)

○ 넷째로 성령은 성도 안에 거하시면서 크리스챤에게 만족을 주시는 능력이시다. (요한복은 4장 13~14절, 요한복음 7장37~39절)

○ 다섯째는 성령은 우리의 죄와 사망의 법에서 자유케 하시는 능력이시다. (로마서 8장1~2절, 갈라디아서 5장16절)

○ 여섯째는 성령은 속사람을 강건케하는 능력이다. 에베소서 3장16절에 "그 영광의 풍성을 따라 그의 성령으로 말미암아 너희 속사람을 능력으로 강건하게 하는 힘"인 동시에 "지식에 넘치는 그리스도의 사랑을 알아 그 넓이와 길이와 높이와 깊이가 어떠함을 깨달아 하나님의 모든 충만하신 것으로 너희에게 충만하게 하시는 능력(에베소서 3장18~19절)"이시다.

○ 일곱째로 성령은 하나님의 아들인 우리를 거룩한 생활로. 인도하는 능력이다.(로마서 8장14,16절, 갈라디아서 4장6절) 동시에 "하나님의 유업을 받으며(갈라디아서 4장7절)" "하나님의 후사요 그리스도와 함께한 후사니 우리가 그와 함께 영광을 받기 위하여 고난도 함께 받아야 한다.(로마서 8장17절)"고 했다. 그러나 그 고난, 즉 "현재의 고난은 장차 우리에게 나타날 영광과 족히 비교할 수 없는 것"이다.

○ 여덟째로 성령은 육체의 현저한(갈라디아서 5장19~21절) 우리에게 성령의 열매(갈라디아서 5장22~23절)를 맺도록 하는 능력이다.

○ 아홉째로 성령은 믿는 자를 진리 가운데로 인도하며 장래의 일(미래의 일)까지 알려주는 능력이다. 요한복음 16장13절에 "그러나 진리의 성령이 오시면 그가 너희를 모든 진리 가운데로 인도하시리니, 그가 자의로 말하지 않고 오직 듣는 것을 말하시며 장래 일을 너희에게 알리시리라."고 했다.

○ 열 번째로 성령님은 모든 지혜로 가르치시고, 권면하고 시와 찬미와 신령한 노래로 감사함으로 하나님을 찬양하는 능력이다.(골로새서 3장16절)

○ 열한 번째로 성령은 우리에게 필요한 모든 것을 가르치고 그리스도의 교훈을 때를 따라 기억나게 하시는 능력이다.(요한복음 14장26절)

○ 열두 번째 성령은 우리에게 평안을 주시기 때문에 근심과 두려움이 없게 하시는 능력이다.(요한복음 14장27절)

○ 열세 번째 성령님은 하나님의 깊은 사실들을 계시하시며 그것을 다

뜯어서 깨달아 알 수 있게 하시는 능력이다.(고린도전서 2장10~14절)

○ 열네 번째로 진리를 다른 사람에게 전할 수 있는 능력까지 주신다.(데살로니가전서 1장5절, 사도행전 1장8절, 고린도전서 2장1~5절)

○ 열다섯 번째로 성령은 우리에게 기도를 가르치는 능력으로 기도하게 하신다.(유다서 20절, 에베소서 6장18~19절, 로마서 8장26~27절)

○ 열여섯 번째로 성령은 감사하는 마음과 감사하는 방법을 주시는 능력이시다.(에베소서 5장18~20절)

○ 열입곱 번째로 성령은 믿는 사람의 마음을 감화하셔서 하나님이 기뻐하시는 예배를 드릴 수 있는 능력을 주신다.(창세기 22장13절, 8장20~21절, 요한복음 4장24절)

○ 열여덟 번째로 성령은 신자의 일상생활에서 그의 갈 곳과 가지 말 곳, 할 일과 해서는 안 될 일을 세밀하게 지시하시는 능력이시다.(사도행전 8장26~29절, 16장6~10절)

○ 열아홉 번째로 성령은 우리가 전도할 때 담대하게 하는 능력이다.(사도행전 4장29절, 4장31절, 4장12절, 4장 19~20절)

○ 스무 번째로 성령은 죽은 자를 살리는 능력이시다.(나사로, 나인성 과부의 아들 등.)

이처럼 성령의 능력은 엄청난 능력이며 힘인 것은 곧 하나님의 영이기 때문이다. 이 같은 능력에 붙들리면 거룩하고 경건한 능력의 사역자가 될 수 있고 성령의 능력을 받지 못하면 좌절하고 절망하며 고통과 괴로움 가운데 사역을 하게 될 것이다.

3. 승리한 영성지도자는 누구일까?

1) 부르짖어 기도하는 사람이다.

예를 든다면 노아는 아라랏산에서, 엘리야는 갈멜산에서, 모세는 홍해에서 시내산에서, 아브라함은 모리아산에서, 요나는 큰물고기속에서, 다니엘은 사자굴에서, 가드락, 메삭, 아벳느고는 극열한게 타는 풀무불속에서, 에스겔은 해골 골짜기에서, 야곱은 얍복강가에서, 바울과 베드로는 로마 지하 감옥에서, 120문도는 마가의 다락방에서, 모든 성경 속에 나오는 신앙의 승리한 지도자들은 모두가 기도하는 사람들이었다. 특히 예수님은 겟세마네동산에서 땀방울이 핏방울이 되도록 밤새워 처절하게 기도하셨음을 우리는 잘 알고 있다.(누가복음 22장39~46절)

2) 하나님의 말씀에 붙잡혀 사는 사람들이다.

(사도행전 18장5~11절)

영성의 사람들은 모두가 하나님의 말씀을 공부하고, 말씀에 순종하며 말씀을 사랑하고 그 말씀을 먹으며 말씀대로의 삶을 살았다.

3) 영성지도자는 협력사역을 잘 했다.

모세도, 바울도 협력사역의 승리자였다. 우리가 잘 아는 데로 모세는 아론과 훌, 여호수아와 함께 협력을 잘 했으며 또한 그의 장인 이드로의 권고를 받아들여 그토록 어렵고 힘든 광야에서 지도력을 잘 발휘했으며, 바울도 바나바 같은 폭넓은 인물의 도움을 받았고 그의 측근에는 다메섹의 아나니아, 디도, 실라, 누가, 두기고, 루디아, 벨리몬, 디모데 등 많은 협력자가 있음으로 해서 성공한 영성지도자로서 위대한 사역을 감당했던 것이다.

그것은 오늘날도 마찬가지이다. 사실 사람을 잘 만나야 한다. 사람을 잘 만나면 재미있고 성공하지만 사람을 잘못 만나면 어렵고 실패하게 된다. 우리의 기도 가운데 중요한 것은 사람을 잘 만나게 해달라는 기도일 것이다.

구약성경에 나오는 느헤미아도 사람을 잘 만났다. 먼저 그는 바사제국의 아닥사스 1세를 만나 왕의 측근으로서 신임을 받았다. 그가 이 아닥사스 1세를 만나지 못했다면 큰일을 하지 못했을 것이다. 뿐만 아니라 그가 불타버린 성벽을 재건할 때에 그와 함께 동역한 이름 없는 많은 사람들도 잘 만났기에 그토록 빠른 시일에 성공적으로 일을 할 수가 있었다.

따라서 하나님 외에는 그 누구도 독불장군을 없다. 만약 사람이 독불장군이 되면 그 결과는 반드시 실패하고 만다.

지도자는 사람을 잘 만나야 하고, 업무분담을 적재적소에 잘해야 하며 또한 의사전달이 분명해서 하고자 하는 이유와 목적을 분명히 해서 회중들이 잘 따라오도록 했다. 또한 사리사욕은 금물이다. 사리사욕을 가진 사람이 성공하지는 못한다.

지도자는 항상 공의와 사랑의 바탕위에서 진실하고 정직하게 솔선수범하며 자기희생을 각오해야 한다. 그밖에도 많은 덕목이 있겠지만 성경에는 그 모든 것의 답이 있는 것이다. 따라서 말씀에서 해결책을 찾아야 하고 기도로 힘을 얻어야 할 것이다.

하나님을 경외하며 사람을 사랑하여 귀하게 여겨야 하며, 생활이 순결하고 언행이 일치하도록 힘써야하며 주신 은혜에 감사하여 봉사의 즐거움을 알고 힘써야 하며 교회를 사랑하고, 우리에게 주어진 시간을 효과적으로 사용할 줄 알아야 한다.

4. 영성지도자의 자질

오늘날 한국교회에 있어서 최대의 위기는 공산주의도 세속주의도 아니다. 교회의 지도자결핍에 큰 문제가 있다고 하겠다. 그러므로 그 어느 때보다도 참되고 유능하며 건설적인 지도자가 요청되고 있다.

지도자는 첫째로 어디로 가는지 갈 곳을 분명히 알아야 한다. 다시 말하면 목적지와 목표가 분명해야 한다. 예를 들면 택시를 타고 가자. '어디로 모실까요?'에 '가면되지요.' 한다면 기사가 얼마나 난감

하겠는가! 목적지와 목표가 분명하지 못하면 그와 같은 것이다.

둘째로 영성지도자는 자기와 함께 혹은 자신을 따라 오도록 다른 사람을 이해시키던지 설득하든지 감동을 주어 영향력을 행사할 수 있어야 한다. 이 같은 원리에서 생각할 때 지도자 중에 최대 최고의 지도자는 예수 그리스도인 것이다.

예수그리스도는 자기가 어디로 가는지, 왜 가야하는지를 분명히 아셨다. 그는 인류의 모든 죄를 친히 담당하시고 믿는 자를 구원하시기 위해서 십자가를 향하셨으며, 그 사역을 더욱 효과적으로 수행하시기 위하여 아른 사람들을 그와 동행하고 그를 따라 오도록 감동시키고 가르쳐 훈련하셨다. 더욱 놀라운 사실은 그가 죽은 후에 시간이 흐르면 흐를수록 더욱 많은 사람들이 그를 흠모하며 따르고 있다는 사실이다.

성공적인 지도력은 그 첫 조건이 개인의 성실함이며 목표와 목적을 성정하고 그것을 성취시키고자 하는 의욕이 있어야 하고 다른 사람들에게 용기를 주어 소망을 이상적인 수준으로 끌어올려 주는 힘이 있어야 할 것이다.

그리고 우수한 지도력을 발휘하기 위해서는 적시에 권위를 사용할 줄 아는 예리한 감각이 필요하다고 하겠다.

미국의 캘리포니아 기술 협회에서 발행한 온켄(William Oncken, Jr)의 평론에 보면 권위가 네 가지 성분으로 구성된다면서 그 권위를 능력의 권위, 직위의 권위, 성격의 권위, 인견의 권위가 서로 조화를 이루는 것이 중요하다고 했다. 특히 인격의 권위는 성실성과 신빙성, 정직성, 충성심, 진지성, 개인적인 도덕성, 신용도에 대한 것으로 지도자의 인격을 존중하지 않는 사람보다는 존경하는 사람을 움직이는 것이 보다 능률적이라는 것은 분명한 일이다. 그리고 지도자는 자기 훈련과 창조성, 결단성과 균형 잡힌 생활이 중요하다고 하겠다.

또한 미시건주에 있는 힐스대학의 '도날스 필립스' 박사는 그의 「지도력에 대한 편지」에서 다음과 같은 사항을 중요시하고 강조하였는데 그것을 열거하면 ① 성실함, ② 자신의 관리와 통제, ③ 명령이 아니라 교육과 훈련에 의한 설득이며 강요가 아니다. ④ 감정, 느낌, 태도에 의한 의사소통, ⑤ 책임과 함께 권한 위임, ⑥ 많은 문제는 해결책이 있으며 ⑦ 민주적이며 생산적인 지도력, ⑧경영의 책임은 가정과 사회와 국가에 있어 책임 있는 국민, 책임 있는 지도자가 되도록 이끌어 주는 데까지 포함된다는 요지의 설명이다.

그리고 세상은 이런 사람을 원한다면서 아래와 같이 밝혔다.

① 재물이나 그 어떤 것으로도 살 수 없는 사람 ② 약속을 차용증서처럼 지키는 사람 ③ 부(富)보다 인격을 중요시하는 사람 ④ 자기 나름의 소신과 의지를 갖고 있는 사람 ⑤ 자신의 직업보다 더 능력 있는 사람 ⑥ 기회가 돌아올 때 머뭇거리지 않는 사람 ⑦ 많은 사람이 모인 가운데서도 개성을 잃지 않는 사람 ⑧ 큰일에나 작은 일에나 정직한 사람 ⑨ 불의와 타협하지 않는 사람 ⑩ 자신의 야망이 이기적인 욕망에 구애되지 않는 사람 ⑪ 친구에 대한 평이 좋거나 나쁘거나 간에, 순탄한 길을 걷거나 역경에 처해서나 간에 친구에게 진정으로 대해줄 수 있는 사람 ⑫ 약삭빠르고 교활하고 냉혹한 것만이 성공의 지름길이라고 생각하지 않는 사람 ⑬ 하나의 진리가 남들의 인정을 받지 못하더라도 부끄럼 없이 지지하고, 세상 모든 사람이 "아니다"라고 주장할 수 있는 사람이아고 했다.

이상에서 살펴본 바와 같이 지도자도 사람이고 지도를 받는 자도 사람이기 때문에 그리고 지도력이란 시대와 환경에 따라 상대방에 따라 반드시 일치하는 것이 아니며, 일치되지 않기 때문에 더욱 어렵다고 하겠다.

성경이 말하는 유능한 지도자는 어떤 사람인가?

바울은 목회서신에서 성경적 유능한 지도자의 기준을 다음과 같이 열거하고 있음을 볼 수 있다.

지도자는 선한 일을 사모해야 하고(디모데전서 3장1절), 부족한 일을 바로잡고 주님의 명령을 바르게 지켜 실천하는 신실한 사람이어야 하기 때문에 "○ 책망할 것이 없으며 ○ 한 아내의 남편이 되며 ○ 절제하며 ○ 근신하며 ○ 아담하며 ○ 나그네를 대접하며 ○ 가르치기를 잘하며 ○ 술을 즐기지 아니하며 ○ 제 고집대로 하지 아니하며 ○ 급히 분내지 아니하며 ○ 구타하지 아니하며 ○ 관용하며 ○ 돈을 사랑치 아니하며 ○ 자기 집을 잘 다스리며 ○ 외인에게도 선한 증거를 얻은 자라야 하며 ○ 선을 좋아하며 ○ 의로우며 ○ 거룩하며 ○ 새로 입교한 자는 말지니라.(디모데전서 3장1~7절, 디도서 1장5~10절)"고 하였다. 여기서 우리가 주목해야 할 것은 이상에서 열거한 지도자의 자격 목록에는 영적 은사에 관한 언급이 없다는 사실이다. 바울은 실력이나 기술에 대해서 거의 언급이 없다.

오히려 20가지 목록 중에 19가지는 사람의 신망, 윤리, 도덕, 기질, 습관, 그리고 영적이며 심리적인 성국에 관련되어 지고 있으며 한 가지는 자기 가정을 다스리는 능력과 관계가 있음을 발견케 된다. 또한 바울이 강조하는 중요한 것은 "누구든지 그리스도 안에 있으면 새로운 피조물이라 이전 것은 지나갔으니, 보라 새것이 되었도다.(고린도후서 5장17절)"는 확신과 함께 거듭난 크리스챤으로서 옛 사람을 벗어 버리고 새 사람을 입었다는 사실을 전 삶의 영역을 통해서 드러내야 할 것을 강조하였다.

그리하여 참된 지도자는 사랑스러운 사람으로 정직하여 내 은행통장을 그에게 맡기고 싶다고 할 정도로 신뢰가 있어야 하며, 그리스도를 빛내며, 사랑의 사람이고, 훌륭한 아버지이며 열심히 일하고 겸손하며 약속을 지키고 자기중심적이거나 자부하지 않고, 사람들의 마음을 편하게 해주며, 실망시키지 않고 기회주의자이거나 이용하지 않으며 친절하고 생각이 깊고 권위를 인정하고 공명정대하며 인내심이 강하고, 잘못은 곧 인정하여 고치고 자기가 갈 곳을 알고 앞서 계획하고 추진하는 사람이다. 여기에 바로 지도자의 자격과 임무가 있는 것이다.

그러면 어디로 갈 것인지 아는 기독교의 유능한 지도자가 되려면 첫 번째로 신념과 소명과 비젼을 키워 나아가야 한다. 그러기 위해서는 평소에 꾸준한 개인적 성경 연구와 묵상과 기도생활을 하면서 주님의 인도함을 받아야 할 것이다.(잠언 3장5~6절)

둘째로는 활기차게 개인 생활의 스케쥴을 지속 시켜야 한다는 것이다. 스케쥴은 반드시 설정된 목표나 목적에 일치시켜 나아가며, 무슨 일이든지 (시간, 재정, 정력 등) 설정한 목적에 집약되도록 하고 그 목적에 상관없는 일은 대담하게 제거하면서 남들이 하니까 따라서 한다는 생각을 버리고 훈련된 생활 속에 몸으로 친히 일해야 한다.

셋째로는 전 생활을 그 목적에 종속시켜야 한다. 설정한 목적에 방해되는 일은 단호하게 거부하면서 가족과 보내는 시간의 양을 질에서 보충하며 목표와 목적이 주님께 영광을 돌리는 것일 때 갈등을 갖지 말아야 할 것이다.

넷째로 힘든 결정을 내리는데 단호해야 한다.

다섯째로 사명과 비젼을 항상 마음속에 키워 나가야 한다.

하는 일에 기쁨을 경험하고 자화상을 그릴 때에 메뚜기처럼 그리지 말고(민수기 13장33절) 우주의 왕자이며 하나님의 특별 대사로 특수 사명을 띠고 이 세상과 세대에 보냄을 받은 소중한 사람임을 잊지 말아야 할 것이다.

여섯째로 항상 문제들과 공존함을 알고 그것에 대처하는 능력을 길러야 한다. 사실 문제들은 발전을 위하여 불가피하며 문제가 해결될 때 새로운 용기와 힘이 생기며 문제는 위대한 훈련임을 알고, 문제를 피하지 말고 정면으로 대경하며 해결해야 한다.

일곱째는 우리하게 일하지 말고, 능률적으로 일해야 한다.

그러기 위해서는 아른 사람을 참여시키며 과업과 책임을 부여하고 위탁해야 한다.

또한 회중이 나와 동행하고 따를 수 있게 하는 방법으로는 첫째로 내 비젼과 목표를 전염시키기 위하여 감동시키고 자극을 주어야 한다.

둘째로 다른 사람들 속에 있는 은사와 역량을 발굴하여 발전시켜 주도록 한다.

셋째로 솔선수범해야 한다. 실패와 과오를 두려워 말고 만성적이고 경직되고 부정적인 사람을 멀리하는 것이 좋다.

넷째로 모든 일(그의 마음, 뜻, 직업, 가족 등)에 관심을 가지고 봉사하면 반드시 열심히 따르며 일을 한다.

다섯째로 친절과 관심을 진정으로 보여 주어야 한다. 지도자는 한 마디로 사람들을 사랑하는 사람임을 잊지 말아야 한다. 관심이 곧 사랑입니다. 그러므로 사랑의 반대는 미움이 아니라 무관심이라는 사실을 알아야 하겠이다.

여섯째로 절대 헌신하면서 절대 헌신을 요구해야 한다.

일곱째로 성원의 자발성을 유발시키도록 함이 좋다. 그리하여 억지로가 아니라 기쁨으로 주인의식을 가지고 참여토록 하되 성실하게 책임을 다하도록 한다는 사실이다. 이상에서 지도자의 자격과 임무에 대하여 살펴보았거니와, 예수 그리스도야말로 인류 최대의 지도자이다.

그의 목표는 인류의 구원이었으며 그는 12제자를 택하여 훈련시켜서 주의 일을 하도록 위탁하셨다. 그들은 또 다른 제자들을 훈련시켜서 주의 진리를 보존하고 전파하여 주의 나라를 확장시켜 나아갔던 것이다. 그 당시 초대 교인들을 향하여 말하기를 "보라 저들이야말로 세상을 뒤집어엎을 사람들"이라고 했던 것이다.

참된 지도자는 혼자 일하지 않고 사람들을 키워 함께 일하도록 한다는 사실이다. 그대가 키운 사람만이 그대의 최대, 최선, 최고의 자본인 것이다.

목사의 자질

조 석 만 박사
대한신학대학원 조직신학교수

대한예수교장로회 헌법 제4장 제2조에서 목사의 자격을 다음과 같이 규정하고 있다.

"목사가 될 자는 신학을 졸업하고 학식이 풍부하며, 행실이 선량하고, 신앙이 진실하며, 수에 능한 자가 될지니, 모든 행위가 복음에 적합하여 범사에 존절과 성결함을 나타낼 것이요 자기 가정을 잘 다스리며 외인에게서도 칭찬을 받는 자로 수익을 위한 직업을 가지지 못하 연령은 만 30세 이상 자로 한다.(딤전 31-7) 목사는 신학을 졸업한 후 총회에서 시행하는 강도사 고시에 합격되어 1개년 이상 교역에 종사하고, 노회 고시에 합격되고 청빙을 받은 라야 한다."

이 규정은 전적으로 딤전 3:1-7에 근거하고 있다. 이 규정의 요지는 목사는 우선, 신학을 업하여야 하며, 학식이 풍부하여야 하며, 교수에 능해야 하며, 둘째는, 선량(흠표)하여야 하미 셋째로, 교회의 법에 따라 객관적 인준이 있어야 한다는 것이다.

1. 목사의 자격을 얻으려면 교회의 법에 따라 객관적으로 인준을 얻어야 한다는 것

「교회헌법」 제4장 제2조 1, 2항목에 규정되어 있는 바대로 총회와 노회에서 인준을 얻어야 한다는 것이다.

2. 목사는 신학을 졸업하고, 학식이 풍부하며, 교수에 능해야 한다는 것

이 규정이 의미하는 바는 목사는 전문적인 학식을 습득한 목회 전문가의 자질을 갖추어야 한다는 것이다. 목회 전문가는 신학적 전문 지식 뿐만 아니라 일반적인 지식도 풍부해야 한다. 무엇보다도 성경을 올바로 깊이 이해하여 올바로 가르쳐야만 한다는 것을 의미한다. 성경 올바로 깊이 이해하여야 한다는 말은 기독교 진리의 근본 원리를 신학적으로 올바로 깨달은 것을 의미한다. 그리하여야만 올바로 가르칠 수 있기 때문이다. 사도 바울은 고후 10:5~6에 다음과 같이 가르치고 있다.

"모든 이론을 파하며 하나님 아는 것을 대적하여 높아진 것을 다 파하고 모든 생각을 사로 아 그리스도에게 복종케 하니, 너희의 복종이 온전히 될 때에 모든 복종치 않는 것을 벌하 고 예비하는 중에 있노라"

이 말씀은 하나님께 관하여 바른 지식을 가지고 있으면서 또한 세상 지식을 비판할 만한 식도 가지고 있어야만 한다는 것을 의미한다. 또 바울은 가르치기를 "악한 사람들과 속이는 들은 더욱 악하여져서 속이기도 하고, 속기도 하나니 그러나 너는 배우고 확신한 일에 거하라"(딤후 3:13, 14)고 하였다. 예수님은 말씀하시기를 "만일 소경이 인도하면 둘이 다 구덩이에 빠지리라"고 하셨다(마 15:14).

찰스 하지는 다음과 같은 말을 하였다. "목사 후보생들이 신학 공부를 충분히 하지 않고 지식이 빈약한 상태에서 급히 교역에 나선다면 그들 자신과 교회에 큰 불행을 가져오게 될 것이다. 그것은 일시적으로 좋게 여겨서 하는 일이지만 결국 영원한 불행을 자초하는 일이 되기 때문이다…. 모든 경험이 가르치고 있는 대로 무식은 고의적으로 죄를 범하는 것에 버금가는 과오를 범하는 근원이 되는 법이다. 학문적으로 잘 준비된 소수의 목사가 교육을 받지 못하고 열심만 있는 큰 무리보다는 선을 이루는 데 훨씬 더 효과를 가져온다."

오늘날 한국 교회의 현실은 보편적으로 어떠한가. 신학 교육이 제대로 되고 있으며, 목사 후보생의 훈련이 제대로 되고 있는가. 무엇 때문에 그저 대충대충하는 것일까. 몽매하기 이를 데 없는 인생들, 종교인들, 종교 지도자들, 기독교 지도자들, 신학교 교육, 강도사 고시, 목사 고시, 모두 하나같이 형식적인 것, 그리고 성직 매매 등등 그리고 또 그런 것들, 그러니까 종교가 교회가 악을 뿜어내는 것이 아니겠는가? 교단과 교육기관 그리고 교육 일선에서 책임을 맡고 있는 사람들은 하나님 앞에서 참으로 경건한 마음 가짐과 진실한 행실로 진실한 하나님의 일꾼을 양성하는 일에 그 소임을 다하여야만 할 것이다.

사도 바울은 말하기를 "아무에게나 경솔히 안수하지 말라"하였다 (딤전 5:22). 교회 정치학자 보우만(H. Bouwman)은 바울의 이같은 가르침에 근거하여 말하기를 "신학은 물론이고, 정규 일반 학문을 제대로 공부하지 아니한 사람이나 새로 찾아온 사람을 절대로 받아들이지 말아야 한다"고 했다. 이 말은 지식의 수준이 미달하고, 목사의 인품과 경건 생활에 있어서 기본적인 갖춤이 없는 자에게 목사직을 부여해서는 안 된다는 것을 의미하고 있다.

3. 행실이 선량해야만 한다는 것

목사의 행실에 관한 성경의 가르침을 보면 다음과 같다.

"미쁘다 이 말이여 사람이 감독의 직분을 얻으려 하면 선한 일을 사모한다 함이로다. 그러므로 감독은 책망할 것이 없으며 한 아내의 남편이 되며 절제하며 근신하며 아담하며 나그네를 대접하며 가르치기를 잘하며, 술을 즐기지 아니하며 구타하지 아니하며 오직 관용하며 다투지 아니하며 돈을 사랑치 아니하며, 자기 집을 잘 다스려 자녀들로 모든 단정함으로 복종케 하는 자라야 할지며,(사람이 자기 집을 다스릴 줄 알지 못하면 어찌 하나님의 교회를 돌아보리요) 새로 입교한 자도 말지니 교만하여져서 마귀를 정죄하는 그 정죄에 빠질까 함이요, 또한 외인에게서도 선한 증거를 얻은 자라야 할지니 비방과 마귀의 올무에 빠질까 염려하라."

이 말씀은 사실 모든 기독교 신자에게 적용되는 것인데 특히 교회의 감독자인 목사의 자격을 규정하고 있는 것이다. 왜냐하면 하나님이 맡겨주신 교회 즉 하나님의 양떼를 맡은 자가 양떼의 본이 되어야 하겠기 때문이다. 그러므로 목사는 이같이 성경이 가르치고 있는 목사의 자격 규정에 합당한 자라야만 한다. 여기서 우선 "감독(즉 목사)의 직분을 얻으려 하면 선한 일(즉 선량한 일)을 사모하라"고 하는 말씀이 서두로 되어 있다. "선한 일"이란 옳은 행실로 남에게 덕을 끼치는 일, 즉 교회의 유익을 위해 반드시 하여야만 하는 일을 의미한다. 이 말씀은 목사는 항상 선한 마음을 가지고 선한 일을 실천하여 모든 사람에게 본을 보이라는 것이다.

1) 목사는 책망할 것이 없어야 한다는 것이다.

이 말씀은 전 5:7과 6:14, 빌 1:6 등에서도 언급하고 있는 것으로서 목사(즉 교역자)는 교회의 비난을 받지 말아야 할 것은 말할 것도 없고, 세상 즉 일반 사회의 비난도 받지 말아야만 한다는 것을 가르킨다. 만일 교회의 지도자 즉 종교의 지도자가 비난의 대상이 된다면 그 결과는 어떻게 되겠는가. 교회의 신뢰도는 하락될 것이며, 선교의 길은 막히게 될 것이며, 결국 하나님의 영광은 가려지게 되지 않겠는가.

2) 목사는 한 아내의 남편이 되어야 한다는 것이다.

이 말씀은 목사(교역자)는 중혼해서는 안 된다는 것과 자기 아내 이외의 다른 이성과의 관계가 있어서는 안 된다는 것을 가리킨다. 어느 시대, 어느 사회에서든지 윤리 문제에 있어서 이성 관계 문란의 폐해는 심히 큰 것이다. 그러므로 윤리 도덕의 실행에 있어서 최고 지도자로서의 목사는 이성 관계에 있어서 흠이 없는 모본을 보여야만 한다.

3) 목사는 절제하며, 근신하며, 아담해야만 한다는 것이다.
이 말씀은 몸과 마음을 다같이 경건하게 하여 본을 보이라는 것을 가리킨다. "절제하라"(sober)는 말은 "사람의 인격의 삼요소인지, 정, 의를 알맞게 조절하여 지나침이나 모자람이 없이 행동거지를 바르게 하라"는 것이며, "근신하라"(discreet)는 말은 "언행을 삼가고 조심하라"는 것이며, "아담하라"(decorous)는 말은 "온유하고 겸손하고 고상하고 예의 바르고 깔끔하고 단정하라"는 것이다. 사도 바울은 사랑하는 디모데에게 다음과 같이 가르쳤다.
"누구든지 네 연소함을 업신여기지 못하게 하고 오직 말과 행실과 사랑과 믿음과 정절에 대하여 믿는 자에게 본이 되어 내가 이를 때까지 읽는 것과 권하는 것과 가르치는 것에 착념하라"(딤전 4:12, 13)
"오직 너 하나님의 사람아… 의와 경건과 믿음과 사랑과 인내와 온유를 쫓으며 믿음의 선한 싸움을 싸우라… 하나님 앞과… 그리스도 예수 안에서 내가 너를 명하노니 우리 주 예수 그리스도 나타나실 때까지 점도 없고 책망 받을 것도 없이 이 명령을 지키라"(딤후 6:11-16)
그러므로 경거망동하지 말고 매사에 신중을 기하여 경건한 인격자의 면모와 하나님의 양떼를 맡은 교회 지도자로서의 본을 보이라는 것이다.

4) 목사는 나그네를 대접하라는 것이다.
이 말씀은 초대 교회 당시의 상황에서 볼 때 핍박으로 인하여 의지할 곳이 없어서 유리 방황하는 신자들에 대한 대접을 의미하는 것이다. 그 당시의 교회는 이같은 나그네를 대접하는 일은 당연하고도 당면한 큰 문제였다. 고대 교회에는 이 말씀을 문자 그대로 실행한 교부들이 많이 있었다고 한다. 콘스탄티노플 교회의 감독 크리소스톰

(Chrysostom, C. 344/354-407)은 친히 가난한 생활을 하면서 병자와 나그네를 대접하였다고 한다. 어느 시대, 어느 사회에나 유리 방황하는 나그네의 어려움을 겪는 사람이 있게 마련이다. 이같이 어려움을 겪는 사람들을 교회가 무관심할 수는 없다. 교회를 맡은 목사는 이같은 나그네를 대접하는 일에도 유의하여야만 한다. 사실 교역자의 가정에서 나그네의 대접하는 교역자의 아내된 자가 그리스도 안에서 나그네를 불쌍히 여기는 마음(마 25:35 히 13:1-2 벧전 4:9)으로 협력하지 않으면 불가능한 것이다. 그러나 가정에서만 아니라 다른 방법으로도 나그네를 대접할 수 있는 대책이 필요한 것이다.

5) 목사는 가르치기를 잘 하여야 한다는 것이다.

이 말씀은 목사는 신자들에게 하나님의 진리의 말씀인 성경을 올바로 가르치라는 것을 의미한다. 하나님의 말씀을 가르침에 있어서 먼저 자신이 올바른 믿음을 가지고 올바로 성경을 이해한 다음에 신자들에게 잘 해설(설명)하여 이해시킴으로써 교훈과 책망과 바르게 함과 의로 교육하여 하나님의 사람으로 온전케 하며 모든 선한 일을 행하기에 온전케 하라는 것이다(딤후 3:15, 16). 칼빈의 「기독교 신앙 안내서」 제30장에서 목사가 가르치는 일에 관하여 다음과 같이 논술하였다.

"목사는 공적으로나 개별적으로(행 20:20) 사람들을 순수한 교리로 가르치며(고후 2:7, 살전 2:4, 선한 모범을 보이며(살전 2:10, 딤전 4:12), 모든 사람에게 거룩하고 순결한 생활을 하도록 가르쳐야 한다. 그렇게 하는 것이 교회를 목양하는 목사가 교회에서 신자를 양육하는 데 필요한 훈련이며, 질서이다. 이와 같은 가르침과 훈련과 질서를 경시하는 자는 사람에게 대해서 뿐만 아니라 하나님에게 대해서도 악을 행하는 자이다. 이러한 자는 교회의 이단자이므로 교회의 공동체로부터 물러나야 한다(마 18:15-17)… 목사는 주님으로부터 특별한 훈련(a notable mandate)과 사명을 받은 자이다…. 그러므로 목사는 모든 것을 하나님의 말씀에 의하여 담대히 실행하여 나아가야 할 것이며, 신자들은 이 사실을 명심하고 교회의 질서를 위하여 또는 신자의 신앙 훈련을 위하여 하나님께 순종해야 한다. 목사는 하나님의 말씀에 의하여 하나님의 말씀을 가르치며 하나님의 말씀을 전파하는 직무를 맡은 자이다. 목사는 이 세상의 모든 능력과 권세와 명예에 복종할 것이 아니라 오직 존엄하신 하나님의 말씀에만 복종하여야 한다. 목사는 가장 큰 자로부터 가장 작은 자에 이르기까지 모든 사람에게 하나님의 말씀으로 명령하여야 한다. 목사는 그리스도의 집을 세워야 한다(고전 3:10이하, 고후 10:4, 5). 목사는 사탄의 지배력을 파괴하여야 하며(고후 10:5), 자기에게 맡겨진 양무리를 양육하며(요 21:1-17), 이리를 죽이며, 순진한 자들을 가르쳐야 한다. 그리고 목사는 반역자에게 대해서는 하나님의 말씀으로 견책하며, 징계하며, 죄를 지적하여 엄히 경계하여야 한다."

한편, 칼빈은 다음과 같이 언급하기도 하였다.

"그러나 목사가 하나님의 말씀으로부터 떠나서 자기의 생각이나 머리 속에서 꾸며낸 말이나 일을 하게 된다면 그는 이미 목사로서의 자격을 상실한 자이며, 그러한 자를 교회가 받아들일 수 없다. 이는 해로운 이리와 같은 자이니 교회에서 추방되어야 한다(마 7:15, 5 행 20:25-32).

왜냐하면 그리스도께서 우리에게 말씀하시기를 하나님의 말씀을 가르치지 아니하는 거짓스러운 자들의 말을 듣지 말라 하셨기 때문이다(마 24:4-23, 딤후 4:3-5, 렘 23:25-32)."

이상에서 칼빈의 논증은 "하나님의 말씀에 의하여 가르칠 줄 모르는 사람은 교역을 하지 말고 차라리 다른 일을 하라"는 것이다. 그러므로 목사는 신자를 가르침에 있어서 오직 하나님의 말씀으로만 가르쳐야 하며 하나님의 말씀에 위배되는 일체의 것은 부당한 것임을 명심하여야 한다.

6) 목사는 술을 즐기지 말며 구타하지 말며 오직 관용하며 다투지 말라는 것이다.

이 말씀은 모든 사람에게 부덕스럽고 불미스런 행동을 삼가고 그리스도인의 성결과 화평과 너그러운 모본을 보이라는 것을 가리킨다. 그리스도인이 "술을 즐기는 일"은 하나님으로 인하여 즐거워하기 보다 육신의 향락을 더 즐기며 무절제하게 사는 결과를 가져오게 됨으로 심히 불미스럽고 부덕스러운 일인데 하물며 교회와 세상의 본이 되어야만 하는 지도자가 술을 즐긴다면 참으로 그것은 교회와 세상의 비방거리가 되며 하나님의 영광을 가리우게 되는 일이 아닐 수 없다.

그리고 그리스도인이 "사람을 구타하면서 싸우는 일"은 남의 과실을 용서하지 않는 일이며,

"우리가 우리에게 죄 지은 자를 용서하여 준 것과 같이 우리의 죄를 용서하여 주옵소서"라고 기도할 자격을 상실하는 행위인 것이다. 하물며 하나님의 교회의 양무리를 맡은 자인 목사가 혈기를 내어 다른 사람을 물리적으로 해친다면 그것 또한 하나님의 영광을 가리우는 일이 아니겠는가. 혹은 육체적인 혈기 뿐만 아니라 마음에 복수심을 품고 겉으로는 안그런체 눈에 보이지 않게 교환하게 야비하게 남을 헐뜯어서 남을 해친다면 그것 또한 부덕스럽기 그지 없는 것으로서 하나님의 교회 양무리를 맡은 목사가 할 일이 아닌 것이다.

그러므로 목사는 "다투지 말고 하나님의 사람다운 그리스도인의 관용의 모본을 보이라"는 것이다. "그리스도인의 관용"이란 남을 용서하는 너그러움을 의미한다. 마음이 너그럽지 못한 사람은 다른 사람

으로부터 자기의 기분을 상하게 되며 곧 분풀이를 하려 든다. 그렇게 되면 곧 다툼이 일어나고 감정이 격해져서 적대관계로 변한다. 그러나 마음이 너그러운 사람은 다른 사람으로부터 자기의 기분을 상하게 되면 아담한 심정으로 자기의 마음을 잘 다스려서 상대방에게 내색을 하지 않으며 인간 관계를 끊지 않으려고 노력을 한다. 그러므로 그리스도인은 항상 주 안에서 마음의 평화를 누려야만 한다. 하나님의 교회 양무리를 맡은 목사는 이같은 마음 가짐의 모본을 보여야 한다. 바울은 빌립보 교회에게 권면하기를 다음과 같이 하였다.

"주 안에서 항상 기뻐하라 내가 다시 말하노니 기뻐하라. 너희 관용을 모든 사람에게 알게 하라 주께서 가까우시니라. 아무 것도 염려하지 말고 오직 모든 일에 기도와 간구로 너희 구할 것을 감사함으로 하나님께 아뢰라. 그리하면 모든 지각에 뛰어난 하나님의 평강이 그리스도 예수 안에서 너희 마음과 생각을 지키시리라. 종말로 형제들아 무엇에든지 참되며 무엇에든지 경건하며 무엇에든지 옳으며 무엇에든지 정결하며 무엇에든지 사랑할 만하며 무엇에든지 칭찬할 만하며 무슨 덕이 있든지 무슨 기림이 있든지 이것들을 생각하라. 너희는 내게 배우고 받고 듣고 본 바를 행하라 그리하면 평강의 하나님이 너희와 함께 계시리라"(빌 4:4-9)

그리고 다툼이란 하나님의 말씀에 무지하여 진리에 바로 서지 못하고 교만하여 경건치 못한 마음 가짐에서 일어나는 것이다. 바울은 사랑하는 제자 디모데에게 다음과 같이 가르쳤다.

"누구든지 다른 교훈을 하며 바른 말 곧 우리 주 예수 그리스도의 말씀과 경건에 관한 교훈에 착념치 아니하면 저는 교만하여 아무 것도 알지 못하고 변론과 언쟁을 좋아하는 자니 이로써 투기와 분쟁과 훼방과 악한 생각이 나며, 마음이 부패하여지고 진리를 잃어버려 경건을 이익의 재료로 생각하는 자들의 다툼이 일어나느니라"(딤전 6:3-5)

히브리서 12:14에서는 "모든 사람으로 더불어 화평함과 거룩함을 쫓으라 이것이 없이는 아무도 주를 보지 못하리라"고 가르치고 있다. 그러므로 하나님의 교회 양무리를 맡은 목사는 항상 경건하고 정결하며 화평과 거룩한 미덕의 모본을 보여야 한다.

7) 목사는 돈을 사랑하지 말아야 한다는 것이다.

돈을 사랑하여 탐하여 욕심을 부리는 일은 일만 악(모든 악)의 뿌리가 된다고 성경은 가르치고 있다(딤전 6:10). 목사가 하나님의 교회 양 무리를 맡아 돌봄에 있어서 하나님의 말씀으로 교훈과 책망과 바르게 함과 의로 교육하여 하나님의 사람으로 온전케 하며 모든 선한 일을 하게 하여야 함에도 불구하고 돈을 탐하여 욕심을 부린다면 그러한 자는 불신자와 다를 바 없는 것이다. 만일 목사가 돈을 탐하는 자라면 그는 하나님의 말씀으로 가르친다는 명목으로 사특한 교훈으로 순진한 신자들을 기만하여 자기의 육체의 안일을 위한 세속적 욕망을 충족시키는 수단을 강구하게 될 것이다. 만일 이러한 자가 있다면 교회는 그를 물리쳐야 마땅한 것이다. 옛날이나 오늘날이나 복음을 전한다는 명목으로 육신의 안일을 도모하여 물질적 재산을 축적하며 부귀공명을 누리는 자들이 많이 있다는 실정이다. 사도 바울은 사랑하는 제자 디모데에게 다음과 같이 가르쳤다.

"그러나 지족(세모)하는 마음이 있으면 경건이 큰 이익이 되느니라. 우리가 세상에 아무것도 가지고 온 것이 없으매 또한 아무 것도 가지고 가지 못하리니, 우리가 먹을 것과 입을 것이 있은즉 족한 줄로 알 것이니라. 부하려 하는 자들은 시험과 올무와 여러가지 어리석고 해로운 정욕에 떨어지나니 곧 사람으로 침륜과 멸망에 빠지게 하는 것이라. 돈을 사랑함이 일만 악의 뿌리가 되나니 이것을 사모하는 자들이 미혹을 받아 믿음에서 떠나 많은 근심으로써 자기를 찔렀도다. 오직 너 하나님의 사람아 이것들을 피하고 의와 경건과 믿음과 사랑과 인내와 온유를 좇으며, 믿음의 선한 싸움을 싸우라 영생을 취하라 이를 위하여 네가 부르심을 입었고 많은 증인 앞에서 선한 증거를 증거하였도다. 만물을 살게 하신 하나님 앞과 본디오 빌라도를 향하여 선한 증거로 증거하신 그리스도 예수 앞에서 내가 너를 명하노니, 우리 주 예수 그리스도 나타나실 때까지 점도 없고 책망 받을 것도 없이 이 명령을 지키라"(딤전 6:6-14)

그러므로 하나님의 교회 양무리를 맡은 목사는 재물에 대한 탐심과 세속적인 온갖 허영심을 버려야 하니다. "부름받아 나선 이몸 어디든지 가오리다. 괴로우나 즐거우나 주만 따라 가오리니… 아골골짝 빈 들에도 복음 들고 가오리다. 소돔 같은 거리에도 사랑 안고 찾아가서 종의 몸에 지닌 것도 아낌 없이 드리리다… 존귀 영광 모든 권세 주님 홀로 받으소서 멸시 천대 십자가는 제가 지고 가오리다. 이름 없이 빛도 없이 감사하며 섬기리다"(찬 355장)라고 노래를 지은 그 어느 성도의 신앙 고백의 내용과 같이 목사의 길이 바로 그런 길이 아니겠는가.

8) 목사는 자기의 집을 잘 다스려 자녀들로 모든 단정함으로 복종케 하는 자라야 한다는 것이다.

"사람이 자기 집을 다스릴 줄 알지 못하면 어찌 하나님의 교회를 돌아 보리요"(딤전3:6)라는 말로 해설이 되어 있다. 목사는 우선 자기가 거느리는 가정 즉 부인과 자녀들을 하나님의 말씀으로 잘 가르치며 잘 다스릴 줄 알아야 하며 하나님 중심으로 사는 모본을 보이라는 것이다. 박윤선 박사는 말하기를 "누구든지 목사로 임직하려 할 때에 그 가정의 자녀들이 순종하지 않고 패역하면 적어도 그 당시에는 임직을 받지 않음이 옳다"고 하였다. 그러니 이미 목사로 임직되어 있을 때에 목사의 자녀가 불량하게 되었을 경우 목사가 그 자녀의 죄에 관련 되지 않았다면 직접적인 책임은 없겠지만 목사는 하나님과 교회 앞에서 견손히 도의적인 책임을 지고 근신하는 자세로 처신하여야 마땅한 것이다.

9) 목사는 새로 입교하여 신앙 경륜이 짧은 자가 되어서는 안된다는 것이다.

왜냐하면 "교만 하여져서 마귀를 정죄하는 그 정죄에 빠질까 함이요"라고 딤 3:6에서 그 이유를 해명하고 있다. 신앙 경륜이 짧은 초신자가 어떤 이유에서 성직을 맡으려고 한다면 그것은 무모하고도 어리석은 짓이다. 성경이 가르치고 있는 바는 만일 신앙 경륜이 짧은 초신자가 성직을 맡게 된다면 그는 교만하여져서 하나님을 대적하는 마귀(유 1:6)의 정죄에 빠져서 마귀가 받는 하나님의 영원한 심판을 받게 될 것이라는 것이다. 신앙 경륜이 짧은 초신자는 아직 그 믿음이 유치한 단계에 있는 자임으로 순수한 하나님의 복음을 그릇되이 전파하기도 하려니와 복음을 훼방 하는 자들의 훼방을 받아 감당할 수 없게 되기도 하며 혹은 이단자의 꼬임에 넘어가기도 하며 혹은 스스로 이단자로 전락해 버릴 수도 있는 것이다.

초대 교회 당시에 교회의 부흥이 이방 지역으로 확산되면서 교회의 지도자를 많이 필요로 하였으므로 어딘가 특출한 면이 있으면 초신자에게도 교회의 감독의 직무를 맡기려 하였던 것으로 본다. 그러나 고대 교부 아타나시우스(Athanasius, C. 296-373) 같은 사람은 감독으로 피택 되었을 때에 감독의 직무를 맡지 않으려고 도망한 일도 있었다 한다. 교부 바질(Basil, 4세기)은 웅변가요, 신학자요, 목회자로서 병자들을 자기의 친형제처럼 돌보기 위하여 자신의 재산을 모두 구제하는 일에 사용한 사람이었는데, 그는 처음에 감독이 되는 것을 원치 아니하다가 후에 마지 못하여 되었다고 하며, 교부 그레고리(Gregory, 540-604)는 자기도 모르는 사이에 감독의 직무를 맡게 되었다고 하며, 교부 에브라임(Ephraem, C. 306-373)은 감독의 직무를 맡기려 할 때에 맡지 않으려고 거짓으로 미친 사람의 행동을 하였다고 한다. 교부 암부르스(Ambrose, c. 339-397)는 힘써서 기도를 하며 자신의 모든 재산을 가난한 사람들을 위하여 구제하였는데 감독의 직무를 맡기려 할 때에 두려워서 피하였다고 한다. 어거스틴(Augustine, 354-430)도 주님을 섬기기 위하여 자기의 재산을 교회에 바치고 검소한 생활을 하였는데 실은 그가 감독이 되는 것을 원치 아니하였다고 한다. 이상과 같은 고대 교부들은 감독의 직무를 맡는 일에 얼마나 신중을 기하였는가를 알 수 있다.

10) 목사는 외인(즉 불신자)에게서도 선한 증거를 얻은 자라야만 한다는 것이다.

이 말씀은 목사는 모든 사람에게 모본이 되어야 함을 가리킨다. 목사는 신자에게든지 모든 사람에게 좋은 평판을 받는 자라야 한다는 것이다. 목사는 결코 모든 사람의 비방거리가 되어서는 안되며 하나님을 거역하는 마귀의 올무에 걸려들어서는 안된다고 성경은 가르치고 있다. "마귀의 올무"란 하나님의 교회를 해치기 위하여 구실이 될 만한 일을 꾸미는 것을 의미 한다. 만일 목사가 세상 사람들로부터 선한 증거(좋은 평판)을 얻지 못한다든지 비방을 받게 되면 마귀에게 교회를 헐뜯는 기회를 주게 되는 것이다.

이상과 같이 목사의 자격에 관하여 성경이 가르치고 있는 교리들 『교회헌법』에서 규정하고 있는 것을 주석하여 보았다. 여기서 『목사의 자격』의 항목의 마무리를 성경의 가르침으로 하기로 한다. 성경은 다음과 같이 가르치고 있다.

"오직 너희는 그리스도의 복음에 합당하게 생활하라"(빌 1:27)

"오직 너 하나님의 사람아… 의와 경건과 믿음과 사랑과 인내와 온유를 좇으며, 믿음의 선한 싸움을 싸우라 영생을 취하라 이를 위하여 네가 부르심을 입었고 많은 증인 앞에서 선한 증거를 증거하였도다. 만물을 살게 하신 하나님 앞과 본디오 빌라도를 향하여 선한 증거로 증거하신 그리스도 예수 앞에서 내가 너를 명하노니, 우리 주 예수 그리스도 나타나실 때까지 점도 없고 책망 받을 것도 없이 이 명령을 지키라"(딤전 6:11-14)

"이 세상이나 세상에 있는 것들을 사랑치 말라 누구든지 세상을 사랑하면 아버지의 사랑이 그 속에 있지 아니하니, 이는 세상에 있는 모든 것이 육신의 정욕과 안목의 정욕과 이생의 자랑이니 다 아버지께로 좇아 온 것이 아니요 세상으로 좇아 온 것이라… 너희가 들은 것과 같이 지금도 많은 적그리스도가 일어났으니 이러므로 우리가 마지막 때인 줄 아노라"(요일 2:15-27)

4. 목사의 7대 선서

1) 신, 구약 성경은 하나님의 말씀이요 신앙의 본분(행위)에 대하여 정확무오한 유일의 원칙으로 믿습니다.

2) 본 장로교 신조와 웨스트민스터 신도개요 및 대 소요리문답은 신, 구약 성경의 교훈한 도리를 총괄한 것으로 알고 성실히 마음으로 받아 신종합니다.

3) 본 장로회 정치와 권장 조례와 예배 모범을 정당한 것으로 승낙합니다.

4) 주 안에서 같은 직원된 형제들과 동심협력하기로 맹세합니다.

5) 목사의 성직을 구한 것이 하나님을 사랑하는 마음과 그 독생자 예수의 복음을 전파하여 하나님의 영광을 나타내고자 하는 본심에서 발생한 줄로 자인합니다.

6) 어떠한 핍박이나 반대를 당할지라도 인내하고 충심으로 복음의 진리를 보호하며 교회의 성결과 화평을 힘써 도모하여 근실히 역사하기로 작정합니다.

7) 신자요 겸하여 목사가 되었은즉 자신의 본분과 다른 사람에 대한 의무와 직무에 대한 책임을 성실히 실행하여 복음을 영화롭게 하며, 하나님께서 나에게 명하사 관리하게 하신 교회 앞에 경건한 모본을 세우기로 서약합니다.

이상과 같이 목사의 삼직무에 관하여 교회 헌법이 규정하고 있는 범위 안에서 성경이 가르치고 있는 근거들을 찾아서 해설하여 보았다. 지상 교회는 그리스도께서 지상 교회의 목사에게 위탁하여 부여하신 목회권으로 목사직의 소임을 다하므로써 명실공히 그리스도의 몸된 교회의 질서를 세워 나아가게 되며 "진리의 기둥과 터"로서의 진정한 지상 교회의 모습을 나타내 보이게 되는 것이다.

세계교회협의회 총회를 통해 드러난 정체
(W.C.C. World Council of Churches)

고 중 권 박사
전 비브리칼총회 신학교 학장

W.C.C가 발족되기 전, 소련의 스탈린은 폴란드 바르샤바에서 '평화연맹'을 조직하였다(1947.9). 이 단체는 주로 소련공산당 지도자들과 위성국의 공산주의자들로 구성되었는데, 기독교회 침투를 위한 세계화 사령부격이었다. 스탈린은 러시아 정교회의 신학생이었음을 기억해야 한다. 그는 러시아 교회의 타락상을 보고 "하나님이 있다면 이럴 수는 없다"는 마귀적인 감화아래 레닌과 힘을 합쳐 노동자 농민을 선동함으로 공산주의 피의 혁명을 이루어 낸 자이다.

이렇듯 하나님을 따르던 자가 타락하면서 무신론자가 되고, 자본주의가 부패하면 반갑지 않은 도적, "공산주의"를 불러일으키게 된다. 붉은 말(계6:4, 계8:7)의 혁명 기간 동안 러시아는 자민족 약 5,000만 명을 희생시켰다(1917~1957). 이러한 살인집단이 아무런 회개도 없이 공산당 제20차 전당대회 때(1958.3.18) 갑자기 색깔을 바꾸어 〈평화공존, 핵무기제한, 핵실험금지〉 등의 소위 평화공존 정책을 들고 나왔으니, 이는 위장된 궤휼(거짓말)에 불과한 것이었다(계6:8).

무신론 공산당이 피흘림의 타도정치를 끝내고 공존하자는 궤휼로 색깔을 바꾸고 나오면서 적극 이용한 것이 W.C.C라는 것을 우리는 깨달아야 한다. 공산주의자들에게는 전략과 기술이 있는데, 전략은 요동치 않는 거시목표이며, 전술은 그것을 이루어내는 다양한 방법들이다. 아직까지 변치 않고 있는 저들의 목표는 바로 '세계적화'이며,

그 성취를 위한 기발한 아이디어가 바로 "교회 속으로 침투하자"는 착상이었다. 세계적화 목표를 달성하기 위해 선택된 뛰어난 기만전술의 장! 그 무대가 소위 "세계교회협의회"라 이름하는 W.C.C인 것이다. 지금부터 W.C.C의 발자취를 살펴볼 때에 가입교단 내의 순진한 성도들은 경악을 금치 못하게 될 것이다.

① 기독교장로회(기장) ② 예수교장로회(예장통합) ③기독교감리회(기감) ④ 성공회 ⑤ 구세군 ⑥ 복음교회 ⑦ 정교회 ⑧ 기하성(순복음교단)

제1차 총회

1948년 8월 13일, 네덜란드 암스텔담에서 44개국 147교회가 모였다. 스탈린이 1947년 9월 바르샤바에서 〈서방교회 침투전략〉을 세우고 '평화연맹'을 조직하여 1948년 8월 W.C.C 1차 총회에 약 60~70여명의 동유럽 공산국가 정보요원들을 위장 침투시키는데 성공하였고, 체코 출신의 '흐루막카'와 폴란드 출신의 '나즐로 패트'가 W.C.C 중앙위원에 임명되었다. 스탈린이 죽기 3년 전(1950.4), 바르샤바에서는 세계평화회의(W.P.C)라는 공산권 교회기구가 조직되었는데, 여기에 68개 교단이 참가하여 W.C.C 2차 총회 잠식을 위한 작업에 들어갔다.

1953년 6월, 스탈린이 사망한 후 흐루시쵸프는 스탈린의 종교침투정책을 계승하면서 그 조직을 '세계기독교평화회의'로 확대하였다(1958.11). '평화공존'정책으로 유명한 그는 겉으로는 위장평화에, 속으로는 서방침투에 온 노력을 기울였고, 1967년 3차 회의 때는 K.G.B.두목인 니코딤을 '세계기독교평화회의' 의장에 임명함으로써 공산당의 세계교회침투를 적극 장려하였다. 양의 탈을 쓴 늑대(공산당)의 궤휼정치는 1975년 1월 '아시아기독교평화회의' 등의 관련

기구들의 확대로 더욱 탄력을 받았으며, 이로써 많은 공산주의자들이 교회 W.C.C 안에서 활개를 치게 되었다.

제2차 총회

1954년 8월 미국 에반스톤에서 열렸으며, "현대의 정치적 정의는 공존"이라는 모토를 내세웠고, '그리스정교회'가 인정됨으로써 그리스, 유고슬라비아, 터키의 정교회가 정식회원으로 가입되었다. 이 총회에서는 "세상의 모든 악을 퇴치시키기 위한 사회주의 건설이 W.C.C의 지상목표"라는 신앙고백을 선언함으로써 스탈린의 평화공존 결의안을 지지하였고, 우리나라도 이 2차 총회 때 가입신청을 내었다.

한국교회의 보수-진보가 갈라지기 시작한 분기점이었고 쓰라린 6.25전쟁의 상처가 가시기도 전에 발생한 또 다른 사상전(색깔론)의 시작이었다. W.C.C 찬반론을 놓고 교회가 갈라지기 시작했는데, 당시 보수교단들은 반대연설을 하고 퇴장하였으나 기장, 기감, 예장(통합)측은 K.N.C.C(National Council of Church, Koria)의 이름으로 W.C.C에 가입함으로써 사단의 마수(魔手)가 동방 끝에까지 뻗어오게 된 것이다.

붉은 짐승들이 이처럼 양의 탈을 쓰고서 W.C.C와 그 산하 단체인 "아시아교회협의회(C.C.A), 기독교교회협의회(N.C.C.), 산업선교회(U.I.M), 기독학생총연맹(S.C.F)" 등으로 영향력을 확대하여 하나님의 교회를 자기들이 원하는 대로 조종할 수 있게 된 것은 무섭고도 놀랄 만한 사실이다. 사단도 '광명의 천사'(고후11:14)로 가장하므로 아직도 많은 사람들은 이 놀라운 사실에 대해 무지한다. 바꿔 말하면 이는 기독교가 눈이 가리워진 채 깊은 잠에 취해 있다는 뜻도 될 것이니 예언서로 각성받아 잠을 깰 때는 지금인 것이다. 스탈린을 격하시키며 서방교회를 속이고 나온 소련공산당 서기장 흐루시쵸프는 제3차 총회에 대비하여 체코 프라하에서 '세계기독교평화회의'를 조직했고(1958.11), 여기에 서방교회 600여명이 참가하였는데, "동서공존"이라는 흐루시쵸프의 위장정책이 먹혀든 결과이다. 흐루시쵸프는 〈기독교와의 평화공존을 강령화〉했으며, 제3차 총회에 대하여 숙의했다. "평화전술"은 꿀 바른 독약에 불과하다. 김홍도 목사의 『공산주의와 기독교 신앙』이라는 글을 보면 흐루시쵸프가 서기장이 된 후에 한 말이 기록되어 있다. "소련의 모든 기독교인들을 다 없이하고 마지막 한 사람을 전국 모든 사람이 TV로 볼 수 있게끔 한 다음에 죽여버려 소련 땅에서 교인 씨를 완전히 말려 버리겠다." 그러나 그가 이 일을 시행하기 전, 하나님이 먼저 그를 데려가셨다.

제3차 총회

1961년 11월, 인도 뉴델리에서 개최되었다. 대회 대표들은 "세계의 빛되신 예수 그리스도"란 표어 아래서 "타 종교들도 세계에 빛을 발하고 있다"고 선언했다. 발족된지 13년 만에 마귀적 본질을 대놓고 드러내기 시작했던 것이다. 당시 소련 K.G.B.(국가안보위원회)요원이면서 동시에 '세계기독교평화회의' 의장인 '니코딤'은 3차 총회에 소련교회 대표 자격으로 16명을 인솔하여 루마니아, 폴란드, 불가리아와 더불어 정식회원으로 가입하였으며, 이때 그는 W.C.C중앙위원에 임명됨과 동시에 W.C.C회장으로 당선되었다. 이 일의 배후에는 흐루시쵸프의 세계적화야욕이 숨어 있었음을 기억해야 한다. 니코딤은 이 대회에서 예수만이 세계의 유일한 구세주(행4:12)이심은 전혀 말 못하고 흐루시쵸프의 공산당노선을 선전했으며, "마르크스주의(Marxism)는 정의로운 사회구현을 위한 필수이념"이라고 하는 성명서를 채택하였다. 대한민국이 정식회원국이 된 것도 이 3차 대회때이다. (참된 성도라면 이러한 사악한 영적배경을 이해하고 대한민국 기독교회를 위하여 하나님 앞에서 회개치 않을 수 없을 것이다.)

W.C.C는 창설 당시, 공산주의와 자본주의의 병폐를 다같이 지적하면서 대화로써 평화공존을 모색하자는 그럴 듯한 뜻을 품고 시작됐지만, 실은 공산권 병폐보다 서방세계의 병폐를 지적하는데 치중하였다. 이러한 때 니코딤이 회장에 당선됨으로써 그 성경이 더욱 공산주의의 선전기관에 및 침투기구로 변하였던 것이고, 그들은 또한 '산업선교'라는 미명하에 공산주의 노동운동을 전개했는데, 이것은 세계적으로 뿐만 아니라 당시 국내에서도 이로 인해 큰 소용돌이가 일어났던 바가 있다. 1966년 제네바에서는 "혁명을 위한 개혁"이란 주제 아래 산하교회와 사회분과 위원회가 개최되어 "보다 정의로운 사회건설을 위하여 마르크스주의의 혁명적 파괴원리는 허용되어야 한다."는 공개 성명서를 채택하였다.

제4차 총회

1968년 7월, 스웨덴 웁살라에서 개최되었으며 "만물을 새롭게 하라"는 주제 하에 "그리스도 외에도 하나님께로 갈 수 있다"고 인정한 완전히 적그리스도적인 총회요, 비성경적인 대회였다. 거짓 선지자가 이처럼 득실대는 세계교회협의회 안에 현재 한국의 8개 교단이 가입하고 있는 실정은 실로 통탄할 일이 아니라 할 수 없다.

① 기독교장로회(기장) ② 예수교장로회(예장통합) ③ 기독교감리회(기감) ④ 성공회 ⑤ 구세군 ⑥ 복음교회 ⑦ 정교회 ⑧ 기하성(순복음교단)

거기서 무엇을 하고 계신 것입니까? 왜 그들과 함께 팔짱을 끼고 그곳에 합류하고 있는 것입니까? 하나님은 말씀하십니다. "내 백성아 거기서 나와 그의 죄에 참예하지 말고 그의 받을 재앙들을 받지 말라"(계18:4)

4차 총회 때부터는 이방 종교에 대하여 "다른 신앙들"이라고 부르게 되었으니 거기서 나오지 않는 한, 저들의 가증한 신앙고백을 인정하는 꼴이 되고 만다는 점을 명심하십시오. 필립 포터 총무는 1969년 5월 25일자 『로스엔젤레스 타임스』지에 "W.C.C.는 만일 폭력이 정치적 경제적 독재를 전복하는 최후의 수단이라면 그 폭력을 지원해야 한다"라고 기고함으로써 예수님의 가르침(마26:52)과 정 반대되는 사상을 선포했고, 또 『기독교 사상』 1972년 11월호에서는 "폭력혁명을 통하지 아니하고는 기독교의 봉사를 말할 수 없는 시기가 왔다"고 말하면서 이러한 공산혁명 과업을 교회가 본받아야 한다고 말했다.

또한 『에큐메니칼 리뷰』지에는 "한국에서 미군을 철수하고 군사원조를 끊어야 한다"고 발표하였다. W.C.C. 총무의 발언들은 하나같이 사회주의, 맑스주의, 공산주의자들의 주장을 앵무새처럼 반복한 것에 지나지 않다.(현 북한의 주장과도 동일하다.) W.C.C. 총무가 말하는 해방이란 죄로부터의 해방이 아니고 자본주의과 계급사회로부터의 해방을 뜻하는 것이다. 한국의 8개 교단의 지도자들과 회원성도들이여! 이런 명백한 사실들을 정녕 모르기에 그들과 손잡고 있는 것입니까? 알고도 거기에 있는 것입니까? … 무얼 위해서 입니까?

1971년부터 W.C.C.는 회교, 불교, 힌두교, 유대교 회의를 지원했다. 이제 '다른 신앙들'이라는 용어를 변화시켜 아예 '살아있는 신앙들'이라고 부르기 시작했다. 더 이상의 증거를 들 필요가 없다. 이 정도로써도 W.C.C.가 그리스도의 복음을 단호하게 거부하고 있다는 사실을 증명키에 부족함이 없다. 당시 총회는 〈인종차별, 세계평화, 사회정의〉를 외치며 제 3세계 발전에 무관심했던 교회의 죄를 고백한다는 구실로 "인종차별주의 철폐 투쟁기구"를 신설키로 합의하고 아프리카, 남미, 동남아 등 세계 도처에서 혁명을 위해 투쟁중인 마르크스주의 게릴라들에게 자금을 지원키로 결의하여 모금운동에 착수했다.

1970년 가을에는 앙골라, 모잠비크, 기니아, 짐바브웨 등 아프리카 좌익 게릴라 단체에 300만불을 지원함으로써 로디지아 정부가 전복되고 40여명 이상의 보수주의 선교사가 살해당하는 결과를 낳게 하였다.

제5차 총회

1975년 11월, 아프리카 케냐 나이로비에서 "해방의 신학: 자유케 하시는 그리스도"라는 주제로 286개 교파의 747명 대표들이 모였다. 이 총회에는 로마교황청이 파견한 16명의 천주교인과 이방 종교들에서도 옵저버로 참가하였고, 총회의 대변자 로버트 브라운은 "기독교 신자들은 하나님의 음성을 듣는 것과 마찬가지로 회교(이슬람), 힌두교, 불교, 맑스주의자들의 말도 들을 수 있는 때가 왔다"는 정신나간 발언을 하였다.

소련의 비밀경찰 두목이며 평화연맹 의장이 '니코딤'이 의장에 당선되었고, 맑스주의자인 '필립포터' 목사가 총무에 선출되었다. 당시 소련 K.G.B 요원 니코딤은 소련교회 대표 36명을 인솔하여 참가했고, 미국대표 로버트 브라운(기독교 윤리학 교수)은 기조 연설에서 "해방을 위한 의식과 고취"를 연설한데 이어 '아세아 기독교 평화회의'에서 북괴가 주장한 내용을 제 5차 총회 성명서 내용에 포함시켜 발표하기도 했다.

전과 달리 호의를 보인 로마카톨릭의 참가는 눈여겨볼 대목인데, 겉으로는 카톨릭이 W.C.C.의 초대에 응한 것 같지만, 실은 W.C.C.를 로마화시키기 위한 목적에서 참석했음을 간과치 말아야 한다. 카톨릭은 로마(교황청)가 중심이 된 초교파 거대종교체제(음녀)를 꿈꾸고 있다.

총회 신앙고백서는 ① 마르크스 게릴라 운동을 공식 승인하고 ② "자본주의와 인종차별주의 및 식민주의의 불의한 모든 구조를 파괴하지 않는 한 어느 국가나 민족도 자유를 얻지 못할 것이다"라고 주장하며 "사회주의는 지상에 하나님의 왕국을 실현하는 첩경이라고 선언했다. 사태가 이쯤 되었다면 한국교회는 W.C.C.가 영적으로 미친 단체임을 분별했어야 한다. 그러나 한국교회는 더욱 더 힘을 내어 죄악의 도성(W.C.C.) 속으로 달려들어갔다. 반면 미국의 타임지(1975.11.24일자)는 나이로비 총회에 대하여 W.C.C.는 세계 크리스챤을 연합시키려는 목적으로 조직되어 신학적인 차이점들을 감소시키는데 주력해 왔으나 사회적 정치적 해방의 문제에 중점을 두게 되었다"라는 분별된 보도를 했다.

1977년 W.C.C. 필립포터 박사는 중앙위 기조연설에서 "공산주의가 베트남에서 승리한 것은 베트남 인민의 위대한 해방이며, 곧 하나님의 나라가 임할 것이다. 이 위대한 베트남의 승리는 해방을 위해 투쟁하고 있는 전 세계 인민을 고무시키고 있다"라고 발언하였다. (W.C.C. 회보 E.P.S 77.6.9기사) 이렇게 노골적으로 완전한 마귀적 발언들을 내뱉고 있음에도 불구하고 우리나라 거대교단들이 아직까지 무분별하게 이 가증한 단체에 가입되어 있다는 것은 영적인 살인 행위가 아닐 수 없다. 이 전도지를 단순한 사람의 말로 알아듣지 마시기 바란다.

"하나님의 아들이 나타나신 것은 마귀의 일을 멸하려 하심이니라" (요일3:8), 예수님의 목적이 그러하셨으므로 그 가지된 우리 또한 "하나님께 순복할지어다 마귀를 대적하라"(약4:7)는 말씀을 붙들고 북방 악의 사상과 싸워야 하는 것이다. 그들의 사상과 행위는 '적그리스도적'이기 때문이다. 이 싸움을 싸우게 되면 가입된 한국의 8개 교단으로부터 미움을 받겠지만 "무릇 그리스도 예수 안에서 경건하게 살고자 하는 자는 핍박을 받으리라"(딤후3:12)하신 말씀이 계시니 우리는 더욱 힘을 내어 "악은 악이라, 선은 선이라" 해야 한다.

제6차 총회

1983년 7월 24일 캐나다 밴쿠버에서 100개국 300개 교파에서 3,000여명이 모여 "정의, 인간존엄에 대한 투쟁, 환경오염, 하나됨을 향한 일 진보, 공동체를 통한 삶의 치유과 공유" 등을 논의했는데 한국에서도 40명의 대표가 참가하여 2명이나 W.C.C. 중앙위원이 되었다. 회의에서 돌아온 보고단은 "제6차 총회는 제3자 입장에서 보면 용공단체라고 오인하게끔 되어 있다. 그 이유는 총회 주요 프로그램에 등장하는 인사들의 발언이 온통 미국을 비방하는 내용이라는 점이다. 세계적인 악에 관한 문제들의 확산을 미국에 몽땅 따돌림으로서 소련으로 하여금 어부지리를 얻게 하고 있기 때문이다"라고 보고했다.

W.C.C.의 활동을 연대적으로 분류해보면 1948년~1965년까지는 "책임 사회 구현"이요, 1965년~1968년까지는 "급진주의 추구", 1969년부터는 "해방신학승리"였다. 해방신학이란 설탕으로 껍질을 깐 칼 맑스주의입니다. 1978년 W.C.C. 공식 발간물인 『하나의 세계(One World)』란 잡지 7~8월 호에는 한국에 대한 기사가 실렸는데, 남한에서 종교를 탄압하는 무서운 음모가 있다는 내용이었다. 이에 반해 북한에 대해서는 "북한 기독교인들은 그들의 신앙을 공개적으로 실행할 만큼 자유롭다"라는 거짓말을 하였다. 마귀는 처음부터 거짓말쟁이이다.(요8:44) 이외에도 다음과 같은 주장을 했다.

① 자유란 국가 충성에 역행하는 것이어서는 안 된다.
② 북한에서 기독교의 복음화 노력은 한국전쟁에 개입한 미국 때문에 타격을 받았다.
③ 북한에는 전통적 교회는 없지만 새로운 세속적 종교를 즐기고 있다.
④ 이 새 국가 종교에서 김일성은 예언자적 제사장적 역할을 하고 있다.

⑤ 북한의 물질적 사회적 발전은 의심할 나위가 없으면 아시아에서는 그 유래가 없다.

W.C.C.는 창설 당시, 공산주의와 자본주의의 병폐를 다 같이 지적하는 듯 하였으나(대화와 평화공존 강조), 1961년 3차 총회에서 소련 K.G.B. 요원이 회장에 피선된 것을 계기로 그 본질이 공산주의 선전도구 및 침투기구라는 것이 밝혀졌고, 1966년 제네바에서 '해방신학' 원칙을 채택하여 "혁명을 위한 폭력은 허용되어야 한다"는 공개 성명을 발표하기에 이르게 되었다.

1977년 나이로비의 5차 총회에서 '공산주의 사상의 게릴라 활동을 공인'하고 '자본주의 타파'를 주장하였고, 이들은 이를 실제 행동화하여 라틴 아메리카와 아프리카에 침투하여 사회혼란과 자유주의 정부 전복에 성공을 거두고 한국에까지 그 마수(魔手)를 뻗혀, 그 보이지 않는 사상 전쟁이 지금도 진행 중에 있다.

K.N.C.C.는 북한의 강영섭 목사와 함께 기도하고 함께 예배하지만, 그는 김일성이 임명한 마귀의 종이지 성령을 받은 목사가 아니다. 한국 K.N.C.C. 내의 유명한 목사님이여! 언제까지 마귀 종과 만나 금강산에서 기도하고, 부활절 연합예배를 올릴 것입니까?… 참으로 한탄스러울 뿐이다. 이 모든 기괴한 일들은 W.C.C.의 쑥물을 마셨기 때문이다. 취한 그들에게는 화가 있을 것이다(사5:20).

제7차 총회

1991년 2월, 호주 캔버라에서… "오소서 성령이어-만물을 새롭게 하소서"라는 주제로 개최되었고, 전 지구를 구원하는 문제에 있어서의 성령 현존의 중요성, 또는 "영성(Spirituality)"의 중요성을 언급하였다. 이때 중공교회 이외에 6개 교단이 새로 가입하였는데, 정회원에 가입된 교단은 ① 필리핀성공회 ② 침례자유오순절교회 ③ 남아 공화란개혁교회이고, 준회원에 가입된 교단은 ④ 볼리비아루터교회 ⑤ 엘살바도르침례교회 ⑥ 산살바도르루터교회이다. 북한도 북한조선기독교도연맹 대표 4명이 세계교회협 사상 처음으로 참석했다.(옵저버 자격), 이북도 기독교연맹 교인수가 1만 명에 이른다 하나 모두 가짜 성도이다(참 성도는 지하에 숨어 지내고 있으며 발각되면 가차 없는 형벌에 처해진다). 이 회의에서는 정현경 연세대교수가 초혼제(억울하게 죽은 영혼들의 이름 적힌 소지를 불태운 뒤 그 재를 하늘에 뿌리는 행위)를 행하였는데, 그는 원혼의 음성을 못 들으면 성령의 음성도 못 듣는다는 말도 안되는 헛소리를 하였다. 이에 대해서, ① 이종윤 목사 – "초혼제는 무당신앙 접맥 불과" ② 김명혁 목사(한국복음주의협 총무) – "종교혼합주의 노선 심각 경계"를 외친 바 있다.

제8차 총회

1998년 12월 3~14일까지 아프리카 짐바브웨 하라레에서 "희년총회"로… 주제는 "하나님께 돌이켜라-희망 중에 기뻐하라"로서 인류는 그의 문제를 씨름하는 중 삼위일체 하나님께 돌이키는 것이 궁극적 방법임을 깨달아야 한다고 언급했으나 다 말뿐이다. 남북한 교회 대표들은 공동예배를 드리고 평화를 위해 함께 노력할 것을 다짐했으니, 이는 영적으로 깊이 취한 남한 K.N.C.C. 진보교회 지도자들의 심각한 어리석음이 아닐 수 없다.

제9차 총회

2006년 2월 14일부터 23일까지 제 9차 W.C.C.총회가 브라질의 남부도시 포르토 알레그레, 폰티피컬 가톨릭대학교에서 열렸고, 348개 회원교단에서 691명의 총대를 포함한 약 사천명 이상이 참석했다.

주제는 "하나님, 당신의 은혜로, 세상을 변혁하소서"였는데, W.C.C.의 회원교단을 구성하고 있는 동방정통교회, 부흥하고 있는 남미와 아프리카의 오순절 교회, 전통적인 개신교회 신학적 중심 주제들을 하나로 묶어내려는 의지가 담겼다고 볼 수 있다.

교회가 모여 경제적 정의, 환경파괴, 교회일치, 종교다원주의 등을 논하면서 기독교의 정체성, 평화와 같은 문제에 답을 찾아보자는 시도이나 성경을 떠난 인간의 생각일 뿐이다.

9차 총회를 남미에서 개최한 이유는 남미에서 성장하고 있는 오순절 교파를 구체적으로 포섭하기 위함인데, 남미의 개혁교회들은 유럽과 아시아에 비해 숫자가 적고 보수적이어서, 에큐메니칼 운동에 배타적인 태도를 보이고 있다. 이번 9차 총회는 이러한 남미의 모습에 '하나가 되자'는 연대의 메시지를 보내는 특징이 강했다. 결국 브라질 루터교회의 월터 알트만 목사는 새로 선출된 중앙위원회의 의장으로 피선되었다. 제9차 총회에서 다음과 같은 일들이 진행되었다.

1) **기도회와 성경공부** : 수천 명의 사람들이 아침, 저녁 기도회에 모여 각 나라와 인종들의 문화(남미, 유럽, 아프리카, 아시아, 소수인종 등)에서 발전된 예배양식들, 각 교파전통의 유산들(시리아 정교회, 독일 루터교, 남미 오순절, 개혁교회, 콥틱, 시리아 정교회, 로마카톨릭 교회 등), 다양한 언어와 예술적 표현들(각종 악기와 음악, 기도회)를 경험한다는 취지로 모였으나 영락 잡탕 귀신의 축제에 불과했다. 총회 스스로의 평가는 "그리스도 안에 있는 많은 다양성들이 신앙의 풍요로움을 상호 인정하고, 성령이 주시는 일치를 영적으로 경험한다"는 것이나 귀신을 즐겁게 해준 일일 뿐이다.

2) **에큐메니칼 대화(Ecumenical Conversation)** : 중심주제는 네 가지로 ① 종교적 문화적 상황변화(종교적 다원주의와 정체성), ② 교

회적 에큐메니칼적 상황변화(교회일치) ③ 국제정치, 사회적, 경제적 상황변화(폭력) ④ 사회적 경제적 상황변화(경제정의)였다.

3) 총회의 사무처리 : '합의결정제'(Consensus decision making)라는 제도를 도입하여 소수자로서 불만을 나타낸 동방정교회 측의 요구를 크게 수용해 주었다. 모든 회의진행은 청문회와 의사결정으로 구성되고 청문회에서는 제안된 안건에 대해 총대와 옵서버가 함께 하는 질문, 대화, 토론에 참여할 수 있다. 총대는 자신의 의사를 표시하는 3장의 카드를 갖는데 여기서 오렌지색은 지지, 파란색은 반대, 오렌지와 파란색을 동시에 보이면 적합하지 않은 발언을 의미하며, 노란 색깔은 표결을 하자는 뜻을 나타낸다.

4) 무찌라오(Mutirao) : 무찌라오라는 말은 브라질 말로 '만남의 장소', 혹은 '공동사역'이라는 뜻이다. 무찌라오는 총대와 옵서버들 외에도 모든 참가자들이 에큐메니칼 운동을 이해하고 나눌 수 있는 열린 광장을 제공하는 소위 "총회장 밖의 총회"모임이다.
이것 역시 "전 세계 교회들의 경험과 목소리들을 교환해 보자"는 취지로 만들어진 것인데, W.C.C.는 이를 위해 2,300명의 사람들을 무찌라오에 초대하였고 회원교회와 에큐메니칼 기구들은 자신들의 선교적 과제와 이슈들을 거리, 전시장, 강당과, 교실에서 워크숍, 세미나, 부스, 예술 공연 등을 통해 250건 이상의 모임으로 표현하였다.

5) 중앙위원선정 : 150명으로 구성되는 중앙위원은 W.C.C.의 실질적인 정책방향을 의결하는 기구인데, 한국의 중앙위원으로는 지난 회기 박종화 목사(기장), 이삼열 박사(통합, 실행위원)의 뒤를 이어 박상원 목사(통합), 정해선 부장(감리교, 실행위원)이 선출되었다.
또한 아시아지역을 대표해서 W.C.C. 공동의장을 역임했던 강문규 총무(기장, YMCA)도 임기를 마쳤다. 중앙위원회는 의장에 월터 알트만 목사(브라질 루터교회), 부의장에 사시마의 메트로폴리탄 게나디오스(정교회), 마가레타 M. 헨드릭스-리리마세 목사(인도네시아 개혁교회)가 선출되었다.

맺음말

이 땅 위, 인간에 의해 만들어진 것 치고 어떠한 정치체제도 완전할 수는 없다. 완벽한 공의(公義)의 정치는 예수님께서 재림하셔야만 가능하기 때문이다(사11장, 32장, 35장, 65:17-25). 그러나 비록 우리가 불완전한 정치체제 속에서 살아간다 하더라도 "어느 체제하에서 하나님을 더욱 자유롭게 섬기고 예배할 수 있는가?"하는 문제에는 판단과 답을 내려야 한다. 기독교를 금지시키는 체제는 하나님이 버리신 장막이요, 적그리스도적인 마귀의 장막임이 분명하다.

이는 기독교가 허용되는 체제가 더욱 하나님의 복받을 그릇에 가깝다는 뜻이 될 것이다. 지금 한국 교회 안에는 반미 운동에 앞장서고, 주한미군 철수와 국가보안법 폐지 등의 정치운동에 동참하는 교회들이 많다. 바로 W.C.C. 산하기구인 K.N.C.C.계열이다.

북한의 남침의지와 공산통일 노선에 대하여는 함구하면서도 인권과 정의가 무시되는 독재국가들에게 제재를 가하는 미국에 대하여는 "무조건 나쁘다"하며 목숨 바쳐 반대활동을 펴고 있는 것이 진보교회 지도자들의 색깔이다.

교회의 사명은 기독교 복음운동을 전파하는 것이지 북방의 무신론 공산주의 및 사회주의 사상을 선전하는 것이 아니다. 진정한 사회주의는 "예수 사회주의"뿐으로서, 그러한 평화로운 성도의 나라는 주님이 재림하시면 이루어질 것이다. 이 땅 위 인간들의 '정치개혁'이나 '체제변화'로는 결코 '평화'나 '공의의 분배'를 이루어 낼 수가 없다. 이미 1~9차 총회내용을 기술하면서 공산주의자들과 W.C.C.지도부가 얼마나 많은 좌익활동과 공산혁명 활동에 광분해 왔는지와 W.C.C.의 영적 혼탁성을 증명하였다.

그 이상 감출 수 없을 정도로 선명한 많은 증거들을 알려 주었는데도 만일 한국교회가 회개치 못하고 도로 W.C.C. 탈퇴를 거부한다면 이것은 스스로가 죽정이임을 드러내기 위한 고집으로 판명될 것이다.

로마 카톨릭을 제외한 개신교와 정교회가 참여하고 있는 세계최대의 교회연합기구이며, 전 세계 180개 나라 347개 교회(교단)가 회원으로 가입해 활동하고 있고, 회원 교인수는 4억 5천 만명으로 추산되는 W.C.C.는 가증한 영적 단체들이 모이는 이 시대의 종교적 바벨론임을 명심해야 한다.

한국교회의 수많은 진실된 성도들이여!

W.C.C.와 에큐메니칼의 정체를 몰랐던 주의 참된 자녀들이여!

사단의 싶은 것(계2:24)을 깨닫고 그곳에서 나오십시오.

계18:4 "내 백성아 거기서 나와 그의 죄에 참예하지 말고 그의 받을 재앙들을 받지 말라"

고후6:15 "그리스도와 벨리알이 어찌 조화되며 믿는 자와 믿지 않는 자가 어찌 상관하며 16 하나님의 성전과 우상이 어찌 일치가 되리요 우리는 살아계신 하나님의 성전이라… 17 그러므로 주께서 말씀하시기를 너희는 저희 중에서 나와서 따로 있고 부정한 것을 만지지 말라"

총체적 위기에 처한

한국교회 대안이 '성경'에 있다
― 예수님의 성경관을 중심으로 ―

박 용 기 박사
성경신학학술원 원로

벧후 1:20~21
"먼저 알 것은 경의 모든 예언은 사사로이 풀 것이 아니니 예언은 언제든지 사람의 뜻으로 낸 것이 아니요 오직 성령의 감동하심을 입은 사람들이 하나님께 받아 말한 것임이니라"

    기독교 진리의 원천은 성경이다. 그러므로 성경은 곧 기독교 진리의 기준이 된다. 현대 기독교가 안고 있는 모든 문제들의 원인은 진리의 기준이 흔들리는 데 있고, 진리의 기준이 흔들리는 원인은 진리의 원천이 되는 성경관이 분명하지 못한 데 있는 것이다. 그러므로 방향 감각을 잃어버리고 혼미를 거듭하는 현대 기독교를 위기의 늪에서 건져내기 위하여 기독교 진리의 기준이 되는 성경의 올바른 관(觀)에 대한 정립이 선행(先行)되어야 한다. 이와 같은 선결(先決) 과제를 해결하기 위하여 먼저 성경관의 중요성을 알아본 다음, 성경의 필요성에 이어 성경의 내용을 대략 정리함으로써 올바른 성경관 정립을 꾀하려 한다.

1. 성경관의 중요성

    누구든지 다른 교훈을 하며 바른 말 곧 우리 주 예수 그리스도의 말씀과 경건에 관한 교훈에 착념치 아니하면 저는 교만하여 아무것도 알지 못하고 변론과 언쟁을 좋아하는 자니 이로써 투기와 분쟁과 훼방과 악한 생각이 나며 마음이 부패하여지고 진리를 잃어버려 경건을 이익의 재료로 생각하는 자들의 다툼이 일어나느니라(딤전 6:3~5).

　성경과 기독교는 불가분의 관계를 가지고 있다. 이는 성경이 기독교 진리의 원천이 되기 때문이다. 그러므로 성경이 없이는 건전한 기독교는 물론 건전한 기독교 신앙도 기대할 수 없는 것이다. 건전한 기독교 신앙은 성경대로 알고, 아는 대로 믿고, 믿는 대로 사는 신앙이다. 그런데 현대 기독교는 점점 사이비화(似而非化)하며 인본주의화하고 있다. 그 근본 원인은 성경관에 대한 오해에 있다. 그러므로 성경관의 중요성은 아무리 강조하여도 무리가 아니다. 이러한 성경관의 중요성이 여러 가지 측면에서 고찰될 수 있겠으나, 여기에서는 역사적 측면과 교리적 측면에서만 그 중요성을 찾아보기로 한다.

1) 역사적 측면에서 중요하다.

　너는 말씀을 전파하라 때를 얻든지 못 얻든지 항상 힘쓰라 범사에 오래 참음과 가르침으로 경책하며 경계하며 권하라 때가 이르리니 사람이 바른 교훈을 받지 아니하며 귀가 가려워서 자기의 사욕을 좇을 스승을 많이 두고 또 그 귀를 진리에서 돌이켜 허탄한 이야기를 좇으리라(딤후 4:2~4).

　엄밀하게 말하자면, 기독교 역사는 예수의 초림을 중심으로 그 이전과 그 이후로 분류된다. 이는 예수의 초림 이전의 유대교가 기독교의 예표(豫表)로서의 모형과 그림자이고, 예수의 초림 이후의 기독교가 유대교의 실제(實際)로서의 원형(原形)과 실체(實體)라는 점에서 그러하다.[1] 그러나 성경관의 중요성을 역사적 측면에서 살피는 데 있어서는 예수의 초림 이후의 약 2천여 년 간의 교회사만을 살펴보려고 한

---

1) 눅 24:44 또 이르시되 내가 너희와 함께 있을 때에 너희에게 말한 바 곧 모세의 율법과 선지자의 글과 시편에 나를 가리켜 기록된 모든 것이 이루어져야 하리라 한 말이 이것이라 하시고.

다. 그것은 신·구약성경이 완성된 시기가 예수의 초림 이후이기 때문이다. 기독교는 약 2천여 년 간의 역사를 지내 오면서 많은 혼란을 겪으며 변화와 변질을 거듭하여 왔다. 그 결과 오늘의 모습으로 탈바꿈된 것이다. 이렇게 기독교가 변질되기까지는 대략 5세기를 주기로 하여 매우 중요한 교리적 주제에 대한 투쟁이 있었다.

역사 초기에는 기독론에 대한 교리적 논쟁이 치열하였다. 그 논쟁의 초점은 하나님의 아들 예수가 인간이냐 신이냐 하는 데 있었다.[2]

이에 대한 이론은 매우 다양하였다. 그러나 그 결과는 하나님의 아들 예수가 참 사람이며, 참 신이라는 결론을 보게 되었다. 그리고 그에 대한 여타의 다른 이론을 주장한 자들을 이단으로 정죄하는 것으로 기독론의 교리적 논쟁에 대한 대단원의 막을 내렸다.

중세역사 전기에는 교회론에 대한 교리적 논쟁이 치열하였다. 4세기경 로마제국의 콘스탄틴 황제에 의하여 기독교 신앙에 대한 자유가 선언되었고, 그에 힘입어 로마교회가 비대하게 되었다. 그로 인하여 교회관에 대한 교리적 논쟁의 불꽃이 튀기 시작하였다. 물론 그 이전에도 교회관에 대한 교리적 논쟁들이 있기는 하였으나, 4세기를 지나서 6세기 후반에 이르러 로마 교황 그레고리 Ⅰ세 시대에 교회관에 대한 교리적 논쟁은 절정에 오르기 시작하였다. 그 결과 로마교회 감독은 '세계적 감독'이라는 우월권(優越權)을 확보하기에 이르렀다. 그러나 11세기 중엽에 이르러 교회는 동·서로 분리되는 아픈 상처를 남기고 그 막을 내리게 되었다.

중세역사 후기에는 구원론에 대한 교리적 논쟁이 전례(前例) 없이 치열하였다. 십자군 운동이 실패로 끝나고 새로운 학문운동의 결과로 이루어진 스콜라 신학(scholasticism)에 힘입어 교황 권위의 상승

---

[2] 빌 2:5~8 너희 안에 이 마음을 품으라 곧 그리스도 예수의 마음이니 그는 근본 하나님의 본체시나 하나님과 동등됨을 취할 것으로 여기지 아니하시고 오히려 자기를 비어 종의 형체를 가져 사람들과 같이 되었고 사람의 모양으로 나타나셨으매 자기를 낮추시고 죽기까지 복종하셨으니 곧 십자가에 죽으심이라.

과 함께 공로주의적 구원론 교리가 구체화되었다. 스콜라신학의 구원이란, 은혜의 분배자인 교회가 주는 것이라고 주장한다. 다시 말하면, 교회가 성례를 통하여 베풀어 주는 실재론적 은혜(實在論的 恩惠)를 받은 자만이 구원을 얻을 수 있다고 주장하는 것이다. 이렇게 시작된 구원론에 대한 교리적 논쟁은 "오직 의인은 믿음으로 말미암아 살리라"[3)]는 말씀에 힘입어 16세기에 일어난 루터의 종교개혁 운동을 기점으로 최고 절정에 달하게 되었던 것이다.

종교개혁 이후 근세에 이르러서는 성경관에 대한 교리적 논쟁이 끊일 줄 모르고 계속되어 오고 있는 실정이다. 종교개혁 초기에는 로마교회의 교황 권위 대신에 성경 권위에 대한 인식이 높아져 갔다. 그 후 개혁운동의 열기가 식어지면서 성경에 대하여 고등비평(高等比評)을 가하기 시작하였고, 성경이 하나님의 계시의 말씀으로서의 절대 진리라는 사실에 대하여 회의적인 반응이 나타나기 시작하였다. 그 결과 성경에 대한 다양한 견해가 쏟아져 나오기 시작하였고, 이에 따라 교회가 분파를 이루어 각종 교파들이 파생되었다. 따라서 다양한 신학적 주장들이 속출하게 되고 잡다한 신앙형태의 사이비적 신앙운동이 현대 기독교를 강타하게 된 것이다. 특히 인본주의적인 자유주의신학은 현대 기독교의 독버섯으로 등장하였다. 이러한 자유주의 신학은 독일의 신학자 슐라이어마허(Schleiermacher)와 독일 관념론의 대표자인 헤겔(Hegel)에 의하여 태동되었다. 그들의 철학적 사상이 기초를 이룬 것이 19세기 인본주의 신학이다.

현대 기독교 안에 크게 형성되고 있는 성경관에 대한 견해는 몇 가지로 다양하게 나타나고 있다. 이들 견해들에 대한 특성을 알아보면, 성경관이 얼마나 혼탁한 상황에 처하여 있는가를 알 수 있다.

---

3) 빌 2:5~8 너희 안에 이 마음을 품으라 곧 그리스도 예수의 마음이니 그는 근본 하나님의 본체시나 하나님과 동등됨을 취할 것으로 여기지 아니하시고 오히려 자기를 비어 종의 형체를 가져 사람들과 같이 되었고 사람의 모양으로 나타나셨으매 자기를 낮추시고 죽기까지 복종하셨으니 곧 십자가에 죽으심이라.

첫째, 성경도 하나님의 말씀이라는 주장이다. 이는 스콜라 신학 및 신비주의 신학자들의 견해이다. 이들은 성경을 하나님의 말씀으로 수납하지만, 스콜라 신학자들은 그 외에도 외경은 물론이고 로마교회가 만든 교리나 교황의 메시지(message)와 같은 것도 하나님의 말씀이라고 주장한다. 그리고 신비주의자들은 기도 중에 자기가 받은 계시나 영적인 감동에 의하여 자기가 말한 예언 등의 내용 모두가 성경과 같은 하나님의 말씀이라고 주장하는 것이다.

둘째, 성경에는 하나님의 말씀도 있다는 주장이다. 이는 인본주의 신학자들의 견해이다. 이들 견해에 의하면 신·구약성경 66권 모두가 다 하나님의 말씀이 아니라, 그 가운데 비과학적인 것을 비롯하여 비이성적인 것이나 비도덕적인 내용, 전설이나 신화(神話)와 같은 내용 그리고 사단이나 이방 왕들이 말한 내용 등을 제외한 일부의 내용들만 하나님의 말씀으로 인정하여 수납한다는 주장이다.

셋째, 성경은 기독교 경전이라는 주장이다. 이는 신복음주의 신학자들의 견해이다. 이들 견해에 의하면 성경은 하나님의 말씀이기보다는 기독교의 경전인데, 종교의 각 종파마다 그들 나름의 경전을 가지고 있는 것처럼 기독교도 성경을 경전으로 가지고 있다는 주장이다. 이와 같은 주장은 성경을 불교의 팔만대장경(八萬大藏經)이나 유교의 사서오경(四書五經), 또는 회교의 코란(Koran)과 같은 경전(經典)의 일종으로 본다는 것이다.

넷째, 성경만 절대 무오한 하나님의 말씀이라는 주장이다. 이는 정통 보수주의 신학자들의 견해다. 이들 견해에 의하면 신·구약성경 66권은 일점 일획도 더하거나 덜할 수 없는 정확 무오한 하나님의 특별계시의 말씀이라는 주장이다.[4] 이와 같은 주장은 가장 성경적인 견

---

4) 계 22:18~19 내가 이 책의 예언의 말씀을 듣는 각인에게 증거하노니 만일 누구든지 이것들 외에 더하면 하나님이 이 책에 기록된 재앙들을 그에게 더하실 터이요 만일 누구든지 이 책의 예언의 말씀에서 제하여 버리면 하나님이 이 책에 기록된 생명나무와 및 거룩한 성에 참여함을 제하여 버리시리라

해로서, 예수 그리스도를 비롯한 그의 제자인 사도들의 견해와 일치하는 가장 올바른 견해이다. 그런데 문제는 이와 같은 올바른 성경관이 보수주의 교회 안에서까지 점점 퇴색되어져가고 있다는 데 있다.

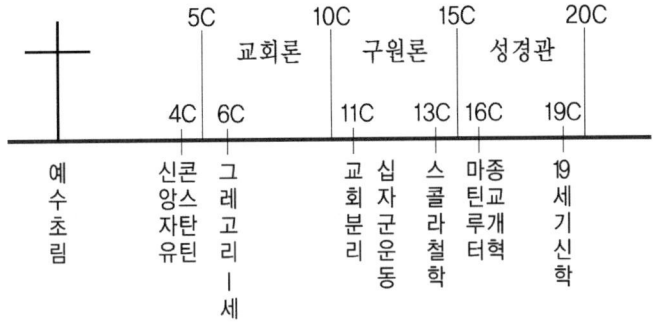

(1) 성경도 하나님의 말씀이다 - 스콜라신학, 신비주의신학
(2) 성경에는 하나님의 말씀도 있다 - 인본주의신학
(3) 성경은 기독교 경전이다 - 신복음주의신학
(4) 성경만 하나님의 말씀이다 - 정통보수 개혁신학

이상에서 살펴본 바와 같이 올바른 성경관 정립은 현대 기독교에 있어서 교회의 사활이 걸린 중대한 문제이다. 그러므로 교회의 역사적 측면에서 볼 때 성경관의 중요성은 매우 큰 것이다.

2) 교리적 측면에서 중요하다.

먼저 알 것은 경의 모든 예언은 사사로이 풀 것이 아니니 예언은 언제든지 사람의 뜻으로 낸 것이 아니요 오직 성령의 감동하심을 입은 사람들이 하나님께 받아 말한 것임이니라(벧후 1:20~21).

기독교 교리(dogma)와 성경관은 매우 밀접한 관계를 유지한다. 왜냐하면 기독교 교리는 성경관에 의하여 좌우되기 때문이다. 성경관은 성경해석에 미치는 영향이 매우 크다. 따라서 어떠한 성경관에 의

하여 성경을 어떻게 해석하느냐에 따라 교리의 내용이 아주 달라진다. 이는 성경이 교리의 원천이 되기 때문이다. 정상적인 기독교 교리의 형성 과정은 성경해석으로부터 출발한다. 성경이 해석되면 깨달아 믿어지게 되고 그 믿음에는 신앙의 조항인 신조(信條)가 형성되기 마련인데, 이 신조의 내용을 좀 더 구체적으로 설명하여 논리적 체계를 세우므로 구체적인 교리가 형성되는 것이다. 그러므로 성경이 바르게 해석되어야 바른 교리가 형성된다. 따라서 성경에 대한 해석 여하(如何)에 따라 교리의 내용이 아주 달라지는 것이다. 교리의 내용이 달라진다는 것은 곧 신앙의 성격이 달라진다는 의미를 포함하는 말이다. 그런데 기독교 교리가 전혀 다른 방법에 의하여 형성되는 데 문제가 있다. 타락한 인간 이성(理性)의 합리적 판단과 사고에 의하여 교리가 만들어지고 있다. 기독교 교리사(敎理史)를 살펴보면, 시대마다 다른 성경관이나 성경해석에 대한 결과에 따라 여러 가지 주장과 교리가 형성되었던 사실을 찾아볼 수 있다.

신약교회 초기에는 사도시대 이후, 속사도들이나 교부들이 비교적 사도적 신앙을 유지 발전시켜 오면서 성령 감동에 의하여 사도들이 전하여 준 성경에 기초하여 신조를 만들어 가르치고 교리 체계를 세우는 데 주력을 하였다. 그러나 속사도들이나 교부들 중에는 성경을 해석하는 방법이 미숙한 경우가 있어서 그 해석 내용 자체가 오류인 부분도 있었다. 그렇기 때문에 신약교회 초기의 신조나 교리의 내용도 미숙한 부분이 많았다. 그래도 성경이 하나님의 정확 무오한 말씀이라고 믿고 수납하는 데는 아주 철저하였다.

중세기는 교리의 성격을 전혀 달리하는 기독교 신앙의 암흑시대였다. 로마 교황 그레고리 I 세의 즉위와 함께 중세의 전형적인 교회 중심 또는 교황 중심의 로마가톨릭 교리가 만들어졌다. 그러기 위하여 성경을 교리의 절대적인 근거로 삼지 아니하고 타락된 인간의 이성적 판단을 교리의 근거로 삼았다. 그러므로 중세 가톨릭의 변형된 교리는 하나님의 말씀인 성경에 근거한 것이 아니라, 타락된 인간의 이성적 판단에 근거한 것이다. 따라서 로마가톨릭의 교리는 성경에 근거한 신학이라기보다는, 한낱 인간 이성의 산물인 철학(philosophy)이라고 하는 것이 마땅하다.[5]

이러한 잘못된 교리 작업은 인간의 이성적 능력으로 절대적인 객관적 진리에 도달할 수 있다고 주장하는 11세기에 일어난 스콜라(scholar) 신학운동이 더욱 부채질하였다. 이 신학운동의 주된 과제는, 첫째가 교회의 교리와 인간의 이성을 조화시키는 일이고, 또 하나는 교리를 체계화 시켜 하나의 완전한 신학으로 만들어 내는 일이었다.[6] 이와 같은 신학운동은 중세 로마가톨릭이 씻을 수 없는 결정적인 과오를 범하는 계기가 되었다. 결국 중세시대 로마가톨릭이 교리를 형성하는데 엄청난 과오를 범하게 된 근본 원인은 성경관의 오해에서 찾을 수 있다.[7]

근세에 이르러서는 루터의 종교개혁 이후, 올바른 성경관에 대한 재정립과 더불어 성경해석학에 대한 발전이 활발하게 이루어지면서 상당히 건전한 성경해석이 가능하게 되었고, 이에 따라 성경에 근접한 건전한 교리가 만들어졌다. 그뿐만 아니라 하나님의 절대적인 주권과 영광을 중심에 둔 개혁신학의 근본 원리가 정립되기도 했다. 이러한 획기적인 작업은 종교개혁자 마틴 루터(Martin Luther) 이후, 존 칼빈(John Calvin)에 의하여 구체화되고 오늘에 이르기까지 발전·계승되었다. 특히 존 칼빈이 저술하여 놓은 『칼빈주석』과 『기독교강

---

5) 계 22:18~19 내가 이 책의 예언의 말씀을 듣는 각인에게 증거하노니 만일 누구든지 이것들 외에 더하면 하나님이 이 책에 기록된 재앙들을 그에게 더하실 터이요 만일 누구든지 이 책의 예언의 말씀에서 제하여 버리면 하나님이 이 책에 기록된 생명나무와 및 거룩한 성에 참여함을 제하여 버리시리라.
6) 딤전 6:20 디모데야 네게 부탁한 것을 지키고 거짓되이 일컫는 지식의 망령되고 허한 말과 변론을 피하라.
7) 마 22:29 예수께서 대답하여 가라사대 너희가 성경도 하나님의 능력도 알지 못하는 고로 오해하였도다.

요』와 같은 방대한 저서들은 건전한 기독교 교리형성에 지대한 공헌을 하였다. 이와 같은 눈부신 업적의 원인은 어디까지나 성경관에 대한 바른 견해에서부터 기인한 것이다. 그런데 근래에 이르러서 성경관의 다양한 변화와 더불어 성경해석에 대한 견해 차이로 인하여 신앙의 형태는 물론 신조 및 교리까지 변질되어져 가고 있다. 그래서 현대 기독교는 신학의 혼돈시대를 맞이하여 미궁을 헤매며 방황하는 비운을 맞이하게 된 것이다.

초대 – 성경 → 해석 → 신앙 → 교리 · 초대교회
중세 – 이성 → 교리 → 신앙 → 성경 · 로마가톨릭
근대 – 성경 → 해석 → 신앙 → 교리 · 개혁교회

이상에서 교리적 측면에서의 성경관에 대한 중요성을 살펴보았다. 성경관은 기독교 교리 형성에 절대적인 영향력을 지니고 있다. 따라서 교리적 측면에서 볼 때, 성경관은 현대 기독교에 있어서 그 중요성이 매우 크다는 사실을 알 수 있다.

2. 성경의 필요성

오직 이것을 기록함은 너희로 예수께서 하나님의 아들 그리스도이심을 믿게 하려 함이요 또 너희로 믿고 그 이름을 힘입어 생명을 얻게 하려 함이니라(요 20:31).

올바른 성경관을 정립하는 데 있어서 성경의 필요성이 무엇인가를 살피는 것은 매우 중요한 일이다. 왜냐하면 누구나 성경의 필요성을 깨닫는 만큼 성경의 가치로움을 알게 되기 때문이다. 그렇다면 건전한 기독교는 왜 성경을 절대적으로 필요한 것이라고 생각하고 있는가? 이에 대한 해답을 얻기 위하여 여러 가지 측면에서 그 필요성이 고찰될 수 있을 것이다. 우선은 하나님 입장에서 고찰될 수도 있고,

인간 입장에서 고찰될 수도 있다. 그러나 여기서는 인간 입장의 필요성만을 알아보기로 하겠다.

1) 하나님을 아는 데 필요하다

창세로부터 그의 보이지 아니하는 것들 곧 그의 영원하신 능력과 신성이 그 만드신 만물에 분명히 보여 알게 되나니 그러므로 저희가 핑계치 못할지니라 하나님을 알되 하나님으로 영화롭게도 아니하며 감사치도 아니하고 오히려 그 생각이 허망하여지며 미련한 마음이 어두워졌나니 스스로 지혜있다 하나 우준하게 되어 썩어지지 아니하는 하나님의 영광을 썩어질 사람과 금수와 버러지 형상의 우상으로 바꾸었느니라(롬 1:20~23).

인간들 가운데 하나님의 본체를 직접 본 자는 아무도 없다. 물론 하나님은 신이시기 때문에 볼 수 없다. 이렇게 인간이 볼 수도 없는 하나님에 대하여 구체적으로 안다는 것은 그리 쉬운 일이 아니다. 그래서 혹자들은 하나님을 알 수 없는 존재로 보고 불가지론(不可知論)을 주장하기도 하였다.

태초에 하나님께서 인간을 처음 창조하셨을 때는 인간이 하나님을 직접 만나서 서로 바라보며 대화도 할 수 있는 신령한 몸으로 지음을 받은 존재였다. 그런데 인간이 하나님의 분부를 어기고 불순종하여 타락하였기 때문에 저주의 몸을 입게 되었다. 이로 인하여 인간은 하나님을 볼 수 있는 능력도 상실하고, 직접 대면하여 대화할 수 있는 자격도 상실하게 된 것이다.[8] 이에 따라 하나님께서 창조하신 우주와 만물도 저주가 덮여 버렸다. 그래서 인간이 하나님께서 창조하신 피

---

8) 창 2:16~17 여호와 하나님이 그 사람에게 명하여 가라사대 동산 각종 나무의 실과는 네가 임의로 먹되 선악을 알게 하는 나무의 실과는 먹지 말라 네가 먹는 날에는 정녕 죽으리라 하시니라.

조세계를 통하여 나타내신 권능의 영광을 볼 수 없게 되었다. 따라서 타락한 인간이 피조된 만물을 통하여 하나님을 아는 신지식(神知識)을 얻을 수 없게 된 것이다. 이렇게 인간이 하나님의 일반 계시로는 하나님을 알 수 없게 되었기 때문에 타락한 인간에게는 특별 계시로서의 성경이 절대로 필요하게 된 것이다.

하나님께서 인간에게 하나님 스스로를 알게 하시려고 주시는 계시는 성질상으로 크게 두 가지로 분류된다. 하나는 일반계시이고 다른 또 하나는 특별계시이다. 일반계시는 하나님의 창조세계를 비롯한 그 운행과 일반적인 모든 역사섭리를 통한 계시를 말한다.[9] 예를 들면, 하나님께서 지으신 땅과 하늘, 인간을 비롯한 동·식물 그리고 해, 달, 별 등 온갖 천체와 이들에 대한 생성과 운행 등을 들 수 있다. 이와 같은 것들은 일반적인 특성을 가지고 있는 것들이기 때문에 인간 누구나가 받아들일 수 있기는 하지만, 그 모든 피조물이 저주가 덮여진 상태이며 인간도 저주를 받은 상태라서 일반적으로 깨달을 수 있는 계시는 아니다. 특별계시는 일반계시와는 달리 특별한 성질을 가지고 있기 때문에 특정한 사람만이 깨달을 수 있는 계시이다. 그 계시가 하나님께서 성령 감동으로 기록하게 하신 성경이다.[10] 특별계시로서 신·구약성경에는 하나님에 대한 구체적인 내용이 다양한 방법으로 소개되어 있다. 그 방법은 하나님의 역사섭리와 택한 백성의 찬양과 선지자들의 예언 그리고 예수 그리스도와 성령의 사역 등이다. 이와 같은 신·구약성경을 통하여 하나님의 존재와 그 속성을 구체적으로 깨달아 알 수 있다. 그러므로 특별계시인 성경이 없이는 하나님에 대한 참 지식을 절대로 얻을 수 없는 것이다.

일찍이 많은 철인들은 신에 대한 참 지식을 얻어 보려고 많은 노력

---

9) 롬 1:20 창세로부터 그의 보이지 아니하는 것들 곧 그의 영원하신 능력과 신성이 그 만드신 만물에 분명히 보여 알게 되나니 그러므로 저희가 핑계치 못할지니라.
10) 벧후 1:21 예언은 언제든지 사람의 뜻으로 낸 것이 아니요 오직 성령의 감동하심을 입은 사람들이 하나님께 받아 말한 것임이니라.

을 하였다. 그러나 그들이 철학을 통하여 자기 나름의 신을 만들어 내기는 하였으나, 영원자존하신 유일신인 하나님에 대한 지식을 얻을 수는 없었다. 도리어 후대에 이르러서 그들은 신에 대하여 언급하기를 꺼리는 상황까지 이르고 말았다. 알고 보면 철학이란 일반계시의 자료를 통한 학문이라고 할 수 있는데, 일반계시의 자료들이 인간의 타락으로 인하여 모두가 저주로 덮여지고 파괴되었기 때문에 그것들로부터 신에 대한 참 지식을 얻는다는 것은 절대 불가능하다.

인간은 지식을 추구하는 존재이다. 하나님께서 인간을 직접 특수한 방법을 통하여 생령(生靈)으로 하나님의 형상을 따라 지으셨다. 그래서 다른 피조물과는 달리 지식을 추구하는 특별한 존재가 된 것이다. 이렇게 지식을 추구하는 존재로 지음 받은 인간이 근본적으로 알아야 할 대상은 당연히 창조주 하나님이시다. 왜냐하면 하나님을 알고 경외하는 것이 명철이며 지식의 근본이 되기 때문이다.[11] 그러므로 인간 누구도 하나님을 아는 근본적인 지식 없이는 어떠한 참 지식도 얻을 수 없다. 물론 자연과학이나 인문과학에 대한 부분적인 토막지식은 하나님에 대한 지식이 없이도 가능할지 모른다. 그러나 부분적인 토막지식은 진정한 의미의 지식이라고 할 수 없다.

결론적으로, 기독교는 하나님을 알고 경외하는 종교이다. 그런데 하나님을 알 수 있는 유일한 방법은 오직 성령의 감동에 의하여 기록된 특별계시인 성경을 깨닫는 길밖에 없다. 그러므로 성경은 하나님을 아는 데 절대적으로 필요한 것이다.

	원천	방법	평가	결과
신지식	특별계시(성경)	신학	지식(해답)	신앙
	일반계시(사물)	철학	무지(질문)	불신

---

[11] 잠 9:10 여호와를 경외하는 것이 지혜의 근본이요 거룩하신 자를 아는 것이 명철이니라.

2) 구원을 얻는 데 필요하다.

너희가 성경에서 영생을 얻는줄 생각하고 성경을 상고하거니와 이 성경이 곧 내게 대하여 증거하는 것이로다(요 5:39).

기독교는 죄와 허물로 죽은 인간이 하나님께서 주시는 구원을 소망하는 종교이다. 그런데 하나님께서 인간을 구원하시는 유일한 방법은 인간에게 하나님 자신을 계시하셔서 하나님의 능력과 사랑을 깨닫고 믿어 구원에 이르게 하는 길뿐이다. 그러므로 인간이 하나님을 믿고 구원에 이르는 데는 무엇보다도 하나님 스스로의 계시가 매우 중요한 것이다.

하나님께서는 특별계시인 성경이 글로 이루어지기 전에도 인류 가운데서 구원할 자들에게는 여러 가지 방법으로 하나님 스스로를 특별히 계시하여 주셨다. 예를 들면, 에덴 동산의 아담에게는 하나님께서 직접 가죽옷을 지어 입히셨고, 아벨에게는 하나님께서 제물을 열납하여 주셨고, 에녹에게는 하나님께서 동행하여 주셨고, 노아에게는 방주를 통하여 홍수에서 구원하여 주셨고, 아브라함에게는 하나님께서 믿음을 주어 복의 근원이 되게 하심으로써 하나님 스스로를 계시하여 주셨다. 그 후, 아브라함의 자손들에게는 모세와 선지자를 통하여 하나님 스스로를 계시하여 주셨으며, 신약 계시 시대에는 예수께서 인간의 몸을 입으시고 세상에 오셔서 그리스도의 직임을 수행하심으로써 하나님을 계시하여 주신 것이다. 이와 같은 하나님의 계시는 모두가 택한 자들로 하여금 하나님을 알고 믿어 구원에 이르게 하시려는 특별한 계시이다. 이러한 특별한 계시의 내용을 문서화한 것이 곧 신·구약성경이다. 따라서 인간이 하나님을 알고 믿어 구원에 이르는 데는 특별계시의 내용이 기록되어 있는 성경이 절대적으로 필요한 것이다.

하나님의 특별계시는 하나님께서 인간이 되셔서 세상에 오셨다가 십자가에 죽으시고 삼일만에 부활하신 후, 승천하신 복음의 사건으로 절정을 이루시고 성령을 보내셔서 사도들을 통하여 완성시키셨다. 그 후로는 하나님께서 더 이상의 특별계시는 주시지 않는다. 그것은 일점일획도 더하거나 덜하지 못하도록 엄명하실 만큼 하나님을 알고 믿어 구원을 얻기에 완전하고 충족하게 계시하여 주셨기 때문이다. 그러므로 성경말씀 이외에 또 다른 특별계시는 있을 수 없다. 따라서 하나님의 특별계시를 통하여 하나님을 알고 믿어 구원에 이르려는 자들에게는 절대적으로 성경이 필요한 것이다.

성경에 기록된 하나님의 계시의 말씀은 살았고 운동력이 있으며,[12] 구원에 이르는 지혜가 있게 한다.[13] 그리고 성경은 하나님의 사람으로 온전케 하는 능력을 가지고 있다.[14] 그것은 성경에 기록된 내용이 전능하신 하나님의 말씀이기 때문이다. 성경이 구원에 이르는 지혜가 있게 하는 것은 성경 내용이 하늘의 신령한 지혜, 즉 특별계시로 채워져 있기 때문이다. 그리고 성경에 계시된 하나님을 아는 것이 구원에 이르는 지혜이기 때문이며, 세상 지혜가 아니라 하늘로서 온 참 지혜이신 예수를 아는 것이 구원에 이르는 지혜이기 때문이다. 그래서 예수께서는 유일하신 참 하나님과 그의 보내신 자 예수 그리스도를 아는 것이 영생이라고 말씀하신 바 있다.[15] 하나님께서 주신 계시를 통하여 하나님과 그의 보내신 자 예수 그리스도를 아는 것이 곧 구원이며 영생이라는 말이다.[16]

---

12) 히 4:12 하나님의 말씀은 살았고 운동력이 있어 좌우에 날선 어떤 검보다도 예리하여 혼과 영과 및 관절과 골수를 찔러 쪼개기까지 하며 또 마음의 생각과 뜻을 감찰하나니.
13) 딤후 3:15 또 네가 어려서부터 성경을 알았나니 성경은 능히 너로 하여금 그리스도 예수 안에 있는 믿음으로 말미암아 구원에 이르는 지혜가 있게 하느니라.
14) 딤후 3:17 이는 하나님의 사람으로 온전케 하며 모든 선한 일을 행하기에 온전케 하려 함이니라.
15) 요 17:3 영생은 곧 유일하신 참 하나님과 그의 보내신 자 예수 그리스도를 아는 것이니이다.
16) 요 5:39 너희가 성경에서 영생을 얻는 줄 생각하고 성경을 상고하거니와 이 성경이 곧 내게 대하여 증거하는 것이로다.

기독교는 철저히 참 지식의 종교 또는 지혜의 종교다. 알지 못하는 것을 신앙하는 무지한 맹신(盲信)의 종교가 아니다. 그러므로 성경을 통하여 계시된 하나님, 또는 그의 보내신 자 예수를 아는 지식은 구원에 이르게 하는 지혜가 있게 하기 때문에 구원을 소망하는 자들에게는 성경의 필요성이 절대적이다. 다시 말하면 기독교는 하나님을 알고 믿어 구원에 이르게 하는 종교이다. 그런데 특별계시인 성경만이 하나님을 알고 믿어 구원에 이르게 하는 유일한 계시이며 구원에 이르는 지혜가 있게 하는 것이다. 그러므로 인간이 구원을 얻는 데 있어서 성경은 절대적으로 필요하다는 말이다.

성경의 필요성	구원의 방법
① 알고 믿어서 구원에 이르게 하므로 ② 구원 얻게 하는 유일한 계시이므로 ③ 구원에 이르는 지혜가 있게 하므로	특별계시(성경) → 신지식 → 신앙 → 구원(영생)

3. 성경의 내용

또 이르시되 내가 너희와 함께 있을 때에 너희에게 말한 바 곧 모세와 율법과 선지자의 글과 시편에 나를 가리켜 기록된 모든 것이 이루어져야 하리라 한 말이 이것이라 하시고 이에 저희 마음을 열어 성경을 깨닫게 하시고(눅 24:44~45).

기독교 성경관을 올바르게 정립하는 데 있어서 방대한 성경의 내용을 개괄적으로라도 살펴보는 일은 참으로 중요한 일이다. 그것은 성경 자체의 내용을 전혀 모르는 상태에서는 올바른 성경관 정립이 어렵고 불가능하기 때문이다.

앞서 말한 바대로 성경관의 중요성이나 성경의 필요성 등을 통하여 이론적으로 아무리 논리를 전개한다 할지라도 성경 내용 자체의 확실한 증거가 불충분하다면 모두가 무모한 일이 되고 말 것이다. 도대체

성경에는 어떠한 내용이 담겨져 있기에 그렇게 중요하기도 하고 그렇게 필요하기도 하다는 말인가? 신·구약성경은 얼핏 보기에는 구약 내용은 이스라엘 민족의 역사가 주축을 이루고 있는 것같이 보이고, 신약 내용은 예수님과 그의 제자들의 행적과 교훈이 주축을 이루고 있는 것같이 보인다. 그러나 신·구약성경은 이스라엘 민족의 역사와 예수님과 사도들의 행적과 교훈의 차원을 넘어선 심오한 신적 계시의 내용으로 가득히 채워져 있다는 데 놀라움을 금하지 못한다.

그러므로 이와 같은 성경을 누구나 옳게 깨닫기만 한다면, 하나님의 존재는 물론 그의 능력과 권능을 믿고 찬양 드리지 아니할 자가 없고 구원에 이르지 못할 자가 아무도 없다는 결론에 도달하게 된다. 이와 같이 신비로운 능력을 담고 있는 성경은 하나님께서 언약하시고 언약하신 대로 이루어 가시는 섭리 내용으로 채워져 있다. 이것이 곧 예수님의 성경관이기도 하다

1) 하나님의 언약 내용이다.

하나님이 모세에게 말씀하여 가라사대 나는 여호와로라 내가 아브라함과 이삭과 야곱에게 전능의 하나님으로 나타났으나 나의 이름을 여호와로는 그들에게 알리지 아니하였고 가나안 땅 곧 그들의 우거하는 땅을 주기로 언약하였더니 이제 애굽 사람이 종을 삼은 이스라엘 자손의 신음을 듣고 나의 언약을 기억하노라(출 6:2~5).

구약성경은 하나님이 언약하시고 그 언약대로 이루시는 여호와이심을 계시하고 있다. 그래서 구약성경에는 하나님께서 인간에게 언약하신 내용이 기록되어 있는 것이다. 그 계시 방법은 하나님의 역사섭리와 구약 성도들의 찬양과 선지자들의 예언이다.

하나님께서 역사섭리로 언약하시는 내용은 구약 창세기에서 에스더까지다. 창세기에 보면 하나님께서 처음 인간인 아담과 하와를 창조

하시고 그들에게 명하여 복을 주실 것을 언약하셨다. 그 복은 생육하고 번성하여 땅에 충만할 것과 땅을 정복할 것과 바다나 공중이나 땅의 모든 생물을 다스릴 것 등이다.[17] 그런데 아담과 하와는 하나님께서 따먹지 말라고 명하신 선악을 알게 하는 나무의 과일을 따먹고 타락하게 되었다. 그러나 하나님께서는 아담이 타락하였음에도 불구하고 그에게 명하여 복을 주신 언약의 말씀을 반드시 이루어 주시는 여호와이심을 계시하신다. 이를 위하여 하나님께서는 아브라함을 갈대아 우르 지방에서 불러 내어 친척과 아비집을 떠나라고 명하시면서, 그 자손이 하늘의 별과 바닷가의 모래알처럼 많이 번창할 것과 가나안 땅을 기업으로 주실 것과 그 자손으로 큰 민족을 이루어 다스리게 하실 것을 복으로 언약하셨다.[18] 이 언약은 모형과 그림자이며 현세적인 것이다. 그러므로 타락하기 이전 첫 아담에게 하신 언약과 타락한 이후 아브라함에게 세우신 언약은 차원이 다르다.

　하나님께서는 오랜 세월의 역사섭리를 거쳐 아브라함에게 언약하신 말씀대로 그 자손에게 모두 다 이루어주셨다. 이는 하나님께서 첫 아담에게 언약하신 것을 아담이 비록 타락을 하였을지라도 둘째 아담인 예수 그리스도를 통하여 반드시 이루어 주시는 여호와이심을 모형적으로 계시하시기 위하여 아브라함에게 언약하시고 그대로 이루어 주신 섭리이다. 이와 같은 하나님의 역사섭리에 대한 내용이 구약의 역사서다.

　구약 창세기는 하나님께서 아담과 노아를 거쳐 아브라함과 이삭과 야곱 등 이스라엘 열조들에게 자손과 땅과 통치를 언약하시고 그 후손을 보호하시는 내용이 기록되어 있다. 이와 같은 이스라엘 열조에게 주신 하나님의 언약들은 하나하나 차례대로 하나님께서 이루어 가

---

17) 창 1:28 하나님이 그들에게 복을 주시며 그들에게 이르시되 생육하고 번성하여 땅에 충만하라 땅을 정복하라 바다의 고기와 공중의 새와 땅에 움직이는 모든 생물을 다스리라 하시니라.
18) 창세기 12장 참고.

신다. 그리고 출애굽기, 레위기, 민수기, 신명기는 이스라엘 열조에게 자손들의 번창을 복으로 주신 첫 번째 언약을 성취하여 주신 역사섭리의 사실이 기록되어 있다. 그리고 여호수아와 사사기는 하나님께서 이스라엘 열조에게 가나안을 기업의 땅으로 주셔서 살게 하신다는 두 번째 언약을 이루어 주신 역사섭리 내용이 기록되어 있다. 그리고 룻기에서부터 에스더까지는 하나님께서 이스라엘 열조에게 큰 민족을 이루어 다스리게 하여 주신다는 세 번째 언약을 이루어 주신 역사섭리 내용이 기록되어 있다. 이렇게 창세기에서 에스더까지의 구약 역사서에는 하나님께서 이스라엘 열조에게 세 가지 복을 명하여 언약하신 삼대언약(三大言約)을 모두 다 이루어 주신 역사섭리가 기록되어 있다.

하나님께서 구약 성도들의 찬양으로 언약하시는 내용은 욥기에서 아가까지다. 이를 일반적으로 시가서(詩歌書)라고 말한다. 이와 같은 시가서는 하나님께서 이스라엘 열조에게 언약하신 대로 그 자손을 번창하게 하셔서 기업의 땅 가나안을 정복하게 하시고 다윗 왕조를 세워 다스리도록 성취하여 주신 역사섭리를 배경으로 하여 구약의 성도들이 하나님 여호와를 찬양한 내용이다. 욥기는 하나님께서 사단의 권세도 주관하시며 욥을 망하게도 하시고 흥하게도 하시는 전능자이심을 찬양한 내용이다. 시편은 하나님께서 이스라엘 열조에게 언약하신 것들을 다 이루어 주신 하나님 여호와의 신실하심을 구약 성도들이 찬양한 내용이다. 잠언은 하나님께서 이스라엘 열조에게 언약하신 대로 나라를 세워 다스리게 하시는 참 주권자 되심을 솔로몬 왕이 찬양한 내용이다. 전도서는 인간이 해 아래서 행하는 모든 일은 헛되지만 하나님께서 언약을 이루시는 역사섭리를 통하여 여호와를 경외하게 하시는 행사는 영원하심을 솔로몬 왕이 찬양한 내용이다. 아가는 하나님께서 이스라엘 열조에게 한번 하신 사랑의 언약은 절대로 영원히 변함이 없으신 하나님의 자비하심을 솔로몬 왕이 찬양한 내용이다. 이와 같이 욥기에서 아가까지의 구약 시가서에는 이스라엘 열조에게 언약하시고 언약대로 이루어 주신 하나님 여호와에 대한 구약의 성도들의 찬양이 기록되어 있다.

하나님께서 선지자들의 예언으로 언약하시는 내용은 이사야에서 말라기까지다. 이는 이스라엘 왕정시대에 나타나실 하나님을 선지자들이 예고하여 준 예언서들이다. 이사야 선지서는 하나님께서 범죄한 백성들로 하여금 깨닫고 돌이키게 하시려고 때리시고 싸매어 주신다는 사실을 선지자 이사야가 이스라엘 백성에게 예언한 내용이 기록되어 있다. 예레미야 선지서는 하나님께서 범죄한 백성을 뽑고 심으신다는 사실을 선지자 예레미야가 이스라엘 백성에게 예언한 내용이 기록되어 있다. 에스겔 선지서는 하나님께서 범죄한 백성을 흩으시고 모으신다는 사실을 선지자 에스겔이 이스라엘 백성에게 예언한 내용이 기록되어 있다. 다니엘 선지서는 하나님께서 범죄한 유다 왕국을 멸하시고 성민 나라를 세우신다는 사실을 선지자 다니엘이 유다 백성에게 예언한 내용이 기록되어 있다. 그리고 그 외에 호세아에서부터 말라기까지의 선지서들 역시 이사야, 예레미야, 에스겔, 다니엘과 흡사한 내용들이 기록되어 있다.

알고 보면 역사서와 시가서 그리고 선지서로 이루어진 구약성경 전체는 하나님께서 첫 아담에게 언약하신 말씀을 반드시 둘째 아담 예수 그리스도를 통하여 이루어 주실 것을 언약하여 주신 내용이다.[19] 이 언약은 하나님께서 주로 이스라엘 백성의 역사섭리와 구약 성도들의 찬양과 선지자들의 예언을 통하여 언약하신 것이다. 이와 같은 언약을 하나님께서 그대로 이루어 주심으로 전능하신 하나님의 이름이 언약대로 성취하시는 신실하신 여호와이심을 계시하여 주신다.

---

19) 눅 24:44 또 이르시되 내가 너희와 함께 있을 때에 너희에게 말한 바 곧 모세의 율법과 선지자의 글과 시편에 나를 가리켜 기록된 모든 것이 이루어져야 하리라 한 말이 이것이라 하시고.

구약	역사서 (창~에)	섭리를 통한 언약
	시가서 (욥~아)	찬양을 통한 언약
	선지서 (사~말)	예언을 통한 언약

2) 하나님의 성취 내용이다.

이후에 예수께서 모든 일이 이미 이룬 줄 아시고 성경으로 응하게 하려 하사 가라사대 내가 목마르다 하시니 거기 신 포도주가 가득히 담긴 그릇이 있는지라 사람들이 신 포도주를 머금은 해융을 우슬초에 매어 예수의 입에 대니 예수께서 신 포도주를 받으신 후 가라사대 다 이루었다 하시고 머리를 숙이시고 영혼이 돌아가시니라(요 19:28~30).

신약성경은 예수님이 구약에서 언약하신 메시아 곧 그리스도이심을 증거하고 있다. 그래서 신약성경에는 예수님 스스로가 그리스도이심을 증거하는 내용으로 가득 채워져 있는 것이다. 따라서 구약에서 여러 모양으로 주어진 언약의 내용들은 모두가 예수 그리스도에게로 집약이 된다. 하나님께서는 아담에게 명하신 본래의 삼대언약을 아담이 타락하였음에도 불구하고 둘째 아담이신 예수 그리스도를 통하여 반드시 이루어 주신다. 이를 위하여 하나님께서는 구약의 역사섭리나 구약 성도들의 찬양 또는 선지자들의 예언을 통하여 언약하여 주신 것이다. 그리고 그 언약대로 예수를 기름부음 받으신 그리스도로 보내셔서 모든 언약을 이루어 주신 것이다. 이와 같이 언약하신 말씀대로 이루어 주신 사실을 기록한 것이 신약이다. 따라서 신약은 구약의 삼대언약에 대한 성취 내용을 담고 있다. 그래서 신약에는 예수께서 스스로가 그리스도가 되심을 증거하는 내용[20]과 오순절에 예루살

---

20) 요 4:25~26 여자가 가로되 메시야 곧 그리스도라 하는 이가 오실 줄 내가 아노니 그가 오시면 모든 것을 우리에게 고하시리이다 예수께서 이르시되 네게 말하는 내가 그로라 하시니라.

렘 마가의 다락방에 강림하신 성령께서 사도들을 통하여 예수가 그리스도 되심을 증거하는 내용으로 채워져 있다.[21] 그 증거 방법은 그리스도로 오신 예수님 스스로의 사역과 약속대로 오순절에 임하신 보혜사 성령의 사역이다.

예수께서 구약에서 언약된 그리스도이심을 스스로 증거하는 사역은 사복음서에 나타나 있다. 마태복음은 그리스도의 직임을 중심으로 예수께서 스스로 그리스도이심을 증거하는 내용이 기록되어 있다.[22] 그리스도의 직임은 세 가지가 있는데, 선지직, 왕직, 제사직이다. 마태복음은 예수께서 이 세 가지 직임을 가지고 계시는 그리스도이심을 자세히 증거하여 준다. 따라서 마태복음에는 구약의 예언대로 오신 그리스도를 비롯하여 선지직을 수행하시는 그리스도와 왕직을 수행하시는 그리스도와 제사직을 수행하시는 그리스도가 증거되고 있다.

마가복음은 그리스도의 신분을 중심으로 예수께서 스스로 그리스도이심을 증거하는 내용이 기록되어 있다.[23] 그리스도의 신분에는 낮아지심의 신분과 높아지심의 신분이 있는데, 마가복음은 이와 같은 그리스도의 신분에 대하여 자세히 증거하여 준다. 그 내용은 그리스도가 본래 하나님의 아들이었으나 버림받은 자가 되었다가 다시 영광스러운 신분의 소유자가 되셨다는 것으로 요약이 된다. 이러한 신분으로 보아 예수께서 그리스도가 되심을 분명히 증거하여 준다.

---

21) 요 20:31 오직 이것을 기록함은 너희로 예수께서 하나님의 아들 그리스도이심을 믿게 하려 함이요 또 너희로 믿고 그 이름을 힘입어 생명을 얻게 하려 함이니라.
행 2:36 그런즉 이스라엘 온 집이 정녕 알지니 너희가 십자가에 못 박은 이 예수를 하나님이 주와 그리스도가 되게 하셨느니라 하니라.
행 9:22 사울은 힘을 더 얻어 예수를 그리스도라 증명하여 다메섹에 사는 유대인들을 굴복시키니라.
22) 마 1:16 야곱은 마리아의 남편 요셉을 낳았으니 마리아에게서 그리스도라 칭하는 예수가 나시니라.
23) 막 14:61~62 잠잠하고 아무 대답도 아니하시거늘 대제사장이 다시 물어 가로되 네가 찬송 받을 자의 아들 그리스도냐 예수께서 이르시되 내가 그니라 인자가 권능자의 우편에 앉은 것과 하늘 구름을 타고 오는 것을 너희가 보리라 하시니

누가복음은 그리스도의 사역을 중심으로 예수께서 스스로 그리스도이심을 증거하는 내용이 기록되어 있다.[24] 그리스도의 주된 사역은 타락한 인간을 구속하시는 것이다. 그래서 예수께서는 죄인을 구속하시려고 세상에 오셔서 속죄사역을 하신 것이다. 따라서 누가복음에는 예수께서 행하신 구속주로서의 사역이 구체적으로 기록되어 있다. 그 내용은 예수께서 스스로 하나님의 아들로서 속죄주 되심과 속죄 능력을 비롯하여 통치능력이 있다는 사실과 천국에 대한 교훈 및 속죄주로서의 임무 수행에 대한 증거들이다.

마지막으로 요한복음은 그리스도의 본성을 중심으로 예수께서 스스로 그리스도이심을 증거하는 내용이 기록되어 있다.[25] 그리스도의 본성은 하나님의 신성 그 자체이시다. 그래서 예수께서는 스스로 신성을 가지고 계신 사실을 여러 모로 증거하여 주신 것이다. 따라서 요한복음은 예수께서 스스로 신성을 가지고 그리스도이심을 증거하시려고 아버지께로부터 오셨다가 아버지께로 가시는 사실을 소개하고 있다.

이와 같이 사복음서는 예수께서 그리스도의 직임과 신분과 사역과 본성에 대한 내용을 중심으로 스스로 구약을 통하여 언약된 그리스도라는 사실을 확증하여 주신다.

보혜사 성령께서 예수님이 구약에서 언약된 그리스도이심을 증거하는 사역은 사도행전에서 요한계시록까지 나타나 있다. 그러므로 사도행전부터 요한계시록까지는 승천하신 예수께서 약속대로 오순절에 보내 주신 성령을 통하여 예수 자신이 그리스도가 되심을 증거하는 사역과 교훈 내용으로 채워져 있다.

---

[24] 눅 24:25~26 가라사대 미련하고 선지자들의 말한 모든 것을 마음에 더디 믿는 자들이여 그리스도가 이런 고난을 받고 자기의 영광에 들어가야 할 것이 아니냐 하시고.
[25] 요 10:24~25 유대인들이 에워싸고 가로되 당신이 언제까지나 우리 마음을 의혹케 하려나이까 그리스도여든 밝히 말하시오 하니 예수께서 대답하시되 내가 너희에게 말하였으되 믿지 아니하는도다 내가 내 아버지의 이름으로 행하는 일들이 나를 증거하는 것이어늘

사도행전은 예수께서 제자들에게 약속하신 대로 성령께서 오셔서 예루살렘과 유다와 사마리아와 땅 끝까지 증인이 되게 하셔서 교회를 세워 가시는 성령의 사역을 통하여 예수께서 구약에서 언약된 그리스도이심을 증거하여 주는 내용이다.[26] 예수께서 제자들에게 약속하신 내용은 첫째로 성령으로 세례를 주실 것과 둘째로 땅 끝까지 복음의 증인이 되게 하실 것, 셋째로 세상 마지막 때에 재림하신다는 것이다. 이 약속들 가운데 성령세례에 대한 약속은 오순절에 이루어졌고, 땅 끝까지 복음의 증인이 되게 하신다는 약속은 현재도 이루어져 가고 있고, 재림에 대한 약속은 장차 이루어질 것이다.

로마서에서부터 빌레몬서까지의 바울 서신은 세워져가는 그리스도의 몸 된 교회를 성령께서 바울 사도를 통하여 진리로 먹이셔서 견고하게 자라도록 하여 진리로 무장시켜 주심으로써 예수께서 그리스도가 되심을 증거하여 준다.[27] 예수 그리스도께서는 교회의 머리이시며 머릿돌이 되신다. 그러므로 교회가 견고하게 자라서 진리로 무장한다는 것은 예수께서 그리스도가 되심에 대한 확실한 증거가 된다.

히브리서에서부터 유다서까지는 예수 그리스도의 복음만이 참 진리이며 참 생명임을 강조하며 모든 거짓과 이단을 경계하여 싸울 수 있도록 성령께서 사도들을 통하여 교훈하시고 경계하시는 내용이 기록되어 있다.[28] 지상에 있는 예수 그리스도의 몸 된 교회는 유대주의를 비롯하여 세속주의와 적그리스도를 상대로 선한 싸움을 싸우도록 성령께서 사도들을 통하여 섭리하신다. 예수 그리스도는 화평을 주러

---

26) 행 18:5 실라와 디모데가 마게도냐로서 내려오매 바울이 하나님의 말씀에 붙잡혀 유대인들에게 예수는 그리스도라 밝히 증거하니.
   행 18:28 이는 성경으로써 예수는 그리스도라고 증거하여 공중 앞에서 유력하게 유대인의 말을 이김일러라.
27) 롬 8:34 누가 정죄하리요 죽으실 뿐 아니라 다시 살아나신 이는 그리스도 예수시니 그는 하나님 우편에 계신 자요 우리를 위하여 간구하시는 자시니라.
28) 요일 5:1 예수께서 그리스도이심을 믿는 자마다 하나님께로서 난 자니 또한 내신 이를 사랑하는 자마다 그에게 난 자를 사랑하느니라.

오신 것이 아니라 분쟁을 일으키려 오셨다고 하셨다. 이와 같은 예수 그리스도의 몸 된 교회의 싸움의 대상은 혈과 육이 아니라 어둠과 비진리 그리고 이단과의 선한 영적 싸움이다.

요한계시록은 교회의 머리가 되시는 예수 그리스도께서 선한 싸움에서 최후의 승리를 거두는 모습이 장엄하게 소개된다. 승천하신 예수 그리스도께서는 교회가 선한 싸움에서 넘어지지 않도록 보살펴 주시고 세상 끝날에 진노의 심판을 통하여 모든 사단의 권세 아래 있는 세상 나라들을 다 진멸하시고 최후의 승리를 거두신 후에 하나님의 영원한 나라를 세워 영원토록 다스려 주신다는 사실이 확실히 증거되고 있다.

이와 같이 예수께서는 처녀 마리아의 몸을 통하여 인간의 몸을 입고 세상에 오셔서 스스로 구약에서 언약된 그리스도가 되심을 증거하셨다.[29] 그리고 승천하신 예수께서 성령을 보내어 주셔서 세우신 몸 된 교회를 양육하시고 진리로 무장시켜 선한 싸움에서 최후의 승리를 거두심으로써 스스로가 구약에서 언약한 메시아 곧 그리스도가 되심을 분명하게 증거하여 준다. 이로 인하여 구약에서 언약하신 하나님은 언약대로 이루어 주시는 여호와이심을 계시하여 주시는 것이다.

신약	사복음서 (마~요)	예수를 통한 성취
	사도행전~계시록	성령을 통한 성취

결국 신·구약성경은 하나님께서 스스로의 이름을 여호와로 계시하시려고 언약을 세우시고 성취하시는 섭리내용을 성령 감동으로 기록하게 하신 하나님의 말씀이다. 구약은 여호와께서 메시야(그리스도) 보내실 것을 언약하시는 내용이고, 신약은 여호와께서 그리스도(메시야)를 보내셔서 언약을 성취하시는 내용이다. 다시 말하면 하나님께

---

29) 계 11:15 일곱째 천사가 나팔을 불매 하늘에 큰 음성들이 나서 가로되 세상 나라가 우리 주와 그 그리스도의 나라가 되어 그가 세세토록 왕노릇하시리로다 하니.

서 스스로의 이름을 여호와로 계시하시려고 메시야를 보내실 것을 언약하시고 언약대로 메시야를 보내어 성취하신 것이다. 이로 인해 여호와 하나님의 존재가 확증될 뿐 아니라 그의 속성들이 분명하게 계시된다. 곧 확실히 살아계신 여호와 하나님이 어떠한 분이신가에 대해 명쾌하게 계시된 것이다. 따라서 택한 백성은 신·구약성경을 통해 예수를 그리스도로 믿으므로 하나님의 이름을 여호와로 알아 경외하는 인간의 제일 되는 본분을 감당하게 된다.[30]

---

30) 전 12:13 일의 결국을 다 들었으니 하나님을 경외하고 그 명령을 지킬찌어다 이것이 사람의 본분이니라.

변화를 이루는 삶

엄 신 형 박사
중흥교회 당회장
기독교기도운동본부 총재
(사)전국기독교총연합회 대표회장

눅 9:28-29

사람은 누구나 이 세상을 살면서 변화되는 삶을 살아가고 있습니다. 하나님의 형상대로 지음받은 성도들도 세상을 살아가는 순간 순간 좋은 방향으로 변화되는가 하면 때로는 좋지 않은 방향으로 변화되어 가고 있음을 깨닫게 됩니다. 그런데 나 자신뿐 아니라 우리 주변을 살펴보면, 변해야 할 것이 변하지 않아도 불행과 고통이 따르고, 변하지 말아야 될 것이 변해도 역시 어려움이 수반되는 경우를 발견하게 됩니다. 건강한 사람이 병자로, 행복한 가정이 불행한 가정으로, 힘있는 자가 연약한 자로, 믿음이 있는 자가 믿음이 전혀 없는 자로 변화되지 말아야 함은 물론, 하나님의 형상으로 지음받은 하나님의 자녀들이 세상 사람이나 마귀의 자녀(딤후 4:10, 요일 2:15)로 변화되거나 믿음의 사람이 의심의 사람(약 1:6, 롬 4:20)으로 변화되는 일은 어떤 경우에도 결코 있어서는 안 됩니다.

우리의 시조 아담과 하와가 선악과를 먹으므로(창 3:6) 하나님의 사랑 안에 거하던 사람이 하나님과 원수가 되고 행복이 변하여 불행이 되며 고통과 절망 속에 죽어가야만 했습니다. 하나님께서는 독생자 예수님을 구원의 주로 이 세상에 보내 주셨고(요 1:14, 18, 3:16), 그 독생자 예수님을 십자가에 못박아 피흘려 죽게 하시므로 (마 27:35-40, 막 15:16-39, 눅 23:33-38, 요 19:17-30) 저주와 절망의 사람들이 축복의 사람으로 변화되고, 다시 하나님과 하나되는 변화의 역사가 일어나게 된 것입니다.

본문에는 예수님께서 제자 중 베드로와 야고보와 요한을 따로 데리고 산에 올라가셔서 그곳에서 변화되신 내용이 기록되어 있습니다. 성경에는 산이 많이 등장합니다. 이삭을 번제로 드리는 순종심을 보인 아브라함이 여호와이레의 기적을 체험했던 모리아산이나(출 22:1-18), 호렙산의 가시떨기 불꽃 속에서 모세를 부르신 역사(출 3:1-4)나, 시내산에서 십계명을 받은 장면이나(출 24:12-18), 예수께서 제자들과 많은 무리들에게 산상 교훈을 가르치셨던 곳이나 엘리야의 기도에 불로 응답하셨던 갈멜산(왕상 18:37-38) 등 산에서 하나님의 역사가 일어났던 예를 들 수가 있습니다. 본문에서도 예수님과 그의 제자들이 산으로 올라갔을 때에 변화의 역사가 일어났습니다. 진정한 신앙 운동은 변해야 할 부분들이 변화되고, 변하지 말아야 할 부분들은 변하지 않는 것입니다.

2. 변화되어야 할 부분들

변화라는 말의 「메타모르포오」($\mu\varepsilon\tau\alpha\mu\rho\rho\varphi\omega\omega$)는 "다른 형태로 변화하다", "모양, 성질, 기능 등을 변화시키다", "형태가 변하다"는 등의 의미로써, 단순한 외형적인 변화가 아니라 내부에서부터 완전히 변화된 것, 거듭난 것, 새롭게 태어난 것을 의미합니다. 그러면 우리에게 있어서 변해야 할 부분들은 무엇일까요?

첫째, 미움이 사랑으로 변화되어야 합니다(마 5:43-44, 롬 13:8-10). 베드로전서 4장 7절과 8절에서 하나님은 "만물의 마지막이 가까웠으니 그러므로 너희는 정신을 차리고 근신하여 기도하라 / 무엇보다도 열심히 사랑할찌니 사랑은 허다한 죄를 덮느니라"고 말씀하셨습니다. 험악한 세상을 살면서 우리는 자신도 모르는 사이에 우리의 마음이 쉽게 굳어지고(욥 41:24), 감각을 통하여, 신경을 통하여 어느새 미움의 감정이 싹이 트게 되며, 이로 인하여 하나님의 저주와 진노를 끌어 들이게 됩니다. 그러므로 미움이 사랑의 마음으로 변화되어야 합니다. 산 꼭대기에서 혼자 살면 모르지만 늘 여러 사람이 어울려 사는 환경 속에 생활하다보면 이상한 증오심이 일어나게 되고, 마음에 평강을 잃게 되며, 육체에 이상을 느낄만큼 고통스러울 때도 있습니다. 부모와 자식지간에도 자주 접하다 보면 때로는 부모는 자녀에 대하여, 자녀는 부모에 대하여 오해와 갈등이 생기고 미움이 싹트게 됩니다. 흙으로 만들어진 인간은 이렇듯 연약하고 인간의 힘의 한계를 넘지 못하는 부족한 존재입니다. 그러나 성령이 우리 속에 역사하여 굳은 마음을 제하고 하나님의 사랑으로 충만하게 채워질 때 미움이 사랑으로 변화되는 놀라운 역사를 체험하게될 줄 확신합니다.

둘째, 부정적인 마음이 긍정적인 마음으로 변화되어야 합니다.
 만사를 부정적으로 생각하면 늘 고통을 면치 못하게 됩니다. 인생의 여정에서 때로는 바람이 불고 비바람이 몰려와서 고난의 길을 걷게 된다 할지라도 바람을 긍정적인 각도에서 바라볼 수 있도록 마음의 평정을 가다듬어야 합니다. 우리의 인생은 날이 개인 것처럼 잔잔한 때가 있고, 원치 않는 장애물을 만나 놀란 가슴이 되는 순간도 있으며, 오르막길을 힘겹게 올라가야 할 때도 있고, 반면에 내리막길을 순탄하게 걸어가는 등 이 세상을 살아가는 사람들은 누구나 이런 일, 저런 일들을 겪으며 살아가는 것입니다. 중요한 것은 우리가 접하는 이 모든 일들을 어떠한 시선으로 바라보느냐에 따라 삶의 내용과 방향이 달라지는 것입니다. 예를 들어 어떤 사람이 병이 들었을 때 부정적인 생각으로 낙심과 절망 속에 빠져들게 되면 더욱 병이 악화될 수 밖에 없습니다. 그러나 하나님의 자녀로서 예수 그리스도의 치료의 기적들을 바라보고 (출 15:26, 마 4:24, 8:14-15), 지금이 곧 하나님의 치료의 기적을 체험할 기회로 삼고, 하나님의 능력을 신뢰하는 믿음과 긍정적인 자세로 하나님께 간절히 기도할 때, 하나님의 놀라운 신유의 기적들을 현실로 체험하게 되는 것입니다.

  D.L Moody는 무식하고 배운 것이 없었지만, 하나님을 사랑하는 불타는 마음이 강렬하였으므로 주일 학교 교사로서 일하고 싶었습니다. 그러나 사람들이 비웃고 인정을 하여 주지 않았지만 그럼에도 불구하고 모든 만사를 긍정적으로 받아들이며 하나님께 매어 달리며 능력을 구했을 때 교회사에서 그냥 지나쳐 버릴 수 없는 위대한 존재로 우리의 가슴 속에 남아 있게 되었습니다. 이스라엘 백성들이 가나안 복지를 소유(민 13:1-16)하는 데도 여호수아와 갈렙의 긍정적인 사고와 확신에 찬 권면은 온 이스라엘 백성들이 절망의 순간을 뛰어넘어 가나안 복지를 향하여 전진하는 큰 자극제가 되었으며, 살아계신 하나님의 능력을 체험할 수 있는 놀라운 신앙의 밑거름이 되었습니다. 이 시대를 살아가는 우리들도 마찬가지입니다. 긴 인생의 여정 속에서 만나는 모든 일들을 긍정적인 마음으로 바라보며 하나님께 촛점을 맞출 때 일곱번 넘어져도 여덟번 일어나게 되는 (잠 24:16, 시 37:24, 미 7:8) 승리로운 삶을 이어가게 되는 것입니다.

셋째, 의심하는 마음이 믿음으로 바꾸어져야 합니다(마 21:21,
     롬 4:20, 약 1:6).

  힘의 한계가 있는 인간은 늘 하나님을 향하여, 사람들을 향하여 쉽게 의심하고 불신의 마음으로 변화되기 쉽습니다. 우리 마음 속에 의심이 있을 때 불안하여 정신적인 긴장 속에서 살게 되며 때로는 원치 않는 파멸을 가져오게 되는 경우도 있습니다. 우리는 하나님의 능력을 확신하는 믿음을 가지고 날마다 소망 가운데 살아야 합니다. 믿음의 조상 아브라함은 백세나 되어 자기 몸의 죽은 것 같음과 사라의 태의 죽은 것 같음을 알고도 믿음이 약하여지지 아니하고 믿음이 없어 하나님의 약속을 의심치 않고 믿음에 더욱 견고하여져서 하나님께 영광을 돌리며 약속하신 그것을 또한 능히 이루실 줄을 확신하므로써 백세에 아들 이삭을 얻는 약속 성취의 복을 누렸습니다(롬 4:19-22, 히 6:13-15). 야고보서 1장 6절-8절에 보면 "오직 믿음으로 구하고 조금도 의심하지 말라 의심하는 자는 마치 바람에 밀려 요동하는 바다 물결 같으니 / 이런 사람은 무엇이든지 주께 얻기를 생각하지 말라 / 두 마음을 품어 모든 일에 정함이 없는 자로다"라고 말씀하고 있습니다. 그러므로 어떤 경우에도 의심과 불신의 마음을 제거해 버리고 믿음으로 승리하는 삶을 살아야 합니다.

넷째, 절망이 소망으로 변화되어야 합니다(롬 15:13).
신앙인들은 신앙의 연조가 많을수록 기도를 더욱 많이 합니다. 그러나 계획된 일들이 이루어질듯 하면서도 지연이 될 때 낙심에 젖어들게 됩니다(욥 23:16). 누가복음 18장에서 기도하고 낙망치 말아야 될 것을 비유로 말씀하신 예수님은 '밤낮 부르짖는 택한 백성들의 원한을 하나님께서 속히 이루어주지 아니하시겠느냐'(눅 18:6)고 말씀하셨습니다. 로마서 15장 13절에는 "소망의 하나님이 모든 기쁨과 평강을 믿음 안에서 너희에게 충만케 하사 성령의 능력으로 소망이 넘치게 하시기를 원하노라"고 말씀하고 있습니다. 그러므로 우리는 하나님을 믿는 믿음과 성령의 역사하심 속에 날마다 소망이 넘치는 삶을 살아야 합니다. 또한 우리 마음 속에 있는 불평과 불만과 원망을 감사로 변화시키는 역사가 매시간 일어나야 합니다.
잠언 27장 20절이나 전도서 1장 8절에 보면, 우리의 눈은 보아도 만족이 없고 귀는 들어도 만족이 없다고 하였습니다. 우리 주변에서도 삯을세로 사는 사람은 전세집이라도 장만하였으면 하는 바램이 있고, 어렵게 전세집을 장만한 사람은 그때의 그 감격과 만족이 일년이 못되어 내집이 있으면 소원이 없겠다고 합니다. 그 후 또 어렵게 내 집을 마련해도 그 감격이 일년을 넘지 못합니다. 이 세상의 그 무엇으로도 인간의 마음은 뚫어진 항아리처럼 아무리 쏟아 부어도 채워지지 않습니다. 오직 하나님께만 소망을 둘 때 비로소 우리 마음은 만족함을 얻게 되고 큰 기쁨과 평강이 넘치게 됩니다.

다섯째, 입술과 용모가 변화되어야 합니다.
  우리 입술이 상대에게 복을 빌고 유익을 주는 입술로 변화되어야 합니다. 절망에 빠져있는 사람이 나의 말 한마디로 인하여 소망이 불일듯 일어나게 되고, 죄악으로 흘러가는 사람이 내가 입을 열어 말함으로 인하여 의의 길로 돌아오게 되며, 주의 일에 대한 열망이 없어진 사람이 내가 입을 열때 새로운 각오로 하나님의 일에 임하게 되는 그런 입술로 변화되어야 합니다.
  뿐만 아니라, 우리의 용모도 변화되어야 합니다.
  우리 중에 어떤 사람들은 하나님의 사람으로 자처하며 사람은 의식하지 아니하고 하나님과의 관계만 잘 되면 된다고 생각하는 경우가 있습니다. 그러나 진정한 하나님의 사람은 하나님과 이웃과의 관계가 모두 바람직한 관계가 되어야 합니다. 경건한 능력도 있고 경건한 모양도 있어야 되는 것입니다. 참 신앙은 하나님도 의식하며 동시에 사람도 의식하게 될 때에 인격적으로 품위있는 사람이 되는 것입니다. 경건한 모양은 무엇입니까? 우리의 기분대로 행동하는 것이 아니고 상대를 의식하고 하는 행동을 말하는 것이며 즐거워하는 자들과 같이 즐거워하고 우는 자들과 함께 울어줄 수 있는 인격적인 삶의 자세를 말합니다. 우리의 마음이 날마다 변화되고, 입술이 점차 변화되며, 용모도 매일 매일 변화되는 변화의 기적이 우리 속에 일어나야 합니다. 우리의 마음과 입술과 용모가 나날이 변화되려면 어떻게 하여야 합니까?

2. 변화를 받는데 갖추어야할 요소

첫째, 올라가야 합니다.

본문 9장 28절에 보면 예수께서 베드로와 요한과 야고보를 데리고 기도하시러 산으로 올라가셨다고 말씀하고 있습니다. 신앙은 우리의 산성이신 하나님을 향하여 올라가고, 하나님의 품안을 향하여 올라가야함을 의미합니다. 올라간다는 것은 전심하는 것을 의미하므로, 우리는 하나님의 품안에 거하기를 전심해야 합니다. 인간의 마음은 자신도 모르는 순간에 세상으로 자꾸 흘러가며, 쉽게 여리고로 내려가려고 합니다. 그러므로 하나님의 품을 향하여 전심으로 올라가야 합니다. 우리의 신앙이 올라가고, 사명이 더욱 불타오르며, 주의 일에 대한 열정이 올라가고, 주를 사모하는 마음이 뜨거워지고, 주를 사랑하고 형제를 사랑하는 마음이 올라가고, 교회와 국가를 사랑하는 마음이 더욱 뜨겁게 불타올라야 합니다. 우리의 신앙이 내려갈 때 강도를 만나게 되고, 실패하는 인생으로 전락하게 됩니다.

둘째, 기도해야 합니다.

우리는 기도할 때 수많은 변화가 일어남을 직접적인, 혹은 간접적인 경험을 통하여서 느끼고, 또 자신의 체험을 통하여 알고 있습니다. 참된 기도의 의미는 무엇입니까? 내 뜻을 포기하고 하나님의 뜻을 받아들이는 자세를 말합니다(마 26:39). 우리는 날마다 24시간 내내 기도를 통하여 내 속에 변화의 기적을 일으키기 위하여 '내 뜻대로 마옵시고 아버지의 원하는 뜻대로 하옵소서'라는 마음의 자세를 가져야 합니다. 본문 29절을 보면, 예수께서 산에 올라가 기도하실 때에 용모가 변화되고 그 옷이 희어져 광채가 난다고 하셨고, 30절에는 모세와 엘리야가 영광 중에 나타나 장차 예수께서 예루살렘에서 별세하실 것을 말씀하셨다고 기록하고 있습니다.

우리는 하나님을 향하여 기도하며, 예수님의 마음으로 우리의 마음을 정립해야 합니다. 하나님의 말씀으로 단단히 무장하고 성령의 능력으로 무장하여 전심으로 하나님의 품안으로 파고 들어가는 사람에게 매일 매시간 변화의 기적이 일어날 줄 믿습니다. 날마다 하나님의 품 안으로 힘차게 달려가는 우리는 성령의 도움을 요청하며, 아버지의 원하는 뜻대로 되기를 기도하는 사람들이 되어서 우리가 움직일 때마다, 입을 열 때마다, 우리의 발을 내 디딛을 때마다 변화의 기적이 일어나고 우리의 가정에, 사회에, 교계와 이 나라와 민족적으로 아름답고 희망과 기쁨이 넘치는 변화의 역사를 일으키는 주인공들이 되시기를 주님의 이름으로 축원합니다.

한국교회 이대로 좋은가-1
Is the korean church good as it si?

피 종 진 박사
재미재단법인 세계복음화협의회 대표총재

종말이 가까울수록 모이기를 거부하고 말씀 배우기를 소홀히 하고 기도하지 않으며 하나님의 말씀의 권위(authority)를 무시하는 세상이 온다고 하신 주님의 말씀처럼 정말 그렇게 되어가고 있는 목회 현장을 봅니다.

목회 현장이 과거의 영적 싸움과는 비교가 안 될 만큼 점점 강퍅하고 완악하며 불신과 실망이 가득한 모양으로 변하고 있을 뿐 아니라, 예배보다 사람들의 사교가 더 우선되는 프로그램이 교회로 침투하고 물질적인 것이 앞서서 영적인 것을 멀리하는 현상이 나타나고 있는 것입니다.

신앙생활에 예배가 빠진다면 신앙생활이 아닙니다. 신앙은 종교(religious)와 완전히 다릅니다. 종교학적(science of religion)으로 말할 때 우리 신앙생활을 기독교라는 종교적 테두리에서 이해하고 있지만 잘못된 것입니다.

종교는 무엇인가 해야만 극락도 가고 잘되는 것이라고 합니다 그러나 신앙은 죄인인 우리 인생이 주님 앞에 나아가는 것이며 주님을 만나는 것입니다.

하나님께서 세상을 이처럼 사랑하사 독생자 예수님을 우리에게 보내주셨습니다.

온전히 우리의 죄를 사하셔서 멸망하기에 마땅한 우리를 생명으로 옮겨갈 인생이 되게 하시려고, 십자가에 죽기까지 우리를 구원하셨습니다.
　무엇을 하였기 때문에 구원받은 것은 아닙니다. 전능하신 하나님께서 무조건 구원하여 주신 것입니다. 이것을 믿고 주님 앞에 나아가기만 하면 구원의 백성이요 택함을 입은 백성입니다.
　그러나 오늘날이나 예수님 당시에나 교회 안에 주님의 말씀을 잘못 가르치는 사람들이 있으며, 이들은 우리도 모르는 사이에 교회에 침투(permeation)하여 가르치고 있습니다.
　디모데전서는 A.D. 63~65년경에 기록된 하나님의 말씀입니다. 그 내용을 보면 이미 그때부터 교회 안에 잘못된 교훈을 퍼뜨리는 거짓교사〈false teachers〉들이 있었습니다.
　이들은 영지주의(Gnosticism)자들인데 교회 내부에 교묘 (subtle deception)하게 파고들어와 복음의 본질을 흐리고, 육적(肉的)인 것을 경멸하고 영적인 것을 추구한다는 교리(dogmatic theology)를 만들었습니다. 상당히 신비주의적 철학(mystic philosophy)이 교회에까지 침투해 들어온 것입니다. 이들은 영적이라는 구실로 결혼을 금합니다. 결혼을 육적인 쾌락을 좇는 것으로 보고 죄악시한 것입니다.
　또 "식물을 폐하라"(딤전 4 : 3)는 말씀을 가지고 영지주의자들은 고기를 먹지 말라고 가르치셨습니다. 또 자기 육체, 자기 몸을 학대해야 한다는 생각을 하여 금식과 고행(asceticism)을 강조했습니다. 바울이 아테네에서 만났던 "에비구레오(Epicurean)"나 "스도이고 철학자들(Stoic Philosophers, 행 17: 18)"도 모두 영지주의자들입니다.
　에비구레오들은 흔히 쾌락주의자(epicureanism)라고 부르는데 쾌락을 가장 가치 있는 인생의 목적, 모든 행위의 궁극적인 목적 또는 도덕 원리로 생각하는 행복주의의 하나입니다. 이는 고대적 그리스의 에피쿠로스 학파에서 시작하였는데 그들 역시 몸을 소중하게 여기지 않고 될 대로 되라는 식으로 마구 굴리는 사람들입니다. 스토아파(Stoic)는 반대로 금욕(禁慾)을 주장한 영지주의자들입니다.

성경은 결혼을 금하거나 고난을 받으라고 권장하지도 않습니다. 이들은 종교주의자(religious man)들이지 결코 신앙인이 아닙니다. 고기를 먹지 않는다든지 결혼을 하지 않는다고 해서 구원에 이르는 것이 아니라는 점을 모를 뿐 아니라 금욕을 선으로 착각하는 자들이었습니다.

오히려 하나님께서는 "하나님이 지으신 모든 만물은 다 선하다"하시며 "말씀과 기도로(because it is consecrated by the word of God and prayer)"살 것을 말씀하셨습니다.

신앙은 점점 우리를 거룩하게(holiness)합니다. 우리가 무엇을 해야 하는 것이 아니라 주님을 따라가면 성령께서 우리에게 말씀을 읽고 기도하게 하시며 하나님 앞에 경배할 수 있게 하여 주십니다.

거룩이 무엇입니까? 그것은 경건(piety)의 생활이라고 할 수 있습니다. 경건은 신앙생활의 핵심(point)입니다. 경건의 생활이나 신앙생활은 세상과 구별된 삶을 말합니다. 세상에서 살 수밖에 없는 우리들이 신앙생활을 통해서만 세속과 구별되게 살 수 있는 것입니다.

우리들은 원래 세상적이요 세속(common)의 속물(snobbish)이 되어 있었습니다. 하나님께서 창조하신 형상을 잃어버리고 오직 죄로 물든 멸망의 자녀로 살게 마련이었지만 하나님의 무조건적인 사랑으로 말미암아 구원의 사람이 된 것이 그리스도인입니다.

"아무리 강조해도 지나치지 않다(cannot~too)"는 표현처럼 이해가 되든 안되든 무조건 강조하고 또 강조해야 할 말씀입니다.

세속적은 가지관 속에 살아가는 우리가 하나님의 백성으로서 거룩함을 회복할 수 있는 길은 하나님의 사랑이신 예수님의 풍성한 은혜 때문이었음을 믿어야 합니다.

디모데는 본래(Lystra)사람으로 이고니온(Iconiun)에서도 평판이 좋은 사람이었습니다. 아버지는 헬라 사람이었고, 어머니는 유대인이었습니다. 디모데는 성장하면서 경건한 어머니의 영향을 많이 받았고 나중에는 사도 바울과 함께 활동하며 에베소 교회의 목회자가 되었는데 경건하였으며 영적인 권위가 있었습니다. 이것은 디모데가 기도와 말씀과 헌신 가운데서 전도에 힘썼기 때문입니다.

그렇습니다. 육체의 훈련은 우리의 삶에 아주 필요한 것이지만 약간의 유익이 있습니다. 그러나 경건은 범사에 유익하니 금생과 내생에 약속이 있는 줄로 믿으라고 하셨습니다.

영지주의에는 "physical exercise" 개념이 없습니다. 스토아 철학도 금욕을 가르쳤지 "physical exercise"는 가르치지 않습니다. 하나님의 말씀은 몸을 소중하게 여깁니다.

몸은 하나님이 주신 선물이요 하나님의 영이 들어와 거하시는 "성령의 전(殿)"이며 하나님께 드려야 하는 거룩한 제물입니다(롬 12 : 1). "육체의 연습"은 유행어가 아닙니다.

언제부터인지 운동에 "fitness"라는 개념이 들어왔는데, 이는 표준 체형에 맞도록 운동을 하는 것입니다. 육체의 연습이 중요한 만큼 "경건의 연습"도 중요합니다.

육체의 연습은 현재의 삶에 유익을 줍니다. 경건의 연습은 현재의 삶에 유익을 줄 뿐만 아니라 저 세상에서까지 유익을 준다는 것입니다. 육체의 연습이 주는 유익은 육체적 건강이고 경건의 연습이 주는 유익은 영원한 생명입니다.

하나님께 예배드리는 생활은 이 두 가지를 다 포함하고 있습니다. 몸과 영혼은 하나님 앞에 드려야 할 제물(sacrifice) 입니다. 그러므로 예배에서 경건을 무시하거나 거룩함이 없다면 예배는 타락(apostasy)하고 성령께서 역사하지 않습니다.

교회가 무너지고 예배가 무너지는 원인은 어느 한 가지 탓으로 돌릴 수 없을 만큼 복잡합니다. 그러나 분명한 것은 이대로 예배의 경건을 무시하거나 예배자(worshiper)들이 거룩성을 소홀히 한다면, 예배는 인간의 종교적 행위일 뿐 하나님께서 받아주시지 않는 가인의 제사가 되고 말 것입니다. 우리는 예배회복을 위해 경건의 삶을 살아야 합니다.

육체의 연습이 필요한 것처럼, 경건의 훈련을 위해서도 교훈(instruction)이 필요하며 따라야 할 규칙이 있습니다.

첫째, 하나님의 성품을 닮아야 한다.

"우리의 소망을 살아 계신 하나님께 둠이니"(딤전 4:10)라고 했고 "신의 성품에 참예하는 자(participants in the divine nature)"(벧후 1:4), "하나님을 본받는 자(imitators of God)"(엡 5:1)라고 했습니다.

경건의 훈련은 비밀스러운 것이며, 죄로 물든 우리가 하나님의 성품을 같이 나누고(sharing) 하나님의 성품을 닮아가는 것입니다.

경건의 훈련을 쌓아 가면서 하나님을 친밀하게 느끼고, 교제하고, 체험하면서 그분의 형상으로 회복된다는 것은 얼마나 놀라운 일입니까.

둘째, "믿는 자에게" 모델이 된다.

말과 행동, 사랑하는 일과 믿음을 지키는 일, 그리고 성결한 삶은 다른 믿는 자들에게 모델이 되는 것입니다.

처음 사랑을 저버렸으므로 심판을 받는다(계 2:4)고 하셨습니다. 기도하는 사람들이 다른 사람과 싸우고, 말과 행동이 달라서 다른 사람들에게 비난을 받습니다.

하루를 시작하면서 기도하고 잠자리에 들기 전에 기도하는 사람이 앞뒤가 서로 다르다면 그것은 좋은 모델이 될 수 없다는 것은 상식 입니다. 기도하는 사람은 훈련받는 운동선수와 같고, 선수에게 코치하는 지도자와 같은 사람이 말과 행동이 다르다면 그 문제 또한 적지 않습니다.

셋째, 성경 애독이다.

여기서 애독이란 착념(着念, concentration) 혹은 집중이라고 할 수 있습니다. 성경은 하나님이 주시는 영혼의 양식입니다. 기도가 영혼의 호흡이라면 성경은 하나님의 말씀이요, 계시요, 영육이 아울러 강건할 수 있는 양식입니다. 그래서 사람은 떡으로만 살 것 이 아니요, 하나님 입에서 나오는 말씀으로 산다고 하시지 않았습니까. 피조물이며 하나님의 자녀인 우리들이 하나님의 뜻을 발견 하고 뜻을 앎으로써 경건한 생활을 하게 되는 것입니다.

넷째, "영적인 은사들(the spiritual gifts)"이다.

은사는 성령이 충만한 가운데서 주시는 하나님의 사랑이요 하나님의 영광을 위하여 사용될 도구입니다. 그래서 은사를 "조심 없이 말며 (Do not neglect your gifts)"라고 하셨습니다.

주님께서 주신 은사 중에 전도의 사명은 아주 귀한 열매입니다. 전도는 사명이며, 구원에 감격한 성도들이 하나님 은혜에 감사하는 열매입니다. 그러므로 방언, 치유의 은사 등 많은 은사 모두 전도를 위한 것이라고 할 수 있습니다.

다섯째, 육체의 훈련이든 경건의 훈련이든 모든 것에 규칙적으로 힘써야 합니다.

"이 모든 일에 전심전력하여 너의 진보를 모든 사람에게 나타나게 하라"(딤전 4:15) 하셨다. 얼마나 성장하고 진보(progress) 했는지 스스로 판단하라는 것이 아닙니다.

이것은 나를 통해 우리의 이웃들이 점검하는 것입니다. 즉 경건의 훈련에서 얻는 결과는 신앙생활을 통해서 그 열매가 나타나기 때문입니다. 바람이 지나가면 흔적이 남듯이 영적으로 자란 사람은 반드시 흔적을 남기게 마련입니다.

여섯째, 경건의 훈련에는 졸업이 없습니다.
　세상의 모든 일은 과정이 있고 그것을 마치면 수료증을 줍니다. 그러나 경건의 훈련은 수료증이 없습니다. 경건의 훈련은 생명이 다 할 때까지 계속하는 것입니다.
　"이 일을 계속하라 (Persevere in these things)"(딤전 4:16)고 했습니다. 경건의 훈련은 삶의 한 부분이며 우리가 하지 않으면 안 될 일이 되어야 합니다. 추운 날이든 무더운 날이든 비가 오든 관계없이 조깅하는 사람을 보았습니까? 눈이 쌓인 날에도 푹푹 빠져가면서 뛰는 사람들이 있습니다. 그들은 하루라도 뛰지 않으면 견딜 수 없다고 합니다.
　말하자면 영적인 훈련도 Nyskc처럼 기도하고 성경 읽고 전도하고 주일을 지키며 하나님 앞에 예물 드리는 일은 평생 해야 할 일입니다. 하루라도 건너뛰거나 쉬면 갈급 하여 견딜 수 없는 그런 것이 되어야 합니다.
　중국 선교의 선구자 허드슨 테일러는 스물다섯 젊은 나이에 중국 땅을 밟고 평생 동안 중국 선교에 헌신했습니다. 그는 사람들에게 "당신은 어떻게 일생을 선교사로 보낼 수 있었습니까? 그러면서도 행복할 수 있었던 비결은 무엇입니까?"라는 질문을 받을 때마다 다음과 같이 말했다고 합니다. "나의 헌신과 행복의 비결은 하루를 어떻게 시작하느냐에 달려 있습니다."
　스티븐 코비(Steven R. Covey)가 쓴 「성공하는 사람들의 7가지 습관(7 Habits of Highly Effective People)」을 읽어 보셨습니까? 자기 생을 성공적으로 사는 사람들을 보니까 공통적으로 7가지 특징이 있더라는 것입니다. 스티븐 코비가 맨 마지막으로 말하고 있는 것은 "Sharpen the Saw(톱 날을 날카롭게 하라)"입니다. 영적인 삶은 톱 날을 날카롭게 가는 것과 같습니다.

영적인 삶(spiritual dimension of life)은 이처럼 경건의 훈련으로서 기도와 말씀 애독, 전도와 성수주일, 헌물의 드림을 말합니다. 이 다섯 가지의 생활은 세속 사람들이 할 수 있는 생활은 아닙니다. 이러한 생활은 영적인 차원에서 이해해야 할 신앙생활의 핵심이며 중심입니다. 경건은 영적이며 또한 거룩한 생활로서 지극히 개인적인 삶의 중요 영역(supremely important one)입니다.

하나님께서 경건한 사람들에게 원하시는 것은 무엇입니까?

마음을 다하고 뜻을 다하며 목숨을 다하여 여호와를 섬기는 것입니다. 이는 곧 하나님을 신령과 진정(worship him in spirit and in truth)으로 예배하는 것입니다. 예배를 살리고 회복하는 것은 교회를 살리며 가정을 살리고 이웃을 살리며 인류를 살리게 됩니다. 따라서 Nyskc Movement는 바로 인류를 향한 하나님의 뜻임을 믿습니다.

사랑하는 여러분 우리는 모두 종말의 시대를 살아가고 있습니다. 정신차려 기도하며 깨어 있어 주를 섬기는 우리 모두가 되기를 축복합니다.

한국교회 이대로 좋은가-2
Is the korean church good as it si?

피 종 진 박사
재미재단법인 세계복음화협의회 대표총재

1. 禮拜의 바른理解 (A correct understanding of worship)

예배의 바른 이해는 신앙생활에 매우 중요한 본질중의 하나이다. 가인과 아벨의 제사는 아브라함의 제사와는 다르며 모세 때와 왕권시대 때도 달랐습니다.

예수님 때에도 제사장, 율법학자, 서기관, 바리세인들과 예수님께서 말씀하신 예배의형식과 方法이 달랐습니다.

지금 이 시대에도 다양한 예배형식이 등장하고 있으므로 무엇이 참된 예배인가 예배에 대한 질문이 제기되고 있습니다.

새들백이 소개한 seeker's worship이나 빈야드, 브론스빌 敎會등에서 보여준 탈전통적 열린 예배가 스며들고 있는 것이 현실입니다.

이러한 일에 교계는 3가지로 생각을 합니다.

① 교회가 세상의 유행을 따라 가는 것은 위험한 발상입니다.

② 교회가 新世代를 끌어안기 위한 피할 수 없는 대안입니다.

③ 유행적인 것이므로 좀 더 기다려 봐야한다는 신중론(essay of prudence) 자도 등장 되고 입니다.

그러나 이 모든 의견이나 주장은 아무 소용이 없는 입니다.

참된 예배의 本質은 성경말씀만이 제시하여 주고 있기 때문입니다.

2. 禮拜의 目標 (the goal of worship)

예배의 목표는 하나님이십니다. 인간의 필요나 욕구 충족을 위한 것이 아닌 것입니다. 世代(generation)의 필요나 인간의 요구에 따라 예배의 의식이나 형태가 변한다면 결국은 예배의 본질은 사라지게 되고 사람을 위한 人間中心의 예배로 변질될 수도 있는 것입니다.

예배의 목적(goal)은 하나님께 대한 경배와 찬양이며 결코 인간의 즐거움(entertainment)을 위한 것이 아닌 것입니다. 信仰이 타락되고 종교(religion)가 타락되고 세속화되면 敎育(educatio)이 타락하고 문화가 타락 되는 것입니다.

종교(교회)가 世上을 이끌어 가는 것이지 세상문회가 종교를 이끌어 가는 것이 아니기 때문입니다.

3. 신·구약 시대 예배의 고통점(common feature)

구약사대에 나타난 예배의 형태는 산당의 제사에서부터 성전예배에 이르기까지 다양하였습니다.

구약시대의 예배 공통점은,

① 오직(only) 한분이신 하나님 한분에게 단을 쌓은 것이었고,
② 반드시 제물이 있는 제사를 드리게 되었고,
③ 규범(rulable)을 따라 제사를 드렸으며,
④ 시와 찬미(psalms and hymns)와 神靈한 노래로 제사를 드렸으며,
⑤ 성령(spilit of the Lord)의 강한 임재가 있는 제사를 드리게 되었습니다.

바벨론 포로 이후 회당 예배가 등장하면서 예배 형태가 조금씩 변화되기 시작했습니다.

선지자나 제사장 중심의 제사에서 성경 낭독과 설교는 회당 예배의

중요한 요소였습니다.

  기도와 축도가 있었으며 제사장 중심에서 백성들의 참여가 있게 된 것이 아주 다른 면에서 보여주고 있습니다. 그러나 신약시대 성도들이 드린 예배는 부활하신 예수님이 중심이 되었습니다.

  그 뿐만 아니라 주님의 재림을 기다리며 예배를 드린 날이 안식일에서 주님께서 부활하신 날로 바꾸었다는 것은 대단한 변화였던 것입니다.

  오직 예배의 본질은 절대 변할 수 없는 것이고 다만 예배의 형태가 바꿀수 있게 되는 것은 하나님의 자체가 어떤 형식이나 제도에 얽매이신 분이 아니기 때문입니다.

4. 예배의 혼돈(confusin)

  우리는 지금 예배의 혼돈시대에 살고 있습니다. 禮拜의 기준이 聖經에 있음에도 불구하고 성경의 기준조차 부인하며 자기 생각대로 해석하고 주장하는 자들을 볼 수 있습니다.

  그러한 가운데에서 교회는 그 역할을 잃어버리고 말씀의 권위와 살아계신 하나님의 역사는 뒤로한 체 예배의 중심이 인간 자체에 머물게 되어서는 결코 아니됩니다.

  전통적인 것은 舊時代(the Old era) 적이라는 이름하에 던져 버리고 물질 만능주의에 도취되어 사치와 유행을 쫓거나 재미있고 육적인 것에 도취되어 지는 일은 결국은 하나님이 함께 하시지 않는 行爲와 적인것이 됨으로 하나님께 영광을 돌려드릴 수가 없게 되며 靈的인 만족을 얻지 못해 결국은 싫증(disgust)을 느끼게 되고 말게 되는 것이다.

  어떤 길은 사람의 보기에 바르나 필경은 사망의 길이니라(there is away which seemed right unto a man but the end thereof are the ways of death).

5. 聖經的인 禮拜回復 (Restoration of biblical worship)

예배 회복은 모든 것의 회복이 되고 교회의 부흥을 가져오게 됩니다. 그러므로 예배가 무너짐은 모든 것에 무너짐이 되고, 예배의 혼란은 (state of confusin) 교회의 혼란이 되며, 교회의 혼란은 신앙의 혼란을 가져오게 됩니다.

예배 회복은 하나님의 명령이며 모든 믿는 자의 요구인 것입니다. 그러므로 우리는 예배의 근본적인 본질(fundament)을 추구하며 접근해야 합니다.

예배에 있어 참으로 중요한 것은,

예배를 받으실 분은 오직

① 하나님 한 분뿐 이심을 알아야 하고 그만 섬기고 그에게만 경배해야 하는 것입니다.

② 하나님의 말씀으로 生命의 양식을 취하고 그 말씀대로 하나님께 경배해야 하며,

③ 재물있는 제사로 경배해야 한다. 출애굽기 23: 15절 말씀에 빈 손으로 내 앞에 나오지 말지니라고 하였습니다.

④ 그리고 하나님은 영이심으로 하나님께 예배하는 자는 반드시 영(spirit)과 진리(truth)로 예배해야 합니다.

요한4:24 절에 *하나님은 영이시니 예배하는 자가 in the spirit & in truth로 예배해야 된다고 하였습니다.

하나님은 약속 하시기를 예배하는 자에게는 반드시 하나님의 영이 함께 하여주시고 예배하는 자를 찾아 주신다고 하셨습니다.

그러므로 禮拜하는 자는 반드시 하나님의 임재하심을 체험하게 되고 하나님의 크고 놀라운 역사가 나타나게 됨을 볼 수 있게 되는 것입니다.

개인과 국가에도 마찬가지입니다. North America 와 South

Amefica의 차이점에서 보여주는 대화의 큰 교훈이 하나 있습니다.

어느날 남미의 아르헨티나(Argentina) 대통령이 미국 大使를 만나서 다음과 같이 이야기한 일이 있습니다.

당신(미국)의 조상들은 하나님을 찾아 섬기기 위해 北美에 가서 하나님도 찾게 되었고 금도 물질도 축복도 많이 받았는데, 우리 조상들은 금을 찾기위해 南美에 왔는데 지금보니 금도 돈도 찾지 못하고 하나님도 찾지 못했다고 고백한 말이 있습니다.

참된 예배가 있는 곳에는 하나님도 계시고 恩惠와 祝福도 임하게 되는 것입니다. 禮拜는 信仰의 生命이며 하나님께 최고의 榮光을 돌리는 일인 것입니다

6. 아브라함의 禮拜 模範(worship model)

우리가 흔히 아브라함을 가리켜 믿음의 조상이라 부릅니다만, 그 가문이 본래 하나님을 믿는 가문이 아니었습니다. 갈대아 우르에서 우상 숭배하는 가문이었습니다. 그런데 아브라함이 하나님의 부르심을 받고 믿음으로 순종하다가 믿음의 조상이 된 겁니다. "여호와께서 아브람에게 이르시되 너는 너의 본토 친척 아비 집을 떠나 내가 네가 보여 줄 땅으로 가라"(창12:1)는 명령입니다. 부모 형제들이 있고 땅도 있고 집이 있는 하란, 평안히 안일하게 살 수 있는 본토친척, 아비 집을 다 버리고 과감하게 떠나라는 것입니다. 그것도 목적지를 가르쳐주면서 떠나라는 것이 아닙니다. 어디로 가라는 말씀도 없이 무조건 다 버리고 떠나라는 것입니다. 하나님의 말씀에 전폭적으로 순종하려면 자신의 이유를 따지고, 자신의 이익을 계산해 보고, 자기 뜻에 맞아야만 순종하는 것은 순종이 아닙니다.

아브람의 가족은 하란에 정착하기 전에는 갈대아 우르에 살았습니다. 아브람의 아버지 데라는 달을 숭배하고 우상 장사를 하는 사람이

었습니다. 그래서 하나님은 아브람에게 그 죄악된 장소 하란을 박차고 떠나라고 말씀하셨고 아브라함은 그 말씀에 순종했습니다. 부모 형제들과 함께 안정된 생활을 할 수 있었고, 형제들과 친척들이 붙잡으며 떠나지 말라고 하는데도 용감히 박차버리고 떠났습니다. 하나님은 아브라함에 대하여 큰 계획과 축복을 가지고 명령하셨습니다. "내가 너로 큰 민족을 이루고 네게 복을 주어 네 이름을 창대케 하리니 너는 복의 근원이 될지라"(창12:2) 하신 이런 엄청난 축복을 예비하시고 떠나라고 하신 것입니다.

1) 순종과 믿음이 있는 예배(worship with obedience and faith)

예배자는 무엇보다 하나님께 순종하는 사람이 되어야 합니다. 아브라함은 "자기에게 나타나신 여호와께 예배"를 드렸습니다. 8절에서도 "그가 그곳에서 여호와께 예배 드렸다고"하였습니다. 예배의 목적은 오직 하나님께 있다는 것입니다. 아브라함은 약속의 말씀을 믿고 순종하는 것에서부터 믿음의 여정을 출발했습니다. 믿음으로 출발했지만 끝은 여호와를 향한 것이었습니다. 우리들의 신앙의 자세도 믿으면 구원, 믿으면 축복, 믿으면 뭔가 얻는 것으로 출발하지만 이는 자기유익, 자기 중심. 취하는 중심의 삶에서 벗어나지 못하면 진정한 신앙인이 아니요 진정한 예배를 모르는 사람이라고 해도 과언은 아닙니다.

요즘 사람들은 예배를 感情에 體驗하는 것이라 생각하는 사람들이 있습니다. 치유 받고, 뜨거움을 체험하고, 만족을 누리는 것도 중요합니다. 그러나 어디까지나 자기 만족에서 벗어나지 못할 수 있습니다. 자기를 벗어나 하나님 중심, 예수님 중심으로 서는 자가 예배를 아는 자입니다. 아브라함도 가나안 땅을 얻은 것은 아무 것도 없었지만 그는 자기에게 나타나신 여호와 하나님을 얻었습니다. 그 마음 중심에 하나님을 깊이 모셨을 때 그때 진정 예배가 바로 섰습니다. 나의 하나님께 영광과 찬양을 돌리고자 하는 그 마음이 바로 예배자의 마음입니다. 예배의 대상이 나의 만족이 아닙니다. 예배의 대상이 사람이 아닙니다. 오직 예배의 대상은 하나님 한 분 밖에 없습니다. 여호와 하나님께 드리는 예배가 참된 예배입니다.

2) 아브라함은 여호와의 이름을 부르며 예배드렸다.

여호와의 이름을 불렀다는 것은 신앙고백의 의미가 있습니다. 내가 만난 예수님, 나와 함께 하신 하나님이 누구신가 예배를 통해서 깊이 만나며 교제하는 것입니다. 하나님은 한 분이시지만 하나님의 이름은 무한히 존재합니다.

이는 하나님께서 우리 인생들에게 개별적으로 만나주시는 분이시기 때문입니다. 아브라함이 여호와의 이름을 부른 것은 그가 만난 하나님으로 충만했다는 뜻입니다. 하나님은 공적인 하나님도 되지만 개별적으로 만날 때 인격적이시고, 구체적이시고 나의 삶을 주관하시는 분으로 고백하게 됩니다.

예배는 바로 나와 하나님과의 인격적인 만남이 존재하는 곳임을 알 수 있습니다. 나의 하나님을 간절히 찾고 부르짖을 때 하나님은 만나주신다고 약속하셨습니다. 우리는 예배 가운데 하나님의 이름을 부르며 나아가야 합니다. 하나님의 이름을 부르지 아니하고, 그 은혜를 사모하지 않은 예배는 죽은 예배요, 종교행사라고 말합니다.

아브라함은 단을 쌓고 예배를 드릴 때 여호와의 이름을 불렀습니다. 그의 아들이삭도 여호와의 이름을 불렀고, 야곱도 여호와의 이름을 불렀습니다. 우리들도 삶의 순간순간마다 예수님 이름을 부르고, 체험하고 함께 예배하는 하나님 나라의 예배자들로 세워져야합니다.

3) 아브라함은 祭壇을 쌓고 예배하였습니다.

단을 쌓는 것은 예배의 구체적인 삶의 헌신이라고 볼 수 있습니다. 단을 쌓는 것을 생각해 봅시다. 단은 아무 곳에 쌓지 않기에 구별된 장소가 필요합니다. 또한 밤중에나 졸리는 시간에 하지 않고 가장 좋은 시간 즉 區別된 時間이 필요합니다. 또 제단을 만들기 위해서는 하나님 보시게 좋은 돌들을 찾아야합니다. 기도하는 마음으로 하나하나 쌓아가야 합니다. 노력과 헌신이 필요합니다. 예배드리는 마음이 있으면 자연스럽게 구별된 마음과 또 형식도 잘 갖추어지게 됩니다. 형식적이라는 말이 좋지 않게 들리지만 형식 자체는 참으로 좋은 단어입니다. 왜냐하면 그 형식에 그 마음의 진심과 헌신이 들어가 있기 때문입니다. 휘황찬란하지는 않더라도 광야에서 단을 쌓고 예배하는 것처럼 우리도 매 순간의 삶 속에서 예배의 장소와 시간을 구별하고 마음과 정성으로 예배할 때 하나님이 기뻐하시는 진정한 예배가 될 것입니다. 하루를 구별하여 온전히 드리는 기도의 예배가 사도 바울이 말했던 삶이 산제사요, 예배라는 것입니다. 구별하여 드리지는 예배를 하나님께서 기뻐하시며 그런 예배자의 마음과 헌신, 그리고 예배를 온전히 받으실 것을 우리는 믿습니다.

4) 아브라함은 하나님이 기뻐하시는 예배를 드렸다.

그러므로 그의 가정은 아브라함과 같은 예배자들이 세워졌습니다. 그러므로 자손들에게 신앙을 확실하게 물려줘야 합니다. 그런데 안타깝게도 적잖은 그리스도인 부모들이 자손들의 신앙에 대해 무관심합니다. 최근 미국이나 한국교회 통계를 보면 젊은 층(어린이, 청소년, 청년층)이 교회에서 많이 이탈되고 있습니다. 젊은 층 인구가 줄고 있는 탓도 일부 있다지만, 실제는 인구가 줄고 있다는 것보다 더 중요한 주 그리스도에 관하여 그리고 구원에 대하여 관심이 없다는 것입니다.

이런 現象은 매우 심각한 문제입니다. 세상에서 성공하는 것에는 무한정 관심과 투자를 하면서도 신앙생활 곧 예배 중심의 신앙에 대해서는 무관심한 것은 크게 잘못하는 겁니다. 그런 삶은 사사기 2장을 보면 암흑 시대가 옵니다. 세속적인 부귀영화는 진정으로 행복을 가져다 주지 못할 뿐더러 그리 오래 가지도 못하기 때문입니다. 한 예로 헤밍웨이는 노벨상 수상자 &세계적인 지명도를 가진 유명인사 아닙니까. 그런데 정작 본인은 불행한 인생을 마쳤습니다. 인생의 허무와 고독감을 못 이겨 권총으로 생을 달리했습니다.

하나님을 예배하던 사람으로 살았다면 플로리다 남단의 키웨스트에서 그의 인생을 마감하였겠습니까. 더욱이 그는 어린 시절 신앙의 가정에서 자랐습니다. 그의 조부는 D. L. Moody와 절친한 친구였고, 부친도 크리스천 의사였고 모친도 나름대로 신앙 생활을 했다고 합니다. 하지만 헤밍웨이는 하나님을 멀리했습니다. 주께로 가까이 나아가는 예배자의 삶을 살았었다면 세상에서는 노벨상을 받을 만큼 주님께로부터는 천국의 면류관을 받았을 것입니다. 그러므로 여러분 모두가 여기 모인 것은 신앙을 점검하고 예배를 회복하고자 하는 간절한 마음으로 모인 것입니다.

따라서 우리 자신이 먼저 restore worship이 되어 하나님이 기뻐하시는 그리스도인이 되어야 합니다. 즉 내가 먼저 성숙한 신앙의 본(本)인 예배자가 되어야 합니다. 구원받은 그리스도인은 이 땅의 모든 사람들에게 영과 진리로 예배하는 예배자가 되어야 합니다. 특히 그리스도인에게 있어서 예배자의 삶은 의식적이든 무의식적이든 모방하고 따라가게 됩니다. 거울을 보고 자기 모습을 가꾸듯이 우리 이웃들도 우리 예배자들을 보고 자기 모습을 만들어 갑니다. 교회의 울타리 안에서도 마찬가지입니다.

앞선 선배들의 신앙 생활 하는 모습을 보고 후배들이 따라갑니다. "형제들아 내가 너희를 위하여 이 일에 나와 아볼로를 가지고 본을 보였으니…"(고전4:6) "내가 그리스도를 본받는 자 된 것같이 너희는 나를 본받는 자 되라"(고전11:1) 그러므로 우리는 하나님이 기뻐하시는 예배자가 되어야 합니다; 예배자라고 한다면 무엇보다 기도하는 자가되어야 합니다. 삶에 있어 원하는 대로 안될 때가 얼마나 많습니까. 그때마다 주께 기도하는 자가 되어야 합니다. 기도는 하나님과 교제하는 대화 채널입니다. 또한 기도는 영혼의 호흡입니다. 기도하는 사람은 주님과 한 공간 안에서 나누는 삶을 사는 것입니다. 기도는 성령으로 충만하게 되는 길입니다. 구하고 찾고 두드리는 기도에 응답은 더 좋은 성령을 주신다고 하셨습니다.

성경은 겟세마네 기도를 기록하면서, 예수님이 감람산에 오르신 것이 "습관을 좇아"하신 일임을 누가복음에서 증거합니다. 이렇게 계속 반복하여 기도하셔서 기도가 곧 예수님의 성품이 되었습니다. 십자가에서 죽게 될 것을 앞두고 비로소 기도의 제목이 떠오른 것이 아닙니다. 새벽 오히려 미명에 기도하시고, 일과가 바쁘실 때도 기도하시고, 밤을 새워서 기도하셨습니다. 계속하시던 기도의 관례를 좇아 십자가를 지면서도 기도하신 것입니다. 기도는 예수님을 예수님 되게 하는 偉大한 習慣(great habit)이셨습니다.

진정한 예배자는 기도하는 사람이며 기도의 본을 보이는 삶을 사는 것입니다. 영과 진리로(in spirit and truth) 예배하는 사람은 아브라함처럼 주님 말씀에 순종하는 사람입니다. 순종이 제사보다 낫다고 하셨습니다. 예배자가 순종이 없다면 형식적인 예배자일 것입니다.

사람은 떡으로만 사는 것이 아니라 하나님 입에서 나오는 말씀으로 사는 것이라고 하셨습니다. 말씀은 우리의 영혼의 양식입니다. 기도가 영혼의 호흡이라면 생명입니다. 하지만 생명만 있어야 하는 것이 아니라 생명을 유지할 수 있는 양식이 필요한 것입니다. 그 양식이 하나님의 말씀입니다.

그 말씀으로 육신을 세워가는 것이 예배자(worshiper)인 것입니다. 누가복음에는 예수님이 안식일에 회당에서 성경을 읽는 것이 "자기 규례"였다고 증거합니다. 이 "규례"가 "에도스"라는 말인데 안식일에 회당에 들어가서 성경을 읽는 것이 예수님의 규례이자 습관이셨습니다. 예수님이 갑자기 성경을 읽기 시작한 것이 아니라 늘 성경을 가까이 하셨던 것입니다. 말씀이 육신 되어 오신 예수님처럼 말씀에 순종하는 穩순한 예배자가 되는 것입니다.

또한 예배가 회복된 예배자는 좋은 신앙의 습관을 갖게 됩니다. 신앙의 습관은 아주 중요한데 John Dryden은 이렇게 말합니다. "처음에는 내가 습관을 만든다. 그런데 나중에는 그 습관이 나를 만든다."라고 했습니다 그 좋은 습관이 무엇이겠습니까. 복된 하나님의 말씀을 전하는 것입니다. 모이면 기도하고 흩어지면 전도하는 예배자가 되어야 합니다. 예배가 회복된 사람은 은혜가 풍성합니다. 은혜가 풍성한 사람은 이웃들에게 그 은혜를 나누고자 하는 일정이 있습니다. 받은 은혜를 전하지 않고는 답답함을 느낄 만큼 하나님의 말씀을 전하고자 합니다. 실제로 전도가 습관이 되는 것은 은혜라는 동력으로 반복된 신앙의 간증(testimony)입니다. 전하면 전할수록 간증하면 간증할수록 성령께서 기쁨을 더욱 더 부어주시므로 습관이 되는 것입니다.

전하고 하나님 앞으로 인도하게 됩니다. 이 보다 하나님을 더 기쁘게 할 수 없습니다. 습관이라는 것이 만들어지기까지 몇 번이나 반복하겠습니까? 이것을 억지로 한다고 생각해 보십시오. 아마 괴로울 것입니다 하지만 기쁨으로 자신도 모를 만큼 너무 좋아하고 또 하는 예수님을 찬양하고 자랑하는 전도는 습관으로 발전하게 될 것입니다. 잭 캔필드의 「미래를 여는 집중의 힘」에서 이렇게 말합니다. "너무 자주 하다 보니 몸에 밴 일이다. 습관의 지속적으로 반복되는 행동양식이다." 그렇습니다. 예수님도 기도가 습관이 되었다고 말합니다. 예수님은 밤마다 새벽마다 언제 어디서나 무시로 기도하시는 것이 습관이 되신 분이십니다. 새벽 미명에 습관처럼 기도하신 분이십니다. 예수님의 습관 중에 하나는 그 분의 생애가 말씀을 전파하시고 하늘 비밀을 알리시는 습관입니다. 어디 그뿐입니까. 사람들이 많이 모이는 회당과 잔칫집에 시장 거리에서 하나님의 나라를 전하셨습니다. 가난한 자, 병든 자는 물론 언제 어디서나 전도에 앞장서신 분이십니다.

예수님의 습관은 거룩합니다. 마가복음에 보면 모여든 무리들을 향하여 "다시 전례대로" 가르치셨습니다. 예수님의 가르치심은 곧 전도입니다. 예수님은 많은 무리들에게 전도하고 복음을 가르치시는 일이 전례 곧 습관(에도스)이었습니다. 예수님이 말씀하시면 다가온 하나님의 나라를 선포했고 복음을 가르치셨습니다. 전도는 예수님의 거룩하신 습관이셨습니다. 예수님은 하나님께 예배함을 좋아하셨기 때문에 예배드림이 습관이셨습니다. 예수님은 어린 시절 "절기의 전례를 좇아" 예루살렘 성전으로 올라가셨습니다. "전례"가 곧 헬라어 "에도스"로서 습관이라는 의미입니다. 예수님은 열두 살 때 이미 습관을 좇아 부모님과 함께 성전에 올라 예배하셨습니다. 뿐만 아니라 성전에서 선생들과 더불어 담론을 나누셨습니다. 예수님에게는 어린 시절부터 성전을 찾아 定規的으로 예배를 드릴 줄 아는 거룩한 습관이 있었던 것입니다.

예수님은 우리의 주요 그리스도십니다. 예수님의 그 인격과 성품은 창세 전부터 예정된 것입니다. 그러나 그 예정된 구원사역을 실제로 이루기 위해서는 그 거룩한 습관을 좇아 그 인격과 성품을 형성하시어야 했습니다. 예수님은 거룩한 습관을 좇아 예배하고 기도하시며 성경을 읽으며 전도하고 절기를 지키며 전 생애를 하나님께 드린 희생의 삶 헌신의 삶을 사셨습니다. 때가 이르자 십자가를 지셨고 창세 전으로부터 예정된 구세주의 사명을 성취하셨습니다. 그리스도인이라면 예수님을 좇아 그 습관을 익혀야 합니다. 예수님의 "에도스"가 나의 "에도스"가 될 때 예수님의 영광과 인격과 능력이 나의 것이 되는 예배자 곧 예배가 회복된 예배자(a worshiper whose worshiper has been restore)가 되는 것입니다.

그렇습니다. 인간이 먼저 하나님을 찾은 게 아닙니다. 범죄한 인간은 타락함으로 죽었고, 죽은 인간은 결코 하나님을 알 수도 없고 찾아갈 수도 없는 것입니다. 이렇게 소망이 없는 우리에게 놀랍게도 영광스럽게도 하나님은 친히 찾아오셨다는 것입니다. 어떻게 찾아오십니까. 그것은 바로 말씀하시고 약속하시고 부르심으로 나타납니다. 갈대아 우르의 우상이 판을 치던 곳에서 아브람을 찾으시고 부르셨습니다. 부르심에는 반드시 기획과 목적(planning and purpose)이 있습니다. 그것이 하나님의 뜻입니다. 아브람을 아브라함이라 하시고 부르신 목적은 이것입니다.

"내가 아브라함을 選擇(choice)한 것은. 그가 자식들과 자손을 잘 가르쳐서 나에게 순종하게 하고, 옳고 바른 일을 하도록 가르치라는 뜻에서 한 것이다. 그의 자손이 아브라함에게 배운 대로 하면 나는 아브라함에게 約束(a promise)한 대로 다 이루어 주겠다."(창18: 19)

그리고 이 목적은 신약에 오신 예수 그리스도를 통하여서 새롭게 확인이 되었습니다. 참되게 예배를 드리는 사람들이 영과 진리로 아버지께 예배를 드릴 때가 온다. 지금이 바로 그 때다. 아버지께서는 이렇게 예배를 드리는 사람들을 찾으신다.(요4: 23) 하나님이 이렇게 예배하는 자를 찾으신다고 하신 것처럼 신령과 진정으로 예배하는 자로 회복되어야 합니다.

존경하고 사랑하는 여러분, 우리 모두가 하나님이 찾으시는 참된 禮拜者가 되어 혼돈하고 세속 속으로 침륜되어가는 이 시대를 깨우며 한국교회와 세계교회를 바로 세워가는 십자가의 큰 군대들이 되어 집니다.

응답의 불을 받으려면

오 관 석 박사
전.침례신학대학 이사장
하늘비전교회 원로목사

(열왕기상 18: 30~40)

본문의 역사적 배경은 이스라엘 나라의 제7대왕 아합이 집권하던 때입니다.

아합왕은 하나님 앞에 겸비하고 여호와 하나님을 두려운 줄 알던 사람인데, 바알브스의 딸 이세벨를 왕후로 들여옴으로 이스라엘 나라에 환란이 시작됩니다.

이세벨은 시집 오던 날부터 바알과 아세라 목상을 안고 와서 아름다운 인물을 미끼로 삼고 말 잘하는 궤변을 수단으로 삼아서 대신들의 마음을 사고, 드디어는 국왕의 마음을 사서 산에는 바알 신당을 세우고 밭 구석에는 아세라 목상을 세우므로 하나님의 진노가 시작됩니다.

설상가상으로 하나님의 제단을 헐어버리고, 반항하는 주의 종들을 죽이고, 옥에 가두고 매를 때려 학대하였습니다.

하나님이 진노하셔서 하늘의 문을 닫고, 3년 반 동안 비를 내리지 않았습니다. 우물물, 개울물 다 마르고 산과 들에는 푸른 빛을 찾아볼 수 없게 되었습니다.

못살겠다는 백성들의 아우성이 하늘에 솟구치고, 이세벨과 아합왕에게 원망의 파도가 일기 시작했습니다. 이런 찰나에 대선지자 엘리야가 아합왕을 만나서 국난 타개를 위한 방안을 제시했습니다.

장소는 갈멜산에서 제단 돌을 쌓아 놓고, 거기에 소를 잡아 각을 뜨고 벌여놓고, 바알 제사장들은 몇 명이 되든 다 와서 바알의 이름을 불러 제단 위에 불이 내리게 할 것이고, 나 엘리야는 여호와의 이름을 불러 제단에 불이 내리게 할 것입니다.

사람의 손으로 불을 붙이지 않고, 하늘에서 불이 내려오는 제단이 참 신입니다. 거짓신을 타파하고, 참신을 섬기는 운동을 전개하자는 엘리야의 이 제안에 아합왕도 찬성을 해서 온 백성이 갈멜산으로 모였습니다.

850명의 바알 제사장들이 아침부터 제단을 돌며 바알의 이름을 부르기 시작했습니다. 목이 갈해지고 점심때가 지나도록 바알 제단에는 불이 내리지 않았습니다. 해가 서편으로 기울어 가는 무렵까지도 바알 제사장들은 옷을 찢고 예리한 칼로 자기 살을 베면서 유혈이 낭자한 처지에서도 바알을 불러도 불은 내리지 않았습니다.

그때에 엘리야는 용상에 앉아서 그 광경을 보고 있는 아합왕에게 저럴진대 누가 바알에게 응답을 받을 수 있겠나이까? 이제 저녁 소제 드릴 때도 되었으니 내가 여호와의 이름을 불러서 불을 내리게 하겠나이다.

첫째, 무너진 제단을 다시 쌓아 올리기 시작했습니다.

열두 지파를 상징하는 돌 열두 개를 갖다 제단을 쌓고, 그 돌 주변에 고랑을 파고, 돌 위에 마른 장작을 쌓아 올리고, 소를 잡아 각을 벌려 장작 위에 올려놓고, 열두 지파를 상징하는 물 열두 항아리를 붓고, 전능자 여호와 하나님께 무릎을 꿇고 기도하기 시작했습니다.

이 제단이 여호와의 제단인 것과, 이 백성들이 여호와의 백성인 것과, 내가 하나님의 종인 것을 증명하기 위해서 그리고 하나님이 나의 하나님이신 것과 이 모든 것이 하나님의 명령대로 이루어진 것을 알게 하시는 증거의 불을 이 제단에 내려 주옵소서, 응답의 불을 내려 주옵소서, 손을 들어 응답의 불을 내려 달라고 간구 할 때, 하늘에서 여호와의 응답의 불이 제단에 내려 제물과 나무를 태우고 물을 다 핥은 것처럼 물이 마르고, 불이 타 올라오자 그 모습을 본 백성들이 여호와 그는 하나님이십니다.

여호와 그는 참 신이십니다, 우리는 여호와의 제단을 헐었고, 우리의 손을 들어 여호와의 종들을 돌로 쳤으니, 이 죄를 어떻게 속량함을 받으리요 하고 탄식하고, 땅을 치고 통곡할 때, 너희는 울지 말고 일어나서 저 바알 제사장과 아세라 목상을 섬기는 저들을 한 사람도 남기지 말고 다 잡아 기손 골짜기에 밀어 놓으라, 그리고 온 백성들이 돌을 들어 그들을 다 쳐서 돌무더기를 만드는 광경을 아합왕은 물끄러미 보고 있었습니다.

둘째, 성령의 불을 받으려면 무너졌던 제단을 다시 쌓아 올려야 합니다.

가정제단, 새벽제단, 철야제단, 수요제단, 금요철야제단, 주일 대예배 제단을 신령과 진정으로 예배를 드리되, 예배를 소홀히 했던 지난 날의 자신을 철두철미하게 회개해야 합니다.

셋째, 돌 열두 제단을 돌아가며 고랑을 파야합니다.

나 자신의 모든 숨은 죄를 파서 십자가 앞에 내 놓아야 합니다.
뼈속의 교만, 살속의 음욕, 피속의 혈기, 눈의 미움, 혀의 거짓, 머리의 망상, 쓸개의 고집, 허파의 위선, 콩팥의 간살, 위의 욕심, 내장의 배짱, 하나도 쓸 수 없는 오장육부 이목구비 사지백체에 도사린 죄를 말씀의 검으로 남김없이 파서 십자가 앞에 내놓는 고랑을 파는 회개가 필요합니다.
 깊게 파야 합니다. 넓게 파야 합니다. 길게 파야 합니다. 이렇게 해야 불을 받습니다.

넷째, 돌 제단 위에 마른 나무를 쌓아 놓으라.

 마른 나무를 쌓는 것은 불이 붙기를 사모하는 심정을 뜻합니다.
 성령의 불이 나를 태워달라고 맹인의 손에 지팡이가 필요한 것처럼, 일 분 앞을 내다 보지 못하는 나에게 성령이 필요합니다. 성령이여 나에게 오시옵소서, 애절하게 구하고, 또 구해야 한다. 그래야 불을 받습니다.

다섯째, 장작위에 제물을 놓으라.

 제물은 목을 잘라 머리를 떼어 놓고, 인간지식에 의존하지 말고, 발목을 잘라 떼어 놓는 것은 수단방법을 제거하는 것이고, 꼬리를 잘라 내놓는 것은 과거의 미련을 버리는 것입니다.
 내장을 다 꺼내서 자기 속에 하나도 숨기는 것이 없이 자기 속을 다 하나님께 보여드려야 합니다. 그럴 때에 불이 임하는 것입니다.

여섯째, 제단에 물을 부으라.

 그 제사는 비를 달라고 하는 제사이기 때문에 내게 있는 물을 먼저 하나님께 드려야 합니다.
 밀가루가 필요할 때 밀가루를 먼저 드리고, 기름이 필요할 때 기름을 먼저 드립니다.

그리고 물을 붓는 것은 절대 신앙의 고백입니다. 지금 불을 붙여야 하는데 그곳에 물을 붓는 것은 하나님을 향한 절대 신앙 고백입니다.

하나님은 불가능한 것이 없습니다. 그리고 만사를 하나님께 맡기고 성려의 불 받기를 간절히 사모하면 뜨거운 성령으로 전신갑주를 입게 됩니다.

이것은 성령을 받는 공식이요 체험의 고백입니다.

여러분들도 갈멜산의 엘리야처럼 무너진 제단을 수축하고, 고랑을 파고, 열두 돌을 쌓고, 마른나무 위에 제물을 놓고, 제물위에 믿음으로 물을 부어서 불가능이 없으신 하나님의 능하신 역사를 성령의 불로 체험하시기를 예수님의 이름으로 축원합니다.

오늘날 한국교회가
가장 경계해야 할 것들

강 춘 오 박사
교회연합신문 발행인

1. 연합과 일치, 에큐메니칼운동을 위한 교단연합체

한국교회는 선교 140년에 1천만 기독교인을 말한다.

전체 국민의 5분의 1이 복음화된 것이다. 기적 같은 일이요. 그러나 실은 한국의 기독교인이 얼마인지를 정확히 아는 사람은 어디에도 없다.

대한민국에는 헌법상 종교의 자유만 있을 뿐, 종교법이 따로 없어 어느 기관이나 어느 단체도 종교관련 통계를 집계하지 않기 때문이다. 그래서 전국에 교회가 몇 개이며, 절간이 몇 개인지 아는 행정기관도 없다. 다만 10년만에 한 번씩 조사하는 통계청 인구조사에 가족의 종교 관련 조사가 잡히는 통계가 있어서 기독교인이 몇 명인지, 불교인이 몇 명인지 등이 발표될 뿐이다.

모두가 잘 알다시피 1885년 4월, 미국 장로교의 언더우드와 감리교의 아펜젤러가 같은 날 같은 배를 타고 제물포에 입국하여 의료, 교육, 교회개척 등 비슷한 조건에서 조선선교를 시작했다. 그런데 140여년 만에 그 결과는 엄청난 차이를 보이고 있다. 두 교파의 교세가 전국 6만여 개의 교회당 가운데 장로교는 약 68%, 4만여 개에 이르고, 감리교는 12%, 7천여 개에 지나지 않았다.

전체 교인수도 장로교인 수는 약 750여 만명에 이르고, 감리교인

수는 120여 만명이었다. 그리고 목회자 수에서도 10배 이상 큰 차이를 보이고 있다. 이것은 정확한 통계는 아니지만 대충 이 정도된다는 말이다.

이 같은 숫자만 봐도 한국교회에서 장로교의 위상을 알 수 있다. 무엇이 이토록 큰 차이를 만들었을까? 이는 지난 140여년 동안 장로교인들이 민족 복음화에 얼마나 많은 노력과 헌신을 했는가를 보여주는 증거이다. 그러므로 한국기독교는 장로교 지도자들의 노력을 정말 높게 평가해야 할 필요가 있다.

보편적 교회는 '교리'와 권징'이라는 두 기둥으로 구성되어 있다. 이 두 기둥 중에 어느 하나라도 약화되면 그 정체성이 흔들리게 된다. 교리와 권징은 우리의 믿는 도리, 즉 신(信)과 행(行)을 의미한다. 믿는 것과 행함이 일치할 때 바른 신앙이 되고, 믿는 것과 행함이 일치하지 않을 때 사이비 신앙이 되는 것이다. 다만 안타까운 점은 한국장로교가 너무 많은 교단으로 분열되어 있다는 사실이다.

1912년 '조선예수교장로회총회' 하나로 시작된 장로교는 이제 2백 개가 훨씬 넘는 교단으로 나뉘어 각기 딴 살림을 하고 있다. 물론 이런 현상은 처음부터 명분없는 교단 분열로 인해 장로교의 헌법 정신인 권징과 교권적 권위가 힘을 잃은 데서 비롯된다고 생각한다.

같은 장로교 안에서도 이 교단에서 치리를 받으면 저 교단에 가서 목사 행세를 하고, 심지어 같은 교단 안에서도 이 교회에서 범죄하여 쫓겨나면 저 교회에 가서 집사도 되고 장로도 된다. 그러니 한국장로교회의 정체성에 의문을 품게 되는 것이다. 교파주의 교회로 성장한 한국교회에서 교파 간의 연합과 일치는 두말할 것도 없고, 교단 간의 연합과 일치도 절대로 필요한 이유가 여기에 있다. 예장총연은 그런 필요에 위해 탄생한 연합체이다.

2. 오늘날 한국사회에서의 기독교의 위치

　동서고금을 막론하고, 어느 시대나 모든 사회적 규범은 그 사회의 주류종교에서 나온다. 인류사회는 언제나 종교가 인간 삶의 모든 영역에서 그만큼 중요한 역할을 감당해 온 것이다. 주류종교가 유일신관이면 그 사회 역시 인격적 사회로 발전하게 되고, 주류종교가 다신적이면 그 사회 구성원들의 정신 세계 역시 미신적이 되는 것이다. 그래서 어떤 종교가 주류종교인가에 따라 그 사회, 경제, 문화 발전에 절대적 영향을 끼치게 된다.
　종교학자들은 오늘날 우리 사회를 '다종교사회'라고 부른다. 기독교, 천주교, 불교 등 여러 종교가 엇비슷한 세력을 가지고 혼재해 있어서 주류종교가 딱히 하나가 아니라 여럿이라는 이유에서 이다. 그러나 지금 한국 사회는 누가 뭐래도 기독교가 사회, 정치, 경제, 문화 전반에 강력한 영향을 끼치는 주류종교라고 할 수 있다.
　교회당 수가 6만 개, 전임 목회자가 16만, 신도 수가 1천만이다. 그뿐 아니라 학계, 정치계, 경제계, 문화계 할 것 없이 그 중심에는 모두 기독교인들이 자리하고 있다. 또 사회 전반의 모든 문제에 기독교인들이 개입하여 사회 변화를 이끌어 왔다. 그 결과 오늘날과 같은 대한민국이 탄생한 것이다. 그런데도 왜 기독교가 일부 비판세력으로부터 '개독교'라는 비아냥을 들으며 조롱과 비난을 받아야 하는가? 이유는 아주 간단한데 있다고 생각한다. 한 마디로 강단의 설교가 사회 변화보다 기복주의에 치우쳐 있다는 말이다.
　기독교는 성경의 제사장적 전통이 아니라, 예언자적 전통을 이어오고 있다. 제사장은 세습적이지만, 예언자는 소명적이다. 이것만 봐도 기독교의 위치를 알 수 있다. 오늘날 한국교회의 목회자의 성공주의와 교인들의 기복주의는 예언자적 전통이 아니다. 교회개혁자 칼빈은 이렇게 말했다. "목사에게 있어서 가장 중요한 요소는 '소명'(召命)

이고, 가장 위험한 요소는 '야망'(野望)이다."

교회 지도자가 영웅주의나 성공주의적 허영에 빠지면 그리스도의 몸된 교회에 장애물이 되고, 부패하고 타락하게 된다는 것이 그 이유이다. 교회를 부패하고 타락케 하는 것은 이생의 자랑과 땅에서 만사형통하는 기복주의가 가장 무서운 적이다. 오늘날 한국교회를 망치는 세력도 성공주의에 빠져 야망을 가진 기복주의를 파는 목회자들이다. '비전'이란 이름으로 교묘히 포장된 저들의 야망이 '개교회주의'를 부추기고 "하나의 예수 그리스도의 교회"를 낱낱이 갈라서 아무런 힘도 없는 나약한 종교집단으로 전락시키고 있는 것이다.

현재 한국기독교는 대표성을 갖는 연합체조차 사라졌다. 1970년대까지 유일한 연합체였던 소위 진보측이라 불린 한국기독교교회협의회(교회협)는 보수측으로 부터는 완전히 외면 당하고 있고, 보수측을 대변해온 한국기독교총합회(한기총)는 십수년전 몇 사람이 자리 다툼을 하다 갈라져 유명무실한 기관으로 전락했으며, 그 후 탄생한 한국교회연합(한교연)이니, 한국교회총연합(한총연)이니 하는 연합체 역시 우리 사회나 정부로부터 한국교회의 대표성을 인정받지는 못하고 있기 때문이다.

3. 기독교의 이단 사이비는 어디서 오는가?

"내가 이 반석 위에 내 교회를 세우리니 음부의 권세가 이기지 못하리라"(마 16:18)고 하시며, 그리스도께서 세상에 유일하게 남긴 예수 그리스도의 교회는 오로지 '하나'이다. 그러나 세계 기독교는 수 많은 교파 교회로 나뉘어져 있다. 특히 처음부터 '다양성'을 추구해온 개신교는 더욱 그러하다. 그러면 세상에 예수 그리스도의 교회는 하나라는 사실을 세상에 보여주려면 어떻게 해야 하는가? 그것은 교파간, 교단간 연합과 일치에 있다.

세계 기독교에는 크게 세 종류의 교회가 있다. 우리가 천주교라고 부르는 '로마 가톨릭'(로마에 본부를 둔 보편적 교회라는 뜻)이 있고, 또 정교회라고 부르는 '오도닥시'(정통 교회라는 뜻)가 있고, 그리고 개신교라고 부르는 '프로테스탄트'(로마 가톨릭 신앙에 항의하는 자들이라는 뜻)가 있다. 이 프로테스탄트에서 수많은 개신 교파가 생겨났다. 우리 장로교회도 그 중 하나이다.

이 세 교회가 지향하는 바가 다르기 때문에 교회가 나뉘어져 있는 것이다. 첫째, 로마 가톨릭은 교황청을 중심으로 전세계 교회가 하나의 교단을 형성하고 수많은 선교단체를 거느린 채 '통일성'을 지향한다. 둘째, 오도닥시는 나라마다 민족마다 조금씩 그 형태가 다르긴 하지만 그 중심은 역시 '통일성'에 있다. 셋째, 16세기 종교개혁으로부터 탄생한 개신교는 이 두 교파와 달리 '다양성'을 지향하고 있다. 그러다 보니 교파 교회로 발전한 것이다. 그러므로 천주교와 정교회는 자신들의 가르침과 조금이라도 다르면 '이단'이 되지만, 개신교는 "우리 교파나 우리 교단의 가르침과 다르다"고 해서 이단이 될 수는 없다. 그렇게 되면 상대적으로 모두가 이단이 되기 때문이다. 그런데도 한국교회는 이단을 정할 때, "우리 교단이 가르치는 것과 다르다"는 이유로 이단으로 규정한다. 이는 매우 위험한 판단이다.

다만 여기에 하나의 중요한 원리가 있다. 그것은 기독교의 정통주의, 즉 '보편주의'이다. 다양성을 지향하는 개신교 안에서도 이 보편주의를 놓치면 '이단'이 되고, '사이비'가 되는 것이지, 특정 교파, 특정 교단의 것과 다르다고 해서 이단이 되거나, 사이비가 될 수는 없는 것이다. 세계 모든 기독교 교파는 상대적으로 무엇이 달라도 다르기 때문에 생겨난 것이다.

한국 기독교에는 일제와 6.25 전쟁을 거치면서 50~60년대에 이 보편주의를 놓친 여러 종류의 이단·사이비 집단이 발생했다. 그 대표적 집단 통일교와 전도관이 있다. 우리 한국 사회와 교회 그리고 종교계에 그들이 끼친 해악은 실로 크다. 지금도 거기서 파생한 아류들이 우리 사회와 종교계를 병들게 하고 있다. 뿐만 아니라, 한국교회 주변에는 지금도 그것들과 유사한 사이비 집단들이 활동하고 있다. 그들의 목적은 오로지 종교권력과 돈이다. 여기에 빠지면 재산도 신앙도 다 잃게 된다. 그러므로 기독교인으로서 신앙생활에 실패하지 않으려면 이 역사적 보편주의를 놓치지 말아야 한다. 보편주의적 신앙은 고대 에큐메니칼 공의회가 우리에게 전한 역사적 기독교의 신조들을 제대로 숙지하고 그것을 그대로 믿고 따르는 것이다. 그 외 새로운 기독교를 말하는 것은 모두 '가짜'이다.

4. 오늘날 한국교회에 필요한 것은 무엇인가?

올해 초 한국기독교목회자협의회 목회데이터연구소에서 발표한 한국교회총연합(한총연) 교세 추계 분석자료에 의하면, 2025년 현재 한국의 개신교인은 825만명(16.2%)이라고 한다. 이 숫자가 다가오는 38년부터는 가파르게 감소해 지금부터 25년 후인 2050년에는 560만명(11.9%)으로 줄어들 것이라고 전망한다. 골목마다 동네마다 교회가 서 있고, 목회자 수가 이렇게 많은데 왜 교세가 늘어나지 않고 줄어들어야 하는가? 여기에는 목회자들의 세속적 욕심과 세속화와 인본주의로 인한 교회 지도자들의 신앙윤리 의식의 불신이 원인이라고 생각한다. 대도시의 일부 목회자들은 목회현장에서도 호화생활을 하며, 터무니 없는 물욕을 드러내고 끝내 교인들을 실망시키고, 은퇴 위로금이란 이름으로 수십억원씩의 교회 공금을 챙겨서 교회를 떠난다. 그런 모습은 하루하루 살아가기에 힘겨운 교인들에게 실망감을 주고 고스란히 세상 사람들에게도 그대로 비친다. 이런 교회 지도자들의 행태는 전도를 가로 막는 것과 다르지 않다.

먼저 교회 안에 있는 의식있는 지식층이 교회 지도자들의 이런 행태에 실망하고 교회를 떠나 노미날리티(가나안교인)가 된다. 그 다음에는 교회에서 세례받고 중견 지도자로 성장해야 할 청년들이 교회를 외면한다. 그리고 교회는 내부적으로 지지패와 반대패가 갈려 서로를 불신하고 심한 몸살을 앓게 된다. 심지어 법적 분쟁으로 비화되어 교회가 망가지는 사례도 수 없이 많다.

우리 사회에 우리의 전도를 기다리는 대상이 아직도 4천만명이나 남아 있다. 그러므로 한국 기독교가 6,70년대 처럼 모든 가용자원을 총동원 해 성령의 역사하심을 믿고 전도에 힘써야 한다. 개인은 개인대로, 개교회는 개교회대로, 연합단체는 연합단체대로, 파라처치는 파라처치대로 모두가 일어나 전도해야 한다. 이것이 교회가 이 땅에 존재하는 이유이기도 하다. 한국장로교의 연합과 일치를 위한 연합단체들의 행사 위주의 모든 활동도 전도와 선교에 맞추어져야 한다. 그래야만 200년 또는 500년의 한국기독교의 미래를 담보할 수 있다.

장로교는 개신교 가운데 대표적 개혁파 교회이다. 이 교회는 '개혁된 교회'가 아니라 역사 속에서 계속 '개혁하는 교회'이다. 그러므로 이 개혁은 교회의 역사에서 계속 이어져 가야 한다. 그런데 한국교회는 겨우 140여년 만에 재빨리 중세의 황제교회의 모습을 흉내내며 교권과 재산과 물욕에 찌들어 가고 있다. 이는 참으로 이상한 일이다. 한국교회는 이제 겨우 예배당 하나 지을만한 여유가 생겼을 뿐인데, 교단은 갈갈이 찢어지고, 개교회는 곳곳에서 분쟁으로 갈라지고 있다. 이것은 성령의 인도함을 받는 초대 성경적 교회의 모습과는 너무나 멀다.

5. 그러면 오늘날 한국교회가 가장 경계해야 할 것은 무엇인가?

결론적으로, 개혁교회가 주류를 이루는 한국교회가 경계할 것은 첫째, 가장 심각한 신앙 내용의 기복주의이다. 이미 한국교회의 강단은 오래 전에 무속적 기복주의에 점령 당한 상태이다. 초기 기독교는 하나님의 품속에 있는 독생하신 하나님이 예수 그리스도로 세상에 오셨고, 그가 고난을 받아 십자가에 죽으셨다가 사흘만에 다시 살아나셨다, 우리는 예수님의 부활을 "보았고" 부활한 예수님을 "만났다"는 증언에 모든 노력을 경주했다. 이 교회는 하늘의 것과, 땅 위의 것과, 또 땅 아래 것 모두를 관장한다(골 1:15-17). 제대로 된 정통교회는 2천년이 지난 지금도 그 전통을 그대로 증언해 오고 있다. 여기에 땅 위의 것에만 관심 갖는 세상에서 잘 먹고 잘 사는 만사형통의 기복주의는 설 자리가 있을 수 없다.

둘째, 한국교회는 청교도적 자본주위 정신에 대한 훈련이 부족하다. 자본주의는 칼빈주의자들의 근면 성실과 청지기 사상에서 나온 경제론이다. 결코 투기나 한탕주의에서는 진정한 자본주의 정신을 배울 수 없다. 교회가 경계해야 할 또 하나의 중요한 정신은 '돈이면 다 된다'는 천박한 성공주의이다. 우리의 옛말에도 "유전가사귀(有錢可使鬼)"라는 말이 있다. 돈이 있으면 귀신도 부릴 수 있다는 뜻이다. 그래서 이런 태도를 가진 교회는 돈이 있으면 하나님을 제 마음대로 "영광스럽게"할 수 있을 것이라고 생각한다. 이런 태도는 세속주의로서 교회의 적이다. 오늘날 한국교회는 물질적 가치관에 대한 혼돈이 심각하다. 이는 자본주의 정신에 대한 훈련없이 자본주의 경제체제에 편입되었기 때문이다.

셋째, 교회론의 비성경적 개교회주의이다. 기독교가 개교회주의를 극복하지 못하면 '사도성의 계승권'을 가진 참된 그리스도의 교회라기 보기 어렵다. 참된 교회의 정신에서 이탈하여 삼위일체 하나님을 신봉하는 기독교인들의 친목단체쯤으로 전락할 수 있다. 개교회주의는 교회 재저운영의 폐쇄성으로 인해 지체의식이 약화되고, 교회와 교회 간에, 목회자와 목회자 간에, 상대적 빈곤감을 부추겨 동료의식을 약화시킨다. 그래서 교회의 심각한 양극화 현상을 드러내게 된다.

그렇게 되면 한국 기독교는 수준 미달의 종교로 변질될 것이다. 오늘날 한국교회가 경계해야 할 것은 바로 이 세속적 성공주의에 대한 가치관의 문제이다.

개혁주의 교회가 주류를 이루는 오늘날 한국교회는 그 '교리'는 바르나, '예배'는 비성경적이고, 반개혁주의적이며, 성도들의 '생활' 또한 기복주의적이다. 따라서 그 삶에 기독교의 종말론적 윤리성이 결여되어 있다.

일루미나티의 트로이 목마 전략
Illuminati's Trojan Horse Strategy

안 병 삼 박사
(사)예장총연 이단사이비대책위원회 위원장

고린도후서 11 : 13~15절

"13. 그런 사람들은 거짓 사도요 속이는 일꾼이니 자기를 그리스도의 사도로 가장하는 자들이니라 14. 이것은 이상한 일이 아니니라 사탄도 자기를 광명의 천사로 가장하나니 15. 그러므로 사탄의 일꾼들도 자기를 의의 일꾼으로 가장하는 것이 또한 대단한 일이 아니니라 그들의 마지막은 그 행위대로 되리라"

에베소서 6장 11~12절에 "마귀의 간계를 능히 대적하기 위하여 하나님의 전신 갑주를 입으라 우리의 씨름은 혈과 육을 상대하는 것이 아니요. 통치자들과 권세들과 이 어둠의 세상 주관자들과 하늘에 있는 악의 영들을 상대함이라"라고[1] 하였다.

디모데전서 6장 12절에, "믿음의 선한 싸움을 싸우라 영생을 취하라 이를 위하여 네가 부르심을 받았고 많은 증인 앞에서 선한 증언을 하였도다."라고 하였다.

---

1) 우리는 하나님의 전사이다. 사납고 무서운 사탄(마귀, 악마, 귀신)과 그 뒤를 따르는 귀신들과 무서운 전쟁을 수행하고 있는 병사이다. 이 전쟁은 마치 총알이 빗발치는 전장에서 조금이라고 방심하는 순간에 총알을 맞고 큰 상처를 입거나 죽을 수밖에 없는 긴박에 상황에 놓여 있음에도 불구하고 아직도 정신을 차리지 못하고 적군과 내통하는 자들이 있다. 이것은 하나님에 대한 배신과 반역이다.

I. 서론

역사는 온갖 모순으로 가득하다. 진실이 왜곡되고 거짓과 속임수가 판을 치는 혼란과 무질서가 난무한 시대이다. 이러한 시대에 기독교가 바른길을 제시하고, 이 시대의 빛과 소금의 역할을 감당해야 함에도 내부적으로는 신앙의 배신(살후 2:3, 배도, 배은)과 외부적으로는 악한 사상의 교회 유입으로 사도의 신앙과 전통을 계승했던 역사적 그리스도교(경교, 야소교, 예수교, 기독교)는 그 본질을 상실한 지 이미 오래되었다.

그리스도교가 이 지경이 되어 버린 것은 기독교의 내부 문제도 있겠으나, 가장 큰 영향력을 끼친 것은 기독교와 성경의 진리를 철저하게 파괴하기 위해 수단과 방법을 가리지 않는 다양한 반기독교적인 세력의 교회 침투로 발생한 일루미나티 프리메이슨의 악한 사상의 유입이라고 할 수 있다.

사도의 신앙과 전통을 계승한 역사적인 정통교회는 무려 2천 년 동안 외부로부터 수많은 도전을 받아왔다. 때로는 기독교를 모방한 다양한 형태의 이단과 사이비가 창궐하여 기독교의 본질을 왜곡시켰다.

이러한 도전을 막기 위해 여러 세기 동안 개혁신학자들은 시간과 몸을 바쳐 성경의 진리를 변증하고 기독교가 고백하여 온 신앙의 본질을 지키기 위해 헌신했다.

개혁신학자의 헌신적인 노력은 많은 성과를 거두었으며 성경의 진리를 사수하고 교회의 순수성을 유지하는 데 많은 영향력을 끼쳤다.

오늘날까지 기독교가 이 세상에 간신히 그 명맥을 유지되고 있는 이유는 하나님의 놀라운 은혜와 섭리와 도우심 가운데, 자기희생을 통한 개혁신학자들의 숨은 헌신이 있었기 때문이다.

개혁신학자의 방어적인 헌신과 노력으로 반기독교의 세력들은 그 입지가 점점 좁아지자 더욱 교활한 수법을 동원하여 성경의 진리와 교회를 무너뜨리기 위해 온갖 술책을 동원했다.

　이 세력들은 때로는 카멜레온처럼 수시로 변신을 거듭하면서 광명한 천사로 가장(고후 11:14)하여 마치 거대한 해일(쓰나미)처럼 교회에 침투하여 장악해 버리는 무서운 일들이 전 세계 곳곳에서 일어나고 있다.

　그런데도 한국 교계는 성경과 교회를 본질을 파괴하려는 적군과 협력, 옹호, 선전까지 해 주는 어처구니없는 일까지 속출하고 있다.

　사탄의 지휘를 받는 일루미나티 프리메이슨은 이 세상에서 기독교 자체를 없애버리려고 실행에 옮길 뿐만 아니라 이 세상을 사탄의 판으로 만들기 위해 혈안이 되어있다. 사납고 잔인한 사탄을 숭배하는 일루미나티의 집중적인 공격에 성경을 수호하고 교회의 본질을 사수하기 위해서는, 다음과 같아야 한다.

　첫째, 교회관이 바르게 정립되어 있어야 한다.

　둘째, 교회의 각종 조직과 기관으로 침투하여 들어 온 일루미나티의 틀어 이 목마의 위장 전술을 반드시 알아야 한다.

　셋째, 전 세계의 정치, 경제, 종교 등의 각 분야를 실질적으로 지배하고 있는 일루미나티 프리메이슨의 정체를 바르게 인식해야 한다.

　넷째, 세계정부 혹은 신 세계질서(New World Order)의 정체를 깊이 인식해야 한다.

　적군과 아군을 구분하지 못하면 오인 사격을 할 수밖에 없는 중대한 문제가 발생하게 된다. 실질적으로 한국 교계에서 지도자로 자처하고 있는 신학자와 목사가 일루미나티 프리메이슨과 깊은 관계를 맺고 있으면서 바른 목소리를 내는 하나님의 종을 공격하는 일까지 벌어지고 있다.

II. 본론

1. 트로이 목마의 위장 전술

고린도후서 11장 14절에, "이것은 이상한 일이 아니니라 사탄도 자기를 광명의 천사로 가장하나니, 15. 그러므로 사탄의 일꾼들도 자기를 의의 일꾼으로 가장하는 것이 또한 대단한 일이 아니니라 그들의 마지막은 그 행위대로 되리라"라고 하였다.

일루미나티 프리메이슨과 천에 얼굴을 가진 프리메이슨 계열의 비밀결사 조직인 그림자 정부는 매우 다양한 명칭을 사용하면서 성경을 왜곡시키고 교회의 가치관을 훼손하고 기독교의 각종 조직과 기관을 파괴하기 위해 트로이 목자의 전술을 구사하고 있다.

그리스의 전쟁 신화에 나오는 트로이 목마와 같은 위장 전술이 사용되고 있다. 고대 그리스의 시인 호메로스(Homeros)의 문학 작품이자 유럽 최고(最古)의 서사시로 알려진 '일리아드'(Iliad)를 보면, 그리스의 군대가 트로이(Troy, Ilium)를 상대로 10년 동안 성 주변을 포위하고 공성전을 벌였으나 함락시키지 못했다.

그리스 군대는 새로운 작전 전략을 모색했다. 어느 날 그리스의 군대는 나무를 베어다가 거대한 무엇인가를 만들고 있었다. 그것은 거대한 트로이 목마(Trojan Horse)였다. 그리스 군대는 목마를 만들어 놓고 군대의 모든 막사 등을 철거하고 함선을 타고 유유히 해안을 떠났다. 이 거대한 목마 속에는 그리스 군대의 오디세우스를 비롯하여 30여 명의 병사를 그 안에 매복시켜 놓았다. 작전상 철수했던 그리스의 군대는 트로이 군대가 볼 수 없는 근처의 섬에 군함들을 은밀하게 정박시켜 놓고 신호가 오기를 기다리고 있었다. 이 사실을 트로이 군대는 전혀 눈치채지 못했다. 트로이 군대는 정체를 알 수 없는 거대한 목마를 서로 쳐다보면서 전리품으로 취하자는 등의 다양한 의견을 쏟아 놓고 있었다. 그러던 중에 트로이 병사가 그리스 군인 한 사람을 포로로 잡아 왔다. 그 사람은 시논(Sinon)이라는 병사였다. 시논이 포로가 된 것도 그리스 군대의 작전 계획 중의 하나였다. 시논은 겁에 질린 표정을 지으면서 자신은 버려졌다고 고백하면서 만약 살려만 준다면 모든 사실을 실토하겠다고 고백했다.

트로이 군대 지휘관은 시논에게 어떤 목적으로 목마를 만들었느냐고 다그쳐 물었다. 시논(Sinon)은 그리스 군대가 무사하게 본국으로 귀환할 수 있도록 아테네 여신에게 바치는 기념물이라고 말했다. 트로이 군대는 시논의 거짓말을 의심 없이 믿어버렸다.

이렇게 해서 거대한 목마에 대한 의구심이 풀린 트로이 군대는 거대한 목마를 성내로 옮기는 돌이킬 수 없는 실수 하고 만다.

물론 트로이의 마지막 왕 프리아모스(Priam's daughter)의 딸 카산드라(Cassandra) 공주는 매우 불길한 징조라고 말하면서 성내로 목마를 가지고 들어오는 것을 반대했으나 주변 사람들을 설득시키지 못했다.

공주는 예지력이 뛰어났으나 주변의 사람들을 설득력 하는 데는 한계가 있었다. 결국, 트로이 군대는 조심성도 없이 거대한 목마를 성내로 옮겨 놓고 전쟁의 승리에 만끽하여 그날 저녁에 술 파티를 즐기면서 깊은 잠에 취했다.

그날 밤에 거대한 목마 속에 조용히 몸을 숨기고 있던 그리스 군대의 병사는 목마 속에서 밖으로 나와 기습하여 주변을 한순간에 장악하고 트로이 성문을 열어 놓고 대기하고 있는 군대에 신호를 보내고 성문을 열어 주고 군사 작전을 전개했다. 결국, 트로이 제국은 멸망하고 말았다.

이렇게 해서 트로이 목마(Trojan Horse) 신화가 현대 시대까지 전해지고 있다. 트로이 목마 신화가 고대 그리스 시인이 쓴 문학 작품에 하나라고 주장하는 학자도 있고, 역사적 사실이라고 주장하는 사학자도 있다.

트로이 목마에 관한 내용이 소설(픽션)이거나 혹은 역사적(논픽션,

다큐멘터리) 사실 여부를 떠나서 고도의 속임수와 전략은 트로이 목마에만 국한되어 있는 단순한 이야기가 아니다.

현대 시대에도 컴퓨터 사용자가 전혀 모르는 사이에 개인의 정보들을 몰래 빼내 가는 '트로이 목마'라는 악성 프로그램도 있다. 정식 이름은 트로잔(Trojan)이다. 보편적으로는 '트로이 목마'라고 한다. 그런가 하면, '작전명 트로이 목마'라는 전 세계의 첩보 전쟁을 소개하는 전문적인 책도 있다.

트로이 목마 이야기는 그리스의 전쟁 신화에 나오는 신화이거나 혹은 역사적인 사건인지는 확인하기는 어렵지만, 현대 시대에도 산업 스파이나 각 나라의 첩보원은 실제로 트로이 목마처럼 위장 잠입하여 적을 괴멸시키거나 혼란스럽게 만드는 작전을 구사하는 경우가 많다.

이러한 고도의 전술 전략이 교회(그리스도교, 예수교, 기독교)의 내부에서도 고스란히 벌어지고 있다. 그런데도 순진한 신학자와 목회자는 엄청난 영적 존재와 전쟁하면서도 경계하기는커녕 무방비 상태로 노출되어 있다.

사실 마귀(사단, 악마, 귀신)는 트로이 목마(Trojan Horse)의 전략과 비교도 할 수 없을 만큼 매우 강력한 영적 존재이다. 마귀는 인간을 마음을 어느 정도 쥐락펴락할 정도의 강력한 능력을 소유하고 있는 영적 존재이다. 영적 전쟁은 이 세상에서 일어나고 있는 육체적 전쟁보다는 더 살벌하고 무서운 전쟁인데 일부 교계의 지도자는 그 사실을 깊이 인식하지 못하고 있다.

영적인 눈이 어두운 교계의 지도자는 성경과 교회를 파괴하기 위해 은밀하게 교회로 위장하여 들어 온 적을 오히려 영접하고 환영하며 경제적으로 지원까지 하는 어리석고 무지한 일까지 자행하고 있다. 이러한 일들은 전 세계의 교회에서 속출하고 있다.

현재 전 세계의 교회가 큰 혼란을 겪고 있는 가장 큰 원인은 사탄을 숭배하는 일루미나티 프리메이슨 조직의 교회 침투로 발생하고 있다.

　이 사실은 모르는 자는 역사적인 현실을 애써 외면하는 경우가 부지기수로 많다. 사탄의 능력에 영향을 받는 일루미나티 프리메이슨 조직은 오직 참 진리인 성경과 교회를 파괴하기 위해 광명한 천사로 위장하여 신학자, 목사 등의 다양한 교회의 직분 자로 활동하면서 에큐메니칼 운동을 통해 종교통합을 주도하고 있다.

　한국 교계의 다양한 비영리 법인에 침투하여 자금을 지원하고 일까지 발생하고 있다. 심지어 한국 교계의 건전한 보수 교단이 이단으로 정죄하여 놓은 이단과 사이비 집단을 이단에서 해제시켜 주는 일까지 자행되고 있다.

　일루미나티 프리메이슨은 개혁신학자로 위장하여 활동하면서 이단과 사이비를 양성하여 마치 기독교 조직처럼 행세하면서 성경의 절대적인 진리와 기독교의 근본적인 교리를 조직적으로 파괴하고 있다.

　다른 한편에서는 이단과 사이비 집단을 지원하여 마치 기독교인 양 행세하면서 교회를 파괴하는 술책도 동시에 병행하고 있다.

2. 일루미나티의 역사적 기원

　일루미나티(계몽주의)는 사탄숭배 조직이다. 비성경적인 조직이다. 반기독교적인 조직이다. 성경과 교회를 파괴하는 조직이다. 일루미나티 조직은 다양한 형태의 기독교의 탈을 쓰고 교회에 침투하여 난장판으로 만들어 놓았다. 일루미나티의 기원은 고대, 중세, 현대 시대로 구분하여 연구한다.

　고대 일루미나티는 기원후 1520년에 아브라함의 유전학적인 혈통인 스파라디(Sepharad) 유대인이 스페인에 거주하면서 탈무드와 유대인의 신비주의 책인 카발라에 근거하여 일루미나티 조직인 만들었다. 스페인어로 알롬브라도스(Alombrados)이라고 발음했다.

중세 일루미나티는 유대인 출신으로 로마가톨릭에서 기원후 1534년에 예수회(Society of Jesus, Jesuit Order, Jesuits)를 창설했던 이그나티우스 로욜라(지명)가 창설했다. 그는 마법사였으며, 스페인 일루미나티의 일원이었다.

현대 일루미나티는 로마가톨릭의 제수이트(Jesuits, 예수회)의 회원이었던 아담 바이스하우프트가 제수이트를 탈퇴하여 1776년 5월 1일에 창설했다.

현대 일루미나티 조직을 이끄는 세력은 아브라함의 유전학적인 혈통이 아닌 튀르크계(터키계) 유목민족인 카자르족이 주도하고 있다. 이 세력은 7~10세기의 비잔틴제국의 정치적인 압력을 받아 기독교로 개종하라는 강요를 받자 그리스도교로 개종하는 것을 거부하고, 유대교로 개종하여 회당을 건축하고, 희생 제사를 지내고 지내다가 마침내 유대교를 국교로 선포했다.

나중에 비잔틴제국, 훈족, 이슬람 세력 등에 밀려 오늘날의 러시아 남부와 우크라이나와 유럽 등으로 흩어졌다가 일루미나티 혈통의 핵심 인물인 유럽의 금융 대부 로스차일드가 일루미나티 일원인 록펠러 가문에게 유대인 정착촌 자금을 지원하다가 유엔을 창설하는데 땅을 증여하고 1948년 5월 14일에 이스라엘을 독립시켜 오늘에 이르고 있다.

현재 스파라디(Sepharad) 유대인은 15%밖에 되지 않으며, 이스라엘에서 이등 국민이다. 아파트도 아슈케나즈 유대인(Ashkenazi Jews)에게 먼저 배분되고, 스파라디 유대인에게는 나중에 배분된다. 일루미나티 혈통인 로스차일드 가문의 자금은 대한민국의 금융권도 약 40%까지 영향을 미치고 있다.

3. 프리메이슨의 역사적 기원

역사가이자 프리메이슨 33도의 최고위급으로 전 세계에 널리 알려진 헨리 윌슨 코헨(Henry Wilson Coil, 1885~1974)의 글을 인용하여 보면, '프리메이슨단의 시작에 관한 이론은 적어도 25가지가 있다.'라고[2] 하였다. 프리메이슨의 기원도 고대 프리메이슨, 중세 프리메이슨, 현대 프리메이슨으로 나눠서 다룬다.

데이비드 스티븐슨(David Stevenson)은 세인트앤드루스 대학교(University of St. Andrews)의 스코틀랜드 역사학 명예 교수의 여러 저서가 있는데, '스코틀랜드 혁명'[3]이라는 문헌과 《프리메이슨단의 기원, '스코틀랜드 세기 1590~1710》[4]이라는 저서가 있다.

데이비드 스티븐슨 박사는 프리메이슨은 영국에서 시작하여 18세기 중반에 유럽 전역을 놀라운 속도로 휩쓸었다고 기록하고 있다. 그런데 이 분야를 깊이 연구하여 보면, 현대 프리메이슨의 진정한 기원은 중세 신화와 계몽주의(일루미나티)와 이성주의(인문주의, 르네상스)가[5] 프리메이슨을 일으켰다.'라고 하였

---

2) Cherokee Lodge #66, F. & AM "No one knows when Freemasonry began. Freemasonry", Masonic historian Henry W. Coil says there have been at least 25 theories about Freemasonry's beginning." 프리메이슨 '체로키 랏지'의 홈페이지에 접속하여 내용을 보면, 미국 남침례교회의 핵심 인물들이 유명한 프리메이슨 고위급이라는 사실도 확인할 수 있다. 사실 이런 내용은 문헌에서도 어렵지 않게 확인할 수 있다.
3) 스코틀랜드 혁명 : The Scottish Revolution, 1637-1644; Revolution and Counter-Revolution in
4) 스코틀랜드 세기 1590~1710 : The Origins of Freemasonry, Scotland's Century 1590-1710
5) "The Medieval contribution, of craft organization and legend, provided some of the ingredients essential to the formation of freemasonry, but the process of combining these with other ingredients did not take place until theyears around 1600, and it took place in Scotland. Aspects of Renaissance thought were then spliced onto the Medieval legends, along with an institutional structure based on lodges and the rituals and the secret procedures for recognition known as the Mason Word. It is in this late Renaissance Scottish phase, according to the main argument of this book, that modern freemasonry was created.", 6.

다.[6] 이 사상들이 혼합되어 1600년경 스코틀랜드에서 시작되었다고 기록을 남기고 있다.

프리메이슨은 당시의 최초의 실력을 갖춘 고풍 스러운 건축물을 설계하는 전문가들이 모인 그룹이었다. 현대적으로 표현하면 뛰어난 건축 공학자들이었다. 당시의 프리메이슨은 우월감도 높았고, 다양한 종교를 가진 최초의 엘리트 그룹으로 발전했다. 그러다가 보니 자신들이 가진 특별한 재능과 지식을 외부에 유출하기 않기 위해 노력하였고 마침내 외부에 대하여 배타적인 성격도 가지게 되었다.

4. 일루미나티와 프리메이슨의 통합

일루미나티 조직과 프리메이슨 조직은 1782년 7월 16일에 독일 프랑크푸르트의 인근 빌헬름스바드(Wilhelmsbad)에서 회담을 개최했다. 이 회담을 앞두고 아담 바이스 하우프트(Adam Weishaupt, 1748~1830)는, 자신들의 뜻을 관철시키기 위해 철저하게 사전에 준비했다. 사탄을 숭배하는 일루미나티는 자신들을 "프리메이슨 내의 '피'로 여길 것을 강력하게 주장"하고 관철시키는데 성공했다. 이렇게 되어 두 조직은 하나로 결합되었다. 이때부터 프리메이슨 조직은 사탄을 숭배하는 현대 프리메이슨 조직으로 이 세상에 그 모습을 드러낸 것이다. 일루 보수파의 프리메이슨은 강력하게 반대하였으나 막는 데 실패했다.

프리메이슨 조직은 16~17세기에 영국이나 유럽 등지에 길드(조합)

---

[6] "Moreover, themovement was changing in other ways. The Scottish phase, that of the Renaissance contribution, was being succeeded by a new phase-in both Scotland and England-in which some of the values which were to beassociated with the Enlightenment were incorporated into the movement: asthe Age of Reason dawned freemasonry, Renaissance in origin, was adaptedto fit a new climate", 6.

583

가 있었다. 프리메이슨 조합은 매우 뛰어난 건축 기술을 가진 석공의 모임이었다.

고급 기술을 가진 프리메이슨은 자부심도 강했다. 자신들의 기술로 외부로 유출하지 않기 위해 자신들만의 모임을 특별하게 생각했다. 따라서 외부 세력에 대하여 경계심과 더불어 배타적인 성격을 가지게 되었다. 프리메이슨은 다양한 종교를 가진 인물들이 포함되어 있었다. 일루미나티 프리메이슨 의식은 몇 가지가 있다.

첫째, 스코틀랜드 의식(Scottish Rite, 유대인 의식)이다. 계급은 1도부터 최고 33도까지 있다.

스코틀랜드 의식은 1도에서 최고 33도까지의 계급이 있다. 33도가 한자리에 모여 의장은 선출하게 되는데 전 세계적으로 잘 알려진 인물은 알버트 파이크(Albert Pike, 1809~1891)이다.

그를 일루미나티 프리메이슨 법황이라고도 부른다. 알버트 파이크의 스승은 앨버트 G. 맥키(Albert Mackey, 1807~1881)이다.

알버크 G. 맥키는 히브리어, 헬라어, 라틴어 등의 다양한 언어를 구사하는 실력자로 프리메이슨 백과사전만 무려 100권 가까이 쓴 거물급 인물이다. 그는 주장했다. 프리메이슨은 종교라고 선언했다.[7] 따라서 신학자나 목사나 기독교인이 프리메이슨이 되면 안 되는 것이다. 그런데 전 세계 일루미나티 프리메이슨 조직에 가입한 인물에 관하여 모두 형제자매로 호칭하면서 상호 간에 협력하고 옹호한다. 심지어 이단과 사이비 교주도 같은 형제자매라고 부른다.

그렇다고 하더라도 필자도 모든 프리메이슨 일원이 사탄을 숭배하고 있다고 생각하지 않는다.

앨버트 G. 맥키의 제자인 프리메이슨 33도 법황 앨버트 파이크(Albert Pike, 1809~1891)는 자신의 저서 〈도덕과 교리(Morals and Dogma)〉에서 루시퍼와 사탄이 똑 같다고 주장하면서 빛의 신

---

7) 안병삼, 일루미나티 프리메이슨단의 정체, (한국기독교정보학회 출판사, 2022), 682.

루시퍼를 숭배하고 있다고 주장했다.[8]

둘째, 요크 의식(York Rite)이 있다.

요크 의식은 3단계로 구성되어 있다. 로얄 아치 킹스(Chapter of Royal Arch Masons), 크립틱 라이트 킹스(Council of Royal and Select Masters), 기사단(Commandery of Knights Templar) 등이다.

셋째, 이집트 의식이다. 이집트 의식의 계급은 1도부터 최고 100도까지 있다. 이집트 의식은 별로 인기가 없다.

일루미나티 프리메이슨 사인 중에 '숨겨진 손'(손을 가슴 앞의 상의 옷 속에 집어 넣거나 가슴 위에 손이나 주먹을 갖다가 대는 행동)은, 로얄 아치 스코틀랜드 의식(Royal Arch Scottish Rite)의 프리메이슨 13도와 요크 의식(York Rite) 프리메이슨 7도 등의 프리메이슨 사인으로 알려져 있다. 이 프리메이슨 계급은 일루미나티 프리메이슨의 비밀스러운 것을 좀 더 세밀하게 받을 수 있는 단계이다.

외국인 옥성득(UCLA 한국기독교학 교수)은 프리메이슨 조직은 사탄을 숭배하는 조직이 아니라 단순한 사교 클럽에 지나지 않는다고 주장했다.[9]

미국의 워싱턴 DC에 가면, 성전의 집(The House of the Temple)이라는 매우 독특하게 생긴 빌딩이 있다. 이 빌딩은 미국 워싱턴 D.C.의 프리메이슨 사원이다.

미국 남부 관할권에 있는 스코틀랜드 프리메이슨 의식의 본부 역할을 하는 빌딩이다. 이 빌딩의 외부와 내부에는 이교 신의 상징과 사탄을 상징하는 용(뱀) 신전 강당 양쪽 벽에 칼라로 새겨져 있다. 기독교는 용이나 뱀이 사탄의 상징이기 때문에 교회당에서 절대로 새겨 놓

---

8) 안병삼, 일루미나티 프리메이슨단의 정체, (한국기독교정보학회, 2022), 671.
9) 옥성득(외국인) 교수의 주장에 관하여 필자가 일루미나티 프리메이슨 조직은 사탄을 숭배하는 조직이라는 사실을 비평하여 한국기독교정보학회 카페에 게재했다. 옥성득 교수는 외국인으로 UCLA 한국기독교학 교수, 사단법인 기독교윤리실천운동본부의 대표자이다.

지 않는다.

일루미나티 프리메이슨 조직은 종교 다원주의와 에큐메니칼 운동을 지지하고 종교통합을 주장하고 있다. 고로 일루미나티 프리메이슨과 기독교는 결단코 양립될 수 없다.

5. 다양한 비밀결사 조직들

전 세계에 일루미나티 프리메이슨 계열의 비밀결사 조직이 그 얼마나 많은지 이 분야를 전문적으로 연구하지 않은 신학자와 목사는 잘 모른다.

현재 전 세계의 정치, 경제, 종교, 문화, 교육, 언론 등 매우 다양한 부분을 쥐락펴락 하는 비밀결사 조직이 필자가 알고 있는 것만 하더라도 7만 여개가 된다. 이 조직들을 통칭하여 그림자 정부(shadow government)라고 하거나, 총칭하여 딥 스테이트(Deep State, 제도 밖에 권력자)라고 부르거나, 줄여서 '딥스'라고 한다. 또 다른 표현으로는, '권력자들'(The Powers That Be, 약칭 TPTB)이라고도 부른다.

국내에서는 대부분 일루미나티와 프리메이슨 정도만 주로 많이 알려져 있으나, 일루미나티 프리메이슨 계열의 강력한 '딥스' 조직은 어마어마하게 많고 철저하게 기독교로 위장하여 활동하고 있는 조직만 하더라도 수 천여 개에 달한다. 프리메이슨 계열의 강력한 그림자 정부는 세계정부가 목표이고, 이 세상에서 그리스도교를 제거하는 것이다. 그림자 정부의 거대 조직 몇 가지만 고찰하여 본다.

국제연합(國際聯合, 유엔, US, United Nations, 1945).

빌더버그 그룹(Bilderberg Group, 1954).

미국 외교협회(Council on Foreign Relations, CFR. 1921),

삼극위원회(三Trilateral Commission, 1973).

보헤미안 그로브(Bohemian Grove, 1878).

해골과 뼈(Skull and Bones, 1832).

장미십자회(Rosicrucian, A. D. 1188년).

일루미나티(Illuminati) 또는 일루미나투스(illuminatus).

프리메이슨단(Freemasonry, masonry).

그림자 정부의 최대 목표는 신세계질서(New World Order, NWO) 또는 세계정부(世界政府, world government, global government)이다. 이렇게 거대한 조직이 7만 여개가 넘는다고 한번 생각하여 보라!

6. 비밀결사 전문가의 공개 발표

존 콜먼(Dr, John Coleman) 박사는, 영국에서 태어나 영국에서 인문학 박사 학위를 취득했다. 비밀첩보 기관(MI6)에서 극비문서를 취급하는 장교로 근무했다. 대영박물관에서 5년 동안이나 비밀첩보 조직에 관한 문서들을 조사했던 이 분야 최고의 베테랑급에 속한다.

그는 《음모자들 계급제도: 300인 위원회 이야기(Conspirators Hierarchy: The Story of The Committee of 300)》 102쪽에서 영국 성공회 수장인 여왕 엘리자베스 2세(Queen Elizabeth II)가 일루미나티 프리메이슨 조직에 하나인 300인 위원회의 일원이라고 밝히고 있으며, 성공회와 유엔도 프리메이슨 조직이라고 밝히고 있다.

존 콜먼(Dr, John Coleman)의 저서 "공모자들의 위계(계급): 300인 위원회의 이야기"(원제: "Conspirators' Hierarchy: The Story of the Committee of 300") 192쪽을 인용하여 본다.

"예를 들어, 무신론자 피터 캐링턴 경은 성공회 기독교인인 척하지만 오시리스 기사단과 프리메이슨을 포함한 다른 악마적 종파의 일원이다. 그는 영국 여왕 엘리자베스 2세에 의해 원저 성 세인트 조지 예배당에 가터 기사단장으로 임명되었다. 그는 검은 귀족단의 일원이자 성공회 수장이기도 하다. 엘리자베스 2세는 성공회를 극도로 혐오했다."라고 하였다.(원문: "As an example, we find the atheist Lord Peter Carrington, who pretends to be an Anglican Christian but who is a member of the Order of Osiris and other demonic sects, including Freemasonry, installed as a Knight of the Garter at St. George's Chapel, Windsor Castle, by Her Majesty, Queen Elizabeth II of England, of the Black Nobility Guelphs, also head of the Anglican Church, which she thoroughly despises.").[10]

7. 비밀결사에 관한 교계의 잘못된 인식론

전 세계의 정치, 경제, 종교, 문화, 교육, 언론과 다양한 역사를 깊이 연구한 적이 없는 신학대학원의 교수와 신학자와 목사는, 일루미나티 프리메이슨 조직이 역사적인 근거를 확인할 수 없다는 소위 음모론(陰謀論, conspiracy theory)이라고 무시하거나, 역사에 잠시 등장했다가 소멸하였다고 주장하면서 말도 꺼내지 못하도록 압박하는 경우가 많다.

총신대학원 출신의 전영수 목사는, 자신의 유튜브 종말론 동영상을 통해 일루미나티 프리메이슨이 소멸되었다고 주장하고 있다.

그런데 영문 브리태니커(Britannica) 백과사전에서도 일루미나티나 프리메이슨 조직이 역사적으로 실존하고 있는 존재라고 다루고 있다.

그렇다면, 전영수 목사는, 자신의 주장을 방어하기 위한 수단의 하나로, 영문 브리태니커 백과사전의 내용이 거짓 기록이라고 억지를 부리는 수 밖에 없다. 역사를 모르면 잠잠하고 있으면 망신은 당하지

---

10) John Coleman, Conspirators' Hierarchy: The Story of the Committee of 300, (Bridger House Publishers Inc, 2016), 192.

않는다. 전영수 목사는 거짓을 지어내는 자이다.[11]

이러한 몰상식한 태도는 자신의 무식을 감추려는 의도에서 비롯된다. 신학대학원의 교수, 신학자, 목사 등은 프리메이슨의 역사적인 존재를 부정하고 음모론(陰謀論)으로 치부하거나, 역사 무대에서 잠시 등장했다가 소멸하였다고 주장하면서 역사의 진실을 외면하거나, 무시하여 버린다.

마치 트로이목마처럼 기독교에 은밀하게 침투하여 기독교 신앙의 참다운 신앙과 본질을 왜곡하고, 그리스도인의 숨통을 조용하게 조여 오고 있음에도 불구하고 역사의 무지에 사로잡혀 잘못된 성향과 태도를 보인다.

일루미나티와 프리메이슨과 전 세계를 좌지우지하는 그림자 정부에 관하여 전 세계적으로 유명한 역사학자와 대학교의 교수는 어떤 가치관을 가지고 있는지를 소논문을 통해 밝힌다.

필자는 일루미나티와 프리메이슨에 관하여 전 세계의 여러 명문대학교에서 박사 학위를 취득하기 위해 쓴 방대한 분량의 원서 논문을

---

11) 전영수 목사는, 엉터리 종말론 주장자들이 필자를 절대적으로 존경하고 있다고 주장하면서 마치 필자가 그들의 우두머리라도 되는 것처럼 비방하고 있다. 전영수 목사는 자신의 유튜브 동영상에서 진센도르프가 누구인지 자기는 모른다고 시인하고 있다. 교회사에서 다루고 있는 진센도르프를 모른다고 시인하는 것은 전영수 목사가 교회사를 제대로 공부하지 않았다는 뜻이다. 그런 자가 필자의 저서를 비평하겠다고 허풍을 떨고 있다. 전영수 목사의 프로필을 보면, 현대하이닉스(1987~1993) 근무하였고, 울산대학교(영문학 전공)를 졸업하고, 총신대학교대학원(1997년 졸업)에서 목회학 석사 학위(M.Div., 3년)를 취득하고, 현재 바른길교회 담임 목사(2000)로 재직하고 있다. 그는 유튜브 종말론 강론을 통해 "잃은 형제인 천주교인들을 예수께로 이끌기 위한 목적으로 설립한 마리아포지셔닝운동(MaPoEM)과 작은 일터를 섬기고 있다."라고 밝히고 있다. 전영수 목사는, 신학대학원에서 전공한 학문이 전혀 없다. 목회학 석사 학위(M.Div., 3년) 과정은 전공이라고 하지 않는다. 신학석사(Th.M) 학위부터 전공이라고 한다. 필자는 신학석사(Th.M.) 과정에서 최우수 성적으로 졸업하고 교육부 장관이 인정하는 학위를 취득했다. 정영수 목사는, 전공한 신학도 없는 자가 역사신학, 조직신학, 교육학, 행정학 등을 정식으로 배우고 학위를 취득한 필자를 비방한다는 것은 한마디로 웃기는 발상이다. 필자의 친구 중에는 총신대학원 출신과 고려신학대학원 출신의 목사들도 있다. 가만히 있으면 망신은 당하지 않는다.

소장하고 있다.

이 논문의 쪽수가 한정되어 있어서 탁월한 실력을 갖춘 역사학자와 저명한 인사 몇 사람이 일루미나티와 프리메이슨의 존재를 어떻게 다루고 있는지를 간략하게 고찰하여 본다.

8. 비밀결사에 관한 역사 학자의 평가

1) 역사학자가 말하는 프리메이슨 진짜 역사

역사학자 리처드 B. 스펜스(Richard B. Spence)은, 미국 역사가이다. 그는 아이다호 대학교 역사학과 교수이다. 그는 현대 러시아, 군사, 첩보 및 오컬트 역사를 전문으로 책을 집필하고 있다. 스펜스 교수의 저서 중에는, '비밀 결사의 진짜(실제) 역사'(원제: "The Real History of Secret Societies")[12] 저서가 유명하다. 그의 주요 연구 분야는, 현대 러시아사, 현대 유럽사, 중동사, 군사사이다. 스펜스 교수의 연구 관심사는, 간첩, 오컬트, 반유대주의, 비밀 결사이다. 그의 현재 프로젝트로는 혁명 러시아의 미국 스파이에 관한 책과 미스터리한 문학가 아서 크레이번, 러시아 제국 보석 밀수, 그리고 1917년 치명적인 에디스톤 군수 공장 폭발 사건에 관한 논문이 있다.

2) 미 육군 예비역 사령관 서튼의 글

미 육군 예비역 사령관 윌리엄 조사이아 서튼(William Josiah Sutton)의 저서 '일루미나티 666'(원제: "The Illuminati 666")를 [13] 소개하고 있다.

---

12) Richard B. Spence, The Real History of Secret Societies,(The Great Courses, 1919.)
13) William Josiah Sutton, Illuminati 666, (TEACH Services, Inc. February 1, 1996).

이 책의 저자 윌리엄 조사이아 서튼은 미 육군 소장으로 진급하여 미 육군 예비군 사령관으로 진급한 군 장교이다. 그는 1970년, 국방에 뛰어난 공헌을 한 사람들을 공적을 기리는 민사협회(Civil Affairs Association) 연례 상을 수상했다.

3) 위키리크스 미국 국회의사당 내 사탄숭배

위키리크스(WikiLeaks)는, 전 세계적으로 잘 알려진 폭로 전문 사이트이다. '위키리크스'의 설립자 줄리안 어산지이다. 이 사이트는 정부, 기업, 군사 등 매우 다양한 분야의 비윤리적, 비도덕인 행위와 관련된 비밀 문서를 공개하는 사이트로 명성을 얻었고 각종 상을 수상했다.

위키리크스(WikiLeaks)가 폭로하는 내용 중에는, '미국 국회의사당 내 사탄숭배'에 대한 충격적인 사실도 폭로되었다. 이 사실에 관하여 토마스 혼(Thomas Horn) 박사의 저서, '방해 공작원(파괴자들)': 비밀스러운 딥 스테이트 오컬트 세력이 워싱턴에 기반을 둔 그림자 정부를 통해 최후의 세계 질서를 추구하며 미국 사회를 조종하는 방법'(원제: "Saboteurs: How Secret, Deep State Occultists Are Manipulating American Society Through a Washington-Based Shadow Government in Quest of the Final World Order!")에서 폭로했다.[14]

4) 브리태니커 백과사전의 프리메이슨단의 기록

영문 브리태니커(Britannica) 백과사전의 '프리메이슨단 비밀조직'(원제: "Freemasonry secret organization")이라는 글에서 아래

---

[14] Thomas Horn, Johnathan Welsh, Saboteurs: How Secret, Deep State Occultists Are Manipulating American Society Through a Washington-Based Shadow, (Defender Publishing, 2025).

와 같이 기록하고 있다.

"프리메이슨은 남성으로만 구성된 형제적 단체인 자유롭고 수용된 프리메이슨(Free and Accepted Masons)의 가르침과 관행을 뜻한다. 프리메이슨은 세계 최대 규모의 비밀 결사이다. 서약에 따라 결사되며, 종종 친교, 도덕 수양, 상호 부조에 헌신한다. 의식, 관습, 또는 활동의 일부를 대중에게 공개하지 않는다(비밀 결사가 반드시 회원 자격이나 존재를 숨기는 것은 아니다). 대영 제국의 확장으로 확산된 프리메이슨은 영국 제도와 원래 제국 내에 있었던 다른 국가들에서 가장 큰 인기를 누리고 있다. 21세기 초 전 세계 프리메이슨 회원수는 약 200만 명에서 600만 명 이상으로 추산된다."라고 하였다.(원문: "reemasonry, the teachings and practices of the fraternal (men-only) order of Free and Accepted Masons, the largest worldwide secret society-an oath-bound society, often devoted to fellowship, moral discipline, and mutual assistance, that conceals at least some of its rituals, customs, or activities from the public (secret societies do not necessarily conceal their membership or existence). Spread by the advance of the British Empire, Freemasonry remains most popular in the British Isles and in other countries originally within the empire. Estimates of the worldwide membership of Freemasonry in the early 21st century ranged from about two million to more than six million.").[15]

영문 브리태니커(Britannica) 백과사전의 '프리메이슨단 비밀조'이라는 제목의 하단 부분에서 "21세기 초 전 세계 프리메이슨 회원 수는 약 200만 명에서 600만 명 이상으로 추산된다."라고 기재하고 있

---

15) Britannica, Freemasonry secret organization,
   https://www.britannica.com/topic/Freemasonry

는 부분에 주목해야 한다.

5) 귀족 출신 일루미나티 고위급 작가의 폭로

레오 라이온 자가미(Leo Lyon Zagami)는, 이탈리아의 귀족 출신이다. 그는 몬테카를로의 코미타토 에세쿠티보 마소니코(Comitato Esecutivo Massonico) 프리메이슨 집행위원회(MEC) 전 회원이었다. 이탈리아 일루미나티의 고위 회원이자 33도 프리메이슨이었다. 진정한 내부자이자 악명 높은 프리메이슨 P2 랏지의 고위 회원이었다. 그는 일루미나티의 "왕"으로 알려져 있는 리치오 젤리(Licio Gell)의[16] 뒤를 이어 권력을 차지할 "왕자"였다.

그는 일루미나티 귀족 혈통으로, 어린 시절부터 일루미나티 조직에 관여했다. 하지만 레오는 자신이 노출되었고, 그 일부가 자행하는 악행과, 일루미나티 프리메이슨 랏지(지부) 내부에서 비밀리에 자행되고 있는 끔찍한 사탄주의적 흑마법 의식, 마인드 컨트롤, 고문에 지쳤

---

[16] 리치오 젤리(Licio Gell)는, 이탈리아의 프리메이슨 조직의 최고 우두머리이다. 최고 우두머리를 그랜드마스터(Grand Master)라고 한다. 그는 프리메이슨 이탈리아 P2지부의 우두머리였다.
1978년 9월 28일 이후 33일이 지나서 전 세계의 방송과 신문에 크게 보도되었던 충격적인 사건이 하나 있다. 그 사건은 바로 P2 사건이다. 일본의 문예춘추(1984년 8월호)와 우리나라의 주간중앙(1981년 8월 9일)에서도 다루어졌다. 그 내용은 963명으로 구성되어 있는 정계, 재계, 고급관료, 육군, 해군, 공군, 경찰 등의 이탈리아와 프리메이슨들이 이탈리아의 혁명을 주도하다가 발각된 사건이다. 그 당시 바티칸의 요한 바오로 1세는, 1978년 9월 28일자로 취임하여 로마카톨릭(바티칸 시국)의 핵심 인사들이 모두 사탄을 숭배하는 프리메이슨이라는 사실을 알고 대 개혁을 시도하려고 했다. 그는 큰 결심 끝에 프리메이슨과 관계되어 있는 로마카톨릭(교황청, 바티칸) 내부 인사들의 해직 명단과 이동 인사의 명단을 손수 작성한 후에 바티칸(교황청)의 국무장관이었던 잔 비로 추기경에게 전달했다. 당시 요한 바오로 1세는, 매우 건강하였으나, 취임한지 33일만에 죽었다. 죽음의 원인은 심근경색이었다. 그러나 교황은 지지타리스 라고 하는 독약에 의해 독살된 것으로 언론에 알려졌다. 이 독약은 무색, 무취, 무미하기 때문에 어떤 음식하고도 혼합이 가능한 독약으로 알려졌다.

다고 생각했다. 그래서 그는 모든 것을 버리고 현재 거주하고 있는 노르웨이로 도망쳤다. 그런데도 계속 압박하여 오자 로마카톨릭의 교황청(바티칸)에서 자행되고 있는 사탄주의에 관한 책을 써서 공개적으로 까발려 버렸다.

레오 라이온 자가미(Leo Lyon Zagami)는, 자신의 저서, '프란치스코 교황: 마지막 교황인가?: 가톨릭 교회의 쇠퇴 속에서 돈, 프리메이슨, 그리고 오컬티즘'(원제: "Pope Francis: The Last Pope?: Money, Masons and Occultism in the Decline of the Catholic Church").[17]

레오 라이온 자가미는, 자신의 저서에서 로마카톨릭 내부의 강력한 일루미나티 조직인 예수회(Society of Jesus, Jesuit Order, Jesuits)의 검은 교황(Black Pope)인 프란치스코(Pope Francis)가 일루미나티와 로마카톨릭을 하나로 합병하므로써 완전히 교황청을 사탄의 조직으로 만들었다고 주장했다.

레오 라이온 자가미의 저서가 진실하다는 사실은, 다른 역사 학자가 쓴 저서에서도 확인됨으로 논란의 여지는 없다.

6) 프란치스코 교황은 일루미나티 고위급

바티칸의 교황 프란치스코(Pope Francis, 1936년 12월 17일~2025년 4월 21일)의 본명은, 호르헤 마리오 베르고글리오(Jorge Mario Bergoglio)이다. 세례명은, 제오르지오(George)이다. 그는 일루미나티 프리메이슨 고위급이다.

프란치스코는, 로마카톨릭 내부에서 활동하는 일루미나티 조직인 예수회(Society of Jesus, Jesuit Order, Jesuits)가 1534년 일루미

---

17) Leo Lyon Zagami, Pope Francis: The Last Pope?: Money, Masons and Occultism in the Decline of the Catholic Church, (CCC Publishing, 2015).

나티 일원인 이그나티우스 로욜라(지명)가 설립한 이후에 최초로 배출한 교황이었다. 그래서 검은 교황(Black Pope)이라고 한다. 그는 라틴 아메리카 출신의 최초의 교황이었다. 아메리카 대륙 출신의 최초의 교황이었다. 남반구 출신의 최초의 교황이었다. 8세기 시리아 교황 그레고리 3세 이후에 유럽 밖에서 태어나 성장한 최초의 교황이었다.

전 세계의 언론사는, 바티칸의 교황 프란치스코(Pope Francis)가 일루미나티 프리메이슨 고위급이라는 사실을 잘 알면서 쉬쉬하고 있다. 이탈리아의 로마카톨릭의 일부 사제(신부)가 이탈리아로 발행하는 종교 잡지가 있다.

전 세계적으로 잘 알려진 종교 잡지이다. 그 잡지는 이탈리아어 '키에사 비바'(chiesa Viva: 교회 만세, 살아 있는 교회)이다. '키에사 비바'(Chiesa Viva) 2014년 9월호 4쪽에 보면,[18] 바티칸의 교황 프란치스코(호르헤 베르골리오 추기경)가 자기의 손을 가슴 속에 집어 넣는 일루미나티 사인 밑에 써 놓은 글의 내용이다.

'호르헤 베르골리오 추기경이 고대 스코틀랜드 전례 32단계 입문자들을 "인정의 표시"로 맞이했다. 이 "표시"의 의미는 그리스도 교회의 파괴를 전제로 모든 종교를 "새로운 바벨탑"으로 통합하려는 프리메이슨의 계획에 대한 그의 지지를 표명하는 것이다."라고 하였다. (원문: "Card. Jorge Bergolio with the "sign of recognition" of the initiates of the 32nd degree of the Ancient and Accepted Scottish Rite. The significance of this "sign" is to manifest his adherence to the Masonic project to unite all religions in a "New Tower of Babel," which is premised on the annihilation of the Church of Christ.").[19]

'키에사 비바'(Chiesa Viva) 2014년 9월호 18쪽에는 다음과 같은

---

18) Chiesa viva, September 2014(키에사 비바, 2014년 9월), 4.
19) Chiesa viva, September 2014(키에사 비바, 2014년 9월), 4.

내용도 나온다.

"스코틀랜드 의식(전례)를 받아들였다. 15단계는 인간-신의 단계로서, 예수 그리스도의 구원을 영지주의적-사탄주의적 구원으로 대체하는 것을 나타낸다. 18단계는 장미십자회 기사의 단계로서, 프리메이슨과 사탄주의의 가장 깊은 비밀을 감추고 있다. 십자가에서 희생된 그리스도의 희생을 이 땅에서 지워버리는 것이다. 이 주교관과 그 오컬트적 상징들이 루시퍼를 숨기고 있다는 사실이 놀랍지 않을까요? 루시퍼는 십자가에서 그리스도의 구원 대신 자신을 구원자로 내세우며, 신성모독적이고 사탄적이며 프리메이슨적인 삼중 삼위일체에 대한 영지주의적 구원을 인간에게 제공한다."라고 하였다 (원문: "cepted Scottish Rite. The 15th degree is the degree of the Man-God, expressing the replacement of the Redemption of Jesus Christ with the gnostic-satanic redemption; the 18th degree is the degree of the Rosicrucian Knight, which conceals the deepest secret of Freemasonry and Satanic: DELETE THE SACRIFICE OF CHRIST ON THE CROSS FROM THE FACE OF THE EARTH! Would it be a surprise to find that this Miter, with its occult symbols, hides Lucifer who, in place of Christ's Re demption on the cross, presents himself as the Redeemer, offering man the Gnostic redemption of the blasphemous, satanic and Masonic Triple Trinity?").[20]

외국의 전문적인 학자나 작가 등의 저서나 논문에 보면, 이번에 세상을 떠난 로마카톨릭의 교황 프란치스코(Pope Francis)가 로마카톨릭의 마지막 교황이라고 생각하는 경우가 많다. 이 말의 뜻은 바티칸 시국의 대통령격인 교황을 다시 선출하지 않는다는 뜻이 아니라 로마카톨릭에서 약간의 교회 성격과 색채가 약간 남아 있었는데, 로마카

---

20) Chiesa viva, September 2014(키에사 비바, 2014년 9월), 18.

톨릭의 내부의 강력한 일루미나티 조직인 예수회(Society of Jesus, Jesuit Order, Jesuits)의 검은 교황(Black Pope)인 프란치스코(Pope Francis)가 일루미나티와 로마카톨릭을 하나도 합병하므로써 완전히 교황청을 사탄의 조직으로 만들었다고 주장하고 있다.

9. 비밀결사 이단과 사이비 집단

일루미나티 프리메이슨 조직 가운데 기독교의 이단과 사이비 집단이 많으나, 논문이 한정되어 있으므로 몇 조직만 간략하게 고찰하여 본다. 필자는 이 부분에 관하여 방대한 원서 문헌을 소장하고 있다.

1) 몰몬교도 일루미나티 프리메이슨 조직

몰몬교(Mormonism, 예수 그리스도 후기성도 교회)의 창시자인 조셉 스미스 주니어(Joseph Smith, Jr., 1805~1844)는 일루미나티 프리메이슨이다.

2) 안식교도 일루미나티 프리메이슨 조직

안식교 또는 재림교회(再臨敎會, Adventist Church), 혹은 제칠일안식일예수재림교회(第七日安息日耶蘇再臨敎會, Seventh-day Adventist Church)의 창설자인 엘런 굴드 화이트(Ellen Gould White, 1827~1915)는 일루미나티 프리메이슨 고위급 일원이다.

엘런 G. 화이트는 프리메이슨 33도인 윌리엄 밀러(William Miller, 1782~1849) 밑에서 메이슨으로 자랐다. 밀러는 젊어서부터 메이슨에 가입하여 최고 계급인 33도까지 올랐다. 자신의 회고록에 따르면, 프리메이슨에서 떠났다고 고백하고 있으나 신뢰하기 어렵다. 영문 위키백과 사전을 인용하여 본다.

'밀러는 1831년까지 활동적인 프리메이슨리이었다.[11][12][13] 밀러는 1831년 "메이슨들 사이에서 하나님의 말씀과 양립할 수 없는 어떤 행위와도 교제하지 않기 위해" 그렇게 했다고 말하면서, 자신의 메소닉 회원 자격을 사임했다.[14] 1833년까지 그는 친구들에게 "다른 악처럼" 프리메이슨을 대하라는 편지를 썼다.[15]" 라고 하였다(원문: "Miller and Freemasonry[edit] Miller was an active Freemason until 1831. [11][12][13] Miller resigned his Masonic membership in 1831, stating that he did so to "avoid fellowship with any practice that may be incompatible with the word of God among masons".[14] By 1833 he wrote in a letter to his friends to treat Freemasonry "as they would any other evil".[15]).[21]

윌리엄 밀러는 1844년 10월 22일에 예수께서 재림하고 천년왕국이 실현된다고 주장했다. 밀러의 추종자들은 약 5만 명 정도였다.

한국기독교정보학회 다음 카페에서 필자가 안식교가 일루미나티 프리메이슨 중에 하나라고 하였더니 안식교 신도가 학회 카페에 가입하여 필자를 검찰에 고소하겠다고 공갈 협박했다.

필자는 검찰과 법원에서 15년 넘게 싸운 경력이 있어서 자신이 있었으나 시간도 아깝고 해서 안식교 창시자인 엘런 굴드 화이트(Ellen Gould White, 1827~1915)의 원서 일기장을 스캔하여 올렸다.

필자는 안식교가 프리메이슨 조직이라는 수 많은 영문 원서 제1차 사료(史料)를 소장하고 있다. 안식교 창시자 엘런 굴드 화이트의 일기장 내용을 아래에 공개한다. 아래의 내용은 빙산의 일각에 지나지 않는다.

---

21) William Miller (preacher)-Wikipedia:
https://en.wikipedia.org/wiki/William_Miller_(preacher)

"내가 프리메이슨과 연결된 사실에 관하여 당신이 쓴 것을 받아들인다. 나는 5개의 랏지에 속하여 있고, 이것 이외에 나는 3개의 전체 통제권을 가진다. 나는 현재 프리메이슨에서 가장 높은 질서를 가지고 있지만, 나는 그들과의 모든 관계를 끊을 것이다. 나는 그들의 모임에서 더 이상 참석하지 않을 것이다. 내 통제하에 있는 3개사와 비즈니스 관계를 끝내려면 9개월이 걸릴 것이다."라고[22] 하였다. 아래의 문서인 안식교 창시자인 엘런 굳드 화이트의 일기장을 갈무리(캡처)한 것이다.

> to me; it all means me. That which you have written in regard to my connection with the Free Masons I accept. I belong to five lodges, and besides this I have the entire control of three. I have just taken the highest order in Free Masonry, but I shall sever my connection with them all. I will attend no more of their meetings. It will take me nine months to wind up my business relations with the three under my control."

3) 왕국회관도 일루미나티 프리메이슨 조직

왕국회관 곧 여호와의 증인회(Jehovah's Witnesses) 창시자 찰스 테이즈 러셀(Charles Taze Russell, 1852~1916) 일루미나티 고위급 일원이다.

10. 기독교 탈을 쓴 거대한 트로이 목마

그리스도교(경교, 야소교, 예수교, 기독교)의 탈을 쓰고 트로이 목마의 위장 전술로 은밀하게 교회에 침투하여 성경과 교회를 파괴해

---

22) Ellen G. White, Manuscript Releases Volume Twenty, 1993.(E. G. White Estate 12501 Old Columbia Pike Silver Spring, Maryland 20904 U.S.A.), 161.
(엘렌 G. 화이트 원고 20권 출간(E. G. 화이트 에스테이트 12501 올드 컬럼비아 파이크 실버 스프링, 메릴랜드 20904 미국), 161~162쪽 내용)

버리는 거대한 트로이 목마의 조직들에 관하여 고찰하여 본다.

한국 교회를 분열시킨 세계교회협의회(World Council of Churches, WCC)도 프리메이슨 조직에 하나이다.[23] 신학에서 다루고 있는 자유주의 창시자 슐라이어마허도 일루미나티 일원이다.[24]

신정통주의(발트주의, 신신학) 창시자인 칼 바르트도 성경을 부정할 뿐 아니라 일루미나티 프리메이슨과 깊이 연결되어 있다.[25]

세계복음주의연맹(WEA, World Evangelical Alliance)은, 1843년에 시작하여 1846년 8월 19일부터~9월 2일까지 영국 런던의 프리메이슨 홀(Freemason Hall)에서 창립되었다.[26]

세계복음주의연맹 창립총회에 참석했던 나라의 대표들은, 미국, 캐나다, 영국, 스코틀랜드, 아일랜드, 웨일즈, 독일, 프랑스, 네덜란드, 스위스, 스웨덴 등에서 대표단이 파견하여 한 자리에 모였다. 모두 53개 "기독교 단체"를 대표하는 약 800여 명의 기독교 지도자가 한 자리에 모여 13일 동안 예배, 설교, 사업 등에 관하여 토론했다.

현재 세계복음주의연맹(WEA)의 구성원은 129국가와 7개의 지역동맹, 104개의 준회원, 6개의 산하 전문 부처 및 6개의 위원회에 뿌리를 둔 국제기구이다.

여기에 가입되어 있는 교파들은, 성공회, 루터교, 장로교, 회중교회, 침례교, 감리교, 모라비안 및 기타 정통 개신교를 포함하고 있으면서 표면적으로는 로마카톨릭과 반삼위일체적 이단 단체를 배격하는 것처럼 철저하게 위장하고 있으나, 소속되어 있는 교파 중에도 일

---

23) 안병삼, 일루미나티 프리메이슨단의 정체(한국기독교정보학회, 2022), 508-518.
24) 안병삼, 일루미나티 프리메이슨단의 정체(한국기독교정보학회, 2022), 537-538.
25) 안병삼, 일루미나티 프리메이슨단의 정체(한국기독교정보학회, 2022), 574-575.
  "칼 바르트는 자신의 저서하나님의 말씀과 사람의 말(The Word of God and the Word of Man)》 90쪽에서 주장하기를, "그리스도의 부활이나 재림은 동일한(똑같은) 것인데, 역사적인 사건이 아니다." 라고 주장하였다(원문: "The resurrection of Christ, or his second coming, which is the same thing,")."
26) World Evangelical Alliance, Our History: https://worldea.org/who-we-are/our-history/

루미나티 프리메이슨 조직에 포함되어 있다.

'복음주의연합 회의록 보고서'(원제: "Evangelical Alliance Reports of the Proceedings of the Conference")를 보면, 세계복음주의연맹(WEA)의 창립 총회를 영국의 프리메이슨 홀에서 개최한 이유도 여기에 있다.

"영국과 아일랜드 전역, 그리고 여러 외국에서 온 회의 회원들은 "복음주의 연합"의 결성을 논의하기 위해 8월 19일 수요일 아침, 그레이트 퀸 스트리트에 있는 프리메이슨 홀에 모였다. 참석 인원은 약 800명이었다."라고 하였다.[27]

세계복음주의연맹(WEA, World Evangelical Alliance)에 관한 다른 문건을 보면, 다음과 같이 기록하고 있다.

"제2차 대각성 운동(1791-1842)은 교회와 지리적 경계를 넘어, 특히 영국 제도와 미국에서 기독교 교제에 대한 열망을 불러일으켰다. "그것은 모든 곳에서 연합되고 강력한 기독교 교회의 영향력을 필요로 하는 시대였다."(Ewing, 12쪽).

1843년에 시작된 영국 회의는 1846년 8월 19일부터 9월 2일까지 프리메이슨 홀에서 열린 런던 회의라는 분수령을 이루었다. 영국, 스코틀랜드, 아일랜드, 웨일스, 스웨덴, 독일, 프랑스, 네덜란드, 스위스, 미국, 캐나다에서 대표단이 모였다. 53개 "기독교 단체"를 대표하는 약 800~1,000명의 기독교 지도자들이 13일 동안 예배, 설교, 그리고 사업에 관한 모임을 가졌다."라고 하였다.

(원문: "The Second Great Awakening(1791-1842) created

---

[27] J. J. Johnstone. and Glasgow, Evangelical Alliance Reports of the Proceedings of the Conference, (London: Partridge & Oakey, Paternoster Row. 1847.), 1.
(원문: "The Members of the Conference, who had come from all parts of Great Britain and Ireland, and from various Foreign Countries, to deliberate on the formation of an "Evangelical Alliance," assembled in Freemason's Hall, Great Queen Street, to the number of about eight hundred, on Wednesday morning, August 19th.")

a desire for Christian fellowship across the boundaries of church and geography, especially in the British Isles and USA.

"It was a time that called everywhere for the influence of an [sic] united and powerful Christian Church."(Ewing, 12). British meetings starting in 1843 led to the watershed London gathering in August 19-September 2, 1846 at Freemason Hall. Representatives came from England, Scotland, Ireland, Wales, Sweden, Germany, France, Holland, Switzerland, the US and Canada. Some 800-1000 Christian leaders, representing 53 "bodies of Christians", met for 13 days in worship, preaching and business.").[28]

우리가 세계복음주의연맹(WEA))의 정체를 바로 알기 위해서는 브라이언 오코넬(Brian O'Connell)을 알고 반드시 알고 넘어 가야 한다. 그는 일루미나티 조직에 하나인 로마카톨릭과 복음주의와 하나되기 운동에 서명했던 인물이다. 그는 세계복음주의연합(WEF; World Evangelical Fellowship)의 대표를 역임했다.

세계복음주의연합(WEF)은, 일루미나티 프리메이슨 조직에 하나로, 프리메이슨이 세계정부를 만들기 위해 세운 유엔 경제사회 이사회(ECOSOC)에 가입되어 있는 NGO 조직에 하나였다.

일루미나티 프리메이슨이 주축되어 있는 신복음주의자(복음주의자들)들은 1942년에 전미복음주의자협의회(NAE, National Association Evangelicals)를 창설하였고, 의장은 레이스 앤더슨(Leith Anderson)이 맡았다.

신복음주의자들은 1951년에 세계복음주의연합(WEF; World Evangelical Fellowship)을 조직하였는데, 2001년에 이 명칭을 변경하여 세계복음주의연맹(WEA, World Evangelical Alliance)이라고

---

28) World Evangelical Alliance, Our History: https://worldea.org/who-we-are/our-history/

하였던 것이다.

프리메이슨 조직에 하나인 세계교회협의회(WCC)가 형이라면, 세계복음주의연맹(WEA)은 동생이다.

세계복음주의연맹(WEA)은, 스위스 제네바의 유엔 총회에서 열린 제52차 인권 이사회에 적극적으로 참여했다.[29] 유엔은 프리메이슨 조직의 최상위 조직이다.

세계교회협의회는 프리메이슨 조직인데, 세계복음주의연맹은 두 조직이 서로 협력을 강화하겠다고 밝히고 있다.[30] 예언이 빗나가자 대부분 추종자는 교회를 떠났다. 소수만 기준의 교회로 합류했다.

특정 학자가 써 놓은 수많은 문헌에서 안식교가 기독교의 일파로 기록하고 있지만, 안식교는 기독교로 가장한 일루미나티 프리메이슨 조직에 하나이다.

11. 국내 이단 교주와 트로이 목마

1) 통일교 문선명 교주의 출생과 그 행적

통일교(세계평화통일가정당, 통일당) 문선명 교주는 1920년 평안북도 정주에 출생하여 2012년 9월 92세로 사망했다. 세계평화통일가정연합(통일교)의 교주인 문선명은 자신이 재림주(메시아) 또는 인류의 참부모라고 주장했다. 그는 평양 육교리에서 교회를 위장한 '광야교회'라는 간판을 걸어 놓고 유부녀였던 김종화 여인과 어린양의 혼인 잔치라는 비윤리적인 의식을 행하다가 이웃 주민의 고발로 현장에서 체포되어 징역 5년 형을 선고받았다.

---

29) ("The World Evangelical Alliance was actively engaged during the 52nd session of the Human Rights Council at the United Nations in Geneva.").
30) 한국기독교정보학회 다음 카페 게시판 "세계복음주의연맹(World Evangelical Alliance)의 행보"로 해당 카페의 상단 검색 창에서 검색하면, 관련 글을 읽을 수 있다.

문선명 교주는 성적으로 매우 문란하여 본부인 외에 여러 명의 여인을 두었는데, 본부인 최선길은 문성진을 낳았다. 그 후 연세대학생이었던 김명희 사이에서 문희진을 낳았다. 그다음에는 최순화 여인 사이에서 박사무엘을 낳았다.
　문 교주는 1960년 본처와 이혼하고 자신을 추종하는 신도 홍순애 여인의 딸 한학자 여인과 결혼하여 오늘에 이르고 있다. 당시 문선명 교주의 나이는 41세였으며, 한학자 여인은 17세였다. 문 교주는 한학자 여인에게서 5남 3녀를 두었다. 문 교주의 전체 자녀들은 모두 14명에 달한다. 문선명 교주는 치매 현상과 함께 살인 공포증으로 시달리다가 죽었다. 문선명 교주는 15살이었던 홍성표의 딸을 맏며느리로 삼았다. 그다음의 사돈으로는 통일교의 제2인자라고 불리는 금강산국제그룹 회장인 박보희이다. 현재 문선명 교주의 자녀들은 대부분 이혼하거나 마약과 스캔들에 연루되어 있다. 문선명 교주는 사탄이 천국을 보내 준다고 다음과 같이 주장했다.
　"통일교회 나간다는 확신을 보여서 사탄으로 하여금 인정받는 진짜 통일교인이구나 하는 인정을 받아야 합니다. 사탄으로부터 인정받는 것이 증명서에 싸인하는 것입니다."라고[31] 하였다.
　문선명 교주는 과거 남한과 북한이 이념적으로 극한 대립을 하고 있던 시절의 정치계에 침투하기 위한 술책으로『국제승공연합』이라는 위장된 간판을 내걸고 활동하면서 다른 한편으로는 통일기업을 통해 러시아제 잠수함 40척을 북한에 매각하도록 무기 중개상 역할을 하는 이중성을 보이기도 했다. 문선명 교주는 1991년 정부의 허가도 받지 않고 북한을 방문하여 김일성에게 35억 달러를 지원하여 주기로 약속하기도 했다. 그 대가로 통일교는 대동강에 있는 보통강 경영권을 소유하게 되었다.[32]

---

31) 통일교에서 발행하고 있는,『말씀지』1979년 2월 15일 217호.
　　김종일, 한국기독교와 신흥종교, (서울: 한국종교연구원, 1981), 82.
32) 기독신보 제1033호, 1994년 8월 27일 자 7면 기사.

이 당시에 문선명 교주는 김일성 주석에게 형님이라고 불렀다. 통일교 집단은 1974년에 순진한 '리틀엔젤스' 어린이들을 이용하여 홍콩에서 밀수해 오다가 적발되었으며,[33] 조직 폭력배들을 동원하여 기독교 행사 때 폭력을 행사하여 많은 사람들이 다치는 일들이 여러 차례 있었다. 이러한 사실에 비추어 볼 때 문선명 교주와 통일교는 기독교하고는 전혀 상관이 없는 일루미나티 조직이라는 사실이 잘 드러난다.

일루미나티(계몽주의)의 궁극적인 목적은 유엔을 업그레이드하여 정치, 경제, 종교를, 하나로 통합하여 세계정부(NWO, New World Order, 1990년대 이후에 본격화)를 만드는 것이다.

세계정부를 '신세계질서'(NWO, New World Order), 또는 세계정부(世界政府, World Government), 세계단일정부(One World Government) 혹은 세계연방운동(WGM, World Government Movement) 등으로 표현하고 있다.

통일교는 세계정부(NWO)를 세계연방운동(WGM)이라고 지칭한다. 통일교의 핵심 인사이자 선문대학교 신학대학원의 겸임 교수인 이재석의 저서 "종교연합 운동사"에 보면, 매우 상세하게 소개하고 있다. 그 내용을 인용하여 본다.

"세계연방이란 각국의 주권을 제한하여 모든 나라를 하나의 세계연방으로 통일하려는 정치조직이며 세계정부이다."라고[34] 정의하고 있다.

통일교의 문선명 교주가 생존하였을 때 대한민국에서 자신의 정치적인 입지를 확대하기 위한 목적으로 전국의 시, 군, 읍, 면, 통, 반을 이용하여 국민연합 조직을 형성하여 세계평화통일가정당(통일당)을 만들어 운영하면서 친미 세력인 프리메이슨을 지원했다. 사실 대한민국의 정치는 프리메이슨의 손에 의해 좌지우지되고 있다.

통일교 문선명 교주는 종교와 정치, 경제, 사상, 문화 등 5권을 장악

---

33) 기독선교신문 제89호 1993년 12월 15일 자.
34) 이재석, 종교연합운동사, (선학사, 2004), 195.

하기 위해 혈안이 되어있었다. 통일교 문선명 교주가 일루미나티 프리메이슨이라는 증거는 기독교 단체로 위장한 '대한예수교장로회 총화총회'의 총회장직을 맡고 있었던 나재준 목사의 양심선언으로 더욱 확실하게 드러났다. 나재준 총회장은 아래와 같이 양심을 선언했다.

통일교(문선명 집단)에서 기성교회들을 끌어들이기 위해 조직된 대한예수교장로회총화 총회 측 나재준 총회장이 2월 25일부로 통일교를 탈퇴, 문선명 집단의 비리 사실을 폭로하면서 아래와 같이 양심선언을 발표했다.

30년 동안 2백 20여 개 교회를 포섭하여 87년 7월 17일 자로 문공부에 교단 등록까지 마친 나재준 목사는 현재 기성교회 목사, 장로, 집사 4천여 명이 통일교와 직, 간접으로 연관을 맺고 있다고 밝혔다.

"나 목사는 통일교가 ① 세계종교 일치화를 위해 기독교에 침투하고 있으며, ② 세계 모든 가정을 한 가정으로 만들기 위해 합동결혼식(축복가정)을 올리고, ③ 세계 경제를 통일시키기 위해 "세계 경제 통일 협의회"를 조직 한국인으로 유일하게 정주영(현대그룹)이 가입되어 있다고 말했다. ④ 세계정부를 하나로 통일하기 위해 국회의원 등 정치계에 사람들을 보내고, ⑤ 세계 언론을 통일하기 위해 각국에 "세계일보"를 만들고 있다고 폭로했다.

통일교는 종교의 탈을 쓴 정치집단이라고 규정한 나재준 목사는 기성 교단 여자 권사나 여집사들이 통일교에서 주관하는 성여회에 매주 3백여 명씩 참가하고 있으며, 더욱 예장 통합 원로인 김모 목사가 회장으로 되어있는 성친회에도 기성교회 목사 1백 50여 명이 참여하고 있다고 폭로했다. 또 그는 통일교에서 종교 일치를 위해 기독교란 이름을 꼭 붙여 세계기독교 통일신령협회를 만들었다고 말하고 현재 1백 62개국에 선교사를 파송 포교 활동을 하고 있다고 말했다.

나 목사가 이끄는 예장총화총회는 87년 4월 목사 45명이 참석하여 엠마오 서점에서 창립, 그동안 기성교회 1백 62개 처를 가입시켰다고 말했다. 한신대학, 개혁신학원을 나온 나목사는 기장 전남노회에서 제명 처분을 받은 후 세계기독교통일신령협회 용산 교역장(교회)으로 파격적인 대우를 받아 오다가 이번에 탈퇴했다고 밝혔다."라고[35] 하였다.

종교를 가지고 사기를 치고 그들을 옹호하고 추종하면서 신(神)으로 믿고 신봉하고 따르는 우리 사회의 저명한 인사의 의식구조가 과연 어떤 것인지 궁금하다.

통일교 문선명 교주는 주장하기를,

"……공자, 석가, 예수까지도 나의 부하입니다. 어저께도 불교 믿는 사람이 선생님 앞에 와 가지고 "석가모니가 나한테 문선생 위해 24시간 기도하라고 나에게 명령하니 안 할 수 없었다." …만약 석가모니도 협조하지 않으면 천법에 걸리게 됩니다."라고[36] 주장하였다.

통일교는 이 부분에 대하여 사회적으로 크게 말썽이 생기자 편집자 실수라고 주장했다.

2) 통일교 문선명 교주의 주장들

통일교(세계평화통일가정연합) 문선명 집단은 주장하기를, "하나님이 인간의 조상인 아담과 하와를 만들어 놓고 선의 세계를 이어가려고 했으나, 미 완성기에 아담(남자)의 아내인 하와(여자)를 천사장이 꾀어 성적 관계(섹스 관계)를 맺고 그 후 다시 하와(여자)가 남편인 아담과 성적 관계(섹스)를 함으로써 인간은 처음부터 타락했다."라고 주장했다.

다시 말하면 인류의 조상은 하와(여자)가 잘못된 성행위로 타락했기 때문에 타락과 관계가 없는 "그 부모" 또는 "참 부모"인 문선명 교

---

35) 크리스챤 신문 1989년 3월 4일 자 11면 기사.
36) 통일교에서 발행하는, 『말씀지』 1976년 2월 21일 제 182호 29페이지.
    김종일, 한국기독교와 신흥종교, (서울: 한국종교연구원, 1981), 82.
    김영희, 문선명의 정체, (경기: 한일사, 1987), 71.

주와 성적 관계를 통해 인류는 다시 태어나야 한다는 것이다. 통일교의 합동결혼식은 간접적인 섹스 관계 즉 혼음을 의미하는 비윤리적인 행사인 것이다. 그 근거들을 고찰하여 보면,

① "…해와가 잘못된 사랑을 해서 타락하여 혈통을 더럽혔으니 혈통적으로 잘못돼 버렸으므로 이것을 뒤집어 놓아야 한다."라고 하였다(통일세계 72년 7월호 8페이지).

② "…해와는 하체를 통해 타락했으므로 탕감 조건을 세워야 한다."라고 하였다.(1969년 5월 4일. 성화 1969년 5월호 16페이지).

③ "…타락과 관계없는 그 부모의 혈통을 통해서 다시 태어나야 한다."라고 하였다(1969년 5월 4일. 성화 1969년 5월호 14페이지).

④ "…인류의 참 부모는 문선명이다."라고 하였다(1968년 음력 10월 1일. 성화 69년 2월호 23페이지).

⑤ 사탄이 천국 보내 준다.

문선명 교주는 주장하기를, "통일교회 나간다는 확신을 보여서 사탄으로 하여금 진짜 통일교인이구나 하는 인정을 받아야 합니다. 사탄으로부터 인정받는 것이 증명서에 싸인하는 것입니다. 진짜 통일교인이라는 사탄의 인정이 증명서가 된다는 것입니다. 사탄이가 여러분을 하나님 앞에 "이 사람은 지독한 통일교인입니다."라고 싸인을 하게 된다는 사실을 잊지 말아야 할 것입니다. 천국을 누가 보내 주느냐 하면 사탄이 보내 준다고 말할 수 있을 것입니다."라고[37] 하였다(통일교 발행, 말씀지 1979년 2월 15일 217호).[38]

⑥ 종교, 정치, 경제, 사상, 문화 5권을 장악하라.

통일교 문선명 교주는 종교, 정치, 경제, 사상, 문화 등 5권을 장악하기 위해 혈안(血眼)이 되어있다.

⑦ "통일교 반대하다가는 자다가 죽고 별의별 일이 다 벌어질 것이

---

37) 통일교 발행, 말씀지 1979년 2월 15일 217호.
38) 김종일, 한국기독교와 신흥종교, (서울:한국종교연구원, 1981), 82.

다. 총 뿌리를 반대로 미국 청년들이 태평양을 횡단, 선생님이 원통하던 사실을 칠 것이다."라고 하였다(1975년 5월 8일 말씀 175호 45페이지).[39]

⑧ 문선명 집단은 '초교파기독교협의회'를 조직하여 한국 교회의 목사들을 미혹하기 시작했다. 문선명은 1966년 11월 7일 종교간의 대화와 화합을 명분으로 초교파운동본부를 창립하여 본격적으로 한국 교계에 침투하기 시작했다. 문선명 집단은 순수한 한국 교계의 단체로 위장하여 향응, 생활비 보조, 호화판 여행 등으로 환심을 얻어 '교리 공청회'를 통해 문선명 교주의 '원리강론'을 소개하고 문제가 발생하면 잠시 후퇴를 했다가 다시 시도하는 방법을 썼다.

⑨ 초교파운동본부는 1974년 '초교파기독교협회'로 명칭을 바꾸고 대담하게 문선명을 공개적으로 선전하면서 1981년에는 12억 예산을 세워 농어촌 개척 교회를 돕겠다고 선언하고 실제로 지원했다. 또한 해외 파견 선교사를 모집한다고 광고를 돈으로 한국 교계의 일부 목사를 매수했다. 통일교에 현혹되어 넘어가서 마치 기독교의 교단처럼 창설했던 조직은 아래와 같다.

의장: 방부신(方富信) 목사, 본부장: 박창번(朴昌蕃) 목사, 섭외부장: 김정렬(金政烈: 통일교 신도), 협회장: 유효원(劉孝元: 세계기독교통일신령협회장), 총무: 박철수 목사, 전협회장: 이재석(통일교 기관인 주간종교사) 외에 유영근 목사, 강홍수 목사(세계성지순례 다녀옴, 4명과 함께), 김윤관 등이다.

당시 초교파기독교협회 "총무였던 박철수 목사에 의하면 문선명의 교리 교육을 거쳐 간 목회자들이 4,300여 명이며, 5성회에[40] 가입한 교인들이 2,000여명이고 이들 중 상당수가 월 2만 원에서 수십만 원

---

39) 김명희, 문선명의 정체, (경기:한일사, 1987년), 268.
40) 5성회: ① 성 노회(원로 목사 포섭기구), ② 성 목회(현직 목사들 포섭기구), ③ 성장화(장로들 포섭기구), ④ 선녀회(여자 교역자들 포섭기구), ⑤ 상청회(청년 교인 포섭기구) 등을 가리킨다.

을 도서비 명목으로 받는다고 한다."라고[41] 밝혔다.

12. 이만희 교주 유엔에 가입하여 활동 중

신천지 이만희 교주는 일루미나티 프리메이슨 조직인 유엔에 가입하여 활동하고 있다. 유엔이 일루미나티가 창설한 조직이라는 사실을 필자의 저서 "일루미나티 프리메이슨리의 정체"에서[42] 상세하게 밝혀 놓았다.

유엔이 일루미나티 프리메이슨 조직이라는 사실은 수많은 전문가의 문헌에서 확인된다. 그중에 한 인물만 소개한다.

존 콜먼(Dr, John Coleman) 박사는 영국에서 태어나 영국에서 인문학 박사 학위를 취득했다. 비밀첩보기관(MI6)에서 극비문서를 취급하는 장교로 근무했다. 대영박물관에서 5년 동안이나 비밀첩보 조직에 관한 문서들을 조사했던 이 분야 최고의 베테랑급에 속한다.

존 콜먼 박사가 집필한 "음모의 지배계급 300인 위원회"(원제: "The Story of The Committee of 300")의 원서 303쪽에 일루미나티 조직에 유엔이 포함된 사실을 밝히고 있다. "회원에 포함되어 있다."("Included in the membership are:, "The United Nations, (UN)")라고 하였다.

존 콜먼 박사의 저서(원서) 212쪽에는, 300인 위원회(The Committee of 300)의 도표가 그려져 있는데, 도표 최상단에 유엔이 포함되어 있다.

존 콜먼 박사의 저서(원서) 433쪽에는 일루미나티 조직인 "300 위원회의 통제하에 있는 기관"(원문, "Institutions Directly Under the Control of the Committee of 300")에 관하여 기술하고 있는데, 여기에는 세계교회협의회(WCC)가 프리메이슨 조직이라고 밝히고 있다.

---

41) 김명희, 문선명의 정체, (경기:한일사, 1978), 104.
42) 안병상, 일루미나티 프리메이슨 정체(한국기독교정보학회 출판사, 2022), 446-486.

필자의 저서 "일루미나티 프리메이슨리의 정체"에서도[43] 세계교회협의회(WCC)가 일루미나티 프리메이슨 조직이라는 국내 학술계 최초로 매우 상세하게 다루었다.

신천지 이만희 교주는 유엔의 엔지오(NGO) 조직인 '국제연합경제사회이사회'(United Nations Economic and Social Council, 약칭 ECOSOC)에 등록하여 활동하고 있다.

신천지가 왜 종교통합을 줄기차게 외치고 있을까? 그 이유는 신천지의 배후에 일루미나티 프리메이슨이 있다는 것을 반영하는 것이다.

일루미나티 프리메이슨 조직은 전 세계의 종교를 하나로 통합하는 것을 지상 최대의 목적으로 정해 놓고 있다. 전 세계의 종교를 하나로 통합한 후에는 종국에는 루시퍼(사탄, 마귀, 악마)를 숭배하도록 하기 위함이다. 신천지의 배후에서 콘트롤(control) 하는 거대한 비밀 조직인 일루미나티가 있다. 일루미나티 조직인 통일교의 제2인자인 박보희는 신천지와 관계를 맺고 있었고, 통일교의 인사가 신천지에 가서 영향을 주기도 하였다. 통일교와 신천지를 외형상으로는 다른 조직처럼 보이지만, 실제로는 하나의 조직이다.

1) 이만희 교주는 이단 삼위일체론

신천지 이만희의 삼위일체론은 전혀 이치에 맞지 않는 주장만 늘어놓고 있다. 이만희의 저서 "계시록의 진상 2" 37쪽을 인용하여 본다. "성령이신 성부(아브라함)는 성자 예수(이삭)를 낳았고, 예수(이삭)는 성자 보혜사(야곱)를 낳으니 이것이 삼위(三位)이다."라고[44] 주장하고 있다.

신천지 이만희 교주는 자신이 보혜사라고 주장하고 있다(계시록 진

---

43) 안병삼, 일루미나티 프리메이슨 정체, (한국기독교정보학회 출판사, 2022), 498.
44) 李萬熙, 천국비밀 계시록의 진상, (도서출판 新天地, 1992), 37.

상 표지에 보혜사로 기재하고 있다.).

신천지는 1985년 6월 5일 자로 신천지 핵심 교리서인 '신탄'(神誕)을 출간했다. 이 책은 통일교 신자로 지내다가 신천지로 옮겨 간 김건남(金建南)과 김병희(金炳禧) 공저(共著)로 안양 신천지에서 출판했다. 신천지는 통일교와 깊은 관계를 맺고 있었다. 통일교의 제2인자로 알려진 박보희를 만나기도 하였고, 통일교 행사에 참석하기도 했다. 신천지의 배후에 일루미나티 조직인 통일교가 있다는 것은 잘 알려진 사실이다. 신천지에서 발간한 책들을 자세히 분석하여 보면 통일교의 원리강론 내용과 같은 내용이 많이 나온다.

신천지 신도는 '신탄'(神誕)이라는 책을 인정하지 않고 부정한다. 이 책은 신천지와 관련이 없다고 주장한다. 그런데 이 책에는 신천지에 치명적인 약점을 주는 내용이 가득하다. 신천지 신도가 '신탄'(神誕)이라는 책을 제아무리 부정해도 이 책이 신천지에서 직접 출판했다는 객관적인 증거가 있다.

그 증거는 첫째, "신천지 발전사(화보) 신천지예수교증거장막성전"이라는 책 131쪽에 보면, 신천지에서 발행했던 책들을 모두 소개하고 있다. 여기에 첫 번째로 '신탄'(神誕)을 소개하고 있다.

둘째, 국립중앙도서관 검색자료에서 "신탄"으로 검색하면, 책 제목이 나오는데, 신천지가 1985년에 출판하여 증여한 것으로 나온다.

셋째, '신탄'(神誕)에 기재되어 있는 내용은 이만희의 다른 저서의 내용과 정확하게 일치한다. 신천지 이만희는 '신탄'(神誕) 339쪽에서 자신이 삼위일체 중에 한 위(位)라고 주장하고 있다. 이만희는 자신이 하나님이라고 주장하고 있다는 것이다.

2) 이만희 교주는 자신이 그리스도라고 주장

신천지 베드로 지파 교육부가 2005년에 발행한 "2006년 구역 중심의 해, 구역 운영지침 및 구역 공과, 제3과 신앙고백"이라는 책자의 내용을 보면, "오늘날 이긴 자가 주 곧 그리스도요."라고 주장하고 있다.

"신천지예수교 증거장막성전 부산 야고보 지파' 새 찬송가 편집위원회에서 발간한 찬송가 제목 "이긴 자"라는 가사와 후렴을 보면, "이긴 자는 나에게 주요, 그리스도시오."라고 기재되어 있다.

심지어 신천지 신도는 이만희를 이긴 자, 만왕의 왕으로 부르면서 종교통합을 가르치고 있다. 신천지 이만희의 저서에서 자신이 하나님이라고 주장하는 글은 어렵지 않게 확인할 수 있다. 그렇다면 신천지는 성경과 전혀 상관없는 사이비 집단이다.

그런데도 신천지 신도는 성경을 연구하고 가르친다고 주장하면서 이중성을 드러내고 있다. '신탄'(神誕) 서론 5쪽에서는 진화론을 주장한다. '신탄'(神誕) 92~93쪽에는 "악의 창시자 누시엘"이라고 주장한다. 신천지는 타락한 천사를 누시엘이라고 주장하고 있다. 이만희의 저서 "하늘에서 온 책의 비밀 계시록의 진상 2" 304쪽에도 '누시엘'에 관하여 아래와 같이 기재하고 있다.

"악마의 누시엘이 곡과 마곡을 미혹한 것은 곧 연방 왕들이 결성한 연합 사령 군단은 각 종교 단체의 연합 또는 연맹을 말한다."라고 하였다.

신천지 신도가 '신탄'(神誕)을 부정한다고 해도 같은 내용이 이만희 교주의 다른 저서에서도 발견되기 때문에 더 이상 자신의 정체를 숨길 수 없다.

신천지는 타락한 천사가 누시엘이라고 주장하고 있는데, 히브리어, 헬라어, 라틴어, 영어, 한글 성경 등 지구상의 어떤 성경에도 '누시엘'은 나오지 않는다. 심지어 각종 신화에도 누시엘은 없다.

신천지 이만희가 성경에도 없는 거짓말을 만들어 냈다는 증거이다. '신탄'(神誕) 405쪽에서는 "이제 성경과 윤회 사상은 무관하지 않다는 사실을 살펴보기로 하자."라고 주장하고 있다. 참고로 성경 어디에서 불교의 윤회를 말하지 않는다.

13. 기독교의 탈은 쓴 프리메이슨 조직들

고린도후서 11장 14절에 "이것은 이상한 일이 아니니라 사탄도 자기를 광명의 천사로 가장하나니"라고 하였다. 이 말씀처럼 사탄(마귀, 악마, 귀신)은 사탄(마귀)에게도 귀신이라는 명칭이 적용되어 있으나, 단수로 나온다. 복수인 귀신들은[45] 자신을 숭배하는 자들에게 광명한 빛의 천사로 위장시켜 활동하게 한다.

신학자로, 목사로, 장로로, 집사 등의 각종 교회의 직분 자로 위장하여 교회에 침투하여 하나님의 말씀인 성경을 파괴하고 교회의 근본적인 교리를 파괴할 뿐만 아니라 교회에 각종 세속적인 프로그램을 도입하여 세속화시킨다. 교회의 각 기관으로 침투하여 들어 온 사탄의 회를 고찰하여 본다.

1) 미국 남침례교단의 일루미나티 프리메이슨 통계

미국의 모든 교파 중에서 남침례교단(SBC)이 그 규모가 제일 크다. 남침례교단 소속의 목사와 평신도를 포함하여 400,000만 명이 일루미나티 프리메이슨이라는 사실이 공식적으로 확인되었다. 이 부분에 관한 수많은 증거가 있는데 그중에 하나를 취사선택하여 기재한다.

헨릭 보그단(Henrik Bogdan)은 스웨덴 예테보리의 대학교(University of Gothenburg) 종교학 교수이다. 그는 프리메이슨 핸드북("Handbook of Freemasonry")의 저자이다. 이 문헌에서 미국의 남침례교단의 프

---

45) 사탄(마귀)을 따르는 졸개이다.

리메이슨 통계에 관하여 고찰하여 본다.

이 문헌의 181쪽을 보면, 미국의 남침례교단의 관계자들이 대부분 프리메이슨이라는 사실을 아주 상세하게 다루고 있다.

'우려. 일반적으로 남침례교와 특히 남침례교 지도자들은 프리메이슨을 수용한 오랜 역사가 있다.'(원문: "concerns. Southern Baptists in general and Southern Baptist leaders in particular, have a long history of embracing Freemasonry.")

'좋은 예가 조지 W. 트루엣(George W. Truett, 1867-1944), pastor of the First Baptist Church, 달라스(Dallas, 1897-1944), 남침례교단의 회장(president of the Southern Baptist Conference, 1927-1929), 침례교세계연맹 회장(president of the Baptist World Alliance, 1934-1939),

베일러 대학교와 남서침례교 신학교의 기금수탁 관리자(and trustee of Baylor University and the South-western Baptist Theological Seminary.).

한 논쟁의 여지가 있는 보고서는 1993년 남침례교 총회에서 승인되었다.'라고 하였다(원문: "He was raised a Master Mason in 1920 in the 'Dallas Lodge' No. 760. Other famous devout Baptists were also active Freemasons. A controversial report on Freemasonry was approved by the Southern Baptist Convention in 1993. It declared that in the light of the fact").[46]

사실 미국의 남침례교단은 1993년도에 프리메이슨에 관한 보고서가 남침례교단의 대회에 보고되었다. 이 보고서는 프리메이슨과 기독교는 서로 양립될 수 없다고 발표했다. 그런데도 2000년도에 같은 대회에서 프리메이슨과 양립성을 검토하는 새로운 출판물을 배포하여

---

46) Henrik Bogdan, Handbook of Freemasonry, (Brill Academic Pub; Illustrated edition, 2014), 181.

큰 논란을 불러일으켰다.

　현재 미국의 메이슨 회원 수는 약 300만 명~400만 명 정도로 추정되고 있다. 그중에는 37%에 해당하는 1,110,000명의 메이슨이 미국의 남침례교단(SBC) 소속의 목사가 14%나 되고, 집사나 이사회 의장과 신학대학교 총장 등이 18%가 되는 것으로 통계 되었다.

　2000년도에 업그레이드된 남침례교단의 보고서에 따르면, 남침례교단 소속의 목사 1,000명 이상이 프리메이슨으로 밝혀졌다. 우리가 꼭 알아야 할 것은 한국의 침례교단도 미국의 남침례교단의 영향을 지대하게 받고 있다는 점이다. 사실 이것도 빙산의 일각에 지나지 않는다. 그렇다면 비단 미국의 남침례교단 뿐일까? 다 교파들도 심각할 정도로 일루미나티 프리메이슨이 침투되어 있다.

　수억 명의 신자들이 넓은 길(지옥의 길)을 따라가고 있다. 뉴스에도 이미 보도되었지만, 미국 남침례교단 소속의 신자들은 급속하게 감소하여 2006년 이후로 2백 30만 명의 교인이 떠났다. 하나님께서는 역사의 키를 잡고 알곡과 쭉정이를 걸러낼 것이다.

2) 프리메이슨 33도인 빌리 그레함의 속임수

　전 세계적으로 알려진 부흥사 빌리 그레함은 젊어서부터 프리메이슨 조직에 가입했던 인물이다. 반기독교적인 인물이다. 성경과 교회를 파괴하기 위해 기독교의 탈을 쓰고 침투하여 들어 온 적군이다.

　프리메이슨 33도인 짐 쇼(Jim Shaw)는 1998년에 톰 맥케니(Tom Mckennuy)와 공동으로 '치명적인 기만'(The Deadly Deception)이라는 책을 출판했다. 이 책은 헌팅톤 하우스사(Huntington House)에서 하였고, 이 책의 104쪽과 109쪽에서 빌리 그레함과 관련이 있는 내용이 다루어졌다.

　프리메이슨 측과 교회나 기독교로 위장하고 있는 기관에서 빌리 그래함의 실명을 거론하는 문제를 강력하게 반대하여 '국제적인 유명한 전도자'로 고치라고 요구했다. 이러한 이유로 이 책에는 빌리 그레함의 이름이 직접 명시되지는 않았다.

이 책에서 짐 쇼(Jim Shaw)는 자신이 프리메이슨 고위급 33도로 승격되는 의식에 빌리 그래함이 같이 참여하였다고 증언했다. 이 의식에는 똑같은 일루미나티 프리메이슨 33도의 지위에 있는 메이슨이 아니면 절대로 참가할 수 없는 자리었기 때문에 빌리 그레함이 프리메이슨 고위급 지위에 있었다는 사실을 증명하는 것이다. 짐 쇼(Jim Shaw)의 '치명적인 기만'(The Deadly Deception)의 책 104쪽의 내용을 인용하여 본다.

"그날 거기에는 스칸디나비아 왕, 미국의 두 전직 대통령, 국제적으로 저명한 복음 전도자, 다른 두 명의 국제적으로 저명한 성직자를 포함하여 매우 저명한 사람들이 있었다."라고 하였다(원문: "There were some extremely prominent men there that day, including a Scandinavian King, two former presidents of the United States, an internationally prominent evangelist, two other internationally prominent clergymen").

원문에 보면, 프리메이슨 33도 고위급 의식에 참여하였던 사람들은, 스칸디나비아 왕과 미국의 국제적으로 저명한 전도자와 국제적으로 저명한 두 전직 대통령을 포함하여 거기에 몇 가지 매우 눈에 띄는 남자들이 그날에 있었다고 기록하고 있다.

짐 쇼(Jim Shaw)는 프리메이슨 고위급인 33도로 지내다가 회개하고 기독교의 신자가 된 것으로 알려져 있다. 짐 쇼(Jim Shaw)가 회심하게 전 프리메이슨 고위급으로 재직하고 있는 동안에 빌리 그레함이 프리메이슨 고위급으로 승급되는 의식에 33도로 참여하였다고 밝혔다. 짐 쇼가 세상을 떠나기 전에 유언을 남겼는데, 그 녹음테이프에서 '치명적인 기만'(The Deadly Deception)이라는 책에 나오는 '국제적인 저명한 성직자'("internationally prominent clergymen")가 빌리 그레함이라고 증언했다.

이 내용이 전 세계로 퍼지자 프리메이슨 전문 연구가들은 빌리 그레함이 프리메이슨 고위급이라는 또 다른 증거들을 찾기 위해 백방으로 노력한 결과 미국의 루이지애나주 그랜드 랏지(Louisiana Grand Lodge, 루지애나 그랜드 랏지, 프리메이슨 본부)에 등재된 것을 발견했다.

프리메이슨 연구가들은 그 홈페이지 화면을 캡처하거나 프린트하여 보관하는 등의 증거를 확보하여 보관하고 있다. 필자도 마찬가지이다. 이 외에도 빌리 그레함이 프리메이슨 고위급이라는 증거들은 많다. 빌리 그레함이 일루미나티 프리메이슨이라는 증거에 대하여 세계적인 권위자들이 다른 문헌에서도 어렵지 않게 확인된 역사적 사실이다.

일루미나티 프리메이슨 33도인 빌리 그레함은 1956년 12월에 한국을 방문했다. 이 당시의 통역관은 한경직 목사였다. 그 후 빌리 그레함은 지금으로부터 49년 전 1970년 5월 30일에 한국을 방문하여 초대형 집회를 인도했다.

이 당시에 여의도 5.16 광장에 115만 명의 인파가 모였다. 빌리 그레함의 통역은 김장환(빌리 김) 목사가 맡았다. 전국의 각 지역, 대구, 대전, 강원 등에서도 집회가 열렸다.

이 당시에 연세대학교 초대 총장이자 프리메이슨인 백낙준 박사가 빌리 그레함을 환영하고 인사말을 했다. 한경직 목사도 열렬하게 환영했다. 교회사적으로 보면 한경직 목사는 평생 일루미나티 프리메이슨 조직인 세계교회협의회(WCC)를 옹호했다.

1970년 5월 30일 자로 빌리 그레함이 주도했던 여의도 5.16 집회에는 교파를 초월하여 전국의 교회들이 지원하였고, 성대 대원만 8,000명 정도가 동원되었다.

이 당시에 필자는 20대 청년이었는데, 빌리 그레함이 사탄의 추종자라는 것을 쉽게 알았다. 필자는 빌리 그레함이 일루미나티 프리메이슨이라는 많은 증거를 소장하고 있다.

그런데도 한국 교계의 신학자들은 아직도 정신을 차리지 못하고 사탄의 종인 빌리 그레함을 칭송하고 있다. 전국의 교회 지도자와 성도들을 노리개감 정도로 까불듯이 갖고 놀고 있는데도 아직도 정신을 차리지 못하고 있다. 그렇다면 현재의 한국 교계는 어떨까?

14. 자유주의 창시자 일루미나티 일원

한국 교계의 일부 신학자와 목사는 성경과 기독교의 핵심 교리를 파괴하기 위해 가만히 들어 온 사탄 숭배 주의자이자 일루미나티 일원인 신학적(神學敵) 자유주의를, '자유주의 신학'이라는 매우 잘못된 표현을 사용하고 있다. 이런 모순이 어디에 있겠는가? 이것은 마치 적군을 아군으로 부르는 그것과 마찬가지이다.

일루미나티 일원이자 자유주의 창시자인 독일의 슐라이어마허(Schleiermacher, 1768-1834)는 종교를 '절대 의존의 감정'(Feeling of Absolute Dependence)이라고 주장했다.[47] 절대 의존 감정이 종교라는 뜻이다. 다른 표현으로 감정 이론이라고 한다. 어떤 신학자 중에는 이것을 '감정신학'이라고 잘못된 표현을 사용하고 있다.

슐라이어마허는 일루미나티 일원이었다. 일루미나티 조직에 하나인 모라비안 신도였다. 그는 일루미나티의 본산이라고 할 수 있는 할레대학에 입학하여 배웠다. 1804년에 할레대학의 설교자로 지냈다. 그는 할레대학 신학 교수로 1807년까지 재직하면서 일루미나티 사상에 깊이 심취되었다.

일루미나티 일원인 슐라이어마허는 일루미나티 일원인 임마누엘 칸

---

47) 안병삼, 일루미나티 프리메이슨단의 정체, (한국기독교정보학회, 2022), 120.

트와 독일의 철학자인 요한 볼프강 괴테 등과 함께 비밀 조직을 만들어 활동하면서 기독교 신앙을 의심하기 시작했다. 슐라이어마허가 일루미나티 일원이라는 역사적인 근거를 고찰하여 본다.

'1783년 니에스키(Niesky)에서 슐라이어마허는 계몽된(일루미나티) 인본주의 커리큘럼에 노출되었다. 그곳에서 그는 자신과 그의 동급생 칸트, 괴테 및 기타 현대 독일 작가의 도서를 읽는 비밀 클럽을 결성했다. 이러한 폭로와 그 학교의 좁은 신학적 교육의 결과로 그는 특정 기독교 교리에 대해 의구심을 갖기 시작했다. 이러한 폭로와 그 학교의 좁은 신학적 교육의 결과로, 그는 특정 기독교 교리에 대해 의심하기 시작했다.'라고 하였다.[48]

이러한 내용은 버지니아주 린치 버그에 있는 사립 복음주의 기독교 대학교인 리버티 대학교(Liberty University)에서 행동과학의 사회학 부교수로 재직하고 있는 존 S. 낙스(John S. Knox)의 논문에도 똑같은 내용이 기재되어 있다.

일루미나티 일원인 슐라이어마허는 신구약 성경의 핵심 교리인 성 삼위일체의 교리에 관하여 "교회의 그리스도론적 및 삼위일체적 교리는 종교적으로 열매를 맺지 못했다는 것이 아니라, 말이 되지 않는다."라고[49] 하였다.

한 걸음 더 나아가 슐라이허 마허는, 예수 그리스도의 속죄 사역을 부정하면서 다음과 같이 주장했다. '사람의 아들이었다. 참된 영원하신 하나님; 나는 그의 죽음이 대속죄라는 것을 믿을 수 없다. 그가 스스로 그렇게 말한 적이 없기 때문이다. 그리고 나는 그것이 필요했다는 것을 믿을 수 없다. 왜냐하면, 분명히 완전을 위해 인간을 창조하신 것이 아니라 그것을 추구하기 위해 하나님께서 그것을 달성하지 못했기 때문

---

48) 안병삼, 일루미나티 프리메이슨단의 정체,(한국기독교정보학회, 2022), 537. (이 책을 보면, 원문과 번역문을 함께 볼 수 있다.)
49) 안병삼, 일루미나티 프리메이슨단의 정체, (한국기독교정보학회, 2022), 537. (이 책을 보면, 원문과 번역문을 함께 볼 수 있다.).

에 그들을 영원히 처벌하려고 하실 수 없기 때문이다.'라고[50] 하였다.

신약 성경의 핵심은 삼위일체이다. 기독교의 근본진리가 삼위일체이다. 일루미나티 일원인 슐라이허 마허는 성경에 분명하게 계시된 삼위일체를 부정했다. 예수 그리스도의 속죄 사역(대속)도 부정했다. 그런데도 한국 교계 신학자 중에는 신봉하는 자가 있다.

'신학적(神學敵) 자유주의' 정체, 종교 개혁자로 알려진 독일의 마틴 루터의 정체, 독일의 경건주의자로 알려진 진센도르프의 정체, 감리교의 창시자 존 웨슬리의 정체를 바르게 이해하려면 유럽 최초의 근대 대학교라고 할 수 있는 할레대학(할레 비텐베르크 마르틴 루터 대학교)의 역사를 바르게 이해할 필요가 있다. 할레대학교가 일루미나티의 본산이었기 때문이다. 일반인들은 일루미나티를 매우 생소하게 생각한다.

역사와 철학의 사조에서 일루미나티는 계몽주의라는 표현으로 흔하게 사용했으나 계몽주의가 일루미나티의 다른 표현이라는 사실을 잘 모르고 있다. 도대체 공부를 어떻게 하는지 모르겠다.

15. 발트주의의 신신학은 일루미나티 사상

신신학(신정통주의, 발트주의)의 창시자인 칼 바르트도 성경의 근본진리를 부정했다. 칼 바르트는 자신의 저서 《하나님의 말씀과 사람의 말(The Word of God and the Word of Man)》 90쪽에서 주장하기를, "그리스도의 부활이나 재림은 같은 것인데, 역사적인 사건이 아니다."라고 주장했다(원문: "The resurrection of Christ, or his second coming, which is the same thing,").[51]

---

50) 안병삼, 일루미나티 프리메이슨단의 정체 (한국기독교정보학회, 2022), 537-539.
(이 책을 보면, 원문과 번역문을 함께 볼 수 있다.)
51) Karl Barth, The Word of God & the Word of Man, (Publisher: Independently published (August 31, 2018), 90.
안병삼, 일루미나티 프리메이슨단의 정체, (한국기독교정보학회, 2022), 574-575.

이 증거 하나만으로도 칼 바르트가 이단이라는 것이 충분하게 증명된다. 기독교의 탈을 쓴 위선자 칼 바르트는, 1948년 8월 13일 WCC 제1회 총회가 네덜란드 암스테르담에서 소집했을 때 초빙을 받아 연설했다.

당시 WCC가 발행한 문건에 보면, 놀랍게도 그 당시부터 '세계정부'를 주창했다는 사실을 어렵지 않게 확인할 수 있다. 일루미나티 일원들이 상습적으로 외치고 있는 목적과 내용이 일치한다.

칼 바르트는 말장난의 명수였다. 그가 주장과 있는 계시는 성경에 계시된 하나님의 말씀하고는 근본적으로 다른 것이다. 칼 바르트가 말하는 계시는 특정 신학자나 목사가 전하는 메시지가 계시라고 주장했다. 신학대학원 교수이자 개혁 신학자인 김효성 박사의 글을 인용하여 본다.

"칼 바르트(Karl Barth)는, 성경은 무오(無誤)하지 않다고 하였고 칼 바르트. 교회교의학(Church Dogmatics, I. ii. 528, 529), 구약성경에 나오는 아브라함과 모세는 후대의 신화 제작의 산물이라고 해도 문제가 되지 않는다고 주장했다."라고 하였고,[52]

"성경의 천지 창조 기록은 사가(saga)이다. 아담의 타락은 사가이다. 예수 그리스도의 처녀탄생을 분명히 긍정하지 않는다. 예수 그리스도의 사건들은 신화이다. 예수 그리스도의 처녀 탄생을 분명히 긍정하지 않는다. 예수 그리스도 부활의 역사적 확실성을 부정한다. 예수 그리스도 재림의 역사성을 부정한다. 보편 구원론적 경향이 있다. 죽은 자의 몸의 부활을 부정한다. 몸의 부활은 스캔달이요 부조리요 종교적 물질주의요 거침돌이다(죽은 자의 부활, 89쪽). 성경은 윤리의 객관적 규범이 아니다."라고[53] 하였다.

---

52) 김효성, 자유주의 신학의 이단성, (서울: 옛신앙 출판사, 2008), 17-24.
53) 김효성, 현대교회문제 자료집, (서울: 옛신앙 출판사, 2004), 5-8.김효성 박사는 이 문헌에서 칼 바르트의 이단성을 매우 상세하게 다루고 있다. 국내 학자들 중에 매우 구체적으로 칼 바르트의 이단성을 다룬 유일한 학자이다. 인터넷에서 "현대교회문제" 사이트에 접속하여 한국 교계가 꼭 김효성 박사의 글을 읽어봐야 한다.
http://www.oldfaith.net/03modern.htm

사탄 사상인 자유주의와 발트주의(신신학?)는 하나로 결합하여 현대 시대에 일루미나티 운동에 하나인 에큐메니칼 운동으로 변신하여 과거와 현재까지도 한국 교회를 분열시키는 술책을 자행하고 있다. 여기에 온갖 종류의 사신 사상인 포용주의, 기복주의, 번영주의, 신비주의, 혼합주의, 이단과 사이비 등의 유입으로 교회는 혼동 그 자체이다. 이들의 배후에는 일루미나티가 조정하고 있다.

천의 얼굴을 가진 일루미나티 프리메이슨 조직의 집중적인 공격으로 전 세계 교회는 만신창이가 되어있다. 이렇게 위험한 상황 속에서도 신학자 대부분과 목사는 정신을 차리지 못하고 개인의 영달과 이익만 추구하는 자가 점점 늘어나고 있다.

초대형 교회의 일부 목사가 자기 아들에게 세습하여 국민의 손가락질을 받고 있기도 하고, 극소수의 교단에 불과하지만, 특정 교단에서는 성직까지 팔아먹는 파렴치한 일까지 자행되고 있다.

더욱 심각한 것은 교회의 내부에서도 신학 교육의 부재로 목사가 성경과 신학(신앙)에 관한 참다운 지식을 제대로 연구하지 않아 혼란은 더욱 가중되고 있다.

성 삼위일체 하나님과 성경을 제대로 연구하지 않는 일부 특정 목사 중에는 신학은 그렇게 중요하지 않다고 강조하는 어처구니없는 일까지 벌어지고 있다. 이 말이 그 얼마나 어리석고 무지한 말인지를 조차도 전혀 깨닫지 못하는 경우도 비일비재하다.

16. 기독교로 위장한 광명한 천사 조직들

1) 기독교청년회(YMCA=Young Men's Christian Association)
2) 기독교여자청년회(YWCA=Young Women's Christian Association)
3) 국제비정부기구(NGO=Non-Governmental Organization)
4) 프라미스 키퍼스(PK=Promise Keepers) 운동

5) 알파코스(Alpha Course) 운동
　6) 뜨레스 디아스(Tres Dias) 운동
　7) G12(Government 12)와 셀
　8) 열린예배 및 CCM
　9) 국제예수전도단(YWAM: Youth With A mission)
　로렌 커닝햄(Loren Cunningham, 1960년 창설) 로마가톨릭과 협력함. 열방대학(University of the Nations) 총장.
　10) CMS 영어 선교원(CMS=Church Mission School)
　(템플기사단 아시아 총사령관 리강무(성민대학교, 선교청대학교를 운영하다 교육부로부터 폐쇄가 됨).
　11) 몬테소리(Montessori) 템플기사단 아시아 총사령관 리강무
　12) 네비게이토(Navigators) 선교회
　13) 국제대학생선교회(CCC=Campus Crusade for Christ)
　1951년 윌리엄 브라이트 창설, 2005년 초 사망, 프리메이슨, 한국대학생선교회(Korea Campus Crusade for Christ, 韓國大學生宣敎會 김준곤 목사와 상호 협력 및 공조).
　14) 포스트모더니즘(postmodernism)
　15) 종교 다원주의(존 힉 프리메이슨 성육신을 부정함, 종교 다원주의)
　16) 성시화 운동 및 홀리 클럽
　17) 구원파 박옥수(굿모닝신한증권 사장, 도기원 사장과 협력)
　18) 메시아닉 신문의 위험한 이단(삼위일체 부정)
　메시아닉 신문은 신구약 성경의 핵심과 초대교회의 신앙고백의 핵심과 성 삼위일체 하나님의 존재를 철저하게 부정하는 이단이다. 경계심을 가져야 한다. 메시아닉 신문사의 기록에 따르면 "성경에 하나님의 영(the Spirit of God) 있지만, 성령 하나님은 없다."라고 주장하고 있다. 더 나아가 초대교회에서는 "세 분의 하나님이 계시다"라는 삼위일체는 "듣보잡(듣도 보도 못한 잡것이었다)이었다."라

고 주장하고 있다.

17. 신사도 운동의 위험성

고린도후서 11장 14절에 "이것은 이상한 일이 아니니라 사탄도 자기를 광명의 천사로 가장하나니"라고 하였다.

디모데후서 4장 3절에 "때가 이르면 사람들이 바른 교훈을 받아들이지 않고, 오히려 자기 욕심을 따라 귀를 즐겁게 하려고 자신들을 위하여 선생들을 많이 끌어모을 것이다."라고 하였다.

디모데후서 4장 3절에 "때가 이르면 사람들이 바른 교훈을 받아들이지 않고, 오히려 자기 욕심을 따라 귀를 즐겁게 하려고 자신들을 위하여 선생들을 많이 끌어모을 것이다."라고 하였다.

데살로니가후서 2장 "8 그때 불법한 자가 나타나리니 주 예수께서 그 입의 기운으로 그를 죽이시고 강림하여 나타나심으로 폐하시리라 9. 악한 자의 나타남은 사탄의 활동을 따라 모든 능력과 표적과 거짓 기적과 10. 불의의 모든 속임으로 멸망하는 자들에게 있으리니 이는 그들이 진리의 사랑을 받지 아니하여 구원함을 받지 못함이라 11 이러므로 하나님이 미혹의 역사를 그들에게 보내사 거짓 것을 믿게 하심은 12. 진리를 믿지 않고 불의를 좋아하는 모든 자들로 하여금 심판을 받게 하려 하심이라"라고 하였다.

요한계시록 18장 4절에 "또 내가 들으니 하늘로부터 다른 음성이 나서 이르되 내 백성아, 거기서 나와 그의 죄에 참여하지 말고 그가 받을 재앙들을 받지 말라"라고 하였다.

1) 신사도 개혁 운동은 일루미나티 조직

성경은 사탄이 자신을 광명한 천사로 가장하여 활동한다고 말씀하고 있다. 곧 신학자로, 목사로, 복음 전도자로 기타 교회의 다양한 직분 자로 가면을 쓰고 활동한다고 했다. 이런 자들은 거룩한 모습을 가지고 행세하지만 속은 회칠한 무덤과 같다. 속은 짐승이다. 사악한 자들이다. 대중을 기만하는 자들이다. 사회적인 암적 존재들이다. 국가의 반역자이다. 이런 가증스러운 자들이 전 세계에서 넘쳐나고 있다. 지혜와 지식과 분별력이 없는 자들은 거짓 선지자의 뒤를 따른다. 넓은 길이다. 멸망의 길이다. 지옥으로 가는 길이다.

현재 한국 교계와 전 세계에서 교계를 어지럽게 만들고 있는 신사도적 개혁(New Apostolic Reformation) 운동의 그룹은 일루미나티 프리메이슨 조직이다. 이 조직은 현재 핵분열처럼 다양한 이름으로 변신을 거듭하면서 교회의 본질을 파괴하고 사탄 주의를 주입하고 있다. 이 부분에 관하여 충분한 역사적인 자료 수집도 모두 끝났다. 기회가 되면 신사도적 개혁(New Apostolic Reformation) 운동이 사탄 운동이라는 점을 좀 더 상세하게 다룰 생각이다.

2) 신사도개혁 운동의 거듭되는 변신

신사도 운동은 거대한 사탄 운동이다. 한국 교계의 많은 목사가 여기에 깊이 빠져있다. 신사도 운동은 천의 얼굴을 가진 일루미나티 조직이다. 카멜레온처럼 변신을 거듭하고 있다.

일루미나티 조직에 하나인 신사도개혁 운동의 기원은 미국에서 시작되어 캐나다에서 크게 확산하였는데, 그중에는 1900년의 초에 시작되었던 "늦은 비운동"이라는 사탄 운동도 포함되어 있다.

한국 교계에서 "늦은 비의 운동"으로 알려진 이 운동의 정확한 명칭은 "늦은 비의 신질서"(New Order of the Latter Rain)이다. 이 운동의 시초는 미국인이며 일루미나티 프리메이슨 구성원이었던 윌리엄 브랜험(William M. Branham, 1909~1965)으로부터 시작되었다.

그의 무덤은 일루미나티 프리메이슨을 상징하는 피라미드로 조성되어 있다. 그는 살아생전 프리메이슨 33도인 오랄 로버츠와 함께 협력하면서 집회를 같이 다녔다. 1946월에 천막 집회를 인도했는데 치유의 능력이 많이 나타났다고 소문이 나서 수많은 사람이 인산인해를 이루었다.

윌리엄 브랜험은 자신의 아내를 잠시 살렸으나 다시 죽은 이야기, 집회를 기다렸다가 심장마비로 죽은 여인을 살려냈다는 이야기 등을 담은 것들이 모두 제대로 검증이 되지 않는 속임수 거짓 이적들이 많았다. 이 부분에 관하여 신사도개혁 운동의 치유나 기적은 속임수라는 증거들이 많다.

한국 교계의 일부 신학자 중에는 일루미나티 프리메이슨인 윌리엄 브랜험이 거짓으로 유포했던 죽은 자를 직접 살렸다는 거짓말을 그대로 수용하여 책이나 글을 쓴 신학자도 있다.

신사도개혁 운동은 늦은 비의 운동으로 발전했다. 이 운동은 다시 1906년에 일어났던 거짓 부흥 운동인 아주사 부흥 운동으로 확산하였다. 이 거짓 운동은 다시 캔서스 시티 예언자 그룹(Kansas City Fellowship/Prophets KCF/KCP)을 형성하게 되었다.

일루미나티 프리메이슨 일원인 윌리엄 브랜험이 교통사고로 사망하고 난 후에 늦은 비운동의 인기는 점차 시 들어갔다.

그러나 윌리엄 브랜드 혐의 영향을 크게 받았던 일루미나티 프리메이슨 일원인 마이크 피클(Mike Bickle)과 일루미나티 프리메이슨 일원이었던 밥 죤스(Bop Jones), 폴 케인(Paul cain) 등이 함께 모여서 켄서스시티 펠로우쉽이라는 캔사스시티 예언자 그룹을 재구성하게 되었다. 1999년에 가서 마이크 비클은 국제기도의 집(IHOP=Inernational House of Prayer)으로 변신시켰다. 이 운동은 1980년대에 일루미나티 일원인 존 윔버(John Wimber, 1934-97)에 의하여 빈야드 운동으로 변신했다.

3) 신사도개혁 운동은 한국 교계를 유린

한국 교계에서 신사도개혁 운동 깊이 빠져있는 인물들은, 홍정식 목사(하베스트샬롬교회 원로 목사)이다. 그는 신사도개혁운동(WLI)의 한국의 총장이다.

조용기 목사도 신사도개혁 운동의 창시자인 피터 와그너를 자신이 창립한 "국제교회성장연구원" 명예 이사로 추대했다.

이 조직은 주로 프리메이슨이 이사를 맡고 있다. 조용기 목사 친구인 펫 로버트슨은 일루미나티 프리메이슨 33도이다.

하용조 목사(온누리교회)도 신사도운동인 국제 기도의 집(아이합, IHOP-KC: International House of Prayer in Kansas City, 마이크 비클(Mike Bickle)을 옹호하고 선전했다.

김인식 목사(L.A 웨스트힐 장로교회)는 통합교단의 목사로 일루미나티 신사도 운동의 창설자인 피터 와그너, 일루미나티 프리메이슨 일원인 릭 워렌의 지도를 받았다.

피터 와그너의 뒤를 계승하여 신사도 운동에 하나인 '두 날개 컨퍼런스'를 유행시키고 있다.

김인식 목사(미국 웨스트힐 장로교회)는, 1947년 부산에서 출생했다. 부산중·고교와 고려대 정치외교학과를 졸업했다. 장로회신학대학원에서 목회학석사(M Div) 과정을 마쳤다.

미국 풀러 신학대학원에서 신학 석사(Th M) 및 선교학박사(D.Miss.) 학위를 받았다. 1985년 미국 캘리포니아주 반 누이스에서 웨스트힐 장로교회를 개척하여 33년째 시무하고 있다. 해외한인장로회(KPCA) 33회 총회장과 헌법개정위원장 등을 맡았다. 이스라엘 선교 단체 KCSJ(Korean Christian Shalom Jerushalayim) 미주 대표와 '킹덤월드미션' 대표 등을 맡고 있다. 김인식 목사는 다음과 같이 고백하고 있다.

"미국에 유학을 가게 되었습니다. 미국에서 공부를 하면서 Th.M 과정과 D.Miss 과정을 공부하면서 피터 와그너 박사, 폴 피어슨 박사, 존 윔버 목사님, 새들백 교회의 릭 워렌 목사님, 그런 분들을 통해서 많은 것을 배우면서 도전을 받으면서…"라고 고백했다.[54]

김인식 목사는 프리메이슨에게 배웠다. 김인식 목사는 지금도 환상과 계시가 계속된다고 주장하고 있다. 신구약 성경은 계시의 완료성과 충족성을 말씀하고 있다. 성경에 더 가감하지 말라고 경고하고 있다.

이성자 목사(인터내셔날 갈보리 교회)는 서울대학교 출신으로 한인 신사도개혁 운동가 김종필과 협력하면서 이스라엘 회복을 위해 유대 광야 땅 밟기 중보기도에 참여하고 있다.

이성자 목사는 서울대학교 가정대학, 대학원졸업, 플로리다 스테이트 대학교(Florida State University) 주거학 Ph.D., 리버티 대학교(Liberty University) 종교학 학사, 이 대학교는 1971년 버지니아에 기독교를 기반으로 설립된 리버티 대학교는 비영리 종합대학교 중 세계에서 제일 큰 대학교이다.

코넬대학 및 국토개발연구원 책임 연구원, 서울대학교, 고려대학교 강의, 워싱턴 순복음신대학교 학감, 현재 인터네셔널 갈보리 교회 담임 목사, 특징: 미국의 트럼프 대통령을 위한 기도 하라. 미국의 트럼

---

54) 정이철 목사 논단: "비성경적인 이스라엘 사상, 이제는 분별할 때"라는 제목의 글에서 참조: http://cantoncrc.com/column2/4228.
    정이철 목사는 (사)기독교이단사이비연구대책협의회 전문연구위원, 미국 앤아버 반석장로교회 목사, 바른 믿음/ 바른믿음 아카데미 대표, 2004년부터 현재까지 미국 미시간 주 '앤아버 반석장로교회'의 담임목사이다. 인터넷 신학신문 『바른믿음』(www.good-faith.net)의 대표이다. 총신대학, 총신대학 신학대학원, 아세아연합대학 대학원(Th.M), Liberty Theological Seminary(S.T.M)을 졸업했다. Fuller Theological Seminary(Th.M)에서 수학했고, Puritan Reformed Theological Seminary (Th.M.)에서도 수학했다. 저서로는 「신사도 운동에 빠진 교회」, 「제3의 물결에 빠진 교회」, 「가짜 성령세례에 빠진 교회」가 있다.

프가 대통령이 되도록 기도했다. 미국의 트럼프 대통령은 문헌상으로 일루미나티 일원으로 밝혀졌다.

변승우(사랑하는 교회, 담임목사)는 현재 한국기독교총연합회(한기총)의 공동회장(2019.04~)으로 일루미나티 프리메이슨들과 협력하고 신사도 운동을 전개하고 있다. 신사도개혁 운동을 주도하고 있다.

변승우는 피터 와그너가 한국에 세운 신학교인 사역연구원(Wagner Leadership Institute: WLI 1998년)의 교수이다. 그는 각종 이단과 프리메이슨과 집회를 같이 하면서 교류 협력하는 자로 비성경적인 계시의 연속성을 주장한다. 신구약 성경에는 전혀 없는 무속신앙의 관념인 입신을 주장하기도 한다. 입신이란 사람에게 귀신이 들려 자아의식을 상실한 상태를 말하는 것이다. 즉 귀신의 영으로 충만한 상태를 입신이라고 한다. 이스라엘 초대 왕 사울은 말년에 여자 무당(접신술)을 찾아가 가짜 사무엘의 영을 불러올렸다. 이 사건으로 사울 왕은 하나님의 진노를 받아 전쟁에 나가서 죽었다.

변승우는, 일루미나티 프리메이슨 33도인 오랄 로버츠를 추천했다.
변승우는, 일루미나티 프리메이슨 33도인 팻 로버트슨을 추천했다.
변승우는 일루미나티 프리메이슨 신디 제이콥을 추천했다.
변승우는 프리메이슨인 베니 힌을 신봉한다.
변승우는 이단인 토마스 주남의 추천을 받는 자이다.
변승우는 집회에서 금가루가 생겨났다는 비성경적인 집회 등을 추천하고 이다.
변승우는, 지옥에 다녀왔다는 비성경적인 사상들을 강조하고 있다.
변승우는, 자신의 저서인 "기름 부음 받은 자를 존중하라"(큰 믿음 출판사, 서울: 2013) 29쪽에서 바티칸의 일루미나티 조직인 제수이트의 하부 조직인 몰타 기사단(Jesuit Knight Of Malta)의 회원 중의 한 사람인 릭 조이너(Rick Joyner)에 관하여 다음과 같이 기록하고 있다.

"릭 조이너스의 책을 귀하게 여겼습니다."라고 하였다.
전광훈 전 목사가 변승우를 이단에서 해제시켜 주었다.
인터콥(최바울)의 '백투예루살렘'(BTJ)도 신사도개혁 운동이다.
뉴욕 온누리교회의 이재훈 목사와 송만석 장로가 실질적으로 주관하고 있는 '샬롬, 예루살라임! 2013'이라는 행사도 신사도개혁 운동이다.
벤자민 오 목사(사랑과 진리교회)는 미주에서 신사도개혁 운동을 주도하고 있다.
손종태 목사(진행교회)도 신사도개혁 운동(단체)을 이끌고 있는데, 미국 아이합에서 시작한 24/365 기도 운동을 추진하는 원띵네트웍을 설립하여 운영하고 있다.
김영대 목사(해몬교회)도 이스라엘 회복운동에 전념하는 '이스라엘 사역 학교'(IMS)의 강사이다. 신사도개혁 운동에 헌신하고 있다.
온누리 교회의 이재훈 목사도 신사도개혁 운동에 앞장서고 있다. 김혜자 목사(영동제일교회)도 신사도개혁 운동가로 이단이며 일루미나티 일원인 타드 벤트리를 한국에 최초로 초대했던 인물이다.
신사도개혁 운동은 메시아닉 쥬(유대 그리스도인)에 깊이 연결되어 있다. 메시아닉 쥬는 단순하게는 그냥 예수님을 믿는 유대인들처럼 생각하고 잇으나, 대부분 일루미나티 조직에 속하여 있다.
메시아닉 쥬는 성경에 명백하게 기록되어 있는 성 삼위일체 하나님을 부정한다. 메시아닉 쥬는 주장하기를, "성부 여호와 하나님이 예슈아(신 6:4)"라고 주장한다. 이러한 주장은 이단 사상이다.
예슈아는 히브리어로 예수 그리스도님의 성함이다. 성자이신 예수님께서는 성부 하나님 여호와가 아니시다. 성부의 아드님이 성자 하나님이신 예수그리스도이시다. 이것이 정통신학(개혁신학)에서 말하는 삼위일체론이다.
신사도개혁 운동이라는 거대한 쓰나미가 전 세계의 교회들을 덮치고 있다.

　신사도개혁 운동은 일루미나티 조직인 밀러주의, 일루미나티 조직인 로마카톨릭, 일루미나티 조직에 하나인 WCC, 종교 혼합주의, 일루미나티 조직인 안식교의 엘렌지 화이트 등의 이교 집회 등의 영향을 크게 받았다.

　신사도개혁 운동은 소위 거짓 속임수 운동인 펜사콜라 부흥(Pensacola Outpouring)에서 시작되었다. 신사도개혁 운동에서 나타나고 있는 치유와 이적들은 대부분 거짓으로 밝혀졌다. 집회 도중에 쓰러지거나, 넘어지거나, 웃거나(거룩한 웃음이라고 함), 방언(무아지경 상태에서 지껄이는 소리)을 하거나, 각종 동물의 울음소리를 내거나, 치아가 금이빨로 변한다는 거짓 이적들은 이교도나 사탄을 숭배하는 부두교 등에서도 흔하게 나타나는 현상들이다. 역사적으로 사도교회(초대교회)를 계승했던 정통교회와 개혁교회(종교개혁, 개혁파교회)에서는 신사도개혁 집회에서 나타났다는 지저분한 이적들은 단 한 번도 보고되지 않았다.

13. 양의 탈을 쓴 거짓 교사 명단

　다윈 피쉬(Darwin Fish)는, 《거짓 교사(False Teachers)》라는[55] 693쪽이나 되는 문헌을 통해 하나님의 말씀인 성경의 기초하여 거짓 교사들이 주장하여 온 이단적인 사상을 매우 상세하게 비평했다. 이 문헌은 거짓 교사들이 주장하여 책을 근거로 성경과 비교하여 비평하고 있다는 점에서 거짓 교사들의 정체를 쉽게 알 수 있도록 쓴 책이다. 다윈 피쉬의 저서에 기재되어 있는 많은 거짓 교사의 일부만 아래와 같이 정리하여 공개한다.

---

55) Darwin Fish, False Teachers,(Lulu Enterprises Incorporated, 2006), 5~10.

1) 빌리 그래함(Billy Graham) 프리메이슨 33도

2) 로버트 슐러(Robert Schuller) 프리메이슨 33도

3) 조엘 오스틴(Joel Osteen) 프리메이슨

4) 그렉 로리(Greg Laurie) 캘리포니아주 대형교회인 하베스트교회(Harvest Church)의 담임목사로 한국 교계에 명설교로 알려져 있다. 아마겟돈과 종말 때에 일어날 인류의 마지막 전쟁을 주로 이야기한다.

5) 존 맥아더(John MacArthur) 한국 교계의 유명한 개혁 신학자로 잘못 알고 있는 프리메이슨

6) 팻 로버트슨(Pat Robertson)은 프리메이슨 33도이다. 조용기 목사의 친구이다.

7) 찰스 스펄전(Charles Spurgeon) 프리메이슨 일원

8) 베니 힌(Benny Hinn) 프리메이슨 템플기사단

9) 찰스 스텐리(Charles Stanley) 프리메이슨

10) 척 스미스(Chuck Smith) 프리메이슨

11) 프랭클린 그레이엄(Franklin Graham) 프리메이슨(빌리 그레함의 아들)

12) 프레드 프라이스(Fred Price) 프리메이슨

13) 잭 헤이포드(Jack Hayford) 거짓 교사 명단에 포함되어 있다.

14) 릭 워렌(Rick Warren) 확인된 프리메이슨 일원이다.

15) 제임스 돕슨(James Dobson) 프리메이슨

16) 존 해기(John Hagee) 프리메이슨

17) 케이쓰 그린(Keith Green) 1982년에 CCM계의 선구자로 알려졌다. 비행기 사고로 28세에 사망했다.

18) 데이비드 클라우드(David Cloud) 거짓 교사

19) 데이비드 예레미야(David Jeremiah) 거짓 교사, 뉴에이지와 신비주의자

20) 라울 라이즈(Raul Ries) 거짓 교사

21) 제이 버논 맥기(J. Vernon McGee) 박사 거짓 교사, 한국 교계의 목사들 중에 성경 해석이 훌륭하다고 칭송하고 있다. 무지가 아닐 수 없다.

22) 마일즈 맥퍼슨(Miles McPherson) 거짓 교사, 도란노에서 소개했다. 샌디에이고 돌격대(San Diego Chargers)의 미식축구팀의 선수, 마일즈 어헤드 사역단체(Miles Ahead Ministries)의 대표 목사, 마일즈는 반석교회(The Rock Church)의 창립자이다.

23) 비숍 제이크(Bishop T. D. Jakes) 거짓 목사, 프리메이슨 해골과 뼈 멤버인 부시 대통령의 조언자이다. 한국 교계에서는 미국 최고 설교자로 소개하고 있다.

24) 토니 에반스(Tony Evans) 미국의 신학자, 거짓 목사, 작가 한국 교계에서는 유명 인사로 추종하고 있다.

25) 폴 케이 챠펠(Paul K. Chappell) 거짓 교사, 흑인과 백인 사이에서 출생했다. 2002년 육군사관학교를 졸업, 프리메이슨 조직인 '핵 시대 평화재단'(The Nuclear Age Peace Foundation)의 사무총장, 평화운동가, 한국 교계는 윤길상 목사(재미동포전국연합회 회장)가 소개했다.

26) 론 루스(Ron Luce) 거짓 교사, 두란노출판사에서 소개했다. 예수전도단 소속의 이종환 번역, 미국의 복음주의자로 20년 동안 젊은 청년들을 미혹했다.

27) 찰스 블레이크(Charles Blake) 대형교회 거짓 목사로 600만의 신자가 있는 하나님의 교회(COGIC) 수장이다. 로스엔젤리스 서쪽에 위치한 엔젤레스 교회의 담임목사이다. 기독교연합뉴스와 아이굿뉴스에서 기사화되었다.

28) 페리 F. 록우드(Perry F. Rockwood) 거짓 교사로 라디오를 통해 이단 사상을 전파 2008년 90세로 사망했다.

29) 데이비드 브리즈(David Breese) 거짓 교사이다.

30) 레이 컴포트(Ray Comfort) 거짓 교사, 동성애에 관한 다큐제작 "다음카페-주님을 기다리는 신부들/영심이" 카페에서 소개하고 있다.

31) 데이브 헌트(Dave Hunt) 거짓 교사, 프리메이슨 조직인 플리머스 형제회 소속이다. 5만번 기도하여 응답받았다는 죠지 뮬러와 오순절 신유 운동가로 칼빈주의를 하나님을 잘못 대변하고 있다고 비난했던 자이다.

32) 토니 캄폴로(Tony Campolo) 거짓 교사이다. 미국 동부의 한 대학에서 사회학을 가르치는 사회학 교수, 연설자, 작가, 설교가로 '하나님의 나라는 파티이며 축제'라고 주장했다.

III. 결론

일루미나티 프리메이슨과 프리메이슨 계열의 전 세계의 그림자 정부 조직에 관하여 필자가 40년 이상 연구하기 위해 수집한 천 여권의 논문과 영문 사서(史書) 등을 조사하고 분석한 것만 하더라도 7만여 개가 넘은 거대한 조직들이다.

이 조직들은 마치 일본에서 지난날에 일어났던 쓰나미처럼 교회 내부로 밀려 들어오고 있다.

그런데도 교회의 지도자인 신학자, 교수, 목사, 목회자, 선교사, 장로, 전도사, 강도사, 집사, 신자도 이 부분에 관한 심각성을 제대로 인식하지 못하고 있다.

하늘에서 하나님의 천군 천사에 쫓겨 사탄(마귀, 악마, 귀신)과 그를 따르는 귀신들이 무리가 자신의 때가 얼마 남아 있지 않다는 사실을 깨닫고 최후의 발악을 위해 지상에서 사는 인간들을 미혹하여 자신의 추종 세력으로 만드는 데 혈안이 되어있다. 영적으로 실로 엄청난 일들이 그리스도교와 관련하여 벌어지고 있다.

자신의 생명과 재산이 위험 상태에 이르고 영적으로 사느냐 죽느냐는 긴박한 상황 속에서도 많은 목사에게서는 긴장감을 찾아볼 수 없다. 도리어 세속주의와 무사안일(無事安逸)주의에 심취되어 멸망으로 향하는 넓은 길로 인도하는 목회자가 기하급수적으로 늘어나고 있다.

지금은 정신을 바짝 차릴 때이다. 순교적인 정신을 가지고 주님을 영접할 준비해야 할 때이다. 한편으로는 자신이 멸망의 넓은 길(지옥)로 걸어가면서도 좁은 길(천국)로 가고 있는 그것으로 착각한다. 이제 자신을 한번 뒤돌아보아야 할 때이다. 또한, 교회에서 모든 거짓 교사들을 추방하고 그들의 악한 사상을 옹호하고 따랐다면 철저하게 회개하고 그 죄에서 떠나야 할 것이다. 중요한 것은 이 세미나에서 소개한 필자의 논문은 빙산의 일각에 지나지 않는다는 점이다.

〈 참고 문헌 〉

1) 영문 원서와 사이트 주소

John Coleman, Conspirators' Hierarchy: The Story of the Committee of 300, (Bridger House Publishers Inc, 2016).

Richard B. Spence, The Real History of Secret Societies, (The Great Courses, 2019).

William Josiah Sutton, The Illuminati 666, (TEACH Services, Inc., 1996).

WikiLeaks: https://wikileaks.org/.

Britannica, Freemasonry secret organization.

https://www.britannica.com/topic/Freemasonry.

Thomas Horn, Johnathan Welsh, Saboteurs: How Secret, Deep State Occultists Are Manipulating American Society

Through a Washington-Based Shadow, (Defender Publishing, 2025).

Leo Lyon Zagami, Pope Francis: The Last Pope?: Money, Masons and Occultism in the Decline of the Catholic Church, (CCC Publishing, 2015).

Chiesa viva, September 2014, 4.

William Miller (preacher)-Wikipedia:.
https://en.wikipedia.org/wiki/William_Miller_(preacher).

Ellen G. White, Manuscript Releases Volume Twenty, 1993. (E. G. White Estate 12501 Old Columbia Pike Silver Spring, Maryland 20904 U.S.A.).

Karl Barth, Word of God and the Word of Man,(Peter Smith Pub Inc, 1958).

World Evangelical Alliance, Our History:.
https://worldea.org/who-we-are/our-history/.

J. J. Johnstone. and Glasgow, Evangelical Alliance Reports of the Proceedings of the Conference, (London: Partridge & Oakey, Paternoster Row. 1847.).

Henrik Bogdan, Handbook of Freemasonry, Brill Academic Pub; Illustrated edition (June 12, 2014).

James D. Shaw and Tom C. McKenney, The Deadly Deception: Freemasonry Exposed, (Vital Issues Pr, 1988.).

http://cantoncrc.com/column2/4228.

Darwin Fish, False Teachers, (Lulu Enterprises Incorporated, 2006).

2) 국내의 문헌

안병삼, 일루미나티 프리메이슨단의 정체, (한국기독교정보학회 출판사, 2022).
통일교에서 발행하고 있는, 『말씀지』1979년 2월 15일 217호.
김종일, 한국기독교와 신흥종교, (서울: 한국종교연구원, 1981).
기독신보 제1033호, 1994년 8월 27일 자 7면 기사.
기독신보 제1033호, 1994년 8월 27일 자 7면 기사.
이재석, 종교연합운동사, (선학사, 2004).
크리스챤 신문, 1989년 3월 4일 자 11면 기사.
통일교에서 발행하는, 『말씀지』1976년 2월 21일 제 182호 29페이지.
김영희, 문선명의 정체, (경기: 한일사, 1987).
통일교 발행, 말씀지 1979년 2월 15일 217호.
李萬熙, 천국비밀 계시록의 진상, (도서출판 新天地, 1992).
김효성, 자유주의 신학의 이단성, (서울: 옛신앙 출판사, 2008).
김효성, 현대교회문제 자료집, (서울: 옛신앙 출판사, 2004).
정이철 목사 논단: "비성경적인 이스라엘 사상, 이제는 분별할 때"라는 제목의 글에서 참조.

편집고문 (고문 및 원로)

김원식, 육옥수, 김기형, 예영수, 정태래, 김수영, 염장호
이태주, 송 현, 백광진, 민철진, 권영자, 이원호, 김연선

편집위원 (교단장 및 임원)

안병삼, 오선미, 이후헌, 지광식, 김병선, 원동인, 박요한
김태지, 김남식, 박동용, 손영란, 강상모, 정호석, 하석수
김순종, 권혁은, 이부심, 주영일, 김화인, 박대규, 이종태
김종대, 서영진, 김다윗, 곽도영, 장흥수, 이강수, 김영복
맹훈길, 윤형순, 최명철, 김상돈, 류한상, 김상대, 최명복
박찬엽, 전귀만, 조수자, 장재준, 박정원, 김요나, 윤영숙
정회일, 이용주, 차요한, 이윤숙, 정성일, 고대위, 강경옥
이달호, 원정래, 허여미, 김은혜, 조규연 박종선, 장혜선
김완수, 최순애, 김용현, 김광복, 계용규, 윤 미, 양유식
이명승

사단법인 대한예수교장로회총연합회 세미나교제
한국교회 이대로 좋은가

인쇄일 | 2025년 8월 14일
발행일 | 2025년 8월 14일

펴낸곳 | 사단법인 대한예수교장로회총연합회
펴낸이 | 이광용
편집고문 | 고문 및 원로
편집위원 | 교단장 및 임원
주소 | 서울시 마포구 월드컵로 31길 6, 2층
전화 | (02)706-2970~1

발행처 | 도서출판 조은
발행인 | 김화인
편집인 | 김진순
주소 | 서울시 중구 을지로20길 12 대성빌딩 405호
전화 | (02)2273-2408
팩스 | (02)2272-1391
출판등록 | 1995년 7월 5일 신고번호 제1995-000098호
ISBN | 979-11-94562-13-9
정가 | 30,000원

♠ 잘못된 책은 바꾸어 드리겠습니다
♠ 이 책의 내용은 신저작권법에 의하여 국제적으로 보호받고 있습니다.
♠ 전재 및 복제를 할 수 없습니다.